Reparieren in Haus und Garten

Reparieren in Haus und Garten

Selbermachen mit Erfolg

Titel der Originalausgabe: Reparieren leicht gemacht

Verlag Das Beste Stuttgart · Zürich · Wien

© 1984 Verlag Das Beste GmbH, Stuttgart
Alle Rechte, insbesondere die der Übersetzung,
Verfilmung, Funk- und Fernsehbearbeitung – auch
von Teilen des Buches –, im In- und Ausland vorbehalten

Reparieren in Haus und Garten
ist die gekürzte Fassung des Buches
Reparieren leicht gemacht
© 1983, 1976 Verlag Das Beste GmbH, Stuttgart

Printed in Germany

ISBN 3 87070 224 9

Achtung

Bevor Sie mit größeren Reparaturen oder Umbauarbeiten beginnen, müssen Sie genau prüfen, ob Sie damit nicht gegen eine Klausel Ihres Mietvertrags oder gegen Bestimmungen der Hypothekenverträge verstoßen.

Vergessen Sie auch nicht, daß feste bauliche Veränderungen oder Einbauten im Falle ihres Auszugs aus der Wohnung ins Eigentum des Vermieters übergehen, der Sie andererseits aber auch verpflichten kann, die Wohnung bei Ihrem Auszug in den ursprünglichen Zustand zurückzuversetzen.

Bei Reparaturen oder Veränderungen außerhalb des Hauses dürfen Sie nicht vergessen, gegebenenfalls die Zustimmung der örtlichen Baubehörde einzuholen. Dasselbe gilt auch für einschneidende bauliche Veränderungen im Hausinneren.

Bei jeder gefährlichen Reparatur oder Veränderungsarbeit müssen Sie die entsprechenden Vorsichtsmaßnahmen treffen. Lassen Sie sich unbedingt von einem Fachmann beraten, falls Sie in einer solchen Arbeit nicht bewandert sind. Besonders bei Arbeiten an Gas-, Wasser- und elektrischen Leitungen ist sachverständige Beratung unerläßlich; eine Reihe von Arbeiten dürfen Sie selbst gar nicht ausführen.

Und schließlich: Denken Sie nicht nur an die eigene, sondern auch an die Sicherheit anderer. Eine schlecht befestigte Schornsteinhaube oder ein nicht richtig gelegter Dachziegel beispielsweise kann auch für Ihre Nachbarn oder Passanten eine Gefahr bedeuten.

INHALT

TEIL 1 Vom Dach zum Keller: Reparieren und Renovieren

- 10 Dächer
- 31 Dekorationsarbeiten
- 48 Fenster
- 55 Feuchtigkeit im Haus
- 65 Flecken
- 69 Fußböden
- 98 Gipserarbeiten
- 113 Holzfäule und Holzwürmer
- 115 Malen und Lackieren
- 130 Mauerwerk
- 137 Schallisolation
- 145 Treppen
- 157 Türen
- 174 Wandfliesen
- 178 Wärmedämmung
- 189 Zugschutz

TEIL 2 Wasser und Heizung

- 196 Abwasser
- 199 Badewanne
- 202 Dachentwässerung
- 212 Durchlauferhitzer
- 214 Dusche
- 216 Gasherde
- 218 Toilette
- 224 Warmwasser
- 229 Waschbecken
- 235 Wasserhähne
- 239 Wasserleitungen
- 244 Zentralheizung

TEIL 3 Garten und Erholung

    258   Gartenmauern
    259   Gartenmöbel
    263   Leitern
    264   Pergolen
    265   Pflanzensprüher
    267   Rasenmäher
    276   Wege
    280   Zäune

TEIL 4 Register

Der Verlag Das Beste GmbH
ist folgenden Mitarbeitern
zu besonderem Dank verpflichtet:

Paul Binsch	Klaus Kunkel
Burkhard Brehm	Siegfried Künstle
Robert Clauss	Karin Momberger
Dieter K. Franke	Manfred Momberger
Werner Frech	Kurt Möschle
Peter Hamann	Wolf Nagel
Herbert E. Hofner	Hannes Ruebel
Günther Honolka	Ines Ruebel
Atelier	Renate Schnieder
G. + M. Köhler	Georg Wanner
Marinus Kolbeck	Hans A. Werner

TEIL 1

Vom Dach zum Keller: Reparieren und Renovieren

- 10 Dächer
- 31 Dekorationsarbeiten
- 48 Fenster
- 55 Feuchtigkeit im Haus
- 65 Flecken
- 69 Fußböden
- 98 Gipserarbeiten
- 113 Holzfäule und Holzwürmer
- 115 Malen und Lackieren
- 130 Mauerwerk
- 137 Schallisolation
- 145 Treppen
- 157 Türen
- 174 Wandfliesen
- 178 Wärmedämmung
- 189 Zugschutz

Dächer

Konstruktion eines Daches

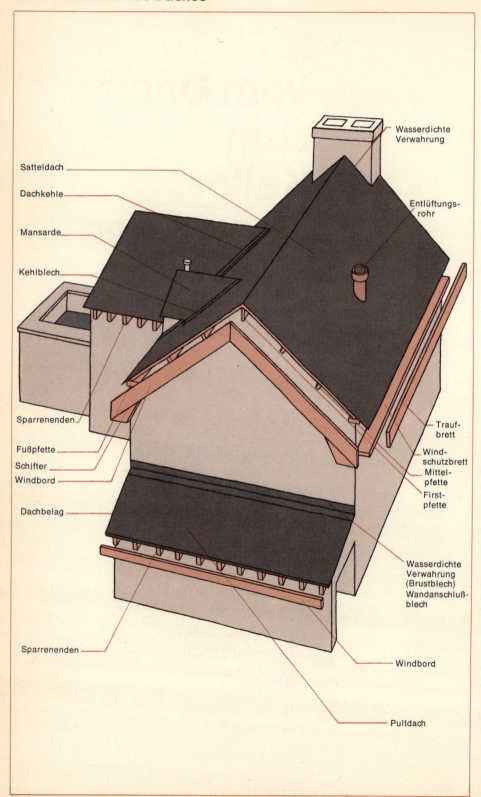
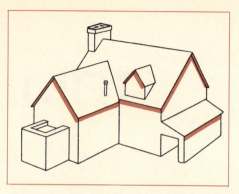

Eine Dachkonstruktion muß stabil und mit den Hausmauern fest verbunden sein, denn nicht nur das Dachgewicht übt Druck auf die Mauern aus, auch Wind und Schnee sorgen für eine zusätzliche Belastung.

Die unteren Teile des Dachstuhls sind häufig durch Stahlanker untereinander und mit den Mauern verbunden. Man sollte ab und zu überprüfen, ob diese Anker noch in einwandfreiem Zustand sind. Rost muß entfernt und der Farb- oder Mennigeanstrich gegebenenfalls erneuert werden.

Der Dachstuhl besteht im allgemeinen aus Holz. Seine wichtigsten Teile sind die waagrechten Deckenbalken, die schräg darüber stehenden Sparren und die im rechten Winkel auf ihnen oder senkrecht unter ihnen liegenden Pfetten: die auf den Mauern liegenden Fußpfetten, die Mittelpfetten und die Firstpfette.

Auf den Außenmauern liegen die Fußpfetten, auf denen die Sparren befestigt sind. Darüber ist die Dachverschalung angebracht, die aus Holzbrettern oder Platten bestehen kann (siehe S. 11–12). Bei einem verschalten Ziegeldach werden die Fugen zwischen den Brettern mit Konterlatten verdeckt, auf denen die Dachlatten befestigt sind. Dachrinnen (siehe S. 202–207) werden mit Rinnenträgern am Traufgesims befestigt. Dieses besteht aus dem senkrecht stehenden Traufbrett und dem damit durch Nut und Feder verbundenen waagrecht liegenden Boden- oder Windschutzbrett, welches das Traufbrett mit der Mauer verbindet. Dieses Brett verhindert, daß Stürme die Dachziegel von der Unterseite her abheben. Über die Giebelmauern vorstehende Pfettenenden werden durch die Windborde abgedeckt (siehe S. 14–16).

Besonders wichtig ist die Wasserabdichtung an Dachöffnungen für Schornsteine, Entlüftungsrohre, Dachreiter sowie bei Dachkehlen, Mansarden und Maueranschlüssen von Pultdächern. Diese Stellen werden durch Verwahrungen aus Zink- und Bleiblech abgedichtet. Schäden an diesen Verwahrungen müssen umgehend behoben werden, damit die darunter liegenden Holzteile nicht verrotten.

Große Dachreparaturen muß man dem Fachmann überlassen. Aber der Heimwerker kann beispielsweise beschädigte Dachziegel ersetzen, Traufgesimse und Windborde erneuern oder undichte Blechverwahrungen reparieren.

Dachverschalung, Dachlatten und Konterlatten erneuern

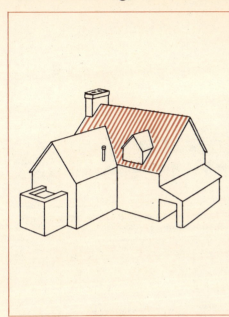

Eine Dachverschalung besteht aus etwa 20 mm dicken Weichholzbrettern, die durch Nuten und Federn miteinander verbunden und auf die Sparren genagelt sind. Bei älteren Häusern können die Bretter auch nur stumpf aneinander gelegt sein.

Beim Einbau von Wohn- oder Schlafräumen in das Dachgeschoß muß das Dach gut abgedichtet sein. Wenn das nicht der Fall ist, muß es über den betreffenden Räumen nachträglich verschalt werden.

Heute verwendet man auch verschiedenartige Bauplatten zur Dachverschalung, und Bretterverschalungen werden mit Bitumenpapier oder Kunststoffolie belegt und damit wirkungsvoll abgedichtet.

Die meisten Häuser sind mit Ziegeln gedeckt. Die Dachziegel werden an den Dachlatten eingehängt, die waagrecht auf der Dachverschalung oder, bei unverschalten Dächern, auf den Sparren befestigt sind. Die Aufhängepunkte der Ziegel sind Nasen – Vorsprünge an den Unterseiten der oberen Ziegelränder.

Damit Regenwasser, Flugschnee oder Kondenswasser abgeführt wird, liegen die Dachlatten nicht unmittelbar auf der Verschalung, sondern werden auf etwa 24 mm dicke Konterlatten genagelt, die senkrecht auf der Verschalung befestigt sind.

Um eine Holzverschalung auf herkömmliche Weise staubdicht zu machen, wird jede Brettfuge mit einer Leiste abgedeckt. Dies erschwert jedoch dem Dachdecker die Arbeit, weil er dann nicht gut auf den Dachlatten stehen kann. Daher wird vielfach über jede dritte Fuge eine Leiste genagelt. In diesem Fall müssen aber die Bretter der Verschalung so fest aneinandergepreßt werden, daß keine offenen Fugen entstehen.

Material:	*Schalbretter*
	Dachlatten und Leisten von der Dicke der vorhandenen
	Nägel
Werkzeug:	*Stemmeisen*
	Hammer
	Rückensäge
	Fuchsschwanz
	Beißzange
	Bohrmaschine
	Holzbohrer
	Schnur

1. Über dem zu erneuernden Dachstück werden die Dachziegel entfernt. Es empfiehlt sich, sie von oben nach unten abzunehmen und an einem sicheren Platz zu stapeln. Dann durchsägt man alle Dachlatten und Konterlatten, die entfernt werden sollen, und bricht sie mit einem alten Stemmeisen heraus

2. Nun geht es an die Verschalung. Man treibt alle Nägel mit einem Versenker durch die Schalbretter, sucht dann die Mitte eines Balkens, zeichnet darauf eine Linie an und durchsägt auf ihr die Bretter. Man kann die Bretter auch entlang dem Balken durchtrennen und die Brettenden auf dem Balken wegstemmen

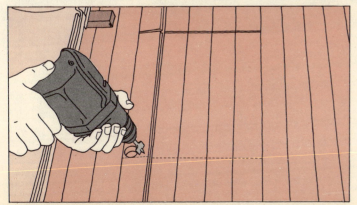

3. Ein Schalbrett bekommt bis dicht an die Fugen nebeneinander liegende Bohrungen. Dann durchsägt man auf ganzer Länge die Feder in einer der Fugen

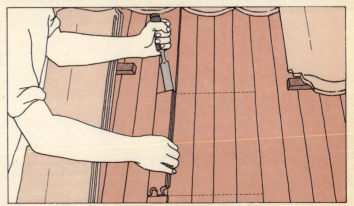

4. Das erste Brett wird im Sägeschnitt mit einem alten Stemmeisen angehoben und gelockert, indem man es mit der Hand auf- und abbewegt

Dächer

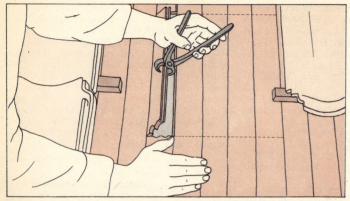

5. Nun wird das ausgesägte Brett mit einer Beißzange vorsichtig aus der Nut herausgezogen

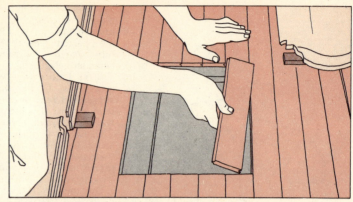

6. Die übrigen Bretter werden entfernt, indem man sie von der Feder des jeweils nächstliegenden Bretts zieht. Danach entfernt man die Nägel aus den Balken

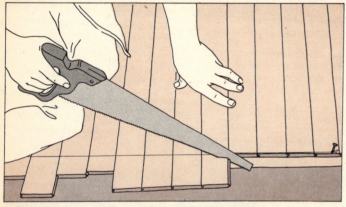

7. Reparaturarbeiten am Dach sind eine gefährliche Sache. Deshalb sollte man nach Möglichkeit ein Gerüst dazu benutzen, und zwar ein solides und kein selbstgemachtes. Deswegen braucht man nicht gleich eines zu kaufen, denn Gerüste kann man mieten, und der Vermieter stellt es außerdem den Sicherheitsvorschriften entsprechend auf. Ein Gerüst hat zudem den Vorteil, daß man die Schalbretter darauf lagern, in einem Zug verarbeiten und, an einer Schnur entlang, auf einmal ablängen kann. Man muß also nicht die Leiter rauf und runter

8. Das erste neue Brett wird gegen die vorhandene Verschalung gelegt. Falls Nut und Feder der neuen und alten Bretter nicht ineinander passen, legt man das neue Brett stumpf gegen das alte und deckt die Fuge oben und unten mit einer Deckleiste ab. In gleicher Weise wird auch die in der Mitte des Dachbalkens liegende Fuge von Sparren zu Sparren abgedeckt. Dachbretter werden genau wie Fußbodendielen mit Hilfe von Holzkeilen fest ineinander getrieben. Wie man das macht, wird bei Fußbodendielen auf Seite 72 beschrieben

9. Auf dem letzten Brett wird der Abstand zum Windbord angezeichnet und das Brett ein paar Millimeter hinter dieser Linie durchgesägt. Dann dreht man das Brett um und schiebt Nut und Feder ineinander und klopft das Brett vorsichtig auf die Balken. Man kann das letzte Brett auch stumpf einfügen und die Fugen mit Deckleisten abdecken. Zum Schluß werden neue Sparren- und Dachlattenstücke genau zwischen die vorhandenen alten eingepaßt und angenagelt

10. Beim Annageln der Dachlatten benutzt man einen Dachziegel als Abstandsmaß. Die Latte wird an einem Ende in Verlängerung der vorhandenen alten angenagelt, dann mißt man den Abstand zum Windbord und nagelt sie auch dort fest. Die Dachlatte wird auf die Sparren genagelt, nachdem man ihren gleichmäßigen Abstand nochmals kontrolliert hat. In gleicher Weise werden die anderen Latten angebracht. Nun legt man die Dachziegel auf

Dachunterkanten abdichten

Der untere, horizontale Rand eines Daches ist meistens mit einem Traufgesims abgeschlossen, das als Windschutz dient und verhindert, daß der Wind die Dachziegel von unten her abhebt. Das Traufgesims besteht aus dem senkrecht stehenden Traufbrett und dem waagrecht liegenden Windschutzbrett. Diese Bretter können im Laufe von Jahren verrotten und müssen dann erneuert werden.

Das Erneuern des Traufgesimses ist eine Arbeit, die am besten von zwei Personen ausgeführt wird. Man braucht dazu ein sicheres Gerüst.

Man kauft Bretter von den Abmessungen der alten, wobei man nicht übersehen darf, daß die Traufbretter an den Enden gegehrt verbunden werden und daß die Windschutzbretter zusätzlich zur eigentlichen Breite mit einer Feder versehen werden und wahrscheinlich auch an Unregelmäßigkeiten der Hauswand angepaßt werden müssen, wobei Abfall entsteht. Als erstes müssen die Dachrinnen abgenommen werden.

Material:	Holz, reichlich abgemessen, für Traufbrett und Bodenbrett
	Eine Rolle Schnur
	Verzinkte Nägel
	Knetholz
	Holzschutzmittel
Werkzeug:	Flachmeißel
	Hammer
	Fuchsschwanz
	Stecheisen
	Holzhammer
	Winkelhaken
	Wasserwaage

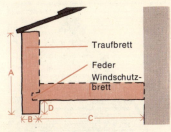

- A Höhe des Traufbretts
- B Dicke des Traufbretts
- C Breite des Windschutzbretts; für die Feder 15 mm hinzufügen
- D Abstand zwischen Unterkante Traufbrett und Unterseite Windbrett

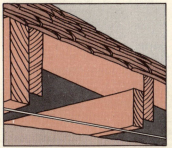

1. Nach dem Abreißen der beschädigten alten Bretter spannt man eine Schnur entlang der Unterseite der Balken von einem Dachende zum anderen

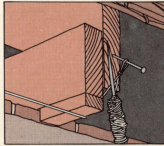

2. Man kontrolliert mit der Wasserwaage die waagrechte Lage der Schnur und berichtigt ihren Verlauf, falls nötig, mit Holzklötzchen

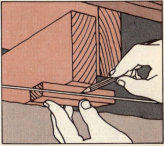

3. Man hält ein Holzklötzchen unter jeden Balken, der über die Schnur liegt, und zeichnet den Abstand entlang der Schnur an

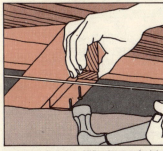

4. Jetzt wird das Klötzchen auf richtige Dicke und Länge geschnitten, grundiert und der Länge nach unter den Balken genagelt

5. Wenn Balken unten über die Schnur vorstehen, sägt man sie dicht an der Wand ein und entfernt das überflüssige Holz bis auf Höhe der Schnur

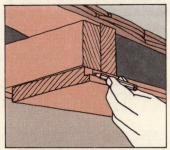

6. Man fixiert ein Windschutzbrett von einem Dachende aus und markiert darauf die Mitte des seinem anderen Ende am nächsten liegenden Balkens

7. Das überstehende Brettende wird an der Linie unter einem Winkel von 45° abgesägt. Die Gehrung verläuft von der Brettunterseite nach außen

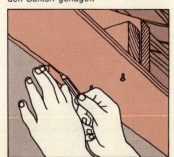

8. Jetzt nagelt man das Windschutzbrett provisorisch an die Balken und zeichnet darauf mit Hilfe eines Klötzchens die Wandunebenheiten an

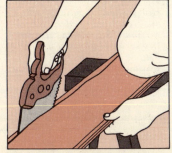

9. Das Windschutzbrett wird abgenommen und an der Markierungslinie entlang beschnitten. Je genauer man sägt, desto besser paßt es an die Wand

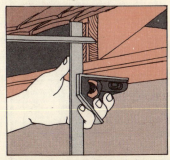

10. Man befestigt das Brett wieder provisorisch und markiert seine Vorderkante (abzüglich Feder) unten an allen Balken, die über sie hinausragen

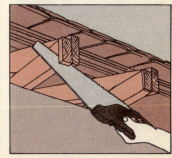

11. Das überstehende Holz der angezeichneten Balken wird vorsichtig mit dem Fuchsschwanz abgesägt. Verschalung nicht beschädigen

Dächer

Neue Windborde anbringen

Dachbalken, die über die Giebelwände hinausragen, werden oft durch sogenannte Windborde abgedeckt. Das sind Holzbretter, die auf den Enden der First-, Fuß- und Mittelpfetten befestigt sind. Lücken zwischen den Windborden und Dachziegeln können mit Mörtel verschlossen werden. Die Unterseiten der Pfetten und des Dachrandes bleiben in diesem Fall sichtbar. Bei einer anderen Konstruktion werden die Unterseiten mit Brettern abgedeckt, die an den Unterkanten der Windborde und an der Hauswand anliegen.

Wenn die Windborde große Risse haben oder von Holzfäule befallen sind, sollte man sie erneuern. Man mißt die schadhaften Bretter aus und kauft neue, die so dick wie die alten und möglichst schon imprägniert sein sollten. Am besten ist vakuumimprägniertes Holz, weil bei diesem Verfahren das Imprägniermittel tief eindringt. Man kann Holz freilich auch selbst imprägnieren; das muß dann aber gründlich gemacht werden.

Wenn man eine Skizze der erforderlichen Holzverbindungen macht, kann der Holzhändler die Bretter in passender Breite zusägen und gegebenenfalls auch noch mit Nut und Feder versehen. Für Reparaturen am Giebel sollte man ein stabiles Gerüst verwenden. Wer mit einer Leiter arbeitet, muß ihr oberes Ende laut baupolizeilicher Vorschrift unbedingt an Mauerhaken befestigen.

Wenn die alten Windborde entfernt sind, empfiehlt es sich, die frei liegenden Teile des Daches mit einem Holzschutzmittel zu behandeln, um Holzfäule und Insektenfraß vorzubeugen.

Material: Die erforderlichen Holzbretter, möglichst schon mit Nut und Feder, Nägel, verzinkte Schrauben, Holzkitt
Werkzeug: Hammer, Flachmeißel, Winkelschmiege, Fuchsschwanz, Hobel, Bohrmaschine, Holzbohrer

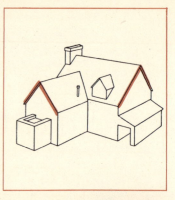

Windborde oder Giebelbretter dienen zur Abdeckung der aus dem Mauerwerk vorstehenden Fuß-, Mittel- und Firstpfetten

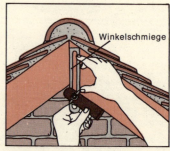

1. Mit der Winkelschmiege wird festgestellt, unter welchem Winkel die Windborde aneinanderstoßen oder auf die Firstpfette treffen

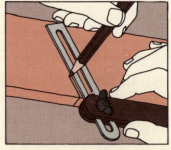

2. Man zeichnet den Winkel auf dem neuen Brett an, mißt die Länge des Windbords und sägt das neue Brett mit reichlicher Zugabe zurecht

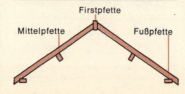

12. Auf Balkenenden, die nicht bis zur Vorderkante des Windschutzbretts reichen, nagelt man zum Ausgleich passende Holzklötze

13. Alle Löcher und Astknoten werden verkittet. Dann wird das Brett möglichst satt mit Holzschutzmittel gestrichen

14. Nun drückt man das Brett mit der abgesägten Kante fest an die Mauer und nagelt es von unten an die Dachbalken und Holzklötze

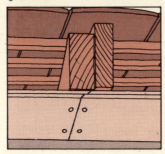

15. Die weiteren Windschutzbretter werden auf die gleiche Weise wie das erste zugerichtet und Gehrung an Gehrung befestigt

16. Falls die Bretter nicht dicht an den Balkenunterkanten anliegen, füllt man die Lücken mit Holzkeilen aus

17. Man hält ein Traufbrett senkrecht gegen ein Windschutzbrett und markiert darauf über den Balken Nagelstellen

18. Das Traufbrett wird abgenommen und innen mit Holzschutzmittel behandelt. Während es trocknet, bereitet man das nächste Brett vor

19. Man nagelt die Traufbretter an die Balken und Windschutzbretter. Dann verkittet man die Löcher und streicht die Bretter

3. Mit einem alten Stemmeisen werden die schadhaften Windborde und Windschutzbretter losgemacht. Man arbeitet dabei von unten nach oben

4. Lockere Dachziegel nimmt man vorsichtig ab und stapelt sie an einem sicheren Platz. Sie können später wieder verwendet werden

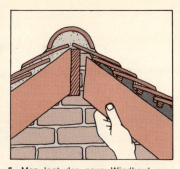

5. Man legt das neue Windbord zur Probe an und prüft sorgfältig, ob seine Gehrung genau an die des alten oder an die Firstpfette paßt

6. Das Brett wird an beiden Enden provisorisch angenagelt. Die Nägel werden nicht ganz eingeschlagen, damit man sie später leicht entfernen kann

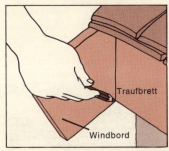

7. Auf der Innenseite des Windbords wird die Kante des Traufbretts angezeichnet. Außerdem müssen die Unterkanten beider Bretter fluchten

8. Man zieht die Nägel, nimmt das Windbord herunter, sägt das angezeichnete Ende ab und prüft, ob das Brett genau an seinen Platz paßt

9. Das Windschutzbrett wird auf die richtige Länge zugeschnitten. Dann zeichnet man mit der Winkelschmiege an den Enden die Gehrungen an

10. Jetzt werden an den Brettenden die Gehrungen gesägt. Danach heftet man das Windschutzbrett mit Nägeln provisorisch von unten an die Pfetten

11. Die Wandunebenheiten überträgt man auf das Brett, indem man ein Holzklötzchen als Zeichenunterlage an der Wand entlangführt

12. Das Windschutzbrett wird abgenommen und entlang der angezeichneten Linie auf die erforderliche Breite zugesägt

13. Man streicht die Innenseite des Bretts mit Holzschutzmittel, nagelt es provisorisch an, schraubt es fest und zieht die Nägel wieder heraus

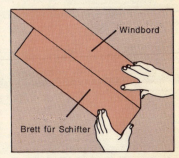

14. An das Ende des Windbords wird ein etwa 60 cm langes Brettstück von der Stärke des Windbords gelegt, das den sogenannten Schifter ergeben soll

15. Das Brettstück wird nun mit einem Kombinationswinkel rechtwinklig zur Endkante des Windbords angerissen, also zur unteren Längskante hin

16. Auf der angerissenen Linie trägt man die Breite des Windbords ab und zeichnet von dort aus die Abschrägung des alten Schifters an

17. Der Schifter wird ausgesägt und an den Kanten glattgehobelt oder aber glattgefeilt, bis er einwandfrei auf das Windbord paßt

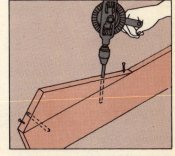

18. Nun nagelt man den Schifter provisorisch auf das Windbord und bohrt im rechten Winkel zu den Kanten zwei Löcher für Schrauben

Dächer

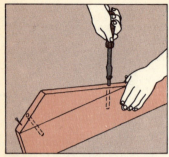

19. Der Schifter wird auf die Windbordkante geschraubt. Dann zieht man die Nägel heraus und verkittet die Schrauben- und Nagellöcher

20. Man streicht die Innenseite des Windbords mit Holzschutzmittel, drückt es mit der Nut über die Feder des Windschutzbretts und schraubt es mit verzinkten Schrauben fest

21. Dann werden abgenommene Dachziegel wieder angebracht und eingeputzt, die Schraubenlöcher verkittet und die Bretter gestrichen

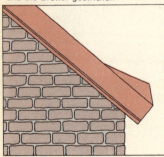

22. In manchen Fällen wird der Schifter auf die Oberkante des Windbords zur Abdeckung des Dachrinnenendes befestigt

Verbindung zwischen Mauer und Pultdach

Bei älteren Gebäuden besteht die Verbindung zwischen Mauer und Dach manchmal nur aus einem Mörtelrand. Man sollte diesen Mörtel entfernen, sobald er Risse zeigt. Das gleiche gilt auch für eine Blechverwahrung, die im Laufe der Zeit beschädigt wurde.

Material: Zinkblech, Bleiblech, Zementmörtel
Werkzeug: Spitzkelle, fester Pinsel, Hammer, Flachmeißel, Holz- oder Gummihammer

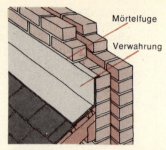

Verwahrung: Zink- oder Kupferblechstreifen, der in der Mauerfuge angebracht ist und den Dachrand überlappt

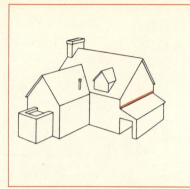

1. Der schadhafte Verwahrungsteil wird mit einem Flachmeißel von der Mauer entfernt. Dabei darf das Dach nicht beschädigt werden

2. Danach meißelt man den Mörtel etwa 2,5 cm tief aus der Fuge. Staub und Mörtelreste werden aus der Fuge gebürstet

3. Um die Breite der Verwahrung festzulegen, mißt man den Abstand von der Fuge bis zum Dachrand und gibt ca. 15 cm für die Überlappung zu

4. Der Blechstreifen wird zugeschnitten, auf ein Brett gelegt und an einer Längskante etwa 2 cm breit rechtwinklig umgeklopft

5. Von dem senkrechten Rand aus reißt man den Abstand von der Fuge zur Dachoberkante an und klopft das Blech im Winkel des Daches um

6. Die ausgemeißelte Fuge wird mit einem Pinsel gründlich naß gemacht, damit der Mörtel später gut darin hält

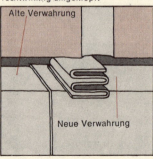

7. Neue Verwahrung so in die Fuge drücken, daß sie die alte um 15 cm überlappt, und mit einem gefalteten Blechstück festklemmen

8. Nun drückt man die neue Verwahrung fest auf das Dach, klopft sie, wenn nötig, an und streicht die Fuge mit Mörtel zu

9. Zum Schluß wird der überschüssige Mörtel mit der Spitzkelle von der Fuge und vom Verwahrungsblech entfernt

Dach-Wand-Verwahrungen (Seitenkehlen)

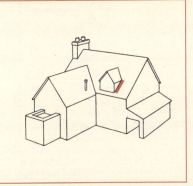

Nur wenn der Dachrand horizontal, also parallel zu den Mauerfugen, angesetzt ist, kann man sich mit einfachen Bleiblechstreifen behelfen. Bei schrägen Dachrändern müssen an der gemauerten Wand über dem zuerst angebrachten Bleiblechstreifen etwa 30 cm breite Zinkblechstreifen stufenförmig in die Mauer gefugt werden. Sie werden am unteren Ende der Dachneigung entsprechend schräg abgeschnitten. Die Zinkbleche überlappen sich etwa 4 cm. Die Bleiverwahrung muß auf der Dachfläche der Ziegelform angepaßt werden. Man sollte daher das beschädigte Teil vorsichtig abnehmen, um es als Schablone beim Zuschneiden des neuen Blechs verwenden zu können.

Material: Zinkblech, Bleiblech, Zementmörtel
Werkzeug: Kelle, Flachmeißel, Hammer, Bürste, Holzhammer, Blechschere

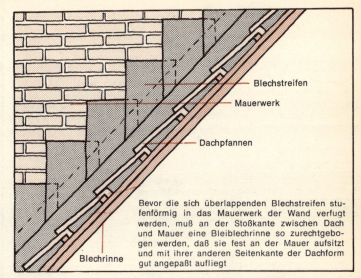

Bevor die sich überlappenden Blechstreifen stufenförmig in das Mauerwerk der Wand verfugt werden, muß an der Stoßkante zwischen Dach und Mauer eine Bleiblechrinne so zurechtgebogen werden, daß sie fest an der Mauer aufsitzt und mit ihrer anderen Seitenkante der Dachform gut angepaßt aufliegt

1. Dachziegel entlang der Mauer abnehmen und ihre Oberkante an der Mauer anzeichnen; das ist zugleich die Unterkante der Blechstreifen. Höhe (etwa 6 Ziegellagen) und senkrechte Einteilung der Bleche festlegen

2. Mörtel aus den Fugen für die Bleche etwa 2,5 cm tief entfernen. Blechhöhe ist Fugenhöhe plus 2 cm. Maße auf dem Blech anreißen, zur vorgesehenen Streifenbreite 4 cm für senkrechte Überlappung zugeben

3. Beim Zuschneiden der Blechstreifen können die abgenommenen alten Bleche als Schablone dienen (falls es sich nur um eine Erneuerung handelt). Man nimmt sie deshalb vorsichtig von der Mauer ab

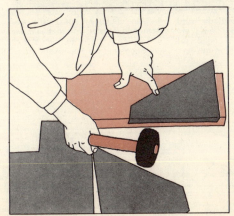

4. Die obere Kante jedes Streifens wird mit dem Holzhammer rechtwinklig 2 cm umgeschlagen. Streifen anhand der angezeichneten Linie in die Fugen einpassen, numerieren und wieder abnehmen

5. Die Blechrinne ist hinter den Streifen etwa 5 cm hoch und reicht etwa 15 cm weit auf das Dach. Sie wird an ihrem oberen Rand mit verzinkten Stahlnägeln in den Mauerfugen befestigt

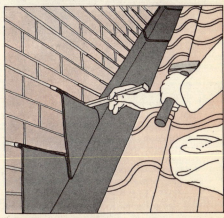

6. Die Blechstreifen werden in die Fugen geschoben und diese mit Mörtel zugestrichen. Erst nach Erhärten des Mörtels wird die über die Dachfläche greifende Bleiblechrinne angeklopft

Dächer

So sieht ein Schornstein aus

Der unten abgebildete Schornstein ist mit einer vorgefertigten Abschlußplatte aus Beton abgeschlossen, die durch eine Mörtelschicht mit dem Schornsteinmauerwerk verbunden ist und je nach Anzahl der Rauchzüge im Schornstein eine oder mehrere quadratische Öffnungen hat.

Bei Reparaturen an Schornsteinen muß man mit größter Vorsicht und möglichst mit einem Helfer arbeiten, denn sonst kann leicht ein Unglück passieren.

Die Arbeiten dürfen nur von sicher befestigten Gerüsten aus durchgeführt werden. Gehwegabschnitte durch schräg gegen die Hauswand gestellte Latten absperren. Rote Lappen oder Hinweisschilder anbringen und im übrigen die bau- und feuerpolizeilichen Vorschriften strikt beachten!

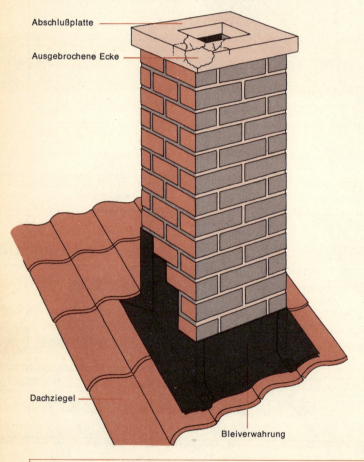

- Abschlußplatte
- Ausgebrochene Ecke
- Dachziegel
- Bleiverwahrung

Eine neue Abschlußplatte anbringen

Ein beschädigter Schornstein soll so schnell wie möglich repariert werden, weil eine lose oder zersprungene Abschlußplatte bei einem Sturm zu einem gefährlichen Geschoß werden kann.

Material: Abschlußplatte nach Maß der alten, Ziegel, Sand/Zement-Mörtel 4:1
Werkzeug: Maurerhammer, Kelle, Fugenkelle, Fäustel, Meißel, Pinsel, Gerüst, Leitern

1. Beschädigte Abschlußplatte und Mörtelschicht vorsichtig abmeißeln. Trümmer nicht in den Schornstein und auf das Dach fallen lassen

2. Die Mörtelreste und Staub werden mit einem Handfeger gründlich weggefegt und am besten gleich in ein bereitgestelltes Gefäß geschüttet

3. Neue Abschlußplatte probeweise auflegen, dann die obere Ziegellage gründlich anfeuchten und eine 2 cm starke Mörtelschicht auftragen

4. Die neue Abschlußplatte wird gründlich angefeuchtet, auf die Mörtelschicht gelegt, angedrückt und in die richtige Position geklopft

5. Man nimmt mit der Kelle austretenden Mörtel von den inneren und äußeren Fugen weg und streicht die Fugen mit der Fugenkelle zu

EINEN SCHORNSTEIN VERSCHLIESSEN

Ein Schornstein, der nicht mehr als Rauchabzug benutzt wird, sollte verschlossen werden, damit keine Nässe eindringen kann.

Man verschließt ihn am besten mit einer Betonplatte. Für Ventilation sorgt man, indem man unten im Schornstein ein Lüftungsgitter einbaut (siehe S. 135).

  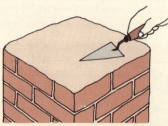

1. Abschlußplatte und Mörtelschicht entfernen, Ziegel säubern und gründlich anfeuchten

2. Um die Schornsteinöffnung einen dicken Mörtelrand in Größe der Verschlußplatte anbringen

3. Verschlußplatte anfeuchten, auflegen und mit einer nach den Seiten abfallenden Mörtelschicht zustreichen

Schornsteinverwahrungen am Schrägdach erneuern

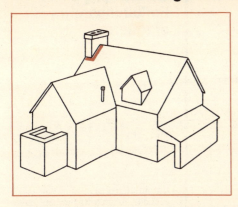

Die Verwahrungen von Schornsteinen und Entlüftungsrohren auf einem Ziegeldach sind für die Regenabführung kritische Stellen; besonders deshalb, weil hier Materialien mit ganz verschiedenen Eigenschaften aufeinander treffen: das Holz des Dachstuhls, Dachziegel und Schornsteinziegel, Bleiblech und Zinkblech. Es ist deshalb nicht erstaunlich, daß Dächer an diesen Stellen oft undicht werden.

Bei Schornsteinen, die durch ein Schrägdach führen, ist der wasserdichte Anschluß schwieriger, weil auf der Rückseite eine verdeckte Regenrinne erforderlich ist. Diese Rinne besteht aus Zinkblech, über dem eine Bleiverwahrung liegt, die in den Fugen der Schornsteinrückseite befestigt ist. Die Schornsteinseiten sind mit überlappenden Zinkblechstreifen (siehe S. 17) abgedeckt. Der Boden der Verwahrung ist im Dachholz befestigt.

Material:	Bleiblech
	Zinkblech
	Zementmörtel
Werkzeug:	Flachmeißel
	Hammer
	Kelle
	Holzhammer

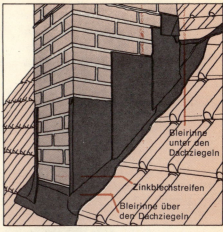

1. Die Bleiblechrinne der Schornsteinabdichtung (Verwahrung) wird oben unter die Dachziegel geschoben; unten und seitlich liegt sie darüber. Eingefügte Zinkblechstreifen überlappen sie

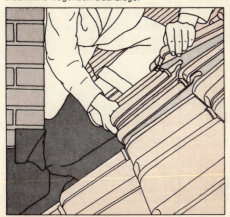

2. Eine schadhafte Verwahrung über dem Schornstein muß schnell erneuert werden, um einen Wassereinbruch zu verhindern. Zuerst entfernt man die auf der Blechrinne liegenden Dachziegel

3. Die Dachziegel werden an einen sicheren Platz gelegt, dann beginnt man mit dem Abnehmen der alten Blechrinne. Dazu muß zuerst der Mörtel aus den Fugen geschlagen werden

4. Für die Rinne wird neues Bleiblech zugeschnitten. Dabei benutzt man das abgenommene alte Blech als Schablone. Die neue Rinne wird in das Mauerwerk des Schornsteins eingefugt

5. Wenn diese nicht ganz einfache Arbeit ausgeführt ist, können die alten Dachziegel wieder aufgelegt werden. Beschädigte Dachplatten werden bei dieser Gelegenheit erneuert

6. Wenn die Dachziegel wieder aufgelegt sind, wird das senkrechte Blech der Rinne um die Schornsteinkanten geklopft und seine Enden mit verzinkten oder kupfernen Nägeln befestigt

7. Um die Erneuerungsarbeit sauber zu beenden und die Blechverwahrung sicher zu befestigen, werden die aufgehackten Fugen mit einer Fugenkelle wieder fest mit Mörtel verstrichen

Dächer

Schornsteinverwahrungen am Dachfirst erneuern

Die Blechverwahrung eines Schornsteins am Dachfirst ist ein schwacher Punkt, an dem häufig Undichtheiten auftreten.

Man sollte deshalb Firstschornsteine regelmäßig kontrollieren. Wenn sich Risse oder Löcher im Blech zeigen, muß es schnellstens erneuert werden.

Material:	Zinkblech, Bleiblech, Zement/Sand-Mörtel im Verhältnis 1 : 4
Werkzeug:	Brecheisen, Flachmeißel oder alter Schraubenzieher, Hammer, Fugenkelle, Kelle, sichere Leiter oder Gerüst

Wenn an den Schornstein grenzende First- oder Dachziegel zu erneuern sind, die von der Blechverwahrung überdeckt werden, muß man besonders sorgsam zu Werke gehen, um Dachziegel und Blech nicht zu beschädigen. Bei der Reparatur darf keine neue Schadensquelle entstehen.

Firstziegel werden in Mörtel verlegt. Zum Annageln dienen verzinkte Nägel, die sicher, aber nicht zu fest eingeschlagen werden. Heftige Hammerschläge können die Ziegel beschädigen.

Material:	Firstziegel oder Ort- oder Normalziegel Verzinkte Stahlnägel
Werkzeug:	Hammer Sichere Leiter oder Gerüst

Verwahrung eines Entlüftungsrohrs erneuern

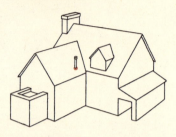

Entlüftungsrohre, auch Dunstrohre genannt, müssen wasserdicht durch die Dachhaut geführt werden. Sie werden benötigt für Abwasserleitungen (siehe Abwasserschema Seite 196), für die Entlüftung innenliegender Bäder und WCs, für Dunstabzugshauben von Küchen, Waschküchen und Trockenautomaten.

Entlüftungsrohre für Abluftleitungen müssen mit einer regensicheren Haube versehen werden, Entlüftungsrohre für Abwasserleitungen brauchen keine.

Entlüftungsrohre sind einbaufertig mit Dachverwahrung im Handel zu haben. Es lohnt sich nicht, diese selbst herzustellen oder zu reparieren, da sie absolut wasserdicht sein müssen.

Entlüftungsverwahrungen gibt es für die verschiedensten Dacharten, vom Flachdach bis zum Steildach, ebenso für alle Dachbeläge, beispielsweise für Ziegel verschiedenster Art, für Wellblech, Wellasbestzement und Bitumenpappe.

Je nach Dachbelag läßt es sich manchmal nicht vermeiden, daß beim Entfernen der alten Verwahrung auch ein Teil der Dachdeckung beschädigt wird. Bei Ziegeldächern kann es notwendig werden, Teile der Dachlatten und Verschalung zu erneuern.

Je nach Art der Entlüftungsverwahrung kann es erforderlich sein, das Entlüftungsrohr zu kürzen oder im oberen Teil zu erneuern. Es ist jedenfalls zweckmäßig, den Zustand des Rohres und der Dachdeckung zu prüfen, bevor man die Reparatur ausführt.

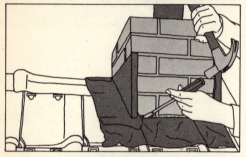

1. Zuerst wird mit einem Brecheisen, einem Meißel oder alten Schraubenzieher der Mörtel aus der Fuge herausgeschlagen, in der das zu erneuernde Blech sitzt. Vorsicht: Ziegelkanten nicht beschädigen

2. Das neue Bleiblechstück wird dann genau nach den Maßen des alten zugeschnitten, fest in die Fuge geschoben und – den Dachpfannen angepaßt – festgeklopft, bis es möglichst fugenlos aufliegt

3. Die aufgehackte Fuge, in der die neue Verwahrung sitzt, wird mit der Fugenkelle und Zement/Sand-Mörtel im Verhältnis 1 : 4 fest zugestrichen. Gut trocknen lassen

1. Wenn der schadhafte alte Dachziegel unter die Schornsteinverwahrung greift, muß das Blech angehoben werden, bevor sich der Ziegel entfernen läßt. Vorsicht, daß das Blech dabei nicht einreißt

2. Der neue Dachziegel muß genau den Maßen des alten entsprechen. Nach dem Einsetzen wird das Blech auf die Dachziegel geklopft und der senkrechte Teil der Verwahrung wieder angebracht

3. Nach der Erneuerung eines Firstziegels wird das Blech der Verwahrung wieder angeklopft. Die überlappenden senkrechten Blechteile werden in die Mauerfugen gesetzt und mit Mörtel umgeben

Material:	Entlüftungsverwahrung nach Rohrdurchmesser und Dachart, wenn nötig Ziegel, Dachlatten, Lüftungsrohr und Nägel
Werkzeug:	Hammer, Zange, Blechschere, Säge

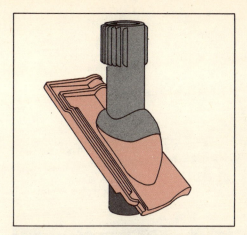
Entlüftungsverwahrung für Ziegeldächer ohne regensichere Haube für Abwasserbelüftungsrohre. Zum Kauf nimmt man einen Dachziegel zum Vergleich mit

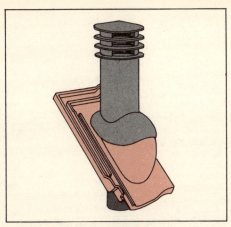
Entlüftungsverwahrung für Ziegeldächer mit regensicherer Haube für Abluftleitungen. Auch hier muß der Ziegel zur Dachdeckung passen

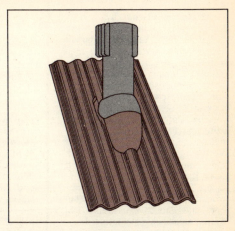
Entlüftungsverwahrung für Bitumenwellpappe, Wellblech oder Wellkunststoff. Die Verwahrung wird auf die Unterkonstruktion geschraubt

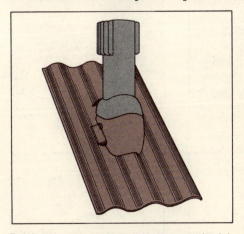
Entlüftungsverwahrung für Wellasbestzement; sie wird mit Schrauben befestigt

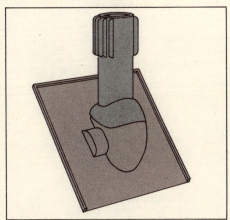
Entlüftungsverwahrung für Schiefer- oder Asbestzementplatten; sie wird geschraubt oder genagelt

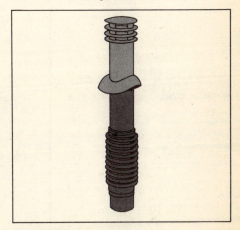
Entlüftungsrohr mit flexiblem Rohranschluß; kann bei allen Verwahrungen verwendet werden

Entlüftungsverwahrung an Ziegeldach erneuern

1. Zunächst Ziegel um die alte Verwahrung abdecken, dann Verwahrung und altes Rohr entfernen

2. Die Unterkonstruktion, wie Dachlatten z. B., prüfen und gegebenenfalls ausbessern

3. Die Entlüftungsverwahrung einsetzen, das Rohr anschließen und Ziegel einsetzen

Dächer

Entlüftung am Flachdach

Es ist nicht einfach, ein Entlüftungsrohr mit Verwahrung an einem Flachdach zu erneuern; man sollte die Arbeit möglichst von einem Fachmann ausführen lassen. Denn einerseits gibt es viele Arten von Flachdachaufbauten mit den verschiedensten Materialien, andererseits benötigt man Spezialwerkzeug und Fachkenntnisse. In Notfällen, wenn kein Fachmann zur Verfügung steht, kann man sich mit dauerelastischem Kunststoff oder Kaltbitumen helfen: Die undichte Stelle wird mit Heißluft getrocknet, von losen Teilen gesäubert und danach mit dem Dichtungsmaterial abgedichtet.

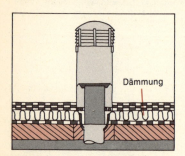

Entlüftungsverwahrung mit Haube für wärmegedämmtes Flachdach mit Bitumenisolierung

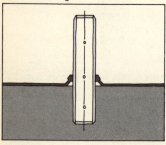

Entlüftungsverwahrung ohne Haube für einschaliges Kaltdach; kann in Kunststoffolie oder Bitumenschweißbahnen eingeklebt werden

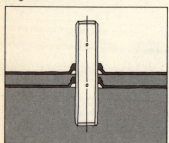

Entlüftungsverwahrung ohne Haube, zweiteilig, für Warmdach mit Wärmedämmung; zum Einkleben in Kunststoffolie oder Bitumenschweißbahnen

Abdichten einer Dachkehle

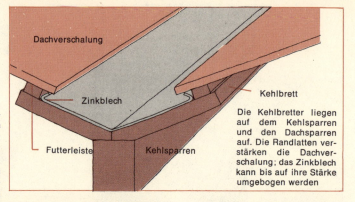

Die Kehlbretter liegen auf dem Kehlsparren und den Dachsparren auf. Die Randlatten verstärken die Dachverschalung; das Zinkblech kann bis auf ihre Stärke umgebogen werden

Wo zwei schräge Dachflächen aneinander stoßen, entsteht eine „Kehle", die sich mit Dachziegeln nicht immer einwandfrei abdichten läßt. In diesem Fall wird für den Anschluß der Dachflächen und zur Abführung von Regenwasser eine Rinne aus Zinkblech eingelegt. Da Zink einen ziemlich hohen Ausdehnungskoeffizienten hat, darf die Rinne in der Kehle nicht angenagelt werden. Sie wird stabilisiert, indem man die Ränder der Zinkrinne fest unter die Dachkanten klemmt. Lediglich bei Überlappungen kann das Blech mit einzelnen Nägeln befestigt werden.

Die Teile sehr langer Zinkrinnen werden nicht zusammengelötet, sondern durch Falznähte miteinander verbunden, eine Arbeit, die man dem Fachmann überlassen soll. Bei kürzeren Kehlen: Überlappung anbringen oder an die Naht verlöten.

Die meisten Kehlrinnen werden mit Futterleisten versehen, die zwischen den Kehlbrettern und Dachkanten liegen. Zwischen ihnen werden die aufgebogenen Ränder der Zinkrinne festgeklemmt; das ergibt einen wasserdichten Anschluß.

Auf beiden Seiten der Kehle können zurechtgeschnittene Dachziegel oder Schieferplatten liegen. Da sie vor der Erneuerung der Zinkrinne abgenommen werden müssen, ist es ratsam, sie zu numerieren. Wenn unregelmäßig zurechtgeschnittene Dachziegel schadhaft sind, werden sie als Schablone zum Anreißen der Ersatzziegel benutzt.

Blecharten für Dachdeckerarbeiten

Für Dachdeckerarbeiten wie Abdichtungen, Verwahrungen, Regenrinnen, Entlüftungsrohre u. a. dürfen nur nichtrostende Blecharten verwendet werden. Stahlbleche scheiden deshalb von vornherein aus, auch wenn sie verzinnt (Weißblech), verkupfert oder auf andere Weise gegen Rost geschützt sind. Der Dachdecker benutzt drei Blecharten: Bleiblech, Kupferblech und Zinkblech.

1. Eventuell vorhandenen Mörtelrand und Bleiblech entfernen, Verbindung mit der Dachrinne lösen. Schieferplatten oder Dachziegel von unten nach oben numerieren

2. Die numerierten Dachplatten oder -ziegel entfernen; um Arbeitsfläche zu gewinnen, bis auf etwa 60 cm Breite. Dachziegel oder -platten sicher stapeln

3. Alte Zinkrinne entfernen, Breite der Kehle messen, dabei Umschlag an den Seiten nicht vergessen. Ränder des neuen Blechs um die Dicke der Randlatten aufbiegen

Bleiblech: wird überall dort verwendet, wo es auf dichte Anpassung durch Anklopfen des Blechs an die Formen der Dachziegel ankommt.

Zink- oder Kupferblech: zur Abdeckung gerader Flächen. Zinkblech ist zwar spröder als Kupferblech, aber auch billiger.

Material: Zinkblech, Dachziegel oder Schieferplatten, verzinkte Nägel, Lötzinn
Werkzeug: Hammer, Gummi- oder Holzhammer, Blechschere, Lötkolben

4. Beide Längskanten über einer Holzbohle mit dem Holzhammer umklopfen; Blech in der Mittellinie so knicken, daß es unter die Dachränder paßt. Rinne in die Kehle legen

5. Dachplatten oder -ziegel von unten nach oben in richtiger Reihenfolge wieder anbringen. Dabei erst eine Seite fertigstellen, bevor man mit der zweiten beginnt

Reparaturen an Ziegeldächern

Die meisten Wohnhäuser sind mit Dachziegeln gedeckt, die aus Ton geformt und im Ziegelofen gebrannt werden. Je nach Formgenauigkeit, Ebenmäßigkeit, Klang, Farbe und Schwindungsmängeln unterscheidet man Dachziegel I., II. und III. Wahl.

Neben den Normalziegeln gibt es zahlreiche Sonderformen, die für eine vollkommene Dachabdichtung entscheidend sind.

Die wichtigsten Sonderformen sind:
Firstziegel zum Abdecken des Satteldachfirsts
Gratziegel zum Abdecken von Dachgraten
Traufziegel mit besonderer Fußausbildung für den unteren Dachrandabschluß
Firstanschlußziegel mit besonderer Kopfausbildung zum Anschluß der Firstziegel
Gaupenziegel zur Entlüftung des Raums unter der Dachdeckung
Durchführungsziegel zur Durchführung von Entlüftungsrohren
Ort- und Windbordziegel zum Anschluß an die Giebelmauern oder Windborde
Kehlziegel in Winkelform und **Rinnenkehlziegel** zum Auslegen von Dachkehlen
Glasdachziegel in vielen Formen zur Dachraumbelichtung

Dachziegel können von einer Mindestdachneigung von ca. 30° an verlegt werden, Flachdachpfannen ab einer Neigung von ca. 20°. Beim Verlegen von Dachziegeln auf einer Verschalung ist es ratsam, die waagerechten Dachlatten nicht unmittelbar aufliegend, sondern auf mindestens 2,5 cm dicken senkrechten Futterlatten zu befestigen.

Bei der untersten Ziegelreihe wird die Dachlatte auf ihre Kante gelegt, um alle Ziegel in einer Fläche zu halten. Die unterste Ziegelreihe muß so verlegt werden, daß sie die Verschalung vor eindringendem Regen schützt. Dachziegel sollte man niemals annageln, weil sie springen und vom Dach fallen können.

Wenn Dachziegel verankert werden müssen, wie zum Beispiel bei Dachneigungen von mehr als 60°, geschieht das mit Dachziegelhaken, die in verschiedenen Ausführungen im Baustoffhandel zu haben sind.

Zerbrochene Dachziegel erneuern

Dachziegel, die oft fast unsichtbare Haarrisse haben, können bei Frost zerspringen. Auch Sturm kann leicht Schäden verursachen. Es ist deshalb wichtig, schadhafte Ziegel so schnell wie möglich zu ersetzen, damit das Dach nicht undicht wird und die Verschalung nicht zu verrotten beginnt. Darunter liegende Bauplatten können durch Feuchtigkeit ernsthaften Schaden nehmen, und sehr aufwendige Reparaturen wären die Folgen.

Die neuen Dachziegel müssen genau dieselben Maße und Anschlußkonturen haben wie die alten. Es ist deshalb unerläßlich, beim Kauf der Ersatzziegel einen alten als Muster mitzunehmen.

1. Um hoch auf dem Dach liegende Pfannen auszuwechseln, muß man eine ganze Dachziegelreihe abnehmen, um Platz zum Stehen zu gewinnen

2. Die Dachziegel werden gestapelt, nach Möglichkeit auf dem Dach, niemals in der Dachrinne. Ungleiche Ziegelgrößen werden gekennzeichnet

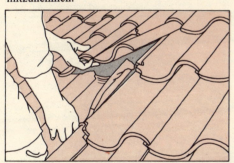

3. Schadhafte Dachziegel nimmt man unter Anheben der darüber und nebenan liegenden ab. Gleichzeitig prüft man, ob die Dachverschalung in Ordnung ist

4. Unter Anheben des darüber liegenden Dachziegels schiebt man den neuen an seinen Platz; seine Nase wird dabei über die Dachlatte gehängt

5. Die Seitenfalze müssen richtig in die der nebenan liegenden Dachziegel eingreifen. Die Ziegel werden wieder von oben nach unten verlegt

GEBRÄUCHLICHE DACHZIEGELFORMEN

   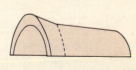

Muldenziegel mit zwei muldenförmigen Längsvertiefungen, einfachem Kopffalz und doppeltem Seitenfalz. Der Ziegel ist für alle Dachformen anwendbar

Krempziegel (verlegt), auch Blattziegel, Flachziegel oder Breitziegel genannt, mit konisch geformter Krempe; für normale Dachneigungen geeignet

Hohlpfanne, auch holländische Pfanne oder S-Pfanne genannt, mit S-förmig gekrümmter Oberfläche und rechts- oder linksseitigem Wulst; für normale Dachneigungen

First- und Gratziegel, auch Forstziegel, Walmziegel, Schrenkziegel genannt, zur Eindeckung der Firste und Grate, in verschiedenen Formen hergestellt, Normallängen 365 und 400 mm

Dächer

Reparatur einer Dachverschalung

Wenn eine Dachverschalung größere Schäden aufweist, sollte sie ganz erneuert werden (siehe Seite 11). Nur kleinere Stellen kann man mit Bitumenmaterial abdichten. Für größere Flächen ist das nicht anzuraten, weil das Holz darunter nicht atmen kann.

Material: Ruberoid, Bitumenkleber, Flachkopfnägel, Holzkonservierungsmittel
Werkzeug: Säge, scharfes Messer, Hammer, Beißzange, Bürste, Anstreichpinsel

1. Abgenommene Dachziegel an sicherem Platz stapeln. Danach werden mit der Beißzange die Nägel aus den Dachlatten entfernt

2. Um die Verschalung nicht noch weiter zu beschädigen, schiebt man vor dem Sägen ein Stück Hartfaserplatte unter die Latten

3. Dachlatten dicht neben der Schadenstelle schräg durchsägen. Größeren Riß in der Verschalung mit Asphaltbitumen ausgießen

4. Eine Abdichtplatte (Ruberoid) etwas größer als die Schadenstelle zuschneiden und mit Bitumenklebstoff auf die Reparaturstelle kleben

5. Die Ecken werden mit ein paar rostfreien Nägeln befestigt. Dann mißt man die fehlenden Dachlattenstücke genau aus

6. Neue Lattenstücke zuschneiden, mit Holzkonservierungsmittel allseitig behandeln und mit rostfreien Nägeln befestigen

7. Die Reparaturstelle und vor allem die Dachrinne von allen Abfällen gründlich säubern. Dachziegel wieder auflegen

Firstziegel und Gratziegel

Die Dachoberkante ist gewöhnlich mit Firstziegeln gedeckt, Dachgrate mit First- oder besonderen Gratziegeln. Firstziegel dürfen niemals angenagelt werden. Man unterscheidet zwei verschiedene Verlegungsarten:

1. Unter Verwendung von sogenannten Firstanschlußziegeln, wobei die Firstziegel lose auf den besonders ausgebildeten Köpfen dieser Ziegel liegen.

2. Unter Verwendung eines sogenannten Gratbretts, das ist ein auf der Firstpfette sitzendes schmales Brett. In diesem Fall werden die Firstziegel mit dickflüssigem Mörtel aus 1 Teil Zement, 2 Teilen Kalk und 10 Teilen feinem Sand befestigt und alle Fugen mit diesem Mörtel zugestrichen.

Es gibt zahlreiche Sonderformen von Dachziegeln, unter anderem auch Firstabschlußziegel, Gratziegel und Kehlziegel.

 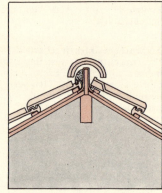

1. Firstkonstruktion mit Firstpfette. Hier ruhen die Firstziegel auf den Firstanschlußziegeln und sind nicht besonders befestigt

2. Firstkonstruktion mit Gratbrett. Die Firstziegel liegen in einem Kalkmörtelbett und sind so fest mit den Dachpfannen verbunden

3. Schuppenförmig übereinander gelegte Gratziegel dienen zur Abdeckung von Dachgraten. Am unteren Ende wird die Reihe mit einem Firstabschlußziegel abgeschlossen

Erneuern eines Firstziegels

Firstziegel decken die obere Dachkante, den First, ab. Sie liegen überlappend auf den beiden obersten Dachziegelreihen und schließen diese wasserdicht ab. Schadhafte Firstziegel sollte man so schnell wie möglich erneuern.

Auf Firstanschlußziegeln liegen die Firstziegel nur lose auf und sind einfach auszutauschen. Auch angeschraubte Firstziegel stellen keine Probleme.

Bei in Mörtel verlegten Firstziegeln muß der alte Mörtel unter dem beschädigten Ziegel vollständig entfernt werden.

Material: Firstziegel, Mörtel (Zement, Kalk, Sand 1:2:10)
Werkzeug: Flachmeißel, Hammer, Kelle

1. Mörtelreste vom Firstreiter und den Dachziegeln mit dem Flachmeißel entfernen. Neuen Firstziegel einpassen

2. Mörtel zwischen Dachziegelrand und Firstreiter auftragen, jedoch nicht die ganze Höhe unter dem Firstziegel damit füllen

3. Firstziegel naß machen und in das Mörtelbett drücken. Den Ziegel unter den dahinter liegenden und über den davor liegenden drücken

Abschließen von Giebeln

Die Dachziegeldeckung kann an der Giebelwand entweder durch Ortziegel, Ziegel in halber Breite, mit einem Mörtelrand oder durch Windbordziegel mit besonderer Seitenausbildung, die auf die Windborde übergreift, ausgeführt sein.

Für den Abschluß mit einem Mörtelrand können normale Dachziegel oder halbbreite Ortziegel dienen. Bei der Erneuerung einzelner Ziegel muß man sich an das vorhandene Muster halten.

Bei beschädigten Giebelanschlußziegeln ist meistens auch der Mörtelrand unbrauchbar geworden. Die Mörtelreste müssen gründlich entfernt werden.

Material: Normalziegel, Ortziegel oder Windbordziegel, Mörtel
Werkzeug: Flachmeißel, Hammer, harte Bürste, Kelle

1. Vorsichtig den Mörtelrand unter dem neu anzubringenden Ziegel entfernen. Genügend Mörtel (Zement, Kalk, Sand 1:2:10) anrühren

2. Staub und Mörtelreste mit harter Bürste entfernen und das Stück der Giebelmauer mit verdünnter Salzsäure gründlich säubern

3. Mauerstück mit reichlich klarem Wasser abspülen und den neuen Ziegel, wie auf Seite 23 beschrieben, anbringen

4. Ein Holzbrett unter den Mauerrand halten und den Dachziegel mit Mörtel an die Mauer anschließen. Mörtelrand glattstreichen

GIEBELABSCHLUSS VON DACHZIEGELN

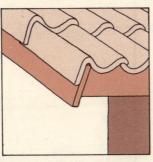  

Ort- oder Giebelanschlußziegel | Einfache Hohlpfanne | Hohlpfanne mit zwei Wülsten

Traufziegel

Bei normalen Dachziegeln entstehen am Traufende unter den Wölbungen Öffnungen, in denen Vögel nisten können. Das kann man durch die Verwendung von Traufziegeln mit umgebogener oder zurückliegender Lippe verhindern.

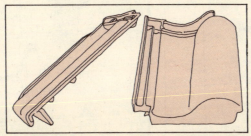 

Links: Traufziegel mit umgebogener Lippe, vor allem für Dachränder ohne Dachrinne. Rechts: Traufziegel mit zurückliegender Lippe. Sie soll wegen der erwünschten Ventilation nicht dicht an der Dachlatte anliegen. Das

Verlegen der Traufziegel geschieht nach Entfernen der untersten Dachziegelreihe, indem man sie Stück für Stück unter die Pfannen der zweiten Reihe schiebt. Sie müssen dabei fest einrasten

Dächer

Provisorisches Abdichten eines Ziegeldachs

Wenn ein Ziegeldach, meist nach einem Unwetter, ernste Beschädigungen aufweist, die nicht sofort beseitigt werden können, sollte man die bloßliegende Dachverschalung wenigstens provisorisch mit Plastikfolien abdecken.

Man kann die Folie unter den Ziegeln bis in die Dachrinne durchlaufen lassen oder aber – bei kleineren Beschädigungen – nur die Schadenstelle selbst abdecken.

Im ersten Fall dreht man die Seitenkante der Folie um die ganze Länge einer Dachlatte, die man unter der ersten senkrechten Ziegelreihe auf die vorhandenen Dachlatten nagelt. Ist das Loch so breit, daß eine zweite Folie erforderlich ist, so legt man erst einen Streifen Hartfaserplatte über die Dachlatten und nagelt auf die überlappende Folienkante eine Leiste. In gleicher Weise wird das andere Folienende um eine Dachlatte gelegt, die man auf das Windbord nagelt oder auf die Giebelwand. Darauf legt man die Folie über die erste Dachziegelreihe oberhalb der Schadenstelle, faltet sie darunter, verlegt die zweite Reihe und befestigt die Folie am unteren Dachrand mit einer Latte.

Die zweite Methode ergibt sich aus den folgenden Zeichnungen. Man entfernt alle beschädigten Dachziegel und noch so viele benachbarte, daß man genügend Platz zum Arbeiten hat. Dann mißt man die Entfernung von dem letzten Ziegel über dem Loch bis zum ersten ganzen Ziegel unter ihm und gibt dem gefundenen Maß noch 20 cm zu. Nun sägt man eine Dachlatte von der Höhe des Lochs plus je eine Ziegellänge über und unter ihm zu. Das Folienende wird um die Dachlatte gelegt und angenagelt.

Die zweite Ziegelreihe über dem Loch wird ein Stück nach oben geschoben. Die umwickelte Latte wird auf der vorhandenen Dachlatte befestigt und die Folie um die Dachziegel über und unter dem Loch geschlagen. An der Unterkante der unteren Dachziegel wird der Folienrest nach innen umgeschlagen; am oberen Rand legt man die Folie unter die nicht beschädigten Ziegel.

Material: Dachlatten, Baufolie, Flachkopfnägel, Stahlnägel
Werkzeug: Hammer, Säge, scharfes Messer

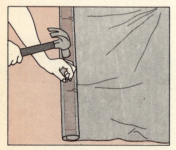

1. Die Folie wird um eine Dachlatte gewickelt und mit kleinen Flachkopfnägeln (Blaustiften) befestigt. Zahl der Nägel je nach Lattenlänge

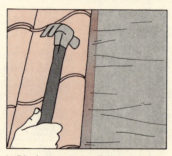

2. Die Latte mit der Folie wird dann mit Stahlnägeln fest auf die vorhandenen Dachlatten genagelt, die auf der Dachverschalung liegen

3. Nachdem die Folie links sicher angebracht wurde, verklemmt man sie auf der rechten Seite fest unter den Dachziegeln

4. Die Folie wird unter die erste Dachziegelreihe über dem Loch gelegt und dann über die Dachziegel der zweiten Reihe geschlagen

Entlüftung durch ein Ziegeldach

Zur Durchführung eines Entlüftungsrohrs durch ein Ziegeldach gibt es Spezialbauelemente aus Kunststoff. Sie bestehen aus einem Entlüftungsrohr mit Haube, einem beweglichen, einstellbaren Gelenkstück und dem Dachpfannenteil. Das Gelenk ermöglicht die Einstellung auf die Dachneigung, das Pfannenstück wird in der Form der gangbarsten Dachziegelarten hergestellt und gewährleistet einen wasserdichten Abschluß.

Bei Bestellung des Elements ist die Angabe der vorhandenen Ziegelart oder die Vorlage eines Musterziegels erforderlich.

Die Entlüftungsrohre sind in verschiedenen Durchmessern lieferbar. Es gibt sie auch als doppelwandige Rauchgasabführung. Das Entlüftungsrohr kann an jedem Punkt des Ziegeldachs herausgeführt werden.

Material: Entlüftungsrohr-Durchführung, Befestigungsbügel mit Holzschrauben
Werkzeug: Handbohrwinde, Holzbohrer, Stichsäge, Meißel, Hammer

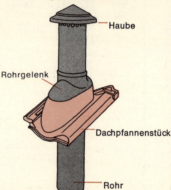

Haube – Rohrgelenk – Dachpfannenstück – Rohr

1. Um die genaue Stelle für das Loch in der Dachverschalung zu bestimmen, wird zuerst das Dachziegelteil eingesetzt

2. Dann zeichnet man den Kreis für das Loch an und bohrt möglichst dicht aneinander liegende Löcher innen am Kreis

3. Nach dem Bohren wird genau auf der Kreislinie mit der Stichsäge ein rundes Loch aus der Dachverschalung ausgesägt

4. Das Entlüftungsrohr wird durch das Loch nach unten geschoben und das Dachpfannenstück sowie die übrigen Ziegel eingesetzt

5. Endrohr mit Haube in die richtige Stellung drehen und das innere Entlüftungsrohr unter der Dachverschalung anschließen

Erneuern eines Wellplattendachs

Für Anbauten und Schuppen werden häufig Wellplatten als Dachdeckung gewählt. Solche Dächer sind preiswert und brauchen keine hölzerne Dachverschalung.

Am häufigsten werden Wellplatten aus Asbestzement benutzt. Für lichtdurchlässige sowie für leichtere Abdeckungen nimmt man Kunststoffplatten aus Polyester.

Bei der Reparatur eines vorhandenen Dachs ist es wichtig, Platten des gleichen Profils und der gleichen Wellenhöhe zu verwenden, denn nur dann ist eine optimale Abdichtung möglich.

Vorsicht: Auf Wellplatten kann man nicht laufen! Man muß deshalb ein paar Bretter auf die durch die Unterkonstruktion unterstützten Dachstellen legen und von ihnen aus arbeiten.

Wellplatten werden mit verzinkten Glockennägeln mit Dichtungsscheiben und -hütchen befestigt, wobei die Nagelschrauben durch die Wellenberge und nicht durch die -täler gehen. Die Schraubenlöcher müssen in jedem Fall gebohrt werden; die Schrauben nicht zu fest anziehen.

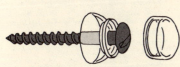

Verzinkte Glockenschraube mit Dichtungsscheibe und Dichtungshütchen

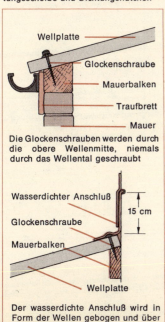

Die Glockenschrauben werden durch die obere Wellenmitte, niemals durch das Wellental geschraubt

Der wasserdichte Anschluß wird in Form der Wellen gebogen und über die Befestigungsschrauben gelegt

ANREISSEN UND SÄGEN

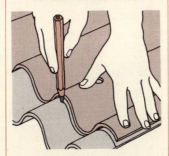

1. Zum Anreißen benutzt man einen Blei- oder Filzstift und ein neues Stück Wellplatte

2. Die Platte wird zum Sägen zwischen zwei Bretter gelegt, die an der Linie liegen

3. Entlang der Bretter durch die Wellen sägen, dann Platte umdrehen und ganz durchsägen

Anbringen einer Kunststoffwellplatte

Brennbare Kunststoffwellplatten nicht in der Nähe von offenem Feuer anbringen. An die Mauer werden sie mit einem selbstklebenden, wasserdichten Band angeschlossen.

Material: Kunststoffwellplatten, verzinkte Holzschrauben mit Dichtungsscheiben und -hütchen, Kitt, Abdichtband
Werkzeug: Feinsäge, Bohrmaschine, Holzbohrer, Stahldrahtbürste

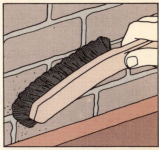

1. Die Mauer bis etwa 15 cm über dem Dach von Mörtel und anderen Unebenheiten säubern; am besten mit einer Stahldrahtbürste

2. Kitt in genügender Stärke auf die gesäuberte Mauer streichen; seine Oberkante soll nämlich waagrecht verlaufen

3. Alle Löcher und Risse gut ausstreichen, danach eine zweite Kittlage auftragen und gründlich trocknen lassen

4. Länge der Wellplatte messen. Falls Dachrinne vorhanden, 5 cm, sonst 10 cm Überstand berücksichtigen

5. Die erste Wellplatte wird an ihren Platz gelegt, und durch jede dritte Welle wird ein Loch in das Holz des Querbalkens gebohrt

6. Dichtungsscheibe auf die Schraube schieben und diese ins Holz drehen. Die Schrauben dürfen nicht zu fest angezogen werden

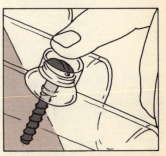

7. Ein Dichtungshütchen auf jede Schraube setzen und fest über den Rand der Scheibe drücken (siehe auch Kästchen links)

Dächer

Asbestzementwellplatten erneuern

Bei Wellplatten, die mit Nägeln befestigt sind, ist das Auswechseln einer schadhaften Platte einfach.

Aber Vorsicht: Auf Wellplatten kann man nicht stehen! Deshalb muß man bei Reparaturarbeiten Gerüstbretter auf das Dach legen, die von der Holzkonstruktion ausreichend getragen werden und das Gewicht auf eine größere Fläche verteilen.

Material:	Wellplatten aus Asbestzement, Glockennägel, rostfrei, mit Kunststoffscheibe
Werkzeug:	Verstellbarer Schraubenschlüssel, Handbohrmaschine, Bohrer, Säge, Bretter

WELLPLATTEN AUS VERSCHIEDENEM MATERIAL

Wellplatten für Dachdeckungen können entweder aus Asbestzement oder aus verzinktem Stahl, Aluminium oder Kunststoff (Polyester) hergestellt sein. Es ist wichtig, die Eigenschaften der verschiedenen Materialien für Dachdeckungszwecke zu kennen, bevor man sich für ein bestimmtes Fabrikat entschließt. Natürlich spielt bei dieser Entscheidung auch der Preis eine Rolle.

Verzinktes Stahlblech: sehr tragfest, ziemlich schwer, nicht rostfrei, nicht isolierend.
Aluminium: rostfrei, leicht an Gewicht, nicht isolierend.
Asbestzement: rostfrei, unbrennbar, ziemlich gut isolierend, ziemlich schwer, kann brechen.
Kunststoff: lichtdurchlässig, leicht, ziemlich gut isolierend.

8. Jede nächste Platte liegt mit zwei oder drei Wellen auf der vorhergehenden. Dann wird durch beide Platten gebohrt und geschraubt

9. Schutzpapier von einem selbstklebenden Dichtungsstreifen abziehen und ihn etwa 10 cm über dem Dach an die Mauer kleben

10. Der Streifen wird fest an die Mauer und in das Profil der Wellplatte gedrückt, so daß ein wasserdichter Anschluß entsteht

1. Man legt zunächst eine Diele neben die beschädigte Wellplatte auf das Dach. Sie muß auf zwei Querbalken aufliegen

2. Mit den Knien auf der Diele wird die Wellplatte niedergedrückt. Nun kann man die Holzschraube aus dem Querbalken herausdrehen

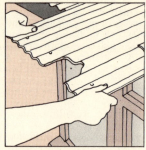

3. Nach dem Lösen aller Schrauben wird die schadhafte Wellplatte vorsichtig unter der nächstliegenden herausgezogen

4. Die teilweise losgeschraubte Wellplatte wird durch auf die Balken geschobene Holzklötzchen auf der freien Seite angehoben

5. Die neue Wellplatte wird genau nach vorgegebenem Maß zugesägt und unter die auf der Seite angehobene Platte geschoben

6. Man prüft nun, ob die neue Platte überall richtig aufliegt, entfernt die Holzklötze und paßt beide Platten gut aufeinander

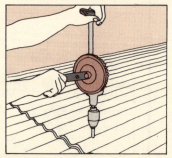

11. An eventuell vorhandenen Ecken wird der Dichtungsstreifen abgeschnitten und ein neuer etwa 5 cm überlappend angeklebt

7. An den vorgesehenen Stellen werden Löcher in die neue Platte gebohrt. Die vorhandenen Löcher sind meistens nicht mehr brauchbar

8. Durch die Löcher in den überlappenden Platten schlägt man Glockennägel mit Kunststoff-Unterlegscheiben in die Querbalken ein

9. Die Nägel werden dicht schließend, jedoch nicht zu fest eingedreht und mit einem Dichtungshütchen abgeschlossen

Dachdecken mit Bitumenpappe

Eine Dachdeckung mit Bitumenpappe (Dachpappe) besteht aus zwei oder drei Lagen eines bitumengetränkten Materials, Wollfilzpappe oder Glasfasergewebe. Bitumenpappe wird in 1 m breiten und 10 oder 20 m langen Rollen geliefert. Die Rolleninnenseite ist mit Talkum oder feinem Sand, die Außenseite mit Schiefer- oder Gesteinssplitt abgestreut. Bei einem Holzdach wird die erste Pappenlage genagelt, die zweite und dritte mit warmer Bitumenlösung aufgeklebt. Um der Holzunterlage die Möglichkeit zum Arbeiten zu lassen, wird die erste Lage mit der Splittschicht nach unten verlegt. Die zweite und dritte Lage werden einander überlappend angebracht. Die Bahnen laufen in Längsrichtung der Bretter. Die erste Bahn wird immer auf dasselbe Brett genagelt, und zwar ungefähr in der Bahnmitte bei etwa 50 cm der Breite.

Für die Dachränder wird ein Streifen Bitumenpappe um eine Holzlatte gelegt und mit verzinkten Schrauben an den Traufbrettern befestigt. Den freien Teil des Streifens klebt man auf die oberste Dachpappenlage. Eine andere Lösung für den Dachrandabschluß ist die Abdeckung mit Zinkblech oder mit einem Dachrandprofil aus Aluminium.

An aufsteigenden Mauern wird die Dachpappe angeklebt und mit einer Zinkblechverwahrung geschützt.

Das Arbeiten der unter der Dachpappe liegenden Holzverschalung kann die Ursache von Schäden am Pappebelag sein. Ein Aufschub der Reparatur oder Erneuerung kann zu ernsten Schäden für die Holzkonstruktion führen. Umfangreiche und schwierigere Reparaturen sollte man dem Fachmann überlassen.

Reparatur- und Erneuerungsarbeiten darf man nur bei trockenem Wetter ausführen. Vor dem Aufbringen der neuen Bahnen müssen die alten selbstverständlich entfernt werden. Die Blechverwahrung wird aufgebogen, die alten Pappebahnen werden abgenommen, alle Nägel aus dem Holz entfernt und Schäden im Holz ausgebessert.

Material:	Bitumendachpappe in Rollen, Heißbitumen, Schiefersplitt, Dachpappennägel
Werkzeug:	Alte Gießkanne, Besen, Hammer, Hobel, scharfes Messer, Beißzange

1. Dachpappe mit der Sandschicht nach unten auf die Verschalung legen. Pappe in Längsrichtung der Bretter abrollen. Die Arbeit darf nur bei trockenem Wetter vorgenommen werden

2. Bahn an beiden Enden bis über den Dachrand legen und auf die Verschalung nageln. Je eine doppelte Nagelreihe wird in der Bahnmitte und an der Kante am Dachrand angebracht

3. Die nächste Bahn wird etwa 7 cm überlappend an die erste gelegt. Dann befestigt man zuerst die Überlappung und dann die Mitte der neuen Bahn mit einer doppelten Nagelreihe

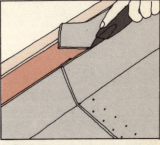

4. Beide Bahnen mit einem scharfen Messer in halber Höhe der Dreikantleiste in gerader Linie abschneiden und mit einer doppelten Nagelreihe auf der Dreikantleiste befestigen

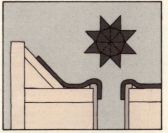

5. Für runde Dachdurchbrechungen, z. B. für Entlüftungsrohre, werden die Bahnen sternförmig aufgeschnitten. Bei Regenabführrinnen Zugabe berücksichtigen; Kanten in die Rinne kleben

6. Die Bahnen der zweiten Lage werden mit reichlicher Zugabe an den Enden zugeschnitten und auf ein Rundholz gerollt. Ein Helfer gießt heißes Bitumen gleichmäßig auf die erste Lage

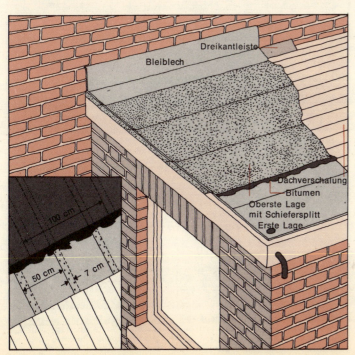

7. Mit dem Kleben an der Dreikantleiste beginnen, die Rolle fest in das Bitumen drücken, die verlegte Bahn fest mit den Füßen andrücken. Die nächste Bahn 7 cm überlappen lassen

8. Nun werden die Bahnen bündig mit der hölzernen Dachkante abgeschnitten. Wo sie an eine Mauer treffen, werden die Bahnen 20 cm über die Dreikantleiste hochgeführt

Dächer

9. Ist noch keine Blechverwahrung vorhanden, so wird der Fugenmörtel 3 cm tief herausgeschlagen, die Fuge ausgebürstet und gut angefeuchtet

10. Nun schneidet man einen Blechstreifen zurecht, der bis auf die Dreikantleiste reichen muß. Blechkante in der Fuge gut vermörteln (siehe S. 16)

11. 30 cm breiten Dachpappestreifen zuschneiden, dazu gleichlange Latte. Dachpappe um die Latte schlagen und mit Nägeln befestigen

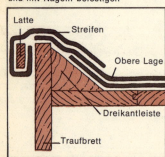

12. Latte mit verzinkten Schrauben am Dachrand anschrauben. Bitumen auf die Dreikantleiste streichen und Dachpappestreifen aufkleben

DACHRANDPROFIL

Eine feste Dachrandabdeckung kann mit einem Dachrandprofil aus Aluminium oder Kunststoff hergestellt werden. Solche Profile werden einfach über die Bitumenpappe des Dachrands gelegt und befestigt.

Wenn man die Schrauben abdecken will, benutzt man ein Profil, in das über den Schrauben ein Streifen Bleiblech eingeschoben werden kann. An den Ecken werden die Profile auf Gehrung gesägt und an die Traufbretter geschraubt.

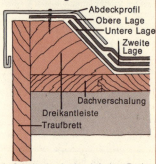

1. Schnitt durch ein einfaches Dachrandprofil, das an der Dreikantleiste festgeschraubt ist

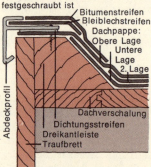

2. Dieses Abdeckprofil erlaubt das Einlegen eines Bleiblechstreifens zum Abdecken der Schrauben

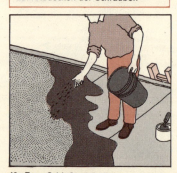

13. Zum Schluß wird die ganze Dachfläche von einem Helfer mit flüssigem Bitumen übergossen und mit Schiefersplitt oder Kies abgestreut

Reparatur eines Bitumenpappedachs

In Bitumenpappe entstehen manchmal Blasen, die aufreißen und verwittern können.

Solche Blasen lassen sich auf einfache Weise beseitigen, indem man sie mit einem scharfen Messer aufschneidet und neu anklebt. Vorsicht: Beim Aufschneiden nicht in die darunter liegende Dachpappenschicht schneiden!

Löcher und große Risse in einer Dachpappendeckung werden ausgeschnitten und neu überklebt. Bei mehrlagiger Dachpappe müssen oft auch die unteren Schichten erneuert werden. Solche Reparaturen sollte man möglichst an einem warmen Tag vornehmen.

Wegen der richtigen Materialien läßt man sich am besten in einem Baubedarfsgeschäft beraten.

Material: Dachpappestreifen, Dachkitt (Asphaltkitt), kupferne oder verzinkte Breitkopfnägel (Dachpappenägel) Werkzeug: Scharfes Messer, breiter Spachtel, Hammer

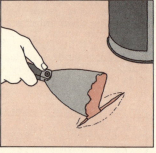

1. Blase aufschneiden, Schnittkanten anheben und unter beide Schnittseiten mit einem Spachtel Dachkitt möglichst tief einstreichen

2. Blase fest andrücken und beide Schnittkanten mit Dachpappenägeln annageln. In der Schweiz muß geklebt werden

3. Die genagelte Stelle mit Dachkitt bestreichen und ein Stück Dachpappe darübernageln. Mit Kitt abdichten und bestreuen

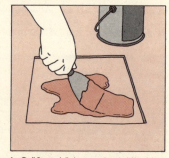

4. Größere Löcher rechtwinklig herausschneiden, passendes Dachpappestück einkitten und ganz mit Kitt überstreichen

5. Auf allen Seiten überlappendes Dachpappestück auflegen, fest andrücken und die Ränder auf die Dachverschalung nageln bzw. kleben

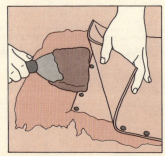

6. Reparaturstelle mit einem noch größeren Dachpappestück bedecken und annageln. Verkitten und mit Splitt abstreuen

Dekorationsarbeiten

Tapezieren: Werkzeug und Ausrüstung

Wenn man ein ganzes Zimmer herrichtet, tapeziert man zuerst die Decke und dann die Wände. Selbstverständlich muß man vorher den Untergrund sorgfältig vorbereitet haben (siehe S. 33).

Gute Ergebnisse erzielt man nur, wenn man das richtige Werkzeug, die richtige Ausrüstung hat. Sehr wichtig, neben dem Werkzeug selbstverständlich, sind ein genügend langer Tapeziertisch und zwei Stehleitern, die zusammen mit einer kräftigen Bohle ein gutes Gerüst für Arbeiten in hohen Räumen abgeben.

Man braucht nicht unbedingt die ganze Tapezierausrüstung anzuschaffen. Dort, wo man die Tapeten kauft, kann man die erforderlichen Geräte meistens auch ausleihen.

Makulaturpapier

Unebene Untergründe oder solche, bei denen man die Farbe nicht entfernt hat, sollte man unbedingt zuerst mit Makulatur – altem Zeitungspapier – bekleben.

Dies bringt den Vorteil, daß Unebenheiten verdeckt werden und daß die Wand gleichmäßig saugfähig wird, wodurch das Tapezieren hinterher viel leichter geht.

Spachteln oder Makulieren: Unebener Untergrund wird mit Wandspachtelmasse ein- bis zweimal gespachtelt. Makulaturpapier verwendet man mit Spezialausrüstung als Untertapete, um Unebenheiten auszugleichen. Die Spezialausrüstung bewirkt, daß man später alte Tapeten ohne anzufeuchten abziehen kann.

Dielen und Treppenhäuser

Will man das ganze Haus tapezieren, hebt man sich die Arbeiten in der Diele und im Treppenhaus bis zum Schluß auf. Denn sie können leicht beschmutzt oder beschädigt werden.

Beim Tapezieren des Treppenhauses ist es wichtig, daß man vorher ein wirklich sicheres Gerüst aus Bohlen und Leitern baut. Wenn die Treppe so beschaffen ist, daß man mit der Leiter allein arbeiten kann, sollte man sie auf alle Fälle gut absichern.

Die erste Tapetenbahn kommt oben an die Treppenwand, die zweite darunter usw.; man arbeitet also treppabwärts. Lange Bahnen werden ziehharmonikaartig zusammengefaltet.

Dekorationsarbeiten

Tapeten und Tapetenkleister

Die meisten Tapetenarten werden in 10,05 m langen und 53 cm breiten Rollen verkauft. Ist eine Tapete mit Rändern, sogenannten Selfkanten, versehen, muß man diese abschneiden.

Berechnen der Rollenzahl

Man mißt die Raumhöhe vom Fußboden oder von der Fußleiste bis zur Decke. Dann teilt man die Rollenlänge durch die Zimmerhöhe. Beträgt diese zum Beispiel 2,40 m, so ergibt eine Rolle vier ganze Bahnen. Bei einer größeren Raumhöhe kann die 10-m-Rolle unvorteilhaft sein, denn sie ergibt nur drei ganze Bahnen. Den Rest kann man aber wahrscheinlich unter oder über Fenstern, über Türen oder hinter Heizkörpern und für spätere Reparaturen verwenden.

Als nächstes mißt man die Länge und Breite des Zimmers. Türen und Fenster werden nicht mitgemessen. Hat das Tapetenmuster einen Rapport, das heißt wiederkehrende Musterabschnitte, die aneinandergepaßt werden müssen, erhält man mehr Verschnitt und muß deshalb großzügiger messen. Zurückspringende Mauerteile an Fenstern, Türen, Wandschränken darf man auch nicht vergessen.

Der Zimmerumfang wird durch die Rollenbreite geteilt. Beträgt er zum Beispiel 20 m, so ergibt das, geteilt durch 50 cm, 40. Eine Rolle reicht für vier Bahnen, so daß man 10 Rollen benötigt. Beim Tapezieren einer Treppenwand oder eines Zimmers mit verschiedener Deckenhöhe mißt man zuerst die Wandbreiten gleicher Höhe und bestimmt die dafür erforderliche Rollenzahl und tut dann dasselbe für die anderen Wandhöhen.

Bei Tapetenrollen können kleine Farbunterschiede vorkommen. Man benutzt dann die dunkleren Bahnen an den Fenstern. Am besten numeriert man die Bahnen an der Oberkante der Rückseite mit einem weichen Bleistift und ebenso die dazugehörenden Wandabschnitte. Dann legt man die Bahnen in dieser Reihenfolge mit der Unterseite nach oben aufeinander.

Der Tapetenkleister muß zur verwendeten Tapete passen, nur dann erhält man einwandfreie Ergebnisse.

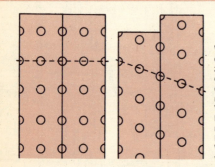

Wenn die Tapete ein bestimmtes, zum Beispiel diagonal verlaufendes Muster hat, muß man mit mehr Verschnitt rechnen. Reststücke kann man über Türen, Fenstern oder Wandschränken verwenden

Das Einkleistern

Man stellt den Tapeziertisch parallel zum Fenster und arbeitet mit dem Gesicht zum Licht. So sieht man nämlich am besten, ob man gleichmäßig eingestrichen hat.

Den Kleister rührt man am besten eine Stunde zuvor in einem sauberen Plastikeimer an. Dabei ist darauf zu achten, daß das Kleisterpulver gleichmäßig im Wasser verteilt wird, damit sich keine Klumpen bilden. Für leichte Tapeten wird der Kleister dünn angemacht, für schwere dick. Kleisterflecke auf der Tapetenvorderseite sofort mit feuchtem Lappen entfernen!

1. Quer über den Eimer wird ein Draht gespannt; er dient zum Abstreifen und Ablegen des breiten Einstreichpinsels bzw. der Einstreichbürste

2. Die Enden der Tapetenbahnen krümmen sich normalerweise. Man macht sie flach, indem man sie entgegengesetzt zusammenrollt

3. Jetzt die Tapetenstücke mit der Rückseite nach oben auf den Tisch legen. Sie können etwas überstehen, damit der Kleister nicht auf den Tisch tropft

4. Dann wird die Mitte der oberen ausgelegten Bahn in Längsrichtung gut bestrichen. Die bestrichene Fläche muß frei von Fremdkörpern und Falten sein

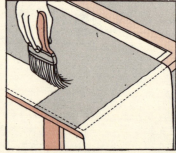

5. Nun mit Querstrichen bis in die Ränder der ausgelegten Bahn sorgfältig die ganze Fläche gleichmäßig bestreichen. Auch die Kanten gut bedecken

Tapeten zuschneiden

Zunächst werden alle für das Zimmer benötigten ganzen Bahnen zugerichtet und angeklebt. Teilstücke über Fenstern, Türen usw. kommen zum Schluß dran.

Das Zuschneiden der einzelnen Bahnen kann man sich erleichtern, indem man auf dem Tisch Markierungen im Abstand von 20 bis 30 cm sowie für häufige Sondermaße anbringt.

1. Wenn man an einer Tischkante die häufigsten Maße abträgt, lassen sich die Bahnen ohne Maßstab abmessen

2. Nun bringt man die erste Bahn auf Länge. Dabei gibt man 5 cm zu, um unterschiedliche Wandhöhen auszugleichen

3. Bei gemusterten Bahnen müssen die Muster genau übereinstimmen. Abfallstücke bewahrt man für Reparaturen auf

Der Untergrund

Alte Tapeten müssen restlos von den Wänden und Decken entfernt werden. Da sie sich trocken nur schwer oder gar nicht ablösen lassen, weicht man sie mit Wasser auf, das man mit einem Schwamm oder einer Deckenbürste aufträgt. Um das Aufweichen zu beschleunigen, sollte man handelsüblichen Tapetenablöser ins Wasser geben. Waschbare und nicht saugfähige Tapeten werden am besten mit grobem Schleifpapier angeschliffen, damit der Tapetenlöser besser eindringen kann.

Alte Leimfarbenanstriche muß man mit der Deckenbürste und Wasser gründlich abwaschen. Abblätternde Anstriche dagegen werden vorsichtig mit dem Spachtel abgestoßen.

Glatte und festsitzende Öl- und Lackfarbenanstriche kann man ohne weiteres übertapezieren. Die Oberfläche muß allerdings vorher mit Anlauger und Wasser aufgerauht werden, damit der Kleister gut haftet.

Rauhe, unebene Flächen, Löcher, Risse werden mit Füllstoff geglättet beziehungsweise gefüllt.

Plattenstöße und Übergänge von Holz und Putz können dauerhaft überbrückt werden, indem man sie mit einem Nesselstreifen überklebt.

Weiche, absandende Putze, Span- und Tischlerplatten, Gipskartonplatten werden gefestigt, indem man einen Grundanstrich mit Tiefgrund aufbringt.

Um die Haftung der Tapeten auf schwach saugenden Untergründen zu erhöhen, streicht man mit verdünntem Kleister vor.

Viele helle Tapeten sind durchscheinend. In solchen Fällen müssen die Flächen vor dem Tapezieren mit Rollenmakulatur tapeziert werden. Rollenmakulatur wird mit Tapetenkleister unter Zugabe von 10 % Dispersionsbinder geklebt.

Der beste Untergrund, und das gilt für alle Tapezierarbeiten, ist fest, glatt, schwach saugend, fleckenfrei und trocken.

Material: Tapetenablöser, Anlauger, Füllstoff, Nesselstreifen, Tiefgrund, Rollenmakulatur, Kleister, Schleifpapier Körnung 80
Werkzeug: Deckenbürste, Pinsel, Eimer, Spachtel, Schwamm

Decken tapezieren

Man tapeziert die Decke in Richtung des einfallenden Lichts, damit eventuelle Überlappungen nicht zu sehr auffallen. Gelegentlich ist es jedoch besser, diese Grundregel nicht zu beachten. Tapeten werden im allgemeinen in Rollen von 10,05 m Länge gekauft. Wenn ein Zimmer nun gerade über 3,4 m lang ist, erhält man von jeder Rolle nur zwei Bahnen, und der Rest ist Abfall. Deshalb kann es wesentlich wirtschaftlicher sein, in einem solchen Fall die Lage des Fensters unberücksichtigt zu lassen und die Decke quer zu tapezieren.

Die erste Tapetenbahn wird mit Blickrichtung auf das Fenster von rechts nach links (bei Linkshändern von links nach rechts) angesetzt. Die übrigen Bahnen müssen dann möglichst exakt auf Stoß geklebt werden.

Um sich das Arbeiten in der erforderlichen Höhe zu erleichtern, legt man ein Brett über zwei Trittleitern (siehe S. 41).

Der Kleister muß dicker sein als beim Tapezieren der Wand, da sich die Tapete sonst durch ihr Eigengewicht beim Arbeiten wieder ablöst.

Material: Tapete, Spezialkleister oder, bei leichter Tapete, normaler Kleister
Werkzeug: Bleistift, Schnur, Kreide, Schere, Einstreichbürste, Tapetenbürste, Lineal, 60 cm lange Papp- oder Holzrolle, zwei Trittleitern, ein 4 × 22 cm großes Brett

TAPEZIEREN EINER DECKE

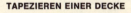

Die Decke von der Hauptlichtquelle ausgehend in Richtung des einfallenden Lichts tapezieren. Die Bahnen genau aneinanderstoßen

1. Breite der Tapetenbahn messen. 5 mm für die Überlappung im Winkel zwischen Decke und Wand von dem Breitenmaß abziehen

2. Die um 5 mm verringerte Bahnbreite der Tapete mit Maßstab und Bleistift an beiden Seitenkanten der Decke markieren

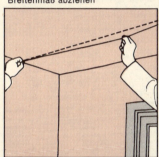

3. Eine Schnur mit Zeitungsasche einreiben und durch Spannen und Wiederloslassen eine gerade Linie zwischen den Marken herstellen

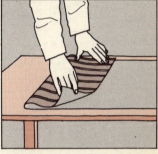

4. Die erforderliche Zahl von Bahnen zuschneiden. Die erste Bahn auf Tischlänge mit Kleister bestreichen und am Ende ca. 30 cm umschlagen

5. Am selben Ende weitere 60 cm umschlagen. Dabei die erste Falte nach hinten legen, so daß die bedruckten Seiten aufeinander liegen

6. Die Bahn so oft hin und her falten, bis das gesamte, noch nicht eingestrichene Bahnende auf den Tisch zu liegen kommt

7. Die restliche Bahn mit Kleister bestreichen und in der gleichen Art einschlagen. Die letzten 30 cm nach hinten umlegen

8. Die Tapete über eine Papprolle legen. Die Falten mit dem Daumen festhalten und die Bahn in der rechten Ecke ansetzen

Dekorationsarbeiten

9. Nach und nach die Falten aufklappen und Tapete mit der Bürste festdrücken. Rolle mit Bahnenpaket stets dicht unter die Decke halten

10. Tapete in die Ecke drücken und mit Schere die Kante markieren. Tapete etwas abziehen und mit einer Zugabe von ca. 5 mm abschneiden

11. Zweite Tapetenbahn falten und anlegen. Ab jetzt mit dem Rücken zum Fenster in entgegengesetzter Richtung arbeiten

12. Beim Deckenlichtanschluß (wenn er nicht abgenommen werden kann) mit der Schere ein Loch in die nahe herangeführte Tapete stechen

13. Vom Loch aus die Tapete zuerst in Laufrichtung und dann noch einmal über Kreuz einschneiden, dann über den Lichtanschluß stülpen

14. Tapete rund um die Lampenaufhängung beschneiden. Wenn nötig, weitere Schnitte legen. Die losen Papierenden fest andrücken

VINYLTAPETEN ENTFERNEN

Für das Kleben von Vinyltapeten wird ein besonderer Kleber benutzt, der schwer zu entfernen ist. Dazu besteht Vinyl meist aus einer Ober- und einer Unterschicht, die am Untergrund haften bleibt, wenn die Tapete entfernt wird; sie dient als Makulatur für die neue Tapete

1. Tapete, vom Rand her anfangend, mit einem Spachtel abstoßen

2. Reste der Oberschicht möglichst sorgfältig entfernen

Tapezieren von Wänden

Die Tapetenbahnen werden möglichst ohne Überlappung auf Stoß geklebt. Wo dies nicht zu erreichen ist, muß die Überlappung zum Fenster hin erfolgen, damit die Schnittkante keinen Schatten wirft. Werden die Bahnen horizontal geklebt, was bei Makulatur – die allerdings immer mehr aus der Mode kommt – ratsam ist, überlappt man die Bahnen nach oben, wenn die Naht über Augenhöhe liegt, und nach unten, wenn sie darunter zu liegen kommt.

Material: Tapeten und Kleister
Werkzeug: Senklot, Lineal, Bleistift, Schere, Einstreichbürste, Rolle, Tapezierbürste

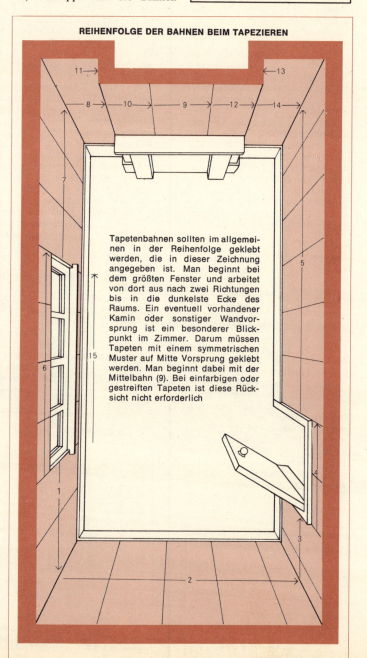

REIHENFOLGE DER BAHNEN BEIM TAPEZIEREN

Tapetenbahnen sollten im allgemeinen in der Reihenfolge geklebt werden, die in dieser Zeichnung angegeben ist. Man beginnt bei dem größten Fenster und arbeitet von dort aus nach zwei Richtungen bis in die dunkelste Ecke des Raums. Ein eventuell vorhandener Kamin oder sonstiger Wandvorsprung ist ein besonderer Blickpunkt im Zimmer. Darum müssen Tapeten mit einem symmetrischen Muster auf Mitte Vorsprung geklebt werden. Man beginnt dabei mit der Mittelbahn (9). Bei einfarbigen oder gestreiften Tapeten ist diese Rücksicht nicht erforderlich

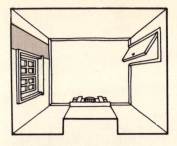

Man beginnt am größten Fenster, anschließend wird die längste glatte Wand tapeziert. Dann arbeitet man von der anderen Fensterseite aus weiter.

1. Mit einem Senklot prüfen, ob der Fensterrahmen senkrecht ist. Wenn nicht, wird mit der Kreideschnur eine senkrechte Linie markiert

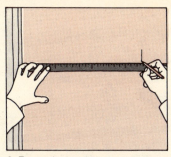

2. Tapetenbreite abmessen und 5 mm abziehen. Dieses Maß auf die Wand übertragen. Markierung etwa in halber Höhe des Fensterrahmens

3. Senklot genau auf das Markierungszeichen halten und an der Schnur entlang von der Decke bis zum Boden eine senkrechte Linie ziehen

4. Bahnen zuschneiden. Erste Bahn einkleistern (siehe S. 32), mit beiden Händen an den Ecken greifen und auf die Hälfte zusammenfalten

5. Prüfen, ob die Bahnkanten fluchten. Die Bahn nochmals falten, dabei darauf achten, daß die Oberseite nicht mit Kleister verschmutzt wird

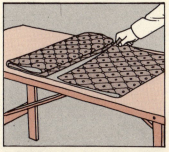

6. Den Rest der Bahn auf den Tisch ziehen und einstreichen. Bahn an den Ecken greifen und bis auf 5 cm an die erste Falte heranklappen

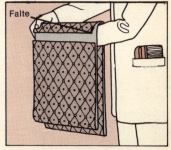

7. Die obere Kante der Bahn etwa 5 cm einschlagen, damit die Decke nicht durch den Kleister verunreinigt wird. Tapetenbahn über den Arm legen

8. Die erste Bahn so an die Deckenkante ansetzen, daß die rechte Längskante der Bahn mit der Markierungslinie auf der Wand übereinstimmt

9. Tapete von der Mitte aus mit der Bürste glattstreichen und anschließend die von Wand und Decke gebildete Kante mit der Schere markieren

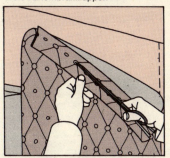

10. Tapete ein Stück von der Wand abziehen und längs der markierten Linie abschneiden. Tapete wieder ankleben und glattstreichen

11. Bahn unten auf die gleiche Art markieren und auf Länge beschneiden. Kleister von der Fußleiste mit einem feuchten Schwamm entfernen

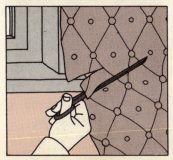

12. Steht das Fensterbrett seitlich über, Bahn an der oberen und unteren Kante einschneiden. Der Lappen muß ca. 5 mm schmaler sein als das Brett

13. Tapete mit der Tapezierbürste in die Ecke am Fensterrahmen drücken. Mit der Schere Vorderkante des Fensterrahmens auf der Bahn markieren

14. Tapete vorsichtig vom Rahmen abziehen und entlang der Markierungslinie von unten nach oben abschneiden. Tapete wieder andrücken

15. Tapete anschließend mit einer weichen Bürste glätten, vor allem in der Ecke zwischen der Wand und dem Fensterrahmen

Dekorationsarbeiten

Tapezieren einer Zimmerecke

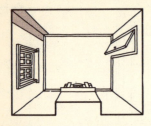

Klebt man die Tapete um eine Ecke, die nicht im Lot ist, gibt es Falten. Schneiden Sie daher die Bahn so zu, daß sie nur mit ca. 1 cm um die Ecke herumreicht, und beginnen Sie dann neu.

1. Oben, in der Mitte und unten an der Wand von der letzten Bahn bis zur Ecke messen. Dem an der breitesten Stelle ermittelten Maß 1 cm zugeben

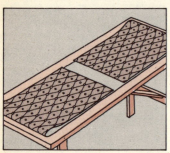

2. Eine ganze Tapetenbahn mit Kleister einstreichen (siehe S. 32). Die Bahn von beiden Enden nach der Mitte bis auf 10 cm einschlagen

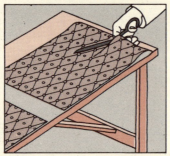

3. Die Tapetenkante bündig mit der Tischkante legen. Die erforderliche Bahnbreite anzeichnen und die doppelt liegende Bahn durchtrennen

4. Die zugeschnittene Bahn an die Wand ansetzen und den Überstand von oben nach unten in die Ecke hineindrücken. Mit der Bürste glätten

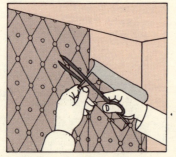

5. Überstehende Bahnenden an Decke und Fußleiste markieren und abschneiden. Kleber von der Leiste mit einem Schwamm abwischen

6. Den restlichen Streifen der Bahn auf die der anschließenden Wand bündig ansetzen, so daß die Muster an beiden Wänden übereinstimmen

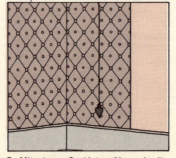

7. Mit einem Senklot prüfen, ob die Bahn im Lot ist. Wenn nicht, Bahn abnehmen und noch einmal ansetzen. Oberes und unteres Ende abschneiden

Tapezieren rund um eine Tür

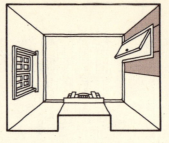

Bei einer Tür klebt man eine Bahn in voller Breite und schneidet die Türform in zwei Arbeitsgängen aus.

1. Eine ganze Bahn einstreichen, einfalten und ansetzen. Tapete mit 2–3 cm Abstand von der Außenkante des Türrahmens ausschneiden

2. Tapete an der oberen Ecke des Türrahmens diagonal einschneiden. Der Schnitt muß etwa 5 mm über die Rahmenecke hinausreichen

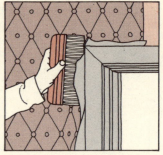

3. Tapete mit der Bürste gegen die Wand drücken und glattstreichen. Die überstehenden Ränder fest an die Türbekleidung pressen

4. Überstehende Tapete rund um Türrahmen mit der Schere markieren, Bahn zurückschlagen und sauber beschneiden. Tapete andrücken

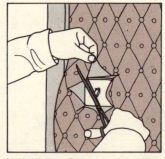

Lichtschalter: Tapete in der Mitte des Schalters durchbohren und diagonal zu den Ecken einschneiden. Überstehende Lappen abschneiden

Lichtschalter: Besser ist es, vor dem Tapezieren die Abdeckplatte zu entfernen. Ein Loch in Größe des Schaltergehäuses ausschneiden

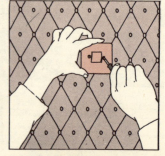

Lichtschalter: Die Tapete rings um das Gehäuse mit der Bürste glattstreichen. Die Abdeckplatte wieder mit den Schrauben befestigen

Tapezieren eines Kaminvorsprungs

Die vorspringenden Ecken eines Kamins sind selten genau im Lot. Damit die Bahnen dennoch gerade an die Wand kommen, Seitenbahn in zwei Streifen aufteilen.

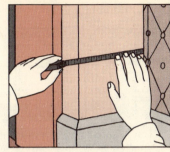

1. Oberen, mittleren und unteren Abstand zwischen dem Rand der zuletzt geklebten Tapetenbahn und der vorderen Mauerecke messen

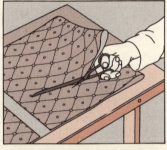

2. Bahn einstreichen und zusammenfalten (siehe S. 36). Das größte gemessene Maß abzüglich 1 cm auf die Bahn übertragen. Bahn zuschneiden

3. Den Streifen stumpf gegen die letzte Bahn kleben. An der Mauerecke muß ein 1 cm breiter Wandstreifen untapeziert bleiben

4. Die Breite des Reststreifens von der letzten Bahn an um die Ecke herum auf die Wand übertragen. Mit Lot und Bleistift eine Linie ziehen

5. Den Streifen so ansetzen, daß die Kante mit der Linie übereinstimmt. Bahn um die Ecke so ankleben, daß sie den letzten Streifen überlappt

6. Mittelbahn anbringen. Dann die Breite bis zur Mauerecke messen und einen Streifen zuschneiden, der etwa 1 cm breiter ist. Bahn ansetzen

7. Nach dem Tapezieren der Seitenfläche die überstehende Kante der vorderen Bahn umlegen und sauber auf die Seitenbahn kleben

Schmale Reststreifen

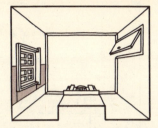

Neben einem nicht zu tapezierenden Wandteil ergibt sich häufig ein Wandstreifen, der wesentlich schmaler ist als die Tapetenbahn.

1. Die größte Länge und Breite der Wandfläche messen, die zwischen der zuletzt geklebten Bahn und dem Fenster übriggeblieben ist

2. Eine Bahn genau an die Tischkante anlegen, Lineal mit angelegtem Daumen entlangführen und mit der Schere die Bahn einritzen

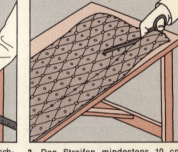

3. Den Streifen mindestens 10 cm länger als die abzudeckende Wandfläche zuschneiden, damit er mustergerecht eingepaßt werden kann

4. Streifen einstreichen und passend gegen die bereits geklebte Bahn ansetzen. Auf sauberen Anschluß achten

5. Überlappende Tapetenzwickel abschneiden (siehe S. 36). Stoßkanten abreißen, damit Verbindungsstellen weniger auffallen

6. Bei waagrechten Stößen die Bahnenden überlappen lassen. Mit einem scharfen Messer geradlinig durch beide Bahnen schneiden

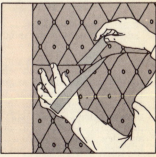

7. Die abgetrennten Endstreifen beider Bahnen vorsichtig entfernen und Tapete andrücken. Auf überquellenden Kleister achten!

Dekorationsarbeiten

Tapeten mit symmetrischem Muster an einem Wandvorsprung

Wenn eine Tapete ein auffälliges, symmetrisch angelegtes Muster hat, ist es ratsam, auch die Bahnen symmetrisch anzubringen, ausgerichtet auf einen Blickpunkt im Zimmer. Wie man die Tapete anbringt, hängt davon ab, ob Mitte Muster mit Mitte Bahn zusammenfällt oder ob das Muster mehr am Rand der Bahn ist.

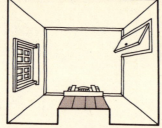

1. Breite der Wand messen, auf der das Muster zentriert werden soll. Wandmitte durch Auftragen des halben Breitenmaßes markieren

2. Mit Hilfe eines Senklots von der Decke herab eine Linie durch die Markierung ziehen. Erste Bahn vorbereiten (siehe S. 32)

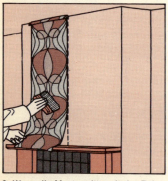

3. Wenn die Mustermitte mit der Bahnmitte zusammenfällt, ist die erste Bahn so zu kleben, daß sich eine Kante mit der Mittellinie deckt

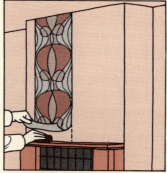

4. Überschüssige Tapete abschneiden und Kleisterreste vor dem Antrocknen abwischen. Die zweite Tapetenbahn neben die erste kleben

Leibungen tapezieren

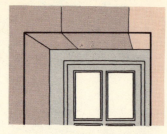

Um einen sauberen Eckanschluß zu bekommen, tapeziert man Fenster- und Türleibungen eines Zimmers zusammen mit den anschließenden Flächen.

1. Breite der Tapetenbahn abmessen. 1 cm abziehen und dieses Maß von der Innenkante der Leibung ab um die Ecke herum auftragen

2. Linie durch die Markierung ziehen und Tapete ansetzen. Die Bahn 5 mm über der oberen Leibungsecke bis zur Kante einschneiden

3. Erste Bahn um die Kante herum andrücken. Eine kurze Bahn für die Wand über dem Fenster zuschneiden, einstreichen und kleben

4. Ein Tapetenstück für die Restfläche zuschneiden, mit einer Zugabe von etwa 1 cm an der hinteren und 2 cm an der vorderen Kante

5. Überstehende Tapete hinten abschneiden, vorn vorsichtig abreißen, damit die ausgefranste Kante den Anschluß unauffällig abdeckt

---

DIE MUSTERMITTE IST NICHT BAHNSYMMETRISCH

Es sieht nicht besonders gut aus, wenn eine Tapete mit einem großformatigen Muster an einem ins Auge fallenden Platz nicht symmetrisch angebracht ist. Es ist jedoch ganz einfach, eine Tapete, deren Muster nicht mittig auf der Bahn angeordnet ist, trotzdem symmetrisch auf der vorgesehenen Wandfläche anzubringen. Man benutzt dazu eine zweite Hilfslinie.

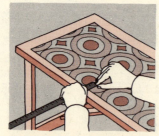

1. Tapete auf dem Tapeziertisch ausrollen und den Abstand der Mustermitte von der linken Kante der Bahn messen

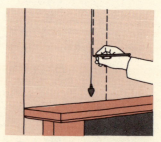

2. Dieses Maß auf dem Wandvorsprung von der Mittellinie nach links auftragen. Eine weitere Linie durch die Bleistiftmarkierung ziehen

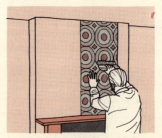

3. Die erste Bahn rechts an der neuen Linie anlegen, die zweite mit sauberem Stoß links davon. Auf guten Musteranschluß achten

Friese und Unterzüge tapezieren

Wandfriese (z. B. über Bilderleisten in alten Wohnungen) und Balken werden manchmal so tapeziert wie die Decke. Bei Bilderleisten muß die Tapete bis hinter die Leiste reichen.

Für einen breiten Durchgang zwischen zwei Zimmern wird die Tapete so zugeschnitten, daß sie bis an die Unterkante des Unterzugs reicht. Die Unterseite und Seitenteile werden entweder mit neutraler Tapete beklebt, oder aber man tapeziert die gesamte Leibung mit einer der beiden Tapeten.

1. Wenn die Decke quer tapeziert ist, mißt man die Höhe des Frieses oder Balkens und zählt die an der Decke angebrachten Bahnen ab

2. Bei einem Balken werden 3 mm von dem Maß abgezogen, bei einem Fries mit Bilderleiste 5 cm zugegeben. Die Bahnen zuschneiden

3. Tapete einstreichen und Muster an das der Decke anpassen. Bahn kleben, mit Bürste glattstreichen und Kanten zupassen

WENN DAS MUSTER AN DER DECKE LÄNGS VERLÄUFT

1. Maß von Ecke zu Ecke nehmen. 10 cm zugeben und eine Bahn ablängen. Höhe des Balkens messen, Bahn auf Breite schneiden

2. Tapete an einer Ecke ansetzen und 5 cm überstehen lassen. Bahn ankleben und anderes Ende ebenfalls 5 cm um die Ecke führen

Wandbekleidung aus Vinyl

Das Ausgangsmaterial (PVC) ist lichtecht und abwaschbar. Es gibt drei Arten von Vinylfolie: geschäumtes Vinyl (ohne Verstärkung), Vinyl auf Papier- und auf Textilunterlage. Das Material ist wasserdicht, aber dampfdurchlässig, so daß keine Kondensbildung auftritt. Der Qualitätsunterschied zwischen Papier- und Textfolie besteht in der geringeren oder größeren Reißfestigkeit.

Der Untergrund muß absolut trocken, glatt und fehlerfrei sein. Poröse Wände müssen mit verdünntem Kleister vorbehandelt werden. An einer Wand nur Bahnen mit derselben Fertigungsnummer verwenden, damit keine Farbabweichungen auftreten. Ist das nicht möglich, die dunkelsten Bahnen an der Fensterwand anbringen. Wandbreite messen und Anzahl der Bahnen bestimmen; dabei das Beschneiden der Ränder berücksichtigen. Bei der Länge etwas für das nachträgliche Anpassen zugeben, bei Mustern entsprechend mehr. Bahnen numerieren, Nummer oben hinten auf der Bahn mit Bleistift vermerken.

1. Folie auf Länge zuschneiden (mit Zugabe oben und unten). Wenn nötig, mit Lineal und scharfem Messer die Ränder sauber beschneiden

2. Wand eventuell mit verdünntem Kleister vorstreichen. Nach dem Trocknen Wand oder Folie gleichmäßig mit Kleister oder Spezialkleber einstreichen

3. Bahn ankleben und, von der Mitte nach außen arbeitend, mit einer Filzrolle die entstandenen Luftblasen unter der Folie wegdrücken

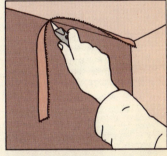

4. Wenn die ganze Wand beklebt ist, Bahnen an Deckenkante und Fußleiste mit einem scharfen Messer oder einer Schere sauber beschneiden

VORGELEIMTE TAPETEN

Vorgeleimte Tapeten haben den Vorteil, daß sie nicht mehr mit Kleister eingestrichen werden müssen. Sie haben auf der Rückseite bereits eine Leimschicht; es genügt daher, die Bahnen, bevor sie tapeziert werden, ins Wasser zu tauchen.

Meistens wird vom Lieferanten ein speziell hierfür hergestellter Behälter mitgeliefert, in den die Bahnen, mit der Oberkante nach außen, eingelegt werden.

Der Kleber ist so beschaffen, daß man die Bahn nach dem Ansetzen noch etwas verschieben kann. Die Bahnen werden auf Stoß geklebt. Danach können die Nähte mit einem Nahtroller angepreßt werden. Sich bildende Luftblasen werden mit einer Nadel durchstochen und dann angedrückt.

1. Tapete schneiden. Bahn mit der zu befeuchtenden Seite nach außen in den Behälter einlegen

2. Befeuchtete Bahn an Oberkante hochziehen. Wasser ablaufen lassen, Bahn an die Wand bringen

Dekorationsarbeiten

Blasen und lose Kanten reparieren

Dicke Tapeten dehnen sich durch die im Kleister enthaltene Feuchtigkeit stark aus. Werden sie zu früh aufgeklebt, dehnen sie sich an der Wand weiter, und es bilden sich Blasen. Ist der Kleister zu dünn angemacht oder bedeckt er nicht die ganze Fläche, kann sich die Tapete ablösen. Man kann entweder die Tapete einschneiden oder den Kleister mit der Spritze injizieren. Diese hinterläßt fast keine Spuren, ist daher an besonders ins Auge fallenden Stellen zu empfehlen.

1. Blase mit einer Schere oder einem scharfen Messer über Kreuz auftrennen. Über den Umfang der Blase hinausschneiden

2. Die entstandenen Papierdreiecke zurückschlagen und mit einem Pinsel den Kleister auftragen. Etwa 5 Minuten einziehen lassen

3. Die vier Tapetenzwickel wieder in die alte Lage zurückklappen. Die reparierte Stelle mit einem Nahtroller glattstreichen

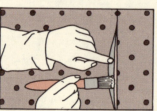

Offene Nahtstelle: Abgelöste Tapete zurückrollen und Kleister oder Leim auftragen. Mit dem Nahtroller andrücken

KLEISTER INJIZIEREN

1. Spritze zur Hälfte mit geeignetem Kleister füllen. Außen abwischen und Nadel einstechen

2. Kleister in die Mitte der Blase spritzen. Warten, bis er in das Papier eingezogen ist

3. Die Tapete mit den Fingern andrücken und vorsichtig von innen nach außen glattrollen

Schadhafte Stellen ausbessern

Von einer Reserverolle schneidet man ein Stück ab, das größer sein muß als die schadhafte Stelle. Dann reißt man die Kanten, damit sie faserig sind und weniger auffallen, und schabt an der Rückseite so viel Papier ab, daß die Kanten nur noch halb so dick sind. Einige Bespannungen, wie Vinyltapeten, Nessel oder Rupfen, kann man nicht reißen; hier muß man einen angeschnittenen Flicken verwenden, der sich aber stärker abzeichnet.

1. Die lose Tapete rund um die schadhafte Stelle von der Wand abreißen. Nur Tapete stehenlassen, die noch fest an der Wand klebt

2. Ein Stück Tapete der gleichen Sorte, größer als das Loch, so auflegen, daß es im Muster an die übrige Tapete anschließt

3. Die Kanten des neuen Tapetenstücks so abreißen, daß ein etwa 3 mm breiter Randstreifen nur noch die halbe Dicke aufweist

4. Den Flicken rundherum in das Muster einpassen. Kleister einige Minuten anziehen lassen, dann von innen nach außen hin glätten

VINYLTAPETEN AUSBESSERN

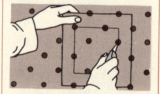

1. Ein passendes Stück Tapete, je nach Muster etwas größer als die schadhafte Stelle, zuschneiden

2. Flicken gegen die Wand drücken, durch beide Tapetenschichten ein Rechteck herausschneiden

3. Das alte Tapetenstück abziehen. Flicken einstreichen und mit dem Nahtroller leicht andrücken

FLECKEN ENTFERNEN

Wenn eine Tapete Flecken hat, muß man erst prüfen, ob sie farbecht ist. Hierzu trägt man an einer nicht sichtbaren Stelle ein Reinigungsmittel auf. Wenn sich die Tapete verfärbt, besorgt man sich ein anderes Mittel oder unterläßt die Reinigung.

Abwaschbare Tapeten können bedenkenlos mit Wasser gereinigt werden, dem ein Spülmittel oder etwas Kernseife beigefügt ist. Man arbeitet stets von unten nach oben, damit die Tapete unten nicht naßgespritzt wird, bevor man dorthin kommt.

Wenn Flecken nicht verschwinden oder nach dem Trocknen wiederkommen, muß man ein neues Stück Tapete aufkleben (siehe oben).

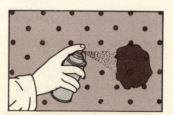

Reinigungsspray: Flächen einsprühen, trocknen lassen. Weiße Pulverrückstände vorsichtig abbürsten

Spiritus: Mit angefeuchtetem Tuch langsam und leicht über den Fleck wischen, bis er verschwunden ist

Wände und Decken vorbereiten

Bevor man ein Zimmer streicht, wird der Fußboden mit Plastikfolie, Packpapier oder mehreren Lagen Zeitungspapier abgedeckt. Sollen nur die Wände gestrichen werden, so genügt es, entlang der Wände einen etwa 1 m breiten Bodenstreifen abzudecken, vorausgesetzt, daß man mit dem Farbroller oder dem Pinsel geschickt umzugehen weiß.

Soll ein ganzer Raum renoviert werden, fängt man mit der Decke an, streicht dann alle Holzteile mit Ausnahme der Fußleisten, danach die Wände und zum Schluß die Fußleisten. Mit einer weichen Bürste entfernt man vor dem Streichen den Staub von der Decke und den Wänden.

Will man besonders gründlich sein, wäscht man wasserfest gestrichene Decken und Wände nun mit Schwamm, warmem Wasser, Schmierseife oder Allzweckreiniger ab; danach werden alle Seifenspuren mit klarem Wasser sorgfältig abgespült. Alte Leimfarbe in mehreren Waschgängen bis auf den Grund entfernen.

Abblätternde Farbe wird mit dem Spachtel abgekratzt, Sprünge und Löcher im Putz werden zugegipst (siehe S. 101 und 105).

Alte Ölfarben- oder Lackanstriche müssen – wenn sie nicht ganz entfernt werden – mit Schleifpapier angerauht werden, damit der neue Anstrich einwandfrei haftet. Unmittelbar vor dem Anstreichen werden alle Flächen noch einmal mit einem sauberen feuchten Schwamm abgerieben.

Am besten arbeitet man von einer Plattform aus. Diese besteht aus Brettern, die zwischen zwei Leitern aufliegen. Die Arbeit mit nur einer Leiter ist mühsam.

Wenn man bei elektrischem Licht arbeitet, nimmt man die Lampenschirme ab, um die Decke möglichst hell auszuleuchten.

BINDERFARBE BLÄTTERT AB

1. Abblätternde Farbe wird mit dem Spachtel vorsichtig entfernt, bis feste Ränder erreicht sind

2. Schadenstelle mit Schleifpapier schleifen, neu streichen, trocknen lassen, nochmals schleifen

LEIMFARBE AUSBESSERN

1. Mit warmem Wasser und Deckenbürste die Farbschicht naß machen; vom Fenster zur Wand hin arbeiten

2. Alte Farbe mit Schwamm, Bürste und Spachtel abnehmen. Decke trocknen lassen und neu streichen

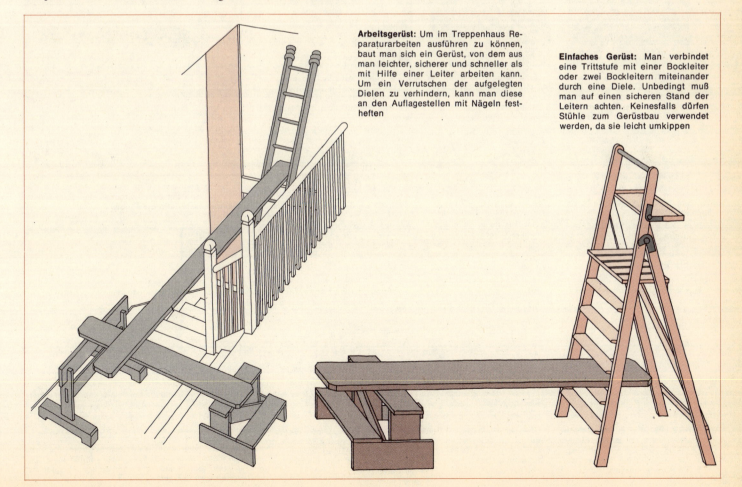

Arbeitsgerüst: Um im Treppenhaus Reparaturarbeiten ausführen zu können, baut man sich ein Gerüst, von dem aus man leichter, sicherer und schneller als mit Hilfe einer Leiter arbeiten kann. Um ein Verrutschen der aufgelegten Dielen zu verhindern, kann man diese an den Auflagestellen mit Nägeln festheften

Einfaches Gerüst: Man verbindet eine Trittstufe mit einer Bockleiter oder zwei Bockleitern miteinander durch eine Diele. Unbedingt muß man auf einen sicheren Stand der Leitern achten. Keinesfalls dürfen Stühle zum Gerüstbau verwendet werden, da sie leicht umkippen

Dekorationsarbeiten

Wände und Decken streichen

Eine Decke oder eine Wand soll man immer in einem ununterbrochenen Arbeitsgang streichen. Macht man nämlich Pausen, so entstehen auf der Wand oder der Decke unvermeidlich Ansatzlinien, die beim fertigen Anstrich sichtbar bleiben.

Den Winkel zwischen Decke und Wand streicht man mit der schmalen Seite der Deckenbürste oder des Flächenstreichers. Dabei muß darauf geachtet werden, daß keine Farbe auf die Wand bzw. die Decke kommt.

Decken streicht man in etwa 60 cm breiten Flächen, die vom Fenster aus zur gegenüber liegenden Wand laufen. Diese Flächen sollen sich nicht überlappen. Es empfiehlt sich, die Farbe alle Meter zu verschlichten, d. h., die reichlich aufgetragene Farbe wird mit langen Strichen und gleichmäßigem Druck erst in einer Richtung, dann quer dazu und schließlich wieder in der ersten Richtung durchgearbeitet, ohne daß zwischendurch neue Farbe aufgetragen wird.

Um die richtige Menge Farbe aufzunehmen, werden Deckenbürste oder Flächenstreicher bis zu einem Drittel der Borstenlänge in die Farbe getaucht und leicht gegen die Innenseite des Farbeimers gepreßt. Noch besser ist es, über die Mitte des Farbbehälters einen Draht zu spannen, an dem überflüssige Farbe abgestreift werden kann.

Benutzt man einen Roller, werden als erstes mit dem Pinsel die Ecken gestrichen, die man mit dem Roller nicht erreicht. Auch der Roller darf nicht zu voll sein. Um Spritzer zu vermeiden, taucht man den Roller ganz in die Farbe und streift ihn am Rollengitter ab. Tropft beim Streichen noch Farbe von der Rolle, so wurde nicht genügend am Gitter abgestreift. Der Roller sollte nicht ruckartig von der Farbfläche genommen werden, da er sonst Farbe mit sich zieht.

Will man eine Decke mit dem Roller streichen, kann man ihn an einem Besenstiel befestigen und vom Boden aus arbeiten.

FUSSLEISTEN UND ECKEN STREICHEN

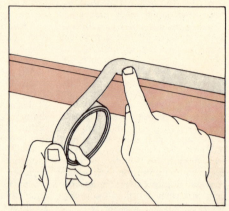

1. Einen Streifen Klebeband entlang der Wand über der Fußleiste anbringen, damit beim Streichen die Farbe nicht auf die Wand übergreift

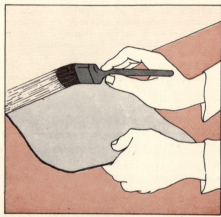

2. Wenn man eine Ecke streicht, kann man die andere Wand mit einem Stück Karton abschirmen, den man fest in die Ecke preßt

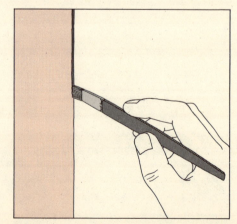

3. Wenn man eine Wand exakt bis in die Ecke streichen will, muß man einen Strichzieher benützen; damit läßt sich freihändig ein gerader Abschluß erreichen

STREICHEN MIT FLÄCHENSTREICHER ODER DECKENBÜRSTE

1. Parallel zum Fenster einen schmalen Streifen mit dem breiten Flachpinsel (Flächenstreicher) streichen; Wandoberteil nicht mitstreichen

2. Einen kurzen Streifen im rechten Winkel streichen; Farbe nicht auf die Wand bringen; Decke parallel zum Fenster weiterstreichen

3. Die Decke wird in Flächen von etwa 60 cm im Quadrat gestrichen. Pinselspuren sind bei Binderfarbe nicht zu befürchten

4. Mit Binder- oder Lackfarbe bringt man dann einen Endanstrich auf; er darf an keiner Stelle auf die Wände übergreifen

5. Bei Ölfarbe in einer Richtung zuerst drei getrennte Parallelstreifen streichen, dann Farbe quer dazu zum Licht hin verschlichten

Wände: Farbe nicht auf die Decke übergreifen lassen. Erster Strich entlang der Decke, dazu eventuell einen schmalen Pinsel benutzen

DECKENSTREICHEN MIT DEM FARBROLLER

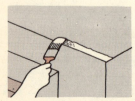

1. Zuerst werden die Kanten der Decke mit einem Flachpinsel gestrichen. Achtung: Farbe nicht auf die Wände übergreifen lassen

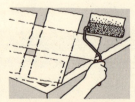

2. Die Decke in diagonalen Kreuz- und Querstreifen mit dem Roller walzen. Dabei darauf achten, daß man die Farbe gut verschlichtet

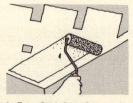

3. Zum Schluß muß man die Farbe mit dem Roller in geraden gleichmäßigen Linien in Richtung auf das Fenster zu walzen

Schmuckplatten auf der Wand anbringen

Plattenverkleidungen dienen nicht nur der Wärme-, Schall- oder Feuchtigkeitsdämmung, sondern sind oft ein rein dekoratives Raumelement. Solche Platten anzubringen setzt meist mehr fachmännisches Können voraus als normales Tapezieren. Statt der Tapezierschere braucht man manchmal eine Säge, und auch das Ankleben ist nicht immer so einfach wie der Umgang mit Tapetenkleister. Schließlich sind die Platten oder Bahnen bis 122 cm breit und dann ziemlich unhandlich. Bei der Wahl des Klebers sollte man immer dem Rat des Plattenlieferanten folgen; auch die Beschaffenheit des Untergrunds verlangt eine fachmännische Beurteilung.

Der Untergrund für die Platten darf keine Schäden aufweisen: Er muß trocken und ganz eben sein. Alte Farb- oder Tapetenreste sind zu entfernen. Wenn unmittelbar auf den Untergrund geklebt werden soll, ist es einfacher, schmalere Platten zu nehmen.

Verkleidungsplatten können aus den verschiedensten Materialien geschnitten oder gesägt werden: geschäumtes Styropor, Kork, Hartfaser (auch geprägt oder gelocht), Spanplatten, Weichfaserplatten mit Oberflächenstruktur, Schichtstoffplatten wie Resopal oder Formica und mit Kunststoff, Edelfurnier oder Gewebe beschichtete Platten.

Hat das verwendete Plattenmaterial eine Oberflächenstruktur, muß deren Verlauf beim Verlegen berücksichtigt werden.

Sollen die Platten so dicht wie möglich aneinanderstoßen, muß man darauf achten, daß ein heller Untergrund nicht später durch die Fugen schimmern kann. Die Wand bzw. ein Streifen auf Fugenabstand ist vor dem Verlegen im Ton der Platten zu streichen.

Dies gilt auch für Lochplatten und Platten mit dekorativen Öffnungen; hier kann man die Wand allerdings auch in einem kontrastierenden Farbton streichen.

Kork und aufgeschäumter Kunststoff lassen sich leicht mit einem scharfen Messer schneiden. Für härteres Material benutzt man eine Säge, für harte Schichtstoffplatten wie Resopal oder Formica eine Säge mit feinen, leicht geschränkten Zähnen. Bei diesem spröden Material muß bei Handzuschnitt etwa 2 mm zugegeben und die gesägte Kante mit Feile und Schleifpapier nachgearbeitet werden. Bei Kreissägeschnitten wird auf genaues Maß, ohne Zugabe, gesägt. Anschließend in jedem Fall Kante brechen.

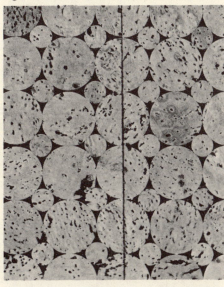

Um Korkplatten zu schneiden, benutzt man ein scharfes Messer und ein gerades Brett. So kann man auch Fliesen aus Korkplatten schneiden

Verschiedene Arten von Korkplatten

Handsägekanten werden mit Schleifpapier und Schleifklotz glattgeschliffen. Die Kanten von Fliesen kann man damit auch brechen oder abrunden

Dekorationsarbeiten

Paneele auf einem Lattenrost anbringen

Es empfiehlt sich, große Paneele auf senkrechten oder waagrechten Holzplatten oder auf einem Lattenrost (Unterkonstruktion) an der Wand zu befestigen (siehe S. 45). So muß die Wand unter den Latten nicht vollkommen eben sein, Farb- und Tapetenreste stören nicht, und ein nicht mehr ganz einwandfreier Gipsverputz braucht nicht unbedingt erneuert zu werden.

Die Platten können auf die Latten geschraubt, genagelt oder geklebt werden. Wichtig ist es, für ausreichende Ventilation hinter den Platten zu sorgen (siehe S. 45). Bei geschraubten oder genagelten Platten empfiehlt es sich, die Kanten an den Stoßfugen zu kleben, damit sich später nicht aufwölben können. Löcher kann man mit Plastikkitt in passender Farbe verschließen.

1. Sollen die Platten aufgeklebt werden, bringt man auf alle tragenden Latten und Auflageflächen eine Kleberschicht auf und streicht sie glatt

2. Die Platte wird durch unterlegte Holzstücke in die richtige Position zu den Latten gebracht und an der Oberkante mit Stauchkopfstiften in die Nut geheftet

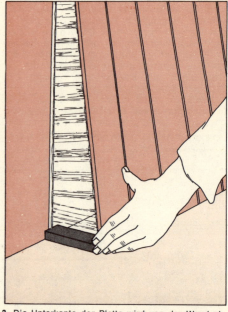

3. Die Unterkante der Platte wird von der Wand abgezogen und von den Holzstücken gehalten, bis der vorher angebrachte Kleber ablüftet

4. Nach 6–10 Minuten kann man die Hölzer entfernen und die Platte mit Hammer, Zulage und Lappen anklopfen

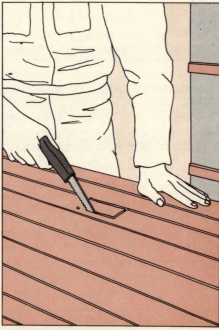

5. Ausschnitte für Steckdosen oder Schalter werden auf der Platte genau angezeichnet und mit einer Stichsäge sauber ausgesägt

6. Bevor man Latten und Paneele mit Kleber bestreicht, legt man die Platte an die Wand und prüft, ob der Ausschnitt auch genau paßt

Wandverkleidungen mit Nut- und Federbrettern

Verkleidungen aus Holz verschönern nicht nur jeden Raum, sondern haben gleichzeitig eine isolierende Wirkung. Es lassen sich damit auch Schäden auf der Putzoberfläche verdecken, die man nicht so einfach beheben kann. Die Fläche, die man mit Holz verkleiden will, braucht keine besondere Vorbehandlung; sie sollte nur trocken und gesund sein. Alte Tapeten und Anstriche läßt man getrost auf der Wand. Feuchte oder sogar befallene Stellen in der Wand dürfen jedoch auf keinen Fall einfach zugedeckt werden. Eine entsprechende Behandlung ist unumgänglich (siehe Seite 61–62). In Zweifelsfällen ist es gut, wenn man unter der Schalung eine Aluminiumfolie anbringt. Diese bietet einen mäßigen Schutz gegen Feuchtigkeit. Ferner muß man – wie die Abbildung unten zeigt – in der Lattenkonstruktion Lüftungsschlitze lassen, damit die Luft zirkulieren kann.

Obwohl man bei gutem Untergrund die Schalung direkt auf die Wand montieren kann, ist grundsätzlich zu empfehlen, eine Unterkonstruktion (Lattenrost) anzubringen. Der geringe Aufwand lohnt sich schon deshalb, weil der Raum zwischen Schalung und Wand einen zusätzlichen Isoliereffekt bietet; man kann in diesen Zwischenraum sogar noch Dämmstoffe einfügen. Krumme oder nicht lotrechte Wände kann man einwandfrei ausgleichen, und nicht zuletzt sind die Riemen auf Holz besser zu befestigen als auf Putz oder Stein.

Ehe man das Material einkauft, sollte man gründlich überlegen, ob die Schalungsbretter vertikal oder horizontal verlaufen sollen. Eine vertikale Schalung läßt einen Raum höher erscheinen, als er ist, eignet sich am besten also für relativ niedrige Zimmer. Horizontal angebrachte Riemen strecken einen Raum, lassen ihn also größer erscheinen. Zu hohe Räume sollten möglichst nur teilweise verschalt werden, z. B. nur bis Türhöhe.

Holz kann zwar eine sehr gemütliche Atmosphäre schaffen, es ist aber davon abzuraten, in kleinen Räumen die Decke und die Wände zu verkleiden. Für rustikal eingerichtete Räume – wie Bauernstuben u. ä. – sollte man mit weiß gekalktem Rauhputz für Kontrast sorgen.

Die Unterkonstruktion wird aus Nadelholzleisten 60 x 20 mm hergestellt. Es ist besser, wenn die Vorderseite der Leisten gehobelt ist. Die Leisten werden quer zum Riemenverlauf montiert. Der Abstand zwischen den einzelnen Leisten sollte nicht größer sein als 60 cm, es sei denn, man verwendet eine extrem dicke Schalung. Verwendet man Isoliermaterial, muß man die Bahnen- bzw. Plattenbreiten berücksichtigen.

Die praktischste Methode ist es, die beiden äußeren Leisten zuerst flüchtig bzw. lotrecht mit Richtscheit oder Schnur zu montieren. Als Befestigungsmittel nimmt man am besten Durchsteckdübel und Senkkopfholzschrauben 4,5 x 50 mm. Geschraubte Leisten können während der Montage leichter reguliert werden. Man dübelt zuerst an der höchsten Stelle und unterlegt nach Bedarf mit dünnen Holzschienen oder Furnierstücken an den anderen Befestigungsstellen nach Richtscheit und Wasserwaage.

Wenn die äußeren Leisten befestigt sind, werden die anderen Leisten vorderflächenbündig mit den äußeren Leisten montiert.

Wenn man will, kann man jetzt die Isolierung einbauen. Nun erfolgt die Montage der Nut- und Federriemen. Bei unsichtbarer Befestigung wird mit der „Federseite" begonnen; man muß also die Feder weghobeln. Mit 30 mm langen Flachkopfstiften – bei Außenschalung sollten sie verzinkt sein – nagelt man in die hintere Wange der Nut; das letzte Stück wird mit dem Versenkstift eingeschlagen.

Schneller arbeitet man mit Klammern und Preßluftnagler, den man mieten kann. Anfang und Schluß der Schalung kann man mit Stauchkopfstiften auch sichtbar nageln und anschließend auskitten. Die Nägel sind auch kaum zu sehen, wenn man einfach den Kopf abzwickt und eben einschlägt. Wenn man die Schalung aber aufleimt, sieht man überhaupt nichts.

Die Oberflächenbehandlung des Holzes führt man zweckmäßigerweise vor der Montage durch. Bei Wänden und Außenschalungen, die für Feuchtigkeit anfällig sind, muß man das Material zur Unterkonstruktion imprägnieren und die Rückseite der Schalung ebenfalls behandeln.

Die Wahl der Holzart hängt von verschiedenen Gesichtspunkten ab: Schlecht belichtete Zimmer verlangen eine andere farbliche Gestaltung als helle, sonnige Räume. In sehr großen Räumen wirken Platten und furnierte Paneele vorteilhafter. Man muß aber auch an den Preis denken. Mahagoniriemen kosten beispielsweise erheblich mehr als Fichte- oder Kiefernriemen.

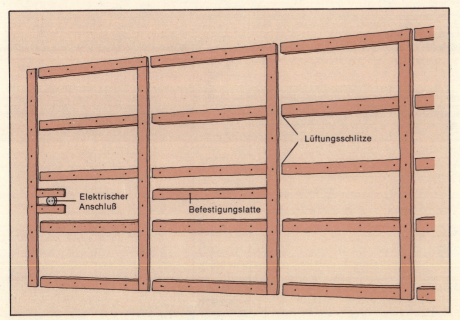

Unterkonstruktion: Wo später in die Deckplatten Aussparungen für elektrische Anschlüsse kommen sollen, müssen zusätzlich Latten angebracht werden. Wenn man vorhat, irgendwelche Gegenstände an der Wand zu befestigen, z. B. eine Garderobe, muß man an der betreffenden Stelle eine Befestigungslatte anbringen. Wichtig ist ferner, daß man in der Unterkonstruktion Lüftungsschlitze läßt, damit sich die Luft ständig erneuern kann.

EINIGE RIEMENPROFILE

Diese Art von Riemenprofil ergibt eine ebene Fläche ohne Fugenbetonung. Für Fußböden gut geeignet

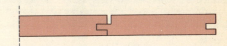

Hier wird die Schalung mit Sichtnuten durchgeführt. Für Innen- und Außenverkleidungen geeignet

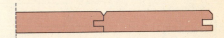

Bei diesem Riemenprofil wird eine V-Nut benützt. Die Fugen sind nur leicht betont

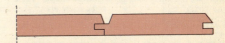

Für horizontale Außenschalung, die das Wasser ablaufen läßt: Sichtnuten mit angefasten Kanten

Dekorationsarbeiten

Wandverkleidung mit Nut- und Federbrettern

Im folgenden sind einige Holzarten aufgeführt und deren Eigenschaften und Verwendungsbereiche kurz beschrieben:

Afzelia Vollkommen astrein, sehr hart, rötlichbraun, höchste Dauerhaftigkeit, geringer Schwund, für alle Zwecke geeignet.

Eiche Astarm, hellgelb bis beige, sehr schöne Maserung, sehr hart, für alle Zwecke geeignet.

Kambala Astrein, gelb bis hellbraun, stark nachdunkelnd, schwer, hart und dauerhaft, besonders für außen geeignet.

Lärche Astarm, hellbraun bis braun, hart, sehr witterungsbeständig, für innen und außen verwendbar.

Mahagoni Vollkommen astrein, rotbraun, geringer Schwund, sehr dauerhaft, hart, für innen und außen verwendbar.

Nordische Fichte Kleinästig mit festverwachsenen Ästen, Farbe weißlichgelb, für innen und außen verwendbar.

Nordische Kiefer Fast astrein, hellgelb, lebhafte Struktur, für alle Bereiche geeignet.

Ramin (Borneo Eiche) Vollkommen astrein, hellgelb, gleichmäßige Struktur, besonders für Innenausbau geeignet.

Zeder Astarm, rötlichbraun, mit Streifen, hart, für Innenausbau und Garagentore.

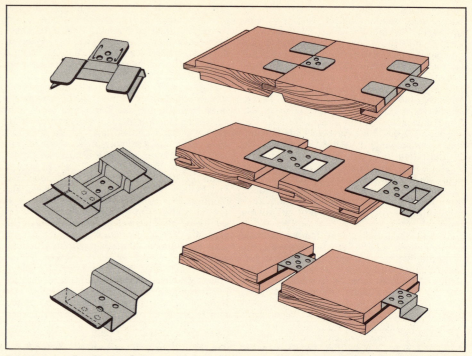

Befestigungen: Es gibt eine Reihe verschiedener Halterungen aus Metall zu kaufen. Am gebräuchlichsten sind die Profilholzkrallen, die für alle handelsüblichen Profilholzbretter benützt werden können (Abbildung oben). Sparkrallen nimmt man, um zusätzlich Fugenleisten aus Holz, Hartfaserplatten oder Kunststoff einsetzen zu können (Abbildung Mitte). Die Abstandskrallen werden für Entlüftungs- und Akustikdecken verwendet (Abbildung unten). Die Abstandskrallen werden auf die Unterholzkonstruktion montiert

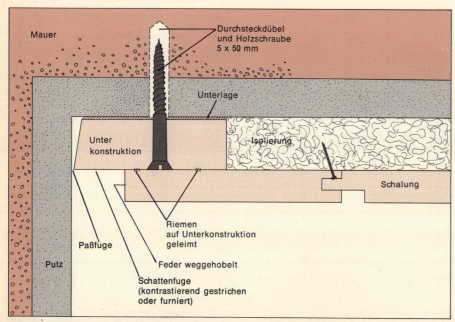

Schnitt durch einen Wand- und Deckenabschluß: Die Vorteile dieser Konstruktion liegen auf der Hand: Weil die Riemen nicht mit der Wand abschließen müssen, können sie auf ein einheitliches Maß zugesägt werden; Maßtoleranzen oder Unebenheiten der Wände werden durch die ringsum führende Schattenfuge ausgeglichen

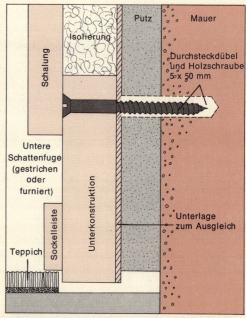

Schnitt durch den Bodenanschluß: Die Sockelleiste wird auf der Unterkonstruktion befestigt. Zwischen Latten und Raumwand kommt eventuell eine Unterlage, welche eine unebene Wand ausgleicht

Weitere Wand- und Deckenverkleidungen aus Holz

Wand- und Deckenverkleidungen verändern die Raumwirkung erheblich. Deshalb ist zu überlegen, wie ein Raum durch die Längsrichtung der Paneele oder Bretter „gestreckt" werden soll. Scheinbalken, die echte, tragende Balken vortäuschen, können durch falsche Abmessungen leicht unecht wirken. Bei raumhohen Wandverkleidungen ist es ratsam, zwischen Holz und Decke einen Streifen Wand sichtbar zu lassen. Man kann Holz auch gut mit Rauhputz oder Tapeten verschiedenster Art kombinieren.

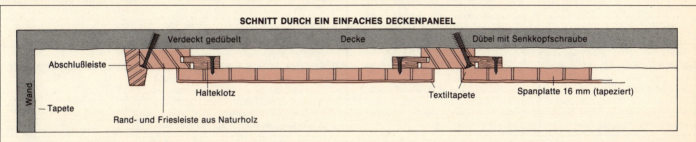

Nach genauem Aufriß von Plattengrößen, Wandabständen und Friesbreiten schraubt man genutete Naturholzfriese auf die verputzte Decke. Mit Halteklötzen werden die Paneele in die Nuten eingehängt. Die Paneele können furniert, tapeziert oder gestrichen sein. Unten: An Eckleisten läßt sich die „überlukte" Holzverkleidung unsichtbar befestigen. Bei der Reihenverkleidung mit Riemen nagelt man Zwischenstäbe auf

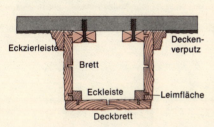

SCHEINBALKEN MONTIEREN

Für Balken ohne Zwischenpaneele schraubt man zwei Halteleisten im entsprechenden Abstand an die Decke und stülpt die Balkenschale darüber

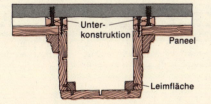

Halteleisten von oben an die Balkenschale schrauben, dann an der Decke befestigen. Paneele an denselben Leisten von unten befestigen

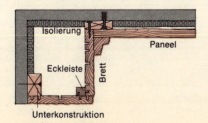

Beim Einmessen des Eckbalkens darauf achten, daß der Balken im rechten Winkel sitzt. Bei der Ausführung ohne Paneel wie bei Balken ohne Zwischenpaneele verfahren

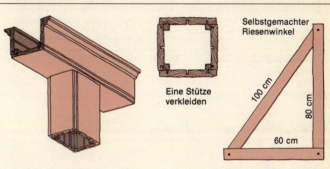

Stützen verkleidet man wie Balken, an Ort und Stelle wird geleimt und mit Schraubzwingen gespannt. Beim Aufmessen Eckleisten berücksichtigen

Mit dem Riesenwinkel aus geraden Latten kontrolliert man die Rechtwinkligkeit des Raums. Je größer der Winkel, um so genauer das Maß

ABGEHÄNGTE PROFILBRETTERDECKE MIT UNTERKONSTRUKTION AUS LATTEN

Mit abgehängten Decken läßt sich viel Unschönes wie Rohrleitungen, Lüftungskanäle, Unterzüge u. a. der Sicht entziehen. Sehr hohe Räume werden durch abgehängte Decken wohnlicher. Fertige Beschläge zum Abhängen der Unterkonstruktion gibt es im Fachhandel

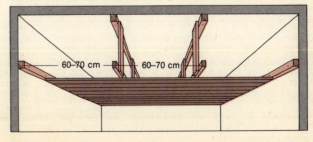

Fenster

Betonfensterbänke reparieren

Betonfensterbänke können mit der Zeit Risse bekommen und abblättern. Um sie auszubessern, schlägt man das lose Material mit Hammer und Meißel ab und verputzt die Fläche mit Mörtel aus Zement und Sand.

Material: Feiner Flußsand und Zement 3:1, PVA-Binder, Holzlatte, etwas länger als die Fensterbank
Werkzeug: Maurerhammer und -meißel, Kelle, Stahltraufel, Reibebrett, Eimer

1. Die beschädigte Oberfläche der Fensterbank etwa 4 cm tief abschlagen. Oberfläche reinigen und PVC-Binder aufbringen

2. Nun wird genügend Mörtel angerührt und in entsprechender Höhe aufgetragen. Vor allem in Spalten und Ecken muß er fest eingepreßt werden

3. Eine Latte gegen die Vorderkante der Fensterbank halten und bis an ihre Oberkante mit Mörtel auffüllen. Mit Wasserwaage Horizontale prüfen!

4. Latte entfernen, Fläche zum Rand hin mit Stahltraufel leicht abschrägen und Kante leicht abrunden. Vorsicht, daß sie dabei nicht „ausfranst"!

5. Fläche durch kreisförmige Bewegungen mit Reibebrett sauber einebnen. Nach zwei Stunden alles naß mit einer Stahltraufel glätten

Offene Fugen innen am Fenster

Wenn Fensterrahmen aus Holz beim Trocknen schwinden, können sich innen zwischen Rahmen und Fenstersims Fugen bilden. Das kommt häufig bei Neubauten und bei älteren Häusern nach Einbau einer Zentralheizung vor.

Vor jedem Neuverfugen werden die Fuge, ihre Kanten und der Untergrund sauber ausgekratzt und von allen Schmutz- und Mörtelresten befreit. Dazu kann man eine schmale Düse des Staubsaugers verwenden. Der Fugenkitt sollte immer „satt" eingedrückt werden. Er trocknet nach etwa 24 Stunden; danach wird er nachgeglättet. Große Risse verstopft man vor dem Verkitten mit Mineralwolle.

Glaserkitt ist zum Abdichten ungeeignet, weil er Risse bekommt. Man verwendet Spezialkitt, der nach dem Festwerden gestrichen oder lackiert werden kann.

Material: Dauerelastische Dichtungsmasse
Werkzeug: Kittmesser oder Spachtel, Staubpinsel, feuchter Lappen, Lackierpinsel

1. Die Fuge wird mit dem Spachtel von Farbresten und -kanten sowie von Schmutz gesäubert, ausgepinselt und sorgfältig entfettet

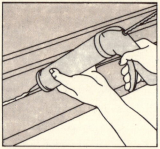

2. Spezialkitt entweder direkt aus der Tube oder mit den angefeuchteten Fingerspitzen überall gleich dick auftragen und eindrücken

3. Mit Spachtel und Kittmesser wird die Masse nun fest in die Fugen gepreßt. Eventuell muß man dabei – vor allem in den Ecken – etwas nachfüllen

4. Man glättet die Oberfläche und läßt den Kitt gut austrocknen. Erst wenn er ganz fest ist, kann man mit dem Lackieren beginnen

HÖLZERNE FENSTERBRETTER

Alle äußeren Fensterbretter haben auf der Unterseite eine Tropf- oder Wassernase, die das Wasser ablaufen läßt und die gesäubert werden muß, wenn sie verstopft oder verklebt ist. Lücken zwischen Fensterrahmen und Mauerwerk können sich für die ganze Umgebung des Fensters als sehr schädlich erweisen und müssen möglichst bald verschlossen werden, damit kein Wasser eindringen kann. Gewöhnlicher Fensterkitt ist hierfür ungeeignet. Auch hier sollte man die Fugen vielmehr mit einer Spezialdichtungsmasse schließen, die zwar fest wird, jedoch eine gewisse Dauerelastizität behält. Diese Dichtungsmasse ist in Baubedarfs- und Eisenwarengeschäften erhältlich.

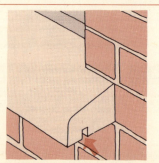

Tropf- oder Wassernase: Farbreste und Schmutz auskratzen

Offene Fugen: Mit dauerelastischer Dichtungsmasse schließen

Drehkippbeschlag montieren

Ohne große Schwierigkeiten läßt sich ein Drehfensterflügel (Abb. links) in ein Drehkippfenster verwandeln, das man seitlich öffnen oder kippen kann

Häufig findet man in älteren Badezimmern oder Toiletten nur einen Drehfensterflügel; eine gleichmäßige Lüftung ist dadurch kaum möglich. Der Einbau eines Drehkippbeschlages aber löst diese Probleme.

Zunächst muß man die alten Bänder vom Fenster entfernen. Sind die Fischbänder nicht verschraubt, sondern verstiftet, muß man die Stifte mit einem dünnen Durchschlag so weit versenken, bis man die Bänder herausziehen kann. Hat man mit dieser Methode keinen Erfolg, muß man mit dem Stecheisen um die Stifte herum so viel Holz herausnehmen, bis es möglich ist, die Stifte mit der Beißzange zu packen. Die Schlitze und Löcher der ehemaligen Bänderbefestigung werden mit Holzspänen ausgeleimt bzw. ausgekittet.

Will man den einfacheren – aufschraubbaren – Drehkippbeschlag anbringen, müssen die Kanten am Flügelrahmen gerade sein; zu starke Abrundungen müssen vor der Montage abgehobelt werden.

Zuerst bringt man die Beschlagteile am Fensterflügel an. Der Drehkippzapfen wird mit der Drehpunktauflage am Flügel unterkantenbündig mit den mitgelieferten Schrauben befestigt. Dann wird der obere Ausstellhalter 8–9 cm von der Flügeloberkante seitlich angeschraubt. Nun stellt man den Flügel in den Rahmen, vermittelt die Luft und zeichnet die Beschläge am festen Blendrahmen an Damit die Luft in der Höhe richtig verteilt wird, wird der Flügel unten entsprechend unterlegt.

Jetzt werden die Bandteile am festen Blendrahmen montiert. Dann hängt man den Flügel ein und prüft die Funktion. Zum Schluß wird der untere Riegel – 5–6 cm seitlich eingerückt – mit Auflageblöckchen angeschraubt.

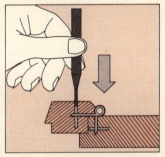 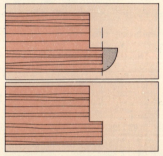

1. Sind die alten Bänder nicht verschraubt, muß man die Stifte versenken, bis sich die Bänder herausnehmen lassen

2. Benützt man aufschraubbare Beschläge, muß man starke Kanten am Flügelrahmen vor Montage der neuen Beschläge abhobeln

 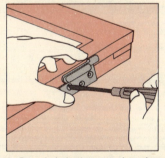

3. Zuerst montiert man die Beschlagteile, die an den Flügelrahmen gehören. Hier wird der Drehkippzapfen befestigt

4. Danach befestigt man den oberen Ausstellhalter an der Flügelseite. Der Abstand von der oberen Flügelkante beträgt 8–9 cm

5. Der Fensterflügel wird nun in den Rahmen gestellt. Sorgfältig die Luft vermitteln und die Beschläge am Blendrahmen einzeichnen

6. Man montiert die Bandteile am Blendrahmen und hängt den Flügel ein. Dann wird noch der untere Riegel montiert

Nachhobeln

Wenn der untere Schenkel eines Fensterflügels im fest eingebauten Rahmen klemmt, läßt sich dies in den meisten Fällen sehr einfach dadurch beheben, daß man Unterlegscheiben in die Bandzapfen einlegt. Dies ist nicht nur bequemer, als wenn man den Flügel nachhobelt, sondern auch wirtschaftlicher, weil man sich das Nachstreichen der abgehobelten Flächen damit erspart. Fensterflügel haben oben meistens so viel Luft, daß die Bänder ohne weiteres etwas unterlegt werden können.

Nützt jedoch diese Maßnahme nichts, so muß man gewissenhaft prüfen, ob ein Nachhobeln überhaupt sinnvoll ist. Ein breiter Fensterflügel kann durch sein Eigengewicht so aus dem Winkel kommen, daß der Wetterschenkel am fest eingebauten Blendrahmen bzw. an der Regenschutzschiene klemmt. Einfache Abhilfe kann man dadurch schaffen, daß man eine Auflaufstütze an der Unterkante des Flügels anbringt.

Die Auflaufstütze besteht aus einem Metallblöckchen, das an den festen Rahmen geschraubt wird, und einer Rundkopfschraube im Überschlag des Fensterflügels. Die Montage führt man am geschlossenen Fenster durch. Die Luft läßt sich regulieren; indem man die Halbrundschraube mehr oder weniger tief eindreht.

Man kann anstelle dieser Beschläge auch ein Stück Winkeleisen mit zwei entsprechenden Bohrungen verwenden.

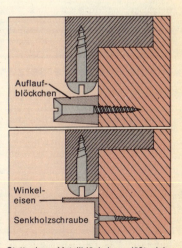

Statt eines Metallblöckchens läßt sich auch ein Winkeleisen als Auflaufstütze verwenden. Mit der Rundkopfschraube reguliert man die Luft

Fenster

Winterflügel

Das Einfachfenster genügt den heutigen wärmetechnischen Ansprüchen nicht mehr. Von der schlechten Isolierwirkung abgesehen, ist es auch nicht schön, wenn die Fensterscheiben beschlagen.

Abhilfe läßt sich durch das Aufsetzen einer zweiten Fensterscheibe schaffen.

Um ein Einfachfenster zum Doppelfenster zu erweitern, muß man zuerst einen zweiten Fensterflügelrahmen anfertigen. Dabei muß man darauf achten, daß das Lichtmaß des neuen Rahmens nicht kleiner ausfällt als das des bestehenden Flügels. Man muß auch auf bereits vorhandene Beschläge wie Riegel oder Olive achten, notfalls müssen diese eben entsprechend versetzt werden.

Der Rahmen erhält auf der Innenseite einen Glasfalz, die Ecken werden mit Schlitz und Zapfen verbunden. Nach dem Verleimen wird verputzt und zur Probe montiert.

Da man den Flügel zum Reinigen der Scheibeninnenseiten lösen können muß, schraubt man ihn mit Linsensenkholzschrauben oder auch speziellen Verbundfensterschrauben an.

Selbstverständlich kann man den Flügel auch drehbar, also mit Bändern (beispielsweise Einbohrbändern) anschlagen.

Die Glasscheibe selbst braucht man nicht einzukitten; die Befestigung mit Glasleisten reicht aus.

Damit der alte und der neue Rahmen besser passen, kann man einen Dichtungsstreifen einlegen.

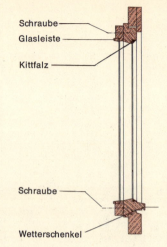

Höhenschnitt durch ein Einfachfenster mit aufgesetztem Winterflügel

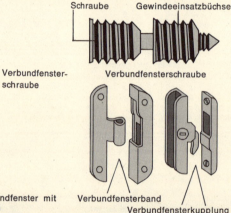

Schnitt durch ein Verbundfenster mit Kupplung

Schnitt durch die Verbundfenster mit Verbundfensterschrauben

Bei Verbundfenstern (Doppelfenster) werden die zwei aufeinander liegenden Flügel mit Beschlägen zusammengehalten. An der Bandseite ist das Verbundfensterband, an der Schloßseite die Verbundfensterkupplung eingelassen. Diese Beschläge sind häufig aus nicht sehr beständigem Material hergestellt und damit reparaturanfällig. Ersatzweise können die Flügel aber auch mit Linsensenkholzschrauben zusammengeschraubt werden. Wer die Schraubverbindung ständig belassen will, kann Gewindeeinsatzbüchsen mit Maschinenschrauben – auch Verbundfensterschrauben genannt – verwenden; sie leiern auch nach öfterem Einschrauben nicht aus.

Schließbleche versetzen

Wenn der Fensterflügel – starkes Schwinden ist daran schuld – zu schmal geworden ist, greifen die Rollzapfen des Kantengetriebes nicht mehr in die Schließbleche. Das heißt, daß sich das Fenster nicht mehr schließen läßt.

Man kann nun die Falze mit Leisten aufdoppeln, also den zu großen Zwischenraum ausfüllen. Dies ist aber eine recht aufwendige Arbeit. Einfacher ist es, wenn man die Schließbleche herausnimmt und sie mit einem dünnen Sperrholz- oder Kunststoffplättchen unterlegt, bis die Rollzapfen wieder greifen.

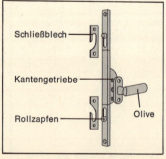

1. Ist der Fensterflügel zu schmal geworden, können die Rollzapfen nicht mehr in die Schließbleche greifen

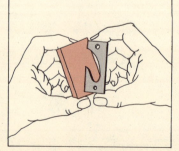

2. Man entfernt die Schließbleche und unterlegt sie dem Schwund entsprechend mit dünnen Plättchen

Maueranschlußfuge

Die Fuge zwischen zwei verschiedenartigen Materialien reißt im Lauf der Zeit auf. Solche Fugen sehen nicht nur häßlich aus, sie sind auch Ausgangspunkt für Folgeschäden. Holz beginnt bei ständigem Feuchtigkeitseinfluß zu verrotten.

Man kratzt die Fugen gründlich aus und entfernt alle losen Teile. Auf trockenem Untergrund wird mit einem Haftvermittler (Primer) vorgestrichen. Die Fuge wird mit dauerelastischer Dichtungsmasse ausgespritzt und geglättet.

1. Die losen Teile einer gerissenen Anschlußfuge werden mit einem kleinen Meißel oder Spachtel sorgfältig entfernt

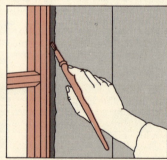

2. Die Haftfläche muß leicht angeschliffen, sorgfältig entstaubt und schließlich mit Primer vorgestrichen werden

3. Ränder mit Kreppapier abdecken. Die aufgespritzte Dichtungsmasse mit dem in Seifenwasser getauchten Finger glätten

Fenster provisorisch verschließen

Zerbrochene Fensterscheiben sind immer ein Problem. Wer hat schon gleich eine Ersatzscheibe zur Hand, die er zurechtschneiden und einsetzen kann? Wetter und Wind kann man aber nicht abstellen, bis der Glaser kommt; also muß man das Fenster meist so lange provisorisch schließen, bis neues Glas eingesetzt werden kann.

Am einfachsten ist es, falls kein Rolladen vorhanden ist, das Fenster mit Brettern oder Hartfaserplatten zuzunageln. Damit ist es zwar gegen Witterungseinflüsse notdürftig verschlossen, aber es läßt natürlich auch kein Licht durch. Sind andere Fenster im Raum, kann man für kurze Zeit ein verdunkeltes Fenster in Kauf nehmen. Anders ist es, wenn man die Lichtquelle des zersprungenen Fensters unbedingt erhalten muß. Da hilft nur eine Abdeckung mit Plastikfolie, die in verschiedener Stärke beim Fachhandel erhältlich ist.

Bei Fenstern, die an der Wetterseite liegen, aber auch bei besonders ungünstigen Witterungsverhältnissen, z. B. im Winter oder in Sturmzeiten, empfiehlt es sich, eine stärkere Folie (Baufolie) zu verwenden.

Material: Plastikfolie, die das Fenster ganz bedeckt und an den Rändern evtl. um die Weichholzleisten herumgeschlagen werden kann; Weichholzleisten in der Größe des Fensterrahmens, Drahtstifte, Reißzwecken
Werkzeug: Hammer, evtl. Schraubenzieher

1. Die zerbrochene Glasscheibe wird vorsichtig ganz entfernt, damit sie später die Folie nicht zerschneiden kann

2. Nun fixiert man die obere Kante der Folie mit Reißzwecken und nagelt sie mit einer Holzlatte an dem Rahmen fest

3. Die Folie wird straff über das Fenster gezogen. Dann nagelt man auf der einen Fensterseite eine Leiste darüber

4. Die Folie sollte diagonal über das Fenster gespannt werden, damit keine Falten entstehen. Dann wird die andere Seite angenagelt

5. Die Abdeckung wird nun nach unten straffgezogen und befestigt. Die Unterkante muß mit Hilfe einer Leiste fest verspannt werden

Wie man Glas schneidet

Für gelegentliche Glasreparaturen im Haus lohnt es sich, einen Glasschneider anzuschaffen.

Wer den Umgang mit einem Glasschneider nicht gewöhnt ist, sollte ihn zunächst an Abfallglas ausprobieren. Bei jeder Glasbearbeitung muß die Glastafel auf einer völlig ebenen Fläche glatt aufliegen, bevor man zu schneiden beginnt. Jede Unebenheit, z. B. schon größere Sandkörner oder dergleichen, kann bewirken, daß das Glas während des Schneidens an einer ganz anderen Stelle bricht als vorgesehen.

Beim Ritzen mit dem Glasschneider muß man einen kleinen Widerstand spüren und ein knarrendes Geräusch hören. Ehe man zu schneiden beginnt, Schnittfläche staub- und fettfrei machen, sonst greift der Glasschneider nicht an. Um eine saubere Bruchkante zu erhalten, muß jeder Schnitt bis an den Rand der Glasplatte durchgezogen werden. In einer bereits vorhandenen Schnittfuge darf niemals ein Schnitt wiederholt werden, sonst wird der Glasschneider verdorben.

Das eingeritzte Glas wird über der Kante einer ebenen Holzleiste gebrochen. Schmale Glasränder bricht man mit einer Zange oder den Schlitzen an der Seite des Glasschneiders vorsichtig und stückweise ab.

Material: Glas
Werkzeug: Glasschneider, Zange, Holzleiste oder Lineal, Fettstift oder Filzschreiber

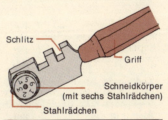

Schlitz — Griff — Schneidkörper (mit sechs Stahlrädchen) — Stahlrädchen

1. Das Glas wird auf eine ebene Fläche (am besten Karton) gelegt. Die gewünschte Größe wird angezeichnet

2. Das Lineal wird dicht an der Schnittlinie festgehalten und das Glas mit dem Glasschneider geritzt

3. Man setzt den Schneider an der Glaskante an. Der Schneidkörper muß fest auf dem Achszapfen sitzen

4. Man ritzt mit gleichmäßigem, aber nicht schwerem Druck, bis das Rädchen die Kante gegenüber erreicht

5. Scheibe auf einer Seite anheben, mit dem Schneider von unten sacht gegen die Ritzlinie klopfen

Fenster

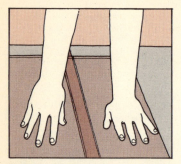

6. Große Scheiben legt man mit der Ritzlinie so auf das Lineal, daß der Riß entlang einer Linealkante verläuft

7. Eine Seite der Glasscheibe wird mit flacher Hand festgehalten, und die andere Seite versucht man mit sanftem Druck abzubrechen

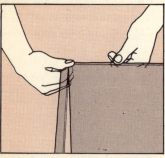

8. Soll nur ein schmaler Streifen abgeschnitten werden, bricht man ihn sehr vorsichtig mit Daumen und Zeigefinger ab

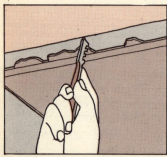

9. Schmale Reststreifen werden entlang der Ritzlinie mit der Flachzange oder den Schlitzen des Glasschneiders abgebrochen

FENSTERSCHEIBEN AUSMESSEN

Fensterscheiben sind in den Falzen des Fensterflügels befestigt. Messen Sie am neu zu verglasenden Flügel die lichte Falzweite oben bei A und unten bei B. Wenn die Maße voneinander abweichen, verwendet man das kleinere Maß. Für die Höhe mißt man beide Seitenfalze bei C und notiert auch das kleinere Maß.

Vom Breiten- und Höhenmaß werden 5 mm abgezogen, damit die Scheibe im Rahmen keine Spannungen bekommt. Die neue Scheibe wird nach diesen Endmaßen geschnitten oder bestellt. Beim Bestellen wird die Breite immer vor der Höhe angegeben. Bei Strukturglas muß zusätzlich angegeben werden, in welcher Richtung das Muster verlaufen soll.

Fensterglas ist gezogenes Tafelglas und wird in drei Güteklassen und drei Dicken hergestellt: ED = einfache Dicke (etwa 2 mm); MD = mittlere Dicke (etwa 3 mm); DD = doppelte Dicke (etwa 4 mm). Für Wohnräume braucht man Güteklasse 1; für Waschküchen- und Kellerfenster genügt Güteklasse 2 (mit sichtbaren Blasen und Unebenheiten); Sorte 3 (auch Gärtnerglas genannt) wird für Frühbeete, Gewächshäuser und ähnliche Zwecke benutzt.

Einen Kreis in eine Glasscheibe schneiden

Um einen elektrischen Ventilator einbauen zu können, muß ein kreisrundes Loch in die Fensterscheibe geschnitten werden. Dazu verwendet man einen Kreisglasschneider, den man eventuell ausleihen kann.

Der Mittelpunkt des gewünschten Kreisausschnitts wird auf der Scheibe markiert. Man stellt den Kreisdurchmesser fest, fügt 2 mm hinzu und stellt den Kreisschneider auf die Hälfte dieses Maßes ein.

Man setzt den Sauger des Kreisschneiders auf den Mittelpunkt und ritzt mit dem Stahlrädchen den Kreis in die Glasscheibe ein. Man darf nicht versuchen, den Kreis auf einmal aus der Scheibe herauszubrechen. Mit dem einfachen Glasschneider werden mehrere Diagonalen in den Kreis geritzt und die Teilstücke herausgeklopft.

Werkzeug: Kreisglasschneider, gewöhnlicher Glasschneider, Hammer, Fettstift oder Filzschreiber, Beißzange

1. Falls man den elektrischen Lüfter in der Mitte der Scheibe einbauen will, muß man zuerst den Mittelpunkt des Kreisausschnitts mit Diagonalen markieren

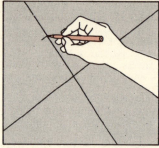

2. Vom Kreismittelpunkt (dem Schnittpunkt der Diagonalen) ausgehend, wird der Halbmesser des gewünschten Kreises mit einem Fettstift markiert

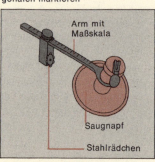

3. Das Stahlrädchen auf dem Arm des Kreisschneiders wird auf den Radius (Halbmesser) des erforderlichen Kreisausschnitts eingestellt

4. Man setzt den Sauger auf den Mittelpunkt des Kreises und prüft nach, ob das Rädchen genau auf der Radiusmarkierung steht

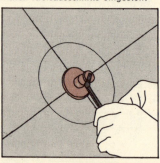

5. Den Kreis ritzt man, ohne abzusetzen, unter gleichmäßigem, aber nicht zu starkem Druck ein. Ritzung niemals nachziehen!

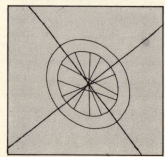

6. Das Stahlrädchen wird 2 cm nach innen verschoben und ein zweiter Kreis eingeritzt. Mehrere Diagonalschnitte nach innen ziehen

Glasscheibe in einem Holzfenster ersetzen

Bei Fensterrahmen aus Holz sitzt die Glasscheibe in einem innen oder außen liegenden Falz des Fensterflügels; sie wird dort mit Glaserstiften und Kitt gehalten.

Beim Entfernen einer zerbrochenen Scheibe sollte man Handschuhe tragen und von oben nach unten arbeiten, damit man nicht durch herausfallende Glasstücke verletzt wird. Der Falz muß vollkommen sauber sein; alle alten Stifte sowie Glas- und Kittreste werden entfernt.

Der Flügel wird sorgfältig so ausgemessen, daß die neue Scheibe im Rahmen Luft hat. Besaß das zerbrochene Glas ein Muster, so muß man darauf achten, daß es bei der Ersatzscheibe in der gleichen Richtung verläuft wie bei den anderen Fenstern.

Verwenden Sie immer die richtige Glasstärke: Die Norm ist 3 mm für Scheiben bis 1 qm Fläche, 4 mm für größere und 6 mm für besonders große Scheiben. Wenn man beim Kauf der neuen Scheibe ein Glasstückchen von der alten als Muster mitnimmt, bekommt man gewiß die richtige Stärke.

Der Falz wird vor dem Einsetzen der neuen Scheibe grundiert oder gestrichen. Die obere Kante des Kitts soll eine Spur unter dem Falzrand liegen, so daß die das Glas berührende Anstrichfarbe später von der anderen Fensterseite aus nicht zu sehen ist. Kitt nach dem Trocknen überstreichen.

Material: Glas, Glaserkitt, Glaserstifte, Grundierung oder Vorlack
Werkzeug: Glasschneider, Hammer, Stemmeisen, Beißzange, Lineal, Kittmesser, Glaserspachtel, weicher Pinsel

DAS RICHTIGE WERKZEUG

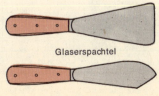

Glaserspachtel

Kittmesser

1. Die zerbrochene Scheibe wird 2 bis 3 cm innerhalb des Rahmens mit dem Glasschneider angeritzt. Es empfiehlt sich, dabei Handschuhe zu tragen

3. Man ritzt den Glasrand an verschiedenen Stellen ein und entfernt unter leichtem Rütteln die Stücke und den Kitt mit Hammer und Zange

5. Die Glaserstifte zieht man mit der Beißzange heraus. Der Falz wird anschließend sorgfältig gesäubert, bis er ganz glatt ist

7. Stellt man fest, daß sie zu groß ist, markiert man die Ränder der Falzinnenkante und schneidet die Scheibe entsprechend ab

2. Bei geöffnetem Flügel klopft man, oben beginnend, die Glasstücke heraus. Größere Glasflächen werden mit der anderen Hand festgehalten

4. Bei geschlossenem Fensterflügel werden mit dem Stemmeisen alle Kittreste aus dem Falz entfernt. Der Rahmen darf dabei nicht beschädigt werden

6. Die neue Scheibe wird in den Falz gehalten. Sie darf nirgends klemmen und muß genügend Spielraum haben, ohne daß jedoch Lücken entstehen

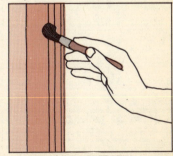

8. Der Falz wird zusätzlich mit Schleifpapier gesäubert und mit Grundierung oder Vorlack gestrichen; die Trockenzeit beträgt 4–5 Stunden

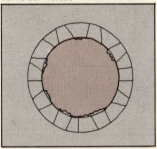

7. Man stützt den Kreis von unten mit dem Kopf eines Hammers und klopft kleine Stücke mit dem Glasschneider heraus

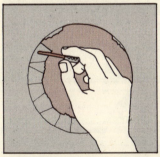

8. Ist alles Glas aus dem inneren Kreis entfernt, werden zwischen dem Außenkreis und dem Loch mehrere Linien radial eingeritzt

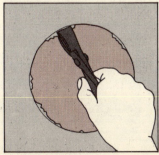

9. Die restlichen Glasstückchen werden mit dem Glasschneider vorsichtig herausgeklopft, und zwar immer von unten her

10. Die Glassplitter werden mit der Zange oder den Schlitzen des Glasschneiders Stück für Stück vom Rand des Lochs entfernt

Fenster

9. Ein Stück Glaserkitt wird durch die Handwärme erweicht und mit den Fingern fest in den Winkel des Falzes gedrückt

10. Dann stellt man die Scheibe in den Falz und drückt die Ränder in den Kitt; dabei niemals auf die Scheibenmitte drücken!

11. Die Glaserstifte legt man flach auf die Glasfläche und klopft sie mit dem Stemmeisen ein, indem man damit über das Glas rutscht

12. Eine neue Kittlage wird in den Falz gestrichen und mit dem Kittmesser abgeschrägt. Glaserstifte dürfen nicht vorstehen

13. Die Gehrungen des Kittrandes an den vier Ecken formt man sorgfältig mit dem Glaserspachtel. Dabei nicht zuviel wegkratzen!

14. Überflüssiger Kitt wird mit der Kante des Kittmessers so von der Glasscheibe entfernt, daß ein sauberer gerader Rand entsteht

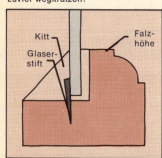

15. Man muß darauf achten, daß der Kitt nicht über die Falzhöhe reicht, damit man ihn von der anderen Seite nicht sieht

16. Die Kanten des Kitts werden gehärtet, indem man mit einem feuchten Pinsel darüberstreicht. Erst nach guter Trocknung lackieren!

Glas in einen Metallfensterrahmen einsetzen

In Metallfensterrahmen werden die Scheiben durch Drahtklammern und Kitt gehalten. Dabei ist es nicht nötig, in jedes Rahmenloch eine Klammer zu setzen; zwei oder drei auf jeder Seite genügen vollauf.

Man benutzt selbsthärtenden Metallrahmenkitt, da der gewöhnliche Glaserkitt auf Ölbasis nur infolge der Absorption des Öls durch das Holz erhärtet. Den alten Kitt entfernt man restlos aus dem Rahmen und streicht diesen sofort danach mit einer Aluminiumfarbe.

Scheiben in Schiebefenstern aus Metall sollte man vom Glaser einsetzen lassen.

Material: Glas
Kitt für Metallrahmen
Aluminiumfarbe
Drahtklammern
Werkzeug: Kittmesser
Glaserspachtel
Glasschneider
Schmaler Pinsel

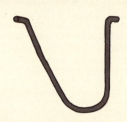

Drahtklammer für Metallfensterrahmen

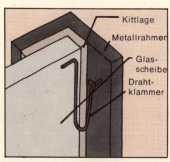

2. Mit dem Glaserspachtel bringt man eine Lage Kitt auf. Die neue Scheibe wird eingesetzt und in das Kittbett gedrückt; dann setzt man in jeder Ecke eine Klammer ein

4. Man streicht eine Lage Kitt so über die Klammern in den Falz, daß sie ganz bedeckt sind, glättet ihn sorgfältig mit Glaserspachtel oder Kittmesser und formt dann die Gehrungen

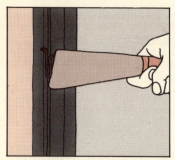

1. Den alten Kitt entfernt man mit dem Glaserspachtel ganz aus dem Falz des Rahmens und drückt die alten Klammern heraus. Rahmen anschließend mit Aluminiumfarbe streichen

3. Jetzt werden die restlichen Klammern in die dafür vorgesehenen Löcher eingesetzt und ganz fest in den Rahmen gedrückt, notfalls mit Hilfe des Kittmessers

5. Die Ränder der Kittstreifen werden mit dem Kittmesser sauber abgeschnitten und zum Schluß alle auf dem Glas oder dem Rahmen verbliebenen Kittreste entfernt

Feuchtigkeit im Haus

Ursachen und Abhilfe

Dauernde Feuchtigkeit verursacht mit der Zeit schwerwiegende Schäden im Haus. Vorübergehende Nässe, beispielsweise ausgelaufenes Wasser, kann einem sonst trockenen Haus kaum etwas anhaben. Bedenklich wird es jedoch, wenn einem Gebäudeteil ständig oder in Abständen Feuchtigkeit zugeführt wird, sei es Regenwasser durch undichte Stellen oder Erdfeuchte bzw. Grundwasser durch schlecht abgedichtete Untergeschoßwände. Wird die Ursache nicht behoben, kann dies zu Schimmelbildung oder gar zu ernsthaftem Pilzbefall führen. Andauernde Feuchtigkeit läßt auch Holz faulen, Stahl rosten, Putz und Mörtel verlieren ihre Festigkeit und bröckeln ab. Selbst Naturstein- und Keramikplatten fallen ab.

Meist ist es gar nicht so einfach, den Ursprung von Feuchteschäden zu bestimmen, da das Wasser häufig an ganz anderer Stelle ins Haus eindringt. Wichtig ist in jedem Fall, dafür zu sorgen, daß das Wasser außerhalb des Hauses abgefangen wird. Bröckelt der Putz an Untergeschoßwänden oder am Haussockel ab, so ist die Sperrschicht entweder schadhaft oder nicht ausreichend. Ebenso können Erdanhäufungen und bis ans Haus reichende Bepflanzungen schuld sein. Zur Behebung wird bis zum Hausgrund abgegraben und die Sperrschicht erneuert bzw. eingebaut. Dies kann durch Zementmörtelverputz und anschließenden Anstrich mit einer Dichtungsmasse auf Teer- oder Kunststoffbasis erfolgen; aber auch der Einbau einer gewellten Asbestzementplatte bringt eine spürbare Besserung.

Die Bepflanzung sollte nie bis an die Hauswand reichen, sondern durch einen Plattenbelag oder Grobkiesstreifen begrenzt werden. Bei durchgehenden Belägen wie Hofeinfahrten und Gehwegen muß man für richtiges Gefälle sorgen. In größeren Flächen werden Hofentwässerer eingesetzt.

Alle Bauteile aus Holz wie Fenster, Türen und Verschalungen müssen gegen eindringende Feuchte geschützt werden. Blasen am Farbanstrich sind die ersten Anzeichen für indirekte Feuchtezufuhr. Insbesondere ist auf Anschlüsse gegen Putz, Beton, Marmor und Kunststein, Glas u. a. zu achten. Kaum erkennbare Fugen können Nebel, Tau, Schnee- und Regenwasser durchlassen. Große Toleranzen werden mit Profilschienen aus Leichtmetall, Abdeckungen aus Kupfer-, Zink- oder Bleiblech abgedeckt; kleine Risse können mit dauerelastischem Kitt ausgespritzt werden.

Eine durch Laub verstopfte Dachrinne gibt das Wasser nicht an den Kanal, sondern an die Hauswand weiter; ein durchgerostetes Abwasserrohr befeuchtet die Wand und damit auch Außen- und Innenputz. In einer verbogenen Dachrinne bleibt das Wasser stehen, und die Rinne rostet schneller durch. Blechverwahrungen an Kaminen, Entlüftungsrohren, Dachgauben sowie Kehlbleche können durchrosten.

Solche Teile, einschließlich der Innenseite von Dachrinnen, sollten in Abständen von sechs bis acht Jahren mit einem guten Schutzanstrich versehen werden. Gemauerte Schornsteine, deren Fugen ausgewaschen sind, müssen verputzt oder verkleidet werden. Versottete Kamine zeigen meist starke Risse und neigen sich auch häufig. Hier sollte umgehend der Fachmann zu Rate gezogen werden. Schornsteine aus Formsteinen sind weniger anfällig.

Fehlende, verrutschte oder gesprungene Dachziegel machen ein Dach undicht. Auch fehlender Mörtel an Firstziegeln führt zur Undichtheit.

Um all diesen Schäden vorzubeugen, macht der kluge Hausbesitzer gelegentlich Kontrollen an den gefährdeten Stellen.

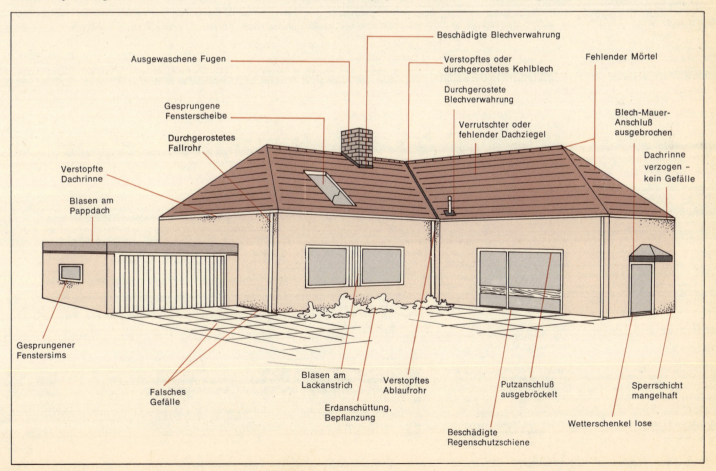

Feuchtigkeit im Haus

Ursachen und Abhilfe

Stelle	Merkmale	Ursache	Abhilfe
Dachfenster und Oberlichte	Außen: Gesprungene Scheiben, Fensterkitt oder Einfassungsstäbe schadhaft, undichte Stellen durch Schwinden des Holzes. Innen: Wasserflecken	Alterung, Arbeiten des Holzes, schadhafte Verwahrungen	Neuen Rahmen einsetzen, Scheiben und Kitt erneuern (siehe S. 53), Verwahrungen erneuern lassen
Dachrinnen und Fallrohre	Feuchte Stellen und Flecken an der Mauer in der Nähe der Rinnen und Rohre	Verstopfte Dachrinnenabflüsse, defekte Rinnen oder Rohre	Dachrinnen säubern (siehe S. 203), Dachrinnen und Fallrohre erneuern
Dachverwahrungen	Wasserflecken an Decken, feuchtes Dachgebälk	Schadhafte, fehlende oder verrostete Verwahrungsbleche, schadhafter Mörtel	Blechverwahrungen erneuern (siehe S. 16–17)
Fenster und Türen	Verfärbungen an Fensterstöcken und Fensterbrettern. Verzogene Fensterrahmen, blasenwerfender und abblätternder Anstrich	Fehlende Abdichtung zwischen Mauerwerk und Tür- oder Fensterstock, schadhafter Fensterkitt an den Glasscheiben	Blechverwahrungen erneuern, Fensterstock abdichten, Wassernase säubern (siehe S. 48), Glasscheiben neu verkitten (siehe S. 53)
Flachdächer, Dachpappendeckung, Asphaltdächer	Blasen und Sprünge auf der Oberfläche	Verwitterung, schlechte Montage, extreme Temperaturen, Kondensation	Kleine Schäden selbst reparieren. Große Reparaturen vom Fachmann ausführen lassen
Zink-, Kupfer- und Bleidächer, verzinkte Blechdächer	Löcher und Risse, schadhafte Kanten und Abdeckungen	Alterung, Rost, Korrosion	Zink- und Kupferdächer selbst reparieren, andere Deckungen dem Fachmann überlassen
Fußböden	Fußbodenholz wirft sich. Bodenbeläge bilden Blasen oder Falten	Bei Zementböden: Ungenügende oder schadhafte Sperrschicht. Bei Holzböden: Ungenügende Ventilation	Sperrschicht vom Fachmann anbringen lassen. Verstopfte Lüftungsöffnungen freimachen
Kondensation	Wände, Fußböden, Teppiche, Polstermöbel und Bettzeug fühlen sich selbst bei trockener Witterung feucht an	Warme feuchte Luft kommt in Berührung mit kalten, undurchlässigen Flächen, zu geringe Ventilation	Für Dauerheizung und Ventilation sorgen. Elektrischen Lüfter in der Küche einbauen. Wände mit Leim- oder Binderfarbe streichen statt mit Ölfarbe. Tapeten auf Polystyroluntertapeten kleben. Ventilationsöffnungen säubern. Dachraum isolieren
Mauerfugen	Außen: Fehlender oder zerbröckelter Mörtel. Innen: Flecken an den Innenwänden	Mörtel ausgewaschen oder zersetzt	Fugen 15 mm tief auskratzen, neu verfugen mit Mörtel aus Kalk, Zement und Sand im Verhältnis 1:1:6
Putz	Risse und Sprünge; Putz löst sich von der Mauer	Temperaturwechsel; Brechen des Putzes beim Trocknen oder durch Bewegungen des Mauerwerks	Schadhafte Stellen säubern und mit Kalk/Zement/Sand-Mörtel 1:1:6 ausbessern (siehe S. 112). Große Putzschäden vom Fachmann reparieren lassen
Schornstein	Schornstein neigt sich, Sprünge und Flecken am Schornstein und in seiner Umgebung	Kondensation im Rauchzug, Dampf aus dem Boiler, schadhafter Mörtel, schadhafter innerer Schutzanstrich, undichte Blechverwahrungen	Sich neigende Schornsteine muß der Fachmann reparieren, undichte Verwahrungen der Flaschner; Innenanstrich oder Futter erneuern
Wände	Außen: An trockenen Tagen sichtbarer weißer kristalliner Belag. Innen: Flecken und Ablösungen bei Anstrichen oder Tapeten, Schimmelflecken	Schadhafte oder fehlende Sperrschicht in der Wand. Erdanhäufung oder Pflanzen über Sperrschichthöhe, Mörtelbrücke zwischen Doppelwänden	Sperrschicht erneuern (siehe S. 58), auf jeden Fall einen Fachmann (Klempner, Spengler) hinzuziehen, Wände vor neuem Streichen oder Tapezieren austrocknen lassen
Wasserinstallation	Nasse Flecken an Wänden und Decken	Undichte Rohrverbindungen, eingefrorene und geborstene durchgerostete Wasserleitungen. Defekte Boiler oder Durchlauferhitzer	Rohrverbindungen abdichten, schadhafte und verrostete Rohre erneuern (siehe S. 240). Boiler oder Erhitzer erneuern
Ziegeldächer	Außen: Schadhafte, verrutschte oder fehlende Dachziegel. Innen: Wasserflecken an Decken	Alterung, Verwitterung, schlechte Befestigung	Dachziegel ersetzen (siehe S. 23)

Feuchtigkeit in den Wänden – Ursachen und Abhilfe

Feuchte Wände sind Gift für jedes Haus. Auch wenn das Mauerwerk nach dem Bau gut ausgetrocknet ist, treten Risse auf. Dadurch kann im Laufe der Zeit Feuchtigkeit eindringen und zu schweren Schäden führen. Deshalb ist es ratsam, Putz- und Mauerschäden möglichst bald zu reparieren (siehe S. 134).

Größere Risse in den Mauern mit verzogenen Tür- oder Fensterrahmen entstehen in der Regel durch nachträgliches Setzen des Bodens unter den Fundamenten des Hauses. Um schwerere Schäden zu vermeiden, sollte man bei solchen Erscheinungen einen Bausachverständigen zu Rate ziehen.

Unter älteren Gebäuden hat sich der Boden meist schon endgültig gesetzt und ist zur Ruhe gekommen, so daß man die erforderlichen Mauerreparaturen unbedenklich durchführen lassen kann. Offene Fugen um Türen und Fenster herum werden mit Baukitt verschlossen (siehe S. 48).

Wenn Feuchtigkeit an Wandteilen unter Fensterbänken auftritt, kontrolliert man, ob die Ablaufrinne unter der Fensterbank frei von Schmutz und Farbe ist. Die Rinne wird gegebenenfalls gesäubert oder freigemeißelt.

Häufig sind Dachrinnen und Fallrohre undicht. Sie müssen gesäubert werden, wenn sie verstopft sind, und schadhafte Teile sollte man ersetzen (siehe S. 202–211).

Nässe kann aber auch an den Verbindungsstellen zwischen Dach und Wänden, an den Schornsteindurchbrüchen im Dach, an den Einführungen von Fallrohre in die Kanalisation eindringen. Schäden an solchen Stellen sollte man umgehend reparieren.

Bei Häusern mit Hohlmauern kann ein besonderes Feuchtigkeitsproblem auftreten: Die beiden Mauerschalen stehen 6–7 cm auseinander und sind durch Drahtanker miteinander verbunden, die so geformt sind, daß sie Nässe nicht weiterleiten. Bleibt während des Mauerns aber Mörtel auf den Ankern hängen, dann stellt er eine feuchtigkeitsleitende Verbindung, eine sogenannte Brücke, zwischen den Mauern her. Bei solchen Schäden sollte man sich an den Fachmann wenden.

Um das Aufsteigen von Bodennässe zu verhindern, werden alle Außenmauern mit einer Isolier- oder Sperrschicht versehen, die mindestens 15 cm über dem Boden in der Mauer liegt. Erdanhäufungen oder Pflanzenwuchs dürfen niemals bis an diese Sperrschicht reichen.

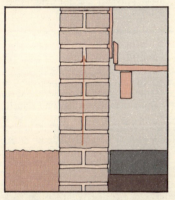

Fehler: Die Sperrschicht in der Mauer ist schadhaft oder fehlt ganz. Deshalb kann Bodenfeuchtigkeit in der Wand aufsteigen
Abhilfe: Eine Sperrschicht aus Bitumenpappe wäre gut. Welche technischen Mittel eingesetzt werden, muß der Fachmann entscheiden

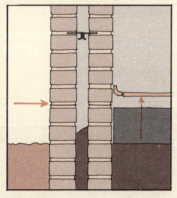

Fehler: Keine Sperrschicht im Betonboden. Feuchtigkeit kann daher über den Holzfußboden in die Mauer dringen und aufsteigen
Abhilfe: Den Betonfußboden von einem Fachmann isolieren lassen. Die Isolierschicht muß mit der Sperrschicht in den Mauern verbunden werden

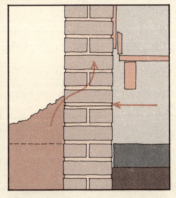

Fehler: Die über die Sperrschicht hinaufreichende Erde bildet eine Feuchtigkeitsbrücke. Das kann in Holzböden Hausschwamm verursachen (siehe S. 69 und 113)
Abhilfe: Die Erdanhäufungen bis mindestens 15 cm unterhalb der Mauersperrschicht entfernen

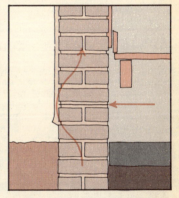

Fehler: Der Putz der Außenwand überbrückt die Sperrschicht, so daß Feuchtigkeit aufsteigen kann
Abhilfe: Wenn die Wand ganz verputzt ist, schlägt man den Putz unten bis knapp über die Sperrschicht ab. Ist nur der Wandsockel verputzt, wird der Putz bis unter die Sperrschicht entfernt

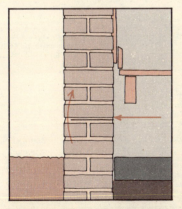

Fehler: Die Außenwand ist so verfugt, daß Mörtel die Sperrschicht in der Mauer überdeckt und eine Brücke für Feuchtigkeit bildet
Abhilfe: Den Mörtel sorgfältig aus der Fuge kratzen, bis die Kante der Sperrschicht freiliegt. Die Kante darf nicht beschädigt werden

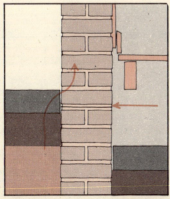

Fehler: Ein Weg oder eine Betonplatte an der Mauer, z. B. der Boden einer nachträglich angebauten Garage, reicht über die Mauerisolierung hinauf
Abhilfe: Eine wasserdichte Verbindung zwischen der Sperrschicht im Boden und der Mauerisolierung durch einen Fachmann herstellen lassen

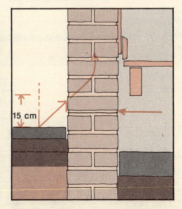

Fehler: Die Isolierschicht der Mauer liegt zu nahe am Boden. Dadurch kann vom Boden hochspritzendes Regenwasser die Wand über der Sperrschicht durchnässen
Abhilfe: Der Boden sollte bis mindestens 15 cm unter der Sperrschicht abgehoben werden

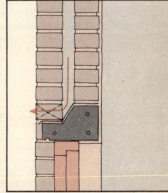

Fehler: Die senkrechten Fugen zwischen Ziegeln über einer Fensteröffnung sind mit Mörtel gefüllt, so daß Kondensationsfeuchtigkeit aus der Hohlwand nicht abfließen kann und die Innenwand befeuchtet
Abhilfe: Mörtel aus zwei oder drei Fugen über dem Fenster entfernen

Feuchtigkeit im Haus

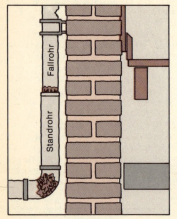

Fehler: Fallrohr undicht, Standrohr beschädigt, Knie am Fuß des Standrohrs durch Laub verstopft
Abhilfe: Fallrohr und Standrohr erneuern oder reparieren, Knie reinigen

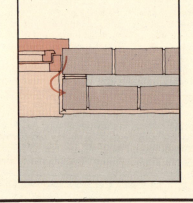

Fehler: Schnitt durch ein fehlerhaft eingesetztes Fenster, bei dem Putzmörtel eine Feuchtigkeitsbrücke über die senkrechte Sperrschicht zwischen den Mauern bildet; die Innenmauer wird deshalb feucht
Abhilfe: Das Fenster durch einen Fachmann ausbauen und fachgerecht wieder einsetzen lassen

Aufsteigende Bodenfeuchtigkeit – Ursachen und Abhilfe

Wenn die Innen- oder Außenwände eines Hauses nahe dem Erdboden feucht sind und mögliche Ursachen nach den auf den vorausgegangenen Seiten erläuterten Methoden ausgeschaltet sind, handelt es sich wahrscheinlich um aufsteigende Feuchtigkeit aus dem Baugrund, verursacht durch Kapillarwirkung in Fundamenten und Mauern. Feuchte Bauteile vermindern nicht nur den Wohnwert eines Gebäudes, sondern führen in vielen Fällen auch zu Bauschäden, die oft nur unter großem und teurem Aufwand beseitigt werden können. Wenn z. B. eingedrungenes Wasser gefriert, vergrößert sich sein Volumen um ca. 11 %. Für den mit Wasser gesättigten Baustoff bedeutet diese Volumenvergrößerung letztlich eine Gefügezerstörung durch Sprengwirkung. In ähnlicher Form wirken Feuchtigkeit und Salze zusammen. Auch die Vermoosung eines Baustoffs kann zu schweren Bauschäden führen.

Wenn das Fundament eines Gebäudes nicht sorgfältig abgedichtet ist, nimmt es Wasser auf. Mit dem Wasser dringen gelöste Salze in den Baustoff ein. Das Wasser verdampft im Innern des Gebäudes, und die Salze werden abgelagert. Dieser Vorgang wiederholt sich ständig, und die Salzmenge wächst, bis die Konzentration so stark wird, daß es zu Salzausfall an der Oberfläche kommt.

Abhilfe durch mechanisches Verfahren
Bei dieser Methode wird die befallene Wand freigelegt und eine Folie in das Mauerwerk gelegt. Dabei muß man das Mauerwerk entweder aufsägen oder stückweise erneuern. Als Folienmaterial werden Kunststoff- oder Metallfolien verwendet. Das mechanische Verfahren ist wohl das sicherste, jedoch sollte man dazu einen Fachmann hinzuziehen.

Anschließend erhalten die Wände, die im Bereich des Erdreichs liegen, einen Außenputz aus Zementputz und einen Dichtanstrich. Dazu sollte eine handelsübliche Dichtungsschlämme verwendet werden. Wichtig ist, daß diese Abdichtung bis auf die Oberkante des Fundaments geführt und unten eine Hohlkehle ausgearbeitet wird. Damit die Schlämme nicht beschädigt wird, stellt man Schutzplatten aus Asbestzement davor und füllt dann den Arbeitsraum auf. Falls nicht vorhanden oder schadhaft, sollte bei der Gelegenheit eine Dränage verlegt oder aber instand gesetzt werden.

Trotz des großen Aufwands sollte man auf diese Methode nur verzichten, wenn zwingende Gründe dagegen sprechen. Sollte dies der Fall sein, z. B. wenn das Gebäude unmittelbar an ein Nachbargebäude grenzt, dann hilft nur eines: die feuchten Kellerwände in Kauf nehmen und die Feuchtigkeitssperre auf die Innenseite verlegen.

Dazu wird auf die gereinigte Wand eine Dichtungsschlämme zweilagig mit einer Bürste oder Traufel aufgetragen. Um eine Beschädigung zu vermeiden, sollte die behandelte Wand mit Kalkzementmörtel verputzt werden. Wenn später z. B. Installationen, Einrichtungsgegenstände oder Verkleidungen angedübelt werden, wird die Abdichtung allerdings zerstört. Wenn möglich, sollte man deshalb kleben statt dübeln.

Abhilfe durch chemische Verfahren
Dabei werden Bohrlöcher mit 18 mm Durchmesser doppelreihig im Abstand von höchstens 10–12 cm schräg nach unten im Mauerwerk angebracht. In diese Bohrlöcher werden Chemikalien gegeben, die sich im Mauerwerk verteilen und entweder die Kapillaren verstopfen oder wasserabweisend wirken. Man bekommt diese Chemikalien im Fachhandel. Wichtig ist, daß der Bohrlochabstand stimmt und das Mauerwerk genügend saugfähig ist. Abzuraten ist von den beliebten Belüftungssystemen mit eingebohrten Belüftungsrohren, denn dabei erhöht sich der Feuchtigkeitsanfall im Mauerwerk durch Wasserdampfkondensation.

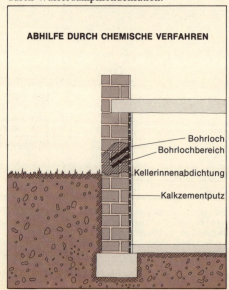

Drückendes Grundwasser

Bei drückendem Grundwasser unterhalb der Kellersohle muß eine entsprechende Dichtung hergestellt werden.

Dabei wird eine Sperrschicht aus drei Lagen nackter Teerpappe auf den Boden und die Wände heiß verklebt und mit einem Dichtanstrich versehen. Dabei sollten die Überdeckungen der Pappen im Stoß mindestens 10 cm breit sein. Darauf werden Schutzschichten aus Stahlbeton waagrecht und senkrecht so in den Kellerraum betoniert, daß die Dichtungsbahnen an die Wände und den Boden gepreßt werden. Die seitliche Abdichtung und die Schutzschicht aus Stahlbeton müssen mindestens 30 cm über den höchsten Grundwasserstand hinausgeführt werden.

Um zu vermeiden, daß durch den Wasserdruck die Stahlbetonwanne hochgetrieben wird, muß die Oberkante der 30-cm-Marke im Mauerwerk verankert werden. Das kann man mit Stahlkonsolen machen oder dadurch, daß man die Betonwände in die Kellerwände einkragt.

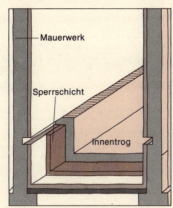

Keller im Grundwasser: Die Teerpappe wird durch den Betontrog (30 cm über höchstem Wasserstand) angepreßt

Der Innentrog ist hier durch eine Stahlkonsole gesichert, damit er nicht hochgetrieben werden kann

Verschiedene Maßnahmen gegen Feuchtigkeit

Nasse Wände, Verfärbungen an Putz und Anstrichen, abplatzender und reißender Putz sind Zeichen dafür, daß schnellstens etwas zur Sanierung der Mauern getan werden muß.

Leider werden von solchen Bauschäden auch oft Innenwände und Kellerfußböden in Mitleidenschaft gezogen. Stehen Wasserlachen im Keller, dann ist, wenn vorhanden, die Ringdränage verstopft. Dadurch kann sich im Fundamentbereich und zwischen Kellersohle und Baugrube Wasser ansammeln. Wenn die Verhältnisse es zulassen, sollte dann unbedingt die Dränage erneuert werden.

Die Vielfalt der Schäden und Schadensursachen läßt keine Patentlösung zu, und es muß von Fall zu Fall genau geprüft werden, welche Maßnahme sinnvoll ist.

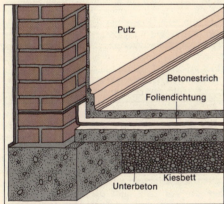

Fußboden im Kellerraum: Gegen aufsteigende Feuchtigkeit reicht Folie oder Bitumenpappe aus, auf die ein Betonestrich aufgebracht wird

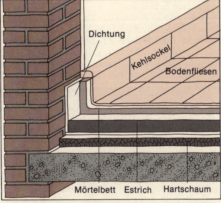

Etagennaßräume: Wenn man die Foliendichtung über den Kehlsockel hochzieht, richtet auch eine Überschwemmung keinen Schaden an

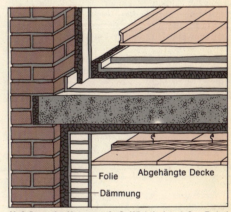

Naßräume im Untergeschoß: Wichtig ist, daß z. B. bei Schwimmbädern sämtliche Dämmstoffe mit Folie so geschützt werden, daß sie nicht durchfeuchtet werden

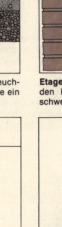

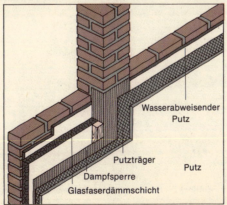

Fassade von innen dämmen: Eine Dampfsperre schützt das Mauerwerk vor starker Diffusionsfeuchtigkeit. Die Dämmschicht ist aus Glasfasermatten

Vorgesetzte Fassade: Eine Luftschicht zwischen Mauerwerk und Außenschale garantiert trockene Wände. Nachträglicher Anbau siehe Seite 63

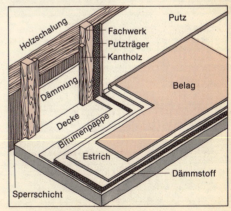

Verschalte Fachwerkfassade: Die Wetterseite ist mit einer Sperrschicht aus Bitumenpappe gegen Schlagregen geschützt

Feuchtigkeit im Haus

Richtige Belüftung

Wenn ein Keller naß ist, muß es nicht unbedingt an undichten Wänden und Böden liegen. Oft ist die Ursache in der falschen Belüftung zu suchen.

Je nach Temperatur kann die Luft eine bestimmte Menge Wasserdampf aufnehmen und transportieren – warme Luft mehr als kalte.

Ist die Luft mit Wasserdampf gesättigt, kann sie kein Wasser mehr aufnehmen, und sie kühlt sich nur geringfügig ab: So bildet sich Kondenswasser, das in Tropfen ausfällt.

Dieser Vorgang vollzieht sich, wenn an warmen oder schwülen Tagen bei hoher Luftfeuchtigkeit der Keller gelüftet wird, um ihn zu trocknen.

Die warme Luft trifft auf die kalten Wände und Böden – sie wird abgekühlt, und es bildet sich Kondenswasser. Der Keller wird also nicht getrocknet, sondern befeuchtet.

Wenn dann zur Nacht die Fenster noch geschlossen werden, kann das Wasser nicht entweichen; dadurch wird der Keller so naß, daß es zu ernsthaften Bauschäden führen kann und eigentlich unnötige Reparaturen vorgenommen werden müssen.

Deshalb soll ein Keller nur gelüftet werden, wenn die Außenluft kühler als die Kellertemperatur ist – also in der Nacht und im Winter. Besonders wichtig ist, daß die von der Wohnung in den Keller führenden Türen geschlossen gehalten werden.

Doch die regelmäßige Belüftung ist auch im Wohnbereich des Hauses von großer Bedeutung. Durch nicht ausreichende Belüftung können erhebliche Bauschäden verursacht werden.

Die Bewohner erzeugen in den Räumen Feuchtigkeit durch Atmen, Schwitzen, Kochen, Duschen usw. Diese Feuchtigkeit wird zum Teil von den Wänden aufgenommen. Wenn die Fenster geöffnet werden, entweicht ein Teil der Feuchtigkeit aus den Wänden und aus der Luft. Die Wände können also wieder Feuchtigkeit aufnehmen.

Wird aber nicht gelüftet, dann staut sich die Feuchtigkeit allmählich im Mauerwerk. Dadurch verliert die Wand einen Teil ihrer Wärmedämmeigenschaft, und an der kalten Innenseite der

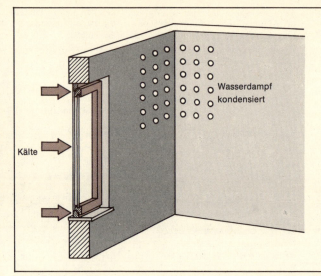

MODERNE FENSTER

Wenn bei dichten, wärmedämmenden, energiesparenden Fenstern nicht gelüftet wird, staut sich die Feuchtigkeit im Mauerwerk. Dieses kann die Feuchtigkeit nicht schnell genug nach außen abgeben. Es kommt zu starker Kondenswasserkonzentration auf der Innenseite der Wand, die Folge sind Feuchtigkeitsschäden. Außerdem entsteht ein starker Wärmeverlust, weil nur trockenes Material wärmedämmend wirkt.

Außenwand bildet sich Kondenswasser. Die Räume riechen muffig, und an den Außenwänden wächst Schimmel.

Auch beim Aufstellen der Möbel können Bauschäden verursacht werden. Wenn z. B. Schränke oder Betten zu dicht an die Außenwände gestellt werden, kann die aufgeheizte Luft die Außenwände nicht aufwärmen, es entsteht Kondenswasser mit dem vorher erwähnten Ergebnis.

Auch durch mangelhafte oder unsachgemäße Isolierung der Wasser- und Abwasserrohre entsteht Kondenswasser. Oft liegen Kalt- und Heißwasserleitungen unmittelbar aneinander. Wenn die Heißwasserleitung schlecht oder gar nicht gedämmt ist, kommt es mit Sicherheit zu Kondenswasserbildung.

Ein nicht geringer Teil der Feuchtigkeitsschäden an Häusern wird durch mangelhafte oder fehlende Wärmedämmung verursacht.

Es ist also sinnlos, bewohnte Räume zu sanieren und Feuchtigkeitsschäden zu beseitigen, wenn der Aufbau der Wärmedämmung nicht stimmt oder wenn gar keine vorhanden ist.

Keine oder zu geringe Wärmedämmung ist nicht nur eine Frage des Energiesparens, sondern auch eine Frage der Wohnqualität und der Gesundheit. Zuwenig Wärmedämmung ist schlecht, aber zuviel ist auch schädlich. Der Satz „Viel bringt viel" stimmt in diesem Fall nicht.

Durch übertriebene Wärmedämmung verlieren die Außenwände unter Umständen die Fähigkeit, feuchtigkeitsregulierend zu wirken, so daß Bauschäden entstehen können.

Bei Untergeschoßwohnungen und Wohnungen in Hanglage, bei denen Außenwände zum Teil im Erdreich liegen, muß ganz besonders auf gute Wärmedämmung auch im Fußbodenbereich geachtet werden. Sonst kühlt die beim Lüften hereingelassene Luft auf den kalten Flächen zu stark ab, und die Wohnung ist im Sommer, wenn nicht geheizt wird, feucht. Die Abbildungen unten zeigen drei Möglichkeiten der Wärmedämmung an Wänden.

Blockmauerwerk: So bauten unsere Vorfahren ihre Häuser. 50 cm dicke Wände waren keine Seltenheit. Heute plädieren Baubiologen für solche Wände.

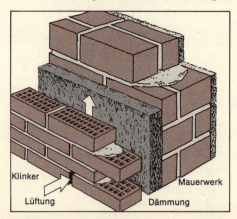

Übliches Mauerwerk: Es wird von außen gedämmt und mit Verblendmauerwerk versehen, das eine ausreichende Belüftung gewährleistet

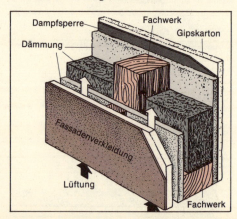

Leichtbau: Damit bezeichnet man moderne Holzskelettkonstruktionen, wie man sie bei Fertighäusern verwendet. Sie sind hervorragend wärmegedämmt

Innenwandfeuchtigkeit und ihre möglichen Ursachen

Wenn irgendwo im Haus an den Innenwänden Stockflecken oder größere feuchte Flächen zu erkennen sind, hat es wenig Zweck, sie einfach zu überstreichen oder mit Tapete zu überkleben. In jedem Fall sollte vor einer Reparatur die Ursache dieses Feuchtigkeitseinbruchs ermittelt und gründlich beseitigt werden.

Dabei muß man zunächst feststellen, ob die Feuchtigkeit von außen, also witterungsbedingt, eingedrungen ist oder ob die Ursache im Rohrleitungssystem, in undichten Anschlüssen oder ähnlichem, zu suchen ist.

Wenn an den Außenwänden keine Beschädigungen zu bemerken sind, wenn weiterhin die feuchten Stellen nicht unmittelbar an Rohrleitungen oder Hahnanschlüssen liegen, empfiehlt es sich, zunächst den Dachboden und den Keller genau zu untersuchen. Besonders oft tritt Sickerwasser, das an Kamindurchführungen im Dach eindringt, erst viel tiefer in irgendeinem Raum an der Schornsteinwand aus. Feuchte Stellen im Dachgebälk deuten eindeutig darauf hin.

Das gleiche gilt für schadhafte Dachrinnenführungen oder nicht richtig schließende Fenster und Türen.

Erst wenn die Schadensursache eindeutig festgestellt und nachhaltig beseitigt wurde, sollte man darangehen, die Schönheitsreparaturen an den Wänden vorzunehmen. Auf den folgenden Seiten geben wir einige Tips dazu.

In der Zeichnung sind die Stellen aufgeführt, an denen am häufigsten Feuchtigkeit eindringt.

Kellerwand isolieren

Eine feuchte Kellerwand kann man mit Gipskartonplatten isolieren, und zwar mit imprägnierten Gipskartonplatten für Feuchträume. Um spätere Schäden auszuschließen, muß die Verkleidung hinterlüftet werden.

An die Wand wird eine Unterkonstruktion aus Dachlatten geschraubt. Die Unterkonstruktion sollte mit Bläuesperrgrund gegen Pilzbefall behandelt werden.

Unebenheiten an der Wand werden durch kleine Holzkeile, die zwischen Wand und Unterkonstruktion befestigt werden, ausgeglichen.

Soll der Kellerraum beheizt werden, und liegen die Außenwände zum Teil außerhalb des Erdreichs, dann ist es sinnvoll, eine Wärmedämmung anzubringen. Da die Dämmplatten in der Regel eine Breite von 50 cm haben, sollten die Latten waagrecht im Abstand von 49,5 cm an der Wand befestigt werden. Die Dämmplatten können dann dazwischengepreßt werden. Auf diese Unterkonstruktion werden nun Dachlatten senkrecht im Achsmaß von 62,5 cm geschraubt. Dadurch erhält man einen Abstand von Dachlattenstärke, welcher die Hinterlüftung gewährleistet. Die Gipskartonplatten werden nun auf die Dachlatten geschraubt oder genagelt.

Die Platten sind 125 cm breit. Der Abstand von 62,5 cm ermöglicht es, die Platten jeweils links und rechts bis zur Mitte der äußeren Dachlatten und an der mittleren Latte zu befestigen.

Wichtig ist, daß am Boden und an der Decke jeweils ein Spalt von 2 cm frei gelassen wird, damit die Luft zirkulieren kann.

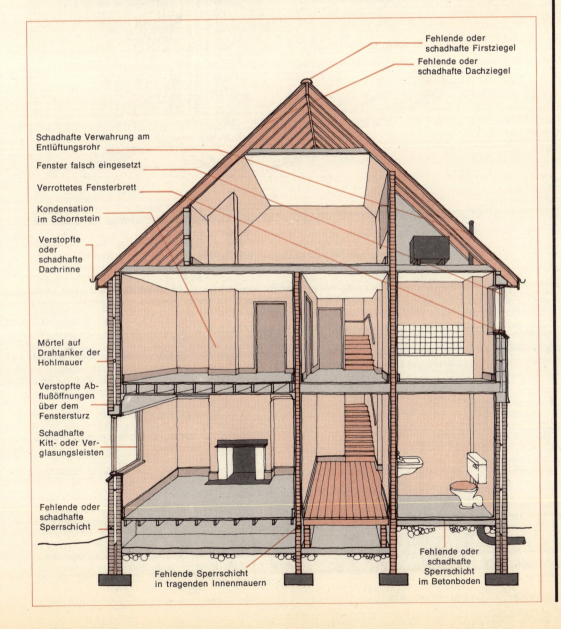

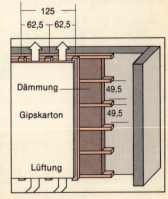

Der Spalt am Boden und der an der Decke sorgen dafür, daß die Luft ungehindert zirkulieren kann

Feuchtigkeit im Haus

Dränage erneuern

Nimmt die Feuchtigkeit an den Wänden und im Fußbodenbereich unmittelbar nach einem starken Regen zu, dann kann eine fehlende oder verstopfte Dränage die Ursache sein.

Die Dränage wirkt so, daß sie durch einen entsprechenden Aufbau das Wasser im Wandbereich der Außenwände schnell versickern läßt und über eine Dränageleitung auf Höhe der Fundamentsohle in die Regenwasserleitung führt.

Eine richtig aufgebaute Dränage besteht aus einer Sickerschicht, durch die das Wasser schnell absickern kann, so daß kein Wasserdruck auf die Außenwand entsteht. Außerdem verhindert eine Filterschicht, daß die Sickerschicht und die Dränageleitung durch Feinteile zugeschlämmt werden. Durch die Dränageleitung wird dann das Wasser in die Regenwasserleitung geführt.

Die Dränageleitung wird möglichst in zwei gleich langen Teilen um das Haus geführt. Der Anschluß an die Regenwasserleitung ist die tiefste Stelle.

Zunächst werden rings um das Gebäude die Außenwände bis zur Unterkante des Fundaments freigeschaufelt. Dabei ist zu beachten, daß eine Grabenbreite von mindestens 80 cm einzuhalten ist, um ungehindert arbeiten zu können. Aus Sicherheitsgründen muß das Erdreich abgeböscht werden, damit der Graben nicht einstürzen kann. Wenn die Wand freigelegt ist, wird sie gereinigt. Dabei kratzt man Fugen und Risse sauber aus. Abgelöste Putzreste werden beseitigt und aus dem Arbeitsraum entfernt. Denn in ihnen haben sich wahrscheinlich schon bauschädliche Salze gebildet.

Nun läßt man die Außenwand gut abtrocknen, denn eine trockene Wand ist die Voraussetzung für die weiteren Arbeiten. Die trockene Wand wird gründlich abgebürstet und dann mit einer Sperrschicht versehen.

Die Sperrschicht ist ein Putz aus einem Zementmörtel im Mischungsverhältnis 1:4 (1 Teil Zement und 4 Teile Flußsand), der mit der Traufel geglättet wird. Am Fuß der Mauer wird mit einer Flasche eine Rundung (Hohlkehle) aus dem Zementmörtel auf das vorspringende Fundament geformt, um das Wasser von der Wand wegzuleiten.

Wenn die Sperrschicht trocken ist, versieht man sie mit einem Isolieranstrich.

Um einen sicheren Untergrund für die Dränageleitung zu erhalten, wird nun eine Sohle aus Magerbeton in den Graben eingebracht, und zwar mit einem Gefälle von 2–3 %. Die Sohle muß gerade abgezogen werden, damit sich in eventuellen Vertiefungen kein Wasser stauen kann. Darauf wird in einem 20 cm tiefen Sandbett die Dränageleitung aus perforiertem PVC-Rohr gelegt.

Das PVC-Rohr hat viele kleine Löcher, durch die das Wasser eindringen kann. Die Dränageleitung wird an die Regenleitung angeschlossen, auf keinen Fall an die Abwasserleitung, da bei einem eventuellen Rückstau Fäkalien in den Fundamentbereich geleitet werden könnten, was eine Geruchsbelästigung und Bauschäden zur Folge haben würde.

Damit man die Dränageleitung gelegentlich durchspülen kann, sollte in einem Abstand von ca. 20 m und an den Ecken ein senkrechtes PVC-Rohr bis zur Geländeoberkante angeschlossen werden. Ein Deckel verhindert, daß Gegenstände hineinfallen und Geruchsbelästigung auftritt. Zum Durchspülen wird ein Wasserschlauch in das senkrechte Rohr gesteckt.

Zum Schutz des Isolieranstrichs werden Wellplatten aus Asbestzement oder Bitumen an die Wand gestellt. Bei Asbestzementplatten besteht allerdings die Gefahr, daß sie beim Auffüllen des Grabens zerstört werden, weil sie sehr spröde sind.

Gegen diese Platten wird die Sickerschicht gefüllt. Sinnvoll ist es, gleichzeitig mit der Sickerschicht die Filterschicht einzubringen. Dabei wird ca. 40 cm von der Fundamentaußenkante eine Reihe Schaltafeln (mit alten Türen geht es auch) aufgestellt und zwischen Wand und Schaltafeln der Grobkies der Sickerschicht und zwischen Schaltafeln und Erdreich die Filterschicht aus Feinkies eingefüllt. Mit fortschreitender Arbeit werden die Tafeln immer weiter hochgezogen; dadurch vermeidet man, daß sich der Grobkies mit dem Feinkies vermischt.

In Höhe der Geländeoberkante wird das Ganze mit einer Kiesschüttung aus faustgroßen Steinen als Spritzschutz versehen.

Der Handel bietet verschiedene Produkte aus Leichtbeton, Ton oder Hartschaum als Sickerschicht an, die diese Arbeit unter Umständen wesentlich erleichtern.

Ein Deckprofil auf den Schutzplatten verhindert, daß Steine und Sand zwischen Schutzplatten und Isolieranstrich fallen.

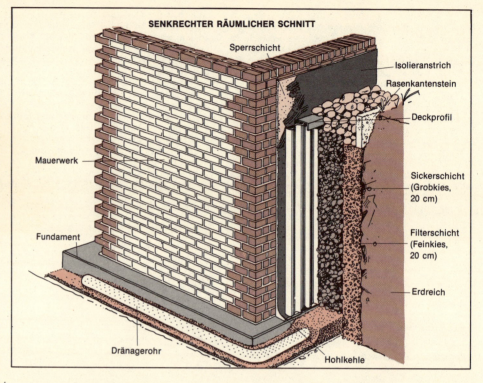

Im senkrechten Schnitt sieht man, wie die Schaltafel Grob- und Feinkies trennt

> Werkzeug: Schaufeln, Spaten, Pickel, Kelle, Wasserwaage, Traufel, Reibebrett, Richtscheit
> Material: Magerbeton, Dränagerohre, PVC-Rohre, Schutzplatten, Deckprofil, Grobkies, Feinkies, Grobkies als Spritzschutz, Isolieranstrich

Fassadenschäden

Die Fassade ist schützende Außenhaut, die verhindern soll, daß Feuchtigkeit, Kälte und Wärme den Nutzungswert des Hauses negativ beeinflussen.

Eingedrungene Feuchtigkeit läßt z. B. nicht nur unschöne Flecken auf der Fassade erscheinen, sondern beeinträchtigt auch die Wärmedämmung und kann zu Frostschäden führen. Bei Holzbaustoffen sei nur an die Zerstörung durch Pilze erinnert.

Abblätternde Anstriche und Regenflecken

Wenn Anstriche abblättern, ist das meistens auf eine nicht ausreichende Haftung zwischen Untergrund und Anstrich zurückzuführen. Ein sicheres Zeichen, daß der Anstrich der Hausfassade erneuert werden muß, ist auch das Auftreten von Regenflecken nach Niederschlägen. Dann hat der Fassadenanstrich seine schützende Eigenschaft verloren, und Regenwasser dringt in den Putz ein. Dann hilft nichts anderes, als den alten Anstrich vollständig zu entfernen und die Ursache eindeutig zu bestimmen.

Bei aufsteigender Feuchtigkeit im Sockelbereich muß, wie auf Seite 62 beschrieben, Abhilfe geschaffen werden.

Wenn Moose, Flechten oder Pilze wachsen, wird die Wand gereinigt, getrocknet und mit einem Antipilzmittel behandelt. Bevor man den neuen Anstrich aufbringt, behandelt man die Fassade mit einer Grundierung. Dazu verwendet man einen handelsüblichen Putzverfestiger.

Schmutzablagerungen

Jeder kennt die unschönen grauen Flecken an Vorsprüngen, Fensterbänken, Balkonplatten usw. vieler Häuser. Sie treten auf, weil diese Bauteile keine Tropfnasen haben, an denen das Wasser an der Fassade herunterlaufen kann, ohne daß es vorher aufgehalten wird.

Man muß die Ursache beseitigen, d. h., die betroffenen Bauteile müssen auf jeden Fall eine Tropfnase erhalten.

Die Tropfnase kann z. B. aus einem rechtwinkligen Zink- oder Aluminiumblechstreifen bestehen, der an der Fensterbankunterseite befestigt wird. Man kann ihn schrauben, nageln oder kleben. Wichtig ist, daß alle Teile an der Fassade, also auch diese Tropfnase, aus rostfreiem Material bestehen. Denn die häßlichsten Verschmutzungen entstehen durch Rostbrühe.

Die vorgehängte Fassade

Wenn bei der Reparatur der Fassade gleichzeitig etwas für die Wärmedämmung getan werden soll, empfiehlt es sich, eine Fassadenverkleidung anzubringen. Sie sollte hinterlüftet sein und eine gute Wärmedämmung haben.

Leichte Materialien, wie z. B. Holz, eignen sich besonders gut, um eine wetterfeste Fassadenverkleidung herzustellen.

Das tragende Gerüst der Verkleidung ist die Unterkonstruktion. Sie läßt sich am einfachsten und billigsten aus imprägnierten Rahmenschenkeln und Dachlatten herstellen. Für eine senkrechte Verkleidung wird zuerst eine Grundlattung aus Rahmenschenkeln senkrecht an die Wand geschraubt. Und zwar in einem Abstand,

Der Anstrich blättert ab, weil zwischen ihm und dem Untergrund keine gute Haftung besteht

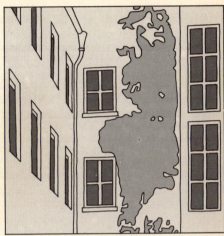
Wenn der Anstrich den Putz nicht mehr schützt, dringt Regenwasser ein und bildet Flecken

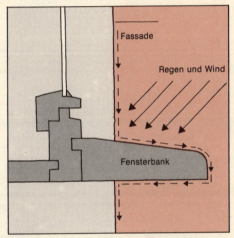
Das Regenwasser verschmutzt die Fassade

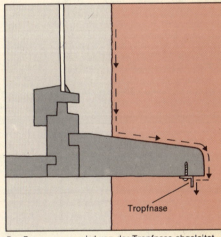
Das Regenwasser wird von der Tropfnase abgeleitet

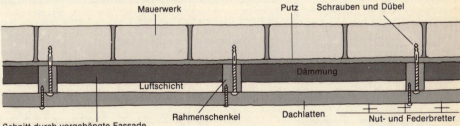
Schnitt durch vorgehängte Fassade

daß die Dämmplatten, z. B. Mineralfasermatten, genau in den Zwischenraum passen. Zum Befestigen müssen unbedingt geeignete Dübel und Edelstahlschrauben verwendet werden. Die Rahmenschenkel sollten so stark sein, daß sie mindestens 20 mm über die Dämmplatten hinausstehen. Diese 20 mm gewährleisten die vertikale Hinterlüftung der vorgehängten Fassade.

Nun werden die Dämmplatten mit einem handelsüblichen Kleber zwischen die Rahmenschenkel auf die Wand geklebt. Dann schraubt man im Abstand von 50 cm imprägnierte Dachlatten als Konterlattung waagrecht auf die Grundlattung.

Im unteren Bereich des Hauses, in dem die Verkleidung durch Schlag und Stoß belastet werden könnte, z. B. durch Ballspiele, sollte man den Lattenabstand auf 30 cm verringern.

Auf die Konterlattung nagelt man senkrecht z. B. Nut- oder Federbretter.

Feuchtigkeit im Haus

Gipskartonplatten befestigen

Statt eine unansehnliche Wand neu mit Gipsmörtel zu verputzen, kann man sie auch, auf trockenem Wege, mit Gipskartonplatten verblenden. Diese Technik führt zu einer besseren Schall- und Wärmedämmung als der übliche naß aufgebrachte Gipsmörtelverputz.

Gipskartonplatten gibt es in Dicken von 9,5–18 mm bei einer Breite von 1,25 m und in Längen bis 4,5 m. Sie werden mit der Wand durch punktförmig aufgetragenen Ansetzmörtel verbunden. Sie sind mit verschiedener Kantenausbildung zu haben. Die Fugen werden mit Fugenfüller und Bewehrungsstreifen geschlossen.

Vor dem Anbringen der Gipskartonplatten müssen die Fußleisten von der Wand abgenommen werden. Lockere Mauerteilchen und alter Putz werden abgeschlagen. Der Ansetzmörtel bindet nach etwa einer Stunde ab. Der Fugenfüller ist nach ungefähr 45 Minuten hart. Die Abbindezeit der Verspachtelung, des Glättputzes, hängt von der verwendeten Wassermenge ab. Setzen Sie ihn eine halbe Stunde vor der Arbeit an, und halten Sie sich an die Gebrauchsanweisung.

Material:	Gipskartonplatten
	Ansetzmörtel
	Fugenfüller
	Bewehrungs-
	streifen
	Holzlattenstücke
	Schwamm
Werkzeug:	Klauenhammer
	Senklot
	Bleistift
	Richtscheit
	Wasserwaage
	Schmaler und
	breiter Spachtel

1. An der zu belegenden Wand werden drei waagrechte Linien angezeichnet, und zwar die erste 20 cm unter der Decke, die zweite in der Wandmitte und die dritte 15 cm über dem Fußboden

2. Nun werden, an einem Ende der Wand beginnend, auf der obersten Linie in Abständen von 45 cm senkrechte Striche angezeichnet, bis das andere Wandende erreicht ist

3. An den so markierten Punkten hängt man nacheinander das Senklot auf und zeichnet jedesmal eine senkrechte Linie bis zum Wandfuß, so daß man eine vertikale Teilung erhält

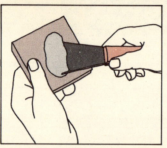

4. Für alle Schnittpunkte an der Wand werden aus einer Gipskartonplatte je 15 x 15 cm große Quadrate zurechtgesägt. Man bestreicht zunächst ein paar einseitig mit Ansetzmörtel

5. Die ersten drei Quadrate setzt man an die einen Enden der horizontalen Linien. Sie sollten mit Mitte über den Linien liegen und mit den Außenkanten an die Nachbarwand stoßen

6. Nun werden auf den restlichen Schnittpunkten Quadrate befestigt und mit Wasserwaage und Richtscheit ausgerichtet. Sie müssen 24 Stunden trocknen

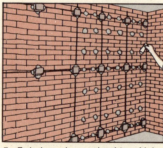

7. Zwischen den senkrechten Linien trägt man zwei Reihen Mörtelklecks gleichmäßig verteilt auf. Sie sollten etwa 5 mm höher sein als die bereits befestigten Gipsquadrate

8. Aus zwei Lattenstücken wird ein Fußhebel gebildet. Auf diesen stellt man eine Gipsplatte und hebt sie bis an die Decke hoch. Der untere Plattenrand muß unter die Fußleiste reichen

9. Die Platte wird nun fest angedrückt und provisorisch auf die Gipskartonquadrate genagelt. Man verwendet dazu Doppelkopfnägel oder gewöhnliche Nägel, die man nicht ganz einschlägt

10. Der Mörtel sollte etwa eine Stunde ziehen. Dann werden die Nägel gezogen. Dabei muß man aufpassen, daß die Platte nicht beschädigt oder vom Mörtel gelöst wird

11. Man preßt Fugenfüller in die Fugen, überdeckt diese mit einer dünnen Schicht und legt darauf den Bewehrungsstreifen. Wenn er erhärtet ist, folgt eine zweite Schicht

12. Wenn der Fugenfüller abgebunden hat, werden die Plattenstöße etwa 20 cm breit ebenfalls mit Fugenfüller zugestrichen. Die Ränder der Streifen glättet man mit Schleifpapier

13. Zum Schluß werden die Platten mit einer Kunstharzemulsion für Anstriche oder Tapeten mit einem großen Pinsel oder mit einem Schwamm grundiert. Dann befestigt man die Fußleisten

Flecken

Flecken von Hauswänden entfernen

Mit der immer größer werdenden Verschmutzung und Aggressivität der Luft nimmt auch die Verunstaltung von Gebäudefassaden zu. Der Niederschlag aus der Luft bildet einen gleichmäßigen Schleier, der meistens erst auffällt, wenn ein Stein oder mehrere in der Mauer ersetzt werden oder wenn ein Fassadenteil von Flecken gereinigt wird.

Fassadenreinigung

Wenn sich an Fassaden andere Flecken bilden, sollte als erstes mit der Suche nach der Ursache begonnen werden. Und dann muß diese beseitigt werden.

In den meisten Fällen verursacht eindringende oder aufsteigende Feuchtigkeit Flecken am Mauerwerk. Dabei handelt es sich um Ausblühungen, meist Kalziumverbindungen, die im Bauteil, in Wasser gelöst, durch die Kapillaren in das Mauerwerk transportiert werden. Sie können auf Dauer nur durch eine fachgerechte Feuchtigkeitssperre beseitigt werden. Und diese sollte man von einem Spezialisten anbringen lassen.

Erst wenn die Ursache abgestellt ist, kann mit der Beseitigung der Verfärbung begonnen werden.

Fassaden aus Sichtmauerwerk können auf verschiedene Weise gereinigt werden. Da gibt es Reinigungsmittel, die nach Angabe des Herstellers mit Wasser verdünnt werden. Mit ihnen schrubbt man die Fassade von oben nach unten mit einer harten Bürste gründlich ab. Danach wird mit reichlich Wasser nachgespült.

Viel einfacher hat man es, wenn man ein Dampfstrahlgerät verwendet. Solche Geräte kann man für eine geringe Gebühr bei einschlägigen Fachfirmen ausleihen.

Im Fachhandel gibt es für verschiedene Verschmutzungen verschiedene Reinigungsmittel.

Grundsätzlich müssen bei allen Arbeiten Schutzbrille, Gummischürze und Gummihandschuhe getragen werden.

Verschmutzte Klinkerwände reinigt man am leichtesten mit stark verdünnter Salzsäure. Die Salzsäure darf aber nicht zu lange einwirken und muß mit reichlich Wasser abgespült werden.

Die Konzentration und Einwirkungsdauer der Salzsäure sollte an einer verdeckten Stelle der Wand ausprobiert werden.

Auf keinen Fall darf man Klinkerwände mit Sandstrahlgeräten reinigen. Denn der Sandstrahl zerstört die Sinterschicht der Klinker, und dadurch verlieren sie ihre Witterungsbeständigkeit. Auf diese Weise wurden schon schwere Bauschäden angerichtet.

Es gibt aber auch biologische Verunreinigungen. So können sich an Stellen, die dauernder Feuchtigkeit ausgesetzt sind, Algen oder Pilze auf den Fassaden ansiedeln. Sie werden gründlich mit einer harten Bürste beseitigt. Die im Mauerwerk verbleibenden Pilzteile tötet man mit einem Antipilzmittel, da sie sonst weiterwachsen würden.

Wichtig ist, daß die Ursache der dauernden Feuchtigkeit beseitigt wird. Das können lecke Dachrinnen oder Fallrohre sein, bei alten Häusern auch noch außen verlegte Leitungen.

Metalle

Die meisten Flecken auf Stahl entstehen durch Rost. Man beseitigt die lose Rostschicht, behandelt die Stellen mit Rostumwandler und streicht sie mit Chlorkautschuklack.

Wenn Rostflecken lediglich in den Mauerfugen auftreten, sind Eisenteilchen im Mörtelsand die Ursache. Der Mörtel muß dann aus den Fugen entfernt und durch neuen Fugenmörtel ersetzt werden. Rost an Stahlteilen im Mauerwerk kann zu dessen Zerstörung führen. Man trägt das befallene Mauerwerk ab, entfernt den Rost, streicht die Stahlteile zweimal mit Mennige und erneuert das Mauerwerk.

Aluminium kann durch geeignete Anstriche überstrichen werden. Vor dem Anstrich wird das Metall mit Nitroverdünnung oder Trichloräthylen entfettet. Dadurch wird die Oberfläche leicht angerauht und zu einem guten Haftgrund für Anstriche. Der erste Anstrich soll aus einer Zinkchromatfarbe bestehen. Danach kann mit üblichem Kunstharzlack weitergearbeitet werden. Die normale Pflege von Aluminiumteilen beschränkt sich auf ein- bis zweimaliges Abwaschen im Jahr mit klarem Wasser, dem man eine neutrale synthetische Seife hinzufügt. Aluminium kann man mit Paraffin, Öl, Wachs oder säurefreier Vaseline konservieren.

Verglasungen

Liegende Verglasung auf Dächern, Treibhäusern und Frühbeeten ist der Verschmutzung besonders stark ausgesetzt. Es gibt besondere Glasreinigungsmittel, die auf die trockenen Glasscheiben aufgestrichen und nach einer bestimmten Einwirkungszeit mit Wasser abgespült werden.

Ausblühung an einer Außenmauer

Ausblühung auf neuem Gipsputz

Flecken

Putzsanierung

Wenn der Mörtel falsch zusammengesetzt ist, kann es passieren, daß die Putzflächen absanden. Der Putz verliert dabei seine Haft- und Bindekraft. Bevor man diese Putzflächen saniert – zum Beispiel mit Farbe beschichtet –, muß man unbedingt alle vorhandenen Risse schließen.

Dazu muß man unter Umständen einige Risse erweitern oder lose Putzteile abschlagen. Kleinere Risse werden mit Spachtelmasse verschlossen und an der Oberfläche im letzten Drittel der Putzstärke mit einem Glasfaservlies armiert. Größere Putzflächen trägt man in zwei Lagen auf; dabei muß die erste Putzlage gut ausgehärtet sein, bevor man die zweite aufträgt. Damit der Putzmörtel gut haftet, sollte man ihn auf jeden Fall mit einem Spritzputz sichern.

Bei den verschiedenen Putzlagen muß man darauf achten, daß die erste Lage die größte Festigkeit hat.

Man bringt also zunächst einen Spritzputz aus reinem Zementmörtel auf, dann zwei Lagen Kalkzementputz. Dadurch erhält man eine Putzfläche, die fest genug ist, um mechanischen Belastungen standzuhalten, aber gleichzeitig so elastisch, daß sie auch kleinere Spannungen aushalten kann.

Anstrich

Nachdem der Putz saniert ist, muß man den Mörtel gründlich austrocknen lassen. Anschließend kann er angestrichen werden.

Der Anstrich soll nicht das Haus verschönern, sondern dient auch zum Schutz des Putzes. Man hat die Wahl zwischen Mineralfarbe oder Anstrichen auf Kautschuk-Latex-Basis (sie bilden einen Film, sind aber trotzdem atmungsaktiv).

Weiße Flecken auf der Fassade

Auf Gebäuden, die mit Zementspeis verputzt sind, entstehen oftmals unschöne weiße Bärte, die man manchmal vorschnell als Mauersalpeter einstuft. Glücklicherweise sind die weißen Flecken in den meisten Fällen Ausblühungen, die normalerweise ungefährlich sind. Man sollte jedoch darauf achten, daß für den Außenputz nur solche Materialien verwendet werden, die keine ausblühungsfähigen Salze enthalten. Ausblühungen kann man auch vermeiden, wenn man dafür sorgt, daß Niederschläge nicht in den Außenputz eindringen können. Wenn also der Anstrich in gutem Zustand ist, ist die Gefahr der Ausblühung sehr gering.

Um Mauersalpeter kann es sich bei den weißen Flecken nur dann handeln, wenn organische Säuren auf das Mauerwerk einwirken. Dies ist oft der Fall bei Stallgebäuden, die nicht oder nur mangelhaft isoliert sind. Mauersalpeter kann man nur beseitigen, indem man das befallene Wandstück auswechselt oder indem man durch eine sehr sorgfältige Isolierung jegliches Eindringen von Feuchtigkeit in den Gebäudeteil verhindert, so daß die Wand gründlich austrocknen kann.

Wenn der Mauersalpeter nicht eine bestimmte Menge Feuchtigkeit bekommt, kommt seine Entwicklung so lange zum Stillstand, bis erneut Feuchtigkeit auftritt.

Die Illustrationen unten zeigen einige Schadensbilder an Innen- und Außenwänden und zum Teil auch ihre Sanierung.

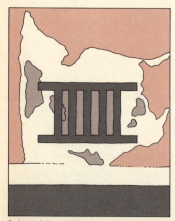

Salzschäden 1. Die Fassade dieses Gebäudes hat deutlich sichtbare Salzschäden

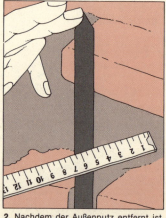

2. Nachdem der Außenputz entfernt ist, erkennt man die tiefgreifende Sprengwirkung der Salze

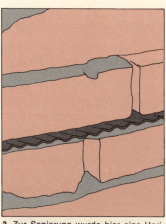

3. Zur Sanierung wurde hier eine Horizontalisolierung nach dem Chromstahlblechverfahren angebracht

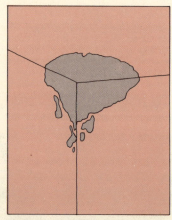

Kondenswasserschäden Diese Schäden im Eckbereich eines Wohngebäudes sind von Kondenswasser verursacht

Ziegelfassade 1. Die Fassade wird vor der Fugensanierung und Imprägnierung im Dampfstrahlverfahren gereinigt

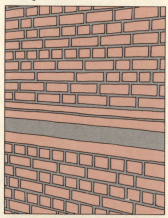

2. Auf der gereinigten Fläche der Ziegelfassade erkennt man deutlich die sanierungsbedürftigen Fugen

Feuchtigkeitsschäden 1. Diese Schäden im Sockelbereich sind typisch für ein Gebäude ohne Horizontalisolierung

2. Abhilfe bringt die Horizontalisolierung nach dem Bohrlochverfahren (versetzt angeordnete Bohrlöcher)

Holz

Eine Reihe von Flecken kann man aus Holz mit Schleifpapier oder ganz feiner Stahlwolle entfernen. Für tiefer eingedrungene Flecken muß man schon eine Ziehklinge benutzen. Flecken, die sich auf diese Weise nicht beseitigen lassen, versucht man am besten mit einem Holzbleichmittel zu entfernen. Lassen sich die Verfärbungen auch damit nicht beseitigen, können die Holzteile mit einem deckenden Anstrich im Holzton versehen werden.

Entfernen von Flecken im Hausinneren

Flecken im Haus haben im allgemeinen andere Ursachen als solche an den Außenwänden, und es ist meist schwieriger, sie vollständig zu beseitigen. Im Haus und in der Wohnung werden viel mehr verschiedene Materialien verwendet als außen, und meistens kennt der Bewohner die genaue Zusammensetzung von Farben, Lacken und Polituren nicht.

Wenn man spezielle Fleckenentfernungsmittel kauft, sollte man sich ihre Wirkungsweise erklären lassen und, wenn immer möglich, auch ein Musterstückchen der zu behandelnden „unbekannten" Oberfläche mitnehmen. Im Zweifelsfall kann man auch einen Versuch an einer nicht auffallenden Stelle machen, um die Wirkung zu überprüfen. Im allgemeinen sollte man sich bemühen, Vorbeugungsmittel zu gebrauchen, die das Eindringen von Flecken in das Material verhindern, die man eventuell mit Mühe wieder entfernen müßte. Solche Mittel sind zum Beispiel Polituren oder bestimmte Seifenarten, die einen Schutzfilm aus Fett hinterlassen.

Flecken aus anhaftendem Schmutz sind am leichtesten zu entfernen. Dabei wird Wasser die größte Rolle spielen, eventuell in Verbindung mit einem Haushaltsspül- oder -reinigungsmittel. Solche Mittel müssen alkalifrei, nicht ätzend und unschädlich für die Haut sein. Für hartnäckige Flecken braucht man stärkere Mittel: z. B. Terpentin, Waschbenzin, Trichloräthylen (tri) und Spiritus, die aber alle leicht brennbar sind, oder stark reinigende, flüssige Seifen.

Alkalische Reinigungsmittel wirken ätzend: Hierzu gehören Soda und Salmiak und viele unter Fabriknamen käufliche Mittel, die fett- und wachslösend wirken. Zum Entfernen eingedrungener Flecken kann man Scheuermittel benutzen, die aber nicht kratzend wirken sollen. Im allgemeinen gilt, daß man Außen-

Wenn man mit ätzenden Mitteln gegen Flecken vorgeht, muß man sich entsprechend schützen: durch Gummihandschuhe, feste Schuhe, am besten Gummistiefel, Gummischürze und Schutzbrille

Beim Säubern von Ziegeln und Natursteinen muß das Reinigungsmittel möglichst tief eindringen. Man benutzt deshalb eine harte Bürste, mit der man kräftig scheuern und das Mittel gut einreiben kann

Durchschlagende Flecken von Rost, Moder, Fett, Öl, Bitumen und Wasserringe auf Mauern und Putz oder Ruß auf Kaminwänden werden mit dem Pinsel mit Isoliergrund behandelt

Ein sogenannter Zementschleier auf Fußbodenfliesen kann mit wasserlöslichen Spezialmitteln entfernt werden. Sie werden mit einer harten Bürste unter Druck in kreisförmigen Bewegungen aufgetragen

Schutzmittel, die dem Eindringen von Flecken entgegenwirken, werden mit einem weichen Tuch auf die Fußbodenfliesen gebracht und so eingerieben, daß ein ebenmäßiger Schutzfilm entsteht

Flecken, die auf nicht gestrichenem Gipsputz entstanden sind, lassen sich meistens mit einem Schleifklotz und Schleifpapier entfernen. Man muß aber behutsam vorgehen

Flecken

reinigungsmittel für die gleichen Materialien auch im Haus verwenden kann, vor allem für Holzteile und schönes Mauerwerk. Schimmelbildung verhindernde Präparate kann man dem Tapetenkleister hinzufügen; allerdings müssen die alten Tapeten entfernt werden.

Durchgerostete Nagelköpfe in Holz, Gipskartonplatten und ähnlichen Baustoffen werden mit dünner Plastikfolie abgedeckt. Sie kann selbstklebend sein, oder man nimmt normale Folie und klebt sie mit Tapetenkleister an. Das gleiche macht man mit Teer- oder Fettflecken, die sich mit chemischen Mitteln nicht entfernen ließen. Der Kleister wird nicht auf die Folie, sondern auf den Untergrund gestrichen. Das Ganze kann dann übertapeziert werden.

Salzausblühungen an Wänden werden am wirkungsvollsten mit neutralisierenden Präparaten behandelt. Das Mittel wird mit einem Pinsel zwei- oder dreimal auf die Flecken gestrichen. Die Wand muß dann mindestens 24 Stunden lang trocknen, bevor sie neu gestrichen oder tapeziert werden kann. Es ist nicht ratsam, die Flecken mit Wasser abzuwaschen, weil es Chemikalien enthält, die die Wiederkehr der Flecken beschleunigen.

Ein beim Verfugen entstandener Zementschleier auf Fliesen wird mit Präparaten beseitigt, die es in Pulverform gibt und die in Wasser aufgelöst werden. Die nötige Konzentration hängt von der Dichte des Schleiers und seinem Alter ab. Ein Versuch an einer Probestelle ist zu empfehlen. Der Schleier wird so lange behandelt, bis er verschwunden ist. Die Fläche wird vor der Behandlung naß gemacht und hinterher gründlich abgespült.

Neben den Wachsarten, die zum Schutz von Parkett, Linoleum, Kunststoffböden und Fliesen benutzt werden, gibt es besonderes Steinwachs für Natur- und Kunststeinböden, Terrazzo, Marmor, Solnhofener Schiefer und Keramikfliesen. Das Wachs bildet wohl eine glatte Polierschicht auf dem Boden, macht ihn aber rutschfest. Der Boden wird gründlich mit Wasser gereinigt und getrocknet. Dann trägt man mit einem weichen Tuch eine dünne Wachsschicht auf. Wenn das Steinwachs getrocknet ist, muß der Boden poliert werden.

Wie man Flecken aus Bodenbelägen entfernt, ist auf Seite 91 beschrieben. Wandverkleidungen aus gleichen Materialien – Naturstein, keramische oder Kunststofffliesen – werden auf dieselbe Weise behandelt. Flecken in Gips oder Stuck sind meist schwierig zu entfernen, falls die Flächen nicht gestrichen sind. Oft hilft festes Bürsten oder Schleifen mit feinem Schleifpapier. Von abwaschbaren Tapeten kann man Flecken mit einem Tuch und neutraler Seifenlösung entfernen. Bei nicht abwaschbaren Tapeten kann man versuchen, die Flecken durch ganz leichtes Schleifen zu vertuschen. In manchen Fällen kann man Tapetenflecken auch mit farbigen Wachskreiden verschwinden lassen.

Hölzerne Wandverkleidungen entfleckt man mit Terpentin oder Möbelöl.

Vor der Behandlung rostender Teile mit Rostumwandler und Rostschutzfarbe muß der ganze lockere Rost mit einem alten Spachtel oder mit einer Drahtbürste gründlich entfernt werden

Noch glühende Zigarren- und Zigarettenstummel können häßliche Brandflecken auf Tischen oder Fußböden verursachen. Man kann sie oft durch Abziehen und Neupolieren des Holzes entfernen (siehe Abb. unten rechts)

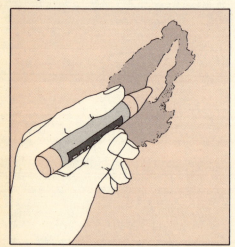

Manche Flecken in Tapeten kann man mit passenden farbigen Kreidestiften abdecken. Man streicht damit eine dünne Farbschicht über die schadhafte Stelle und wischt mit einem weichen Lappen darüber

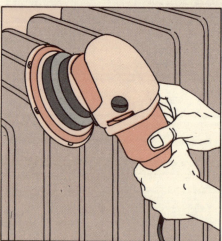

Rostansatz auf Eisen oder Stahl, zum Beispiel auf einem Zentralheizungskörper, läßt sich verhältnismäßig leicht mit einem Winkelfeinschleifer entfernen. Er glättet auch die Oberfläche

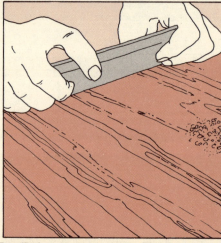

Brandflecken im Furnier einer Tischplatte werden durch behutsames Abziehen entfernt. Danach behandelt man die Stelle mit Politur. Wenn das Holz gebeizt war, muß man vorher im gleichen Ton beizen

Fußböden

Konstruktion von Fußböden

Bei den meisten Häusern, die unterkellert sind, sind die Fußböden heute fest betoniert und mit einem Estrich überzogen. Wo noch Holzfußböden vorkommen, liegen die Fußbodendielen auf Holzbalken, die von luftdurchlässigen Ziegelmauern getragen werden. Da die Luft durch ihre Öffnungen ungehindert zirkuliert, kann sich keine Feuchtigkeit unter dem Holzboden ansammeln. Die in offenem Verband hergestellten Ziegelmauern ruhen auf einem Betonfundament.

Vielfach werden aber neuerdings, vor allem beim Fertighausbau, massive Fußböden gelegt, die unmittelbar auf dem Erdboden aufliegen. Hier liegt eine Betonschicht auf einer starken Unterlage Schotter. Eine feuchtigkeitsundurchlässige Isolierung wird durch eine Sperrschicht erzielt, auf der erst der eigentliche Fußboden aus Zement aufgetragen wird. Dieser kann dann mit Holzdielen, Steinplatten, Fliesen oder anders belegt werden.

Die Fußböden der oberen Stockwerke bestehen oft aus mit Holzdielen belegten Balken, die von den Hauswänden getragen werden. Es gibt verschiedene Arten der Verankerung dieser Tragbalken in den Wandelementen; dies ist von der Gesamtkonstruktion des Hauses abhängig.

In neuerer Zeit sind aber auch vielfach die Stockwerkböden der einzelnen Etagen betoniert oder aus Systemteilen gefertigt. Sie sind damit oft tragender Bestandteil der Gesamtkonstruktion, vor allem bei verschiedenen Kastenbauweisen. Die Belegung dieser Böden kann wiederum je nach Wunsch mit den verschiedensten Materialien, also z. B. Parkett, Teppichboden, Fliesen usw. erfolgen. Zur Geräuschdämmung werden dabei häufig Schallisolierungen der verschiedensten Systeme verwendet.

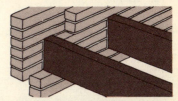

EINBAU VON BALKEN

1. Die Balken liegen auf der Innenschale der Doppelmauer

2. In die Mauer eingelassene Stahlblechbalkenschuhe tragen die Balken

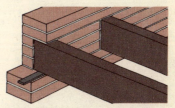

3. Die Balken können direkt im Mauerwerk an der Wand befestigt sein

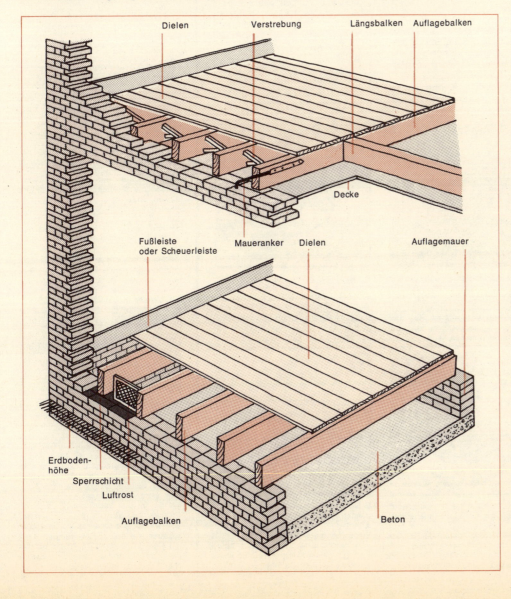

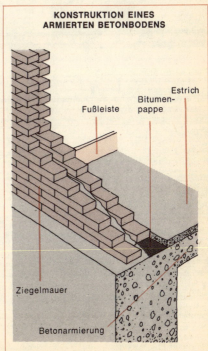

KONSTRUKTION EINES ARMIERTEN BETONBODENS

Fußböden

Einbau eines neuen Balkens

Beschädigte Deckenbalken, z. B. durch Hausschwamm- oder Holzwurmbefall, müssen so bald wie irgend möglich entfernt und durch neue ersetzt werden. Die Benutzung schadhafter Böden kann lebensgefährlich sein.

Obwohl die meisten Deckenbalken während des Hausbaus in die Wände eingelassen werden und deswegen schlecht zu ersetzen sind, kann man Balken verhältnismäßig leicht erneuern, wenn man Stahlblechhalter, sogenannte Balkenschuhe, als Auflage benutzt.

Sie bestehen aus verzinktem Preßstahl, der manchmal noch durch eine Bitumenauflage geschützt wird, und sind in Baubedarfsgeschäften für alle gängigen Balkengrößen passend zu haben.

Decken

Fußbodenbalken eines höheren Stockwerks lassen sich meist nicht ersetzen, ohne daß die darunter liegende Zimmerdecke in Mitleidenschaft gezogen wird. In der Regel muß man nach dem Auswechseln der Balken die darunter liegende Decke neu mit Gipskartonplatten oder Gipsputz versehen (siehe S. 106).

Um den Schaden möglichst klein zu halten, stellt man zunächst fest, an welchen Stellen die Decke oder ihr Unterbau an die Balken genagelt ist. Dazu fährt man mit einem Messer zwischen Decke und von oben freigelegtem Balken entlang. Trifft man auf die Nägel, so drückt man die Decke an diesen Stellen behutsam etwas nach unten und läßt die Nägel von einem Helfer im Zimmer darunter herausziehen.

Bevor man eine in der Decke verlegte elektrische Leitung entfernt, muß man immer erst die Sicherung des betreffenden Stromkreises ausschalten.

Da die Arbeit Kenntnisse in mehreren Handwerksbereichen erfordert, sollte sich nur der erfahrene Heimwerker daranwagen.

BALKENSCHUH

Verzinkte Balkenschuhe gibt es für alle gängigen Balkenquerschnitte passend zu kaufen

Material: Balken von passender Größe, zwei Balkenschuhe je Balken, Sand und Zement, Ziegel, Kaltleim auf PVA-Basis
Werkzeug: Küchenmesser, Fuchsschwanz, Rückensäge, Bohrwinde mit Bohrer, Stemmeisen, Holzhammer

1. Während ein Helfer den Balken hält, sägen Sie ihn an beiden Enden in etwa 30 cm Abstand von der Mauer durch. Achten Sie dabei aber sorgfältig darauf, daß eine eventuell darunter liegende Zimmerdecke nicht beschädigt wird

2. Jetzt wird der Balken entfernt und die abgesägten Endstücke aus dem Mauerwerk gelöst. Dabei dürfen keine Ziegel ausbrechen. Wenn die Enden klemmen, müssen sie durch Hin- und Herbewegen gelockert werden, bis man sie herausnehmen kann

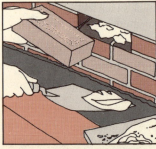

3. Die Mauerlöcher, die durch die Einrastöffnungen der Balkenenden entstanden sind, werden jetzt mit Mörtel und Ziegeln sorgfältig zugemauert. Dabei ist jedoch darauf zu achten, daß in die obere Mauerfuge über der reparierten Stelle kein Mörtel kommt

4. Als nächstes wird der Balkenschuh in die so frei gebliebene Fuge eingeschlagen. Erst jetzt wird auch diese Stelle mit Mörtel ausgefüllt. Die Balken-Unterkante muß mit der Unterkante der stehengebliebenen Balken auf einer Ebene sein

5. Bevor der neue Balken eingesetzt wird, muß an der Unterseite seiner beiden Enden je ein Ausschnitt ausgestemmt werden, damit der Balken fest in der Metallverankerung aufsitzt. Die Ausschnittlänge entspricht der Auflagefläche im Balkenschuh

6. Nun muß der Mörtel erst genügend ausgetrocknet sein, damit sich die Aufhängung nicht verschieben kann. Wenn man sauber gearbeitet hat, läßt sich der neue Balken leicht in seine Halterung einschieben. Notfalls treibt man ihn mit dem Hammer ein

Ausrichten von Bodenbalken

Wenn sich die Dielen eines Raumes beim besten Willen nicht perfekt einebnen lassen (siehe S. 74), können verbogene Balken die Ursache sein.

Um Abhilfe zu schaffen, entfernt man die Dielen und richtet die Balken durch Verstrebungen aus, die zwischen sie genagelt werden. Die Streben werden in Höhe der halben Balkenlänge und alle in einer Linie angebracht. Bei stark verzogenen Balken ist es ratsam, mehrere Verstrebungen in Abständen von 1,5 bis 2,5 m einzuziehen.

Material: Holzleisten, Nägel
Werkzeug: Hammer, Säge

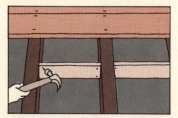

1. Bei einer geraden Verstrebung werden die Streben aus einem 25 mm dicken und, wenn man hat, balkenbreiten Weichholzbrett zurechtgesägt. Sie müssen sorgfältig ausgemessen werden, damit sie sich fest zwischen die Balken einpassen lassen. Vor dem Einsetzen schlägt man in die vier Ecken jedes Bretts je 50 mm lange Nägel schräg seitlich ein, aber nur so weit, daß sie gerade herausschauen. Erst wenn die Verstrebung richtig sitzt, treibt man sie ganz ein

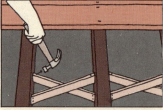

2. Bei einer Verstrebung über Kreuz werden die Streben aus 25 x 50 mm dicken Weichholzlatten zurechtgeschnitten. Sie müssen an ihren Enden genau im anfallenden Winkel schräg abgesägt werden, so daß sie später bündig an die Balken passen. Auch hier werden die Nägel vor dem Einsetzen in die jeweiligen Enden der Streben geschlagen, bis sie gerade ein wenig mit den Spitzen herausschauen. An den spitzwinkeligen Kanten sind die Nägel an der Schmalseite der Bretter anzusetzen; der zweite Nagel folgt dann seitlich

Dielen abnehmen

Bevor man Dielen herausnimmt, stellt man fest, ob sie glatte Kanten haben oder Nut und Feder. Man fährt mit einem Messer an mehreren Stellen zwischen die Dielen; läßt es sich hineinschieben, haben die Bretter glatte Ränder, geht es nicht hindurch, so besitzen sie Feder und Nut.

Dielen mit glattem Rand

Dielen mit glatten Kanten lassen sich entfernen, ohne daß man sägen muß, sofern beide Enden frei liegen. Man stemmt sie mit einem breiten Flachmeißel hoch.

Dielen mit Nut und Feder

Bei Brettern mit Nut und Feder muß man die Feder einer Seite durchsägen.
Sägen Sie nicht in die Balken unter den Dielen!

*Werkzeug: Stichsäge
Hammer
Meißel*

1. Bei Brettern mit glattem Rand klopft man an einem Brettende den Meißel vorsichtig in die Fuge, bis sich das Brett anheben läßt

2. Jetzt kann man den Klauenhammer daneben einführen. Dann hebt der Hammer die Diele höher, und der Meißel wird weitergeschoben

3. Auf die gleiche Weise werden die anderen Bretter mit dem Klauenhammer behutsam angehoben. Vorsicht, daß das Holz nicht splittert!

4. Läßt sich eine Diele mit dem Hammer allein schlecht lösen, schiebt man den Meißel darunter und schlägt von unten dagegen

DIELEN MIT NUT UND FEDER

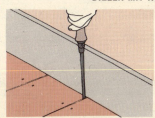

1. Man schiebt zunächst dicht an der Fußleiste die Stichsäge zwischen die Bretter und sägt ein kurzes Stück durch

2. Dann hält man die Säge schräg und sägt ein Stück weiter. Ist der Schnitt genügend lang, wird mit dem Fuchsschwanz weitergesägt

Eine Diele quer durchsägen

Wenn nur ein Stück einer Diele gehoben werden soll – etwa um ein darunter liegendes Leitungsrohr zu reparieren –, so durchsägt man die Fuge bis dicht an einen Balken heran, nicht aber in diesen hinein.

Die Stichsäge muß vorsichtig eingesetzt werden, um die Sägeblattspitze nicht zu beschädigen. Damit sie unten nicht aufstößt, führt man die Säge etwas schräg. Müssen mehrere Dielenstücke herausgenommen werden, kann auch eine Handkreissäge eingesetzt werden. Um einen geraden Schnitt zu bekommen, heftet man eine Richtlatte als Anschlag auf den Boden.

*Material: Weichholzlatte, 50 x 30 mm dick, Senkkopfholzschrauben 4 x 45
Werkzeug: Fuchsschwanz oder Rückensäge, Lochsäge, Handbohrmaschine mit Bohrer, breiter Flachmeißel, Klauenhammer, Schraubenzieher, Messer*

Feinsäge: Sie ist eine Rückensäge, gerade oder gekröpft. Bei gekröpfter Ausführung sind Griff und Rücken einseitig mit dem Blatt eben. Es gibt Ausführungen, bei denen der Griff auch umgelegt werden kann. Die Zahnlänge beträgt nur 1,5 mm und ist für feinste gerade Schnitte geeignet

Stichsäge: Das rückenlose Sägeblatt kann aufgrund seiner Dicke nicht geschränkt werden. Damit es nicht klemmt, ist es oben dünner als an den Zahnspitzen. Man schneidet damit Rundungen innerhalb großer Flächen und erweitert kleine Öffnungen

1. Mit Messer oder Stichsäge wird die Balkenkante gesucht und die Diele an dieser Stelle mit einem Querstrich markiert. Nur bis hierher darf man später sägen

2. Zum Einführen der Stichsäge werden mit einem 5-mm-Bohrer dicht nebeneinander zwei oder drei Löcher schräg vom Balken weg durch die Diele gebohrt

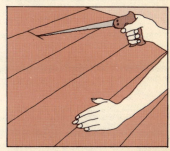

3. Nun wird die Spitze der Stichsäge eingeführt und die Diele flach und mit etwas schräg gehaltener Säge durchgeschnitten, bis die Schnittkante völlig frei ist

4. Das durchgesägte Dielenende wird mit dem Flachmeißel und, wenn nötig, mit dem Klauenhammer etwa 10 cm angehoben und festgehalten

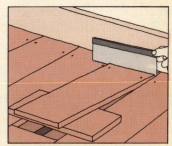

5. Unter das Dielenende schiebt man ein Abfallbrett. Man schneidet das andere Ende mit der Rückensäge an und mit der Stichsäge durch

Fußböden

Dielen auf Stoß verlegen

Wenn das Holz schwindet, können sich Fugen zwischen den Dielen öffnen, die zu Schäden des Bodenbelags, von PVC oder Teppichen zum Beispiel, führen. Dann verlegt man die Dielen am besten dicht aneinander neu und verschließt die übrigbleibende Lücke durch ein zusätzliches Dielenstück.

Mit dem Lösen der Dielen beginnt man an der Fußleiste einer Zimmerseite, jedoch bleibt die erste unter die Leiste greifende Diele liegen. Haben die Bretter Nut und Feder, so wird die Feder der ersten herausgenommenen Diele abgehobelt.

Um die Bretter ganz dicht verlegen zu können, braucht man mindestens vier Weichholzkeile aus etwas dickerem Holz als die Dielen. Sie sollen etwa 50 cm lang und am dicken Ende 5 cm breit sein. Falls die Dielen länger als 2 m sind, braucht man mehr als vier Keile, nämlich so viele, daß man sie in Abständen von 1 m einsetzen kann.

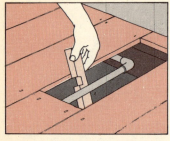

6. Um das Dielenstück wieder einzusetzen, sägt man ein Lattenstück (50 × 30 mm) passend in Dielenbreite zu und schneidet es für Leitungen entsprechend aus

7. Die Latte wird am inneren Ende des Lochs seitlich an den Fußbodenbalken genagelt. Ihre obere Kante muß dabei genau mit der Oberseite des Balkens bündig sein

8. Das Dielenstück wird nun eingesetzt. In seine Enden auf dem Balken und der Mitte der Weichholzleiste werden Löcher für die Holzschrauben eingebohrt

9. Zum Schluß werden die entsprechenden Holzschrauben eingedreht. Es sollten immer Flachkopfschrauben verwendet werden, damit sich die Köpfe gut versenken lassen

Holzkeile

5. Die Keile werden mit zwei Hämmern gegeneinander festgeklopft, und zwar abwechselnd alle Keilpaare, damit die Dielen gleichmäßig zusammengepreßt werden

1. Alle Dielen abnehmen, Nägel herausziehen. Bretterkanten mit einem Spachtel von Staub und Schmutz säubern, bis sie wieder dicht aneinanderpassen

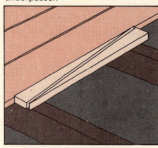

3. An einer festen Seitenkante legt man fünf Dielen dicht zusammen, bis sie fugenlos aneinanderstoßen. Dann schiebt man an die Kante im Abstand von 1 m je zwei Keile

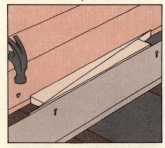

6. Die Dielen werden jeweils mit zwei 25 mm von den Kanten entfernten Nägeln auf die Balken genagelt. Man beginnt immer bei der Diele neben den Keilen

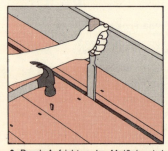

8. Im letzten Brett setzt man je zwei Nägel an. Dann schlägt man den Meißel als Hebel dicht an der Brettkante schräg in den darunter liegenden Balken

2. Nachdem die Dielen abgenommen sind, werden die Oberseiten der Balken abgebürstet, Nägel entfernt und mit dem Spachtel alle Unebenheiten geglättet

4. Dicht an den Keilen wird ein Abfallbrett mit gerader Kante auf die Balken genagelt. Die Nagelköpfe sollen jedoch ein wenig herausstehen

7. Nach dem Annageln wird das Hilfsbrett entfernt und die restlichen Dielen, jeweils in Gruppen von fünf, in der gleichen Weise verlegt, so daß sie fugenlos aneinanderstoßen

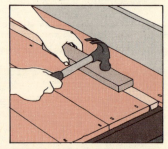

10. Für die verbliebene Lücke schneidet man eine Dielenleiste zurecht und schrägt ihre Kanten mit dem Hobel leicht nach unten ab. Einklopfen und annageln

Verfugen mit Holzstreifen

Offene Fugen, die breiter als 5 bis 6 mm sind, kann man mit Holzstreifen verschließen. Bei schmäleren Fugen wäre diese Art von Reparatur jedoch zu umständlich und mühsam.

Das zum Verfugen benutzte Holz muß genauso dick sein wie die vorhandenen Dielen. Wichtig ist außerdem, daß es keine Astknoten oder Astlöcher hat und trocken ist, damit es nicht stark schwindet.

Sind die Streifen kürzer als die Dielen, so werden sie auf den Balken aneinandergesetzt.

Die Streifen werden leicht konisch gehobelt. Passen sie nicht bündig in den Boden, schleift oder hobelt man sie ab.

Material:	15–25 mm breite Weichholzstreifen 40 mm lange dünne Stahlnägel
Werkzeug:	Hammer Streichmaß Fuchsschwanz Versenker Schlichthobel Bleistift

1. Halten Sie das Ende eines Holzstreifens an die Fuge, und markieren Sie die erforderliche Breite genau auf dem Holz

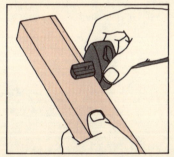

2. Stellen Sie das Streichmaß auf die gemessene Breite ein, und reißen Sie die neue Kante auf dem Holzstreifen deutlich an

3. Sägen Sie den Streifen entlang der angerissenen Linie durch, hobeln Sie die Kanten keilförmig etwas schräg nach unten ab

4. Klopfen Sie den Streifen mit dem Hammer in die Fuge. Er soll sehr stramm sitzen, damit keine Fugen entstehen

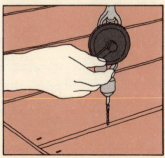

5. Stellen Sie fest, wo der eingefügte Holzstreifen auf dem darunter liegenden Balken aufliegt. Bohren Sie dort mit einem dünnen Bohrer Löcher vor

6. Nageln Sie den Streifen vorsichtig auf dem Balken fest. Verwenden Sie dazu dünne 40 mm lange Stahlstifte, damit er nicht splittert

Verfugen mit Kitt oder Pappmaché

Weist ein Dielenboden viele offene Fugen auf, die schmäler als 5 bis 6 mm sind, so ist die Holzstreifenmethode zur Reparatur nicht geeignet. Das wirksamste, aber auch umständlichste Mittel wäre nun, alle Dielen abzunehmen und neu zu verlegen (siehe S. 72). Leichter und einfacher ist es, die Fugen mit dauerelastischem Kitt, Plastikstreifen oder Pappmaché auszufüllen.

Wenn der Fußboden ganz mit Teppich oder Linoleum ausgelegt ist, kann man Papier jeder Art zur Herstellung von Pappmaché benutzen. Anders, wenn Teile des Dielenbodens sichtbar sind: Pappmaché aus Zeitungspapier hat eine unansehnliche graue Farbe. In solchen Fällen verwendet man weiches, unbedrucktes, weißes Papier, das in kleine Stücke gerissen und mit Tapetenkleister und heißem Wasser zu einem dicken Brei angerührt wird. Damit Pappmaché nicht schrumpft, nimmt man eher zuviel als zuwenig Kleister. Der Brei kann auf Wunsch mit flüssiger Farbe gefärbt werden. Nach dem Trocknen läßt er sich lackieren oder auch versiegeln.

Wenn man die Fugen mit Plastikstreifen ausfüllt, verwendet man zum Eindrücken ein Fugeneisen oder einen großen Schraubenzieher.

Material:	Eimer Papierschnitzel Tapetenkleister Kochendes Wasser
Werkzeug:	Spachtel Schleifklotz und Schleifpapier Fugeneisen Holzstab zum Rühren

1. Zunächst müssen alle Fugen mit dem Kratzeisen oder dem Spachtel sorgfältig gereinigt und Lackreste entfernt werden

2. Wird mit Pappmaché verfugt, so muß der angefertigte, abgekühlte Brei mit dem Spachtel fest in alle Fugen gepreßt werden

3. Beim Verfugen mit Kittspritzen oder Tuben sind die Anweisungen des Herstellers genau zu beachten. Überstehende Reste sofort abkratzen

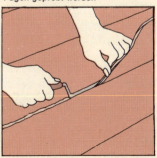

4. Werden die Fugen mit Plastikstreifen ausgefüllt, müssen diese beim Eindrücken immer gut gespannt sein, damit keine Knoten entstehen

5. Beim Arbeiten mit Pappmaché muß der Brei in den Fugen zwei bis drei Tage trocknen. Dann wird mit dem Schleifklotz abgeschliffen

Fußböden

Lockere Dielen befestigen

Lockere Dielen sind nicht nur gefährlich, sie zeichnen sich auch meistens unschön auf dem darüber liegenden Bodenbelag ab.

Wenn sie sich durch kräftiges Einhämmern der alten Nägel nicht sicher befestigen lassen, schlägt man neue Nägel ein, die mindestens 2 cm länger als die Dielenstärke sind. Überzeugen Sie sich nach dem Einschlagen, daß die Köpfe der neuen wie auch der alten Nägel fachgerecht versenkt sind und nirgends überstehen.

Um ganz sicherzugehen, daß die neu eingeschlagenen Nägel die Bretter auch recht sicher festhalten, empfiehlt es sich, die Nägel nicht senkrecht, sondern in einem leichten schrägen Winkel zueinander einzuschlagen.

Material: Stauchkopfnägel oder gestanzte Hakennägel
Werkzeug: Hammer, Versenker

1. Schlagen Sie die neuen Nägel ungefähr 1-2 cm neben den alten genau senkrecht in den Balken ein. Überzeugen Sie sich jedesmal, ob die neuen Nägel auch wirklich fest in das Holz des Balkens eindringen

2. Die neuen Nägel werden gut festgeklopft und die Köpfe unter die Dielenoberfläche versenkt. Dabei sollte man auch die alten Nägel nachklopfen, da sie sich oft ein wenig gelöst haben können

KNARRENDE DIELEN BEFESTIGEN

1. An den knarrenden Stellen werden zunächst alle Nägel mit einem Versenker gut eingeschlagen

2. Neben jedem Nagel – genau auf dem Balken – werden jetzt 3-mm-Löcher für Senkholzschrauben 4 x 40 mm vorgebohrt

3. Die Schrauben werden durch die Diele fest in den Balken gedreht. Dabei Köpfe sorgfältig versenken

4. Knarrende Dielen kann man auch mit Hartfaserplatten aus der Welt schaffen. Mit einem Tacker werden sie angepreßt

Abgenutzte Dielen ersetzen

Bekanntlich nützen sich Dielenfußböden nicht immer gleichmäßig ab. Gerade an den Stellen, die häufig begangen werden, bilden sich Aushöhlungen oder auch Absplitterungen an den Stößen.

Hier hilft nur eine Radikalkur: Es müssen teilweise neue Dielen eingesetzt werden. Besonders bei älteren Dielenböden ist es aber oft schwierig, passendes Holz von der richtigen Dicke zu erhalten. In diesem Fall kann man sich behelfen, indem man ein etwas dickeres Brett zur Reparatur nimmt. Damit es aber auch in diesem Falle eine glatte Oberfläche gibt, muß man das dickere Brett an den Stellen, wo es auf dem Balken aufliegt, an der Unterseite mit entsprechenden Vertiefungen versehen. Hier empfiehlt es sich, sorgfältig auszumessen und anzuzeichnen, damit die Aussparungen auch wirklich genau auf den darunter liegenden Balken eingepaßt sitzen.

Material: Bretter, Stauchkopfnägel
Werkzeug: Breiter Flachmeißel, Klauenhammer, Anschlagwinkel, Streichmaß, Rückensäge und Stichsäge, Stemmeisen, Holzhammer, Schraubzwingen, Schraubstock

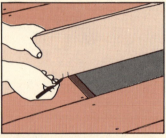

1. Halten Sie ein neues Brett an die Fußleiste, und markieren Sie auf der Unterseite die Länge; geben Sie 2 cm zu (kommen unter die Fußleiste)

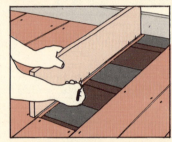

2. Sägen Sie das Brett zu, stellen Sie es gegen die Fußleiste, und markieren Sie jeweils 10 mm neben den Balken, damit das Holz arbeiten kann

3. Zeichnen Sie die Lage der Balken an. Dazu „versetzen" Sie die Markierungen um 2 cm von der Fußleiste weg. Lage der Balkenauflage ankreuzen

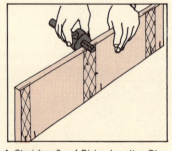

4. Streichmaß auf Dicke der alten Dielen einstellen und auf den Kanten des neuen Bretts die Tiefe der Aushebungen mit dem Maß anreißen

5. Die Ränder der vorzunehmenden Aushebungen werden mit der Rückensäge eingeschnitten. Achtung: Nicht zu tief in das neue Brett sägen!

6. Brett auf die Werkbank oder Hobelbank spannen und die angezeichneten Aussparungen für die Balken ausstechen. Nicht tiefer ausheben

Schadhafte Fußleisten ersetzen

Beim Ersetzen einer schadhaften Fußleiste durch ein neues Stück wird mit Hilfe einer Gehrungsschneidlade gesägt. Man muß darauf achten, daß der Schnitt von der Wand weg schräg nach außen geführt wird.

Fußleisten sind entweder mit Stahlnägeln oder mit Schrauben und Dübeln direkt auf der Wand befestigt oder auf eine in der Wand liegende Putzleiste genagelt. Am zweckmäßigsten ist die Befestigung mit Schrauben, weil sich die Fußleisten dann beim Neutapezieren oder Neubelegen des Fußbodens ohne besondere Mühe abnehmen lassen.

*Material: Passende Fußleiste, Weichholz, Stahlnägel, 50 bis 60 mm lang, oder Senkholzschrauben, 6 x 50–60 mm, mit Kunststoffdübeln
Werkzeug: Hammer, Fuchsschwanz, Gehrungsschneidlade, Metermaß, Versenker, Brecheisen oder Meißel; bei Verwendung von Schrauben: elektrische Bohrmaschine mit Steinbohrer*

1. Fußleiste mit dem Brecheisen vorsichtig von der Wand abdrücken und neben der Schadenstelle einen Holzklotz dahinterklemmen

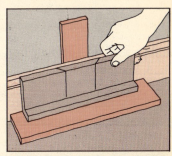

2. Gehrungsschneidlade an die Fußleiste stellen und mit Holz unterlegen, damit Lade und Fußleiste gleich hoch werden

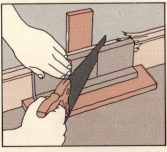

3. Links von der Schadenstelle Fußleiste schräg nach außen durchschneiden. Das Distanzholz ermöglicht das Sägen

4. Schneidlade wegnehmen und den Sägeschnitt in gleicher Neigung vorsichtig bis auf den Fußboden weiterführen

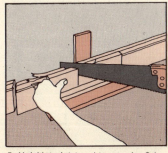

5. Holzklotz jetzt rechts von der Schadenstelle hinter die Fußleiste klemmen und die Leiste genau wie vorher durchsägen

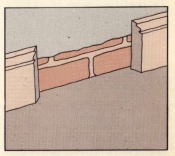

6. Schadhafte Leiste entfernen. Falls keine Putzleiste in der Wand liegt, müssen zwei Holzklötze angefertigt werden

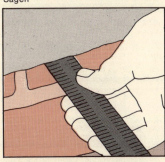

7. Nun muß man millimetergenau die Dicke des Putzes über dem Ziegelrand und die Höhe des Spalts über dem Boden ausmessen

8. Nach diesem Maß wird ein Stück Leiste aus Weichholz so hoch wie der Ziegelrand und so dick wie der Putz zurechtgesägt

9. Danach zwei Leistenstücke hinter die Schnittstellen der Fußleiste schieben, so daß sie noch zur Hälfte vorstehen

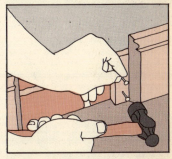

10. Die Leistenstücke mit je zwei Nägeln an die Wand nageln. Bei Mauerwerk Stahlnägel benützen, bei Holz Drahtstifte

11. Ein Stück neue Fußleiste, das etwas länger als benötigt sein muß, wird jetzt mit der Gehrungslade im gleichen Winkel zurechtgesägt

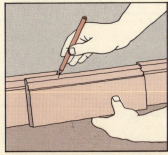

12. Das neue Stück an die vorhandene Fußleiste halten, die zweite Schnittstelle genau anzeichnen und dort absägen

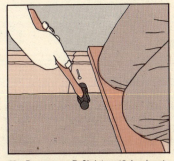

13. Das neue Fußleistenstück einsetzen, ein Brett auf seine Oberkante legen, auf das Brett knien und neue und alte Leisten annageln

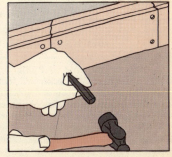

14. Die Nagelköpfe versenken, die Löcher zukitten und zum Schluß das neue Leistenstück, zur alten Fußleiste passend, anstreichen

Fußböden

Fußleisten an Ecken erneuern

Wenn die obere Kante der Fußleisten rechtwinklig ist, werden die Eckstücke mit der üblichen Gehrung versehen (siehe S. 75). Ist die Kante jedoch gewölbt, so muß die Oberkante der einen Leiste eine Lippe erhalten, die die andere Leiste überlappt. Nur so entsteht eine einwandfreie Eckverbindung.

*Material: Fußleiste, Nägel oder Schrauben (siehe S. 75)
Werkzeug: Fuchsschwanz, Laubsäge, Versenker, Hammer*

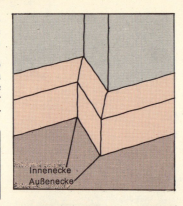

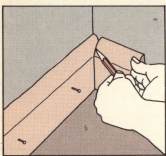

1. Nageln Sie provisorisch ein Stück Fußleiste in die Ecke, und zeichnen Sie darauf das Profil des zweiten Leistenstücks an

2. Nehmen Sie die Leiste wieder ab, und sägen Sie das angezeichnete Profil sorgfältig mit der Laubsäge aus (Gegenprofil)

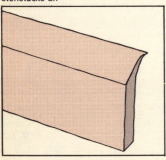

3. Nach dem Sägen muß das Ende so geformt werden, daß es das Ende der zweiten Fußleiste möglichst nahtlos überlappt

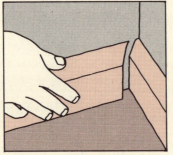

4. Fußleisten zusammensetzen und an die Wand nageln oder schrauben. Zum Schluß Nagel- oder Schraubenköpfe versenken

Fußleisten an unebene Böden anpassen

Das Brett für die neue Leiste muß mindestens 25 mm breiter sein als die vorhandene Leiste. Auf seiner Vorderseite zeichnet man am unteren Ende die Kontur des Fußbodens an und sägt sie entsprechend aus.

*Material: Fußleiste, Nägel oder Schrauben (siehe S. 75)
Werkzeug: Klauenhammer, Metermaß, Bleistift, Stichsäge oder Fuchsschwanz, Holzklotz, Wasserwaage, Hobel*

1. Schneiden Sie die neue Fußleiste auf Länge (siehe S. 75), und nageln Sie sie genau waagrecht ausgerichtet provisorisch an ihren Platz an der Wand

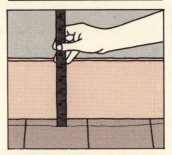

2. Messen Sie den weitesten Abstand zwischen der Unterkante und dem Fußboden, und sägen Sie einen Holzklotz zu – etwas dicker als das eben ermittelte Maß

3. Halten Sie den Klotz zusammen mit einem Bleistift auf seiner oberen Kante an die neue Leiste, und schieben Sie ihn auf dem Boden an der Leiste entlang

4. Sägen Sie die Kante der Fußleiste entlang der Bleistiftlinie ab. Die Säge wird etwas schräg geführt, so daß die Leiste vorn etwas breiter wird als hinten

5. Halten Sie die Fußleiste an ihren Platz, legen Sie ein Brett auf ihre Oberkante, knien Sie darauf, und nageln oder schrauben Sie das neue Stück an

---

FUSSLEISTEN AN EINER AUSSENECKE ANBRINGEN

Das Anbringen von Fußleisten an einer Außenecke ist einfacher als an einer inneren. Vor dem geraden Wandteil wird die Leiste in der üblichen Weise an das benachbarte Stück angesetzt (siehe S. 75), dann mißt man die Strecke bis zur Ecke – d. h. bis zur Außenseite der vorhandenen Leiste – und sägt die neue mit der Gehrungsschneidlade ab.

Die neuen Fußleisten werden wie gewohnt mit Nägeln oder Schrauben an der Wand befestigt; zusätzlich sollte man aber noch die gegehrten Leistenenden mit Drahtstiften miteinander verbinden. Vorsicht: Das Holz darf nicht splittern!

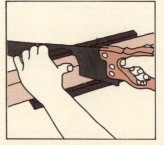

1. Alte Fußleisten abnehmen. Neue Leisten abmessen und mit 45° Gehrung zusägen

2. Neue Leisten an die Wand nageln oder schrauben; Ecken durch Drahtstifte verbinden

Fugen zwischen Fußleisten und Boden abdecken

Häßliche Fugen zwischen Fußboden und Leisten verdeckt man mit runden oder gekehlten Viertelstäben, die man auf den Boden, jedoch nicht an die Leisten nagelt.

Es gibt viele Arten von Profilleisten. Für unseren Zweck müssen sie zwei rechtwinklig zueinander stehende glatte Kanten haben, mit denen sie am Boden und den Fußleisten anschließen.

Material: Nägel, Bleistift, Profilleisten 20 x 20 mm
Werkzeug: Rückensäge, Gehrungsschneidlade, Hammer, Versenker, Laubsäge, Stemmeisen, feines Schleifpapier

1. Leiste abmessen und Enden, die auf andere Leistenstücke treffen, mit der Gehrungsschneidlade absägen

2. Gehrungen an Ecken aneinander passen. Leisten mit 15 cm Nagelabstand auf den Boden nageln

3. Steht die Leiste am Türrahmen vor, so wird mit dem Bleistift eine Abrundung angezeichnet

4. Leistenende auf ein Stück Abfallholz legen und mit dem Stemmeisen abrunden. Mit Schleifpapier glätten

5. Profilleisten auf den Boden nageln, Nagelköpfe versenken und Löcher mit Holzkitt verschließen

6. Wo der Viertelstab auf eine dickere Unterlage trifft, wird entsprechend Holz hinten abgenommen

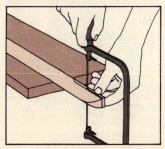

7. Der Ausschnitt wird mit der Laubsäge gemacht. Mit dem Stemmeisen abrunden und glattschleifen

Schleifmaschinen für Holzfußböden

Ein Holzfußboden, seien es Dielen oder Parkett, der uneben geworden ist und in dem sich Schmutz festgesetzt hat, kann durch Bearbeitung mit einer Schleifmaschine geglättet und gesäubert werden. Diese Maschinen haben ein fahrbares Gestell.

Fußbodenschleifen wird von Fußboden- und Parkettgeschäften besorgt, die es in allen größeren Orten gibt. Bei manchen dieser Geschäfte kann man leichtere Schleifmaschinen mieten, um die Arbeit selbst zu erledigen.

Zum Anschluß solcher Maschinen genügt in Deutschland ein mit 10 Ampere gesicherter Stromkreis nicht; es sind 16 oder 20 Ampere erforderlich. In der Schweiz beträgt der Anschlußwert 220 V/10 Ampere (Sicherung „träge"). Der Kabelquerschnitt ist 3 x 1,5 qmm.

Überzeugen Sie sich, daß die Voltangabe auf der Maschine mit der Spannung in Ihrem Haus übereinstimmt. Falls Sie ein Verlängerungskabel benutzen, soll es mindestens 2 x 2 qmm Litzendurchmesser haben.

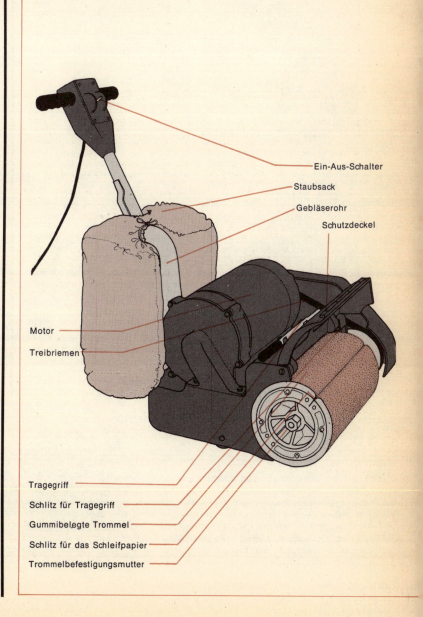

Ein-Aus-Schalter
Staubsack
Gebläserohr
Schutzdeckel
Motor
Treibriemen
Tragegriff
Schlitz für Tragegriff
Gummibelegte Trommel
Schlitz für das Schleifpapier
Trommelbefestigungsmutter

Fußböden

Umgang mit Schleifmaschinen

Fußböden werden in mehreren Arbeitsgängen geschliffen. Zuerst benutzt man grobes Schleifpapier, um den Boden zu ebnen und Schmutz zu entfernen. Danach werden die Bretter mit mittlerem und zum Schluß mit feinem Schleifpapier bearbeitet.

Man darf die Maschine niemals einschalten, wenn kein Schleifpapier auf der Trommel liegt, weil der Gummibelag durch Berührung mit dem Fußboden Schaden nehmen kann.

Bei Inbetriebnahme wird die Maschine nach hinten gekippt, so daß die Schleiftrommel den Boden nicht berührt. Dann schaltet man den Motor ein und senkt die Trommel langsam auf den Boden hinab.

Die Maschine schleift nach vorwärts und nach rückwärts. Solange der Motor läuft und die Trommel den Boden berührt, muß man sie langsam und gleichmäßig bewegen. Die Maschine neigt dazu, nach vorn wegzuziehen; das muß durch Steuern ausgeglichen werden.

Umgang mit Handschleifmaschinen

Zum Schleifen von schwer zugänglichen Ecken, Treppenstufen, Rahmenecken oder Möbelteilen gibt es handliche Kleinschleifmaschinen. Der Winkeltellerschleifer wird sowohl auf Flächen als auch an Kanten und Falzen eingesetzt. Durch seine rotierende Schleifbewegung erreicht man höchsten Abrieb. Der Schwingschleifer (Rutscher) bringt den Feinschliff für höchste Ansprüche. Das Schleifpapier ist wegen der Staubabsaugung gelocht; es wird nicht aufgeklebt, sondern in eine Klemmvorrichtung gespannt.

Winkelschleifer mit harter Scheibe und grobem Schleifpapier zum Entfernen alter Anstriche an Kanten

1. Die Maschine wird gekippt und der Trommelschutz aufgeklappt. Dann führt man die Steckschlüssel in die Löcher auf beiden Trommelseiten ein und öffnet den Schlitz

2. Um es der Trommelbiegung anzupassen, rollt man ein Blatt Schleifpapier so lange zwischen den Händen, bis es sich bequem in den Trommelschlitz einführen läßt

Winkelschleifer mit weichem Schleifteller zum Flächenschliff. Die Maschine hat einen Stutzen zum Anschluß an ein Absauggerät

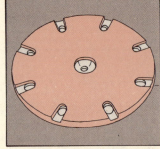

Der Schleifteller ist mit Staubabsaugkanälen versehen; das Schleifpapier ist selbstklebend und hat die gleiche Lochung

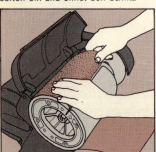

3. Man führt das Schleifpapier, mit der gekörnten Seite nach außen, hinten um die Trommel herum und schiebt eine Kante in den Schlitz

4. Das Papier straff um die Trommel spannen, das andere Ende in den Schlitz schieben und diesen mit dem Steckschlüssel schließen

Rutscher mit großer Schleifplatte, Haltegriff schwenkbar. Hier erhält eine lackgrundierte Holzplatte ihren Zwischenschliff

Einhandschleifer, sehr leicht, für Arbeiten über Kopf. Für ungelochtes Schleifpapier gibt es Schablonen (Lochfix)

TRANSPORT DER MASCHINE

Die Schleifmaschine darf niemals über harte Flächen oder Hindernisse geschoben werden. Sie kann deshalb in den meisten Fällen mit einem kleinen Tragegriff, den man in die Trommelseite einschraubt, angehoben werden.

1. Zunächst den Motor ausschalten und den Tragegriff aus seiner Halterung oberhalb der Schleiftrommel ziehen

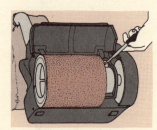

2. Die Maschine nach rückwärts kippen und den Stab des Tragegriffs in den dafür bestimmten Schlitz stecken

3. Griff fest einschrauben. Jetzt kann man die Maschine mit einer Hand am Handgriff und der anderen am Griffstab tragen

Die Arbeit mit Schleifmaschinen

Vergewissern Sie sich vor dem Abschleifen des Fußbodens, daß alle Dielen oder Parkettplatten festsitzen. Prüfen Sie besonders die Auflage der Dielen auf den Balken, und verlegen Sie sie – wenn nötig – neu (siehe S. 74). Sämtliche Nagelköpfe müssen versenkt sein, damit sie das Schleifpapier oder den Gummibelag der Schleiftrommel nicht beschädigen. Sand oder lose Schleifkörner ruinieren jeden Holzboden endgültig, wenn sie von einer starken Schleifmaschine in das Holz gekratzt werden.

Gesprungene oder lockere Parkettplatten müssen vor dem Abschleifen ersetzt oder neu angeklebt werden (siehe S. 90). Der Kleber muß gut trocknen.

Farbe oder Lack wird mit einem stabilen Kratzer entfernt; ein an einen Holzgriff geschraubtes altes Hobeleisen ist dafür gut geeignet. Der Boden wird vor dem Schleifen und während dieser Arbeit immer wieder gefegt.

Werkzeug: Trommelschleifmaschine, Tellerschleifmaschine oder Handbohrmaschine mit Schleifteller, Schleifpapier und Schleifklotz, scharfes Kratzeisen, Kehrbesen, Handfeger, Hammer, Beißzange, Versenker

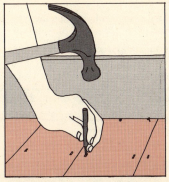

1. Zunächst muß man sich davon überzeugen, daß nirgendwo Nägel aus dem Boden herausschauen. Ihre Köpfe müssen sorgfältig versenkt werden

2. Wenn sich an der Bodenoberfläche krumm geschlagene Nägel befinden, diese mit dem Schraubenzieher aufbiegen und entfernen

3. Farb- und Lackanstriche werden mit einem scharfen Kratzeisen entfernt, damit sie das Schleifpapier nicht verkleben. Der Boden wird saubergefegt

4. Staub, Sand und Schabspäne muß man immer wieder beseitigen. Sie dürfen nicht in das Holz getreten oder mitgeschliffen werden

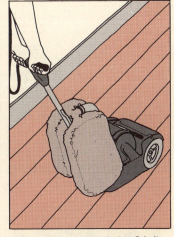

5. Das Kabel liegt auf der Schulter. Die Maschine wird rückwärts gekippt, der Motor eingeschaltet und die Schleiftrommel langsam gesenkt

6. Das Schleifen beginnt in einer Ecke und führt diagonal durch den Raum, hin und zurück auf demselben Streifen. Maschine dabei nicht kippen!

7. Die Schleifbahnen sollen sich auf dem Boden 5–10 cm breit überlappen. Falls erforderlich, wird der Boden noch gegenläufig diagonal geschliffen

8. Nach grobem Schleifpapier mittelfeines oder feines nehmen und damit längs zur Holzfaser schleifen; vorwärts und rückwärts arbeiten

9. Schwer zugängliche Stellen erreicht die Trommelschleifmaschine nicht. Man verwendet dort den Winkeltellerschleifer mit Absauggerät

10. Der lackgrundierte Holzfußboden wird mit dem Rutscher zwischengeschliffen; mit ihm erreicht man auch fast jede rechtwinklige Ecke

Fußböden

Schallisolierende Unterböden verlegen

Starker Trittschall belästigt die Bewohner der darunter liegenden Wohnung, stört aber ebenso in der Wohnung selbst. An dieser unangenehmen Belästigung sind oft harte Fußböden schuld.

Dem läßt sich in den meisten Fällen ohne große Schwierigkeiten abhelfen, indem man den Fußboden mit Weichfaserplatten belegt und über diesen Hartfaserplatten anbringt.

Wenn man auf dieser Unterlage, die absolut eben ist, noch einen Teppichboden spannt oder aufklebt, läßt sich die Schalldämmung weiter verbessern.

Die Weichfaserplatten, die mindestens 12 mm dick sein müssen, legt man lose auf den Holzfußboden. Die Platten werden in der Standardgröße von 122 x 244 cm geliefert. Zwischen den Platten läßt man 5 mm breite Fugen offen; entlang der Wände sind diese Fugen 15 mm breit.

Die Wandfugen kann man mit Fußleisten abdecken. Auf die so verlegten Weichfaserplatten klebt man jetzt Hartfaserplatten von mindestens 3,2 mm Dicke; sie sollen nicht größer sein als 60 x 120 cm. Man verlegt sie um eine halbe Plattenlänge versetzt; ihre Fugen dürfen nämlich nicht mit denen der Weichfaserplatten zusammenfallen. Alle Stoßfugen müssen vollkommen glatt und eben geschliffen werden.

Die Hartfaserplatten sollte man an Temperatur und Luftfeuchtigkeit des Raums anpassen, bevor man sich ans Verlegen macht. Dazu stellt man sie vor der Verarbeitung ein paar Tage lang so im Raum auf, daß die Luft von allen Seiten Zutritt hat.

Bevor man die Weichfaserplatten verlegt, muß man möglicherweise lockere Dielenbretter festnageln und vorstehende Nägel eintreiben.

> *Material:* 122 x 244 cm große Weichfaserplatten (12 mm Dicke), 60 x 120 cm große Hartfaserplatten (3,2 mm Dicke), Kleber, Fußleisten
> *Werkzeug:* Säge, Winkelhaken, Zahnspachtel, Schleifklotz, Schleifpapier, Gummiroller

Man stellt fest, wie viele Weichfaserplatten in ganzer Größe notwendig sind, und legt diese mit einem Fugenabstand von 5 mm auf dem Boden aus. Die Platten befestigt man provisorisch mit dünnen Nägeln. Dann paßt man die Hartfaserplatten ein, numeriert sie in richtiger Reihenfolge und nimmt sie wieder heraus. Die Weichfaserplatten werden in Abschnitten von etwa 4 qm mit Fußbodenkleber bestrichen, die Hartfaserplatten darauf gelegt und fest angedrückt. Die Fugen an den Wänden deckt man mit Fußleisten ab.

1. Die Weichfaserplatten werden lose mit 5 mm breiten Fugen auf den Holzfußboden gelegt

2. Die Hartfaserplatten kommen auf die Weichfaserplatten und werden anschließend festgeklebt

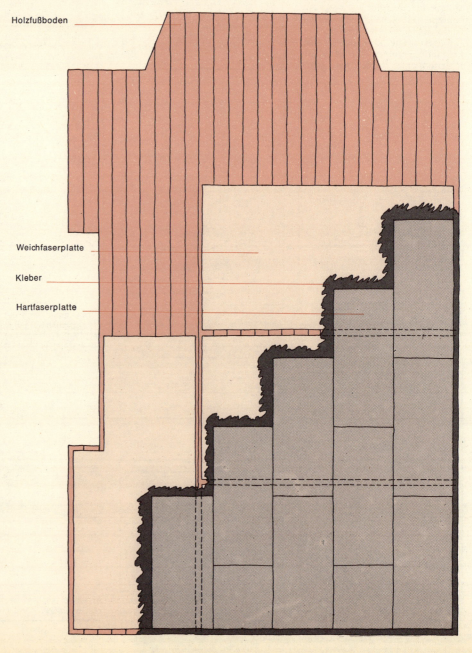

Belegen mit Hartfaserplatten

Stark abgenutzte Dielen kann man mit Hartfaserplatten belegen. Sie dienen dann als eigenständiger Bodenbelag oder als glatte und ebene Unterlage für Teppich-, Linoleum-, Kunststoff- oder Parkettbelag.

Als Unterlage verlegt man Hartfaserplatten generell mit der rauhen Seite nach oben. Bleiben sie aber auch nur stellenweise sichtbar, so müssen sie mit der glatten Seite nach oben liegen. Vor dem Verlegen werden Löcher und Fugen im Boden ausgefüllt (siehe S. 73) und unebene Stellen abgeschliffen (siehe S. 79).

Kaufen Sie 4 oder 6 mm dicke und 2,00 x 2,60 m große Platten, und sägen Sie sie dann so zurecht, daß quadratische Platten von einem Meter Seitenlänge entstehen. Abfallstreifen können an vielen Stellen zum Ausfüllen noch gut verwendet werden. In ständig geheizten Räumen genügt es, die Platten 48 Stunden lang zum Trocknen aufrecht stehen zu lassen. In allen anderen Fällen müssen sie vor der Verarbeitung gut an die herrschenden Temperaturen angepaßt sein. Sonst gibt es später durch Verwerfungen und Verziehen viel Ärger.

Material: Hartfaserplatten 2,00 x 2,60 m, gerade Weichholzleiste 50 x 25 mm, Holzklotz, Stauchkopfnägel
Werkzeug: Hammer, Versenker, Kratzeisen, Beißzange, Handfeger, Eimer, Fuchsschwanz, Laubsäge, Kombinationswinkel, Stemmeisen, Bleistift

1. Ein Hartfaserquadrat genau in den ausgemessenen Mittelpunkt des Zimmers plazieren und 1 cm vom Rand in 10-cm-Abständen festnageln

ANORDNUNG DER QUADRATISCHEN HARTFASERPLATTEN

Hartfaserplatte
Mittellinie des Zimmers
Dielenboden

Vermessen Sie die Mittellinie des Zimmers, und legen Sie die erste Platte zentrisch genau darauf. Die weiteren Platten folgen im Uhrzeigersinn um sie herum. Die Fugen werden nur in einer Richtung versetzt

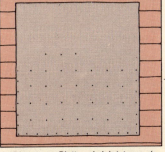

2. Die ganze Platte wird jetzt von der Mitte aus durch parallele Nagelreihen von 15 cm Abstand auf dem Boden befestigt

3. Um die Randstreifen sauber auszufüllen, wird ein Plattenquadrat rechtwinklig aufgelegt, bis es genau an der Fußleiste anstößt

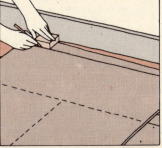

4. Ist der Wandverlauf nicht rechtwinklig, wird die Form angezeichnet, indem man mit Holzklotz und Bleistift an der Fußleiste entlanggleitet

5. Jetzt wird an der Bleistiftlinie abgesägt. Nachdem die Platte fest anliegt, wird auf ihr die Kante der bereits verlegten Platten angezeichnet

6. Platte durchsägen und annageln. In gleicher Weise die freien Flächen rings um den Raum ausfüllen. Abfall aufheben zur Weiterverwendung

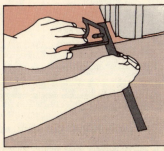

7. Bei Türöffnungen muß man erst den Abstand zwischen Türfalz und Fußleiste mit dem Kombinationswinkel auf die Platte übertragen

8. Nun schiebt man einen Holzklotz, der so breit ist wie der angezeichnete Abstand, mit einem Markierungsbleistift an der Fußleiste entlang

9. Markieren Sie mit Holzklotz und Bleistift die wichtigsten Punkte vom Verlauf des Türrahmens auf der lose aufgelegten Platte

Fußböden

Einen Boden mit Spanplatten belegen

Spanplatten eignen sich hervorragend als Ersatz oder Belag für alte Holzfußböden.

Wenn die Dielen des Bodens noch gut und eben sind und nur nicht mehr schön aussehen, deckt man sie einfach mit Spanplatten ab. Am besten verwendet man dazu 10 oder 13 mm dicke, für Fußböden geeignete Spanplatten. Sie werden mit Stauchkopfnägeln auf die Dielen genagelt. Es gibt die Platten in Größen von 1,25 x 2,50 m bis 2,05 x 5,20 m. Die praktischste Größe ist 1,25 x 2,50 m.

Doch wenn die Platten auf dem Dielenboden verlegt werden können, spielt ihre Größe keine so entscheidende Rolle. Anders ist es, wenn die Dielen so schadhaft sind, daß man sie entfernen und die Platten direkt auf die Balken auflegen muß. Dann nämlich muß man die Balkenabstände vorher genau abmessen und danach die Platten in der passenden Größe kaufen oder aber zurechtschneiden. Wichtig ist dann allerdings auch ihre Stärke. Die Platten sollten 19 oder 22 mm dick sein und möglichst Nut und Feder haben.

Wenn es die Ausmaße des Raumes gestatten, sollte man immer darauf bedacht sein, möglichst großflächige Platten zu verlegen. Die Nagelreihen der Dielen zeigen den Balkenverlauf darunter an. Wenn Nagelreihen z. B. 60 cm voneinander entfernt sind, empfiehlt es sich, Spanplatten zu verwenden, deren Breite immer möglichst genau ein Mehrfaches von 60 beträgt, also z. B. 1,25 m, 2,50 m usw. So erspart man sich nicht nur Arbeit, weil man sie dann nicht zusägen muß, sondern auch teuren Abfall. Denn eines ist unbedingt wichtig: Die Platten sollten möglichst dicht an den Balkenmittellinien zusammenstoßen.

An allen Stellen, wo die Plattenkanten quer zur Balkenrichtung aneinanderstoßen, setzt man kräftige Kanthölzer als Auflagen zwischen den Balken ein. Damit wird gewährleistet, daß auch die freiliegenden Plattenstöße sicher gelagert sind.

Wenn man die alten Dielen abgenommen hat (siehe S. 71), prüft man, ob die Balken noch in Ordnung sind (siehe S. 70). Dann zieht man mit dem Klauenhammer alle alten Nägel und Schrauben aus den Balken heraus, kratzt den angesammelten Schmutz ab und kehrt ihn sauber weg. Danach entfernt man die Fuß- oder Scheuerleisten (siehe S. 75), damit man die Platten dicht an die Zimmerwände legen kann. Für feuchte Räume sind phenolharzverleimte Spanplatten zu empfehlen.

Material: Spanplatten, Kanthölzer, etwa 50 x 70 mm, Stauchkopfnägel und Senkholzschrauben passender Länge, Senkkopfnägel für die Kanthölzer
Werkzeug: Metermaß, Klauenhammer, Maurerfäustel, Flachmeißel, Fuchsschwanz, Handbohrmaschine mit Bohrer und Aufreiber

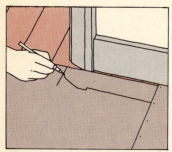

10. Wenn man die Punkte verbindet, erhält man auf der Platte die Profilform des Türrahmens. Gebogene Linien zeichnet man freihändig an

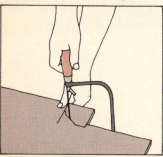

11. Die andere Türrahmenseite wird in derselben Weise auf die Platte übertragen. Dann sägt man den Ausschnitt aus

12. Nun wird die Platte an ihren Platz gelegt. Dann zeichnet man auf ihr die Kante der schon angenagelten Nachbarplatte an

13. Wenn die Platte entlang der angezeichneten Linie sauber abgesägt wird, paßt sie auf Anhieb und kann gleich angenagelt werden

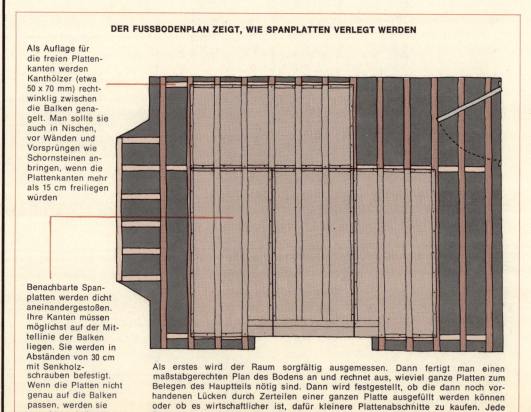

DER FUSSBODENPLAN ZEIGT, WIE SPANPLATTEN VERLEGT WERDEN

Als Auflage für die freien Plattenkanten werden Kanthölzer (etwa 50 x 70 mm) rechtwinklig zwischen die Balken genagelt. Man sollte sie auch in Nischen, vor Wänden und Vorsprüngen wie Schornsteinen anbringen, wenn die Plattenkanten mehr als 15 cm freiliegen würden

Benachbarte Spanplatten werden dicht aneinandergestoßen. Ihre Kanten müssen möglichst auf der Mittellinie der Balken liegen. Sie werden in Abständen von 30 cm mit Senkholzschrauben befestigt. Wenn die Platten nicht genau auf die Balken passen, werden sie zurechtgeschnitten

Als erstes wird der Raum sorgfältig ausgemessen. Dann fertigt man einen maßstabgerechten Plan des Bodens an und rechnet aus, wieviel ganze Platten zum Belegen des Hauptteils nötig sind. Dann wird festgestellt, ob die dann noch vorhandenen Lücken durch Zerteilen einer ganzen Platte ausgefüllt werden können oder ob es wirtschaftlicher ist, dafür kleinere Plattenabschnitte zu kaufen. Jede Platte muß gut verschraubt sein, bevor man die nächste verlegt

Bodenfliesen auf Spanplatten verlegen

1. Mit Meißel und Fäustel wird der Verputz so weit abgeschlagen, daß man die Platten darunter bis ans Mauerwerk schieben kann

2. Als Auflage für die Plattenkanten werden die auf Preßsitz gesägten Kanthölzer oberkantenbündig zwischen die Balken gesetzt

3. Die Kanthölzer nagelt man an jeder Stirnseite durch die Balken fest. Die Länge der Nägel hängt von der Balkendicke ab

4. Liegt eine Auflage dicht an der Wand, so werden schräg angesetzte Nägel zunächst nur ein Stückchen eingeschlagen

5. Dann wird das Holz so an die Wand gelegt, daß es oberkantenbündig mit den Balken abschließt. Erst jetzt schlägt man die Nägel ein

6. Nun legt man die erste Platte auf und bohrt etwa 20 mm von den Rändern entfernt im Abstand von 30 cm Löcher für die Schrauben

7. Danach werden die Bohrlöcher angesenkt, alle Schrauben leicht vorgeschlagen und dann mit dem Schraubenzieher festgezogen

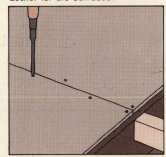

8. An den Fugen zweier Platten versetzt man die Schrauben gegeneinander. Die Schraubenköpfe werden versenkt

Spanplatten eignen sich hervorragend als Untergrund für Bodenfliesen. Die Platten müssen nur staubfrei und eben sein. Unebenheiten, an Plattenstößen etwa, schleift man ab.

Bodenfliesen werden normalerweise im rechten Winkel zur Türe verlegt, so daß die Fliesenreihen senkrecht zur gegenüber liegenden Wand verlaufen.

Als Hilfsmittel – und bei nicht rechtwinkligen Räumen ist es besonders wichtig – zeichnet man von der Türmitte aus eine im rechten Winkel verlaufende Linie auf den Boden. Diese Linie wird in Abständen der Fliesenbreite plus 3 mm für die Fugen unterteilt.

An der Markierung für die letzte ganze Fliese wird eine Leiste im rechten Winkel zur Verlegelinie auf den Boden genagelt. Wenn nun ein Raum nicht rechtwinklig ist, nagelt man senkrecht zur ersten eine zweite Leiste (siehe Zeichnung unten). Dadurch bekommt man einen sauberen Randabschluß.

In dieser Ecke wird mit dem Verlegen begonnen. Da besonders Holzfußböden häufig Schwingungen unterliegen, sollte man Kleber auf Kunstharzbasis verwenden, da sie nach dem Abbinden elastischer sind als Kleber auf Zementbasis.

In der Eckfläche zwischen den Leisten wird etwa 1 qm mit Kleber bestrichen, und zwar mit einem Zahnspachtel, dessen Zahngröße der Hersteller empfiehlt. Der richtige Spachtel liegt heute den meisten Klebern bei. Bei manchen Klebern darf man die Fliesen erst nach einer gewissen Ablüftzeit ins Kleberbett drücken.

Die Fliesen werden nach Augenmaß verlegt. Wer sich darauf nicht verlassen möchte, kann Abstandhalter – spezielle Plastikkeilchen oder dünne Holzstückchen etwa – zwischen die Fliesen stecken.

Wenn der erste Quadratmeter belegt ist, kratzt man angetrockneten überschüssigen Kleber vom Boden, streicht einen weiteren Quadratmeter ein und belegt ihn. So verfährt man Zug um Zug.

Beim Fortschreiten der Arbeit wird sich herausstellen, ob die beiden Leisten rechtwinklig angebracht sind. Sind sie es nicht, werden die Fugen entweder weiter oder schmäler. Dann kann man nur noch versuchen, die Fliesen so zu verschieben, daß ihre Kanten eine Gerade bilden.

Die Leisten entfernt man, wenn man sie nicht mehr als Anschlag braucht. Dann schneidet man die Randfliesen zurecht (siehe S. 88–89) und setzt sie mit den Bruchkanten zur Wand hin ein. Nach 24 Stunden wird der Boden verfugt (siehe S. 174).

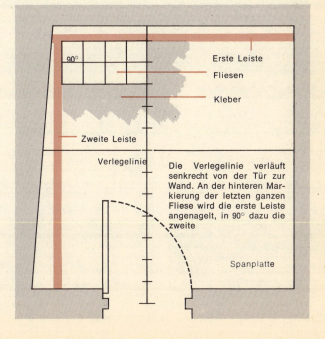

Die Verlegelinie verläuft senkrecht von der Tür zur Wand. An der hinteren Markierung der letzten ganzen Fliese wird die erste Leiste angenagelt, in 90° dazu die zweite

Fußböden

Holzböden

Riemenböden verlegen Fußbodenriemen sind in einigen Nadelholzsorten erhältlich. Tauscht man einen einzelnen Riemen aus, muß man ihn wie einen Schlußriemen einsetzen.

Fertigparkett verlegen Für fast alle Unterböden eignet sich ein neuartiges, nur 10 mm dickes Fertigparkettsystem mit Massivholzcharakter. Es ist auf Spanplatten gepreßt und hat eine Nut- und Federverbindung.

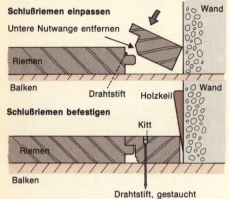

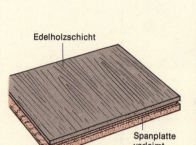

Würfelmuster

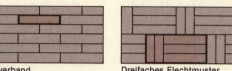
Doppeltes Flechtmuster

Langverband

Dreifaches Flechtmuster

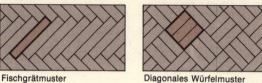
Fischgrätmuster

Diagonales Würfelmuster

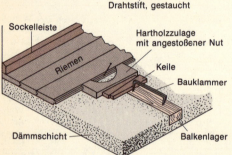

Balkenlager ausrichten Vor dem Verlegen der Riemen gleicht man Unterschiede der Lager aus. Maßgebend ist die Lage des obersten Balkens; alle anderen richtet man nach ihm aus.

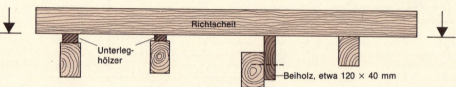

Fertigparkettformate Mit den angebotenen Abmessungen kann man vielerlei Muster verlegen (siehe Beispiele oben rechts). Für Fischgrätmuster gibt es rechte und linke Stäbe. Durch die geringe Materialdicke hat man auch im Altbau kaum Probleme mit dem Anschluß an andere Bodenmaterialien.

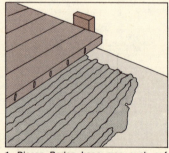

1. Diesen Boden kann man auch auf Fußbodenheizungen verlegen

2. Spezialklebemasse mit dem Zahnspachtel gleichmäßig auftragen

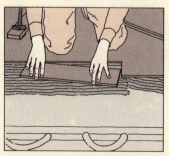

3. Das Element schräg in Nut und Feder einführen und von Hand beiziehen

4. Fugen paßgenau anklopfen; nie ohne Hartholzzulage arbeiten!

5. Endstücke mit Hebeleisen oder langem Meißel und Zulage andrücken

Kunststofffliesen verlegen

Beim Erneuern von Fliesen in der Bodenmitte ist Messen und Markieren nicht nötig, wenn man passende Ersatzfliesen bekommt. Liegen die schadhaften Fliesen jedoch an den Rändern des Belags, so wird man sie nach Maß zuschneiden müssen.

In manchen Fällen kann es genügen, die neue Fliese gegen die Fußleiste zu halten und den Abstand bis zur nächsten unbeschädigten anzuzeichnen. Hat die entfernte Fliese eine unregelmäßige Form, braucht man eine zweite Fliese zum Anzeichnen der neuen.

1. Man legt eine gleich große neue Fliese genau deckend auf die noch gute neben der beschädigten Randfliese

2. Auf die neue Fliese wird nun, an die Fußleiste stoßend, eine zweite gelegt und ihre Außenkante auf der ersten angezeichnet

3. Hat die zu erneuernde Fliese eine schräge Kante, so schiebt man die obere Fliese langsam an der Fußleiste entlang

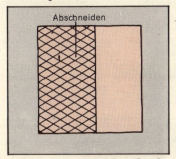
4. Obere Fliese wegnehmen. Das äußere Stück der angezeichneten Fliese hat nun genau die Form der leeren Stelle

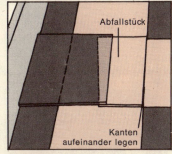
Abfallstücke: Man kann sie nur weiterverwenden, wenn sie so groß sind, daß die zum Anzeichnen benutzte Fliese ihren Rand überlappt

Ausschnitte für Rohrleitungen

Fliesen in regelmäßigen Reihen zu verlegen ist nicht besonders schwierig. Komplizierter wird es erst bei Ecken oder Kanten, vor allem aber, wenn es um Aussparungen von Rohrleitungen usw. geht. Hier sollte man nie einfach nach Augenmaß ausschneiden, denn sonst erlebt man beim endgültigen Verlegen unangenehme Überraschungen, wenn die Aussparungen nicht genau passen.

Eine Fliese, die Ausschnitte für Rohre oder andere Hindernisse an den Zimmerwänden bekommen muß, wird zunächst auf die Form der ganzen Randfliese zugeschnitten. Sind die Randfliesen in ihrer Länge verschieden, so muß die Ersatzfliese so lang sein, daß ihre Ränder sich mit den Fugen der zweiten Fliesenreihe decken.

Um genaues Anzeichnen zu erreichen, ist es nötig, daß die untere neue Fliese (A) deckungsgleich auf der noch guten alten liegt.

*Material: Fliesen
Werkzeug: Bleistift, Lineal, Zirkel, Holzleiste von der Länge einer ganzen Fliese, Messer*

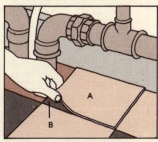
1. Man schneidet die Fliese A auf die Größe von B neben den Rohren zu und legt sie dann so auf B, daß sich die Kanten genau decken

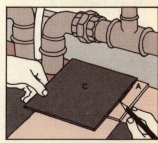
2. Auf A legt man nun eine ganze Fliese C; eine Kante berührt das hinderliche Rohr. Die andere Kante von C wird auf A angezeichnet

3. Fliese C wird nun so verschoben, daß ihre Kanten das Rohr von vorne und einen an das Rohr gelegten Holzstab seitlich berühren

4. Fliese A auf der anderen Seite an das Rohr schieben. Die zweite Seite von A in der obenbeschriebenen Weise anzeichnen

ECKFLIESEN ANZEICHNEN

Beim Anzeichnen von Eckfliesen muß man immer von beiden Wänden ausgehen, weil die Möglichkeit besteht, daß die Wände nicht exakt rechtwinklig aneinanderstoßen oder eine Fliesenreihe nicht genau parallel zur Wand liegt. Auch hier wird wieder eine ganze Fliese als Schablone benutzt. Die Eckfliese muß genau zugeschnitten und darf vor allem in der Ecke nicht eingeschnitten werden.

1. Eine neue Fliese (A) auf die erste ganze neben der Ecke legen, darüber eine weitere (B) gegen die Fußleiste stoßend. Kante anzeichnen

2. Fliese (A) auf die erste ganze Fliese auf der anderen Seite der Ecke schieben. Fliese (B) darauflegen und Kante auf A anzeichnen

3. Fliesen wegnehmen, den markierten Teil von A ausschneiden. Das übrigbleibende L-förmige Stück paßt genau in die Lücke

Fußböden

5. Die angezeichnete Fliese A auf die fest verlegte Fliese legen. Die ganze Fliese C gegen ein Rohr legen; Kante auf A anzeichnen

6. Ist zwischen den Rohren eine schmale Lücke, wird ein Holzstab von der Länge der Fliesen hineingeschoben und auf Fliese A markiert

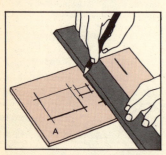

7. Die auf Fliese A angezeichneten Linien werden mit Bleistift und Lineal verbunden, so daß sich für jedes Rohr ein Quadrat ergibt

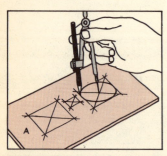

8. Die vier Ecken jedes Quadrats werden mit Diagonalen verbunden. Um ihre Schnittpunkte zeichnet man dann mit dem Zirkel in die Quadrate passende Kreise

Kunststoffliesen schneiden

Man schneidet die Fliesen immer an den Abfallseiten von Rißlinien, denn nur dann werden die Stücke nicht zu klein.

Es gibt Fliesen aus Weich-Polyvinylchlorid (PVC) und die härteren aus Vinyl-Asbest. Die weichen Fliesen werden geschnitten; die harten schneidet man an und bricht sie dann durch.

Material: Fliesen nach Wahl
Werkzeug: Scharfes Messer, Lötlampe, Stahllineal

1. Wenn nur ein Schnitt erforderlich ist, schneidet man an einem Lineal entlang außen an der angezeichneten Linie. Platte nach hinten durchbrechen

2. Das Abfallstück wird entfernt, die Bruchkante der Fliese mit dem Messer vorsichtig versäubert. Nicht in die Kante schneiden

3. Schwierige Formen kann man leichter schneiden, wenn man die Fliesen im Backofen oder von unten mit der Lötlampe mäßig erwärmt

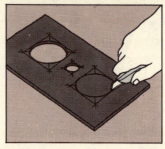

4. Gerade Linien werden mit Hilfe eines Metallineals ausgeschnitten, runde und gebogene Linien dagegen nur mit dem Messer aus freier Hand

5. Geschnittene Teile herausdrücken und Kanten säubern. Fliese zum Einpassen um die Rohre aufschneiden. Korrekten Sitz prüfen

Einzelne Fliesen verlegen

Sind die vorhandenen Fliesen auf Filzpappe verlegt, wird die Pappe unter der Fliese erneuert und diese mit Drahtstiften befestigt. Liegen die Fliesen auf Hartfaser- oder Spanplatten, so wird die neue Platte mit Kleber eingesetzt.

Material: Passende Fliesen, Kleber, Pflegemittel
Werkzeug: Holzhammer, altes Stemmeisen, Zahnspachtel, Spachtel, alter Pinsel, Lötlampe

1. Die schadhafte Fliese wird von der Mitte auf die Ränder zu herausgestemmt. Nachbarfliesen nicht verletzen

2. Fliesen- und Kleberreste mit dem Spachtel entfernen, Untergrund dabei nicht beschädigen. Lücke sauberfegen

3. Kleber auf den Untergrund streichen, und zwar mit einem Zahnspachtel, damit ein guter Haftgrund entsteht

4. Neue Fliese möglichst anwärmen, in die Ecken der Lücke senken und besonders die Ränder fest andrücken

5. Um Luftblasen zu entfernen, Fliese von der Mitte aus fest anreiben. Mit Pflegemittel behandeln

Korkfliesen an der Wand einpassen

Mitunter ist es nicht ganz einfach, Form und Größe einer Ersatzplatte genau zu bestimmen, die an einer Kante oder Ecke des Zimmers liegt.

Hier ein Tip: Schadhafte Platte entfernen und die Ränder der benachbarten Platten einkreiden. Drückt man die Ersatzplatte dann mit der glatten Oberseite nach unten darauf, so zeichnen sich die eingekreideten Kanten auf ihr ab.

Material: Korkfliesen, Kreide
Werkzeug: Bleistift, Lineal

EINE FLIESE AN EINE ECKE ANPASSEN

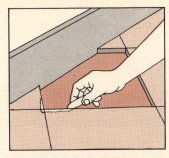

1. Die Ränder der benachbarten Platten werden bis ganz in die Ecken hinein recht dick mit weißer Tafelkreide bestrichen

2. Die Oberseite der neuen Fliese wird, Kante auf Kante und Ecke an der Fußleiste, darauf gelegt und angedrückt

3. Die Platte wird umgedreht. Dann verstärkt man die Kreidelinie sorgfältig mit einem weichen Bleistift, bis man eine saubere Schnittlinie hat

4. Platte mit der Oberseite nach unten auf die andere lange Seite der Lücke legen. Danach die Ecke einkreiden und andrücken

5. Nun werden beide Markierungen mit einer Bleistiftlinie (Lineal) verbunden. Es ergeben sich die genauen Konturen der neuen Korkfliese

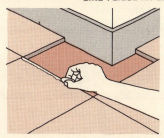

1. Die Ränder der beiden neben der Lücke liegenden ganzen Korkfliesen werden an ihren Oberkanten gut mit Kreide bestrichen

2. Die neue Fliese wird mit der glatten Seite nach unten so an die Wand gelegt, daß Fuge auf Fuge kommt. Dann wird fest angedrückt

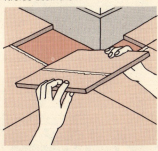

3. Nun muß man die Fliese wenden und um 180° drehen. Sie wird in dieser Lage auf die andere Seite der Ecke geschoben

4. Fliese erneut umwenden und an die Ecke der Wand und auf die Fugen der fest verlegten Korkplatte plazieren

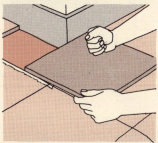

5. Fliese mit der Faust fest auf den eingekreideten Rand der darunter liegenden Platte drücken, damit sich die Ränder markieren

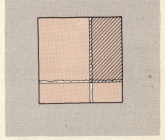

6. Kreidelinien sorgfältig mit einem weichen Bleistift verstärken. Jetzt wird das markierte Abfallstück kantensauber herausgeschnitten

Korkfliesen schneiden

Korkfliesen werden immer von der glatten Oberseite her geschnitten. Man braucht dazu ein Metallineal und ein sehr scharfes Messer, sonst zerreißt man die Korkschicht und bekommt keine glatten Kanten.

Waren die alten Platten mit Nut und Feder versehen, so schneidet man die Federn der um die Lücke liegenden Fliesen ab und verwendet Ersatzplatten mit stumpfen Kanten. Das Messer muß dabei genau senkrecht zur Plattenfläche gehalten werden, weil die Fliesen sonst nicht fugenlos aneinanderpassen.

Fliesen an Rohrleitungen oder ähnlichen Hindernissen schneidet man in einzelnen Stücken zu und setzt sie beim Verlegen in der Art eines Puzzles zusammen.

Werkzeug: Scharfes Messer, Metallineal

1. Gerade Kanten schneidet man mit sehr scharfem Messer und einem Metallineal

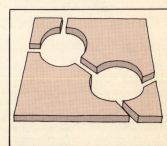

2. Um Hindernisse herum muß man die Fliesen wie Puzzleteile zuschneiden

Fußböden

Korkfliesen an der Wand ersetzen

Eine beschädigte Randfliese entfernt man stückchenweise von der Mitte aus nach den Rändern zu mit einem Stemmeisen. Achten Sie aber immer darauf, daß dabei die Kanten der noch guten Platten nicht beschädigt werden. Auch der Untergrund darf dabei nicht in Mitleidenschaft gezogen werden. Versuchen Sie nicht, Ersatzfliesen mit Nut und Feder einzusetzen, sondern verwenden Sie immer nur Platten mit stumpfen Kanten.

Auf Holzböden sind Korkfliesen oft auf einer Filzpappeunterlage verlegt, die mit der Ersatzfliese erneuert werden muß.

Material: Fliesen, Filzpappe, Kleber, Versiegelungslack
Werkzeug: Lineal, Messer, Spachtel, Hammer, Stemmeisen, Pinsel

1. Die Kanten der schadhaften Korkfliese werden mit einem scharfen Messer und einem Metallineal eingeschnitten

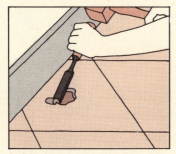

2. Die Fliese wird mit einem alten Stemmeisen herausgestemmt. Dabei arbeitet man von der Mitte aus zu den Rändern hin

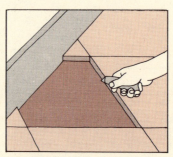

3. Bei Zementestrich alten Kleber abkratzen; bei Holzboden die Filzpappeunterlage ringsum bis zum Untergrund durchschneiden

4. Die Filzpappe herausreißen, alte Nägel entfernen und die Lücke sauber ausfegen. Darauf achten, daß gesunde Kanten nicht beschädigt werden

5. Neue Korkplatte entsprechend zuschneiden (siehe S. 87). Vor dem endgültigen Verkleben probeweise einpassen

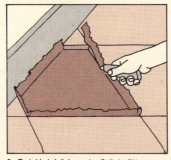

6. Bei Holzböden ein Stück Filzpappe in die Lücke drücken. Die Ränder müssen sauber abgeschnitten werden und dürfen nicht hochstehen

7. Kleber auf den Zementestrich oder die Filzpappe auftragen und mit dem Spachtel gleichmäßig verstreichen. Nie zu dick auftragen

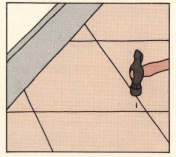

8. Korkfliese einsetzen, bei Holzboden die Ecken mit Stauchkopfnägeln befestigen, ihre Köpfe versenken und die Platte versiegeln

Keramikfliesen anreißen

Vor einer Reparatur an Keramik- oder Steinzeugfliesen muß man sich vergewissern, ob Ersatzfliesen in der richtigen Farbe, Größe und Dicke zu haben sind. Deshalb nehmen Sie am besten ein Stückchen der schadhaften Fliese zum Einkauf mit.

Da Keramik- und Steinzeugfliesen schwierig zu schneiden sind, setzt man komplizierte Formen mit Ausschnitten am besten aus kleineren quadratischen oder rechtwinkligen Stücken zusammen. Rechtwinklige oder gekehlte Verbindungsfliesen, die als Übergang zu gekachelten Wänden oder auch nur als Fußleiste dienen, gibt es kaum mehr. Man muß sie durch Normalfliesen ersetzen.

Material: Passende Fliesen
Werkzeug: Bleistift, Lineal

1. Wenn eine unregelmäßig geformte Fliese gebraucht wird, markiert man zunächst eine Kante der Unterseite mit einem Pfeil

2. Dann wird die Fliese mit der Pfeilseite an die Fußleiste gehalten und die benötigte Breite mit dem Bleistift angezeichnet

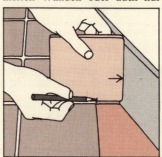

3. Die Fliese mit der Pfeilseite an die andere Kante der Lücke halten, um hier die nötige Breite markieren zu können

4. Beide Markierungen werden mit einer Bleistiftlinie verbunden. Dann zieht man eine zweite Linie im Fugenabstand parallel zur ersten

Keramik- und Steinzeugfliesen schneiden

Keramik- und Steinzeugfliesen sind für den Laien sehr schwer zu schneiden, weil sie leicht springen. Ein gutes Hilfsmittel ist ein Fliesenschneider. Wenn man aber unsicher ist, sollte man sich deshalb vor allem unregelmäßige Formen nach Möglichkeit vom Fachmann zurechtschneiden lassen.

Material: Fliesen
Werkzeug: Hammer, schmaler Meißel, Beißzange, Karborundschleifstein oder Schleifscheibe

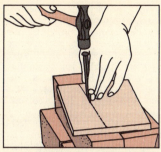

1. Die angezeichnete Fliese wird auf Ziegelsteine gelegt und auf der Oberseite entlang der Markierungslinie eingekerbt

2. Man legt die Platte mit der Kerblinie nach oben auf die Kante einer harten Unterlage und bricht oder schlägt sie vorsichtig auseinander

3. Lassen sich schmale Stücke dieser Art nicht abbrechen, nimmt man die Zange dazu. Schmale Streifen kann man auch Stück für Stück abbrechen

4. Gerundete Formen kann man nicht brechen, man muß sie nach dem Anreißen stückchenweise mit der Zange herausarbeiten

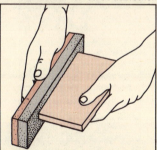

5. Die Bruchkanten werden mit der groben Seite des Karborundsteins oder mit einer Schleifscheibe sorgfältig geglättet

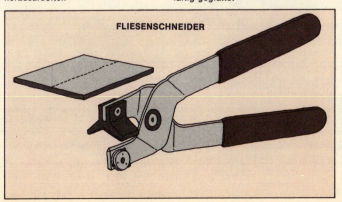

FLIESENSCHNEIDER

Steinzeug- und Natursteinfliesen ersetzen

Auch verhältnismäßig dicke Steinzeug- und Natursteinfliesen können beschädigt werden. Man zerschlägt sie dann vorsichtig in kleine Stücke. Hat man keinen Ersatz zu Hause, nimmt man ein Stück der alten Fliese als Muster mit zum Fachmann.

Material: Passende Fliesen, Fliesenkleber oder Zement und Sand
Werkzeug: Hammer, schmaler Meißel, Spitzkelle, Lappen oder Schwamm

1. Mit vorsichtigen Hammerschlägen wird zunächst die ganze Oberfläche der schadhaften Platte in möglichst kleine Einzelstücke zerschlagen

2. Die Bruchstücke der Platte werden mit einem schmalen Meißel abgehoben. Dabei wird von der Mitte nach den Rändern zu gearbeitet

3. Das Mörtelbett wird mit dem Meißel geglättet. Man kratzt die Ecken aus und säubert die so freigelegte Fläche von allen Stein- und Mörtelresten

4. Die neue Platte probeweise einlegen. Ihre Oberfläche muß waagrecht und etwas tiefer als die der Nachbarplatten liegen

5. Platte herausnehmen und auf dem Grund eine dünne Kleberschicht oder Mörtel (Zement : Sand 1 : 3) auftragen und verstreichen

6. Die neue Platte in das Kleber- oder Mörtelbett drücken und ausrichten; überschüssiger Kleber muß sofort entfernt werden

7. Nach 24 Stunden wird verfugt: Man reibt mit einem Lappen oder Gummischaber eine Zement-Sand-Mischung (1 : 4) fest in die Fugen

Fußböden

Fußbodenfliesen im Mörtelbett verlegen

Will man einen Fliesenboden vergrößern oder müssen Teile davon ersetzt werden, sollten die neuen Fliesen in Farbe und Größe mit den vorhandenen alten möglichst gut übereinstimmen. Mit kleinen Unterschieden wird man sich allerdings manchmal abfinden müssen. Bei einfachgebrannten Fliesen ist die Farbe vom Tonmaterial abhängig, und auch die Brenntemperatur wirkt sich aus, so daß kleine Farbunterschiede so gut wie unvermeidlich sind.

Material: Fliesen, Zement, Sand, Sägemehl
Werkzeug: Wasserwaage, Richtlatte, Kelle, Traufel, Fluchtschnur

1. Nach sorgfältiger Säuberung des Untergrunds wird ein Mörtelbett aufgebracht und mit der Wasserwaage genau horizontal gestrichen

2. Dann überzieht man das Betonbett mit einer Richtlatte, die auf dem alten Fußbodenteil aufliegt. Regelmäßig mit der Wasserwaage kontrollieren

3. Feinere Unebenheiten werden mit der Traufel beseitigt und mit der Richtlatte kontrolliert. Der Untergrund sollte möglichst eben werden

4. Im Abstand von ein paar Fliesen wird parallel zum alten Fußboden eine Fluchtschnur gespannt, so daß kleine Abweichungen deutlich hervortreten

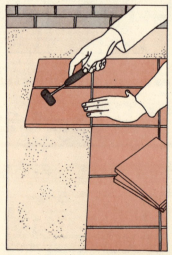

5. Auf das noch feuchte Mörtelbett wird Zement gestreut. Dann klopft man die Fliesen an ihren Platz und bestreut sie mit Sägemehl

Parkettböden ausbessern

Wenn ein Parkettboden beschädigt ist, braucht man nicht gleich den Fachmann zu holen. Es gibt heute Parkett der verschiedensten Ausführungen in Platten oder als Einzelhölzer zu kaufen.

Die Platten bestehen aus vielen, zu einem bestimmten Muster arrangierten Einzelhölzern, die von einem auf ihre Unterseite geklebten Fadengeflecht zusammengehalten werden.

Wenn man keine Einzelhölzer bekommt, aber weniger als eine Platte braucht, schneidet man die erforderliche Anzahl der Hölzer vom Geflecht und bewahrt die übrigen für etwaige spätere Reparaturen auf.

Material: Parkett, Kleber
Werkzeug: Scharfes Stemmeisen, altes Stemmeisen, Hobel, Holz- oder Gummihammer, Schleifpapier und -klotz, Zahnspachtel

PARKETTMUSTER

Würfelparkett, diagonal

Fischgrätmuster

Schiffsverband

1. Die schadhaften Parkettstäbe werden nacheinander mit scharfem Stemmeisen und Holzhammer entfernt; dabei arbeitet man immer von der Stabmitte nach den Enden zu

2. Die Kleberreste entfernt man mit einem alten Stemmeisen. Der Untergrund wird sorgfältig gesäubert. Erst dann trägt man mit dem Zahnspachtel eine dünne Kleberschicht auf

3. Wenn der Kleber etwas abgelüftet ist, werden die neuen Holzstreifen oder Plattenteile ins Kleberbett gedrückt. Austretender Kleber wird sofort abgewischt

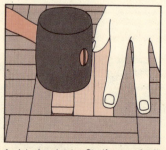

4. Ist der letzte Streifen zu breit, wird er an den Längsseiten schräg nach unten abgehobelt und eingeklopft. Die Stäbe schleift man glatt

Linoleum- und Kunststoffbahnen verlegen

Der Unterboden muß sauber, trocken und eben sein. Aus der Zimmerbreite errechnet man die Anzahl der Bahnen. In der Länge gibt man etwa 5 cm zu. Zunächst werden die Bahnen trocken und 2–3 cm überlappend ausgelegt. Dann schneidet man die Überlappungen in der Mitte auf einmal durch.

Material: Bodenbelag, Kleber
Werkzeug: Messer, Lineal, Zahnspachtel, Kombinationswinkel, Holzbrettchen

1. Notwendige Ausschnitte, z. B. bei Türöffnungen, werden mit dem Kombinationswinkel auf dem Belag konturgenau markiert

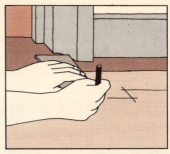

2. Die Form der Ausschnitte überträgt man dann mit dem Bleistift und einem Brettchen, das man am Profil entlangführt

3. Die angezeichneten Linien des Ausschnitts werden auf der Oberseite des Belags mit einem scharfen Messer eingeritzt

4. Der Belag wird an den eingeritzten Linien zurückgebogen und mit dem Messer von unten sauber durchgeschnitten

5. Die ausgeschnittene Bahn wird so an ihren Platz gelegt, daß die Kante der Nachbarbahn sie um 2–3 cm überlappt

6. Das Metallineal auf die überlappenden Kanten legen und beide Schichten auf einmal durchschneiden. Abfallstreifen entfernen

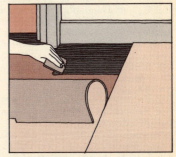

7. Jede Bahn halb zurückschlagen, Kleber auf den Boden streichen, Bahnhälften ankleben; dann folgen die anderen Hälften

Fußböden versiegeln

Bodenart	Vorbereitungsarbeiten		Versiegelungsmittel	Bodenpflege
	Alter Boden	Neuer Boden		
Holz (einschließlich Hartfaser- und Spanplatten)	Farbe abbeizen, Wachs und Fett mit Spiritus oder Wachsentferner beseitigen. Boden aufwischen und trocknen lassen. Hartnäckige Flecken mit Stahlwolle entfernen	Abschleifen, Staub entfernen, aufwischen und trocknen lassen	Versiegelungslack auf Kunstharz- oder Polyurethanbasis	Feucht aufwischen. Zwei- oder dreimal jährlich etwas Bodenpflegemittel auftragen und von Hand oder maschinell polieren, bevor es trocken ist
Kork	Politur mit Wachsentferner beseitigen. Hartnäckige Flecke mit Sandpapier oder Stahlwolle behandeln, jedoch alle Schleifmittel, besonders maschinelle, sehr vorsichtig verwenden	Falls Korkoberfläche nicht schon fertigbehandelt ist, maschinell abschleifen, fegen und aufwischen	Versiegelungslack auf Kunstharz- oder Polyurethanbasis	Feucht aufwischen. Zwei- oder dreimal jährlich etwas Bodenpflegemittel auftragen und von Hand oder maschinell polieren, bevor es trocken ist
Linoleum	Altes Wachs mit Wachsentferner beseitigen. Flecken mit Stahlwolle entfernen. Mit Reinigungsmittel aufwischen, mit klarem Wasser nachspülen und trocknen lassen	Mit flüssigem Reinigungsmittel aufwischen, mit klarem Wasser nachwischen und trocknen lassen	Nur Versiegelungsmittel auf Acrylharzbasis oder vom Hersteller besonders empfohlene Mittel	Mop mit flüssigem Reinigungsmittel anfeuchten und damit wischen. Regelmäßig mit Acrylharzemulsion polieren, Gebrauchsanweisung des Herstellers beachten
Thermoplastische Kunststoff-, Asphalt- und Gummibeläge	Flüssigen Wachsentferner verwenden, kein Mittel, das Spiritus, Benzin oder Terpentin enthält	Mit Seifenwasser aufwischen, keine Spül- oder Reinigungsmittel verwenden. Mit Wasser nachspülen und trocknen lassen	Nur die vom Hersteller empfohlenen Versiegelungsmittel	Emulsionspolitur auftragen und von Hand oder maschinell polieren. Wachspolitur auf Paraffinbasis ist nicht geeignet

Fußböden

Zementestrich aufbringen und ausbessern

Auch ein Estrichboden sollte schall- und wärmedämmend sein. Deshalb legt man unter den Estrich eine Dämmschicht aus Weichfaserdämmplatten, Korkplatten oder Hartschaumplatten. Für einen solchen Aufbau muß eine Mindeststärke von 5–6 cm angenommen werden.

Zuerst wird der Untergrund sorgfältig gesäubert. Wenn er starke Unebenheiten aufweist, bringt man eine Ausgleichsschicht aus Flußsand und Zement im Verhältnis 1:1 auf.

Auf diesem Untergrund wird nun die Dämmschicht verlegt. Die Dämmplatten werden je nach Material lose verlegt oder geklebt. Danach sollte man sich gleich beim Kauf erkundigen. Wichtig ist noch, daß die Plattenstöße versetzt verlegt werden.

Auf die Dämmplatten wird der Estrich aufgebracht. Manche Platten müssen allerdings wegen der Feuchtigkeit mit Baufolie abgedeckt werden. Um die Oberfläche des Estrichs eben und waagrecht zu bekommen, legt man auf die Dämmplatten Abziehleisten, die möglichst gerade und so stark wie der Estrich (ca. 3–5 cm) sein sollten.

Der Estrich wird erdfeucht aus Flußsand und Zement im Verhältnis 1:3 gemischt und zwischen den Abziehleisten verteilt, mit einem Richtscheit grob abgezogen und sorgfältig mit einem Stampfer verdichtet. Dann zieht man den Estrich auf die richtige Höhe ab, indem man das Richtscheit mit Sägebewegungen über die Abzugsleisten führt. Man entfernt die Abziehleisten, füllt die entstehenden Lücken mit Estrich, geht mit dem Reibebrett über die ganze Fläche und glättet sie mit der Traufel. Nach ca. 24 Stunden wird der Estrich mit einer Folie abgedeckt, damit er nicht zu schnell austrocknet. Nach etwa sechs Tagen ist er dann trittfest.

Einen schadhaften Zementestrich kann man leicht selbst ausbessern. Zuerst werden alle lockeren Teile weggemeißelt, die Ränder des unbeschädigten Estrichs mit dem Meißel aufgerauht und die Stelle sorgfältig gesäubert. Um eine gute Verbindung mit dem Unterbeton zu erreichen, wird eine Haftbrücke aus Zement und Flußsand im Verhältnis 1:1 auf Unterbeton und Ränder aufgebürstet.

Den Estrich bringt man je nach Estrichdicke in Schichten ein, die jeweils gut gestampft werden, zieht ihn bis auf die Höhe des bestehenden Teils mit einem Richtscheit ab und bearbeitet ihn mit dem Reibebrett und mit der Traufel.

Auch ausgebesserte Stellen sollten mit Folie abgedeckt und erst nach etwa sechs Tagen betreten werden.

Material:	Dämmplatten, Baufolie, Zement, Flußsand, Körnung 0–2, Wasser
Werkzeug:	Kelle, Schaufel, Reibebrett, Traufel, Betonstampfer, Richtscheit, Besen, Wasserwaage, Abziehleisten

1. Man reinigt den Untergrund gründlich und ebnet eventuelle starke Unebenheiten mit einer Ausgleichsschicht aus Flußsand und Zement ein

2. Der Estrich wird aus Flußsand und Zement im Verhältnis 1:3 trocken durchgemischt und dann mit wenig Wasser gründlich durchgearbeitet

3. Die Abziehleisten werden auf die Dämmplatten gelegt. Die Leisten müssen die Dicke des Estrichs haben und genau waagrecht liegen

4. Der Estrich wird abgezogen, indem man das Richtscheit unter Druck mit Sägebewegungen über die Abziehleisten führt

5. Mit Fäustel und Meißel werden die lockeren Estrichteile losgeschlagen und die festen Ränder des umgebenden unbeschädigten Estrichs aufgerauht

6. Der Estrich wird in Schichten eingebracht, festgestampft und mit der Traufel geglättet. Größere Flächen zieht man mit dem Richtscheit ab

Teppichböden mit Klebestreifen verlegen

Grundsätzlich können Teppichböden auf jeden Unterboden, auf Estrich, Stein, Holz oder Spanplatte, sowie auf jeden Linoleum- oder Kunststoffbelag verlegt werden. Ob der Belag vollflächig oder nur an den Rändern und Anschlußstellen mit Klebeband befestigt wird, hängt von der Raumgröße ab. Als Richtwert kann ein Zuschnitt von etwa 25 m² angenommen werden. Ist der betreffende Raum größer, sollte der Belag vollflächig verklebt werden.

Unterboden
Unebene und rauhe sowie mit Rissen versehene Unterböden müssen mit Spezialspachtelmasse ausgefüllt werden, da sich die Teppichware an diesen Stellen vorzeitig abnützen oder einsacken kann. Auch an den Klebebandauflagen sollte unbedingt gespachtelt werden. Keine gipshaltigen Spachtelmassen oder gar Gips verwenden. Lose liegende und federnde Holzfußbodenriemen müssen auf den Lagern festgeschraubt werden. Gegebenenfalls verbindet man sie gegenseitig mit gestauchten Drahtstiften.

Zuschnitt
Lieber zweimal messen, als einmal falsch schneiden, diese alte Handwerkerregel gilt auch beim Teppichzuschnitt. Man mißt die Ware so aus, daß an den Rändern ein Überstand zum späteren Einschneiden bleibt.

Sockelleisten
Als Wandabschluß eignen sich Sockelleisten aus Naturholz, die man mit Messing-Linsenkopfschrauben an die Wand dübelt. Es gibt auch spezielle Teppichsockelleisten, auf die ein Streifen aus dem Fußbodenmaterial aufgeklebt wird. Optisch erscheint der Teppich an der Wand hochgezogen.

> *Material:* Teppichauslegeware, doppelseitiges Selbstklebeband, ca. 40 mm breit, Spachtelmasse oder Isoliergrund, Sockelleisten, Stahlstifte
> *Werkzeug:* Universalteppichmesser, Hammer, Zahnspachtel, Lineal, Schleifpapier K 80

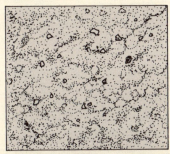

1. Rauhe Unterböden abspachteln, sonst leidet der Teppich, und der Klebestreifen hält nicht. Anschließend Spachtelmasse glatt abziehen

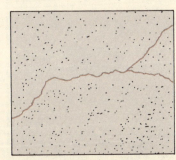

2. Risse im Unterboden lassen oft auf lose Stellen schließen, daher nicht einfach zuspachteln, sondern durch Abklopfen Unterboden vorher prüfen

3. Doppelseitiges Selbstklebeband auf glatten, staub- und fettfreien Untergrund faltenfrei aufkleben, mit einem Lappen oder Roller fest andrücken

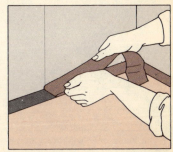

4. Papierschutzschicht vorsichtig abziehen. Teppichrand fest auf Klebeschicht auflegen, mit leichten Hammerschlägen anklopfen

5. Zur Bestimmung der Mittelfuge eine Bahn einlegen und Stoßkante auf Unterboden anzeichnen, dann Klebeband hälftig überlappend aufkleben

6. Papierstreifen abziehen und die erste Bahn mit der Kante auf Mitte auf Klebestreifen auflegen, dann die zweite Bahn einklappen

7. Mit dem Hammer Klebestelle gut anreiben, dabei auf die Stoßfuge achten. Klaffen und Überlappen durch Schieben oder Ziehen ausgleichen

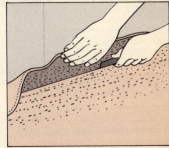

8. Überstände an Wandseiten, Türfutter oder Nischen erst mit dem Rücken des Universalmessers einstreichen und dann erst abschneiden

9. Bei großflächigen Böden können an der Stoßfuge Spannungen auftreten. Es ist deshalb gut, die Stoßfuge vollflächig zu verkleben

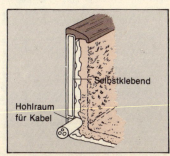

10. Die als Wandabschluß dienende Teppichsockelleiste ist so ausgebildet, daß sie ein Elektrokabel geschickt verbergen kann

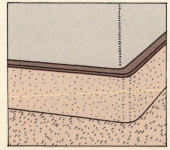

11. Die obere Abdeckung aus PVC schützt die Oberkante des Teppichstreifens. An den Außen- und Innenradien nur Sockelkern einschneiden

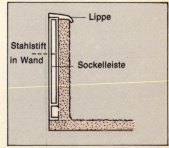

12. Teppichstreifen zwischen Teppichboden und PVC-Lippe einpassen. Schutzstreifen vom Klebeband abnehmen und Teppichstreifen andrücken

Fußböden

Einen Florteppichrand abbinden

Die Schnittkante eines geknüpften oder gewebten Teppichs muß man abbinden, damit sie nicht ausfranst. Man benutzt dazu Teppichband und Latexkleber oder selbstklebendes Teppichband.

Material: 25 mm breites Teppichband, Latexkleber
Werkzeug: Messer, Schere

1. Die Rückseite der Schnittkante wird mit einem Stoffläppchen 25 mm breit mit Latexkleber bestrichen

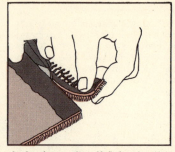

2. An der zweiten Knüpf- oder Kettreihe nach der Kante wird der Rand mit dem Messer abgeschnitten

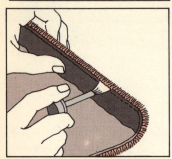

3. Die Kante des Teppichrückens (jedoch nicht den Flor) tränkt man mit Kleber und läßt sie trocknen

4. Man bestreicht das Band mit Kleber, läßt ihn antrocknen und klebt das Band 3 mm überstehend an die Kante

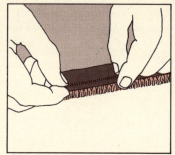

5. Dann wird das Band um die Teppichkante umgebogen und angedrückt. Überstehende Bandenden abschneiden

Teppichkanten verbinden

Manche Teppiche haben als Ränder sogenannte Webkanten, bei denen die Fäden nicht aufgehen. Die Kanten solcher Teppiche werden einfach mit einem gewachsten Teppichgarn ohne weitere Vorbehandlung zusammengenäht.

Material: Gewachstes Teppichgarn, Latexkleber
Werkzeug: Teppichnadel, Hammer, Schere

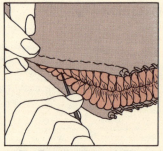

1. Die Teppiche Flor auf Flor und Kante auf Kante aufeinanderlegen und die Schlingen nach innen schieben

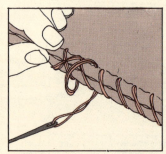

2. Die Kanten mit Überwendlingsstichen verbinden, dabei die Schlingen notfalls mit der Nadel hineindrücken

3. Geht ein Nähfaden zu Ende, muß man zwei Stiche zurücknähen und dann den neuen Faden anknoten

4. Die zusammengenähten Teppiche mit der Rückseite nach oben auseinanderlegen. Naht festklopfen

5. Latexkleber auf die Naht verteilen und mit den Fingern einreiben. Vor dem Auflegen gut trocknen lassen

Einen Juteteppich einfassen

Um die Kanten eines Juteteppichs einzufassen, braucht man eine Teppichnadel, gewachstes Teppichgarn und starkes Leinenband. Das Band wird um die Kanten gelegt und festgeklebt.

Material: Starkes Teppichband, Latexkleber, gewachstes Teppichgarn
Werkzeug: Schere, Teppichnadel, Stofflappen

1. Die ausgefranste Kante des Juteteppichs mit einer scharfen, großen Schere gerade und sauber beschneiden

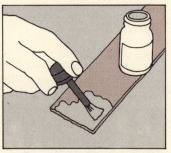

2. Streifen Teppichband 5 cm länger als die Teppichkante zuschneiden; Enden 5 cm breit mit Kleber bestreichen

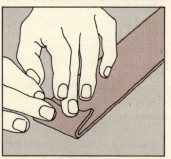

3. Kleber einreiben, antrocknen lassen; Streifenenden 25 mm weit umfalten, aufeinanderkleben

4. Streifen in halber Breite unter den Teppichrand legen und gleichmäßig um den Teppichrand falten

5. Das Band wird beim Nähen auf der Teppichkante festgehalten. Um den Knoten im Faden zu verdecken, sticht man zuerst von unten durch das Band

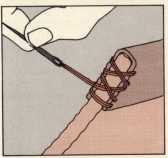
6. Als erstes werden die Enden des Bandes mit straffen Überwendlingsstichen gesichert, die sich hin und zurück überkreuzen

7. Die Längsseiten des Bandes werden durch Vorderstiche dicht an den Kanten entlang befestigt. Das Fadenende an der Unterseite verknoten

Teppiche mit Schaumrücken

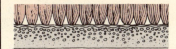

Teppiche mit Schaumrücken können mit selbstklebendem Teppichband aneinandergesetzt werden. Die Kanten müssen gerade sein, und der Flor muß in der gleichen Richtung laufen.

Die Teppichstücke werden auf dem Boden so ausgelegt, daß die Kanten fest aneinander stoßen. An einer Ecke heftet man sie mit Drahtnägeln am Untergrund fest. Dann schlägt man die freien Enden so weit zurück, daß das Klebeband in der Mitte unter der Nahtstelle liegt.

Darauf wird erst die eine und dann auch die zweite Endkante auf die Unterlage gedrückt. Nach dem Kleben klopft man entlang der Naht mit leichten Hammerschlägen auf die Oberseite des Teppichs. Hilfsnägel entfernen.

Material: Selbstklebendes Teppichband
Werkzeug: Scharfes Messer oder große, scharfe Schere, Hammer

1. Band etwas länger als der Teppich abschneiden und den Schaumrücken in der Bandmitte auflegen

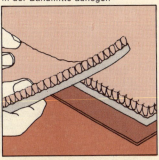
2. Das zweite Teppichstück genau an die Kante des ersten pressen. Bandenden beschneiden

Nichtrutschender Läufer

Es gibt fertige nichtrutschende Unterlagen für Teppichläufer zu kaufen. Im allgemeinen ist es aber billiger, eine dünne Kunststoffschaumplatte zu besorgen und sie mit Latexkleber unter den Läufer zu kleben. Der Schaumstoff soll ringsum 1 cm kleiner sein als der Läufer, auf dessen Rückseite er befestigt wird.

Material: 5 mm dicker Kunstschaumstoff, Latexkleber (Gummilösung), alter Lappen
Werkzeug: Schere

1. Unterlage zuschneiden. Auf die Kanten und auf Querstreifen in Abständen von 15 cm Latexkleber aufbringen

2. Den Teppich umdrehen. Auf der Rückseite ca. 10 cm vom Rand einen Streifen Kleber auftragen

3. Kleber auf Teppich und Unterlage trocknen lassen, beide Teile aufeinanderlegen und zusammendrücken

Einen Florteppich reparieren

Wenn ein geknüpfter oder gewebter Teppich an einer Stelle stark abgenutzt ist, kann man ihn ausbessern.

Um einen Flicken sauber einzusetzen, muß man den Teppich so weit zurückschlagen, daß man an der Unterseite auf ebener Unterlage gut arbeiten kann. Um die Reparaturstelle herum wird mit einigen Teppichnägeln das ganze Stück rutschfest am Boden fixiert. Es sollte ohne Verspannung eben aufliegen, damit sich die Kanten nicht verziehen. Man legt eine harte Unterlage unter die Schnittkanten und schneidet mit einem schärfen Messer die schadhafte Stelle heraus.

Material: Latexkleber (Gummilösung), Leinenband, alter Lappen
Werkzeug: Filzschreiber, scharfes Messer, kleines Brett

1. Den Teppich umdrehen und auf der Rückseite mit Filzschreiber ein Quadrat um die schadhafte Stelle zeichnen

2. Das Quadrat und 3 cm darüber mit Latexkleber bestreichen und mit altem Lappen einreiben. Linien eventuell nachziehen

Fußböden

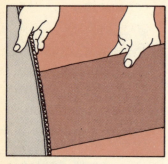 

3. Unter die schadhafte Stelle wird ein Brett geschoben, um die Unterlage beim Ausschneiden vor ungewollten Schnitten zu schützen

4. Mit einem scharfen Messer schneidet man nun entlang der angezeichneten Linien das schadhafte Stück vorsichtig heraus

5. Das Quadrat auf den passenden Teppichrest legen, dabei das Muster nach Möglichkeit anpassen. Die Konturen anzeichnen und ausschneiden

6. Die Streifen Teppichband so zurechtschneiden, daß das Quadrat über die Ränder hinaus bedeckt ist. Dann mit Kleber bestreichen

 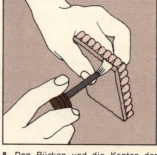

7. Die Teppichbandstreifen auf der Teppichrückseite so über das Loch kleben, daß sie ringsum 2,5 cm überstehen

8. Den Rücken und die Kanten des Flickens mit Kleber bestreichen und einreiben. Der Kleber darf dabei nicht auf den Flor kommen

9. Der Flicken wird jetzt eingesetzt und angedrückt. Dabei muß man darauf achten, daß Muster und Strich richtig verlaufen

10. Abschließend wird das neue Stück vor allem an den Rändern mit einem Gummihammer gut angeklopft, bis es sich eben einpaßt

Teppiche mit Schaumrücken reparieren

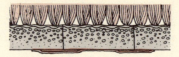

Nach dem Verlegen sollten Teppichreste aufbewahrt werden. Hat man keine, schneidet man dort einen Flicken aus dem Teppich, wo er von Möbeln bedeckt ist.

Material: Teppichflicken, Drahtstifte, Klebeband
Werkzeug: Scharfes Messer oder Schere, Hammer

1. Man mißt ein Quadrat um die schadhafte Stelle herum aus und schneidet ein etwas größeres Ersatzstück aus einem Teppichrest zu

2. Nun wird das Stück mit gleichlaufendem Flor auf die schadhafte Stelle gelegt und mit zwei Nägeln provisorisch aufgeheftet

3. An den Kanten des Quadrats entlang kann man jetzt mit einem scharfen Messer den Teppich sauber und gerade durchschneiden

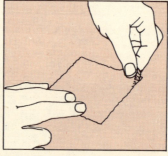 

4. Das Ersatzstück wird probeweise eingepaßt. Vom Klebeband schneidet man Streifen ab, die 5 cm länger sind als das Loch

5. Den Teppich schlägt man zurück und befestigt die Klebestreifen in halber Breite unter einer Kante des ausgeschnittenen Lochs

 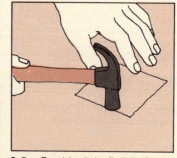

6. Drei weitere Streifen Klebeband werden jetzt in der gleichen Weise unter die anderen Kanten des Lochs geklebt

7. Den Teppich wieder flach legen und das Ersatzstück auf die Klebestreifen in das Loch einsetzen; Nahtlinien mit dem Hammer glätten

Einen Wollteppich reparieren

Kleine Löcher in Wollteppichen, z. B. Brandstellen von Zigaretten, lassen sich mit vierfädiger Wolle reparieren.

Diese Wolle muß natürlich farblich genau auf den Teppich abgestimmt sein.

Zunächst entfernt man die beschädigten Wollfäden mit einer scharfen Nagelschere, dann schneidet man so viel Wolle zurecht, daß das entstehende Büschel fest in das mit Klebstoff eingestrichene Florloch eingepreßt werden kann.

Material: Vierfädige Wolle, Latexkleber
Werkzeug: Schere, Nagelschere, Nadel, Zahnstocher

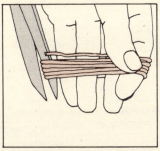

1. Man wickelt genügend Wolle für die Reparatur um die Finger einer Hand und schneidet den Wickel an beiden Enden durch

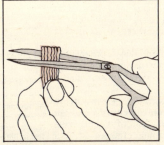

2. Die Wollfäden legt man aneinander und schneidet so viele 15 mm lange Stücke ab, daß der Pfropfen das Loch füllt

3. Mit dem Zahnstocher oder Streichholz tupft man Kleber in das Loch und drückt die Fäden nacheinander in den Kleber

4. Kleber trocknen lassen, Fadenenden mit Nagelschere beschneiden und mit einer Nadel die Fäden mit der umgebenden Wolle verstreichen

Eine Metallschiene anbringen

Wenn sich die Kanten eines Läufers oder Teppichs aufbiegen, kann man sie mit einer metallenen Teppichschiene am Boden befestigen.

Auslegeteppiche befestigt man an den Wänden entlang mit Nagelleisten, die auf den Fußboden genagelt werden und in die man die Teppichränder eindrückt. Bei dieser Methode spricht man von Spannteppichen. Auslegeteppiche mit Schaum- oder Kompaktrücken lassen sich jedoch ganz einfach mit doppelseitig klebendem Teppichband befestigen.

Material: Teppichschienen, Blaustifte, Holzstück
Werkzeug: Hammer, Filzstift, Messer, Metallsäge

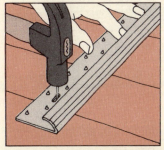

1. Die Schiene wird mit der Metallsäge zugeschnitten, auf den Boden gelegt und mit Flachkopfstiften angenagelt

2. Hat der Teppich einen Schaumrücken, wird er auf die Metallschiene gelegt, aber noch nicht in sie hineingeschoben

3. Den Teppichrand biegt man jetzt zurück und markiert die Schnittkante entlang der Schiene mit einem Filzschreiber

4. Ein Brett unter den Teppichrand schieben und den Schaumstoff entlang der Linie einschneiden; das Gewebe nicht beschädigen!

5. Der Schaumstoffstreifen wird zwischen Rand und eingeschnittener Linie von der Teppichrückseite abgezogen

6. Der Teppichrand wird in die Schiene geschoben und die Lippe der Schiene mit Hammer und Holzunterlage auf den Teppich aufgeklopft

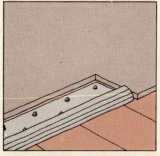

7. Bei einem Teppich mit einem Geweberücken wird der Ausschnitt für die Schiene in der Unterlage ausgespart

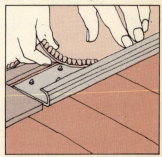

8. Den Teppichrand schiebt man in die Schiene und klopft die Metallippe mit Hammer und Holzunterlage auf den Teppich

Gipserarbeiten

Gipsputz ausbessern

Große Wandflächen zu verputzen, sollte man am besten einem Fachmann überlassen; kleinere Putzschäden dagegen kann jeder selber leicht beseitigen.

Putzschäden, die durch eingedrungene Feuchtigkeit entstanden sind, sollte man erst beseitigen, wenn die Schadensursache abgestellt ist.

Auf gute Haftung kommt es an

Um eine gute Verbindung zwischen Wand und Putz zu erreichen, muß die Wand entsprechend vorbereitet werden. Dabei wird sie von allen losen Teilen und alten Putzresten sowie alten Anstrichen befreit. Dann wird ein sogenannter Spritzputz aufgebracht. Der Spritzputz soll der Wand eine rauhe Oberfläche und dem Putz einen gleichmäßigen Untergrund geben.

Der Spritzputz wird aus dünnflüssigem Zementmörtel angemischt und mit der Kelle dünn, aber deckend an die Wand geworfen. Das Mischungsverhältnis soll nach Raumteilen im Verhältnis 1:3 eingehalten werden: Zement 1 Teil, Sand 3 Teile.

Der Putz darf erst auf den Spritzbewurf aufgebracht werden, wenn dieser erhärtet ist: Das dauert bei normalen Verhältnissen durchschnittlich zwölf Stunden.

Auf den Spritzputz wird der Unterputz in einer Dicke von ca. 15 mm aufgebracht und mit der Richtlatte abgezogen. Darauf kommt zum Schluß, wenn der Unterputz erhärtet ist, der Oberputz.

Außenputze

Außenputze müssen witterungsbeständig sein, da sie sonst bei Feuchtigkeits- und Frosteinwirkung zerstört werden.

Die einzelnen Putzlagen sind in ihren Mischungsverhältnissen so anzuordnen, daß der Oberputz gegenüber dem Unterputz eine geringere Härte hat. D. h., der Oberputz sollte einen geringeren Bindemittelanteil haben als der Unterputz.

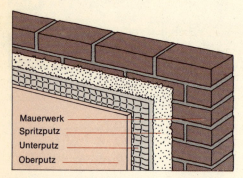

Man entfernt alte Anstriche und lose Putzteile von der Wand, bürstet Sand und Staub ab, feuchtet sie an und bringt den Spritzputz auf

Putzgrund	Putzanwendung	Mischungsverhältnis		
		Bindemittel		
		Kalk	Zement	Sand
Rauhe, saugfähige Steine	Spritzputz	–	1	3
	Unterputz	1	1	8
	Oberputz	1	1	10
Beton	Spritzputz	–	1	3
	Unterputz	–	1	4
	Oberputz	–	1	5

Innenputze

Putzgrund	Putzanwendung	Mischungsverhältnis			
		Kalk	Zement	Putzgips	Sand
Rauhe, saugfähige Steine und Beton	Spritzbewurf	–	1	–	3
	Unterputz	1	–	1	3
	Oberputz	1	–	2	3

Anmischen des Gipsmörtels

Der Sand wird mit dem Kalk trocken gemischt. Auf dieses Gemisch gießt man Wasser, und in dieses Wasser wird der Gips gestreut. Wenn der Gips sich mit Wasser vollgesogen hat, mischt man alles gut durch und gibt bei Bedarf noch etwas Wasser zu (siehe Seite 100).

Gipssorten und ihre Verwendung

Gipssorten für Bauzwecke werden ihrer Verwendung entsprechend nach DIN 1168 eingeteilt

Gipssorte	Eigenschaften	Verwendung	Mischung	Besonderheiten
Formgips, Modellgips	Halbhydrat, d. h. nicht wasserfrei, schnell abbindend	Gipsformen, Gipsabgüsse		Bindet sehr schnell ab, ist deshalb schwierig zu verarbeiten
Stuckgips, (mit Boraxzusatz: Parianalabaster)	Halbhydrat, langsamer abbindend	Einzige Gipssorte zum Verputzen von Gipsbauplatten; als Unterputz (Grundputz) für Ziegel- und Steinwände geeignet	Für Unterputz: 1 Teil Gips auf 2½ oder 3 Teile Sand. Für Oberputz: nur Gips und Wasser	Nicht für große Putzflächen verwenden, weil er dafür zu rasch abbindet
Putzgips	Wasserfrei, mäßig gebrannt, langsam abbindend	Unterputz und Oberputz, Vergips- und Eingipsarbeiten. Für Amateurhandwerker besonders geeignet, weil der Gips sich kurz vor dem Abbinden nochmals anfeuchten und mit der Kelle glätten läßt	Für Unterputz: 1 Teil Gips, 1 Teil Kalk auf 3 Teile Sand. Für Oberputz: nur Gips und Wasser	Auch für größere Flächen geeignet, weil der Gips langsam abbindet und sich gut glätten läßt
Estrichgips, Mauergips	Wasserfrei, scharf gebrannt	Herstellung von Gipsestrichfußböden		Wird nach sechsstündiger Bindezeit sehr hart und fest; einzige witterungsbeständige, feuchtigkeitsunempfindliche Gipssorte
Marmorgips, Marmorzement, Hartalabaster, Alaungips	Zweimal gebrannt, mit Alaun getränkt oder mit Zusatz von Borax	Verfugen von Wandfliesen, besonders feine Putzarbeiten, Kunstmarmor, Glanzstuck		Ergibt besonders harte und glatte Fugen und Flächen

Versetzen von Putzleisten

Beim Verputzen von Wänden ist man in der Regel bestrebt, eine möglichst ebene Fläche zu erzielen. Besonders wichtig ist eine völlig ebene Oberfläche dann, wenn die Wand nach dem Verputzen mit Fliesen beklebt werden soll, z. B. im Bad oder in der Küche. Der Fachhandel hat sich auf diesen Bedarf eingestellt und bietet entsprechende Hilfsmittel an. Die gebräuchlichsten Putzhilfen sind verzinkte T-Profile. Es gibt sie mit unterschiedlichen Steghöhen, so daß man mit ihrer Hilfe nach Bedarf verschiedene Putzstärken auftragen kann.

Für Innenputze werden üblicherweise Putzleisten mit einer Steghöhe von 15 mm verwendet.

Zum Ansetzen der Putzleisten werden oben und unten zu beiden Seiten der Wand zunächst Nägel so weit eingeschlagen, daß sie noch etwa 3 cm weit aus der Wand vorstehen. Die übereinanderliegenden Nägel werden mit dem Lot oder mit Setzlatte und Wasserwaage eingelotet. Von Nagel zu Nagel wird waagrecht und diagonal eine Schnur gespannt. Hierbei zeigt sich, ob die vorgesehene Putzstärke überall gleichmäßig aufgebracht werden kann und wie weit die Nägel gegebenenfalls noch eingetrieben werden müssen. Im allgemeinen rechnet man für den Unterputz eine Stärke von etwa 15 mm und für einen eventuellen Feinputz etwa 2 mm. Weist die Wand eine starke Aus- oder Einbuchtung auf, so muß die Schnur so gesetzt werden, daß immer noch genügend Putzstärke erreicht wird; sie sollte etwa 8–10 mm betragen.

Mit einer Metallsäge kürzt man die Putzleisten auf die benötigte Länge und drückt sie dann auf die angeworfene Mörtelklumpen an die Wand, und zwar so, daß die Stege der Leisten bündig mit den Köpfen der Drahtstifte abschließen.

Damit der Mörtel gut auf der Wand haftet, müssen die Stellen, an die der Mörtel geworfen wird, vorher gut genäßt werden.

Wenn die Putzleisten den Nagelköpfen entsprechend genau sitzen, wird der überstehende Mörtel mit einem Spachtel abgekratzt, so daß die Oberkanten der Putzleisten sauber sind und man später beim Abziehen des Putzes nicht durch erhärteten Mörtel behindert wird.

Wenn die Putzleisten angebracht sind, vergewissert man sich mit Hilfe des Richtscheits (Setzlatte), daß sie in einer Ebene sitzen, wartet dann, bis die Mörtelklumpen erhärtet sind, und kann schließlich die Wand wie üblich verputzen.

Wenn man den Mörtel später mit der Kartätsche abzieht, gewährleisten die Putzleisten, daß eine völlig ebene Putzfläche entsteht, sofern der frische Mörtel mit dem Richtscheit bis auf die Oberkante der Putzleisten abgezogen wird.

Material: Putzmörtel, Stahlstifte, Putzleisten
Werkzeug: Hammer, Wasserwaage, Richtscheit, Kelle, Spachtel, Meterstab, Bleistift, Eimer, Mörtelkübel, Schnur

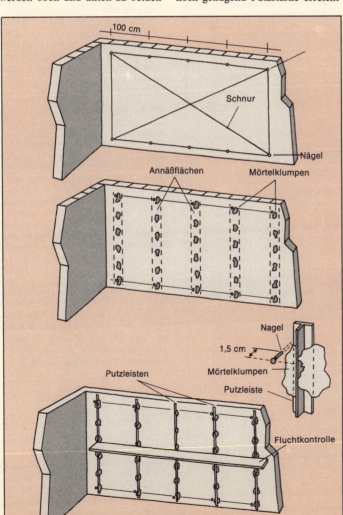

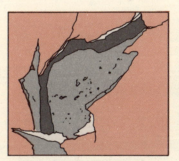

Durch Feuchtigkeit hinter einem Ölfarbanstrich aufgetriebener Putz

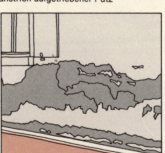

Zerstörung des Putzes durch die im Mauerwerk aufsteigende Feuchtigkeit

Durch fehlende horizontale Sperrschicht zerstörter Putz

Ausblühungen einer Wand im Erdbereich bei fehlender Feuchtigkeitssperre

Durch Salzausblühungen zerstörter Putz

Ungenügende Haftung, Wassereinbruch und Frost sprengten den Putz ab

Gipserarbeiten

Werkzeuge für Gipsarbeiten

Zum Anrühren von Gips und für Wasser braucht man einen sauberen Eimer, eine Wanne oder Schüssel, am besten aus Kunststoff. Einige Werkzeuge wie Handbrett, Reibebrett und Kratzeisen kann man leicht selbst herstellen, sonst sollte man nur Qualitätserzeugnisse erwerben.

Ein großes Handbrett trägt den Gipsmörtel beim Verputzen. Es wird aus 6 mm dickem, wasserfestem Sperrholz hergestellt. Der Handgriff ist entweder angeschnitten oder besteht aus einem angenagelten, 40 mm starken Rundstab aus Weichholz. Ein kleiner Spachtel hilft beim Anmischen kleinerer Mörtelmengen und bei kleinen Putzreparaturen. Eine kleine Spitzkelle kann zum Auskratzen und Reparieren kleinerer Risse verwendet werden.

Weiter braucht man eine Glätttraufel aus Stahl, um größere Flächen zu verputzen und die Oberfläche zu glätten, sowie ein hölzernes Reibebrett, um dem Rohbewurf eine rauhe Oberfläche zu geben. Beide Werkzeuge muß man sofort nach der Arbeit säubern.

Das Kratzeisen dient dazu, die untere Putzschicht vor dem Auftragen des Glättputzes anzurauhen.

Um die Wand vor dem Putzauftrag anzufeuchten, wird eine Deckenbürste oder ein breiter Flachpinsel verwendet. Beide wäscht man nach Gebrauch aus.

Will man Löcher oder kleine Putzschäden mit Zellulosefüller ausbessern, benutzt man einen schmalen Spachtel.

Zum Glätten der Bewurffläche nimmt man ein etwa 1,5 m langes Abziehbrett.

Arbeitstechnik

Zunächst muß der gesamte lockere Putz mit Hammer und Meißel abgeschlagen werden. Die Reparaturstelle wird dann mit einer Drahtbürste gründlich gereinigt. Es empfiehlt sich, die Putzfläche grundsätzlich vor dem Verputzen mit einem Spritzputz zu versehen. Unmittelbar vor dem Aufbringen der einzelnen Putzschichten sollte die Fläche gut angefeuchtet werden.

Mörtel anmischen
Um Klumpenbildung zu vermeiden, sollte der Gips grundsätzlich ins Wasser und niemals das Wasser in den Gips gemischt werden. Nach dem Einstreuen des Gipses in das Wasser soll der Gips erst etwas durchfeuchten, ehe er aufgerührt wird. Dadurch vermeidet man ebenfalls Klumpenbildung.

Nach dem Vermischen sollte der Gipsmörtel teigig sein. Er muß dann zügig verarbeitet werden. Da er innerhalb von 15 Minuten verbraucht sein sollte, mischt man immer nur eine entsprechend kleine Menge an.

Werkzeuggebrauch
Die stählerne Glätttraufel muß während der Arbeit immer naß sein. Man hält sie rechtwinklig zum Mörtel, bringt den Gips auf das Handbrett und schüttelt es dabei leicht, damit der Gips sich auf dem Brett setzt.

Beim Beginn der Arbeit wird der Mörtel mit der Unterseite der Traufel vom Handbrett genommen und kräftig auf die Wand gedrückt. Um den Mörtel zu verteilen, hält man die Traufel schräg unter einem Winkel von etwa 30° zur Wand. An einer zu flach gehaltenen Traufel bleibt der Gips hängen.

Gegen die Ränder der Verputzstelle vermindert man den Druck mit der Traufel, so daß der neue Putz glatt und gleichmäßig in die benachbarten Flächen übergeht.

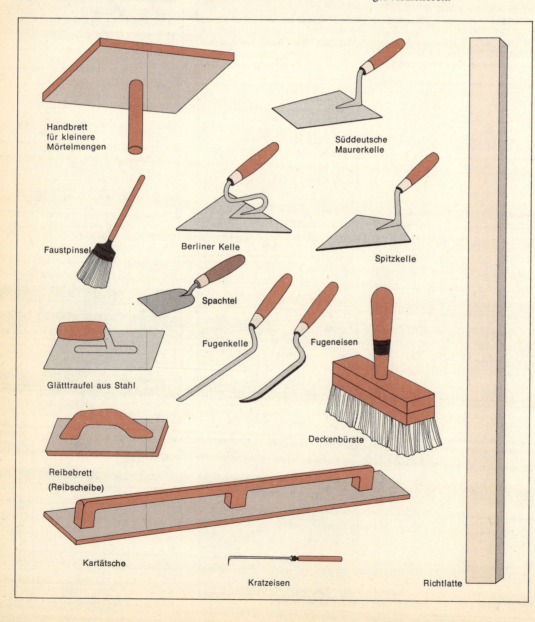

Die Glätttraufel: Sie wird unter einem Winkel von 30° auf die Wand gesetzt und dient dazu, den Putz gleichmäßig zu verteilen und zu glätten

Sprünge und Risse ausfüllen

Feine Sprünge und Haarrisse in Wänden und Decken kann man mit dünnem Gips verschließen. Für breitere Sprünge und an Stellen, die Erschütterungen oder starkem Temperaturwechsel ausgesetzt sind, verwendet man besser einen Plastikfüller. Man mischt davon so viel an, wie man in einer halben Stunde – der üblichen Abbindezeit – verarbeiten kann.

Die Füllmasse kann durch die Beigabe passender Farbzusätze abgetönt werden. Meist sind mehrere Versuche nötig, um den gleichen Farbton wie den der Umgebung zu treffen. Die Mühe lohnt sich aber, weil das Ergebnis nicht immer befriedigend ist, wenn man die Reparaturstelle später überstreicht.

> *Material: Zellulosefüller*
> *Werkzeug: Spachtel, alter Pinsel, kleines Handbrett, mittelfeines Schleifpapier, Schleifklotz*

Haarriß im Putz einer Wand

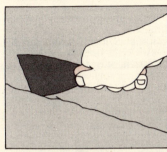

1. Losen Putz herauskratzen und den Riß etwas erweitern; dabei die Kanten leicht unterschneiden

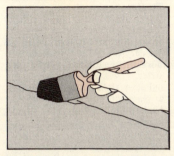

2. Staub und Putzteilchen herausbürsten. Für eine Füllung mit Gips den Riß gründlich anfeuchten

3. Füller auf dem Reibe- oder Handbrett mit Wasser anmischen und zu einem ziemlich steifen Brei anrühren

4. Die Füllmasse fest in den Riß drücken. Sie muß etwas über die Putzfläche hinausragen

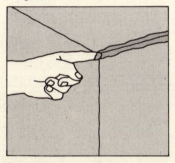

5. An schlecht zugänglichen Stellen und in Winkeln verstreicht man die Füllung mit dem Finger

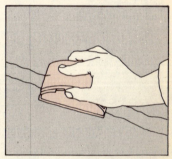

6. Die Füllung etwa eine Stunde trocknen lassen, dann abschleifen und anstreichen

---

Ausgebrochene Kanten reparieren

Schadhafte Stellen im Bewurf sind naturgemäß besonders häufig an scharfen Kanten oder Ecken zu finden. Solche ausgebrochene oder „ausgenagte" Kanten sind meist auf Beschädigungen von außen zurückzuführen. Vor allem an Toreinfahrten oder auch Hauseingängen besteht immer die Gefahr, daß durch anstoßende Fahrzeuge oder Lasten die Kanten abgeschlagen werden.

Die Ursachen solcher Schönheitsfehler sind jedoch manchmal auch Verwitterungserscheinungen, schlechte Qualität des ersten Verputzes oder unsaubere Verarbeitung.

Handelt es sich nur um kleine Stellen bei sonst noch intaktem Putz, kann man den Schaden leicht mit einem Zellulosefüller ausbessern, nachdem man zuvor alle lockeren Putzteile in der Umgebung entfernt hat. Wenn dabei die Hausmauer zutage tritt oder wenn die schadhafte Stelle sehr groß ist, wird man sich zu einer Reparatur mit Kalk/Zement-Mörtel entschließen müssen.

> *Material: Zellulosefüller*
> *Werkzeug: Spachtel, alter Pinsel, kleines Handbrett, mittelfeines Schleifpapier, Schleifklotz, Eimer, Gummihandschuhe*

Putzschaden durch Abbröckeln, z.B. beim Möbelrücken

1. Losen Putz entfernen und so satt aufbringen, daß er etwas über die Fläche vorsteht

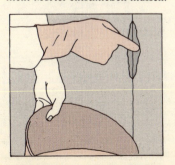

2. Füllmasse formen, ehe sie abbindet. Kante mit Finger in angefeuchtetem Gummihandschuh konturieren

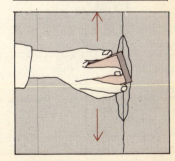

3. Reparaturstelle nach dem Abbinden schleifen, neues Kantenstück der alten Kante genau anpassen

Gipserarbeiten

Kantenschutz

Abgestoßener Putz an einer Mauerecke

VERZINKTER KANTENSCHUTZ

Runde Kante
Eckschiene
Gipsputz
Mauerwerk

Hiermit kann man beschädigte Außenecken reparieren und verstärken

Größere Schäden an verputzten Mauerkanten und -ecken entstehen leicht, wenn sperrige Lasten oder Möbelstücke durch schmale Gänge oder über gewundene Treppen transportiert werden. Gegen die Wiederholung solcher Beschädigungen schützt man sich am besten, indem man die Ecken bei der Reparatur mit Metallverstärkungen (Schutzkanten) versieht.

Für rechtwinklige Ecken gibt es Schienen aus Aluminium oder Kunststoff. Da diese aber bündig mit dem Putz angebracht werden, sehen sie nicht besonders gut aus, wenn sie nicht durch eine Tapete überdeckt werden.

Besser ist es, die Ecke mit einer putzdurchlässigen, perforierten Kantenschiene aus Streckmetall zu schützen, die es in verschiedenen Ausführungen zu kaufen gibt. Diese Schienen werden entweder eingeputzt oder von außen in den fertigen Putz gedrückt und nochmals leicht mit Gips überstrichen.

Bei den meisten Neubauten sind solche Kantenschutzleisten üblich. Wenn die Beschädigung so groß ist, daß auch die Metalleiste verbogen oder weggedrückt ist, wird das zerstörte Stück mit einer Metallsäge ausgesägt und durch ein neues ersetzt.

Material:	Kantenschiene aus Metall, Gipsmörtel für Rohbewurf, Gips
Werkzeug:	Mörtelhandbrett, breiter Flachmeißel, Maurerfäustel, Glätttraufel, Richtlatte

1. Auf beiden Seiten der Ecke einen 10–12 cm breiten Putzstreifen in gerader Linie mit einem breiten Flachmeißel oder Gipserbeil wegschlagen

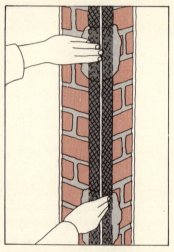

2. Auf beide Seiten der Ecke in Abständen von etwa 60 cm Gipskleckse auftragen und die Kantenschiene fest hineindrücken

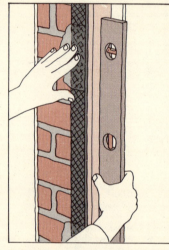

3. Die Schiene mit Richtlatte und Wasserwaage ausrichten; dabei immer die Dicke des vorhandenen Putzes berücksichtigen

4. Kantenschenkel so weit in den Gips drücken, daß sie nicht aus dem neuen Putz herausragen. Untergrund und Anschlußkanten mit Bürste anfeuchten

5. Der Unterputz darf nur so dick sein, daß darüber noch eine 2 mm starke Glättputzschicht aufgebracht werden kann

6. Glättputz so auftragen, daß er die Kantenschiene gut bedeckt; mit der Traufel vor allem an den Anschlußkanten glätten

Schwer beschädigte Ecken reparieren

Wenn sich größere Putzflächen lösen, weil sie nicht fest genug am Untergrund haften, muß man zunächst die Ursache dafür herausfinden. Oft hilft es schon, die Wand mit Hammer und Meißel aufzurauhen, bevor man den neuen Verputz anbringt. Falls der Schaden – wie es zum Beispiel neben Türrahmen öfter vorkommt – durch Feuchtigkeit entstanden ist, muß man zuerst die Ursache der eindringenden Nässe beseitigen. Schuld daran kann mangelhafte Isolation oder Ventilation der Mauer sein.

Die in der Abbildung gezeigte Beschädigung ist an der Mauerecke neben einem Türrahmen entstanden. Es bereitet kaum Schwierigkeiten, den fehlenden Putz innerhalb einer glatten Fläche zu erneuern. Anders ist es bei Mauerecken: Hier grenzt der neue Putz nur auf einer Seite an den alten, nach dem die neue Fläche ausgerichtet werden muß. Als Richtkante für die Leibungsseite nimmt man eine Weichholzlatte, die Putzlatte, die etwas länger als die schadhafte Stelle sein muß. Man nagelt sie so an, daß ihre Vorderkante mit der Putzoberfläche auf der anderen Seite abschließt. Die Nägel schlägt man dabei in die Fugen zwischen den Ziegeln. Nach dem Verputzen der ersten Mauerseite wird die Latte entfernt. Man zieht die Nägel vorsichtig heraus, um den frischen Putz nicht zu beschädigen, und hält die Latte gegen die Kante der frisch verputzten Seite, wenn man die andere Seite verputzt. Die richtige Lage der Latte wird vorher mit Bleistift auf der Wand markiert. Statt die Latte freihändig zu halten, kann man sie auch zwischen Decke und Fußboden mit einem passenden Klötzchen oder Holzkeil festklemmen. Nach dem Verputzen wird die Ecke mit einer Winkelkelle genau rechtwinklig glatt gestrichen.

Damit der Oberputz auf dem darunter liegenden Unterputz einwandfrei haftet, wird dieser mit einem Holzspan leicht eingekerbt. Man kann dazu auch ein Lattenstück benutzen, in das man eine Reihe Nägel geschlagen hat. Beim Aufrauhen muß man Vorsicht walten lassen, damit keine Mörtelstückchen aus der Putzfläche herausbrechen. Falls man auf eine besondere Oberputzschicht verzichtet, läßt man den Unterputz antrocknen, feuchtet seine Oberfläche mit einem Gummischwamm an und glättet sie mit Reibebrett und Traufel. Die Fuge zwischen Putz und Türrahmen kann mit einer Holzleiste abgedeckt werden.

Der frische Putz muß noch einige Tage lang geschützt werden. Am besten läßt man den Holzschutz bis zum völligen Austrocknen an der Wand. Kanten nicht berühren!

Material:	*Genügend lange Weichholzlatte (Putzlatte), Klötzchen oder Holzkeile, Nägel, Gips und Wasser (anstatt Gips auch eine Mischung aus Sand und Zement 4 : 1)*
Werkzeug:	*Flachmeißel, Maurerfäustel, Hammer, breiter Pinsel, Einer, Spitzkelle, Reibebrett, Traufel, Fuchsschwanz, Abziehbrett, Gummihandschuh, Winkelkelle, Gummischwamm*

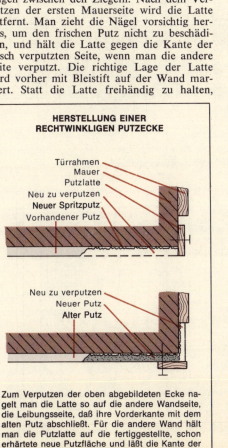

HERSTELLUNG EINER RECHTWINKLIGEN PUTZECKE

- Türrahmen
- Mauer
- Putzlatte
- Neu zu verputzen
- Neuer Spritzputz
- Vorhandener Putz

- Neu zu verputzen
- Neuer Putz
- Alter Putz

Zum Verputzen der oben abgebildeten Ecke nagelt man die Latte so auf die andere Wandseite, die Leibungsseite, daß ihre Vorderkante mit dem alten Putz abschließt. Für die andere Wand hält man die Putzlatte auf die fertiggestellte, schon erhärtete neue Putzfläche und läßt die Kante der Latte um die Dicke des alten Putzes rechts der Leibungsseite vorstehen

Typischer Putzschaden an einer Ecke, z. B. nach Entfernen einer Zwischenwand

1. Man meißelt den alten Putz in einer geraden Linie so weit weg, bis eine saubere Kante entsteht. Dann schneidet man die Putzlatte zu, und zwar etwas länger als die Schadenstelle

2. Die Putzlatte nagelt man an die Leibungsseite, so daß die Vorderkante der Latte in einer Ebene mit der alten Putzoberfläche liegt

Gipserarbeiten

3. Einen halben Eimer Gips mit Wasser teigig anrühren (ersatzweise auch Mörtel aus Sand und Zement im Mischungsverhältnis 4:1)

4. Mauer und alte Putzkanten sorgfältig saubermachen und mit breitem Pinsel oder Deckenbürste und reichlich Wasser anfeuchten

5. Mörtel in dünnen Schichten von unten nach oben auftragen. Man braucht dabei nicht zu warten, bis eine Schicht trocken ist

6. Überschüssigen Mörtel zwischen altem Putz und angenagelter Latte mit Abziehbrett aus Weichholz abstreifen

7. Um einen guten Untergrund für den Glättputz zu schaffen, rauht man die Fläche mit dem Reibebrett auf, in dessen Stirnkante Nägel geschlagen sind

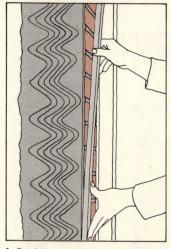

8. Putzlatte vorsichtig und gerade von der Wand abziehen, damit die Putzkante nicht ausbröckelt oder eingedrückt wird

9. Latte leicht auf die Kante des neuen Putzes auflegen und zweite Seite der Ecke mit Rohputz versehen. Nicht annageln

10. Latte wegnehmen und die zweite Putzseite leicht aufrauhen (siehe Abbildung 7). Putz mindestens 24 Stunden trocknen lassen

11. Gips anmischen, angerauhte Putzschicht gut anfeuchten und dünnen Glättputz aufbringen, Latte wie zuvor benutzen

12. Putzoberfläche mit nassem Pinsel und Traufel glätten; dabei darf die rechtwinklige Kante nicht beschädigt werden

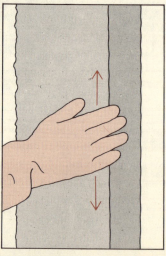

13. Vor Abbinden des Putzes die Kante mit übergezogenem Gummihandschuh und Wasser ganz leicht abrunden und glätten

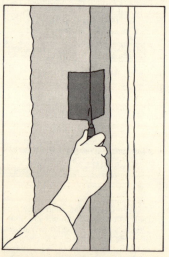

14. Zum Glätten der Eckflächen verwendet man am besten eine Winkelkelle. Stoßkanten zum alten Putz gut ausgleichen

Nagellöcher zugipsen

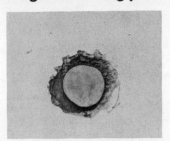

Ausgebrochenes Nagelloch in einer Gipsbauplatte

Oft ist es nicht zu vermeiden, daß neue Gipsbauplatten auch nach der Befestigung noch „weiterarbeiten", d. h., sie trocknen aus und ziehen sich dabei zusammen. Das hat oft zur Folge, daß sich die eingeschlagenen Nägel lockern und der dünne Putz von den Nagelköpfen bricht.

Streicht man diese Stellen einfach wieder zu, so hat man damit nicht viel gewonnen; auch der neue Verputz bricht über dem gelockerten Nagel bald wieder aus. Deshalb ist es in einem solchen Fall ratsam, zunächst einmal vorsichtig mit einem Versenker den Nagelkopf in die Unterlage einzuschlagen, damit die Platte fest angepreßt wird. Hier muß man aber mit äußerster Vorsicht vorgehen. Allzuleicht können die Gipsplatten durch einen ungeschickten Schlag oder durch zu viel Kraftaufwand ausreißen oder gar springen.

Falls diese Nagelkopflöcher nicht größer sind als 10–12 mm im Durchmesser, werden sie am besten mit einem handelsüblichen Zellulosefüller verschlossen.

Material: Zellulosefüller
Werkzeug: Versenker, Hammer, Spachtel, mittelfeines Schleifpapier, Schleifklotz, alter Pinsel

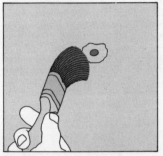

1. Alle losen Gipsteilchen um den Nagelkopf werden mit einem harten Pinsel ausgebürstet

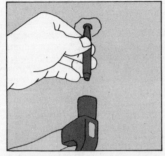

2. Der Nagel wird mit einem Versenker und einem Hammer vorsichtig festgeklopft

3. So viel Füllmasse in das Loch drücken, daß sie leicht über den Putz übersteht

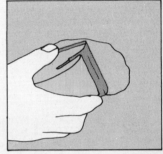

4. Nach dem Abbinden Füllung vorsichtig ebenschleifen, ohne den Putz zu beschädigen

Kleinere Löcher ausfüllen

Bei tieferen oder durchgehenden Löchern in Gipsbauplatten, wie sie zum Beispiel beim Entfernen eines Dübels oder einer Schraube entstehen, benutzt man Gips statt Zellulosefüller zur Reparatur.

Material: Malerbinde, Gips
Werkzeug: Messer oder alter Meißel, Spachtel, kleines Handbrett, Stahltraufel, alter Pinsel, mittelfeines Schleifpapier, Schleifklotz

Größeres Loch in der Gipsplatte, entstanden durch schadhafte Befestigung

Sind die Löcher größer als 15 mm, genügt auch Gips allein nicht, sondern man braucht dazu noch ein Stück Malerbinde.

Vor der Reparatur muß festgestellt werden, ob hinter dem Loch elektrische Kabel liegen. Wenn ja, schaltet man die für diesen Stromkreis zuständige Sicherung aus und schiebt die Kabel mit einem stumpfen Werkzeug zur Seite.

1. Vor der Reparatur den Gips 15 mm um das Loch herum etwa 5 mm tief mit spitzem Messer herausschneiden

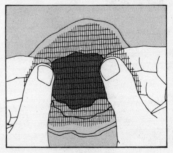

2. Ein Stück Malerbinde passend zuschneiden; wenn nötig, mehrere Lagen übereinander legen

3. Loch und Umgebung mit einem Pinsel anfeuchten und Gipskleckse am Rand aufbringen. Nicht trocknen lassen

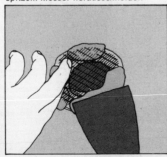

4. Malerbinde fest in den Gips pressen und unmittelbar danach eine neue dünne Gipsschicht auftragen

5. Halb fest werden lassen, dann weitere Gipsschichten bis zur Putzhöhe mit dem Spachtel aufbringen

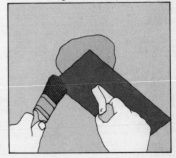

6. Letzte Schicht kurz vor dem Abbinden anfeuchten und mit Traufel polieren. Nach dem Trocknen anstreichen

Gipserarbeiten

Große Deckenreparatur

Bei Umbauten im Haus kann der Wunsch auftreten, aus zwei kleineren Räumen ein großes Zimmer zu schaffen, indem man eine nichttragende Zwischenwand herausnimmt. Dadurch entsteht in der Decke eine große Lücke, die geschlossen werden muß. Voraussetzung ist, daß die Plafondhöhe in beiden Zimmern gleich ist, wie es in der Regel bei Decken aus verputzten Gipskartonplatten, die an den Deckenbalken befestigt sind, der Fall ist.

Beim Entfernen der Zwischenwand ist darauf zu achten, daß die angrenzenden Plafondplatten nicht beschädigt werden. Ist dies nicht zu vermeiden, so müssen die Platten eventuell durch neue ersetzt werden. Abgebröckelter Putz an den Rändern läßt sich dagegen später leicht ausbessern.

Größere Deckenreparaturen setzen handwerkliches Geschick, Ausdauer und Geduld voraus. Außerdem müssen das nötige Werkzeug und ein brauchbares Gerüst vorhanden sein. Fehlen diese Voraussetzungen, sollte man die Arbeit lieber einem Fachmann überlassen.

Vor Beginn der Arbeit muß man sich vergewissern, ob die Lücke in der Decke in Richtung der Balken oder quer zu ihnen verläuft. Querlaufende Balken vereinfachen die Reparatur, denn man kann die neuen Gipskartonplatten ohne weiteres mit nichtrostenden Flachkopfnägeln an ihnen befestigen. Bei parallel zur Lücke liegenden Balken müssen diese durch Querstreben verbunden werden, an die man die vorher genau eingepaßten Platten nagelt. Bei dieser Art von Reparatur sollte man, wenn irgend möglich, die über der Deckenlücke liegenden Fußbodendielen abnehmen, damit man die Querrippen genau zwischen die Balken einfügen kann. Die Einzelheiten dieser Arbeit sind aus den nachfolgenden Abbildungen zu ersehen.

Nachdem die neuen Gipskartonplatten und die Ränder der alten angenagelt sind, müssen die Fugen mit Malerbinde überklebt werden, um späteren Sprüngen im Gipsverputz vorzubeugen. Der neue Putz soll in der Mörtelart und Dicke genau dem vorhandenen alten entsprechen.

In einem Sonderfall läßt sich die hier beschriebene Reparatur nicht ausführen: wenn nämlich die Deckenbalken beider Zimmer quer zur Zwischenwand liegen, aber nicht durchlaufen, sondern auf der Wand aneinander stoßen. Sie müssen dann durch einen untergezogenen Längsbalken oder Stahlträger aufgefangen werden, bevor man die Lücke in der Decke schließen kann. Das sollte aber der Fachmann machen.

Material: Gipskartonplatten (Verputzen siehe S. 105), Malerbinde, 50, 80 oder 100 x 50 mm starke ungehobelte Weichholzlatten (ihre Länge richtet sich nach der Größe des Lochs), 50 oder 80 mm lange Drahtstifte, 40 mm lange nichtrostende Flachkopfnägel
Werkzeug: Metermaß, Bleistift, scharfes Messer, Richtscheit, Hammer, Fuchsschwanz, Stahltraufel, alter Meißel, Handbrett, breiter Flachmeißel, breiter Pinsel oder Deckenbürste, große Maurerkelle oder kleine Kohlenschaufel

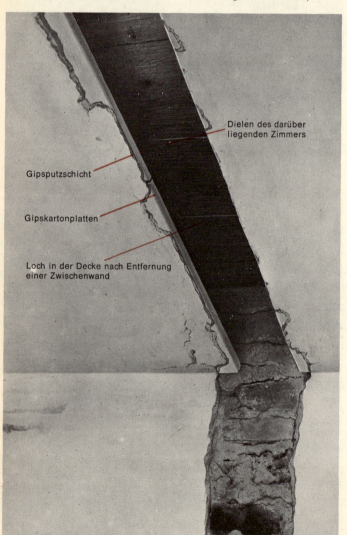

- Dielen des darüber liegenden Zimmers
- Gipsputzschicht
- Gipskartonplatten
- Loch in der Decke nach Entfernung einer Zwischenwand

Wird eine nichttragende Zwischenwand entfernt, entsteht in der Decke ein Spalt, der abgedeckt werden muß. Zunächst muß man feststellen, ob der Spalt quer zu den tragenden Deckenbalken oder in deren Längsrichtung verläuft

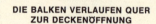

DIE BALKEN VERLAUFEN QUER ZUR DECKENÖFFNUNG

Wenn zwei oder mehr Querbalken freiliegen, kann man die neue Gipskartonplatte unmittelbar daran festnageln. Natürlich müssen zuerst die meist ausgebrochenen Ränder der angrenzenden Platten sauber abgeschnitten und begradigt werden

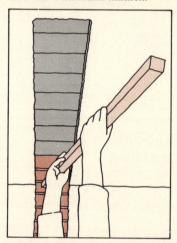

1. Zwei 5 x 7 cm starke Weichholzlatten etwa 10 cm länger als die Deckenöffnung zurechtschneiden. Sie sollten in der Mauer einrasten

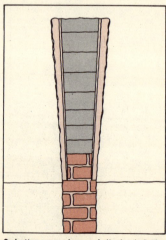

2. Latten von oben auf die Lochränder legen, so daß sie seitlich 15–20 mm herausragen. Diese Fläche dient zum Annageln der Platte

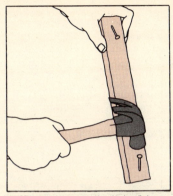

3. Zwei 5 × 5 cm starke Holzstücke so zuschneiden, daß sie genau zwischen die Balken passen. In jedes Ende einen Drahtstift schräg einschlagen

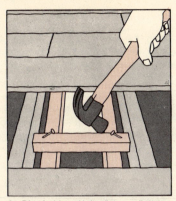

4. Die beiden Holzstücke möglichst von oben her quer über die langen Latten zwischen die Balken legen und an diesen festnageln

5. Die langen Latten von unten her an die kurzen Querlatten festnageln. Dabei aufpassen, daß die Decke nicht beschädigt wird

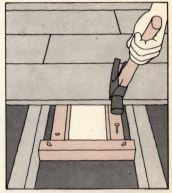

6. Wahlweise kann man die Enden der langen Latten zwischen die Querlatten nageln und diese dann zwischen den Balken befestigen

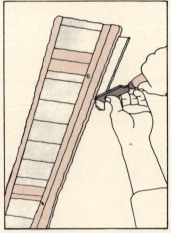

7. Mit einem alten Meißel rings um das Loch einen 2–3 cm breiten Streifen des Putzes von den Gipskartonplatten entfernen

8. Die alten Platten mit nichtrostenden Flachkopfnägeln an die langen Latten nageln; diese dabei gut festhalten. Dann das Loch ausmessen

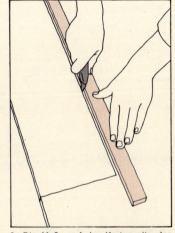

9. Die Maße auf der Kartonseite der neuen Platte tief einschneiden, Platte wenden und die Linien von der Rückseite her ganz durchschneiden

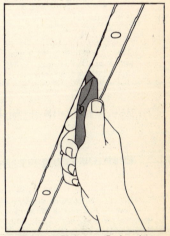

10. Die neue Platte zur Probe einpassen. Sitzt sie zu stramm, nimmt man mit einem scharfen Messer etwas von den Fugenrändern vorsichtig ab

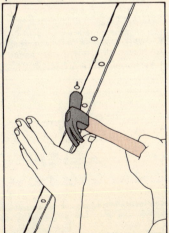

11. Die neue Platte mit nichtrostenden Flachkopfnägeln in Abständen von 15 cm an die Latten nageln. Für alle Fugen Malerbinde zuschneiden

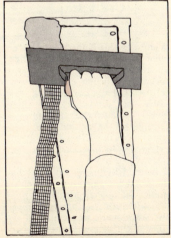

12. Das Ende der Malerbinde mit etwas Gips fixieren. Wenn er fest wird, alle Fugen mit der Binde und wenig Gips abdecken. Alles gut andrücken

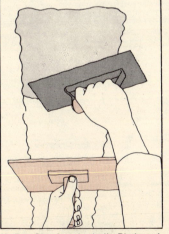

13. Den Gips fest durch die Binde und in die Fugen drücken. Nach dem Abbinden erhält die neue Platte einen gut verstrichenen Gipsglättputz

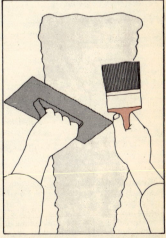

14. Kurz vor dem Festwerden den neuen Putz nochmals anfeuchten und mit der Stahltraufel bündig mit der Decke glätten

Gipserarbeiten

Kleiner Riß an der Decke

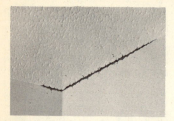

Auch bei solide gebauten Häusern arbeiten Holz und Mauerwerk weiter. So ist es oft unvermeidlich, daß kleine Risse im Verputz oder in der Gipsplattenverkleidung entstehen. Besonders an den Kanten zwischen Wand und Decke treten Risse auf.

Ist die Decke mit einem Kunstharzbelag oder einer Kunstharzfarbe gestrichen, so sollte man die Rißstelle sorgfältig abklopfen, bis der Belag nicht mehr abblättert. Jede Reparatur ist fragwürdig, wenn der Untergrund nicht fest aufsitzt.

Um die Risse zu verschließen, verwendet man Spezialkitt, der in Farbgeschäften in verschiedenen Varianten erhältlich ist. Sagen Sie dort genau, für welchen Zweck und welchen Untergrund Sie das Füllmaterial benötigen.

Material: Spezialkunstharzkitt
Werkzeug: Spachtel, 25 mm breiter Flachpinsel, Schwamm, Eimer, kleine Schüssel

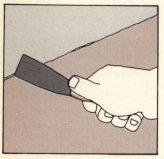

1. Lockere Gipsteilchen entfernen; den Riß in der Breite und in der Tiefe vergrößern und auskratzen

2. Alle Flächen im Riß und auf beiden Seiten davon mit Pinsel und klarem Wasser leicht anfeuchten

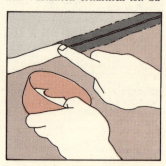

3. Ein wenig Kitt zu einem dünnen Teig anmischen und mit dem Finger fest in den Riß drücken

4. Die Kittfüllung fest werden lassen; überschüssige Reste mit Wasser und Pinsel entfernen

Lockerer Kunstharzbelag

HERSTELLUNG EINES TUPFERS UND KUNSTSTOFFSPACHTELS

Tupfer: Er dient dazu, die Reparaturstelle an die Struktur der Decke anzupassen. Ein 10 x 15 cm großes Stück Sperrholz wird auf einen Handgriff mit zwei Kerben genagelt. Auf das Holzstück wird ein passender Schwamm und darüber ein Stück Kunststoffolie gelegt und mit einem Gummiband um den Griff herum befestigt

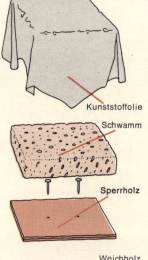

Kunststoffolie
Schwamm
Sperrholz
Weichholz
Gummiband

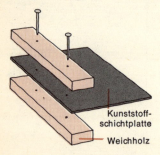

Kunststoffschichtplatte
Weichholz

Kunststoffspachtel: Man schneidet eine 20 x 12 cm große dünne Kunststoffplatte und zwei 20 cm lange und 4 x 1 cm starke Weichholzleisten zu. In die drei aufeinander gelegten Teile bohrt man zwei kleine Löcher und nagelt oder schraubt die Teile zusammen

Wenn sich der Kunstharzbelag an einer kleinen Stelle von der Gipskartonplatte löst, müssen alle lockeren Teilchen sorgfältig entfernt werden, bevor man das Loch mit Kunstharzkitt füllen kann. Ist auch der Karton der Gipsplatte beschädigt, so verstärkt man die Kittstelle mit eingelegten Papierstreifen oder Malerbinde.

Beim Ausschneiden der beschädigten Teile um die aufgebrochene Stelle herum sollte man nie kleinlich verfahren. Lieber ein Stück mehr wegschneiden als einen nicht absolut festen Untergrund stehenlassen! Man verwendet dazu ein scharfes Messer und schrägt die Ränder zur schadhaften Stelle hin etwas ab.

Wird für den Untergrund Malerbinde verwendet, so muß diese immer so zurechtgeschnitten werden, daß sie nirgendwo über den Rand der ausgeschnittenen Fläche heraussteht (siehe S. 105). Einzelne Stücke sollten sich auch möglichst nicht überlappen.

Material: Spezialkunstharzkitt, Malerbinde
Werkzeug: Scharfes Messer, Spachtel, Kunststoffspachtel (selbst hergestellt), Pinsel verschiedener Breite, Tupfer (selbst hergestellt), sauberer Eimer, Plastikschüssel (oder zweiter Eimer), Schwamm

1. Mit einem scharfen Messer alle lockeren Teile des Kunstharzbelags und des Kartons von der Gipsplatte wegschneiden

Großes Loch in einer Decke

Schwieriger ist eine Deckenreparatur, wenn die Gipskartondecke durchstoßen oder durchgebrochen ist.

In einem solchen Fall kann man mit behelfsmäßigen Reparaturen nicht mehr viel ausrichten; Abhilfe schafft da nur eine „Radikalkur".

Um eine saubere, fest aufliegende Fläche zu erhalten, muß man meist einen festsitzenden Auflagerahmen aus Weichholz über der schadhaften Stelle anbringen. Dies geht natürlich am besten, wenn die beschädigte Fläche von oben her zugänglich ist, d. h., wenn man im darüber liegenden Raum den Fußboden entfernen kann. Dieser Holzrahmen soll unbedingt so weit gespannt sein, daß in der verbleibenden Fläche keine Sprünge oder Risse mehr zu sehen sind.

Material: Weichholzlatten, Gipskartonplatte, 4 cm lange Gipskartonnägel, 5 cm lange Drahtstifte, Malerbinde, Spezialkunstharzkitt
Werkzeug: Hammer, Fuchsschwanz, Spachtel, scharfes Universalmesser, Flachpinsel, Schwamm, Tupfer (selbst hergestellt), zwei Eimer, Plastikschüssel

2. Den freiliegenden Gips mit Wasser anfeuchten. Mit dem Spachtel eine dünne Kittschicht auf die Unterlage auftragen

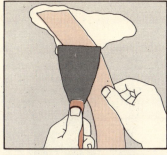

3. Das ganze Loch mit angefeuchteter Malerbinde bedecken und diese mit dem Spachtel fest in die Kittschicht drücken

4. Die erste Kittschicht und die Malerbinde 12–24 Stunden trocknen lassen, dann erst wird die zweite Kittschicht aufgetragen

5. Den Kitt mit dem Kunststoffspachtel vor allem auch an den Rändern möglichst gleichmäßig und glatt verstreichen

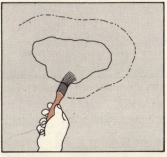

6. Die Reparaturstelle und ihre Umgebung wird mit Pinsel oder Schwamm angefeuchtet, damit die nächste Lage gut bindet

7. Eine kleine Kittmenge wird neu angemischt und sofort mit dem Pinsel gleichmäßig über die Reparaturstelle verteilt

1. Ein Rahmen aus Weichholzlatten wird von oben auf die Gipskartonplatte gelegt und zwischen den Balken festgenagelt

2. Die Gipskartonplatte schneidet man von unten um das Loch herum so weit zurück, daß 2–3 cm des Rahmens freiliegen

8. Mit dem feuchten Tupfer wird die Struktur der Reparaturstelle der umgebenden Deckenoberfläche möglichst genau angepaßt

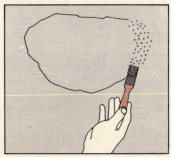

9. Alle überschüssigen Kittreste werden nach der Strukturierung mit einem angefeuchteten Pinsel sorgfältig entfernt

3. Die Ränder der schadhaften Platte werden ringsum mit 4 cm langen Gipskartonnägeln an den Lattenrahmen genagelt

4. Die neue Gipskartonplatte für das Loch mit 3 mm Spiel ringsum zuschneiden und mit der glatten Seite nach unten annageln

Gipserarbeiten

Gipsreparatur auf Lattenrost

Hier hängt die Art der Reparatur davon ab, ob die Latten hinter dem Loch in der Gipsfläche gebrochen sind oder nicht. Sind sie noch intakt, so geben sie dem neuen Gipsputz hinreichend Halt; sind sie jedoch zerstört, so muß der neue Gipsbelag eine feste Unterlage erhalten.

Wenn das Loch nicht größer als 7–8 cm ist, wird es mit einem Knäuel Packpapier ausgestopft, das man erst in Wasser einweicht und dann mit einem dünnen Gipsbrei tränkt. Größere Löcher werden vor dem Verputzen mit Streckmetall verschlossen (siehe S. 111).

Man kann die Löcher entweder mit Gips oder einer Füllmasse zuputzen oder, wenn man sparen will, mit einer Unterschicht von Sand/Zement-Mörtel im Verhältnis 4:1 versehen und darüber, bündig mit der Wand, eine Oberschicht von Gipsglättputz legen.

Material:	Sand und Zement, Gips oder Zellulosefüller, Packpapier
Werkzeug:	Spitzkelle, Spachtel, Handbrett, breiter Pinsel, Eimer, mittelfeines Schleifpapier, Schleifklotz

5. Der Oberflächenbelag der Decke wird 8–10 cm breit um das Loch herum zur Aufnahme der Malerbinde entfernt

6. Die Malerbinde für die Kanten der Reparaturstelle zuschneiden, anfeuchten und in eine trockene Schüssel legen

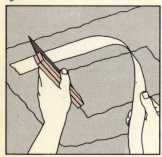

7. Den Kunstharzkitt ziemlich dick anmischen und eine Portion auf die Kante des Kunststoffspachtels bringen

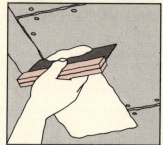

8. Der Kitt wird in 15 cm breiten Streifen sorgfältig auf alle Fugen und eventuelle Risse oder Sprünge gestrichen

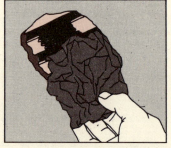

1. Zunächst Tapete oder Belag ablösen. Dann wird ein Papierpfropfen von passender Größe zusammengeknüllt und in einen Gipsbrei getaucht

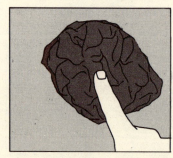

2. Der Papierpfropfen wird so in das Loch gedrückt, daß er etwa 5 mm tiefer als die umgebende Putzfläche liegt und das Loch ausfüllt

9. Die feuchte Malerbinde legt man auf die vier Fugen und drückt sie mit dem Kunststoffspachtel gleichmäßig gut an

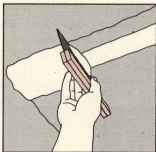

10. Kitt und Malerbinde 12–24 Stunden trocknen lassen, dann eine zweite Kittschicht bündig mit der Deckenfläche aufspachteln

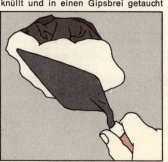

3. Das Loch nun mit der Kelle bis etwa 2 mm unter der umgebenden Putzfläche mit Gips zustreichen und gründlich trocknen lassen

4. Die Reparaturstelle und alle umgebenden Ränder mit Wasser und Pinsel glätten. Dabei keine Borstenspuren hinterlassen

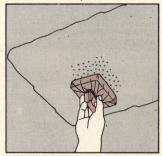

11. Die Decke etwa 10 cm um die Reparaturstelle herum anfeuchten und mit dem Pinsel eine weitere Kunstharzkittschicht auftragen

12. Den neuen Auftrag mit dem Tupfer strukturieren, fest werden lassen und überschüssigen Kitt gründlich entfernen

Große Löcher mit Streckmetall reparieren

Bei einem Loch in einer Gipswand auf Lattenrost, das größer als etwa 8 cm ist, benutzt man Streckmetall als Unterlage für den Gips.

Streckmetall dient als Putzträger und wird aus Aluminium- oder Stahlblech hergestellt, das zunächst gestanzt und dann gestreckt wird. Stählernes Streckmetall muß verzinkt oder bitumenisiert sein, um spätere Rostflecke im Gips zu vermeiden. Der Baustoffhandel führt es in großen Tafeln und mit verschiedenen Maschengrößen. Meist dürfte es jedoch möglich sein, kleinere Stücke zu bekommen.

Ersatzweise läßt sich auch feiner verzinkter Maschendraht verwenden. Für Gipsverputz ist eine Maschengröße von 6–10 mm am besten geeignet. Das Streckmetallgitter wird alle 10 cm an die Wandbalken genagelt. Sind keine Balken zu erreichen, so befestigt man es direkt auf dem Untergrund.

Der Gips wird in kleinen Mengen aufgetragen und schichtweise zu der erforderlichen Dicke aufgebaut; dabei läßt man die einzelnen Schichten jeweils antrocknen. Trägt man zuviel Gips auf einmal auf, fällt er durch die Maschen, bevor er Zeit hat, fest zu werden.

Material: Streckmetall, Sand, Zement und Gips oder fertige Gipsputzmischung (siehe S. 106), Wasser, verzinkte, 25 bis 40 mm lange Breitkopfnägel
Werkzeug: Kreide, Blechschere, Hammer, Pinsel, Handbrett, Spitzkelle, Stahltraufel

1. Zunächst entfernt man allen losen und bröckelnden Putz aus dem Loch, dann werden die Putzkanten überall leicht unterschnitten

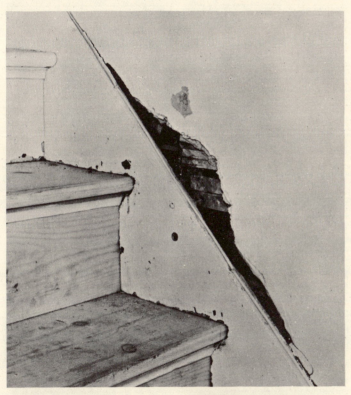

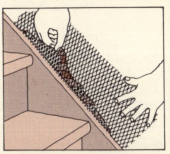

2. Ein Stück Streckmetall wird über das Loch gehalten und die erforderliche Größe mit Kreide genau angezeichnet

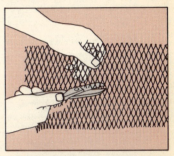

3. Das für die Reparatur nötige Streckmetallstück wird mit der Blechschere etwas größer als angezeichnet ausgeschnitten

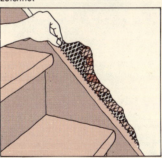

4. Das Streckmetallstück wird mit den Rändern zwischen Gipsputz und Latten in das Loch geschoben und sauber ausgerichtet

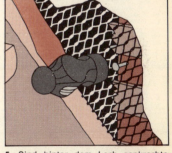

5. Sind hinter dem Loch senkrechte Balken oder Latten vorhanden, so wird das Metallgitter mit Nägeln daran befestigt

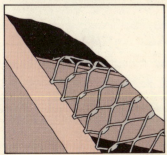

6. Sind Ständer nicht zu erreichen, wird das Streckmetallstück um die äußersten Latten gebogen und die Lücke mit Papier ausgefüllt

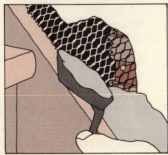

7. Mit der Spitzkelle etwas dickeren Gips auf dem Gitter verteilen; Gipsfüllung dann in dünnen Schichten aufbauen

8. Die Gipsschichten etwa 24 Stunden trocknen lassen und anschließend mit der Stahltraufel die Glättschicht aufbringen

9. Zum Schluß wird die letzte Putzschicht mit nassem Pinsel und Stahltraufel geglättet und farblich der Umgebung angepaßt

Gipserarbeiten

Schadhaften Verputz an Außenwänden ausbessern

Es ist ganz natürlich, daß verputzte Außenwände viel reparaturanfälliger sind als Innenwände. Die Putzflächen sind allen Witterungseinflüssen weit mehr ausgesetzt und haben deshalb eine geringere Lebensdauer als Innenputz. Besonders gefährdet sind die Außenwände durch eindringende Feuchtigkeit, die sich an den Putzhaftflächen ausbreitet und bewirkt, daß diese sich ablösen.

Wenn der Putz von der Mauer fällt, muß man ihn rasch ausbessern, damit das Gebäude seinen Wetterschutz nicht verliert.

Dem Mörtel setzt man Kalk zu, weil er sich dann besser verarbeiten läßt und beim Trocknen nicht so leicht Risse und Sprünge bekommt. Manchmal ist es nötig, nach dem Austrocknen der ersten Putzschicht eine zweite aufzubringen.

Material: Zement, feiner Sand und Kalk, falls erforderlich, Kunstharzbinder (PVA)
Werkzeug: Maurerhammer und Meißel, Handbrett, Stahltraufel, Reibebrett, Flächenstreicher, Abziehlatte

1. Den lockeren Putz abschlagen, bis nichts mehr abbröckelt. Auch die Fugen zwischen den Ziegeln auskratzen und die ganze Stelle abbürsten

2. Eine rauhe, griffige Ziegelwand feuchtet man mit Wasser an. Glatte, nicht poröse Ziegel müssen mit Haftgrundfarbe vorgestrichen werden

RISSE UND SPRÜNGE

Feine Risse und Sprünge im Putz sollten möglichst bald ausgebessert werden. Risse darf man nicht durch Zustreichen schließen, sondern muß sie so weit öffnen, daß der Mörtel gut eindringen kann.

1. Risse aufmeißeln und Putzkanten nach innen abschrägen. Putzreste entfernen

2. Unverdünnten Haftgrund in die Risse streichen und die Risse mit frischem Mörtel ausfüllen

3. Überschüssigen Mörtel mit nassem Pinsel entfernen; Putz anfeuchten und mit Spachtel glätten

KIESBEWURF

Ein schadhaftes Putzstück mit Kiesbewurf schlägt man ab und kratzt dann die Fugen aus. Anschließend wird der neue Putz aufgetragen, geglättet und vor dem Abbinden mit Kies beworfen.

1. Auf vorbereiteten Grund Mörtelschicht schnell auftragen; notfalls zweite Schicht auftragen

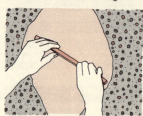

2. Überschuß mit Abziehlatte entfernen. Ränder mit nassem Pinsel eben mit altem Putz streichen

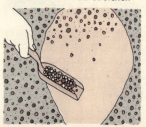

3. Putz mit Kies von passender Korngröße bewerfen und mit Reibebrett gleichmäßig eindrücken

3. Ein Handbrett wird mit frischem Mörtel gefüllt und gegen die Wand gestützt. Den Mörtel trägt man in kleinen Portionen mit der Stahltraufel auf

4. Die erste Putzschicht soll 10–15 mm dick sein, in jedem Fall aber eine Spur dicker als der umgebende alte Putz. An den Rändern fest andrücken

5. Ist der alte Putz stärker als 12 bis 15 mm, bringt man zwei Mörtellagen auf. Den ersten Auftrag muß man tief kerben und trocknen lassen

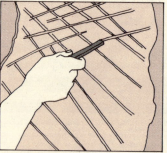

6. Nach mindestens 24 Stunden wird dann die zweite Mörtelschicht so aufgetragen, daß die Oberfläche etwas höher ist als der umgebende alte Putz

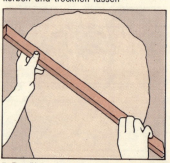

7. Der überschüssige neue Mörtel wird durch Hinundherbewegen der Abziehlatte weggenommen. Die Latte soll länger sein als die Schadenstelle

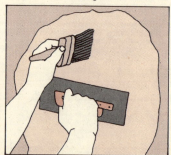

8. Nach einer Stunde wird die Fläche über ihre Ränder hinaus mit Flächenstreicher und Wasser gut angefeuchtet und mit der Stahltraufel glattgerieben

Holzfäule und Holzwürmer

Wie erkennt man Naßfäule und Hausschwamm?

Naß- und Trockenfäule des Holzes, letztere unter dem Namen Hausschwamm allgemein bekannt, werden von zwei Pilzarten verursacht, die sich in feuchter und schlecht ventilierter Umgebung verbreiten. Naßfäule bleibt im allgemeinen auf einzelne Stellen beschränkt, während der Hausschwamm sich schnell durch ein ganzes Gebäude verbreiten kann und daher äußerst gefährlich wird.

Kontrollieren Sie Ihr Haus regelmäßig auf Feuchtigkeit (siehe S. 58). Besonders anfällig sind das Dachgebälk, die Unterseiten von Treppen, Keller, Rohrverkleidungen und hohle Holzfußböden (siehe S. 69). Vergewissern Sie sich, daß Luftziegel und Lüftungsgitter nicht verstopft sind und daß die Sperrschichten in den Mauern in Ordnung sind (siehe S. 61). Rufen Sie sofort einen Fachmann, wenn Sie Verdacht auf Hausschwamm haben oder befallene Stellen entdecken. Versuchen Sie nicht, ohne fachmännischen Rat tragende Holzteile selbst zu ersetzen.

So erkennt man Hausschwamm

Der Hausschwamm verursacht schwerste Bauholzzerstörungen. Er verbreitet sich durch Sporen, die man unwissend mit den Schuhen und Kleidern weitertragen kann; sie können aber auch von der Luft transportiert werden.

Aus anfänglich dünnen weißen Fäden wird bald ein dicker baumwollähnlicher Belag, der immer neue Vermehrungsfäden aussendet, die selbst Mauerwerk durchdringen und Eisenträger überwachsen können. Der Hausschwamm ist außerdem in der Lage, selbst Feuchtigkeit zu erzeugen, die er zum weiteren Wachstum braucht. Es kann zur Bildung von polsterförmigen Überzügen oder grauen lappigen Flächen mit gelblichen und weinroten Flecken kommen, und es entstehen grauweiße scheibenförmige Fruchtkörper, aus denen sich Millionen neuer Sporen überallhin verbreiten.

Hausschwamm kann man riechen

Hausschwamm erzeugt einen moderigen, pilzartigen Geruch. Gestrichenes oder lackiertes Holz bekommt an der Oberfläche Risse, Sprünge und Wellen. Der Hausschwamm kann überall auftreten: an Fachwerk-, Dachstuhl- und Bodenkonstruktionen, ebenso an Tür- und Fensterrahmen, Fußleisten, Wand- und Deckenvertäfelungen.

Wenn man mit einem spitzen Werkzeug leicht in das Holz eindringen kann und dieses zerbröckelt, liegt wahrscheinlich Hausschwammbefall vor. In fortgeschrittenem Stadium trocknet das Holz aus und zersplittert in Faserrichtung. Man findet Beläge aus weißen Myzelsträngen, dem wachsenden Körper des Pilzes, und an abgeschlossenen Stellen Ansammlungen von Sporen, die wie Kaffeepulver aussehen.

Gegenmaßnahmen

Infizierte Stellen müssen so schnell wie möglich erkannt und behandelt werden. Um den Befall zu lokalisieren, sticht man mit einem Messer ins Holz, stellt dann so die Größe der weichen Holzstellen fest und schneidet sie bis weit ins gesunde Holz hinein heraus. Die befallenen Holzteile werden sofort verbrannt.

Wo befallenes Holz an oder in Mauern liegt, wird der Putz abgeschlagen, bis man den ganzen Umfang der kranken Holzstellen erkennen kann. Das offenliegende Ziegelwerk wird mit einer Drahtbürste gesäubert. Holzstaub und Abfall verbrennt man sofort.

Die freigelegte Wand und alles Holz im Umkreis von 1,5 Metern wird mit einem pilztötenden Mittel (Fungizid) gestrichen oder gespritzt. Dann bohrt man rings um den infizierten Bereich schräg abwärts führende, 12 mm große Löcher und füllt sie gut mit Fungizidlösung.

Wird neues Holz zur Reparatur verwendet, so muß es mit einem Holzschutzmittel vorbehandelt sein. Außerdem empfiehlt es sich, die freigelegte Wandfläche durch einen Gipsputz oder einen Anstrich mit Zinkoxydchloridfarbe zu verschließen, damit sich Sporen, die eventuell im Mauerwerk überlebt haben, nicht ausbreiten können.

Kennzeichen der Naßfäule

Naßfäule befällt durchfeuchtetes und insbesondere von der frischen Luft abgeschlossenes Holz, z. B. Holz in feuchten Kellern oder die Enden von Pfosten und Masten in der Erde.

Befallenes Holz sieht wie verkohlt aus, hat Risse in Faserrichtung und ist oft mit venenartigen dunkelbraunen Strängen bedeckt. Im nassen Zustand fühlt es sich schwammig an. Bei gestrichenem Holz bekommt die Farbe im Frühstadium des Befalls Sprünge und blättert ab.

NASSFÄULE

1. Das Holz reißt in Faserrichtung und ist von dunkelbraunen venenartigen Fäden bedeckt. Die Oberfläche bricht und blättert ab

2. Im fortgeschrittenen Stadium reißt das Holz auch quer zur Faser und bildet klaffende Sprünge. Dies tritt auch beim Hausschwamm auf

HAUSSCHWAMM (TROCKENFÄULE)

1. Die Holzoberfläche verzieht sich. Tragende Teile können dabei so nachhaltig zerstört werden, daß sie kaum mehr zu reparieren sind

3. Im fortgeschrittenen Stadium entstehen scheibenförmige Fruchtkörper. In ihnen sind die Sporen, durch die sich der Schwamm ausbreitet

2. Im fortgeschrittenen Stadium sind die Balken und Bretter unter dem Fußboden von dichten grauweißen Myzelschichten des Pilzes überzogen

4. Das Holz zerfällt schließlich in kubische Stücke, die mit der Zeit ausbrechen. Zusätzlich wird es oft noch von Bohrkäfern befallen

Holzfäule und Holzwürmer

So greifen Holzwürmer das Holz an

Ein vom Hausbock zerstörter Dielenfußboden

Gegenmaßnahmen
Die Ursache der Nässe oder Feuchtigkeit muß beseitigt werden. Kleinere Infektionen lassen sich durch gründliches Austrocknen der befallenen Stelle beseitigen. Kranke Holzteile werden herausgeschnitten und durch neues, mit Holzschutzmittel vorbehandeltes Holz ersetzt.

Holzwürmer
Es gibt Tausende Käferarten, deren holzbohrende Larven – volkstümlich Würmer genannt – im Holz leben. Unter ihnen richten drei Käfer bei uns den größten Schaden an: die Totenuhr oder der Möbelklopfkäfer (Anobium punctatum), der Bunte Klopfkäfer (Xestobium rufovillosum), im Volksmund ebenfalls Totenuhr genannt, und der Hausbock (Hylotrupes bajulus).

Ein ausgewachsener Käfer legt bis zu 60 Eier auf rauhe Holzflächen, in Ritzen und Vertiefungen oder in Hirnholzenden. Aus den Eiern entstehen Larven, die sich in das Holz einbohren und weitverzweigte Gänge hineinfressen. Je nach Käferart können die Larven bis zu 10 Jahre im und vom Holz leben, bis aus ihnen Käfer schlüpfen, die das Holz dann durch die Bohrlöcher verlassen. Solche Löcher sind Anzeichen des Holzwurmbefalls.

Holzwurmlöcher findet man in vielen Häusern und auch an Möbeln; sie allein bedeuten aber noch nicht, daß das Holz von lebenden Insekten befallen ist. Erst wenn bei den Bohrlöchern frisches Holzmehl liegt, muß man mit akutem Holzwurmfraß rechnen.

Dann ist es aber auch höchste Zeit für energische Gegenmaßnahmen: Alle neu im Haus verarbeiteten Holzteile müssen mit einem Holzschutzmittel behandelt sein oder behandelt werden. Streichen oder sprühen Sie sie mit einem Insektizid oder Fungizid oder mit einem Kombinationsmittel aus beiden ein. Besonders sorgfältig sind die Holzenden zu behandeln.

Alle Holzteile eines Hauses sollten einmal im Jahr inspiziert werden.

Stellen Sie in einem Reihen- oder Terrassenhaus Holzwurmbefall fest, müssen Sie die Nachbarn verständigen, weil die Schädlinge leicht von einem Hausteil zum andern übergreifen können.

Prüfen Sie Möbel aus zweiter Hand, bevor sie mit nach Hause nehmen. Wenn Sie Bohrkäferbefall feststellen, sollten Sie die Stücke bald behandeln.

Finden Sie erst später Spuren des Wurmfraßes daran, reicht es nicht aus, an der betreffenden Stelle einzugreifen. Sie müssen dann das ganze Haus untersuchen und auch alle anderen befallenen Stellen behandeln.

Bei umfangreichen Holzwurmschäden sollte man unbedingt einen Schädlingsbekämpfer zu Rate ziehen. Möbel und kleinere Stellen am Holz eines Hauses kann man ohne Hilfe des Fachmanns selbst behandeln. Dazu benutzt man eines der käuflichen Holzwurmmittel, das man aufstreicht oder aufsprüht.

Arbeitsweise
Von Polstermöbeln entfernt man zunächst alle abnehmbaren Bezüge und Polster. Dann säubert man sie mit einer steifen Bürste von Staub und Schmutz und trägt die Flüssigkeit reichlich auf.

Man kann dazu einen weichen Pinsel benutzen. Den besten Erfolg erzielt man jedoch mit einem Spritzfläschchen mit spitzer Tülle, mit dem man die Flüssigkeit in jedes sichtbare Bohrloch drückt. Man läßt das Mittel 24 Stunden lang einziehen und wischt dann Reste von der Oberfläche mit einem weichen Lappen ab.

Füße von Möbeln, die auf Teppichen stehen, muß man noch einen Monat lang mit Lappen unterlegen, weil Holzwurmmittel auf Textilfasern zerstörend wirken können. Wertvolle alte Möbel läßt man am besten von einem Fachmann behandeln.

Insekt	Bevorzugtes Holz	Erscheinen des Käfers	Bohrlöcher und Bohrmehl	Aussehen	Besonderheiten
Totenuhr (Möbelklopfkäfer) *Anobium punctatum*	Abgelagerte Weich- und Harthölzer, im allgemeinen aber nur das Splintholz; Sperrholz	Mai–August	Runde, etwa 2 mm große Löcher. Das Bohrmehl fühlt sich sandig an	Schwarzbraun. Länge: 2,5–5 mm. Kopf und Körpervorderteil sind von einer harten Schale bedeckt. Weiße, gebogene, engerlingartige Larven	An sonnigen Tagen kann man den Käfer an Wänden laufen sehen
Bunter Klopfkäfer (oft auch Totenuhr genannt) *Xestobium rufovillosum*	Alte, durch Nässe erweichte Harthölzer, besonders Eichenholz	Im Frühling des auf den Larvenbefall folgenden Jahres	Runde, etwa 3 mm große Löcher. Im Bohrmehl kleine knotenförmige Kügelchen	Braun gesprenkelter Panzer mit abgeflachtem Vorderteil. Länge: 8 mm. Gebogene weiße engerlingartige Larven	Man kann die Larven auf dem Holz finden, bevor sie sich einbohren
Hausbock *Hylotrupes bajulus*	Gut abgelagerte Weichhölzer, in der Regel aber nur das Splintholz	Juli–September	Ovale, 6 x 3 mm große Löcher. Das Bohrmehl besteht aus Holzsplitterchen und kleinen zylindrischen Partikeln	Braunschwarz, mit zwei hellen Punkten auf dem Kopf und weißer Haarquerbinde auf den Flügeldecken. 10–20 mm langer flachgedrückter Körper. Grauweiße Larven	Gefährlichster Schädling für verbautes Weichholz, aber auch für Möbel. Ältere Bauten sind oft bis zu 50% befallen

Malen und Lackieren

Malerwerkzeuge

Man sollte immer gutes Werkzeug kaufen, weil es länger hält und die Arbeit erleichtert.

Für Pinsel sind weiße und schwarze Schweinsborsten gut geeignet. Sie sind gespalten und halten deswegen die Farbe gut. Schwarze Schweinsborsten sind im allgemeinen weicher als weiße.

Um die Lebensdauer eines Pinsels zu verlängern, darf man beim Streichen nicht zu stark aufdrücken, vor allem nicht, solange er noch lange Borsten hat, weil diese sonst krumm werden können. Auch sollte man runde Pinsel während des Streichens ab und zu drehen, damit sie sich gleichmäßig abnutzen und ihre Form behalten.

Einen neuen Pinsel dreht man am Stiel schnell durch die Handflächen, um lose Borsten zu entfernen, und rollt ihn dann durch die Hand.

Nylonpinsel bester Qualität eignen sich zum Verarbeiten von wasserverdünnbaren Acrylatlacken. Für Deckenbürsten werden vielfach Kunststoffborsten verwendet, da diese widerstandsfähig gegen Chemikalien sind.

Es gibt runde und flache Pinsel in verschiedenen Größen und Ausführungen. Große Flächen lackiert man mit flachen Pinseln, für Tür- und Fensterrahmen sind Ringpinsel gut geeignet. Für Zimmerdecken und große Wandflächen benutzt man Deckenbürsten und flache Flächenstreicher; für Rippenheizkörper gibt es besondere Heizkörperpinsel; Strichzieher dienen zum Ziehen von Linien.

Die sogenannten Deckenbürsten haben mit Bürsten im üblichen Sinn nichts zu tun. Sie sind die größte Pinselart, die man vor allem zum Streichen von Decken und Wänden benutzt, und sie haben besonders lange elastische Borsten und einen breiten, rechteckigen Querschnitt.

Farbroller werden für Decken und Wände benutzt. Sie sind mit Schaffell oder Kunstfaserpelz bezogen und gestatten ein sauberes und leichtes Arbeiten an großen Flächen. Zu jedem Farbroller gehört eine Farbmulde mit Rippen oder ein Abstreifgitter, damit überschüssige Farbe nach dem Eintauchen vom Roller abgestreift werden kann.

Ebenso wichtig wie gutes Werkzeug und Material sind auch die Hilfsgeräte. Für Arbeiten über Augenhöhe braucht man eine solide Leiter, einen Stufenbock oder Tritt, dessen Standfestigkeit man vor Beginn der Arbeit kontrollieren muß. Das gleiche gilt für die Trittleiter, die man für Arbeiten an der Decke und oben an der Wand braucht.

Beim Aufstellen muß man sich unbedingt davon überzeugen, daß alle vier Füße fest auf dem Boden stehen und daß die Verbindungskette in Ordnung ist.

Man sollte nicht unnötig viele Werkzeuge auf die Leiterplatte legen, sondern nur das, was man im Augenblick braucht.

Zu den Werkzeugen gehören auch Spachtel, Japanspachtel, Kittmesser, Kratzeisen oder Fugenkratzer, Stahlbürste zum Entfernen von

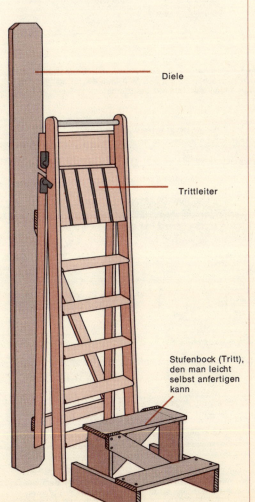

Diele — Trittleiter — Stufenbock (Tritt), den man leicht selbst anfertigen kann

PINSEL UND FARBROLLER

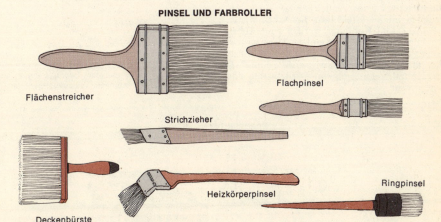

Flächenstreicher — Flachpinsel — Strichzieher — Deckenbürste — Heizkörperpinsel — Ringpinsel

Wenn man die Arbeit für mehrere Stunden unterbricht, stellt man die Pinsel so lange in ein Gefäß mit Wasser. Hat man verschiedene Pinsel mit verschiedenen Farben, so kann man die Pinsel mit gleicher Farbe in ein Plastiksäckchen stecken und damit ins Wasser stellen; die hellen und dunklen Farben verschmutzen sich dann nicht gegenseitig. Nach der Arbeit mit wasserlöslichen Farben werden Pinsel gut unter fließendem Wasser ausgespült. Man hält den Pinselstiel und die Borsten mit beiden Händen und bewegt diese im Wasserstrahl kräftig hin und her.

Lack- und Ölfarbenpinsel werden auf Zeitungspapier ausgestrichen und dann mit Terpentinersatz (Testbenzin) oder Nitroverdünnung ausgespült. Anschließend wäscht man sie mit warmem Wasser und Schmierseife oder einem synthetischen Waschmittel nach. Damit die Hülsen nicht rosten, müssen Pinsel trocken aufbewahrt werden.

Farbroller werden nach Gebrauch gründlich gereinigt. Die Reinigungsmittel sind die gleichen wie bei Pinseln. Wegen ihres Materials kostet es mehr Mühe, sie so gründlich zu säubern, wie es erforderlich ist. Nach Ausspülen in lauwarmem, nicht heißem Wasser rollt man sie ein paarmal auf Zeitungspapier aus. Für Farbroller, deren Belag abgenutzt oder hart geworden ist, kann man Ersatzroller ohne Bügel kaufen. Auch die Farbmulde oder das Abstreifgitter sollte man nach beendeter Arbeit und vor jedem Farbwechsel ebenso sorgfältig säubern wie den Roller

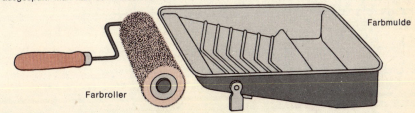

Farbroller — Farbmulde

Malen und Lackieren

Rost, grobes und feines Schleifpapier zum Trocken- und Naßschleifen, Schleifklotz, Stahlwolle.

Schleifpapier besteht aus einer Unterlage von Papier oder Leinwand und der Schleifschicht aus Glas-, Korund-, Silizium- oder Flintkörnern. Siliziumkarbidschleifpapier kann zum Trocken- und Naßschleifen benutzt werden. Feucht, nicht tropfnaß, dient es vor allem zum Anschleifen alter Farbe. Die Unterlage ist imprägniert und deshalb auch beim Naßschleifen sehr lange haltbar.

Der Feinheitsgrad von Schleifpapieren wird durch Nummern angegeben: 40 ist sehr grob, 600 außerordentlich fein. Die Numerierung bedeutet die Anzahl von Maschen eines Siebes pro Quadratzoll. Die meistgebrauchten Körnungen sind 80, 150 und 280.

Zum Entrosten von stählernen Rahmen, Geländern, Rohren usw. nimmt man eine Stahldrahtbürste. Am schnellsten geht es allerdings mit einer elektrischen Bohrmaschine, in die man eine topfförmige Drahtbürste spannt; Gummiteller und Schleifpapier oder ein Schwingschleifer erleichtern die Arbeit weiter.

Natron- und Kalilauge werden zum Abbeizen von Ölanstrich verwendet. Abbeizer auf Lösungsmittelbasis entfernen alle Anstriche. Die kraftsparendste, aber nicht einfachste Lackiermethode ist die mit Spritzpistole und Kompressor.

WERKZEUGE ZUM ENTFERNEN VON FARBE

Farbabbrenner: Vor dem Abbrennen von Farbe muß man feststellen, ob das Holz darunter noch gut ist

Kratzeisen (Fugenkratzer), dreieckig oder gebogen, dienen zum Entfernen von Farbe von Profilleisten und Fugen

Spachtel

Ein Farbabbrenner wird zum Entfernen von dicken Farb- und Lackschichten benutzt, denen durch Abbeizen nur mühsam beizukommen ist. Der Brenner wird zusammen mit Kratzeisen und Spachtel verwendet. Man muß darauf achten, daß man das Holz nicht entzündet

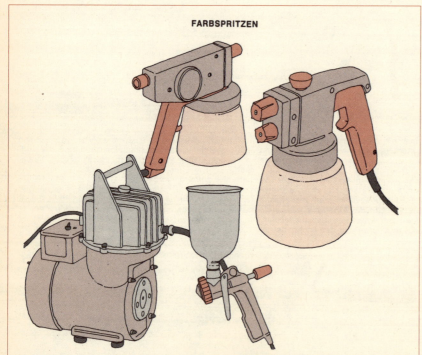

FARBSPRITZEN

Farbspritzgerät mit Kompressor (links). Der Kompressor kann auch für andere Zwecke benutzt werden, z. B. zum Aufblasen von Luftmatratzen oder Schlauchbooten. Der abgebildete Kompressor arbeitet mit Netzspannung und hat eine Leistung von 60 l Luft pro Minute bei einem Druck von 3 bar. Die Spritzpistole hat eine verstellbare Düse und faßt 0,3 l Farbe.

Die elektrischen Spritzpistolen (rechts oben) aus Kunststoff fassen 500 bzw. 700 ccm und arbeiten ebenfalls mit Netzstrom

ZUSÄTZLICHE WERKZEUGE

Schmaler Spachtel

Schleifklotz

Eimerhaken

Kittmesser

Farbeimer

Japanspachtel

Mit dem Spachtel werden kleinere Sprünge und Ritzen, Nagel- und Schraubenlöcher geschlossen. Mit dem Japanspachtel, den es auch in vielen Größen gibt, verspachtelt man größere Flächen. Der Schleifklotz dient zum Vorbereiten des Untergrunds und zum Schleifen von Verspachtelungen und Grundanstrichen

Die Wahl der richtigen Anstrichmittel

Früher war es üblich, möglichst vieldeckend mit Farbe zu streichen, so daß die Holzstruktur unter den Farbschichten völlig verlorenging. Heute dagegen will man die Struktur mancher Bauteile erhalten. Deshalb streicht man sie mit farblosem Lack, der die Eigenfarbe des Materials hervortreten läßt. Eine Holzfläche in herkömmlicher Art ganz zu streichen erfordert beträchtliche Sorgfalt. Dabei wird nämlich die Oberfläche des Holzes fast ganz abgeschlossen, was – besonders bei feuchtem Holz – von Nachteil ist. Durch die Einwirkung der Raumheizung oder der Sonnenstrahlung wird die Feuchtigkeit auf die Holzoberfläche getrieben, stößt auf den Widerstand der abschließenden Lackschicht, und diese bildet Blasen, die später platzen und Holzschäden hervorrufen.

Um das zu vermeiden, hat man Arbeitstechniken entwickelt, nach denen das Holz mit einer noch atmenden, offenporigen Holzlasur versehen wird.

Bei älteren Wohnungen ist die Gefahr geringer, daß Feuchtigkeit aus dem Holz austritt, vorausgesetzt, daß die Anstriche immer instand gehalten wurden. Einerseits wurde bei älteren Wohnungen meistens abgelagertes, trockenes Holz verwendet, und andererseits hat sich auch die Restfeuchtigkeit im Laufe der Jahre verflüchtigt. Wichtig ist, daß vom Innern des Hauses keine Kondensationsfeuchtigkeit durch einen schlechten Anstrich in das Holz dringen kann.

Farben- und Hobbygeschäfte bieten heute eine reiche Auswahl von Farben und Lacken an und können natürlich auch Auskunft über deren richtige Verwendung geben.

Bei Innenanstrichen ist es nicht so entscheidend, welches Anstrichmittel man wählt. Nur in feuchten Räumen wie Küchen oder Badezimmern muß man beim Anstreichen große Sorgfalt walten lassen, weil Wände und Decken hier Feuchtigkeit absorbieren und sie später wieder an die Luft abgeben.

Anstrichmittel bestehen aus trockenen Farbpigmenten, Binde- und Verdünnungsmittel und Trockenstoffen. Die Farbpigmente können organischen oder anorganischen (mineralischen) Ursprungs sein. In beiden Gruppen unterscheidet man zwischen Farbpigmenten, die in der Natur vorkommen, und solchen, die chemisch erzeugt werden.

Die unterschiedliche Herkunft der Farbpigmente bedingt auch verschiedene Eigenschaften. Dies ist mit ein Grund, daß man nicht alle Farbpigmente beliebig miteinander mischen kann.

Für Ölfarben benützt man als Bindemittel Leinöl oder Leinölfirnis, während man zur Verdünnung meist Terpentinöl oder Terpentinersatz (Testbenzin) nimmt.

Damit Ölfarben schneller trocknen, werden ihnen Trockenstoffe (sogenannte Blei-, Mangan- und Kobaltsikkative) hinzugefügt. Ein Zusatz von 10 % Standöl für den letzten Anstrich erhöht den Glanz der Ölfarben.

Synthetische und halbsynthetische Anstrichmittel werden auf der Basis von Kunstharzen (Alkyd-, Polyvinylchlorid- und anderen Harzen) in Verbindung mit Weichmachern hergestellt. Für Außenanstriche zieht man Alkydharze vor.

Für den transparenten Außenanstrich gibt es eine Reihe qualitativ guter Anstrichmittel. Sie enthalten nur geringe Pigmentmengen, sind dafür aber mit Holzschutzmitteln (Fungiziden) versetzt.

Manche dieser Holzschutzlasuren lassen einfaches Kiefern- oder Fichtenholz wie exotische Edelhölzer erscheinen. Der Vorteil dieser konservierenden Lasuren ist, daß sie sich auf neuem oder von alten Farbschichten befreitem Holz problemlos auftragen lassen; ebenso unproblematisch ist die weitere Behandlung derartig gestrichenen Holzes, weil diese Farbe keinen Film über der Holzoberfläche bildet, der Luft vom Holz abschließt.

Anstrichmittel und ihre Eigenschaften

Dispersionsfarben für innen
Es empfiehlt sich, nur solche Produkte zu verarbeiten, die der DIN 53778 entsprechen. Die unterste Qualitätsstufe ist die waschbeständige Type (W). Man kann diese Farben bei späteren Renovierungen überstreichen, ohne daß sie abblättern. Für stärker strapazierte Flächen sollte man die Qualitätsstufe „scheuerbeständig" (S) einsetzen.

Das Aussehen einer Farbe wird auch durch ihren Glanzgrad bestimmt. Die DIN 53778 sieht folgende Glanzstufen vor: HG = hochglänzend, G = glänzend, SG = seidenglänzend, SM = seidenmatt, M = matt.

Latexfarben sind in der Regel hochwertige Produkte, die ebenfalls der DIN-Qualitätsnorm unterliegen.

Dispersionsfarben für außen
Die Qualität von Fassadenfarben hängt in starkem Maße von der Art ihres Bindemittels ab. Mit Produkten auf der Basis von Reinacrylaten erzielt man die besten Ergebnisse. Sie besitzen eine ausreichende Wasserdampfdurchlässigkeit und decken selbst rauhe Untergründe gleichmäßig ab. Bestechend ist die leichte Verarbeitung und der geringe Materialverbrauch.

Gefüllte Dispersionsfarben
Im Vergleich zu den üblichen Dispersionsfarben sind „gefüllte" mit einem Zusatz von Quarzmehl versehen. Dadurch lassen sich Putzstrukturen ausgleichen sowie feine Haarrisse überbrücken.

Leimfarbe (nur für innen)
Leimfarbe ist ein Anstrichmittel, das nach dem Trocknen löslich bleibt. Der Anstrich bleibt dadurch empfindlich gegen Feuchtigkeit. In feuchten Räumen (Küche, Bad usw.) sollte man Leimfarbe deshalb nicht verarbeiten. Bei einer Renovierung muß man alte Leimfarbenanstriche abwaschen.

Dispersionssilikatfarben
Dispersionssilikatfarben sind einkomponentige Produkte. Man verarbeitet sie ähnlich wie Dispersionsfarben. Silikatfarben zeichnen sich durch besonders große Wasserdampfdurchlässigkeit aus. Anstriche aus Silikatfarben sind beständig gegen Industrieatmosphäre und verhindern Moos- und Algenbildung.

Dispersionslacke
Wie der Name aussagt, lassen sich diese Produkte mit Wasser verdünnen, besitzen aber die Eigenschaften von Lacken. Neben ihrer Umweltfreundlichkeit bestechen die leichte Verarbeitung sowie die lange Haltbarkeit. Anstriche mit Dispersionslacken vergilben, reißen und blättern nicht ab.

Alkydharzlacke
Durch ihre ausgezeichnete Wetter- und Chemikalienbeständigkeit haben diese Lacke die Öllacke fast völlig verdrängt. Die Lackfilme sind sehr dicht, so daß man darauf achten muß, daß der Untergrund nicht feucht ist.

Holzschutzlasuren
Lasuren sind schwach pigmentierte Anstrichmittel für Holz. Das Bindemittel dringt 2–3 mm tief in das Holz ein – je dünner die Lasur, desto tiefer. Da der UV-Wetterschutz durch die Farbpigmente erreicht wird, sollte man für den Außenanstrich keine zu hellen Farbtöne verwenden. Im Handel wird nach Dünnschicht- und Dickschichtlasuren unterschieden.

Dünnschichtlasuren
Wie der Name schon sagt, ergeben diese Lasuren dünne Schichten. Dadurch ist ihre Wasserdampfdurchlässigkeit sehr groß, und es kommt zu keinen Abblätterungserscheinungen. Es wird jedoch jeweils nach 1–2 Jahren eine Renovierung erforderlich. Dünnschichtlasuren eignen sich besonders für nicht maßhaltige Bauteile wie Verbretterungen, Gartenhäuser, Gartenzäune usw.

Dickschichtlasuren
Diese Lasuren dichten das Holz stärker ab, wobei aber eine ausreichende Wasserdampfdurchlässigkeit verbleibt. Renovierungen sind nach 2–5 Jahren erforderlich. Dickschichtlasuren eignen sich besonders für maßhaltige Bauteile wie z. B. Fenster, Türen, Garagentore usw.

Nadelhölzer sollten vor dem Neuanstrich imprägniert werden. Da Dünnschichtlasuren tiefer eindringen, empfiehlt es sich, den Erstanstrich immer damit auszuführen. Zwischen- und Schlußanstrich sollten aber mit Dickschichtlasur erfolgen.

Malen und Lackieren

Innenanstriche

Auf neuem Holz

Neues Holz befreit man mit einem Kratzer von Kalk- und Mörtelresten. Harzstellen sticht man mit einem scharfen Messer oder Stecheisen aus. Harz läßt sich auch mit einem glühend gemachten Messer oder mit einem Eisendrahtstück entfernen. Wenn man das Harz im Holz läßt, läuft es nach dem Anstreichen durch die Einwirkung von Wärme mit Sicherheit aus.

Knoten und Äste sticht man mit einem scharfen Stecheisen bis unter die Holzoberfläche weg. Harzige Knoten isoliert man nach dem Abstechen mit Schellack; lockere Äste entfernt man entweder oder leimt sie ein. In Astlöcher fügt man mit Leim ein passendes Stück Rundholz ein; dabei muß aber seine Faserrichtung mit der des Holzes übereinstimmen.

Dann schleift man das Holz mit grobem Schleifpapier glatt und entstaubt es gründlich. Mit Grundierfarbe oder -lack wird das Holz anschließend grundiert. Dabei muß man auch Nagel- und Schraubenlöcher, Risse und Fugen gründlich überstreichen.

Wenn die Grundierung völlig trocken ist, schleift man die Holzflächen mit mittelfeinem Schleifpapier ab; der Schleifstaub wird gründlich entfernt. Dann verkittet man alle Löcher, Risse und Fugen mit Ölkitt. Verwendet man Knetholz dazu, muß man die Löcher vor dem Grundieren verkitten.

Nun kommt das Spachteln an die Reihe. Die Dicke der Spachtelschicht hängt von der Glätte der Holzoberfläche ab; hervortretende Holzfasern erfordern eine dickere Schicht.

Die Arbeitsweise muß sich nach der Art der verwendeten Spachtelmasse richten. Manche Spachtelsorten können ziemlich dick aufgetragen werden, andere dagegen müssen in dünnen Schichten verarbeitet werden.

Kleine Grate und Ansatzstellen, die sich beim Spachteln bilden, kann man nach dem Trocknen wegschleifen. Nur Rillen und andere Vertiefungen in der Oberfläche muß man vermeiden, indem man den Spachtel so flach wie möglich über das Holz führt.

Die Spachtelmasse erhärtet nach zwölf bis vierundzwanzig Stunden. Die Fläche wird dann mit Schleifpapier trocken oder naß geschliffen. Dabei dürfen keine Kratzer entstehen, und das Holz darf nirgends zum Vorschein kommen. Nach dem Schleifen säubert man die Fläche mit Schwamm und Fensterleder.

Wenn das Holz vollständig getrocknet ist, erfolgt der nächste Anstrich mit Vorlack, nach dem Trocknen wird wiederum leicht naß oder trocken geschliffen.

Die Schlußlackierung erfordert größte Sorgfalt. Die Umgebung und die Kleidung des Lackierers müssen staub- und fusselfrei sein, die Pinsel vollkommen sauber. Große Flächen wie Türen oder Vertäfelungen werden in ganzer Länge und Breite eingestrichen, der Lack wird dann gleichmäßig vertrieben und zum Schluß von unten nach oben verschlichtet. Die Lackschicht soll nicht zu dick aufgetragen werden, damit der Lack nicht zu laufen beginnt.

Auf bereits gestrichenem Holz

Damit die neuen Farbschichten gut haften, muß man die lockere alte Farbe entfernen und noch einwandfreie Farbe entfetten. Risse und Fugen grundiert man vor und kittet sie zu. Festsitzende alte Farbe wird mit Schleifpapier trocken oder naß angeschliffen, bis sie matt ist. Mit Schwamm und Fensterleder wäscht man die Fläche ab. Sehr schlechte alte Farbe wird ganz entfernt. Dafür gibt es mehrere Möglichkeiten.

Abschaben: Dazu benutzt man einen Skarstenschaber mit auswechselbaren Klingen, deren eine Seite gezahnt ist. Damit wird die Farbe aufgerissen, wobei man aber das Holz nicht verletzen darf. Der Rest der Farbe wird anschließend mit der glatten Messerseite entfernt. Verletzungen im Holz muß man auskitten.

Abbrennen: Am schnellsten entfernt man alte Farbe, indem man sie mit einer Benzin- oder Gaslötlampe oder einem Farbabbrenngerät abbrennt. Man bewegt die Flamme auf der Farbfläche hin und her, bis die Farbe schmilzt, sich kräuselt und sich dann mit einem Spachtel abnehmen läßt. Das Holz darf dabei nicht verkohlen. Trotzdem angekohlte Stellen muß man später abschleifen. Mit dem Abbrenngerät zu arbeiten ist nicht ungefährlich; man muß daran denken, daß viele Stoffe leicht brennen können.

Abbeizen: Bei käuflichen Abbeizmitteln muß man sich im Farbengeschäft beraten lassen und sich genau an die Gebrauchsanweisung halten. Haut und Kleidung, Kinder und Haustiere sowie Pflanzen sind sorgsam vor Abbeizmitteln zu schützen, weil sie stark ätzend wirken.

Von alter Farbe befreites Holz wird in derselben Weise vorbehandelt und gestrichen wie neues. Nicht entfernte alte Farbschichten werden meistens noch ausgleichend gespachtelt, vorlackiert und lackiert.

Anstreichen von Wänden

Wenn man Anstreicharbeiten unterbricht, entstehen meistens sichtbare Ansatzstellen. Deshalb teilt man sich die Arbeit so ein, daß eine ganze Wand auf einmal gestrichen wird.

Lackfarbe, glänzend oder halbmatt: Man beginnt rechts oben an der Wand und streicht in Stücken von höchstens 50 x 50 cm Größe. Bei größeren Flächen besteht die Gefahr, daß die Farbe während des Verstreichens schon anzutrocknen beginnt. Man trägt die Farbe in senkrechten Strichen auf, vertreibt sie gleichmäßig in waagrechten Strichen und streicht noch einmal ohne neue Farbe senkrecht von unten nach oben. Daran schließt sich das nächste Quadrat an. Das bereits fertige Quadrat darf an den Rändern höchstens zwei bis fünf Zentimeter gestrichen werden, damit keine Streifen entstehen.

Latex- oder Dispersionsfarbe: Man beginnt an einer Wandseite und streicht in Bahnen von etwa 50 cm Breite von oben nach unten. Auch hier verteilt man die Farbe mit Querstrichen und verschlichtet zum Schluß von unten nach oben.

Die Farbe wird mit dem Skarstenschaber entfernt. Zuerst reißt man die Fläche mit der gezahnten Klinge des Schabers auf

Mit der glatten Klinge des Schabers wird die Farbe bis auf das nackte Holz entfernt. Man darf das Holz dabei nicht beschädigen

Mit einem Farbabbrenner läßt sich die Farbe am schnellsten entfernen; nach dem Weichwerden wird sie mit dem Spachtel abgehoben

Vorsicht: Das Holz darf beim Abbrennen der Farbe nicht verkohlen! Mit dem dreieckigen Kratzer entfernt man Farbe von den Profilleisten

Der weichgewordene Anstrich wird von ebenen Flächen mit einem Spachtel entfernt. Man führt den Spachtel dabei von unten nach oben

Nach Auftragen eines Abbeizmittels wird der aufgeweichte, sich kräuselnde Anstrich abgeschabt. Zum Schutz der Hände trägt man Gummihandschuhe

Außenanstriche

Damit keine losen Teilchen auf die nasse Farbe fallen, sollte man vorher mit allen Abbrenn- und Schleifarbeiten fertig sein.

Zuerst werden alle Flächen gestrichen, für die man einen breiten Pinsel braucht. Kanten und aus den Flächen ragende Teile werden mit einem kleinen Pinsel schon beim Aufbringen von Grundierfarbe oder Vorlack gestrichen. Die Reihenfolge, in der die Außenseite eines Hauses mit einem Obergeschoß renoviert wird, ist folgende:

ARBEITSPLAN (PERIODENSCHEMA)

Um Außenanstriche stets in gutem Zustand zu halten und die Unterhaltskosten zu verteilen, haben Fachleute Arbeitspläne entwickelt. Obwohl diese je nach Farbenhersteller verschieden sein können, gilt im allgemeinen die untenstehende Einteilung.

Um eine gute Grundlage zu erhalten, muß meistens der alte Anstrich entfernt werden.

Bei der Durchführung der Arbeiten sind die Wetterverhältnisse mit in Betracht zu ziehen, weil manche Außenarbeiten Innenanstriche mit umfassen, so bei Türen und Fenstern.

1. Jahr: Alte Farbschichten und schadhaften Fensterkitt entfernen. Alles mit grobem Schleifpapier sorgfältig abschleifen und mit farbloser Holzimprägnierung streichen. Nach dem Trocknen mit Grundierfarbe deckend streichen; Türen, wo nötig, dünn spachteln. Glasscheiben einkitten; Fugen, Löcher, Risse zukitten. Danach alles mit Vorstreichfarbe streichen. Abschließend lackieren

2. Jahr: Keine Arbeiten

3. Jahr: Alle Anstriche mit Salmiakwasser abwaschen und anschleifen. Wo nötig, mit Kratzeisen nacharbeiten, nachgrundieren, nachkitten und nachspachteln. Alles vorstreichen, Türen mit leicht verdünnter Lackfarbe streichen

4. Jahr: Keine Arbeiten

5. Jahr: Behandlung wie im 3. Jahr, jedoch Grundierung nur ausbessern und alles lackieren

6. Jahr: Keine Arbeiten

7. Jahr: Schadhafte Stellen des Anstrichs abkratzen. Grundierung, Verkittung und Lackanstrich ausbessern

8. Jahr: Keine Arbeiten

9. Jahr: Alle Anstriche mit Salmiakwasser abwaschen und schleifen. Wo nötig, mit Kratzeisen nacharbeiten, nachgrundieren, nachkitten und nachspachteln. Nochmals vorstreichen, alles mit Lackfarbe streichen

10. Jahr: Keine Arbeiten

Für Metallteile und Mauerwerk kann man einen ähnlichen Arbeitsplan aufstellen. Bei Metallen müssen vor allem Rost- und Korrosionsstellen vollständig entfernt werden.

Eine Wand streichen

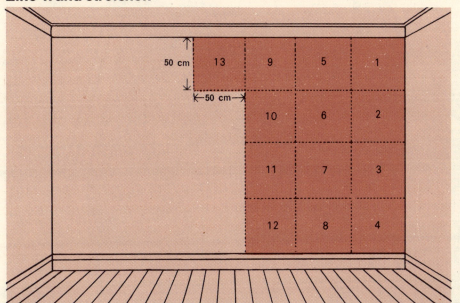

1. Mit Lackfarbe streicht man die Wand nacheinander in 50 x 50 cm großen Flächen. Rechts oben beginnen

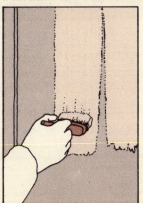
2. Die Lackfarbe wird zuerst mit senkrechten Pinselstrichen aufgetragen

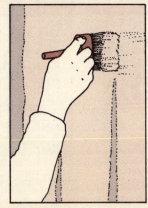
3. Dann verstreicht man sie, ohne neue Farbe aufzunehmen, mit waagrechten Pinselstrichen

4. Zum Schluß die Farbe nochmals von unten nach oben verschlichten. Eine Fläche ist fertig

Malen und Lackieren

1. Dachrinnen säubern; lose Nahtstellen reparieren; Zinkblech innen zweimal mit Bitumenfarbe streichen; außen mit Stahlbürste säubern.
2. Das Traufbrett mit harter Bürste und mittelfeinem Schleifpapier säubern.
3. Gut haftende Altanstriche auf dem Holzwerk anrauhen, damit der neue Anstrich haftet. Lockere oder abblätternde Farbe abkratzen, abbeizen oder abbrennen; alle farblosen Stellen grundieren.
4. Metallene Bauteile mit Stahlbürste behandeln; Roststellen mit Rostschutzmittel streichen; Stellen ohne Farbe grundieren.
5. Kalk- und Kalk-Zement-Putze mit Drahtbürste säubern, schadhafte Stellen ergänzen, weiche Putze mit Tiefgrund festigen. Zweimal mit Dispersions- oder Mineralfarbe streichen.
6. Türen und hölzerne Fensterrahmen sparsam spachteln und dann vorstreichen.
7. Unterseite des Traufgesimses einmal mit Vorlack und zweimal mit Lack überziehen.
8. Alle Arbeiten von oben nach unten ausführen; zuerst alles grundieren und vorstreichen, danach lackieren, wenn nötig, auch noch ein zweites Mal. Achtung: Bei schon öfters gestrichenen Türen und Fenstern aufpassen, daß sie durch den neuen Anstrich nicht verkleben oder klemmen.
9. Farbflecken auf Glas mit einem Lappen oder Messer, auf Ziegeln mit Terpentin und auf Stein mit einer Stahlbürste vorsichtig entfernen.

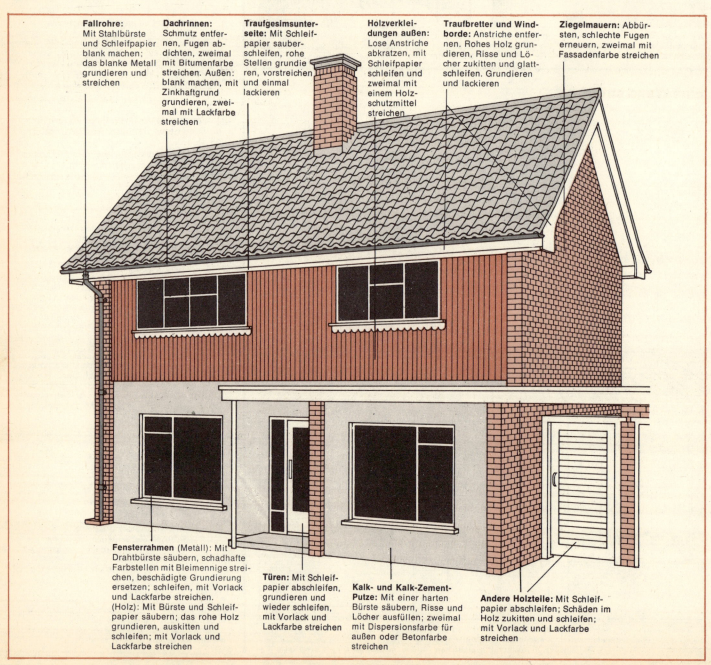

Fallrohre: Mit Stahlbürste und Schleifpapier blank machen; das blanke Metall grundieren und streichen

Dachrinnen: Schmutz entfernen, Fugen abdichten, zweimal mit Bitumenfarbe streichen. Außen: blank machen, mit Zinkhaftgrund grundieren, zweimal mit Lackfarbe streichen

Traufgesimsunterseite: Mit Schleifpapier sauberschleifen, rohe Stellen grundieren, vorstreichen und einmal lackieren

Holzverkleidungen außen: Lose Anstriche abkratzen, mit Schleifpapier schleifen und zweimal mit einem Holzschutzmittel streichen

Traufbretter und Windborde: Anstriche entfernen. Rohes Holz grundieren, Risse und Löcher zukitten und glattschleifen. Grundieren und lackieren

Ziegelmauern: Abbürsten, schlechte Fugen erneuern, zweimal mit Fassadenfarbe streichen

Fensterrahmen (Metall): Mit Drahtbürste säubern, schadhafte Farbstellen mit Bleimennige streichen, beschädigte Grundierung ersetzen; schleifen, mit Vorlack und Lackfarbe streichen. (Holz): Mit Bürste und Schleifpapier säubern; das rohe Holz grundieren, auskitten und schleifen; mit Vorlack und Lackfarbe streichen

Türen: Mit Schleifpapier abschleifen, grundieren und wieder schleifen, mit Vorlack und Lackfarbe streichen

Kalk- und Kalk-Zement-Putze: Mit einer harten Bürste säubern, Risse und Löcher ausfüllen; zweimal mit Dispersionsfarbe für außen oder Betonfarbe streichen

Andere Holzteile: Mit Schleifpapier abschleifen; Schäden im Holz zukitten und schleifen; mit Vorlack und Lackfarbe streichen

Außenanstriche auf Holz

Man kann nach dem Arbeitsplan auf S. 119 vorgehen, aber selbstverständlich kann man alle Außenanstriche auch auf einmal erneuern. Um ein gutes Ergebnis zu erzielen, müssen alle schlecht haftenden Anstrichschichten entfernt werden. Bei Türen und Fenstern sollte man den Innenanstrich gleichzeitig mit dem Außenanstrich erneuern, mindestens jedoch die Falze von Fenstern und Türen, die unteren Tür- und Fensterkanten und die Seitenkanten von Türen und Fensterflügeln, denn das sind die Stellen, in die Kondenswasser eindringen kann.

Holzteile, von denen der Anstrich abgekratzt oder abgeschliffen wurde, müssen, um einen dauerhaften Holzschutz zu erreichen, vor dem Neuanstrich imprägniert werden.

Nach der Imprägnierung müssen die Teile ausreichend lange trocknen, etwa 24 Stunden. Die Imprägnierung darf nicht auf noch vorhandene Farbschichten gestrichen werden, da nachfolgende Anstriche sonst schlecht haften.

Der Grundanstrich darf nicht zuviel Testbenzin enthalten, und er sollte nicht im prallen Sonnenlicht aufgebracht werden. Nachdem der Grundanstrich gründlich getrocknet ist, wird er abgeschliffen und dann vorlackiert. Ist auch diese Schicht trocken, wird die ganze Fläche mit Schleifpapier trocken geschliffen.

Die Endlackierung nimmt man an einem trockenen und möglichst windstillen Tag vor, damit sich kein Staub oder Schmutz auf dem frischen Lack festsetzt.

| Material: | Glaserkitt, Imprägniermittel, Grundierfarbe, Vorlack, Verdünnungsmittel, Lackfarbe, Acryldichtungsmasse |
| Werkzeug: | Spachtel oder Japanspachtel, Kittmesser, Kratzeisen, Schleifpapier, Schleifklotz, Pinsel |

1. Abblätternde, lose Anstrichteile mit Kratzer entfernen, Übergänge schleifen, rohe Holzteile imprägnieren. Noch vorhandene Farbreste nicht überstreichen

2. Alle Holzteile eben schleifen (Schleifpapier Körnung 180). Löcher und Risse zukitten. Imprägnierte und zugekittete Teile mit Grundierfarbe streichen

3. Acryldichtungsmasse zwischen Rahmen und Glas einspritzen und mit feuchtem Finger glätten. Auf Schrägfase achten, damit Wasser ablaufen kann

4. Nach dem Trocknen alle Rauhigkeiten mit Schleifpapier wegschleifen, so daß ein glatter, ebener Untergrund entsteht

5. Ganze Fläche mit Vorlack streichen und gut trocknen lassen. Anschließend nochmals schleifen und dann mit der gewünschten Lackfarbe lackieren

Malen und Lackieren

Welches Anstrichmittel auf welchen Untergrund?

UNTERGRUND \ ANSTRICHMITTEL	Innenwandfarbe – Leimfarbe wischbeständig	Innendispersionsfarbe (waschbeständig nach DIN 53 778)	Innendispersionsfarbe (scheuerbeständig nach DIN 53 778)	Reinacrylatfarbe für außen und innen	Dispersionslack für außen und innen	Alkydharzlack für außen und innen	Holzschutzlasuren Dünnschicht-Dickschichtlasuren	Dispersions-silikatfarben wetterbeständig	Gefüllte Dispersionsfarbe wetterbeständig	Kunststoffstrukturputz für außen (Reibeputz, Buntsteinputz)	Wasserfreie Polymerisatharz-Fassadenfarbe	Rißüberbrückendes Fassaden-Anstrich-System
Innenputz	●	●	●	●	●	○	—	●	●	○	●	—
Gips- und Fertigputze	●	○	○	○	●	○	—	○	○	○	●	—
Gipskarton	○	○	○	○	○	●	—	—	○	○	●	—
Betoninnenflächen	●	●	●	●	●	○	—	●	●	●	●	—
Betonaußenflächen	—	—	—	●	●	—	—	●	○	○	●	○
Hartschaum	●	●	●	●	●	—	—	—	●	○	—	—
Rauhfaser	—	●	●	●	●	●	—	—	—	●	—	—
Prägetapeten	—	●	●	●	●	●	—	—	—	—	—	—
Schmucktapeten	—	◐	◐	◐	◐	◐	—	—	—	◐	—	◐
Textiltapeten	—	—	—	—	—	●	—	—	—	—	●	—
Kunststoffputze	—	●	●	●	●	—	—	—	—	○	—	—
Holz innen	—	◐	◐	○	●	●	●	—	○	○	—	—
Holz außen	—	—	—	◐	●	●	●	—	—	—	—	—
Türen innen	—	—	—	◐	◐	●	●	—	—	—	—	—
Türen außen	—	—	—	—	◐	●	●	—	—	—	—	—
Fenster innen	—	—	—	—	—	●	●	—	—	—	—	—
Fenster außen	—	—	—	—	—	●	●	—	—	—	—	—
Hart-PVC innen	—	●	●	●	●	◐	—	—	●	○	●	—
Hart-PVC außen	—	—	—	—	●	◐	—	—	—	—	●	—
Zinkblech	—	—	—	—	●	●	—	—	—	—	●	—
Rostgeschütztes Eisen innen	—	●	●	●	●	●	—	—	●	○	—	—
Rostgeschütztes Eisen außen	—	—	—	—	●	●	—	—	—	—	—	—
Außenputz glatt	—	—	—	●	●	○	—	●	●	○	●	○
Strukturputz außen	—	—	—	●	●	○	—	●	●	●	●	○
Asbestzement innen	●	●	●	●	●	○	—	●	●	●	●	—
Asbestzement außen	—	—	—	●	●	—	—	●	○	○	●	○
Fachwerk	—	—	—	—	●	●	●	—	—	—	—	—
Ziegelmauerwerk innen	●	●	●	●	●	○	—	●	●	●	●	—
Ziegelmauerwerk außen	—	—	—	○	●	○	—	●	○	●	●	○
Kalksandstein innen	●	●	●	●	●	○	—	●	●	○	●	—
Kalksandstein außen	—	—	—	○	●	—	—	●	○	○	●	○
Heizkörper	—	—	—	—	—	●	—	—	—	—	—	—

● = Geeignet   ○ = Bedingt geeignet   — = Nicht geeignet bzw. unwirtschaftlich   ◐ = Spezieller Grundieranstrich, Vorbehandlung oder Neutralisierung erforderlich

Außenwände

Vergewissern Sie sich bei Ziegelmauerwerk vor dem Anstreichen, daß die Verfugung noch intakt ist. Sollte dies nicht der Fall sein, müssen Sie zunächst die Fugen ausbessern oder erneuern (siehe S. 132–133).

Ebenso muß schadhafter Putz, ob glatt, rauh oder mit Kiesbewurf, vor dem Anstreichen repariert werden (siehe S. 112).

Es ist sinnlos, Mauern mit „Ausblühungen" (siehe S. 65) oder Wände mit aufsteigender Feuchtigkeit (siehe S. 61) zu streichen, solange die schadhaften Stellen nicht von Grund auf sorgfältig ausgebessert wurden und der Feuchtigkeitsherd nicht beseitigt ist.

FLIESENBELEGTE FENSTERBANK STREICHEN

1. Schmutz und Mörtelreste mit harter Bürste entfernen. Fugen notfalls ausbessern

2. Zum Schutz vor Nässe auch die Unterseite der Fensterbank streichen

ZIEGELMAUERWERK STREICHEN

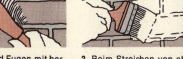

1. Ziegel und Fugen mit harter Bürste säubern. Schadhafte Ziegel ersetzen

2. Beim Streichen von oben nach unten arbeiten. Poröse Ziegel zweimal streichen

ZEMENTPUTZ STREICHEN

1. Lockere Farbe mit Drahtbürste entfernen. Risse mit Spachtel auskratzen

2. Risse und Löcher mit Zementmörtel ausfüllen. Fest und bündig eindrücken

3. Reparaturstellen werden mit verdünnter Fassadenfarbe vorgestrichen

4. Austrocknen lassen und von oben nach unten streichen. Rechts oben beginnen

Strukturanstriche ausbessern

Löcher und Sprünge sind vor dem Neustreichen zu beseitigen (siehe S. 112). Putzreparaturen läßt man vor der Weiterarbeit mindestens 24 Stunden, besser mehrere Tage, trocknen. Für feinere Putzausgleichungen werden Streichputze auf Dispersionsbasis verwendet, die man in nassem Zustand strukturiert.

1. Abblätternde Farbschicht mit dem Spachtel entfernen und die Lücken mit einer Drahtbürste gut säubern

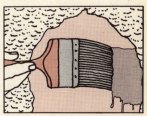

2. Die freigelegten Stellen werden mit Tiefgrund gestrichen; bei porösen Untergründen streicht man zweimal naß in naß

3. Den Streichputz auftragen und strukturieren. Dabei werden immer nur kleinere Flächen in einem Stück behandelt

STRUKTURIERTECHNIKEN

Pinsel: Bei strukturierten Flächen wird der Farbpinsel fest in die Vertiefungen gedrückt und gedreht

Gummireiber: Bevor die Farbe ganz trocken ist, wird sie mit den Gumminoppen des Reibers strukturiert

Schwamm: Ein fast trockener Schwamm wird unter Drehen leicht in die trocknende Farbe gedrückt

Hölzerner Reiber: Die noch feuchte Farbe wird durch kreisförmige Bewegungen strukturiert

Malen und Lackieren

Vorarbeiten an Türen und Fenstern

Farbe an Türen und Fenstern, die sehr schlecht geworden ist oder teilweise abblättert, muß man ganz entfernen, um einen guten Haftgrund für den neuen Anstrich zu erhalten.

Diese Arbeit läßt sich mit einer Lötlampe oder einem lösungsmittelhaltigen Abbeizmittel ausführen. Beim Abbrennen hält man die Mündung der Lötlampe unter ständigem Hin- und Herbewegen je nach Länge der Flamme 5–10 cm von der abzulösenden Farbe entfernt – nicht näher, damit das Holz darunter nicht anbrennt!

Holz in der Nähe von Glasscheiben darf man nicht mit der Lötlampe behandeln, weil das Glas dabei springen kann; hier ist ein Abbeizmittel vorzuziehen.

Wenn die Farbe einer Tür oder eines Fensters nicht ganz entfernt zu werden braucht, muß man doch sorgfältig auf Löcher, Kerben, Blasen sowie Harz absondernde Äste achten und sie vor dem Neulackieren ausbessern.

Harzstellen werden mit Terpentinersatz ausgewaschen und mit Schellacklösung isoliert; Risse, Dellen und Löcher im Holz kittet man mit Ölkitt aus. Alle so bearbeiteten Stellen läßt man gut trocknen, ehe sie gestrichen werden.

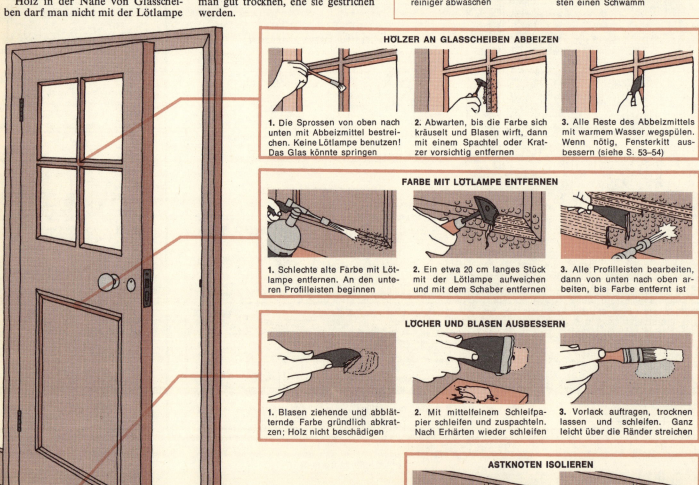

SÄUBERN DES ANSTRICHS

1. Außer den Scharnieren alle Beschläge abschrauben. Tür mit Anlauger oder warmem Wasser und Haushaltsreiniger abwaschen

2. Die Fläche wird mit Naßschleifpapier von oben nach unten abgeschliffen; zum Anfeuchten benutzt man am besten einen Schwamm

HÖLZER AN GLASSCHEIBEN ABBEIZEN

1. Die Sprossen von oben nach unten mit Abbeizmittel bestreichen. Keine Lötlampe benutzen! Das Glas könnte springen

2. Abwarten, bis die Farbe sich kräuselt und Blasen wirft, dann mit einem Spachtel oder Kratzer vorsichtig entfernen

3. Alle Reste des Abbeizmittels mit warmem Wasser wegspülen. Wenn nötig, Fensterkitt ausbessern (siehe S. 53–54)

FARBE MIT LÖTLAMPE ENTFERNEN

1. Schlechte alte Farbe mit Lötlampe entfernen. An den unteren Profilleisten beginnen

2. Ein etwa 20 cm langes Stück mit der Lötlampe aufweichen und mit dem Schaber entfernen

3. Alle Profilleisten bearbeiten, dann von unten nach oben arbeiten, bis Farbe entfernt ist

LÖCHER UND BLASEN AUSBESSERN

1. Blasen ziehende und abblätternde Farbe gründlich abkratzen; Holz nicht beschädigen

2. Mit mittelfeinem Schleifpapier schleifen und zuspachteln. Nach Erhärten wieder schleifen

3. Vorlack auftragen, trocknen lassen und schleifen. Ganz leicht über die Ränder streichen

ASTKNOTEN ISOLIEREN

1. Alte Farbe mit der Lötlampe abbrennen. Dabei läuft das Harz aus dem Holz heraus

2. Harz abkratzen. Mit Terpentinersatz abwaschen, schleifen und mit Schellack versiegeln

Werkstoffe für die Untergrundvorbehandlung

Es gibt keine Farbe, mit der man einen mürben, sandenden, saugenden, unebenen, fleckigen oder mit lockeren alten Farbresten bedeckten Untergrund einwandfrei anstreichen kann. Deshalb muß man vor jedem Anstrich bestimmte Vorarbeiten leisten, die die Untergrundbeschaffenheit verbessern.

Farbabbeizmittel
Alte Anstriche mechanisch zu entfernen ist sehr mühsam, mit viel Schmutz und Staub verbunden und manchmal überhaupt nicht möglich. Oft können dann nur Abbeizmittel noch helfen. Es gibt zwei verschiedene Arten:

Alkalische Ablaugmittel: Mit den alkalischen Ablaugmitteln, die durch Verseifung wirken, kann man Ölfarben und ölhaltige Lacke entfernen.

Zum Auftragen darf man keine Borstenpinsel verwenden, weil sie sich schon nach kurzer Zeit auflösen. Nachdem man die Fläche abgelaugt hat, muß man sie gründlich mit Wasser nachwaschen, damit alle Farb- und Laugenreste auch aus den Poren verschwinden.

Meist werden heute mit gutem Erfolg Abbeizmittel auf Lösungsmittelbasis eingesetzt. Man kann damit Ölfarben, Lacke, Dispersionsfarben sowie auch Plastik- und Kunststoffputze entfernen. Diese Abbeizmittel darf man nicht mit Pinseln mit Kunststoffassung oder mit Kunststoffborsten auftragen, weil sie angelöst werden könnten. Gut geeignet sind Naturborstenpinsel mit Metallfassung.

Lösende Abbeizmittel (Abbeizfluide): Man trägt das Abbeizfluid mit dem Pinsel satt auf die Fläche auf. Dabei braucht man je nach Farbschichtdicke 500–1000 g/qm. Je nach Alter und Schichtdicke des Farbfilms muß man die Lösung fünf bis 20 Minuten lang einwirken lassen. Sobald die Anstrichschicht gelöst ist, kann man sie mit dem Spachtel abkratzen. Bei sehr dicken Schichten muß man die Behandlung jedoch mehrmals wiederholen. Nachdem der ganze Anstrich entfernt ist, wäscht man mit Wasser und Wurzelbürste gründlich nach. Bei Putzuntergründen sollte dem Nachwaschwasser etwas Seife zugegeben werden. Holz jedoch wird mit Nitroverdünnung nachgewaschen.

Bevor man mit der Arbeit beginnt, deckt man Fußböden und andere empfindliche Flächen ab, und zwar mit Papier oder Pappe; Kunststoffolien sind nicht geeignet.

Grundiermittel
Grundiermittel haben vielseitige und wichtige Aufgaben zu erfüllen, die sich auf die Ausführung des Anstrichs und auf seine Haltbarkeit wesentlich auswirken. Die Grundiermittel lassen sich in vier verschiedene Typen einteilen:

Lösungsmittelhaltige Tiefgrundiermittel: Ihr Name sagt bereits, daß diese Werkstoffe tief in den Untergrund eindringen, um ihn zu festigen. Hervorragend bewährt hat sich die Werkstoffgruppe „Tiefgrund", die unter verschiedenen Firmenbezeichnungen auf dem Markt ist. Man setzt sie ein zum Grundieren und Festigen alter, leicht sandender Putze, kreidender Dispersionsanstriche, alter Kalk- und Mineralfarbenanstriche. Sie verbessern ferner die Untergrundbeschaffenheit von Beton, Gipsputz, Kalksandstein- und Ziegelmauerwerk.

Normalerweise trägt man sie unverdünnt mit Streichbürsten oder Pinseln auf. Zu stark saugende Untergründe oder Flächen mit relativ dichter Oberfläche muß man mit bis zu 20% verdünnten Tiefgrundlösungen behandeln. Die Trocknung dauert bei Normaltemperatur etwa fünf bis sechs Stunden, bei kühlem und feuchtem Wetter länger. Vorsicht, wenn Styroporuntertapeten oder -platten auf die tiefgrundierte Fläche verlegt werden sollen – Lösungsmittelreste können den empfindlichen Schaumstoff beschädigen.

Lösungsmittelfreie Tiefgrundiermittel: Wegen der Nachteile, die Lösungsmittel mit sich bringen, wurden jetzt auch lösungsmittelfreie Tiefgrundiermittel entwickelt. Diese Mittel dringen ebenso gut ein und wirken ebenso verfestigend wie lösungsmittelhaltiger Tiefgrund.

Zur Verdünnung und zum Reinigen des Werkzeugs kann man Wasser verwenden. Brandgefahr und Geruchsbelästigung gibt es nicht, obwohl das Material nicht vollkommen geruchsfrei ist. Damit man erkennt, welche Flächen man schon bearbeitet hat, ist das Grundiermittel gefärbt.

Grundierdispersionen: Diese vielseitig verwendbaren Mittel bestehen aus sehr kleinen Kunststoffteilchen, die in Wasser dispergiert sind. Sie werden hauptsächlich zur Grundierung und Absperrung saugender Untergründe sowie zur Isolierung von Wasserrändern, Ölflecken und Bitumenanstrichen eingesetzt. Feindisperse Grundierdispersionen können aber auch zu lackähnlichen mattglänzenden, farblosen Überzügen von Plastiken, Malereien und Tapeten benutzt werden, worauf sie einen vergilbungsfreien, wasserbeständigen Film bilden. Für mürbe und stark poröse Untergründe ist das Material nicht geeignet. Bei der jeweiligen Verwendung muß man die Verdünnungsvorschriften des Herstellers beachten. Als Überzugsmittel wird es immer unverdünnt angewandt. Grundierungen muß man, entsprechend der Saugfähigkeit des Untergrundes, 1:1 bis 1:2 mit Wasser verdünnen. Zum Streichen eignen sich alle üblichen Werkzeuge. Die Trockenzeit liegt je nach Temperatur bei ein bis drei Stunden.

Lösungsmittelhaltige Grundierfarben: Zum Grundieren mineralischer Untergründe wie Putz, Beton, Asbestzementplatten innen und außen sowie zum Voranstrich von Hartfaserplatten, Preßspanplatten und Sperrholzplatten sind lösungsmittelhaltige Grundierfarben zu empfehlen. Die behandelten Untergründe werden durchdringend verfestigt und bekommen gute haftvermittelnde Eigenschaften. Grundierfarben dieser Art kann man auch bei Temperaturen unter 0 °C verarbeiten.

Spachtel- und Füllstoffe
Es gibt kaum eine Anstrichabeit, bei der man nicht zuerst Unebenheiten, Risse und Löcher beseitigen muß. Welches Spachtelmaterial man verwendet, ist abhängig vom Anstrichsystem.

Füll- und Glättspachtel für innen: Diese Spachtel verwendet man zum Glätten, Füllen und Spachteln von Mauerwerk, Beton, Gasbeton und Gipsbauplatten, zum Füllen von Rissen und Fugen sowie zum Ausfüllen großflächiger Vertiefungen an Decken und Wänden. – Verarbeitung: Man gibt Wasser in ein sauberes Gefäß, streut den Füllspachtel im Mischungsverhältnis 1 kg Füllstoff auf. 400–500 ml Wasser unter Rühren ein und rührt ihn glatt. Nach drei bis fünf Minuten muß man noch einmal durchrühren. Die Verarbeitungszeit beträgt etwa eine Stunde.

Zementfüll- und Glättspachtel für innen und außen: Diese meist betongraue Glättmasse ist wetter-, wasser- und winterfest. Man verwendet sie zum Glätten, Füllen und Spachteln von Mauerwerk, Beton, Gasbeton sowie zum Füllen von Rissen, Löchern und Fugen. – Verarbeitung: Man gibt Wasser in ein sauberes Gefäß, streut die Glättmasse im Mischungsverhältnis 1 kg Glättmasse auf etwa 250 ml Wasser unter kräftigem Rühren ein und rührt sie glatt. Je größer das Loch ist, um so dicker muß man die Masse anrühren. Die Verarbeitungszeit beträgt etwa eine Stunde.

Da die Masse Zement enthält, muß man sie vor der Weiterbearbeitung ausreichend lange trocknen lassen.

Dispersionsspachtel für innen und außen: Mit dieser gebrauchsfertigen Spachtelmasse erhält man besonders strapazierfähige Untergründe.

Bevor man die Spachtelmasse aufträgt, müssen Neuputz sowie ungestrichener Altputz und Beton mit Tiefgrund grundiert werden. Bei der Grundierung von stark saugfähigem Gasbeton, Asbestzement und Kalksandsteinmauerwerk muß man den Tiefgrund um 10–20 % verdünnen. Für große Vertiefungen und wenn die Spachtelmasse wasserfest sein soll, kann man der Spachtelmasse bis 30 % Zement zusetzen.

Kunstharzspachtel: Wenn man Kunstharzspachtel verwendet, muß man vorher alle saugenden Untergründe grundieren. In einem Arbeitsgang sollte man nicht zu dick spachteln. Besser ist es, an einem Tag zwei- bis dreimal dünn zu spachteln. Die Gesamtschicht sollte nicht dicker als 1 mm sein.

Kunstharzspachtel eignet sich zum Glätten von Untergründen wie Holz, Holzwerkstoffe, Metall und Putz, insbesondere für Möbel, Türen, Maschinen und Kraftfahrzeuge. Bevor man die Flächen schleift, sollte man sie mindestens sechs bis zwölf Stunden trocknen lassen.

Während man Putzspachtelungen usw. vor allem mit Metalltraufeln ausführt, sollte man für Arbeiten mit Kunstharzspachtel Japanspachtel verwenden. Kunstharzspachtel lassen sich trocken und naß schleifen.

Polyesterspachtel: Größere Vertiefungen in Metall, Holz oder Kunststoff beseitigt man am besten mit Polyesterspachtel. Hauptsächlich wird er zur Reparatur durchgerosteter Karosserieteile und zur Beseitigung von Unfallschäden eingesetzt. Die zu spachtelnden Flächen müssen trocken, sauber, fett- und rostfrei sein. Alte Lackierungen muß man grob anschleifen. Nachdem man den Härter zugegeben hat, bleibt das Material drei bis fünf Minuten lang verarbeitungsfähig. Bei Normaltemperatur läßt sich der Spachtel nach 20 Minuten naß und trocken schleifen.

Malen und Lackieren

Metallfensterrahmen

Rost an stählernen Fensterelementen kann deren Form so verändern, daß sie auseinanderfallen und das Glas bricht. Im Gegensatz zu Aluminiumrahmen, die nicht rosten, müssen Stahlrahmen deshalb regelmäßig überprüft und Roststellen sofort mit einer Stahlbürste bis auf das blanke Metall gesäubert und mit einem Rostschutzmittel behandelt werden.

Ist der alte Anstrich noch in gutem Zustand, wird er nicht entfernt, sondern nur mit scharfem Haushaltsreiniger oder Testbenzin und einem sauberen Lappen von Fett und Schmutz befreit. Auch Ölspuren an den Scharnieren sind abzuwaschen. Anschließend spült man gründlich mit klarem Wasser nach und rauht nach dem Trocknen den alten Anstrich mit feinem Schleifpapier auf. Dadurch werden Unsauberkeiten entfernt und ein guter Haftgrund für die neue Farbe geschaffen.

Schadhafter Kitt und Metallklammern werden ersetzt (siehe S. 54). Wenn die Fensterflügel wegen der alten Farbe klemmen oder sich schwer öffnen lassen, wird der Falz an diesen Stellen mit Schleifpapier frei gemacht, bis der Flügel wieder leicht beweglich ist.

SCHMIEDEEISEN STREICHEN

Eisenverzierungen bestehen in der Regel aus Schmiedeeisen, das schnell zu rosten beginnt, wenn es mangelhaft gestrichen ist. Bei starkem Rostbefall wird der alte Anstrich mit der Lötlampe, einem Schaber oder einem Abbeizmittel bis auf das nackte Metall entfernt. Kleinere Roststellen werden mit der Drahtbürste behandelt und mit Spiritus oder Testbenzin entfettet. Sobald das Eisen sauber und trocken ist, wird es zweimal mit Rostschutzfarbe, z. B. Bleimennige oder Antirostgrund, gestrichen.

Wenn die Grundierung durchgetrocknet ist, folgt ein zweimaliger Anstrich mit Lackfarbe.

VORBEREITUNGEN FÜR DAS STREICHEN

1. Roststellen mit Drahtbürste bearbeiten, um Rostteilchen und lose Farbe zu entfernen

2. Gesprungener und zerbröckelter Kitt wird mit einem schmalen Stecheisen entfernt

3. Rostumwandler sorgfältig aufstreichen, einwirken und trocknen lassen

4. Freigelegte Metallstellen mit Rostschutzmittel streichen; Scharniere gut behandeln

5. Kittlose Stellen mit Vorlack streichen. Lack soll 5 mm auf das Glas übergreifen

6. Fensterkitt mit den Fingern in die Falze drücken und mit Spachtel glattstreichen

Fensterelement

Bevor man mit den Reparaturarbeiten beginnt, sollte man feststellen, zu welcher Art von Anstrich die betreffende Arbeit zählt. Man unterscheidet grundsätzlich zwei Typen von Holzanstrichen: Erstens gibt es den herkömmlichen Lackfarbenanstrich mit Aufbau, das heißt mit Grundierung, zwei Zwischenanstrichen und abschließendem Lackanstrich. Diese Technik läßt fast alle Farbtönungen zu, sie erfordert jedoch bei Reparaturarbeiten unter Umständen aufwendige Vorarbeiten; zum Beispiel müssen die alten Anstriche stark angeschliffen oder sogar abgebrannt bzw. abgelaugt werden.

Zweitens gibt es die offenporige Imprägnierung mit mehr oder weniger starkem Lasureffekt (meist bräunlich), die fast Naturholzcharakter besitzt. Durch diese Technik ist es möglich, ohne aufwendige Vorarbeiten mühelos nachzustreichen, allerdings muß das Holz in zeitlich kürzeren Abständen nachbehandelt werden als bei Lackfarbenanstrichen.

Alle rohen Holzteile sollten vor dem eigentlichen Anstrich mit einer Holzimprägnierung vorbehandelt werden. Es empfiehlt sich, für den Fensteranstrich nur Außenlacke bzw. Imprägnierungen bester Qualität zu verwenden. Asbestzementteile müssen vor dem Überstreichen mit Fensterlack durch einen Chlorkautschuklack- oder Betonfarbenanstrich isoliert werden. Falls sich diese Teile jedoch in Farbton und Struktur von den Holzteilen absetzen sollen, kann man sie nach der Isolierung auch mit Kunstharzdispersionsfarbe streichen. In Zweifelsfällen sollte jedoch der Fachmann gefragt werden.

Vor dem ersten Anstrich muß der Untergrund absolut trocken sein. Es ist wichtig, sich für den Fensteranstrich schönes Wetter auszusuchen, denn gestrichene Fensterflügel können frühestens nach acht Stunden vorsichtig geschlossen werden.

Zum Trocknen stellt man die Außenflügel von Doppelfenstern am besten auf zwei Holzlatten in einem staubfreien Raum ab. Dieser sollte eine Temperatur von mindestens 18° C und keine Zugluft haben.

Für Ecken und schwer zugängliche Stellen ist es angebracht, neben dem Fensterpinsel einen Plattpinsel zu verwenden. Nachdem man die trockenen Flügel wieder eingehängt hat, werden die zu Beginn der Arbeit entfernten Oliven (Beschläge) wieder angeschraubt. Nach durchgeführtem Neuanstrich sollte gleichzeitig geprüft werden, ob die untere Fuge zwischen Brüstungsplatte und Rahmenholz noch dicht ist. Notfalls wird mit dauerplastischem Kitt nachgespritzt.

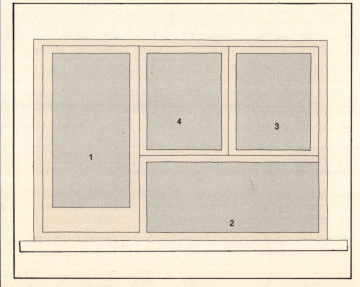

Dieses Fensterelement besteht aus einer Hebetür (1), einer mit Asbestzementplatte versehenen Brüstung (2) und zwei Fensterflügeln (3 und 4) mit Drehkippbeschlag

Flügelfenster

Bei Flügelfenstern läßt sich oft nur ein Flügel öffnen, während der andere fest eingebaut ist. Hier streicht man zuerst den festen Teil und den Rahmen außen, dann den beweglichen Flügel beidseitig und schließlich den festen Teil innen. Man beginnt mit dem Kittfalz oder den Einfassungsleisten und streicht dann von oben nach unten fertig. Um frühe Anstrichschäden zu vermeiden, sollten Fenster beidseitig gleich gut gestrichen werden. Es empfiehlt sich, auch die Innenteile mit Außenlack zu behandeln. Flecken auf Glas oder Scharnieren werden sofort mit Testbenzin entfernt.

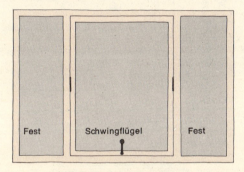

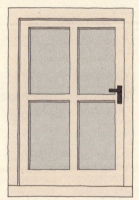

REIHENFOLGE BEIM LACKIEREN

Die Fensterflügel aushängen und das gesamte Fenster je nach Zustand vorbehandeln. Alles sauber entstauben. Den Fensterrahmen erst außen, dann innen streichen. Jeweils am oberen Teil des Rahmens beginnen und nach unten weiterarbeiten. Danach den Fensterflügel auf ein Paar Böcke oder zwei Stühle legen, mit dem Pinsel allseitig am Glas entlang beschneiden, den Falz, an dem die Scharniere angebracht sind, streichen und den Fensterflügel wieder einhängen. Anschließend die noch nicht gestrichenen Teile behandeln. Bei Doppelfenstern bleibt der Außenflügel so lange ausgehängt, bis der letzte Anstrich durchgetrocknet ist (3–5 Tage)

Glas: Beim Lackieren deckt man die Glasscheibe mit einem Blechstreifen (Japanspachtel oder Sägeblatt) ab

Tapete und andere Füllungen deckt man mit Selbstklebestreifen ab, die nach dem Trocknen abgezogen werden

Türen

Türen sollte man nach den Fenstern, Holzverkleidungen und Geländern, aber vor den Fußleisten lackieren.

Ist der alte Anstrich einer Tür noch in Ordnung und will man nicht eine hellere Farbe als die bisherige verwenden, so erübrigt sich ein Anstrich mit Vorlack.

Eine solche Grundierung ist aber immer dann nötig, wenn die neue Farbe heller ist als die alte, da diese natürlich nicht durchscheinen darf. Unter Umständen können auch zwei Voranstriche notwendig sein. Sie müssen nach dem Trocknen und vor dem nächsten Anstrich jeweils mit mittelfeinem Schleifpapier abgeschliffen werden.

Um eine einwandfreie Lackierung zu erzielen, streicht man größere Flächen in Abschnitten von etwa 40 x 40 cm. Verglaste Türen werden in derselben Reihenfolge wie Flügelfenster lackiert.

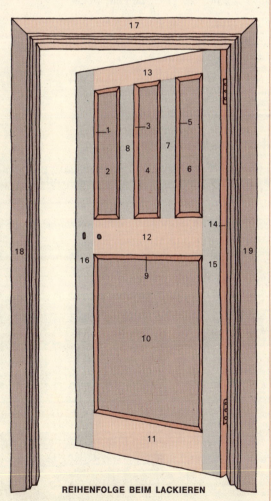

REIHENFOLGE BEIM LACKIEREN

1–6 Profilleisten und Füllungen oben (jede Füllung sofort nach den zugehörigen Leisten); 7, 8 senkrechte Rahmenteile zwischen den Füllungen; 9, 10 Profilleisten und Füllung unten; 11–13 unteres, mittleres und oberes Rahmenteil des Türflügels; 14 Türkante an den Scharnieren; 15, 16 Türflügelseitenteile; 17–19 Ober- und Seitenteile des Türrahmens

---

GROSSE GLATTE FLÄCHEN LACKIEREN

1. In einem der oberen Viertel der Fläche werden mit breitem Flachpinsel (3 Zoll) senkrechte Lackstreifen aufgetragen

2. Ohne den Pinsel neu zu füllen, wird der Lack von unten nach oben waagrecht verstrichen, bis er gleichmäßig deckt

3. Ohne neuen Lack wird die Fläche durch Auf- und Abstreichen geglättet. Zum Schluß leichte Pinselstriche nach unten

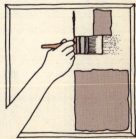

4. Ebenso Quadrat darunter, dann zweites oberes und zweites unteres streichen. Rasch malen, um Ansätze zu vermeiden

Malen und Lackieren

Treppen vorbereiten und streichen

Soll eine ganze Treppe neu lackiert oder gestrichen werden, muß man zunächst den Läufer entfernen und alle eventuell vorhandenen Beschläge abschrauben.

Treppen können gebeizt und poliert oder aber, wie meist der Fall, farblos lackiert oder mit deckendem Hartlack gestrichen sein. Ist die vorhandene Oberfläche noch in gutem Zustand, so entfernt man zunächst vorhandenes Bohnerwachs mit Lappen und Haushaltsbenzin und schleift anschließend mit feinem Schleifpapier (Körnung 240) ab und erneuert die Politur oder Lackierung. Bevor man einen farblosen Lack auf die Treppe aufträgt, sollte man Verunreinigungen auf der Oberfläche mit warmem Seifenwasser oder Haushaltsbenzin entfernen. Löcher und Vertiefungen füllt man mit Holzkitt aus, läßt sie trocknen und schleift sie ebenfalls mit feinem Schleifpapier glatt. Vor einer farblosen Lackierung werden Schadenstellen nachgebeizt; vor farbiger oder weißer Lackierung ist ein Anstrich mit entsprechendem Vorlack zu empfehlen.

Bei Treppen in sehr schlechtem Zustand muß man die alte Farbe mit der Lötlampe oder besser mit einem Abbeizmittel entfernen (siehe S. 124). Man beginnt damit an Handlauf und Geländer, dann folgen die Treppenwangen und schließlich die Tritt- und Stoßbretter. Nach sorgfältiger Entfernung von Staub und Schmutz wird das Holz neu gebeizt und grundiert.

Manchmal sind die Geländerstäbe wie der Antrittspfosten gedrechselt. Die alte Politur oder Lackierung wird auch hier entfernt (siehe S. 68), Löcher und Dellen werden ausgekittet und abgeschliffen.

Zum Lackieren verwendet man bei normaler Beanspruchung Hartlacke oder bei starker Beanspruchung Zweikomponenten-DD-Lacke.

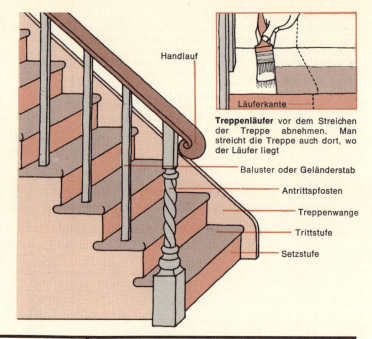

Handlauf
Läuferkante

Treppenläufer vor dem Streichen der Treppe abnehmen. Man streicht die Treppe auch dort, wo der Läufer liegt

- Baluster oder Geländerstab
- Antrittspfosten
- Treppenwange
- Trittstufe
- Setzstufe

Heizkörper vorbereiten und streichen

Heizkörper streicht man gleichzeitig mit den Wänden am besten außerhalb der Heizperiode. Andernfalls muß man die Zentralheizung abstellen und die Heizkörper abkühlen lassen.

Vor dem Streichen deckt man den Fußboden mit Plastikfolie, Packpapier oder mehreren Lagen Zeitungspapier ab. Ist der alte Anstrich noch gut, wäscht man ihn mit Wachlauge ab und lackiert zweimal mit dem gleichen Lack. Bei Farbwechsel ist ein Anstrich mit Vorlack nötig.

Material:	Heizkörperfarbe, Waschlauge
Werkzeug:	Stahlbürste, Heizkörperpinsel, Schleifpapier

1. Stark beschädigte Farbe und Roststellen am Radiator mit Drahtbürste sorgfältig abbürsten

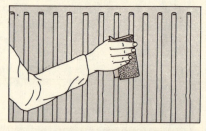

2. Alle rauhen Stellen mit Schleifpapier glätten. Achtung: Grundierung nicht durchschleifen!

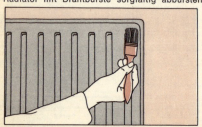

3. Staub abbürsten, Grundanstrich auftragen, trocknen lassen. Dann Deckanstrich auftragen

4. Bei starken Winkelkanten verwendet man einen Heizkörperpinsel mit gebogenem Kopf

Stuckleisten

Zweifarbige Stuckleisten werden zuerst ganz in der Farbe der erhabenen Teile gestrichen. Für diese Arbeit verwendet man am besten einen Flachpinsel, der etwa 25 mm breit sein soll. Nach dem Trocknen streicht man die vertieften Teile in der zweiten Farbe. Bei schwierigen Stellen unterstützt man die Hand, die den Pinsel führt, mit einem 60 bis 90 cm langen Malstock, der gegen die Wand abgestützt wird. Zu Details verwendet man einen Künstlerpinsel.

1. Stuck notfalls sorgfältig ausbessern. Die ganze Stuckleiste wird mit verdünnter Farbe grundiert

2. Die ganze Leiste mit der Farbe der erhabenen Teile streichen; trocknen lassen, zweite Farbe streichen

Malstock

Werkzeug: 25 mm breiter Flachpinsel, Künstlerpinsel (spitze Form) Nr. 8 oder 10, 60–90 cm langer Malstock

3. Feine Einzelheiten werden mit dem Künstlerpinsel ausgemalt; dabei die Hand auf einen Malstock stützen

Welches Anstrichmittel für welchen Zweck?

DECKENDE BESCHICHTUNGEN

Anstrichmittel	Verwendung/Untergründe
Kalkfarbenanstrich: Weiß und hellgetönt, wetterbeständig, sehr gut wasserdampfdurchlässig, nicht schlagregendicht	**Für innen und außen** Ziegelmauerwerk, noch nicht gestrichener Kalkmörtel-, Kalk-Zement-Mörtel- und Zementmörtelputz, alter, gut haftender Kalkfarbenanstrich nach entsprechender Vorbereitung
Leimfarbenanstrich: Weiß bis mittelgetönt, wischbeständig	**Für innen** Nicht für Feuchträume geeignet, Gipsputz, Gipsbauplatten, Kalk-, Zementputz
Dispersions-Silikatfarbenanstrich: (Einkomponentenmaterial) Weiß, hell- bis mittelgetönt, wetterbeständig, fungizid (pilzwidrig), sehr gut wasserdampfdurchlässig	**Für innen und außen** Ziegelmauerwerk, Kalksandstein-Mauerwerk, Kalkmörtel-, Kalk-Zement-Mörtel- und Zementmörtelputz, Beton, Gasbeton, Asbestzement
Dispersionsfarbenanstrich: Weiß bis Volltonfarbe, waschbeständig nach DIN 53778 oder scheuerbeständig nach DIN 53778, matte bis hochglänzende Anstriche, auch pastös, zur plastischen Modellierung, auch mit Rauhfasereffekt oder als Armierungsfarben mit Faserstoffen zur Rißüberbrückung	**Für innen** Ziegelmauerwerk, Kalksandstein-Mauerwerk, Putze aller Art, Gipsbauplatten, Gipskartonplatten, Beton, Gasbeton, Asbestzementplatten, Holzbauplatten
Dispersionsfarbenanstrich: Weiß bis Volltonfarbe, wetterbeständig, wasserdampfdurchlässig, auch mit Faserstoffen als Armierungsfarben zur Rißüberbrückung	**Für außen** Ziegelmauerwerk, Kalk-Zement-Mörtel- und Zementmörtelputz, Beton, Asbestzement, Dachrinnen aus Zinkblech nur mit Spezialdispersionsfarben
Gefüllter Dispersionsfarbenanstrich: Weiß bis mittelgetönt, Dispersionsfarben mit Quarzteilen, rauhe Oberfläche, geeignet als wetterbeständiger Anstrich, strukturausgleichend	Kalk-Zement-Mörtel- und Zementmörtelputz, Beton, Gasbeton, Asbestzement
Kunstharzgebundener Putz: Weiß bis sattgetönt (Waschputz, Reibeputz, Buntsteinputz usw.), putzartige Anstrichoberfläche	**Für innen und außen** Ziegelmauerwerk, Kalk-Zement-Mörtel- und Zementmörtelputz, Beton, Gasbeton, kleinformatige Asbestzementplatten
Dispersions-Lackfarbenanstrich: Weiß bis Volltöne, Acrylatfarbenanstriche mit lackartigem Aussehen, wasserverdünnbar, wetterbeständig, widerstandsfähig gegen mechanische Beeinflussung	**Für innen und außen** Holz, Holzwerkstoffe, Ziegelmauerwerk, Kalk-Zement-Mörtel- und Zementmörtelputz, Gipsputz, Gipsbauplatten, Gipskartonplatten, Beton, Asbestzement
Ölfarbenanstrich: Weiß bis Volltöne, quellfähig, für anspruchslose Sockelanstriche. Durch Zusatz von Lack und/oder Harttrockenölen wird die Quellbarkeit herabgesetzt	**Für innen** Mit inaktiven Pigmenten auf allen gut trockenen Putzen (mit Ausnahme von Zementmörtelputz), auf Holz, Holzwerkstoffen, Eisen und Stahl auf entsprechendem Korrosionsschutz-Grundanstrich
	Für außen Mit aktiven Pigmenten und Standölzusatz auf Kalkfarbenanstrichen und stark alkalischen Untergründen nicht geeignet
Alkydharz-Lackfarbenanstrich: Weiß bis Volltöne, matt, seidenmatt, seidenglänzend, glänzend, hochglänzend	**Für innen und außen** Getrocknete Kalk-Zement-Mörtel-Putzflächen, Holz, Holzwerkstoffe, Metall, Türen, Fenster, Holzverschalungen
Polymerisatharz-Lackfarbenanstrich: Weiß bis Volltöne, matt, seidenmatt, glänzend, alkali- und säurebeständig, jedoch nicht lösungsmittelbeständig	**Für innen und außen** Ziegelmauerwerk, Kalksandstein-Mauerwerk, trockene Kalk-Zement-Mörtel-, Zementmörtel- und Gipsmörtelputz, Beton, Gasbeton, Asbestzementplatten, Gipskartonplatten
Polyurethan-Lackfarbenanstrich: (PUR-Lackfarben, Mehrkomponentenlackfarben) Weiß bis sattgetönt, besonders strapazierfähig, säure- und kondenswasserbeständig, lösungsmittel- und fettbeständig	**Für innen und außen** Bei stark beanspruchten Flächen auf Putz, Beton, Holz und Holzwerkstoffen
Epoxydharzlackfarbe: (EP-Lackfarbe, Mehrkomponentenlackfarbe) Weiß bis sattgetönt, alkalibeständig, lösungsmittelbeständig, wasserbeständig, kratz- und schlagfest	**Für innen und außen** Für Beschichtungen auf stark beanspruchten Bauteilen, Fußböden
Chlorkautschuklackfarben: Weiß bis sattgetönt, säure-, alkali-, wasserbeständig, jedoch nicht lösungsmittelbeständig	**Für innen und außen** Putz und Beton, Holz, Holzwerkstoffe und Stahl, z. B. als Schwimmbeckenanstrich
Heizkörperlackfarbe: Weiß, hellgetönt oder schwarz. Temperaturbelastung beachten! Vergilbungsbeständig nach Angaben des Herstellers	**Für innen** Für Anstriche von Heizkörpern und Heizungsrohren
Bitumenlackfarben, Teerpechlackfarben: Sehr strapazierfähig	**Für innen und außen** Für Gußrohre und Beschichtungen im Erdbereich. Auf Putz, Holz, Holzwerkstoffen und korrosionsgeschütztem Stahl

FARBLOSE UND LASIERENDE BESCHICHTUNGEN

Anstrichmittel	Verwendung/Untergründe
Alkydharzlack: Farblos oder lasierend	**Für innen und außen** Für farblose Überzüge, farblose oder lasierende Lackierungen von Holz. Außen nur für indirekte Bewitterung geeignet
Polymerisatharzlack: (Acrylharzlack)	**Für innen und außen** Überzugslack für Stein, Beton, Metall u. a.
Polyurethanlack: (PUR-Lack, Mehrkomponentenreaktionslack) Farblos, säure- und kondenswasserbeständig, lösungsmittel- und fettbeständig	**Für innen** Zur Versiegelung von Fußböden
Epoxydharzlack: (EP-Lack, Mehrkomponentenreaktionslack) Farblos, alkalibeständig, lösungsmittelbeständig, wasserbeständig, kratz- und schlagfest	**Für innen und außen** Für Beschichtungen stark beanspruchter Bauteile
Lasuranstrichstoff: Je nach Kennzeichnung für nicht maßhaltige oder maßhaltige Holzbauteile	**Für innen und außen** Für Holzlasuren aller Art, Fassadenverkleidungen, Schindeln, Tore, Türen. Bei Fenstern nur speziell dafür geeignete Lasuranstrichstoffe verwenden
Säurehärtende Lacke: (SH-Lacke) Strapazierfähig	**Für innen** Zur Oberflächenbehandlung von Holz und Holzwerkstoffen. Besonders geeignet für Möbel

Mauerwerk

Mauerwerkstechnik

Ein Mauerwerk hat normalerweise verschiedenen Belastungen standzuhalten, wie z. B. der Druckbelastung einer Stahlbetondecke oder auch des Eigengewichts. Dieser Druck soll von dem Material des Mauerwerks auf das Fundament übertragen werden. Voraussetzung hierfür ist die Eigendruckfestigkeit des Mauerwerks, die durch die Anordnung der Steine wesentlich beeinflußt wird, d. h., es muß im Verband gemauert werden.

Wenn man eine Wand mauern will, sollte man bei der Planung die Länge der Steine berücksichtigen. Sind die Steine z. B. 24 cm lang wie normale Ziegelsteine, dann rechnet man zu jedem Stein eine Fuge von 1 cm hinzu und erhält so das Rastermaß von 25 cm. Vier Steine und vier Fugen ergeben also 1 m. Steht die Wand jedoch frei, dann hat sie nur drei Fugen und ist somit nur 99 cm lang.

Wichtig für ein standfestes Mauerwerk ist ein standfestes Fundament, das frostfrei, d. h. bis auf eine Tiefe von 90 cm unterhalb der Oberkante des Erdreichs, gegründet sein muß. Das ist nicht nur für die Wände eines Gebäudes, sondern auch für eine Gartenmauer erforderlich.

Begonnen wird beim Mauern immer an den Außenseiten, z. B. an den Ecken. Die Ecken werden nach der Wasserwaage lotrecht hochgemauert, und dann spannt man zwischen ihnen eine Schnur. Diese Schnur gibt die Höhe und die Richtung für jede Schicht an.

Wichtig ist, daß nach der ersten Schicht eine Sperrschicht aus besandeter Teerpappe eingelegt wird, um das Aufsteigen von Feuchtigkeit zu verhindern.

Bei Kellerwänden wird noch jeweils eine Sperrschicht unter die Kellerdecke und 25 cm über der Oberkante des Erdreichs eingelegt. Um Bauschäden zu vermeiden, sollte dieses unbedingt beachtet werden.

Mauerregeln:

- Man sollte in einer Wand möglichst keine Steine aus verschiedenen Materialien, wie z. B. Beton und Ziegel, verwenden.
- Der Mauermörtel muß plastisch sein. Zu trockener Mörtel verbindet sich nicht mit den Steinen.
- Die Fugen sollten ganz mit Mörtel gefüllt werden. Dabei werden Unebenheiten der Steine ausgeglichen.
- Frisches Mauerwerk ist vor Frost zu schützen.
- Mauersteine sollten stets nur lotrecht und waagrecht vermauert werden.

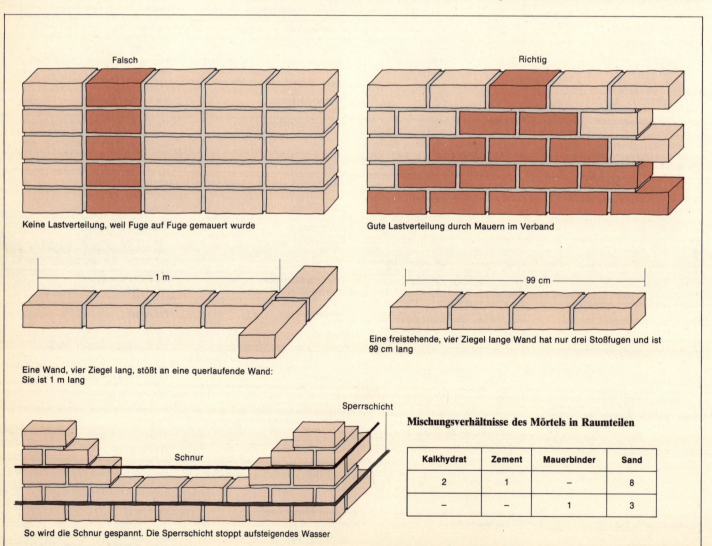

Keine Lastverteilung, weil Fuge auf Fuge gemauert wurde

Gute Lastverteilung durch Mauern im Verband

Eine Wand, vier Ziegel lang, stößt an eine querlaufende Wand: Sie ist 1 m lang

Eine freistehende, vier Ziegel lange Wand hat nur drei Stoßfugen und ist 99 cm lang

So wird die Schnur gespannt. Die Sperrschicht stoppt aufsteigendes Wasser

Mischungsverhältnisse des Mörtels in Raumteilen

Kalkhydrat	Zement	Mauerbinder	Sand
2	1	–	8
–	–	1	3

Mauerverbände

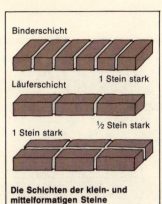

Die Schichten der klein- und mittelformatigen Steine
Mit Binderschicht bezeichnet man die Schichten, bei denen die Steine quer zur Wandrichtung liegen. In den Läuferschichten werden die Steine so verlegt, daß sie in Wandrichtung liegen – entweder einfach als ½ Stein starke Wand oder doppelt als 1 Stein starke Wand.

Fugen
Beim Mauerwerk nennt man die horizontalen Mörtelfugen Lagerfugen und die senkrechten Stoßfugen.

Steine
Unter den vielen angebotenen Steinarten für Mauerwerk ist die richtige Auswahl nicht leicht. Für leichte Innenwände ohne Ansprüche an Schall- und Wärmedämmung und ohne Installation wählt man am besten großformatige Platten von geringem Gewicht.

Haus- und Wohnungstrennwände, Wände zu Treppenhäusern, WCs und Bädern sollten schwer sein. Die Wandstärke sollte mindestens 24 cm betragen. Die Decke oder das Fundament muß natürlich entsprechend tragfähig sein. Für Außenwände sollte man eine Mindestdicke von 30 cm oder besser 36,5 cm vorsehen.

Um eine gute Wärmedämmung zu erhalten, sollte man dazu Steine mit einem geringen Gewicht verwenden. Bei großen Steinformaten hat man auch noch einen geringeren Fugenanteil, wodurch sich noch die Wärmedämmung erhöht.

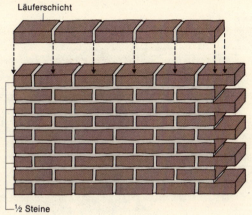
Ein gerades Wandstück im Läuferverband

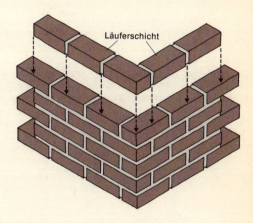
Eine Ecke im Läuferverband

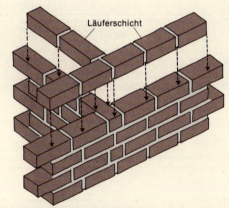
Ein Wandanschluß im Läuferverband

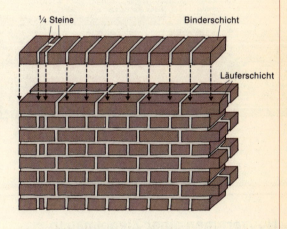
Ein gerades Wandstück im Blockverband

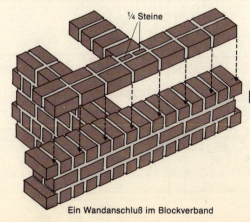
Ein Wandanschluß im Blockverband

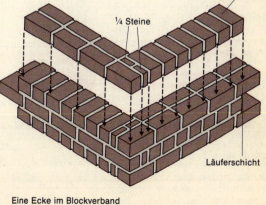
Eine Ecke im Blockverband

Mauerwerk

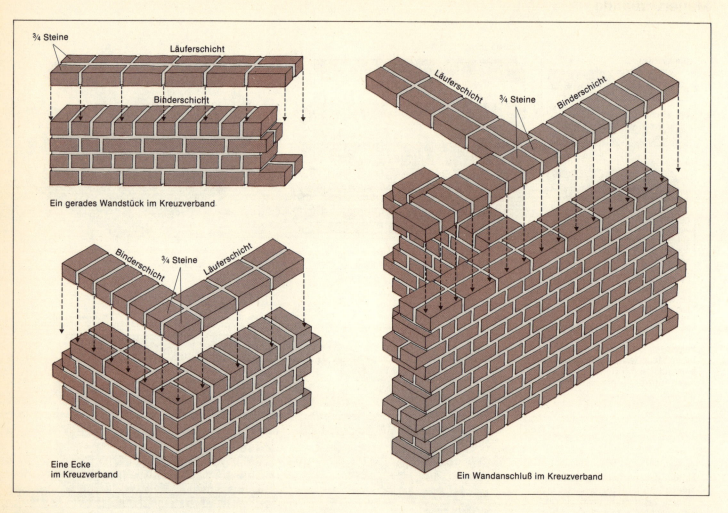

Neuverfugen einer Ziegelmauer

Beim Mauern mit Ziegeln kann man die Fugen auf zwei verschiedene Arten behandeln: entweder verstreicht man sie sofort mit dem zum Mauern benutzten Mörtel, oder man kratzt sie 15 bis 20 mm tief aus, solange der Mörtel noch feucht ist, und verfugt die fertige Mauer in einem zweiten Arbeitsgang. Man kann dabei dem Mörtel auch Zementfarben hinzufügen oder eine fertige farbige Mörtelmischung kaufen.

Wenn die Fugenfüllung einer Mauer Risse bekommen hat oder ausgebröckelt ist, schlägt man die schadhafte Füllung mit Fäustel und Meißel heraus, bürstet die Fugen aus, feuchtet sie an und verfugt zuerst alle senkrechten, danach alle waagrechten Fugen.

Beim Verfugen arbeitet man immer von oben nach unten.

Mörtelspritzer auf Ziegelmauern sofort mit trockenem oder leicht angefeuchtetem Lappen abreiben, da sonst Flecken bleiben.

Um überschüssigen Mörtel zu entfernen, hält man ein Richtscheit dicht unter die waagrechten Fugen und nimmt ihn mit der Kante der Kelle sauber weg.

Beim Verfugen muß man sich immer nach der vorhandenen Fugenart richten. Der Mörtel kann entweder flach mit der Mauer liegen oder leicht ausgehöhlt sein.

Material: Feiner Sand, Kalk und Zement, Zementfarbe
Werkzeug: Fäustel, 10–15 cm breiter Maurermeißel, Mörtelbrett, Fugenkelle, Staubbürste, Richtscheit

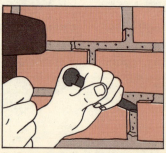

1. Der schadhafte Mörtel muß mit Fäustel und Meißel aus den Fugen herausgeschlagen werden

2. Die Fugen werden ausgebürstet und angefeuchtet, dann wird frischer Mörtel angemischt

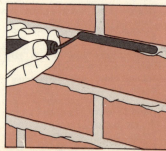

3. Der Mörtel wird mit der Spitzkelle oder der Fugenkelle fest in die Fugen gedrückt, bis er leicht übersteht

Zurückliegende, abgeschrägte Fugen

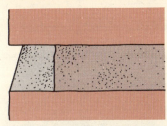

Damit sich Regenwasser nicht in den Mauerfugen ansammelt, kann man die Fugenfläche leicht nach unten abschrägen. Mörtel so abschrägen, daß Oberkante etwa 3 mm zurückliegt.

1. Man beginnt mit den senkrechten Fugen: Die Kelle wird an der rechten Ziegelkante angelegt und die linke Seite in die Fuge gedrückt

2. Die Kelle wird entlang der rechten Ziegelkante in gerader Richtung abwärts gezogen und der überschüssige Mörtel sauber weggeschnitten

3. Die waagrechten Fugen werden mit Mörtel aufgefüllt: die obere Kante wird 3 mm eingedrückt, Mörtelfüllung nach unten abschrägen

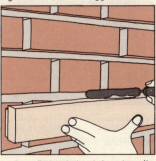

4. Das Richtscheit wird unter die Fugen gehalten und der überschüssige Mörtel mit der Fugenkelle sauber weggeschnitten

5. Wenn der Mörtel in den Fugen fast trocken ist, wird er mit einer Staubbürste überrieben. Dabei nicht zu fest drücken

Schadhafte Mauerziegel ersetzen

Müssen in einer Mauer Ziegel ersetzt werden, verwendet man möglichst keine neuen Ziegel, sondern gebrauchte der gleichen Art. Bei einer zwei Stein dicken Ziegelmauer (24 cm) entfernt man nur die äußeren Ziegel; bei Hohlwänden dürfen keine Ziegelreste oder Mörtel in den Zwischenraum fallen.

Material: Gebrauchte Ziegel, Sand, Zement und Kalk
Werkzeug: Maurerfäustel, Meißel, Kelle, steife Bürste, Fugenkelle

1. Ein Ziegel wird mit Meißel und Hammer stückweise herausgeschlagen. Erst wenn er ganz entfernt ist, fängt man mit den anderen an

2. Die anderen beschädigten Ziegel werden entfernt, indem man den Meißel an den Fugen ansetzt und die Ziegel mit dem Fäustel herausschlägt

3. Bei zwei Stein dicken Ziegelmauern werden nur die Ziegel der äußeren Schicht mit Meißel und Fäustel herausgeschlagen

4. Mörtel mischen und die neuen Ziegel einsetzen. Wo notwendig, werden halbe Ziegel oder Ziegelstücke zugeschlagen

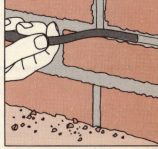

5. Die neuen Fugen müssen den alten angepaßt werden. Den Mörtel läßt man fast trocken werden und bürstet dann die Fläche ab

Glatte Fugen

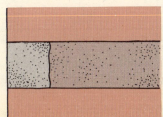

Glattes Verfugen gibt eine völlig glatte Fläche. Es empfiehlt sich bei Wänden mit ausgebröckelten Ziegelrändern, bevor die Wand neu gestrichen wird

1. Der Mörtel wird mit der Kelle so in die Fugen gedrückt, daß er leicht übersteht. Vor dem Trocknen wird er mit einem Lappen sauber überrieben

2. Wenn der Mörtel ganz trocken ist, schleift man die Fugen mit einem Plastikschaber ab. Vor dem Streichen wird der Staub sorgfältig abgebürstet

Mauerwerk

Durchgehende Risse

Die meisten Risse in Mauern sind oberflächliche Haarrisse, die durch das Trocknen der verwendeten Materialien entstanden sind.

Bedenklicher sind durchgehende und auf beiden Seiten sichtbare Mauerrisse. Bevor man einen solchen Riß ausbessert, muß die Entstehungsursache festgestellt und beseitigt werden, damit er nach der Reparatur nicht wieder erscheint.

Ein durchgehender Riß kann durch dynamische Vorgänge, wie Bodenschwingungen oder nachgebendes Erdreich, entstehen oder statische Ursachen, wie zu starke Belastungen, haben. Einen durch dynamische Einflüsse entstandenen Riß kann man mit Mörtel abdichten. Bei unverputzten Mauern wird der Riß dadurch aber noch stärker betont. Man benutzt diese Methode deshalb nur bei verputzten Wänden. Der Riß wird bis auf die Ziegel aufgehackt und mit Mauermörtel gefüllt und zugeputzt.

Die beste Methode, einen durchgehenden Riß in unverputztem Mauerwerk zu reparieren, besteht darin, die zerbrochenen Ziegel herauszuschlagen und durch gleiche neue zu ersetzen.

Reparatur beweglicher Risse

Bei beweglichen Rissen ist es wichtig, als erstes die Ursache der Bewegung im Mauerwerk festzustellen. Wenn die Bewegung im Mauerwerk zu keinen größeren statischen Schäden führt, wie z. B. bei einer Gartenmauer, kann man die Risse in unverputztem Mauerwerk mit einem dauerelastischen Kitt verschließen, um zu verhindern, daß Feuchtigkeit eindringt und z. B. durch Frost der Schaden noch größer wird. Dabei wird der Riß auf Fingerbreite erweitert. Dann preßt man den Kitt mit der Pistole hinein. Größere Hohlräume werden vorher mit Mineralwolle ausgefüllt. Der Kitt kann farblich den Fugen angepaßt werden.

Nicht stark bewegliche kleine Risse in verputzten Flächen kann man neu überputzen. Auf beiden Seiten des Risses schlägt man den Putz ca. 20 cm weit ab und deckt diesen Streifen mit Bitumenpapier ab. Darauf wird ein Putzträger, z. B. Streckmetall, genagelt und neu verputzt.

Auf einfache Weise kann man solche Risse mit einer Polystyrolplatte abdecken. Man schlägt ein entsprechend großes Stück Putz ab und paßt eine Platte ein.

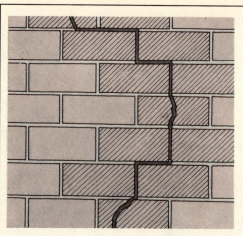

Die schraffierten Ziegel werden herausgehackt und entfernt. Um das Einmauern neuer Steine zu erleichtern, werden mitunter mehrere Ziegel entfernt

Dauerelastische Dichtungsmasse für unverputztes Mauerwerk

1. Der Riß wird, wo nötig, auf normale Fugenbreite erweitert und von Staub gereinigt

2. Der den Fugen farblich angepaßte dauerelastische Kitt wird mit der Pistole in den Riß gepreßt

3. Der Kitt wird gleich nach dem Aufbringen mit einem Pinsel und Seifenlösung glattgestrichen

Polystyrol bei Gipsputz

1. Aus dem Putz wird beiderseits des Risses ein rechteckiger Streifen bis auf das Mauerwerk herausgeschlagen

2. Der Einschnitt wird gründlich ausgebürstet und für das elastische Ersatzmaterial genau ausgemessen

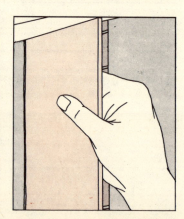

3. Eine Polystyrolplatte wird zugeschnitten, in den Ausschnitt geklemmt und übertapeziert

MIT BITUMENPAPIER UND STRECKMETALL

1. Wegzuschlagendes Stück anzeichnen und Putz mit nach innen abgeschrägten Kanten wegmeißeln

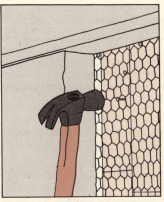
2. Bitumenpapier auf den Mauerausschnitt legen und darüber mit Stahlnägeln Streckmetall anbringen

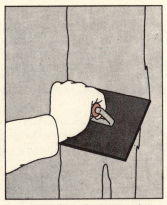
3. Loch mit Gipsmörtel passend zum Putz zugipsen und nach Abbinden in der gewünschten Farbe streichen

Auswechseln eines Lochziegels

Ist ein zur Ventilation dienender Lochziegel in einer Außenmauer beschädigt, wechselt man ihn sofort aus, damit weder Vögel noch Nagetiere eindringen können. Die Ventilationsöffnung darf nie, auch nicht einmal vorübergehend, ganz verschlossen werden.

Bei Hohlmauern reicht der Lüftungsziegel durch die ganze Dicke einer Mauerhälfte. Bei massiven Mauern sitzt er außen; die Innenfläche ist mit einem Lüftungsblech abgedeckt. Sehen Sie sich den Lochziegel genau an, bevor Sie einen Ersatz kaufen.

Lochziegel sind in den Standardmaßen in jedem Baugeschäft erhältlich. Man sollte aber immer vor dem Kauf ein genaues Maß der Mauerlücke anfertigen. Denn der Lochziegel kann nämlich nicht wie andere Ziegel abgehackt oder angestückelt werden. Wenn man es trotzdem versucht, bricht er meist gerade an den Stellen, wo man es am allerwenigsten wünscht.

Ist für das gewünschte Maß beim besten Willen kein passender Lochziegel aufzutreiben, so sollte man lieber einen etwas kleineren nehmen, die so entstehenden Lücken im Mauerloch durch behauene Ziegellagen ausfüllen und entsprechend verputzen.

Material:	Lochziegel, Sand und Zement
Werkzeug:	Maurerfäustel, Meißel, Kelle, steife Bürste

1. Alten Lüftungsziegel mit Meißel und Fäustel herausschlagen; Öffnung mit der Bürste säubern

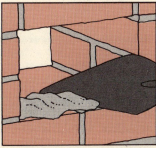
2. Mörtel in passenden Portionen mischen und ca. 1 cm dick auf den Boden der Maueröffnung auftragen

3. Mörtel auf die Oberseite und die Seiten des neuen Ziegels auftragen; Ziegel sorgsam einsetzen

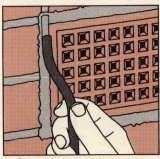
4. Überschüssigen Mörtel mit der Kelle entfernen, Fugen wie in der übrigen Wand verstreichen

5. Den Mörtel der Fugen trocknen lassen, dann die Wand um den neuen Ziegel mit steifer Bürste säubern

Ein Lüftungsgitter anbringen

Das Lüftungsloch in der Wand wird innen mit einem Jalousiegitter abgedeckt. Solche Gitter gibt es aus Aluminium, Kunststoff oder Gußeisen zu kaufen; sie werden entweder an die Mauer angeschraubt oder in die Maueröffnung eingesetzt. Diese Gitter lassen sich auch an der Außenseite der Mauer verwenden. Schließlich gibt es sie auch noch als Doppelgitter, wobei das innere und äußere Gitter durch einen Tubus aus dem gleichen Material von der Länge der Mauerdicke verbunden ist.

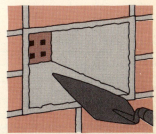
1. Das Lüftungsloch in der Mauer wird von Staub und Schmutz gereinigt, dann werden seine Innenseiten mit Mörtel verputzt

2. Das Lüftungsgitter wird auf die Öffnung gehalten, und die Löcher für die Befestigungsschrauben werden auf der Mauer angezeichnet

3. Die angezeichneten Löcher werden mit einem Steinbohrer in die Mauer gebohrt; das Gitter wird mit Dübeln und Schrauben befestigt

Mauerwerk

Lockere Ziegel neu einmauern

Lockere Ziegelsteine bilden eine unübersehbare Gefahrenquelle und müssen deshalb so schnell wie möglich wieder eingemauert werden. Da Mauerwerk immer in einem Verband gemauert wird, ist der Endstein bei Wänden von halber Ziegelstärke meistens kein ganzer Ziegel. Ferner spielen besonders bei Klinkern auch Farbverschiedenheiten eine Rolle, wenn der lose Stein nicht mehr zu verwenden ist. Deshalb ist es immer ratsam, beim Kauf von besonderen Ziegeln ein paar mehr zu nehmen, als im Augenblick notwendig sind. Diese Reserveziegel kann man bei später einmal eventuell nötig werdenden Reparaturarbeiten gut gebrauchen.

Oft ist es auch schwierig, den neuen Fugenmörtel dem alten anzupassen. Das gilt besonders, wenn der alte Mörtel mit Farbstoffen versetzt war. Bei einer Mauer aus Ziersteinen kann es sogar ratsam sein, den Mörtel aus allen Fugen des betreffenden Mauerteils herauszuhacken und die Mauer ganz neu zu verfugen (siehe S. 132–133).

Ziegel kann man mit der Kellenkante nach Maß zuschlagen. Das setzt allerdings einige Erfahrung und Geschicklichkeit voraus. Für den Anfänger ist der Maurerhammer geeigneter. Zum Schlagen von Teilsteinen benutzt man gesunde, hell klingende Ziegel. Steine mit Sprüngen oder Rissen zerfallen oft schon beim ersten Schlag in unbrauchbare Stücke. Man faßt den Ziegel so, daß die gewünschte Bruchstelle auf dem Oberschenkel oder Handballen liegt. Mit ein paar leichten Schlägen wird nun die Teilungsstelle markiert und dann der Ziegel mit ein oder zwei genau gezielten kräftigen Schlägen auf die Lagerfläche und die Schmalseite zerlegt.

> Material: Ziegel, Mauer- und Fugenmörtel
> Werkzeug: Kelle, Maurerhammer, Flachmeißel, Wasserwaage, Bürste, Fugeneisen, Schwamm, ein paar Holzleisten von der Dicke der Fugenbreite

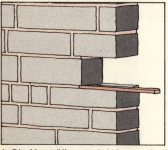

1. Die Maueröffnung wird ringsum befeuchtet. Zwei Holzleisten, die genau die Dicke der Fuge haben, werden bereitgelegt

2. Der neue Ziegel wird gründlich angefeuchtet und an der Rückseite sowie oben und unten mit einem Häufchen Mörtel versehen

3. Der Ziegel wird schnell in die richtige Lage in der Öffnung gedrückt. Dann schiebt man an seiner Ober- und Unterseite Leisten ein

4. Eine Richtlatte oder Wasserwaage wird an die Holzleisten gehalten, um sicherzustellen, daß der neue Ziegel mit den alten genau fluchtet

5. Der Fugenmörtel wird trocken angemischt. Damit er nicht zu naß wird, gibt man das nötige Wasser mit einem Schwamm hinzu

6. Nach dem Abbinden des Mauermörtels können die Leisten entfernt werden. Der Fugenmörtel wird in die Fugen gestrichen (siehe S. 132–133)

7. Nach Steifwerden des Fugenmörtels werden die Fugen mit dem Fugeneisen an die vorhandenen alten Fugen angeglichen

8. Nach dem Erhärten der Fugen wird die Umgebung des neuen Ziegels mit einer Bürste oder einem Handfeger gründlich gesäubert

9. Zum Schluß wird die ganze Fläche mit einem nassen Schwamm gesäubert. Festsitzende Mörtelreste werden vorher mit einer Kelle entfernt

> ### TEILSTEINE SCHLAGEN
>
> Beim Mauern im Verband werden an den Ecken, Kreuzungen und Mauerenden Teilsteine benötigt. Damit der Teilstein nach dem Zuschlagen auch die richtige Länge hat, sollte man in Hammerstiel Meßkerben anbringen. Dazu werden auf einem Stein die Längen der Teilsteine angezeichnet und der Hammer wie auf Bild 1 angehalten. An den Punkten, an denen der Hammerstiel an den Steinkanten anliegt, werden Kerben eingeschnitzt. Wenn man vor dem Zuschlagen den Hammer an die jeweilige Kante anlegt und den Stein ritzt, erhält man immer die gewünschte Länge der Teilsteine.
>
>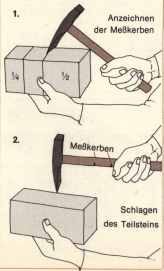

Schallisolation

Dämmplatten für Decken und Wände

Eine vollkommene Geräuschisolation kann man nicht erreichen. Aber Dämmplatten drücken den Geräuschpegel in einem Raum beträchtlich, und außerdem sehen sie meistens auch dekorativ aus.

Die am häufigsten zur Schallisolierung benutzten Materialien sind Mineral- und Glasfasern, Polystyrol, Kork, Holzwolleplatten, Leichtbauplatten und auch härtere Materialien wie Gipskarton und Holzfaserplatten. Das Geräuschabsorptionsvermögen der Dämmstoffe ist verschieden groß; man sollte sich also vor dem Kauf erkundigen.

Viele Deckenplatten sind auch für Wände geeignet; sie haben Nut und Feder und lassen sich deshalb leicht anbringen. Die Platten werden durch die Federn angenagelt oder mit Klammern befestigt, ohne daß die Nägel oder Klammern zu sehen sind. Wenn die Platten unmittelbar auf der Wand oder Decke angebracht werden, muß der Untergrund möglichst eben und trocken sein.

Es ist nicht ratsam, die Decke und alle Wände eines Raums mit Isolierplatten zu verkleiden, denn sie nehmen oft nur unzureichend Feuchtigkeit auf, und diese kann sich dann auf ihrer Oberfläche niederschlagen. Bestimmte Oberflächenstrukturen binden auch in besonderem Maße Staub, was dann mehr Aufwand bei der Raumpflege mit sich bringt.

Um eine gute Verteilung der Platten und eine ebene Fläche an einer Balkendecke zu erreichen, bringt man Latten rechtwinklig zu den Balken an. Die Isolierplatten werden dann auf der Lattenunterlage befestigt.

Für die Lärmdämmung einer Wand oder Decke gilt allgemein, daß sie durch das Nebeneinander von schallharten Stoffen (z. B. Beton) und schallweichen Materialien (z. B. Polystyrol oder Kork) verstärkt wird. Die Schalldämmleistung eines Materials ist um so größer, je mehr sein Schallwellenwiderstand (das Produkt aus Dichte und Schallgeschwindigkeit) von dem des angrenzenden Materials abweicht.

> *Material: Schalldämmplatten aus Mineral- oder Glasfasern, Polystyrol oder Kork, Holzwolleplatten, Leichtbauplatten, Gipskarton, Holzfaserplatten, Kleber, Heftklammern, Schrauben, Nägel, Holzlatten, Draht*
> *Werkzeug: Hammer, Wasserwaage, scharfes Messer, Heftmaschine (Tacker)*

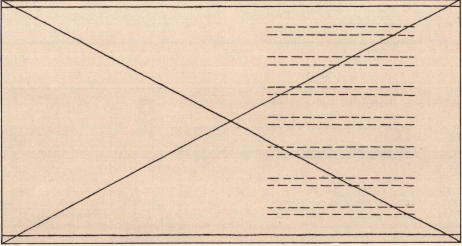

1. Zuerst wird an jeder Längsseite der Balkendecke eine Richtlatte (eventuell aus zwei oder mehreren Teilen) angebracht. Dann spannt man zwischen den Ecken diagonal möglichst straff zwei Schnüre. Der Kreuzungspunkt der Schnüre markiert die Mitte der Decke, in diesem Fall auch des Zimmers

2. Wenn die beiden Richtlatten waagrecht liegen und die Schnüre straff gespannt sind, berühren alle anderen (gleichstarken) Latten mit ihren Unterseiten die Schnüre, liegen also ebenfalls waagrecht. Das ist fast nie der Fall. Meistens muß man zwischen Balken und Latten Holzzwischenlagen anbringen, damit die Latten fluchten

3. Vom Mittelpunkt aus werden die Latten so verteilt, daß später die Fugen der aneinanderstoßenden Platten auf ihrer Mittellinie liegen. Die Latten werden mit Hilfe von Abstandsleisten angenagelt

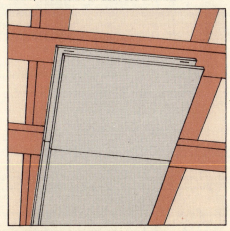

4. An einer Längswand beginnt man mit dem Verlegen der ersten Plattenreihe. Die wandseitige Feder der ersten Platte wird entfernt, die Platte an dieser Kante festgeklebt

5. Die hintere Wange der Dämmplatten wird mit jeweils drei Heftklammern an den Latten befestigt. Heftmaschinen gibt es in verschiedenen Größen. Man kann sie kaufen oder leihen

Schallisolation

 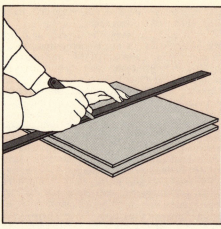 

6. Nachdem die Platte mit Heftklammern durch die hintere befestigt wurde, wird die nächste Platte mit ihrer Feder in die Nut geschoben und in ihrer Nut auf der anderen Seite angeheftet

7. Wenn alle ganzen Platten auf die beschriebene Weise verlegt sind, werden die Abschlußplatten an der zweiten Wand mit einem scharfen Messer nach Maß zugeschnitten und angeklebt

8. Da der Randabschluß wegen Unebenheiten der Wand nicht immer nach Wunsch gelingt, verdeckt man ihn an allen vier Wänden mit einfachen Holzstäben oder Profilleisten

Befestigung an der Wand

Wenn eine Wand eben und trocken ist, kann man Dämmplatten unmittelbar auf der Wand anbringen, vorausgesetzt, sie sind weder zu schwer noch zu groß (siehe S. 43). Die senkrechten und waagrechten Latten haben so viel Abstand zueinander, daß die Platten auf ihren Mittellinien zusammenstoßen. Wichtig ist, daß die Luft hinter den Platten zirkulieren kann. Daher dürfen die waagrechten Latten die senkrechten auf einer Seite nicht berühren (siehe S. 45).

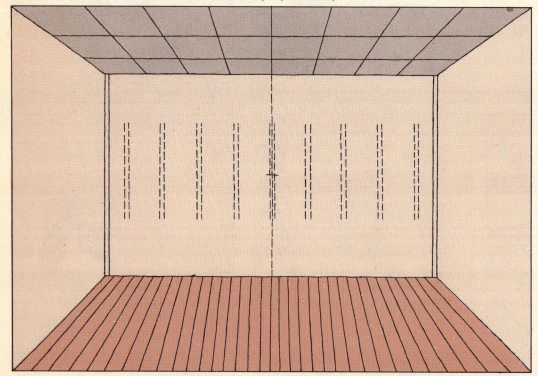 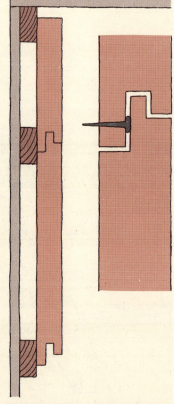

1. Wenn man eine Wand mit Dämmplatten belegt, stellt man wie bei der Decke zunächst den Mittelpunkt der Wandfläche fest und placiert darauf die erste Latte. Ist jedoch eine Wandseite verdeckt, zum Beispiel durch einen Schrank, so kann man ohne weiteres mit der Verteilung der Latten am freien Ende der Wand beginnen

2. An der Wand werden die Dämmplatten in derselben Weise befestigt wie an der Decke. Man fängt mit dem Verlegen in einer Zimmerecke an, wobei die Federn der Platten von der Ecke wegzeigen

Abgehängte Decken

Frei hängende Zwischendecken sind gut geeignet, Geräusche von einem Stockwerk zum andern einzudämmen. Es läßt sich damit zwar keine vollkommene Schallisolation erreichen, aber die Geräuschbelästigung wird doch spürbar vermindert. Man muß nur die Träger der Zwischendecke richtig anbringen und schallisolierende Platten verwenden. Sehr wichtig dabei ist, daß die Zwischendecke sowenig wie möglich Berührung mit der Decke hat, also wirklich frei hängt.

Beim Einbau einer Zwischendecke muß die vorhandene Zimmerhöhe beachtet werden, weil die behördlichen Bauvorschriften Mindestraumhöhen verlangen, die im allgemeinen bei 2,35 m liegen. Die örtlichen Baubehörden geben darüber Auskunft.

Es gibt verschiedene Methoden, eine Zwischendecke einzuziehen. So kann man beispielsweise die Deckenträger in die Wände einlassen. Dabei wird jeder Kontakt mit der alten Decke vermieden. Bei dieser Konstruktion muß jedoch vorher untersucht werden, ob die Wände stabil genug sind und welche Stärke die Holzträger haben müssen, damit sie sich später nicht durchbiegen. An den Trägern werden dann Dämmplatten befestigt (siehe S. 137–138). Zur besseren Isolation können auch auf den Trägern noch Schalldämmplatten verlegt werden, wobei man darauf achten sollte, daß sie dicht an die Wände anschließen.

Dann gibt es auch Gipsdecken mit eingelegtem Drahtnetz, die von Holzbalken abgehängt werden. Eine solche Decke darf nicht unmittelbar an den Balken befestigt werden, weil sie starr ist und beim Arbeiten des Holzes reißen würde. Die Decke wird mit Haken in Krampen gehängt, die in die Balken geschlagen sind. Die Haken haben auf diese Weise Bewegungsspielraum in den Krampen, und die Bewegung des Holzes kann der Decke nichts anhaben.

Eine weitere Art frei hängender Decken besteht aus einem System vorfabrizierter Träger, meist aus Metall, die aus Haupt-, Zwischen- und Randprofilen bestehen. Es gibt sie in verschiedenen Ausführungen und mit dazu passenden Dämmplatten sowie mit einlegbaren Lichtplatten, hinter denen sich Leuchtkörper anbringen lassen. Die Systemträger werden mit verzinktem Draht oder Stahlband an den Deckenbalken aufgehängt.

Bei der Verwendung von Systemträgern bestimmt man zunächst die Deckenhöhe und markiert sie an den Wänden. Dabei ist die vorgeschriebene Raummindesthöhe und die Höhe der Träger zu berücksichtigen. Dann werden an den Längswänden in der vorgesehenen Deckenhöhe waagerechte Kreidelinien gezogen und die Randprofile entlang dieser Linien mit Stahlnägeln oder mit Schrauben und Dübeln befestigt. Danach nagelt man die Randprofile auf die kurzen Wände.

Nun spannt man für die Haupt- und Zwischenprofile Schnüre straff unter die Decke. Ihre Abstände hängen von der Größe der Dämmplatten ab. Die Kreuzungspunkte der Schnüre müssen unter den Balken liegen.

Über den Kreuzungspunkten werden Ringschrauben in die Balken gedreht, an denen man dann die Aufhängedrähte oder -bänder befestigt. Die Hauptprofile werden nun auf dem Fußboden in Richtung der Schnüre auf Maß zusammengesetzt und danach auf die Randprofile an den Wänden montiert. Wenn die Spannweite groß ist, werden sie abgestützt, bis die Aufhängedrähte befestigt sind. Anschließend schneidet man die Zwischenprofile auf Länge und schiebt sie in die Hauptprofile. Ihr Abstand wird jeweils mit einer Dämmplatte kontrolliert, damit die Platten nach Fertigstellung des Trägergerüsts leicht eingelegt werden können.

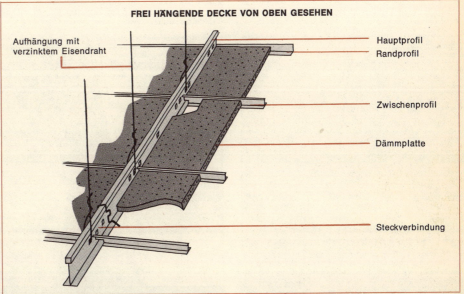

FREI HÄNGENDE DECKE VON OBEN GESEHEN

Aufhängung mit verzinktem Eisendraht — Hauptprofil — Randprofil — Zwischenprofil — Dämmplatte — Steckverbindung

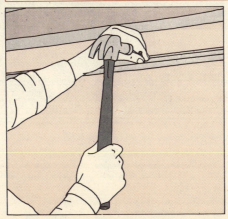

1. An den Längswänden wird in der vorgesehenen Deckenhöhe parallel zu den Balken eine eingekreidete Schnur gespannt. Man zupft sie an und markiert so auf jeder Wand eine Linie

2. Genau entlang dieser Linien werden die Randprofile mit Stahlnägeln an den Wänden befestigt. In derselben Weise nagelt man danach Randprofile an die beiden anderen Wände

3. Nun spannt man Schnüre straff unter die Decke, die den Verlauf der Haupt- und Zwischenprofile angeben. Der Abstand der Profile richtet sich nach der Plattengröße

Schallisolation

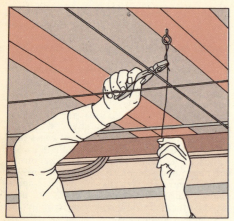

4. Genau über den Kreuzungspunkten der Schnüre werden kräftige Ringschrauben in die Balken gedreht. Dann befestigt man die verzinkten Eisendrähte an ihnen

5. Nun werden die Hauptprofile zur richtigen Länge zusammengesetzt, mit den Randprofilen verbunden und durch die dafür vorgesehenen Löcher an die Drähte gehängt

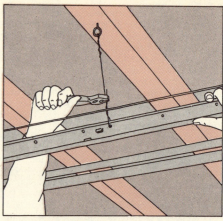

6. Unter Umständen muß man die Profile abstützen, bis die Drähte angebracht sind. Sie werden mit einer Kombizange gespannt und verdrillt, bis alle Hauptprofile waagrecht in einer Ebene liegen

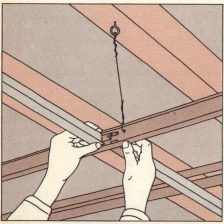

7. Nun sägt man die Zwischenprofile auf Länge und verbindet sie nach der Montageanleitung mit den Hauptprofilen, wobei sich die Abstände nach den Maßen der Dämmplatten richten

8. Die Dämmplatten werden nun in die entstandenen Fächer der Profile gelegt. Zur weiteren Schallisolation kann man auf die Profile noch gut schließende Mineralwollematten legen

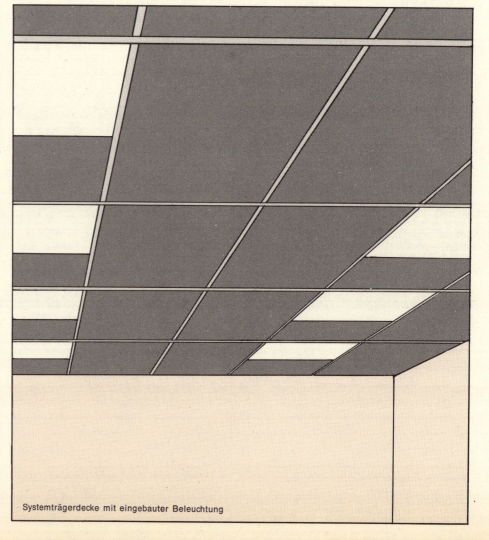

Systemträgerdecke mit eingebauter Beleuchtung

Eine Dämmwand einziehen

Wenn die Wände einer Wohnung „Ohren haben", also stark schalldurchlässig sind, kann man das Übel meist nur mit verhältnismäßig großem Materialaufwand abstellen. Sehr gute Ergebnisse erzielt man mit mehrschichtigen Dämmwänden, sogenannten biegeweichen Vorsatzschalen. Das sind nichttragende Konstruktionen, die in jeden Raum eingebaut werden können.

Was jedoch für alle anderen Methoden der Schallisolation gilt, trifft auch für die Dämmwände zu: Ihre Isolierwirkung hängt stark von der Konstruktion des Gebäudes und von den verwendeten Baumaterialien ab. Eine besondere Bedeutung haben dabei die Geschoßdecken, da sie den Schall horizontal weiterleiten können, wenn die Verbindungen nicht gut isoliert sind.

Bei Betondecken kann man Dämmwände ohne besondere Vorarbeiten einziehen. Anders ist es bei alten Holzkonstruktionen. Holz arbeitet, schwindet. Das bedeutet bei einer Decke, daß Balken und Dielen nie unverrückbar fest mit den Wänden verbunden bleiben; es entstehen schalldurchlässige Risse. Und außerdem ist die Schalldurchlässigkeit noch dadurch begünstigt, daß der Streifen Wand zwischen Fußboden und Decke (Deckenober- und -unterseite) meistens nicht verputzt ist. Darum sollte man, wenn irgend möglich, die Fußbodendielen entlang der Wände abheben, die Risse mit dauerelastischem Kitt abdichten und den unvergipsten Wandstreifen mit Glasfasermatten bedecken. Diese Arbeiten können nur ausgeführt werden, wenn die Dielen stumpf (ohne Nut und Feder) auf den Deckenbalken befestigt sind.

Eine Dämmwand kann auf zweierlei Weise ausgeführt werden. Erstens: Sie wird direkt an der Zimmerwand befestigt. Zweitens: Sie wird in einigem Abstand von der Zimmerwand eingezogen. Die erste Konstruktion ist nur 4 bis 5 cm stark, die zweite 11–12 cm; diese isoliert dafür aber auch entsprechend besser.

Bei beiden Methoden werden die Dämmwände mit Gipskartonplatten abgedeckt, die gleich gestrichen oder tapeziert werden können. Es empfiehlt sich jedoch, sie vorher mit einem Grundiermittel zu behandeln. Wer dennoch auf einen Verputz, z. B. einen wohnlichen Zierputz, nicht verzichten möchte, braucht die Platten nur mit einem Glasfasergewebe zu bekleben. Damit ist dann ein guter Putzuntergrund geschaffen.

Material: Kanthölzer, 5 x 7 cm, für Ständer sowie Decken- und Bodenbalken, Glas- oder Steinwollematten, 5 cm dick, Glasfaserbewehrungsstreifen, verzinkte Stahlnägel, Gips oder Fugenfüller
Werkzeug: Handsäge, Hammer, Wasserwaage, Messer, Bohrmaschine, Bohrer, Spachtel

1. Man sägt die Ständer, Decken- und Bodenbalken auf Länge, paßt sie ein und numeriert sie. Dann wird die erste Isoliermatte so an die Wand genagelt, daß sie nicht zu straff gespannt ist

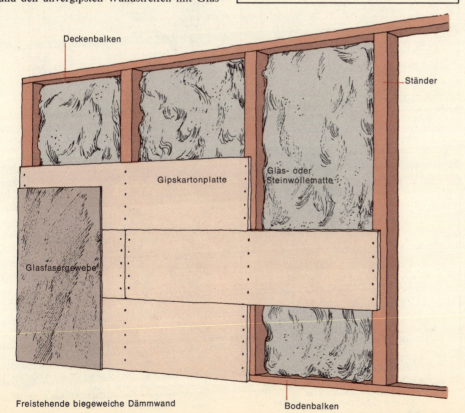

Freistehende biegeweiche Dämmwand

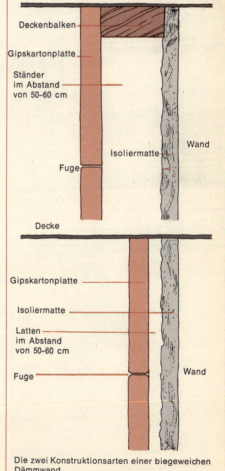

Die zwei Konstruktionsarten einer biegeweichen Dämmwand
Oben: die freistehende Wand (Stärke 11–12 cm)
Unten: die direkt auf die Wand genagelte Dämmwand (Stärke 4–5 cm)

Schallisolation

2. Die zweite Matte wird so eng neben der ersten befestigt, daß keine Fuge offenbleibt. Auf diese Weise deckt man die ganze Wand mit Matten ab. Die Matten werden bodenlang geschnitten

3. Mit Unterstützung eines Helfers nagelt oder schraubt man den Deckenbalken so an die Decke, daß er fest gegen die Matten drückt. Der Bodenbalken wird danach auf gleiche Weise befestigt

4. Nun werden die Ständer an die Decken- und Bodenbalken genagelt. Man verteilt sie so von den Wandenden aus, daß sie 50–60 cm auseinanderliegen. Sie müssen lotrecht stehen

5. Man sägt die erste Platte so zu, daß sie von einem Wandende zur Mitte des 3. oder 4. Ständers reicht, und nagelt sie an. Sie wird dabei fest angepreßt, damit es keine Stauchungen gibt

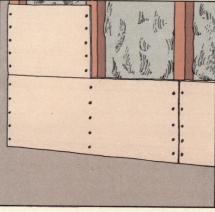

6. Die erste Reihe wird belegt, indem man die weiteren Platten oder Plattenstücke dicht nebeneinander befestigt. Die Platten der nächsten Reihen werden so angebracht, daß die Fugen versetzt sind

DIE ANDERE METHODE

1. Man schneidet 5 x 2,5 cm starke Latten auf Zimmerhöhe und befestigt sie mit der flachen Seite im Abstand von 50–60 cm an der Wand. Sie müssen lotrecht stehen

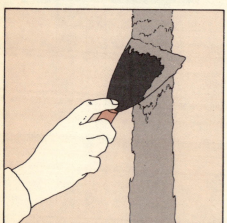

7. Die Platten der letzten Reihe bis zur Decke müssen genau eingepaßt und ebenfalls versetzt angenagelt werden. Jetzt versenkt man bei allen Platten die Nägel leicht unter die Kartonoberfläche

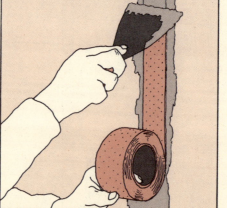

8. Die Fugen und Nagellöcher werden mit Gips oder Fugenfüller verspachtelt. Dann drückt man Glasfaserbewehrungsstreifen über die Fugen und überspachtelt sie dünn

2. Zwischen die Latten werden 2,5 cm dicke Isoliermatten auf die Wand genagelt. Sie müssen ringsum dicht anliegen. Zum Schluß befestigt man Gipskartonplatten auf den Latten

Einfache Tips zur Verbesserung der Schallisolation

Obwohl Doppelscheibenfenster in erster Linie der Verbesserung der Wärmeisolation dienen, können sie auch die Schallisolation deutlich verbessern.

Um eine spürbare Schalldämmung zu erreichen, muß der Abstand zwischen den Scheiben mindestens 6 cm betragen. Außerdem müssen die Scheiben mit ausreichend Glaserkitt oder einem anderen elastischen Material eingesetzt werden, damit sie dicht sind und nicht klirren können. Der Rahmen zwischen den Scheiben kann mit einem schallabsorbierenden Material belegt werden.

Beim Bestimmen der Scheibenabmessungen und der Länge der Glasleisten müssen die von den Leisten bedeckten Glasränder hinzugerechnet werden. Das sind auf allen Glasseiten 1,5 cm. Ebenfalls 1,5 cm hoch und tief ist der Falz in den Glasleisten.

Wichtig ist, daß der Rahmen keine undichten Stellen hat. Man muß deshalb Risse und Löcher sorgfältig zuspachteln.

Durch ein in den Fensterrahmen gebohrtes Ventilationsloch wird verhindert, daß sich feuchte Luft zwischen den Scheiben niederschlägt. Für jeden halben Quadratmeter Fensterfläche ist ein Loch erforderlich.

Damit kein Schmutz oder Insekten eindringen kann, wird jedes Loch mit einem herausnehmbaren Filter, z. B. aus Glaswolle, versehen.

Der Rand der Fensterscheibe wird vor dem Einsetzen auf beiden Seiten mit Schaumstoffstreifen beklebt, die bis an die Kanten der Glasleisten reichen. Diese Streifen sollten jeweils aus einem Stück sein.

Um einen gleichmäßigen Druck zu erreichen, sollte der Abstand zwischen den Schraubenlöchern in den Leisten etwa 30 cm betragen. Die Leisten werden lackiert, bevor man sie anschraubt. Die untere Leiste wird zuerst angeschraubt, damit die Scheibe eine Auflage hat, während man die anderen Leisten befestigt.

Fugen abdichten

Die Fugen zwischen hölzernen Fensterrahmen und Mauern werden mit dauerelastischem Kitt abgedichtet.

In manchen Räumen sind überflüssig viele Dreh- oder Kippfenster angebracht. In einem solchen Fall wäre zu überlegen, ob man nicht eines oder mehrere der Fenster fest verschließt und die Fugen mit Kitt abdichtet.

Doppelmauern

Durch den Hohlraum zwischen Doppelmauern können unter Umständen Geräusche aus einer Wohnung in die andere dringen. Eine Verbesserung der Schallisolation läßt sich erreichen, wenn man den Zwischenraum mit Sand auffüllt. Das sollte aber nicht ohne vorhergehende sachkundige Untersuchung geschehen.

Trennwände

Einfache Holztrennwände zwischen Dachkammern sind oft nicht dicht. Sichtbare Fugen kann man zum Beispiel mit Glas- oder Mineralwolle zustopfen.

Solche Wände reichen häufig auch nicht ganz bis an die Decke und sind an der oberen Kante nur mit dünnen Platten gegen die Decke abgedichtet.

Die Wände lassen schon bedeutend weniger Geräusche durch, wenn man eine Seite mit Isoliermaterial belegt und darüber eine neue Plattenlage befestigt. Die Geräuschdämmung dünner Wände läßt sich auch durch Belegen mit Korkfliesen erheblich verbessern. Diese sehen außerdem sehr dekorativ aus.

Trennwände in der Wohnung

Trennwände in der Wohnung kann man auf verschiedene Weise schallisolieren. So zum Beispiel, wie oben erwähnt, mit Korkfliesen. Man kann aber ein auf der vorhandenen Wand angebrachtes Riegelwerk oder einen Lattenrost auch mit Glas- oder Mineralwollematten ausfüllen und dann mit Spanplatten oder Gipskartonplatten verkleiden (siehe S. 141–142).

Gelegentlich können Unterputzsteckdosen in Zimmerwänden die Schalldämmung zwischen zwei Räumen beeinträchtigen. In solchen Fällen baut man die Unterputzdose aus, füllt die Öffnung in der Wand mit Mörtel und bringt eine Aufputzdose an, die es heute in flacherer Ausführung als früher gibt und die daher weniger stört.

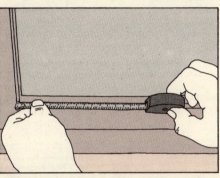

1. Zunächst mißt man die lichten Maße des Fensterflügelrahmens, um die Größe der neuen Scheibe und die Länge der Glasleisten zu bestimmen

2. Sprünge und Löcher im Rahmen verkittet man. Alter Anstrich wird erneuert, die Auflagefläche für die neue Scheibe glattgeschliffen

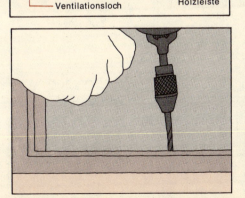

3. Damit sich zwischen den Scheiben nicht so leicht Kondenswasser bildet, wird in den Rahmen unten schräg ein Loch mit 5 mm Durchmesser gebohrt

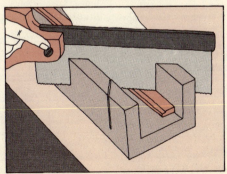

4. Die Glasleisten werden auf Gehrung so zugeschnitten, daß sie, besonders in den Ecken, ganz genau und dicht um die neue Glasscheibe passen

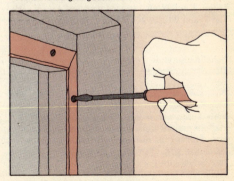

5. Man befestigt die Leisten so mit Messingholzschrauben, daß die Scheibe zwischen den Schaumstoffstreifen eingepreßt wird. Die Ecken verkittet man

Schallisolation

Schallhemmende Türen und Türfutter

Außer Fußböden, Decken und Wänden müssen auch die Türen samt Futter oder Zarge schalldämmend ausgeführt werden, denn die ganze Kette der Dämmaßnahmen wird sinnlos, wenn auch nur ein schwaches Glied darin steckt.

Besondere Ausbildung der Türfalze

Für befriedigende Dämmwerte muß die Tür seitlich und oben mit einem Doppelfalz versehen sein, der den Einbau von zwei hintereinander liegenden Dichtungen aus weichem Kunststoff oder Moosgummi ermöglicht.

Besondere Ausbildung der Türunterkante

Türen mit Schwellen ermöglichen einen höheren Schalldämmwert als Türen ohne Schwellen. Voraussetzung für eine hohe Schalldämmung ist allerdings, daß die Randdichtung eingebaut wird. Für Türen ohne Schwelle gibt es Schleifdichtungen, die beim Schließen der

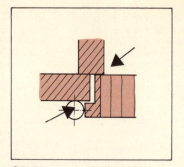

Schalldurchgang: die Folge einer undichten Konstruktion

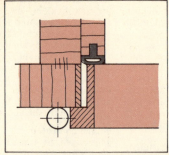

Schon besser, aber nur eine mäßig dichte Konstruktion

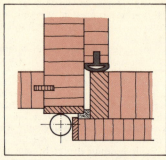

Die doppelte Falzdichtung sorgt für eine dichte Konstruktion

Tür auf einer am Boden befestigten Leiste, einer sogenannten Höckerschwelle, auflaufen. Noch bessere Schalldämmungswerte ergeben Patentdichtungen. Beim Schließen der Tür werden diese Dichtungen durch einen am Türfutter anstehenden Stift mechanisch nach unten gedrückt und gewährleisten so einen optimalen Schallschutz.

Konstruktionsbeispiele mit Schleifdichtungen

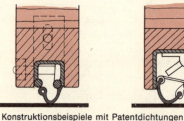

Konstruktionsbeispiele mit Schwelle

Konstruktionsbeispiele mit Patentdichtungen

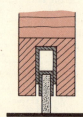

Ausschaltung der Schallbrücke zwischen Leibung und Mauerwerk

Zwischen Türfutter und Wand muß der gesamte Hohlraum mit Mineralwolle ausgestopft werden. Dichtungsschäume, die nicht aushärten, z. B. Polyurethanschaum, sind am besten geeignet.

Da manche Schallfrequenzen durch den dichten Kontakt zwischen Bekleidung und Mauer auf die Wand übertragen werden, müssen Filzstreifen oder dauerelastisches Material eingebracht werden.

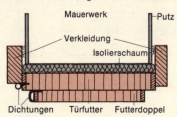

Mauerwerk — Putz — Verkleidung — Isolierschaum — Dichtungen — Türfutter — Futterdoppel

Schalldämmende Fenster

Bei der Sanierung alter Gebäude, besonders an verkehrsreichen Straßen, wird heute besonders auf den Schallschutz Wert gelegt. Aufenthaltsräume wie Wohn-, Schlaf- und Arbeitszimmer müssen ausreichend vor Störungen durch Außenlärm geschützt sein. Vor allem der richtige Schallschutz durch Fenster und Rolläden vermindert die Schallübertragung, denn Fenster haben eine geringere Schalldämmung als die Wände ihrer Umgebung.

Durch das Vorsetzen eines Rolladens mit stabilem Profil oder mit Polyurethan ausgeschäumten Stäben kann der Dämmwert zusätzlich erhöht werden. Allerdings muß der Abstand zwischen Rolladen und Fensterscheibe mindestens 80 mm, besser noch 120 mm betragen. Auch massive Holzklappläden sind ein guter Schallschutz. Geöffnete Lüftungsschlitze im Rolladen beeinflussen die Wärmedämmung kaum, die Schalldämmung heben sie dagegen fast auf.

Ausschaltung des Schalldurchgangs durch das Türschloß

Ein Spezialschloß, es wird Strahlenschutzschloß genannt, verhindert den Schalldurchgang an Schlüsselloch und Drückerstift. Das Türblatt wird innen beziehungsweise außen um 40 mm versetzt, nur bis zum Schloßkasten für Drücker und Halbzylinder gebohrt. Es gibt also keine durchgehenden Beschlagteile.

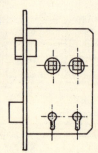

Schloß mit versetztem Zylinderloch und Drückernuß

Rolladenkasten

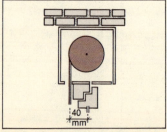

Falsch: Durchgehender Metallkasten und klaffender Rolladendeckel dämmen Wärme, aber nicht Schall

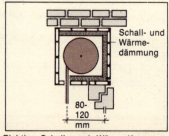

Richtig: Schall- und Wärmedämmung (mindestens 2 cm) an drei Seiten und ein dichter Rolladendeckel

Treppen

So ist eine herkömmliche Treppe konstruiert

Es hängt ganz von der Bauart einer Treppe ab, ob sie leicht oder schwierig zu reparieren ist. Die einfachste Treppe besteht aus zwei starken Hölzern (Wangen), an denen Stufen befestigt sind. Und davon lassen sich wiederum zwei Grundtypen ableiten, bei denen Wangen und Stufen auf verschiedene Weise miteinander verbunden sind.

Beim einen Typus sind die Oberkanten der Wangen sägezahnförmig für die waagrecht liegenden Tritte oder Trittstufen und die senkrecht stehenden Setzstufen ausgeschnitten. Man nennt dies eine aufgesattelte Treppe.

Beim anderen Typus dagegen haben die Wangen Nuten in den Innenseiten, die Tritte und Setzstufen aufnehmen. Hierbei handelt es sich um eine gestemmte Treppe.

Viele Treppen sind jedoch nach beiden Methoden gebaut. Das heißt, die Stufen sind z. B. in die an der Treppenhauswand gelegenen Wange, die Wandwange, eingenutet und auf der anderen, der Freiwange, aufgesattelt.

Wenn die Tritte auf einer Seite aufgesattelt sind, kann man sie leicht von der Treppenoberseite aus reparieren. Sind sie aber rechts und links eingestemmt, kann man nur von unten arbeiten. Das bedeutet, daß man Verputz und Schalung entfernen muß.

Manche Treppen haben außerdem zusätzliche Träger, die unter den Stufen verlaufen. Diese erschweren die Reparatur wohl bei aufgesattelten Treppen nicht, machen sie aber bei eingestemmten Konstruktionen zu einem recht schwierigen Unternehmen.

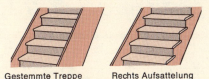

Gestemmte Treppe   Rechts Aufsattelung

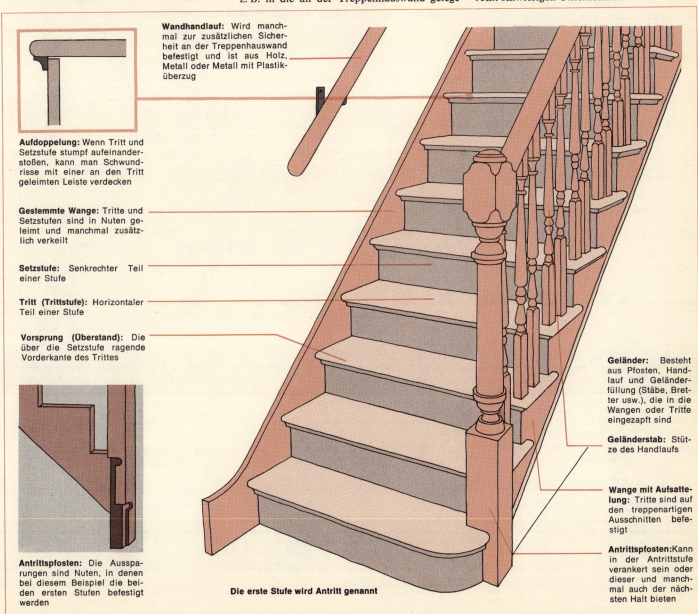

Wandhandlauf: Wird manchmal zur zusätzlichen Sicherheit an der Treppenhauswand befestigt und ist aus Holz, Metall oder Metall mit Plastiküberzug

Aufdoppelung: Wenn Tritt und Setzstufe stumpf aufeinanderstoßen, kann man Schwundrisse mit einer an den Tritt geleimten Leiste verdecken

Gestemmte Wange: Tritte und Setzstufen sind in Nuten geleimt und manchmal zusätzlich verkeilt

Setzstufe: Senkrechter Teil einer Stufe

Tritt (Trittstufe): Horizontaler Teil einer Stufe

Vorsprung (Überstand): Die über die Setzstufe ragende Vorderkante des Trittes

Antrittspfosten: Die Aussparungen sind Nuten, in denen bei diesem Beispiel die beiden ersten Stufen befestigt werden

Geländer: Besteht aus Pfosten, Handlauf und Geländerfüllung (Stäbe, Bretter usw.), die in die Wangen oder Tritte eingezapft sind

Geländerstab: Stütze des Handlaufs

Wange mit Aufsattelung: Tritte sind auf den treppenartigen Ausschnitten befestigt

Antrittspfosten: Kann in der Antrittstufe verankert sein oder dieser und manchmal auch der nächsten Halt bieten

Die erste Stufe wird Antritt genannt

Treppen

Lose Tritte und Setzstufen festmachen

Ein Haus ist kein starres Gebilde. So kann es vorkommen, daß sich eine Wand senkt und dabei eine Treppenwange von den Stufen löst. Abhilfe schaffen dann Keile, die man zwischen Wand und Wange treibt. Dies geht aber nur, wenn der Spalt nicht breiter als 2 cm und die Wand stabil ist. Andernfalls sollte man die Stufen erneuern (siehe S. 147–149). Bei Vollwänden (z. B. Backstein) können normalerweise an jeder beliebigen Stelle des Spaltes Keile eingesetzt werden. Bei verputzten Fachwerkwänden treibt man sie bei den Ständern ein.

Materialien: Weichholz, Schrauben, Nägel
Werkzeuge: Hammer, Meißel, Rückensäge, Bohrmaschine, Schraubenzieher

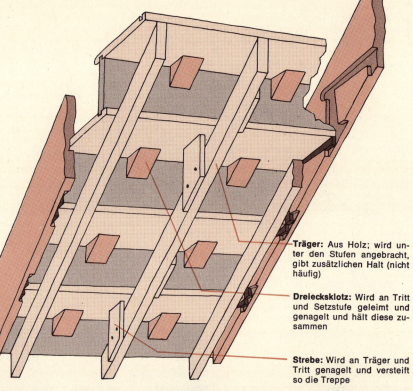

Träger: Aus Holz; wird unter den Stufen angebracht, gibt zusätzlichen Halt (nicht häufig)

Dreiecksklotz: Wird an Tritt und Setzstufe geleimt und genagelt und hält diese zusammen

Strebe: Wird an Träger und Tritt genagelt und versteift so die Treppe

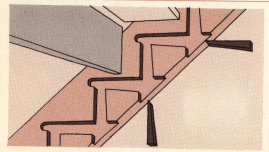

Keile für Tritte und Setzstufen: Sie werden auf Paßform geschnitten und erst eingeleimt, wenn man die Tritte und Setzstufen in die Nuten der Wangen eingepaßt hat

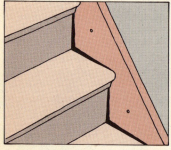

1. Zuerst werden die Nägel und Schrauben entfernt, die dadurch gelockert wurden, daß sich die Wange von den Tritten und Setzstufen wegbewegt hat

2. Über dem Spalt zwischen Wange und Stufen meißelt man nun den Putz ab. Bei Fachwerkwänden sucht man danach die Ständer (siehe unten rechts)

3. Man drückt nun die Wange von der Wand weg und treibt vorsichtig einen 30 cm langen, oben 4 cm breiten und unten 2,5 cm dicken Keil ein

4. Es werden so viele Keile eingeschlagen, bis die Wange fest gegen die Stufen gepreßt ist. Die Keile sägt man dann an der Wangenoberkante ab

5. Jetzt bohrt man durch die Wange und weiter bis etwa zur Hälfte in den Keil hinein. Das Bohrloch wird anschließend kräftig angesenkt

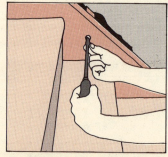

6. Zum Schluß dreht man die Schraube in den Keil hinein, verspachtelt den Schraubenkopf und bessert den Verputz aus (siehe S. 111)

SO FINDET MAN DIE BALKEN IN DER WAND

Mit dem Hammer die Wand abklopfen: Der höchste Ton zeigt in etwa die Mitte der Ständer an

Nun bohrt man im Abstand von rund 7 cm 6-mm-Löcher und stellt so die Lage der Ständer fest

So setzt man neue Stufen von oben ein

Wenn zwischen Wange und Stufen ein Spalt klafft, der breiter ist als 2 cm, dann besteht die Gefahr, daß die Wange nicht weit genug nachgibt, wenn man sie mit Keilen an die Stufen preßt. Deswegen ist es in solchen Fällen besser, gleich neue, längere Stufen anzubringen. Bei beidseitig eingestemmten Treppen (siehe S. 145) ist das recht schwierig, weil man die Stufen nur von der Treppenunterseite aus ersetzen kann. Handelt es sich aber um eine aufgesattelte Treppe, kann man bequem von oben arbeiten.

Bevor man ans Werk geht, stellt man fest, wie Tritte und Setzstufen miteinander verbunden sind. Dazu fährt man mit einem Metallsägeblatt ihrem unteren Stoß entlang.

Material: Holz für die Stufen, Leim, Stauchkopfnägel
Werkzeug: Hammer, Fuchsschwanz, Stichsäge, Metallsägeblatt, Holzhammer, Hobel, Versenker, Streichmaß, Kombinationswinkel, verschieden große Stecheisen, Kreissäge oder Nuthobel

VERBINDUNGEN ZWISCHEN TRITT UND SETZSTUFE

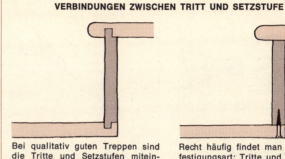

Bei qualitativ guten Treppen sind die Tritte und Setzstufen miteinander vernutet

Recht häufig findet man diese Befestigungsart: Tritte und Setzstufen sind verschraubt oder genagelt

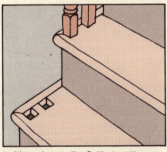

1. Man nimmt die Geländerstäbe aus den losen Tritten (siehe S. 153). Wenn unten an den Trittvorsprüngen Profilleisten sind, entfernt man sie

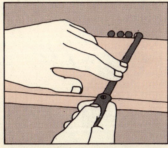

2. Bei vernuteten Tritten und Setzstufen bohrt man einige Löcher in die Setzstufen und sägt dann am Stoß entlang die Feder durch

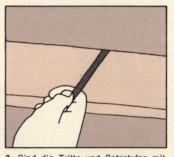

3. Sind die Tritte und Setzstufen mit Nägeln oder Schrauben verbunden, sägt man diese mit einem Metallsägeblatt parallel zur Setzstufe durch

4. Danach werden die betreffenden Tritte und Setzstufen entfernt. Wenn sie in den Nuten der Wange klemmen, hämmert man sie los

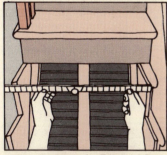

5. Beim Festlegen der Tritt- und Setzstufenlänge muß man die Nuttiefe hinzurechnen und für die Tritte eventuell auch einen Seitenüberstand

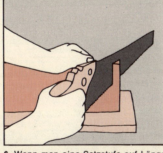

6. Wenn man eine Setzstufe auf Länge geschnitten hat, gehrt man sie, sofern erforderlich, auf der Seite, die für die Freiwange bestimmt ist

7. Jetzt wird die Setzstufe in Position gebracht. Wenn nötig, schneidet man einen Keil zurecht, mit dem man sie genau ausrichten kann

8. Zuerst leimt man den Keil fest, dann die Setzstufe. Anschließend werden Nägel schräg durch die Setzstufe in die senkrechte Wangennut getrieben

9. Auch das andere Ende der Setzstufe wird zunächst geleimt und dann genagelt. Die Nägel schlägt man mit dem Versenker unter die Holzoberfläche

10. Sollte die Festigkeit nicht genügen, hilft man mit einem beleimten Keil ab, den man parallel zur Setzstufe in die senkrechte Wangennut drückt

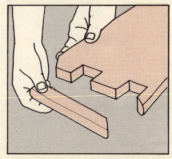

11. Wenn auf die alten Tritte Seitenprofile aufgeleimt sind, entfernt man sie vorsichtig und säubert sie, damit man sie wieder verwenden kann

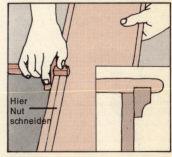

12. Der neue Tritt wird auf Länge geschnitten. Wenn der alte unten eine eingelassene Profilleiste hatte, reißt man die Nut an

Treppen

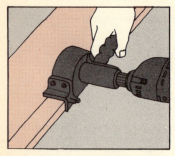
13. Man mißt die Nuttiefe im alten Tritt, überträgt die Maße und sägt oder hobelt entsprechend tief zwischen den angerissenen Markierungen

14. Wenn man keinen Nuthobel hat, stemmt man die Nut mit dem Stecheisen aus. Wichtig ist, daß man Breite und Tiefe ganz genau einhält

15. Man entfernt Splitter und Späne aus der Nut und prüft, ob die Profilleiste in die Nut paßt. Nach eventuellen Korrekturen leimt man sie ein

16. Danach legt man den Tritt mit der Nut nach unten und zeichnet eine Gehrung (45°) an die Ecke, an die später das Seitenprofil stoßen wird

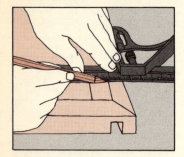
17. Vom alten Tritt nimmt man die Positionen und die Maße der Aussparungen für die Geländerstäbe ab und überträgt sie genau auf den neuen Tritt

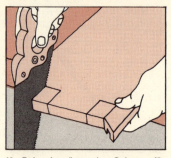
18. Beim Aussägen der Gehrung für die Seitenprofilleiste und der Aussparungen für die Geländerstäbe ist wichtig, daß die Schnitte senkrecht sind

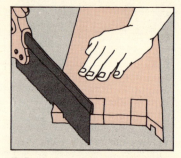
19. Damit der neue Tritt sauber an der Wange anliegt, kann es nötig sein, seine der Gehrung gegenüber liegende Ecke entsprechend schräg abzusägen

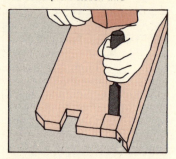
20. Die Aussparungen für die Geländerstäbe sticht man mit dem Stecheisen aus. Wenn man sauber gesägt hat, braucht man kaum nachzuarbeiten

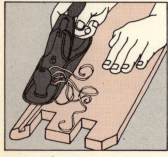
21. Man dreht den Tritt um und hobelt seine Vorderkante so zurecht, daß sie die gleiche Form hat wie der Vorsprung des alten Tritts

22. Der Tritt wird trocken an seinen Platz gelegt; dabei prüft man, ob er richtig sitzt. Wenn Ungenauigkeiten vorhanden sind, arbeitet man nach

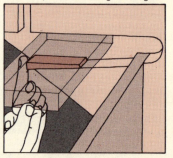
23. Man hält ein Abfallstück des Tritts zusammen mit einer keilförmigen Beilage so in die Nut, daß beide stramm sitzen, und nimmt die Trittprobe weg

24. Man markiert die Position der Keilbeilage und leimt sie fest. Danach dreht man den Tritt um und leimt die Profilleiste in ihre Nut

25. Der Tritt wird in die mit Leim bestrichene Wangennut getrieben. Ein Stück Holz als Vorlage verhindert dabei, daß man das Werkstück beschädigt

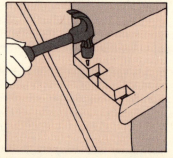
26. Auf der anderen Seite nagelt man nur den Tritt auf die Wange. Die Nägel treibt man nicht zu nah an den Kanten ein, damit diese nicht splittern

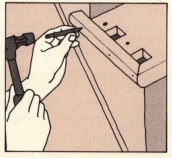
27. Zum Schluß nagelt man die alte Seitenprofilleiste auf. Die Nägel werden versenkt und die Löcher mit Kitt oder mit Knetholz gefüllt

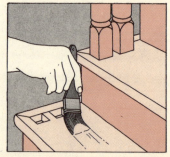
28. Wenn die Treppe keinen Belag kriegen soll, streicht man die neuen Teile mit einem farblosen Grundlack und tönt sie dann wie die übrigen

So setzt man neue Stufen von unten ein

Wenn die Setzstufen und Tritte auf beiden Seiten in die Treppenwangen eingestemmt sind (siehe S. 145), kann man irgendwelche Schäden nur von der Treppenunterseite her beheben. Dies ist aber erheblich schwieriger als bei aufgesattelten Treppen, die man bequem von der Treppenoberseite aus reparieren kann. Und besonders schwierig wird die Arbeit an beidseitig eingestemmten Treppen, wenn die Stufen von zusätzlichen Hilfsträgern (siehe S. 146) unterstützt sind. Man muß daher unbedingt feststellen, wie die Treppe unten konstruiert ist. Wenn solche Träger vorhanden sind und man sich nicht ganz sicher fühlt, sollte man den Fachmann holen.

Material: Weichholz für Tritte und Setzstufen, Holzvorlage zum Hämmern, Weichholz für Keile, PVA-Leim, Holzschrauben, Farbe, Nägel
Werkzeug: Stecheisen, Holzhammer, Fuchsschwanz, Stichsäge, Elektrosäge oder -nuthobel, Bohrwinde und Bohrer, Schraubenzieher, Hammer

TREPPEN MIT UNTERSEITENVERKLEIDUNG

Wenn Treppen unten verputzt sind, müssen Putz und Putzuntergrund entfernt werden, damit man von unten an die Stufen herankommt. Deshalb sollte man ganz sicher sein, daß man die Verkleidung auch wieder erneuern kann. Wie schon gesagt, können zusätzliche Träger die Reparatur behindern. Um festzustellen, ob solche Träger da sind, schlägt man den Putz etwa 10 cm breit auf ganzer Treppenbreite ab. Eine solche Fläche kann auch der Ungeübte vergipsen.

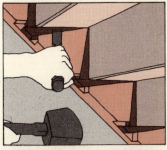

1. Wenn die Tritte und Setzstufen in den Wangen verkeilt sind, schlägt man die Keile vorsichtig mit dem Stecheisen aus den Wangennuten heraus

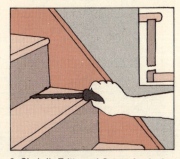

2. Sind die Tritte und Setzstufen ineinander genutet (siehe S. 147), bohrt man unten in die Setzstufe hinein und sägt dann parallel zum Tritt

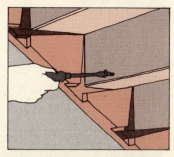

3. Wenn die Stufenteile mit Schrauben oder Nägeln verbunden sind, entfernt man diese. Lassen sie sich schlecht fassen, stemmt man ihre Köpfe frei

4. Die Setzstufe wird mit einem alten Stecheisen nach unten vom Tritt weggedrückt. Man arbeitet dabei abwechselnd von einer Seite zur andern

5. Den Tritt dagegen klopft man von oben mit Hammer und Vorlage nach hinten aus den Nuten und zieht ihn dann von unten vollends heraus

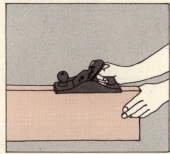

6. Die neuen Tritte und Setzstufen werden in die Wangennuten eingepaßt. Die Vorderkanten der Tritte formt man wie die der alten Tritte

7. Man sägt zwei Keile für die Nuten hinter den Setzstufen zu; sie sollen ein wenig breiter als die Nuten sein. Dann bestreicht man sie mit Leim

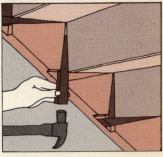

8. Man setzt den Tritt und die Setzstufe ein, nagelt die Setzstufe unten vorläufig fest und treibt die senkrechten Keile in ihre Nuten

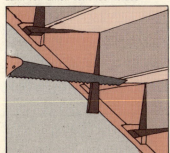

9. Die Nägel zieht man jetzt wieder heraus. Sodann sägt man den überstehenden Teil des Keils unten an der Setzstufe ab

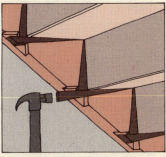

10. Die Keile für die horizontalen Nuten werden mit Leim bestrichen und dann unter die Tritte eingetrieben, bis sie stramm sitzen

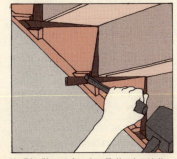

11. Die überstehenden Teile der Keile werden an der Unterseite der Wange abgesägt oder mit dem Stecheisen abgestochen

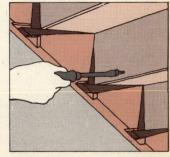

12. Rund 15 cm von beiden Wangen entfernt werden pro Stufe zwei Schrauben durch die Setzstufe auf Mitte in den Tritt getrieben

Treppen

Klötze gegen Treppenknarren

Bei unten offenen Treppen befestigt man dreieckige Holzklötze an den Tritten und Setzstufen.

Wenn eine Treppe unten verkleidet ist, versucht man sich zu helfen, indem man PVA-Leim in die Stufenfugen preßt und den Tritt festnagelt.

Material: Weichholz, 50 x 50 mm, für je zwei 8 cm lange Klötze pro Stufe, Stauchkopfnägel, PVA-Leim
Werkzeug: Hammer, Fuchsschwanz, Stecheisen, Versenker, Schraubstock

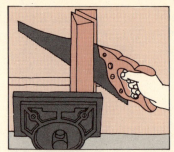

1. Man spannt das Vierkantholz senkrecht in den Schraubstock und sägt es diagonal der Länge nach durch, indem man es schrittweise tiefer einspannt

2. Für jeden Innenwinkel, den die Tritte und Setzstufen an der Treppenunterseite bilden, werden zwei 8 cm lange Klötze zugeschnitten

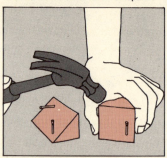

3. Wenn man sich vergewissert hat, daß alle Klötze in ihren Winkel passen, schlägt man in jeden Klotz zwei Nägel einige Millimeter ein

4. Die Blöcke werden dünn mit PVA-Leim bestrichen und unter Druck hin und her gerieben, um überschüssigen Leim herauszupressen

5. Jetzt treibt man die Nägel ein. Dabei ist wichtig, daß der eine in die Setzstufe und der andere in den Tritt dringt

VON OBEN LEIMEN UND NAGELN

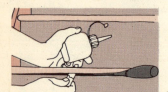

1. Man drückt Tritt und Setzstufe auseinander, streicht mit einem Holzspan PVA-Leim in den Spalt und nimmt das Stecheisen heraus

2. Nun werden zwei Nägel schräg zueinander durch den Tritt in die Setzstufe getrieben und versenkt. Die Löcher verkittet man

Treppenschrauben gegen Treppenknarren

Bei freiliegenden Treppen stellt man das Knarren mit Treppenschrauben ab. Sie werden unter jedem vierten oder fünften Tritt durch die Wangen gesteckt und mit Muttern fest mit ihnen verschraubt. Man mißt den Abstand zwischen den Wangenaußenseiten und kauft die Schrauben dann um die Dicke der Unterlegscheiben und Muttern länger. Treppenschrauben, Unterlegscheiben und Muttern werden am besten mit Polyurethanlack gegen Rost geschützt.

Material: Treppenschrauben, 12–15 mm stark, Unterlegscheiben, Muttern, Polyurethanlack
Werkzeug: Bohrwinde, Bohrer, Schraubenschlüssel, Pinsel

Treppenschraube mit Unterlegscheiben und Muttern

1. Die Länge der Schraube entspricht dem Abstand zwischen den Wangenaußenkanten plus der Stärke der Muttern und Unterlegscheiben

2. Unter dem Mittelpunkt jedes vierten oder fünften Trittes bohrt man je ein Loch in Schraubenstärke plus 1 mm Toleranz durch beide Wangen

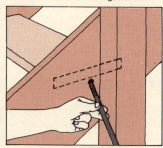

3. Die Schrauben werden durch die Bohrlöcher gesteckt; dabei ist darauf zu achten, daß auf beiden Seiten gleich viel Gewinde herausschaut

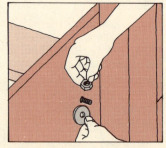

4. Nun schiebt man auf jedes Schraubenende eine Unterlegscheibe und schraubt mit der Hand eine Mutter auf, bis sie die Wange berührt

5. Zum Schluß werden die Muttern mit dem Schraubenschlüssel abwechselnd so fest angezogen, bis die Unterlegscheiben leicht ins Holz eindringen

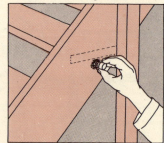

6. Wenn man die Muttern nicht freiliegen lassen möchte, deckt man sie mit Schutzkappen ab. Es gibt sie aus Plastik und Metall. Man kann sie auch aus Holz selber drechseln

Abgetretene Trittvorsprünge erneuern

Eine Haustreppe muß laut Vorschrift der Bauaufsichtsbehörde gefahrlos zu begehen sein. Dies ist beispielsweise dann nicht mehr der Fall, wenn die Vorsprünge der Tritte stark abgenutzt sind.

Die beste Lösung wäre dann zwar, den ganzen Tritt zu erneuern (siehe S. 149), die billigere und einfachere Methode ist jedoch, nur den beschädigten Vorsprung auszubessern.

Sehr wichtig dabei ist nur, daß der vordere Teil des Tritts, an den eine neue Kante befestigt werden soll, wirklich gut ist. Wenn sich der Schaden, starke Risse oder Wurmfraß beispielsweise, an dem Vorsprung über die Mittellinie der Setzstufe (siehe S. 145) hinaus erstreckt, sollte man einen neuen Tritt einsetzen.

Material: Hartholz in erforderlicher Stärke und Breite, die Länge: Trittbreite plus Seitenprofilstärke, PVA-Leim, Senkholzschrauben, Stauchkopfnägel
Werkzeug: Stecheisen, Bohrmaschine, Bohrer, Kombinationswinkel, Hammer, Versenker, Hobel, Schleifpapier

EINEN VORSPRUNG AN EINEM TRITT ERNEUERN

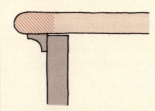
Wenn der Tritt stumpf auf der Setzstufe aufliegt, kann man den Vorsprung bis zur Mitte der Setzstufe abstemmen

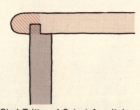
Sind Tritt und Setzstufe miteinander vernutet, werden der Vorsprung und die in den Tritt ragende Feder der Setzstufe weggestemmt

1. Bei starker Abnützung kann es vorkommen, daß die Trittvorderkante splittert. Darunter liegende Profilstäbe werden entfernt

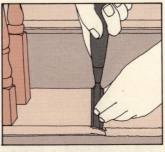
3. Der beschädigte Vorsprung wird entweder von oben oder von der Seite, also horizontal, abgestochen. Die neue Kante wird anschließend versäubert

2. Mit einem langen Lineal zeichnet man die Linie an, bis zu der das Holz abgestemmt werden soll. Sie darf nicht hinter der Setzstufenmitte liegen

4. Den neuen Vorsprung schneidet man genau auf Länge. Wenn der Tritt eine seitliche Profilleiste hat, wird der Vorsprung an einem Ende gegehrt

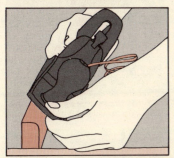
5. Das neue Werkstück wird vorne so gehobelt oder gefeilt und geschliffen, bis es die gleiche Form hat wie die anderen Vorsprünge der Treppe

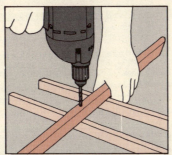
6. Der neue Vorsprung bekommt durch die Vorderkante eine Bohrung auf Mitte und je eine etwa 8 cm von den Enden entfernt. Die Löcher senkt man an

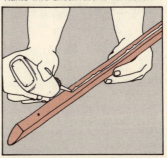
7. Man bringt PVA-Leim auf die Rückseite des neuen Vorsprungs auf, verteilt ihn gleichmäßig und steckt danach die Schrauben in die Löcher

8. Der Vorsprung wird jetzt an den Tritt gehalten und festgeschraubt. Dabei zieht man die Schrauben abwechselnd und nicht auf einmal an

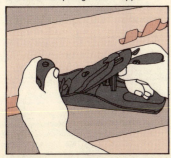
9. Austretenden Leim sollte man sofort abwischen. Falls nötig, hobelt man den Vorsprung oben so weit ab, bis er mit der Trittoberseite bündig ist

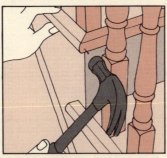
10. Das gegehrte Ende des neuen Vorsprungs nagelt man an die alte seitliche Profilleiste. Damit das Holz nicht splittert, staucht man die Nagelspitzen

11. Wenn vom alten Tritt eine Profilleiste entfernt wurde, säubert man sie und leimt sie wieder an; ist sie beschädigt, richtet man eine neue zu

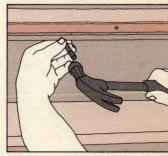
12. Die Profilleiste heftet man mit Stauchkopfnägeln, die man versenkt. Der dabei austretende überschüssige Leim wird gleich abgewischt

Treppen

Trittkantenprofile anbringen

Trittkantenprofile schützen die Treppenstufen und machen sie rutschsicher. Außerdem sind sie bei Teppichbelägen erforderlich, die man nicht fortlaufend von Stufe zu Stufe verlegen kann.

Die Kantenprofile bestehen in der Regel aus Kunststoff, Gummi oder Metall und werden in verschiedenen Formen und Farben hergestellt. Es gibt sie auch in verschiedenen Stärken für unterschiedlich dicke Bodenbeläge. Damit fasernde Teppiche nicht ausfransen, gibt es Profile, in deren Kante der Teppichbelag eingeschoben wird.

> *Material:* Trittkantenprofile, Teppichnägel, Kleber
> *Werkzeug:* Hobel, Holzraspel, Hammer, Messer, Winkelschmiege

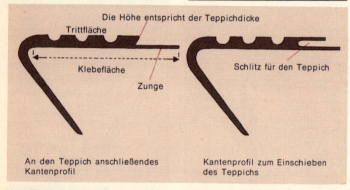

An den Teppich anschließendes Kantenprofil

Kantenprofil zum Einschieben des Teppichs

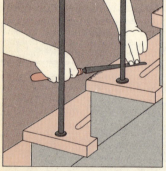

1. Falls erforderlich, muß man die Kanten der Trittstufen mit Holzraspel oder Hobel der Form des Trittkantenprofils anpassen. Als Schablone dient ein Profilstück

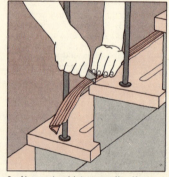

2. Nun schneidet man die Kantenprofile auf die erforderliche Länge. Dabei muß für jede einzelne Stufe ein Stück abgemessen und dann gekennzeichnet werden

3. Nun wird der Rand der Stufe und die Innenseite der Profilauflage mit Kleber bestrichen. Dann klebt man das Profil so an, daß seine Vorderkante gut abschließt, aber nicht klebt

4. Dann befestigt man die Zunge des Profils mit ein paar Teppichnägeln und wischt dabei heraustretenden Kleber ab. Danach kann man den Teppichbelag auf der Stufe anbringen

Einen Teppichbelag anbringen

Obwohl sich die meisten Teppicharten zum Belegen von Treppen eignen, sollte man sich doch vor dem Kauf beraten lassen. Der Teppichbelag wird in jedem Fall aufgeklebt. Bei Teppichen mit ausfransenden Schnittkanten verwendet man Trittkantenprofile mit Schlitzen für den Teppichrand.

Harte Bodenbeläge, aus PVC etwa, kann man mit ausgefalzten Profilen kombinieren. Nur muß dann die Falztiefe mindestens der Belagdicke entsprechen. Der Belag wird meistens nur auf den Trittstufen angebracht. Will man eine Treppe ganz mit einer Bahn in einem Stück belegen, muß man wissen, ob sich das Material dazu eignet. Wenn nicht, kann man die Tritte und Setzstufen (siehe S. 145) mit Einzelstücken verkleiden. Die Stöße sollten dann aber möglichst dicht schließen, damit sich Staub und Schmutz dort nicht festsetzen können.

Bevor man den Belag aufbringt, verspachtelt man Löcher und Risse und gleicht Unebenheiten mit einem Zellulosefüller aus.

> *Material:* Bodenbelag, Kleber
> *Werkzeug:* Messer, Stahllineal, Holzklotz

1. Als erstes werden die Stufen einzeln gemessen und dann die Belagstücke mit etwas Zugabe zugeschnitten und gekennzeichnet

2. Man legt den Belag mit der Vorderkante an das Kantenprofil, markiert den noch überstehenden Streifen und schneidet ihn genau ab

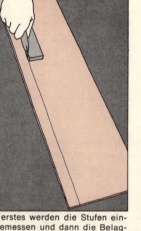

3. Jetzt wird die Trittstufe gleichmäßig mit Kleber bestrichen, das Belagstück fest angedrückt und, wenn nötig, nachgeschnitten

4. Zum Schluß reibt man den Belag mit einem Holzklotz kräftig an, um Luftblasen herauszudrücken, und entfernt überschüssigen Kleber

Lose Geländerstäbe befestigen

Wenn eine Treppe sich verzieht oder durchbiegt, kann es vorkommen, daß die Geländerstäbe aus ihren Zapfenlöchern gezogen werden. Man kann dann neue Stäbe einsetzen; billiger ist es aber, eine Holzleiste unter dem Handlauf oder der Treppenwange anzubringen. Die Leiste muß in der Stärke etwas mehr messen als der beim Nachgeben der Treppe entstandene Zwischenraum.

Die Geländerstäbe sind unten in Zapfenlöcher geleimt, am Handlauf können sie dagegen mit Nägeln befestigt oder ebenfalls in Löcher eingelassen sein.

Material:	Holzleiste
	Nägel mit
	Stauchköpfen
Werkzeug:	Hammer
	Holzhammer
	Wasserwaage
	Hobel
	Stecheisen
	Flachmeißel
	Hartholzblock
	Fuchsschwanz
	oder Rückensäge
	Bleistift
	Versenker
	Meterstab

MEHRGESCHOSSIGE TREPPEN

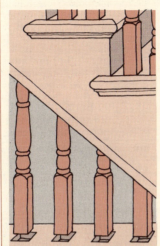

Treppenabsätze senken sich oft einseitig, so daß ungleiche Spalten unter den Geländerstäben entstehen. Die Leiste, mit der die Geländerstäbe befestigt werden, sollte dann etwas dicker als der weiteste Spalt sein

1. Mit einem Hammer und einer Holzleiste werden die Geländerstäbe oben vom Handlauf oder von der Wange gelöst und herausgenommen

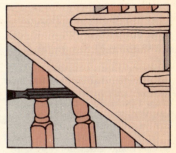

2. Wenn ein Geländerstab in der Lackschicht festsitzt, kratzt man sie mit einem alten Stecheisen darum herum weg

3. Sind alle losen Geländerstäbe entfernt, wird die Auflagefläche mit einem Meißel oder einem Stecheisen gesäubert

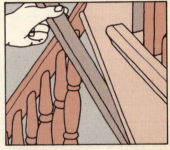

4. Jetzt schneidet man eine genügend lange Leiste zu, die etwas stärker sein sollte als der weiteste Spalt unter den Geländerstäben

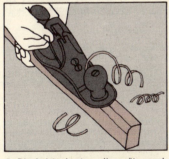

5. Die Leistenkanten, die später nach unten zeigen, wenn die Leiste an der Wange oder am Handlauf befestigt wird, bricht man

6. Die Leiste wird nun von unten an den Handlauf oder an die Wange genagelt. Die Nägel versenkt man unter die Holzoberfläche

7. Man setzt den Geländerstab senkrecht in sein Zapfenloch und zeichnet den Umriß seines oberen Endes seitlich auf die Leiste

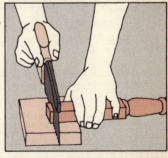

8. Die Tiefe der Markierung auf der Leiste wird gemessen und unten auf den Geländerstab übertragen. Dann sägt man ihn um dieses Stück kürzer

9. Die Zapfenlöcher für die unteren Enden der Geländerstäbe werden mit Stecheisen und Hammer gesäubert und geglättet

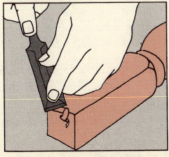

10. Die Kanten der unteren Stabenden schrägt man mit dem Stecheisen an, so daß sie sich leicht in die Löcher setzen lassen

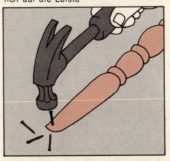

11. In das obere Stabende wird ein Nagel schräg eingeschlagen, und zwar so, daß man den Stab damit an der Leiste befestigen kann

12. Während man nagelt, sollte der Geländerstab genau senkrecht gehalten werden. Die Nägel werden vorsichtig versenkt

Treppen

Einen Handlauf an der Wand anbringen

Ein loser Handlauf ist gefährlich und sollte so rasch wie möglich repariert werden. Wenn er auf einem Brett an der Wand befestigt ist, genügt es, die alten Schraubenlöcher zuzukitten und die Handlaufhalter daneben neu anzuschrauben. Man kann die alten Löcher auch mit Holzpflöcken verschließen und die Schrauben in diese Pflöcke drehen.

Ist der Handlauf unmittelbar an die Wand geschraubt, so sollte man ihn bei einer Reparatur auf einem auf die Wand gedübelten Brett befestigen. Dazu markiert man durch die Mitte der Halter auf der Wand eine Linie, schraubt die Halter ab und dübelt ein passend zugesägtes Brett in gleichmäßigen Abständen an die Wand.

Material: Ein Brett, mindestens 2 cm dick, Linsensenkholzschrauben, vernickelt, Dübel, Knetholz
Werkzeug: Schraubenzieher, Bohrmaschine, Holzbohrer, Steinbohrer, Bleistift

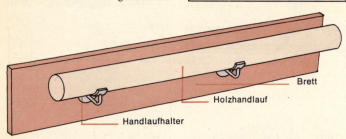

Einen Metallhandlauf anbringen

Anstelle eines hölzernen Handlaufes kann man auch einen kunststoffbelegten Handlauf aus Stahl anbringen.

Er besteht aus den Handlaufhaltern, der Stahlschiene des Handlaufs und dem darüber geschobenen Kunststoffprofil. Die Stahlschiene wird auf die Halter geschraubt, und diese werden an die Wand geschraubt.

Das Handlaufprofil besteht aus thermoplastischem Kunststoff, der bei Erwärmung so elastisch wird, daß er sich leicht auf die Stahlschiene drücken läßt. Für sehr enge Biegungen kann man vorgebogene Profilstücke kaufen.

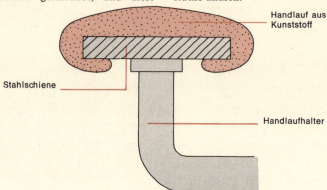

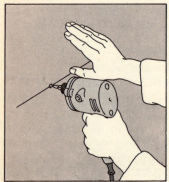

1. Man hält das Brett an die markierte Linie und zeichnet Bohrlöcher auf der Wand an. Dann bohrt man die Löcher, setzt die Dübel ein und befestigt das Brett mit Holzschrauben

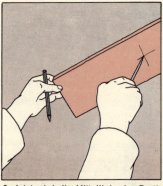

2. Jetzt wird die Mittellinie des Bretts angezeichnet und darauf in gleichmäßigen Abständen die Schraubenlöcher für die Handlaufhalter markiert

1. Man verbindet das gebogene Endstück mit Verbindungsplatte, Schrauben, Federringen und Muttern mit der Stahlschiene und schraubt die Schiene auf die Handlaufhalter

2. Das Kunststoffprofil wird vor dem Aufziehen in heißem Wasser weich gemacht oder während des Aufziehens mit einem Fön auf ca. 80° C erwärmt

3. Nun können die Handlaufhalter an den bereits angerissenen Stellen angebracht werden. Man verwendet dazu am besten vernickelte Linsensenkholzschrauben

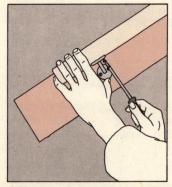

4. Man legt den Handlauf auf die Halter, zeichnet die Bohrlöcher von unten mit einem weichen Bleistift an, bohrt die Löcher und schraubt zum Schluß den Handlauf fest

3. Das Kunststoffprofil wird nicht auf die Stahlschiene geschoben, sondern daraufgedrückt. Dazu muß seine äußere Kante etwas aufgebogen werden

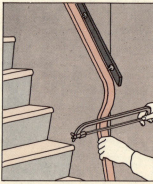

4. Wenn das Kunststoffprofil auf ganzer Länge über die Stahlschiene gestülpt ist, sägt man das überstehende Ende mit einer Metallsäge genau ab

Montage einer Wendeltreppe

Zunächst einmal mißt man die für die Treppe vorhandene Grundfläche, die Geschoßhöhe sowie die Austrittsöffnung in der Decke. Dann sucht man sich das Modell aus, das zu den Gegebenheiten am besten paßt. Es gibt Treppen in jeder gewünschten Höhe und in verschiedenen Breiten. Es kann jedoch vorkommen, daß man die Austrittsöffnung der Treppe anpassen muß. Um sicherzugehen, sollte man jedoch den Hersteller um Rat fragen und nicht einfach drauflos arbeiten.

Die Stufenzahl einer Treppe wird vom Höhenunterschied von Fußboden zu Fußboden bestimmt. Die Stufenhöhe sollte höchstens 20 cm betragen. Man dividiert die Treppenhöhe durch 20 und erhält die Zahl der Stufen. Beispiel: 280 cm : 20 cm = 14. Wenn jedoch die oberste Stufe als Austrittspodest, das oberflächenbündig an den oberen Fußboden stößt, gestaltet wird, braucht man eine Stufe weniger. In unserem Beispiel also nur 13.

Material: Montagefertige Treppe mit allen Einzelteilen Werkzeug: Wasserwaage, Sechskant-Stiftschlüssel, Winkel, Zahnradknarre oder Gabelschlüssel, Bohrmaschine, Holz- und Metallbohrer, Gummihammer und Fäustel, Schraubenzieher

Der Abstand der Säule von der Wand hängt von der gewünschten oder möglichen Treppenbreite ab. Die lichte Höhe über dem Austrittspodest sollte mindestens 2 m betragen.

1. Da Lage und Maße des Podestes feststehen, stellt man vom Deckenbalken aus mit Lot und Maßstab den Säulenmittelpunkt auf dem Boden fest

2. Man stellt die Säule an ihren Platz und prüft, ob sie im Lot ist. Ihre Oberkante sollte außerdem ca. 1 m über den Deckenbalken hinausragen

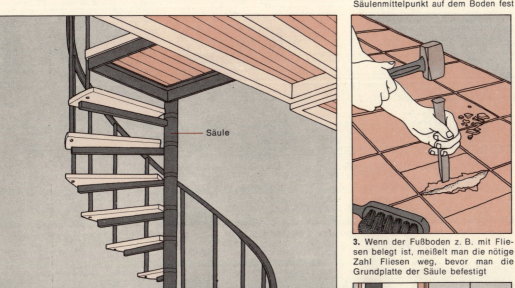

Säule
Distanzring
Stufenelement

3. Wenn der Fußboden z. B. mit Fliesen belegt ist, meißelt man die nötige Zahl Fliesen weg, bevor man die Grundplatte der Säule befestigt

4. Damit die Grundplatte ganz abgedeckt werden kann, müssen auch die Schraubenoberkanten unter der Unterseite des Bodenbelags liegen

5. Die Säule wird mit aufgestecktem Podestrahmen in Position gebracht. Dann markiert man die Löcher des Podestes auf dem Balken

6. Jetzt die Schrauben der Grundplatte eindrehen. Man zieht sie aber erst fest, wenn die Stufenelemente aufgesteckt sind

Treppen

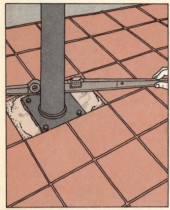

7. Bei versenkter Grundplatte wird als erstes ein Stahlring auf die Säule gesteckt, dessen Oberkante mit der Fußbodenoberfläche bündig abschließt

8. Die Treppenhöhe, also der Abstand zwischen den Oberflächen des unteren und des oberen Fußbodens, wird mit Hilfe einer Latte nachgemessen

9. Der erste Distanzring wird auf die Säule gesteckt und ganz nach unten geschoben. Auf diesen Ring kommt dann das erste Stufenelement

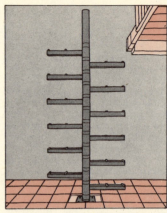

10. Danach werden die restlichen Distanzringe und Stufenelemente abwechselnd aufgesteckt. Die Stufenelemente ordnet man wie im Bild an

11. Den Podestrahmen schraubt man genau horizontal an den markierten Stellen an den Balken. Eine Zahnradknarre erleichtert die Arbeit

12. Den oberen Abschluß der Säule bildet ein Endstück. Es wird aufgesteckt und wie die Stufenelemente mit Inbusschrauben an der Säule befestigt

13. Bei manchen Treppen sind die Tritte bereits mit den Trägern der Stufenelemente verbunden. Wenn nicht, schraubt man sie zusammen

14. Die Stufen müssen um den gleichen Winkel untereinander versetzt sein. Sie sollten sich auch gleichmäßig überlappen. Dieses Maß markieren

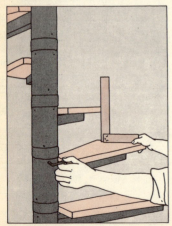

15. Man legt den Winkel an diese Markierungen, richtet danach die Stufen aus und zieht die Schrauben in der Säule fest. Angefangen wird oben

16. Für die Geländerstäbe werden Löcher in die Tritte gebohrt: 4 cm von den Außenkanten und immer gleich weit von den Vorderkanten entfernt

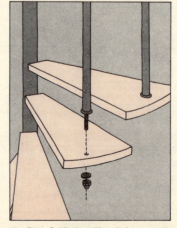

17. Die Geländerstäbe haben unten Gewindebolzen. Diese werden durch die Löcher in den Tritten gesteckt und von unten festgeschraubt

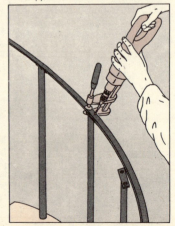

18. Die Geländerstäbe haben oben vorgebohrte Verbindungsstege. An ihnen wird der Handlauf von oben nach unten befestigt

Türen

Eine neue Tür kaufen

Bevor man eine neue Tür kauft, muß man vor allem beachten, daß Fertigtüren in Standardmaßen hergestellt werden, die sich nach den Normmaßen der Rohbauöffnungen richten. Die untenstehende Tabelle gibt eine Auswahl der häufigsten Rohbau- und Türblattmaße. Im Einzelfall hängen die Blattmaße auch noch von der Ausbildung der Türrahmen ab. Bei Zimmer- und Wohnungstüren werden heute fast ausschließlich Futtertüren (mit Futter und Bekleidung) ausgeführt, immer mehr allerdings auch Holztüren in Stahlzargen und Holzblockfutter.

Das handwerklich hergestellte Türblatt ist in der Regel auf Rahmen und Füllung gearbeitet. Bei stark verglasten Innen- und Außentüren wird diese Konstruktion auch heute noch angewandt. Das meistverwendete Türblatt mit ebenen Außenflächen ist dagegen ein rein industrielles Erzeugnis, dessen verschiedene Ausführungsarten auf der folgenden Seite dargestellt sind. Je nach den besonderen Anforderungen können diese Türen wetterfest, schall- und wärmedämmend oder auch feuerhemmend hergestellt werden. Sie bestehen aus einem Holzrahmen mit Verstärkung für das Einsteckschloß, einem sehr unterschiedlich ausgebildeten Kern und der beiderseitigen Deckschicht aus Sperrholz, beschichteten Hartfaserplatten oder ähnlichen Materialien. Für Türen, die naturbelassen und gebeizt und lasiert werden sollen, gibt es mit Edelholzfurnieren bekleidete Türblätter, bei denen auch die Außenkanten der Rahmenhölzer mit einem Umleimer aus der gleichen Holzart abgedeckt sind.

Rohbaumaße		Türblattmaße	
Höhe	Breite	Höhe	Breite
1875	875	1860	860
2000	1000	1985	985
2125	1125	2110	1110

(Maße in Millimeter)

Türformen

Die Modelle 1 und 2 sind fabrikmäßig hergestellte Türblätter mit einem Kern aus imprägnierten sogenannten Honigwabenplatten und einer Deckschicht aus Hartfaserplatten. Sie werden mit einer Grundierung für späteren Lackanstrich oder mit einem Edelholzfurnier geliefert. Die Konstruktionsart erlaubt nur kleine Aussparungen.

Solche Türen gibt es auch fertig lackiert oder roh zum Beziehen mit einer Folie oder zum Bekleiden mit einer Kunststoffplatte. Ein Kern aus Holzspanplatten mit vertikalen, röhrenförmigen Hohlräumen macht die Türen schall- und wärmedämmend, auch beschränkt feuerhemmend, so daß sie in dieser Ausführung als Wohnungseingangstüren gut geeignet sind.

Modell 3 ist eine Rahmentür mit drei Querfriesen und vier Füllungen, die aus Holz oder Glas bestehen können. Um zu verhindern, daß sich die Rahmenhölzer verziehen, werden sie bei guter Ausführung in Längsrichtung aufgeschnitten und mit gestürzten Jahresringen wieder verleimt.

Die Modelle 4 und 5 können als Balkon- und Terrassentüren verwendet werden; für diesen Zweck führt man die Türen besonders witterungsbeständig aus.

Modell 6 ist eine verglaste Wohnhaustür aus Weichholz für Lackanstrich. Sie ist einbruchsicher, weil die Füllungen schmal sind.

Modell 7 aus Eichen- oder anderem Hartholz hat große Glasflächen, dafür aber ein schmiedeeisernes Gitter.

Modell 8 ist eine in ländlichen Gegenden auch heute noch gebräuchliche, in der Höhe geteilte Doppeltür, bei der beide Flügel einzeln geöffnet werden können.

Türen

Alte Türen verkleiden

Außer glatten Türen kann man auch Rahmentüren mit vertieften Füllungen verkleiden. Diese Aufdoppelung kann eigens für die betreffende Tür hergestellt werden; es gibt aber auch ringsum genutete Fertigteile zu kaufen. Anders als bei den unten gezeigten Beispielen kann man auch diagonal oder rautenförmig verschalen. Allerdings muß dabei mit mehr Abfall gerechnet werden. Die Aufdoppelung kann man in den Nuten verstecktnageln und auf der Rückseite punktleimen oder aber mit Kleber befestigen. Kleber haben gegenüber Weißleim den Vorteil, daß sie das Trägermaterial kaum verziehen. Für Schmelzkleber braucht man ein spezielles Heizgerät, für Kartuschenkleber (kalt) genügt eine Zahnstangenpistole. Mit ihr drückt man etwa haselnußgroße Tropfen auf die Tür oder das Doppel und preßt die Flächen an. Durch kreisende Bewegungen verteilt man den Kleber. Da es eine Weile dauert, bis der Kleber trocknet, arbeitet man am besten zu zweit.

Die erste und die letzte Bahn nagelt man fest oder spannt sie mit Schraubzwingen etwa acht Stunden lang ein.

Auch Türfutter und Bekleidungen können so verkleidet werden. Zum Spannen der geklebten Teile verwendet man entsprechend zugeschnittene Latten, die man von Laibung zu Laibung spreizt.

Bekleidungszierstäbe

Wenn die Bekleidung auf der verputzten Wand nicht sauber aufliegt, entsteht dort eine häßliche Fuge. Auch wenn man darüber tapeziert, kann sie erneut aufreißen.

Wirksame Abhilfe schafft ein aufgesetzter Zierstab, der exakt zwischen Wand und Bekleidung eingepaßt wird. Eine interessante Kombination erreicht man mit Naturholzstäben zu deckend lackierten Futter- und Türflächen. Auf unansehnlich gewordene Türen kann man eine furnierte oder lakkierte Platte aufsetzen und mit einer Naturholzleiste einfassen. Hartfaser- oder Furnierplatten nur an einzelnen Punkten leimen und beide Türseiten belegen.

EINE ALTE RAHMENTÜR VERKLEIDEN

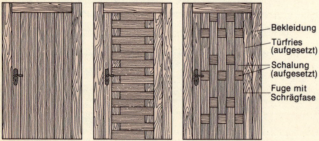

- Bekleidung
- Türfries (aufgesetzt)
- Schalung (aufgesetzt)
- Fuge mit Schrägfase

ZIERSTÄBE AUS NATURHOLZ

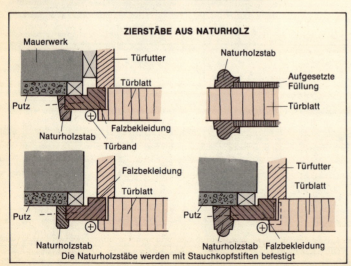

Die Naturholzstäbe werden mit Stauchkopfstiften befestigt

WAS MAN ALLES DAMIT MACHEN KANN

Aufbau von Türblättern

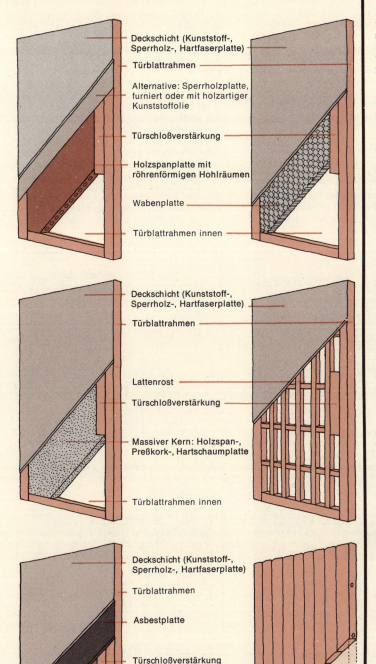

- Deckschicht (Kunststoff-, Sperrholz-, Hartfaserplatte)
- Türblattrahmen
- Alternative: Sperrholzplatte, furniert oder mit holzartiger Kunststoffolie
- Türschloßverstärkung
- Holzspanplatte mit röhrenförmigen Hohlräumen
- Wabenplatte
- Türblattrahmen innen

- Deckschicht (Kunststoff-, Sperrholz-, Hartfaserplatte)
- Türblattrahmen
- Lattenrost
- Türschloßverstärkung
- Massiver Kern: Holzspan-, Preßkork-, Hartschaumplatte
- Türblattrahmen innen

- Deckschicht (Kunststoff-, Sperrholz-, Hartfaserplatte)
- Türblattrahmen
- Asbestplatte
- Türschloßverstärkung
- Multiplexplatte
- Spanntür mit Zugstangen
- Türblattrahmen innen

Nachträgliche Schalldämmung einer Tür

Die im Wohnungsbau verwendeten Türen haben keine starke schalldämmende Wirkung. Wenn man dies in besonderen Fällen wünscht, kann man eine Tür nachträglich mit einer Dämmschicht ausrüsten.

Die Tür wird ausgehängt und, mit der zu beschichtenden Seite nach oben, aufgebockt. Rosette (siehe S. 163) und Klinken werden abmontiert, dann prüft man, ob der Vierkantdorn der größeren Blattdicke entsprechend verlängert werden kann. Dann schneidet man Umleimerleisten so zu, daß ihre Außenkanten gegen die Türblattkanten um ca. 8 mm zurückstehen. Die Leisten werden mit Kaltleim eingestrichen und im Abstand von 30 cm festgeschraubt. Die Leisten müssen genauso dick sein wie die Isolierplatten, die Breite soll mindestens 25 mm betragen. An der Stelle, wo die Rosette sitzt, muß der Umleimer so verbreitert werden, daß die Rosette nachher wieder angeschraubt werden kann. Vorher bohrt man die Löcher für Vierkantdorn und Schlüssel.

Jetzt kann mit dem Aufleimen der zugeschnittenen Hartschaumplatten begonnen werden. Ihre Dicke sollte nicht weniger als 30 mm betragen. Sie müssen genau zwischen die Leisten eingepaßt und mit einem Spezialkleber aufgeklebt werden. Je nach Wunsch kann die Tür nun mit einer dünnen Sperrholzplatte abgedeckt oder mit einer Plastikfolie bespannt werden.

Strukturierte (genoppte oder genarbte) Folien sind weniger empfindlich und schalldämmender als glatte. An einer Längsseite beginnend, wird die Folie mit Ziernägeln im Abstand von etwa 3 cm an den Seitenkanten der Leisten angenagelt.

Material:	Hartschaumplatten, Leisten in Plattendicke, Plastikfolie oder Sperrholz, Ziernägel, Kaltleim, Spezialkleber, Fugendichtungsprofil
Werkzeug:	Hammer, Fuchsschwanz, Gehrungsschneidlade, Bohrmaschine, Ahle, Schraubenzieher, Zahnspachtel

1. Die auf Gehrung zugeschnittenen Leisten mit Kaltleim und Holzschrauben auf dem Türblatt befestigen. Farbanstrich vorher abschleifen

2. Doppel für das Befestigen der Rosette festschrauben. Türblatt mit Kleber einspachteln und Hartschaumplatten fugenlos aufleimen

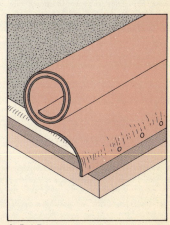

3. Bei Bespannung Leistenkanten abrunden. Plastikfolie mit etwas Zugabe zuschneiden. An einer Längsseite mit dem Annageln beginnen

Türen

Selbstmontage einer einbaufertigen Falttür

Der Fachhandel bietet Falttüren als komplettes Einbaupaket mit allem Zubehör an. Das Programm reicht von der normalen Türgröße (80 x 200 cm) bis zu raumhohen Faltwänden mit unterschiedlichen Mechanismen, Materialien und Farben. Die Falttür ist unter anderem dort am Platz, wo der Raum für das Aufschlagen einer Flügeltür nicht ausreicht. Mit Doppeltüren können Öffnungen zwischen zwei Räumen (z. B. Wohnzimmer und Eßnische) bis maximal 4 m Breite geschlossen werden. Eine Falttür ist weder schall- noch wärmedämmend.

Der Einbau setzt keine besonderen handwerklichen Fähigkeiten voraus. Ist die Türleibung mindestens 19 cm breit (das entspricht einer halbsteindicken Ziegelwand), so gibt es überhaupt kein Problem, weil Lamellen und obere Sichtblenden zu diesem Maß passen. Andernfalls stehen die Lamellen etwas über die Leibung hinaus, und die den Laufmechanismus verdeckenden Blenden müssen seitlich gekröpft werden, wenn man nicht auf sie verzichten will.

Vor dem Kauf mißt man Höhe und Breite der Türöffnung. Bekommt man die Falttür nicht genau in diesen Maßen, muß man die nächstgrößere Ausführung nehmen. Die Lamellen lassen sich an der Unterkante leicht verkürzen, bei einigen Modellen allerdings nur um ein bestimmtes Maß.

Bei der Breite soll man nicht geizen; wenn die Tür zu sehr ausgespannt wird, läßt sie sich nur unter Kraftanwendung schließen und verliert auch an Steifheit.

Bei der Montage beginnt man mit dem Ablängen und Anbringen der Laufschiene. Hat die Türöffnung eine Holzbekleidung, wird die Schiene einfach mit Holzschrauben befestigt. Andernfalls müssen vorher mit einer Schlagbohrmaschine Löcher in Mauerwerk oder Beton gebohrt und Dübel gesetzt werden. Alle weiteren, von der jeweiligen Konstruktion abhängigen Arbeitsgänge entnimmt man der Montageanleitung. Vor dem Aufhängen der Falttür muß man entscheiden, nach welcher Seite sich die Tür öffnen soll.

1. Abschließbare Falttür für eine normale Türöffnung von ca. 80 x 200 cm mit Holzbekleidung. Die Laufschiene wird durch Sichtblenden verdeckt

2. Laufschiene auf das genaue Lichtmaß der Türbreite ablängen und zunächst provisorisch mit zwei Holzschrauben befestigen

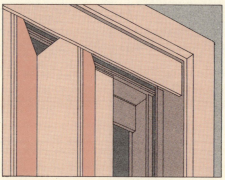

3. Schloßseitige U-Schiene, Futterbretter und Sichtblenden anbringen. Lamellen an der Laufschiene aufhängen, Schiene endgültig befestigen

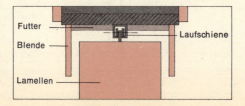

Türbänder

Türbänder werden aus Stahl, in besserer Ausführung aus Messing, Bronze oder nichtrostendem Stahl hergestellt.

Winkelbänder und Klobenlangbänder werden vorwiegend für schwere Holztore (Garagen-, Einfahrts- oder Schuppentore) verwendet. Gerade Aufsatzbänder oder auch sogenannte Fischbänder, bei denen die Lappen in gestemmte Schlitze gesteckt werden, sind die meistbenutzten Bänder bei Haus- und Zimmertüren. Gefalzte Türen, die ganz herumschlagen müssen, werden mit gekröpften Bändern ausgestattet.

Ein neuerer Typ ist das Einbohrband, das – ebenso wie das Fischband – keine sichtbaren Befestigungsteile hat, das aber bei industrieller Fertigung einfacher zu montieren ist. Sonderausführungen sind selbstschließende Federbänder und Bänder, die auf Kugel- oder Nylonlagern laufen.

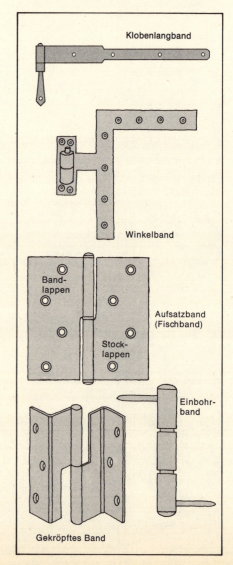

Eine neue Tür anschlagen

Anschlagen, so nennt der Fachmann das Anbringen der Beschläge, insbesondere der Türbänder. Es ist eine Arbeit, die mit größter Sorgfalt ausgeführt werden muß, damit die Tür sauber in den Rahmen paßt. Als erstes prüft man, ob die neue Tür ringsum genügend Spielraum hat, indem man sie in den Türrahmen stellt. Ist die Türschwelle nicht eben, muß die Türunterkante entsprechend nachgearbeitet oder die Schwelle – wenn das möglich ist – ausgewechselt werden. Ist keine Türschwelle vorhanden, muß ein eventuell noch zu verlegender Bodenbelag berücksichtigt werden.

Die Aussparungen für die Bänder müssen an Tür und Futter exakt angerissen und in der richtigen Tiefe ausgestemmt werden.

Material: Neues Türblatt, drei verchromte Türbänder mit Schrauben, Grundierung, Lackfarbe
Werkzeug: Säge, Hobel, Holzhammer, Stech- oder Stemmeisen, Schraubenzieher, Holzbohrer, Streichmaß, Lackpinsel, Bleistift

1. Tür gegen den Türrahmen drücken, an dem sie angeschlagen wird. 4 mm unter dem oberen Rahmenholz am Türblatt eine Markierung anbringen

2. Oberkante der Tür entlang der Markierung absägen. Anschließend den Sägeschnitt mit einem Hobel glatt und vor allem im rechten Winkel abhobeln

3. Tür noch einmal fest gegen den bandseitigen Rahmen. drücken und entlang dem Rahmenholz eine Markierungslinie ziehen

4. Das über den Riß stehende Holz abhobeln. Tür in den Falz einpassen und einen 4 mm dicken Hartfaserstreifen auf Schwelle oder Fußboden legen

5. Oberstes und unterstes Türband im Abstand von 10–15 cm von der Ober- und Unterkante markieren. Das dritte Band kommt genau in die Mitte

6. Die Türbänder an die Markierungen anlegen und diese auf die Seitenkanten der Tür übertragen. Gleichzeitig die Breite des Türbandes markieren

7. Sind alle drei Bänder am Türblatt angezeichnet, reißt man die Türbandbreite an der Bandseite des Türrahmens mit dem Streichmaß an

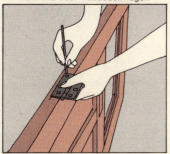

8. Ein Türband nach dem andern an die Reißlinien auf Tür und Rahmen anlegen und mit dem Stift die Unterkante der Bänder anzeichnen

9. Mit Stecheisen und Holzhammer die Aussparungen für die Bandlappen innerhalb der markierten Umrisse in der nötigen Tiefe ausstemmen

10. Die drei Türbänder am Türblatt zunächst nur probeweise mit je einer Flachkopfholzschraube befestigen. Verchromte Schrauben benutzen

11. Das Türblatt in geöffneter Stellung an den Rahmen stellen und mit Holzkeilen auf die richtige Höhe bringen. Schraubenlöcher markieren

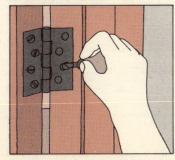

12. Schraubenlöcher vorbohren und Bandlappen wiederum nur mit je einer Schraube befestigen. Prüfen, ob die Tür gut öffnet und schließt

13. Wenn sich die Tür schwer drehen läßt oder nicht genau im Lot ist, muß man die Schrauben entfernen und die Aussparungen nacharbeiten

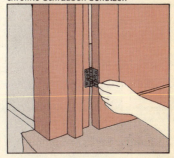

14. Erst wenn sich die Tür korrekt öffnen und schließen läßt und gleichmäßig in den Falz schlägt, die restlichen Schrauben einsetzen

Türen

Ein Türhebeband anschlagen

Wenn eine Tür ohne besonderen Mechanismus von selbst schließen soll, muß man das normale Band gegen ein Hebescharnier auswechseln, das bewirkt, daß sich die Tür beim Öffnen anhebt und sich durch ihr Eigengewicht wieder schließt, wenn sie losgelassen wird. Dies ist möglich, weil die Laufflächen der Scharnier- oder Bandhälften schraubenförmig ausgebildet sind.

Türhebebänder werden ebenfalls verwendet, wenn der Raum, in dem die Tür anschlägt, mit Teppichware ausgelegt werden soll und keine Türschwelle vorhanden ist. Bei nicht zu hochfloriger Ware kann dann die Höhendifferenz so ausgeglichen werden.

Damit sich die Tür beim Öffnen (und Ansteigen) nicht am oberen Futter- oder Blockrahmen verklemmt, muß sie an der Bandseite abgeschrägt werden.

Material: Zwei Hebebänder, verchromte Senkholzschrauben, Holzdübel
Werkzeug: Hammer, Holzhammer, Hobel, Stech- oder Stemmeisen, Schraubenzieher, Winkel, Streichmaß, Holzbohrer oder Nagelbohrer

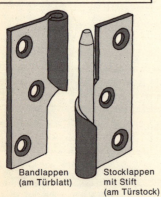

Bandlappen (am Türblatt) Stocklappen mit Stift (am Türstock)

1. Unterkante des oberen Türrahmens mit einem Bleistift auf dem Türblatt markieren. Die Tür muß dabei ganz geschlossen sein

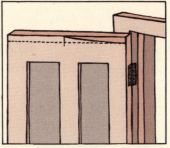

2. Tür öffnen. Eine schräge Linie von der bandseitigen Türkante zur Mitte der oberen Kante ziehen. Dabei die Markierung als Ausgangspunkt nehmen

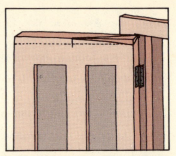

3. Eine Linie auf der oberen Türkante von der Mitte bis zur hinteren Ecke ziehen und von dieser Ecke schräg nach vorn unten

4. Tür aushängen und auf die schloßseitige Längskante legen. Den markierten Zwickel von der Oberkante des Türblatts abhobeln

5. Alte Bänder entfernen. Die Schraubenlöcher im Türblatt und im Türrahmen mit unten angespitzten Holzdübeln ausfüllen

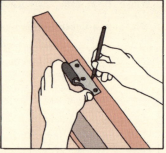

6. Länge und Breite der Aussparungen für die neuen Bandlappen dort markieren, wo auch die alten Türbänder befestigt waren

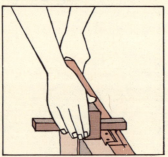

7. Mit dem Streichmaß in Längsrichtung eine kräftige Kerbe entlang dem Bleistiftstrich ziehen. Die Tiefe der Kerbe soll etwa 2 mm betragen

8. Die kurzen Seiten der Aussparung kerbt man mit dem Stecheisen ein. Dann stemmt man das überflüssige Holz in der erforderlichen Tiefe heraus

9. Mit einem Nagel- oder Holzbohrer die Schraubenlöcher vorbohren und den Bandlappen mit Schrauben am Türblatt befestigen

10. Die Tür in geöffneter Stellung an den Türrahmen halten und so unterlegen, daß die abgeschrägte Kante parallel zum Rahmen liegt

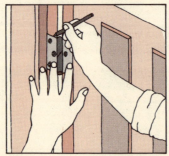

11. Die beiden Bandlappen ineinanderstecken, während ein Helfer die Tür festhält. Mit einem Bleistift den Stocklappen am Rahmen markieren

12. Die Aussparungen genau wie beim Türblatt mit dem Stecheisen in der richtigen Tiefe ausstechen und den Stocklappen festschrauben

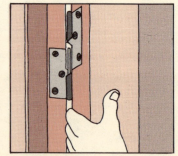

13. Tür einhängen und prüfen, ob sie selbsttätig zugeht und an keiner Stelle im Türrahmen klemmt. Eventuell Aussparungen nacharbeiten

Türklinken anbringen

Türklinken oder Drehgriffe sitzen zu beiden Seiten der Tür auf einem Vierkantdorn, in dessen Bohrungen Splinte einrasten. Bei älteren Modellen ist der Dorn mit einer der Klinken fest verbunden, während sein anderes Ende mit einem Schlitz oder mehreren Bohrungen versehen ist. Die zweite Klinke wird darüber geschoben und mit einem Splint befestigt.

Moderne Türgriffbeschläge haben einen losen Vierkantdorn. Die Klinken sind an den Griffplatten oder Rosetten befestigt, und diese werden durch zwei durch das Türblatt gehende Schrauben miteinander verbunden. Oft gehen die Befestigungsschrauben auch durch den Schloßkasten hindurch.

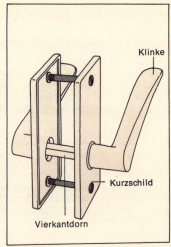

1. Der Kurzschild wird auf die Tür gesetzt. Dann markiert man die Schraubenlöcher mit einem Körner oder Nagel

2. Man schraubt das Schloß los, nimmt es heraus und bohrt die Löcher horizontal durch die Tür

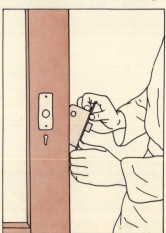

3. Wenn man die Löcher gebohrt hat, setzt man das Schloß wieder ein und schraubt es an

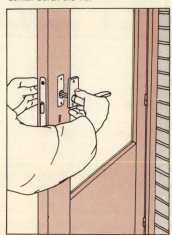

4. Der Vierkantdorn wird durch das Schloß geschoben, und die Kurzschilder werden festgeschraubt

Ein Türschloß anbringen

Wenn ein schadhaft gewordenes Türschloß ersetzt werden muß, sollte man immer versuchen, ein genau passendes neues Schloß zu bekommen. Es ist daher zu empfehlen, das defekte Schloß zum Fachhändler mitzunehmen.

Wenn ein passendes Ersatzschloß nicht zu bekommen ist, muß man die Aussparung in der Tür mit eingeleimten Holzstückchen ausfüllen und einen neuen Schlitz in das Türblatt stemmen.

Bei einer neuen Tür muß der Platz für den Schloßkasten und den Schloßstulp ausgestemmt werden. Die Löcher für die Drücker und den Schlüssel werden dagegen gebohrt. Beim Kauf eines neuen Schlosses ist die Türdicke zu beachten.

Material:	Türschloß mit Schlüssel, Drücker, Langschilder und Befestigungsschrauben
Werkzeug:	Schraubenzieher, Holzhammer, Ahle, Stecheisen, Bohrwinde, Holzbohrer, Raspel

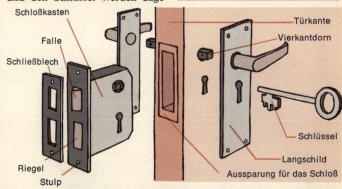

1. Das Einsteckschloß an die Tür halten und den Umriß des Schloßkastens auf Mitte an der Türkante möglichst genau anzeichnen

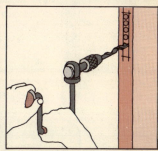

2. Innerhalb der angezeichneten Linien dicht nebeneinander Löcher bohren, die etwas tiefer als der Schloßkasten sein sollten

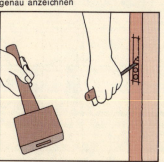

3. Die Aussparung muß mit dem Stecheisen herausgearbeitet werden, bis seine Tiefe für das Schloß plus Stulpplattendicke ausreicht

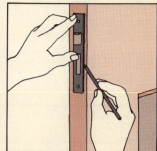

4. Das Schloß wird in den Schlitz in der Tür geschoben. Danach zeichnet man den Umriß der Stulpplatte auf der Türkante genau an

Türen

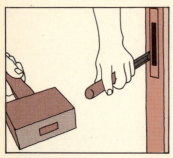

5. Die Aussparung für die Stulpplatte des Schlosses wird mit dem Stecheisen und Holzhammer vorsichtig für die Dicke der Platte herausgearbeitet

6. Mit einer Ahle werden die Löcher für den Vierkantdorn, den Schlüssel und die Befestigungsschrauben markiert. Schloß genau an die Tür halten

7. Nun bohrt man die Löcher an den angezeichneten Stellen. Hierbei muß darauf geachtet werden, daß sie genau rechtwinklig durch die Tür gehen

8. Das Schlüsselloch wird mit einer Stichsäge so ausgesägt, daß der Schlüssel gut durchpaßt. Es muß ganz vom Langschild verdeckt sein

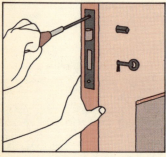

9. Zuerst schiebt man das Schloß in die Tür, steckt den Schlüssel und den Vierkantdorn ein, prüft, ob alles paßt, und schraubt das Schloß fest

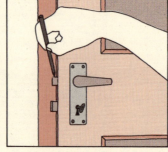

10. Nun werden die Langschilder angeschraubt und die Drücker befestigt. Lage und Umriß von Falle und Riegel zeichnet man im Türrahmen an

11. Das Schließblech über die Anzeichnung von Falle und Riegel im Türrahmen legen und seinen Umriß und die Schraubenlöcher anreißen

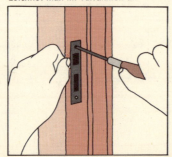

12. Die Löcher für Falle und Riegel und die Aushebung für das Schließblech im Türrahmen ausstechen. Danach das Schließblech anschrauben

Einen Nachtriegel anbringen

Wenn man eine Tür, zum Beispiel eine Wohnungstür, zusätzlich sichern, durch das Einlassen eines Schlosses aber nicht schwächen möchte, dann kann man ohne viel Aufwand ein Aufschraubschloß, einen sogenannten Nachtriegel, an der Türinnenseite anbringen.

Die Montage ist wesentlich einfacher als bei einem Einsteckschloß, weil die Tür nur für den Schließzylinder durchbohrt werden muß.

Es gibt verschiedene Ausführungen von Aufschraubschlössern mit verschiedenen Befestigungsarten. Im Prinzip gleichen sie aber fast alle dem nebenstehenden Beispiel.

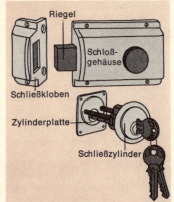

Material: Schloßkasten mit Zylinder
Schließkloben und Holzschrauben
Werkzeug: Bohrwinde
Holzbohrer
Stecheisen
Holzhammer
Schraubenzieher
Bleistift
Lineal

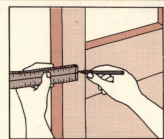

1. Abstand von der Mitte des Schließzylinders zur Vorderkante des Schloßgehäuses messen und auf die Türseite übertragen

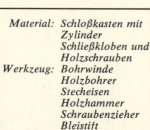

2. Tür schließen und ein Loch vom Durchmesser des Zylinders an der angezeichneten Stelle genau rechtwinklig durch die Türe bohren

3. Schließzylinder von außen durch das Loch in der Tür stecken und durch Anschrauben der Zylinderplatte befestigen

4. Das Schloßgehäuse gegenüber der Zylinderplatte auf die Innenseite der Tür schrauben. Schrauben möglichst fest anziehen

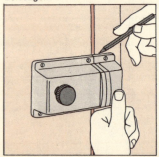

5. Tür schließen, Riegel des Schlosses herausdrehen. Schließkloben über den Riegel auf den Türrahmen setzen und anschrauben

Anschlagen mit Einbohrbändern

Das Angebot an Einbohrbändern ist so groß, daß man fast für jeden Bedarf und jeden Geschmack das passende Band findet. Das Materialangebot der Bänder reicht von der massiven Stahlausführung mit verzinkter, vernickelter oder vermessingter Oberfläche bis zur massiven Messingausführung. Sogar Bänder mit vergoldeter Oberfläche werden angeboten.

Die mitgelieferten Bohrlehren machen die Technik des Anschlagens sehr einfach.

Da man sowohl überfälzte als auch stumpf einschlagende Drehtüren anschlagen kann, braucht man an einer kantenbeschädigten Tür nur die schadhaften Kanten wegzusägen oder zu verputzen, und schon kann man mit einem passenden Einbohrband anschlagen. Je nach den Erfordernissen (Möbel, Fenster, Zimmer- oder Haustüren) stehen leichte, mittelschwere oder schwere Bandausführungen zur Verfügung.

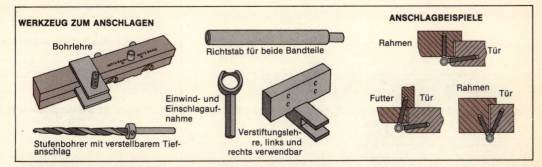

WERKZEUG ZUM ANSCHLAGEN
- Bohrlehre
- Richtstab für beide Bandteile
- Einwind- und Einschlagaufnahme
- Stufenbohrer mit verstellbarem Tiefanschlag
- Verstiftungslehre, links und rechts verwendbar

ANSCHLAGBEISPIELE
- Rahmen / Tür
- Futter / Tür
- Rahmen / Tür

Montagefolge für Einbohrbänder

Tür oder Flügel in Rahmen legen (1), die nötigen 1,5–2 mm Luft im Falz ergeben sich bei richtiger Handhabung der Bohrlehren. Bandmitte oben und unten an der Tür anzeichnen, die Druckvorrichtungen der Bohrlehren auf die Überschlagsdicke einstellen, Anrisse übereinanderbringen. Die Bohrlehren oben und unten mit Druckvorrichtung und Zwingen an den angezeichneten Stellen aufspannen. Löcher bohren, Spezialbohrer bei stillstehender Maschine in Bohrbuchse einführen (2). Obere Bandteile bis zur Bohrstufe in Tür einschlagen. (3) Einwindaufnahme in Bohrwinde spannen und Bandteile eindrehen, bis die Aufnahme am Überschlag aufsitzt. Mit Richtstock Bandteile geraderichten. Untere Bandteile gleichartig einsetzen. Tür einhängen und Sitz prüfen. (4) Durch eine Türdrehung Bänder genau einrichten. Türe aushängen. Verstiftungslehre über den Bandzapfen bis zum Anschlag schieben und am Falz anlegen. (5) Stift einschlagen

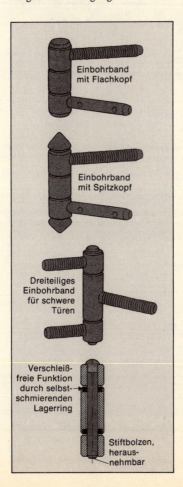

- Einbohrband mit Flachkopf
- Einbohrband mit Spitzkopf
- Dreiteiliges Einbohrband für schwere Türen
- Verschleißfreie Funktion durch selbstschmierenden Lagerring
- Stiftbolzen, herausnehmbar

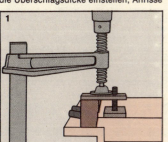
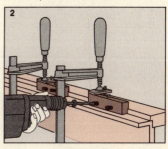
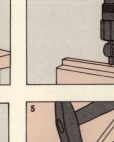

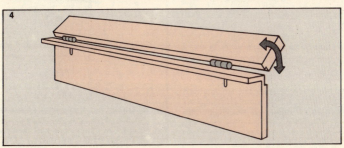
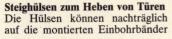

Steighülsen zum Heben von Türen

Die Hülsen können nachträglich auf die montierten Einbohrbänder aufgesteckt werden. Die Montage auffälliger Türheber entfällt. Sie heben die Türen um 6,5 mm. Die Hülsen sind aus Spezialstahl und verzinkt, vernickelt, vermessingt oder auch brüniert erhältlich.

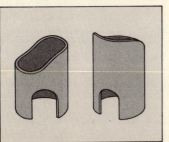

Diese Steighülsen sind mit entsprechenden Einschnitten gegen Verdrehen gesichert

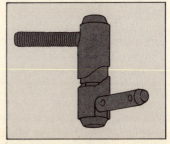

Die geöffnete Tür bleibt bei einem Winkel von ca. 90° stehen, sie fällt nicht selbsttätig zu

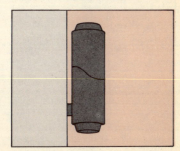

Man braucht kein besonderes Werkzeug; die Steighülsen werden einfach aufgesteckt

Türen

Ein Zylinderschloß einbauen

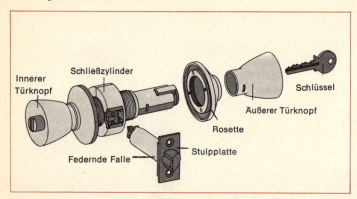

Es gibt Türschlösser, bei denen das Schloß in einem knaufförmigen Türgriff, dem Knopf, untergebracht ist. Der Einbau wird meist durch eine mitgelieferte Papierschablone erleichtert, auf der Abstand und Durchmesser der Bohrlöcher angegeben sind.

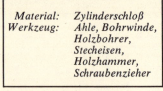

Material: Zylinderschloß
Werkzeug: Ahle, Bohrwinde, Holzbohrer, Stecheisen, Holzhammer, Schraubenzieher

1. Schablone in der vorgeschriebenen Weise an die Tür halten und die Mittelpunkte der zu bohrenden Löcher mit einer Ahle markieren

2. Die beiden Löcher mit Holzbohrern von entsprechendem Durchmesser bohren; Vertiefung für die Stulpplatte mit dem Stecheisen ausheben

3. Die Falle mit der Stulpplatte so an die Türkante schrauben, daß die Falle genau in der Mitte der Bohrung für den Schließzylinder liegt

4. Beide Türknöpfe nacheinander nach der Anleitung befestigen. Funktionieren des Schlosses prüfen. Schließblech anbringen (siehe S.164)

Sicherheitsketten

Um ein gewaltsames Aufstoßen der entriegelten und geöffneten Tür zu verhindern, können Türen mit Sicherheitsketten versehen werden. Bei vorgelegter Kette kann die Tür einen Spalt weit, jedoch nicht ganz geöffnet werden.

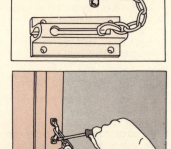

Korrektur:

1. Kette zur Probe so an Tür und Türrahmen halten, daß sie von innen, nicht aber von außen aus dem Schlitz gezogen werden kann

2. Nach Bestimmung der richtigen Stelle wird die Halterung der Kette mit starken Schrauben am Türrahmen befestigt

3. Schloß mit eingelegter Kette in gleicher Höhe wie die Befestigung an die Tür halten. Sie darf sich nur einen Spalt weit öffnen lassen

4. Jetzt können die Bohrlöcher für das Kettenschloß an der Tür markiert werden. Am besten nimmt man dazu einen Nagel oder eine Ahle

5. Das Schloß wird mit den meist mitgelieferten Schrauben an der Türe befestigt. Die Schrauben müssen fest angezogen werden

6. Prüfen, ob Kette und Schloß richtig sitzen: Die Tür darf nicht zu weit aufgehen und die Kette von außen nicht zu öffnen sein

Riegel

Riegel oder Verschlußschieber gibt es in den verschiedensten Ausführungen und Stärken. Je nach Bedarf werden sie an Tormauern, Zaunpfosten, an Türen und Fenstern oder Fensterläden angebracht. Art und Stärke des anzubringenden Riegels hängen in erster Linie davon ab, was damit verschlossen werden soll: eine Tür, ein Fenster oder ein Gartentor. Es ist deshalb wichtig, sich vor dem Kauf gut zu überlegen, welche Art von Riegel man wofür benötigt. Außerdem muß man berücksichtigen, ob das Tor, die Tür oder das Fenster nach innen oder nach außen aufgeht. Davon hängt nämlich ab, ob der Riegel in eine ange-

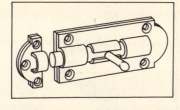

schraubte Lasche, einen Schließkloben oder in eine Vertiefung einrastet.

Material: Riegel, Nagel, Schrauben
Werkzeug: Hammer, Schraubenzieher, Bleistift

1. Zuerst bestimmt man den Platz für den Riegel. Dann befestigt man ihn provisorisch mit einem Nagel und markiert die Schraubenlöcher

2. Nun werden an den angezeichneten Stellen möglichst horizontal die Schraubenlöcher gebohrt. Dann dreht man die Schrauben fest ein

3. Jetzt schiebt man den Riegel heraus und hält den Schließkloben am Türrahmen darüber und zeichnet die Schraubenlöcher für den Kloben an

4. Danach wird der Schließkloben mit einer Schraube angeheftet. Nun prüft man, ob der Riegel gut läuft und einrastet, und dreht die Schrauben ein

Eine Tür klappert

Wenn eine Tür klappert, ist das meist auf das Verziehen des Rahmenholzes zurückzuführen; die Folge ist, daß die Schloßfalle nicht mehr richtig im Schließblech sitzt. Abhilfe: Das Schließblech versetzen.

Material: Holzpflöcke, Senkholzschrauben, Knetholz, Lackfarbe
Werkzeug: Schraubenzieher, Holzhammer, Stecheisen, Hammer, Bohrwinde, Holzbohrer, Farbpinsel

1. Tür schließen und fest in den Falz drücken. Nun den Abstand zwischen der Türoberseite und der Vorderkante des Türrahmens messen

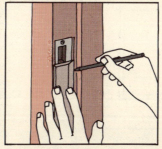

2. Nun wird die Tür geöffnet und das gefundene Maß parallel zur Hinterkante des Schließblechs auf dem Türrahmen angezeichnet

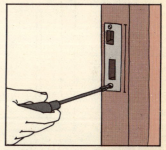

3. Man löst die Schrauben des Schließblechs und nimmt es ab. Wenn es festsitzt, hebelt man es mit einem Schraubenzieher heraus

4. Der Ausschnitt für das Schließblech wird mit dem Stecheisen genau in der vorhandenen Tiefe bis an die neue Linie erweitert

5. Die vorhandenen Schraubenlöcher werden mit Holzpflöcken verschlossen, überstehendes Holz entfernt man mit dem Stecheisen

6. Man hält das Schließblech in den neuen Ausschnitt, zeichnet die neuen Löcher für Schloßfalle und Riegel an und sticht sie aus

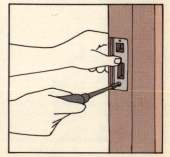

7. Zum Schluß prüft man, ob das Schließblech paßt, arbeitet, wenn nötig, nach und schraubt es mit neuen Senkholzschrauben fest

Türen

Einen Briefeinwurf anbringen

Briefkästen sind gut erreichbar am oder im Haus angebracht oder in Haus- oder Gartenmauern versenkt. Wer einen Briefeinwurfschlitz mit Klappe einrichten möchte, sollte sich an die Maße halten, die sich aus der Praxis ergeben haben. Der Schlitz sollte etwa 27 cm lang, 3,5 cm hoch und etwa 85 cm über dem Boden liegen. Diese Maße können variiert werden, wenn die Struktur der Tür dies verlangt.

Material: Briefeinwurfklappe, Holzschrauben
Werkzeug: Wasserwaage, Bohrwinde, Holzbohrer, Stichsäge, Feile, Schleifpapier

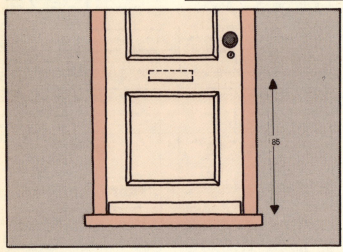

1. In der Mitte der Tür mißt man vom Boden aus 85 cm ab und zieht dann durch diesen Punkt für die Schlitzunterkante eine horizontale Linie

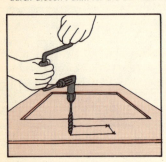

2. Briefeinwurfplatte an die Linie auf der Tür legen und den Einwurfschlitz anzeichnen. In die vier Ecken Löcher für die Stichsäge bohren

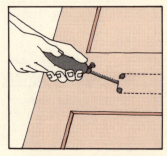

3. Den Schlitz mit der Stichsäge aussägen, Kanten mit Feile und Schleifpapier glätten; untere Schlitzkante nach innen abschrägen

4. Die Schraubenlöcher für die Plattenbefestigungsschrauben anzeichnen und bohren. Danach die Schlitzkanten wie die Tür lackieren

5. Briefeinwurfplatte über den Schlitz setzen und festschrauben. Prüfen, ob sich die Klappe bewegen läßt; dann die Tür wieder einhängen

Türschließer

Dieser einfache Türschließer ist leicht zu montieren; er paßt auf schmale Blockrahmen von nur 25 mm Breite

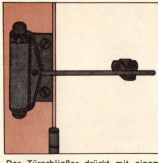

Der Türschließer drückt mit einem Schwenkstab gegen eine auf der Tür befestigte Gleitplatte oder Rolle

Der Fangtürschließer fängt die Tür auf, schließt sie geräuschlos und hält sie im Rahmen fest

Der hydraulische Türschließer fängt die Tür auf und hält sie noch kurz offen, bevor sie schließt

Der Doppelgelenk-Türschließer läßt die Tür um 180° öffnen und hält sie in dieser Stellung offen

Dieser Schließer hält die Tür bei 90° offen und läßt sie bei weiterem Öffnen selbsttätig schließen

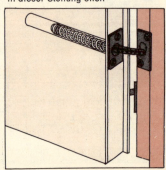

In der Tür eingelassener Türschließer, der bei geschlossener Tür völlig unsichtbar ist

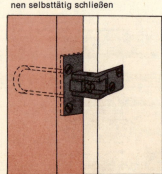

Türen mit Türschließerscharnieren bleiben nur kurz offenstehen und werden dann geschlossen gehalten

Einen Türschließer montieren

In öffentlichen Gebäuden sind Türschließer wegen der vielen Besucher notwendig. Aber auch in Privathäusern sind sie von Vorteil, zum Beispiel an Hintertüren.

Bei Garagen, Lagerräumen beispielsweise kann die Brandschutzbehörde u. U. den Einbau von feuersicheren, selbstschließenden Türen verlangen.

Türschließer arbeiten mit Federn, die mit einem luft- oder ölgefüllten Bremszylinder verbunden sind. Beim Öffnen der Tür wird die Feder gespannt;

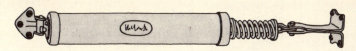

wenn sie sich wieder entspannt, schließt sie die Tür. Der Bremszylinder sorgt für eine ruckfreie, gleichmäßige Bewegung.

Es gibt verschiedene Arten und Größen automatischer Türschließer. Beim Kauf kommt es in erster Linie auf die Schwere der betreffenden Tür an. Eine Zimmertür kann zwischen 10 und 30 kg wiegen, eine Haustür bedeutend mehr. Die meisten Schließer lassen sich an rechts oder links angeschlagenen Türen verwenden. Normalerweise wird der Bremszylinder auf der Tür und der Federarm am Türrahmen befestigt. Es gibt aber auch entgegengesetzt wirkende Ausführungen.

Wetterschenkel

Außentüren werden oft mit einem Wetterschenkel versehen, der das Eindringen von Wasser verhindern soll. Die Regenleiste kann aus Holz, Metall oder Kunststoff bestehen.

Material: Wetterschenkel, Holzschrauben, Lackfarbe
Werkzeug: Holzhammer, Stecheisen, Schraubenzieher, Pinsel

1. Vor dem Anschrauben des Bügels muß bei diesem Türschließer die Schraube, die Bügel und Feder verbindet, gelöst werden. Die Bohrlöcher markiert man mit Nägeln

2. Nun wird der Bügel auf den Türrahmen geschraubt. Damit der Bügel, der starke Kräfte aufnehmen muß, auch festsitzt, muß man ausreichend lange Schrauben verwenden

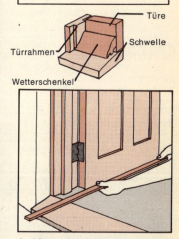

1. Länge des Wetterschenkels an der Tür messen, nach Maß zusägen und die Enden etwas abschrägen

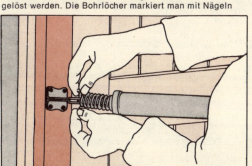

3. Nach dem Anschrauben des Bügels wird die Feder wieder mit ihm verbunden. Das ist nötig, damit man den richtigen Befestigungspunkt an der Tür bestimmen kann

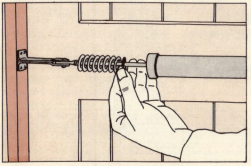

4. Bei dem hier gezeigten Türschließersystem kann die richtige Länge mit einem verschiebbaren Ring eingestellt werden, der die Bewegung des Kolbens begrenzt

2. Nun Schraubenlöcher bohren und Unterkante der Tür und die Regenleiste mit Schutzmittel behandeln

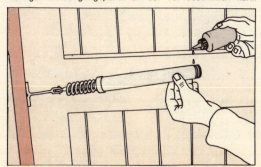

5. Vor dem Aufsetzen des Verschlusses tropft man etwas Öl ein, damit der Schließer einwandfrei arbeitet. Dann kann man ihn endgültig an der Tür befestigen

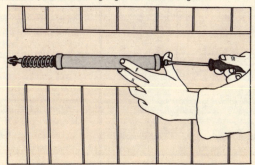

6. Wenn die zweite Befestigungsstelle ebenfalls als Bügel ausgebildet ist, kann man die Schließgeschwindigkeit meistens mit einer Einstellschraube regulieren

3. Zum Schluß Wetterschenkel anschrauben und dann mit der Türfarbe zweimal satt lackieren

Türen

Eine Holzschwelle erneuern

Aufsteigende Feuchtigkeit aus dem Fundament oder Mauerwerk ist meist die Ursache für das Verrotten hölzerner Schwellen an Außentüren. Und natürlich werden sie im Lauf der Zeit durch häufiges Begehen abgenutzt und beschädigt. Man sollte die Reparatur nicht zu lange aufschieben, damit nicht auch der Türrahmen in Mitleidenschaft gezogen wird.

Türschwellen werden aus Holz, Ziegeln oder Natursteinen hergestellt. Eine Schwelle aus Naturstein einzusetzen ist zeitraubender, weil man sie nach Maß herstellen lassen muß.

Wenn man sich für eine hölzerne Türschwelle entscheidet, sollte man möglichst Hartholz dafür wählen. Die Schwelle muß vor dem Verlegen mit Holzschutzmittel imprägniert werden.

Als Schutz gegen aufsteigende Bodenfeuchtigkeit kann man einen Streifen Bleiblech oder Dachpappe unterlegen.

Material: Hartholz für neue Türschwelle, Bleiblech oder Dachpappe, Holzschutzmittel, wetterfester Lack
Werkzeug: Stemmeisen, Säge, Hobel, Hammer, Nuthobel oder Kreissäge, Pinsel

NUTHOBEL

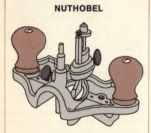

Der Nuthobel dient zur Herstellung von Nuten oder Rinnen von gleichmäßiger Tiefe in einer Holzfläche. Die Tiefe des Hobelmessers läßt sich verstellen. Mit dem Hobel führt man kurze Stöße nach vorn, die in einem langen Zug enden

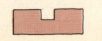

1. Man bestimmt die Abmessungen der Schwelle, gibt in der Länge einige Zentimeter zu und hobelt in die Unterseite vorne eine Abtropfrinne

2. Schwelle umdrehen, parallel zur Hinterkante eine Linie in etwas größerem Abstand als die Türdicke anzeichnen und ab hier Schräge anhobeln

3. Alte Schwelle herausstemmen, an der neuen an beiden Enden die Konturen des eingreifenden Türrahmens anzeichnen und aussägen

4. Isolierstreifen einlegen, Schwelle mit Hammer und Hartholzklotz fest in den Türrahmen klopfen. Abschließend mit wetterfestem Lack behandeln

Gemauerte Türschwelle

Eine gemauerte Außenschwelle kann man ohne Schwierigkeit selber machen. Man nimmt Klinker dazu, da normale Ziegel weicher sind und mehr Feuchtigkeit aufnehmen.

Mit dem Mörtelbett erreicht die Lage aus hochkant gestellten Klinkern eine Tritthöhe von ca. 12 cm. Es kann daher notwendig werden, darunter eine oder mehrere Ziegellagen des Mauerwerks abzutragen. Dann muß die Schwellenunterlage, die Mauer, durch Ziegel oder Mörtel auf die nötige Höhe gebracht werden.

Für das Mörtelbett und die Verbindung der Klinker mischt man einen steifen Mörtel aus einem Teil Zement und einem bis zwei Teilen Sand. Man kann auch etwas Kalk hinzufügen.

Da sich in einer Steinschwelle keine wasserabführende Nut anbringen läßt, ist es nötig, die Oberfläche der Schwelle leicht nach außen abfallend zu verlegen, damit Regen- oder Schneewasser abfließen kann. Nach dem Verlegen sollte die Schwelle mindestens einen Tag lang nicht betreten werden, damit die Steine sich nicht wieder lockern.

Beim Herstellen einer Klinkerschwelle sollte man folgende Tips beachten: Man legt die Steine auf ihrer Schmalkante vor den Türrahmen, den ersten Stein etwa 1 cm vom Mauerwerk entfernt neben den Türpfosten. Dann füllt man die Breite so mit Klinkern, daß sie durch 10 mm breite Fugen voneinander getrennt sind, und markiert die Abstände mit Filzstift auf einer Latte. Man schlägt auf beiden Seiten je einen kleinen Pfosten in den Grund und markiert auf ihnen mit einem Nagel die Höhe der vorderen oberen Schwellenkante; dabei darf man die Neigung der Schwellenoberfläche für den Wasserablauf nicht vergessen. Eine zwischen den Nägeln straff gespannte Schnur begrenzt die Vorderkante der Schwelle. Die Rückseite der Klinker wird mit dem Maurerhammer abgeschrägt. Dann macht man den Mörtel an und mauert die Klinker ein.

Material: Klinker, Mörtel
Werkzeug: Wasserwaage, Kelle, Fugenkelle, Schnur, Mörtelwanne, zwei Pflöcke, Richtlatte, Maurerhammer

1. Zwei Holzpflöcke an den Kanten der Türöffnung einschlagen und auf einem Pflock die Höhe der Schwellenvorderkante anzeichnen

2. Schwellenhöhe mit Wasserwaage und Richtlatte auf zweiten Pflock übertragen; Nägel einschlagen und mit straff gespannter Schnur verbinden

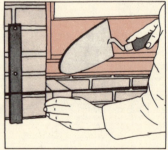

3. Das Mauerwerk unter der Schwelle mit Mörtel in benötigter Höhe belegen und den ersten Klinker mit 1 cm Fuge gegen die Türleibung legen

4. Die übrigen Klinker mit der Abstandsleiste einmauern. Sie müssen mit der Schnur fluchten. Zum Schluß schließt man die Fugen mit Mörtel

Reparatur einer verzogenen Tür

Besonders bei Neubauten kann es vorkommen, daß das Mauerwerk sich noch mehr oder weniger setzt. Dies hat meist zur Folge, daß auch Türrahmen sich verziehen und Türen somit nicht richtig schließen.

Wenn das Absinken der Mauer so erheblich ist, daß große Spalten oder starke Verklemmungen auftreten, muß man einen Sachverständigen zu Rate ziehen. In den meisten Fällen wird dann der Türrahmen neu gesetzt werden müssen.

Wenn die Mauersenkung allerdings nur geringfügig und offensichtlich zum Stillstand gekommen ist, kann man eine schief hängende Tür dadurch wieder gängig machen, daß man die klemmende Kante der Tür absägt oder abhobelt und sie so dem Türrahmen wieder angleicht.

An der anderen Kante, an der ein Spalt entstanden ist, setzt man eine Fülleiste an. Sie muß so breit sein, wie die Tür dick, und mindestens so stark, wie der Spalt zwischen Tür und Schwelle an seiner größten Stelle breit ist.

Auch diese Fülleiste wird an ihrer freien Fläche so zurechtgehobelt, daß sie genau parallel zur Rahmen- oder Schwellenkante verläuft. Nun kann man die Scharniere lösen und im Türrahmen entsprechend versetzen, bis die Tür wieder leichtgängig und fest schließt.

Material: Holzleiste, Holzschrauben, Holzdübel, Leim, Spachtel, Lackfarbe
Werkzeug: Säge, Hammer, Holzhammer, Schraubenzieher, Stecheisen, Bohrwinde, Holzbohrer, Hobel, Farbpinsel

1. Zunächst wird die Fülleiste von entsprechender Dicke genau auf die Länge der Türbreite gesägt. Danach werden alle Seiten glattgehobelt

3. Jetzt alle Scharnierschrauben aus dem Türrahmen herausdrehen und Türe abnehmen, damit die Scharniere nach Bedarf versetzt werden können

2. Die Leiste genau an die Kante des klaffenden Türrahmenteils halten (hier ist es die Oberkante) und Linie für den Sägeschnitt anreißen

4. Danach die Oberkante der Tür entlang der angerissenen Linie absägen und die Sägekante glatthobeln. Türe provisorisch in den Rahmen stellen

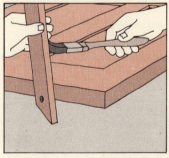

5. Fülleiste unter die Tür schieben und prüfen, ob sie paßt. Schraubenlöcher in die Leiste bohren; Leiste und Türunterkante mit Leim bestreichen

6. Die Leiste nun fest an die Unterkante der Tür pressen und mit Senkkopfholzschrauben durch die vorgebohrten Löcher befestigen

7. Vorder- und Hinterkante der Leiste mit den Türflächen bündig hobeln, verspachteln und zweimal in der passenden Türfarbe lackieren

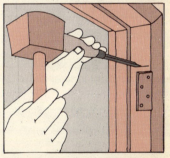

8. Die neue Lage der Scharniere im Türrahmen anzeichnen und die Aussparungen dafür mit dem Stecheisen und Holzhammer herausarbeiten

9. Die alten Bohrlöcher werden mit Holzdübeln und Weißleim fest verschlossen. Überstehendes Holz wird mit dem Stecheisen entfernt

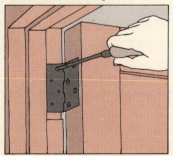

10. Tür einstellen, wie auf Seite 162 beschrieben, Scharniere festschrauben und prüfen, ob sich die Tür einwandfrei öffnen und schließen läßt

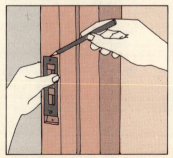

11. Die Schrauben des Schließbleches lösen, das Blech vom Türrahmen nehmen und seine neue Lage auf dem Rahmen genau anzeichnen

12. Aussparung für Schließblech mit Stecheisen der neuen Lage anpassen. Schlitze unter Scharnieren und Schließblech mit Knetholz zukitten

Türen

Eine Fertigtür einbauen

Es gibt heutzutage eine Vielzahl einbaufertiger Türen mit dem dazugehörenden Futter zu kaufen. Das Angebot reicht vom herkömmlichen Türfutter mit Falz- und Zierbekleidung bis zur modernen Türzarge, die sowohl geschoß- als auch sturzhoch erhältlich ist.

Die Oberfläche kann mit Folie beschichtet sein oder aber aus Naturholzfurnier bestehen. Holzarten wie Mahagoni-Macoré, Limba oder Bete sind meist am Lager. Bei Eiche, Nußbaum, Palisander etwa muß man unter Umständen mit längeren Lieferzeiten rechnen.

Man unterscheidet zwischen zwei Türarten. Die einen haben ein Türfutter mit Abdeckleisten auf beiden Seiten, die andern eine Türzarge, die sich meist nur mit einer Schattennut von der Wand absetzt. Bei Fachwerkswänden empfiehlt es sich, das herkömmliche Futter einzubauen, da mit Hilfe der Bekleidungen Putzschäden weitgehend abgedeckt werden können.

War im alten Futter eine Schwelle eingebaut, sollte man diesen Spalt im Fußboden schließen und den Bodenbelag darüber hinweglegen. Ist der Fußboden verschieden hoch, fängt man den Unterschied mit einer Anschlagschiene auf.

Türzargen mit Schattennuten haben oft einen verzinkten Stahlrahmen als Unterkonstruktion. Der Stahlrahmen muß bereits eingesetzt sein, bevor man mit dem Verputzen beginnt. Alle Einbauelemente werden vom Hersteller einzeln angeliefert; es bereitet aber meistens keine Schwierigkeiten, sie zusammenzubauen. Dies geschieht am besten auf dem Fußboden. Als Schutz legt man zwei Leisten unter die Zarge.

Bei geschoßhohen Türzargen entfällt diese Arbeit, denn sie haben keine Querstücke.

Nach dem Zusammenbau wird der Rahmen in die Maueröffnung gestellt, lot- und winkelrecht ausgerichtet und zunächst einmal an der Bandseite befestigt. Jetzt kann man die Tür vorsichtig einhängen und ihre Funktion überprüfen. Unbedingt ist darauf zu achten, daß das Querstück in der Waagrechten ist! Jetzt wird die Zarge an der Schloßseite befestigt, wobei man sich an die Reihenfolge oben – unten – Mitte hält.

Wenn die Montage sorgfältig ausgeführt worden ist, wird keine Nacharbeit notwendig sein. Bei Einbohrbändern kann es möglich sein, daß man geringfügig nachjustieren muß. Am Schluß der Arbeit schraubt man die mitgelieferten Drücker und Langschilder an. Riegel und Falle werden leicht geschmiert.

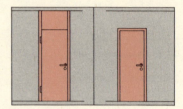

Eine geschoßhohe (links) und eine sturzhohe Türzarge (rechts)

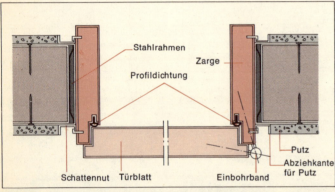

Querschnitt durch ein Türelement mit verzinktem Stahlrahmen: Der Stahlrahmen, der auch als Putzrahmen bezeichnet wird, muß bereits vor dem Verputzen eingesetzt werden. An den U-Profilkanten wird der Wandputz abgezogen. Von der Wand ist die Zarge mit einer Schattennut abgesetzt. Die Schattennut wird meist dunkel gestrichen

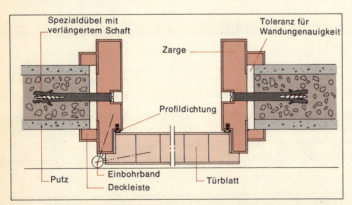

Querschnitt durch eine Zarge mit glattem Türblatt: Dieses Türelement läßt sich relativ einfach montieren. Die Ungenauigkeiten zwischen Wand und Zarge werden mit Deckleisten abgedeckt. Man nagelt diese einfach mit 40 mm langen Stauchkopfstiften an der Zarge fest. Vorsichtig klopfen und das Zargeninnere gegenhalten!

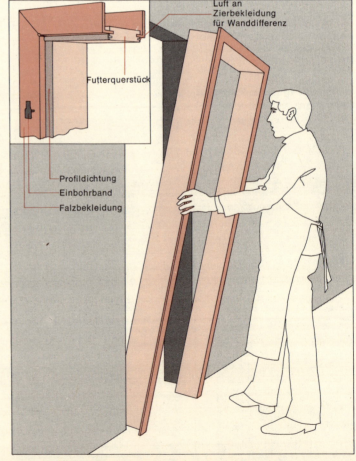

Die Abbildung rechts oben zeigt ein herkömmliches Türfutter mit Falz- und Zierbekleidung. Die Falzbekleidung ist bereits aufgeleimt, die Zierbekleidung läßt sich um bis zu 10 mm verschieben. Ist die Bekleidung genau angepaßt, leimt man sie in die Nut. Die große Abbildung zeigt, wie ein Türfutter eingefahren wird. Oben braucht man mindestens 1 cm Luft

Holztürpfosten reparieren

Wenn die unteren Enden von Türpfosten Verrottungserscheinungen zeigen oder angeschlagen und gesplittert sind, braucht nicht immer der ganze Türrahmen erneuert zu werden. Oft genügt es, die beschädigten Teile zu ersetzen. Man braucht dazu nur zwei Holzstücke in passender Art und Stärke.

Die verrotteten Pfostenteile werden entfernt, indem man die Pfosten etwas oberhalb des schlechten Holzes durchsägt. Dabei muß man achtgeben, daß die Zähne der Säge nicht am Mauerwerk oder der Pfostenverankerung beschädigt werden. Gegebenenfalls entfernt man das Reststück mit dem Stecheisen oder mit der Raspel.

Die Verankerung des Türpfostens liegt meist etwa 30 cm über dem Boden und sollte möglichst intakt bleiben. Liegt der Anker jedoch im schlechten Holz, so muß er ebenfalls entfernt und neu eingesetzt werden.

Manchmal ist der Türpfosten mit der hölzernen Schwelle verbunden. Wenn sich diese Verbindung nicht lösen läßt, muß man den Pfosten etwa 5 cm über der Schwelle nochmals durchsägen, das Pfostenzwischenstück herausnehmen und das restliche Holz je nach dem Befund entfernen.

Das Ersatzstück bekommt dasselbe Profil wie der vorhandene Türpfosten. Seine zur Mauer liegende Seite wird mit Holzschutzmittel behandelt, die anderen, auch die Unterseite, werden zum Türrahmen passend gestrichen.

Wenn eine hölzerne Schwelle zwischen den Türpfosten sitzt, empfiehlt es sich, sie vor der Reparatur zu entfernen. Dies erleichtert die Reparatur.

1. Das schadhafte Stück wird abgesägt. Wenn der Anker des Türrahmens im schadhaften Pfostenstück liegt oder wenn er nicht mehr festsitzt, muß er aus dem Mauerwerk herausgestemmt werden. Am Ersatzstück wird dann ein neuer Anker befestigt und in die Mauer einzementiert

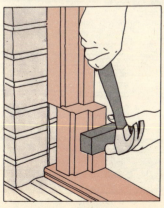

2. Das neue Pfostenstück wird genau auf richtige Länge gesägt und mit Hammer und Hartholzklotz an seinen Platz geklopft

3. Das neue Pfostenstück wird durch schräg gebohrte Schraubenlöcher ans Mauerwerk oder auch an die Holzschwelle geschraubt

Garagenkipptüren warten

Kipptüren werden vor allem in Garagen eingebaut. In geöffnetem Zustand schieben sie sich waagerecht unter die Decke und geben somit die gesamte Einfahrtbreite und -höhe ungehindert frei.

Kipptüren bestehen aus Kunststoff, Metall oder Holz. Sie werden über Federn oder Gegengewichte an Flaschenzügen bewegt und sind daher trotz ihres hohen Gewichts leicht zu öffnen und zu schließen.

Damit eine Kipptür immer einwandfrei und leicht läuft, müssen alle beweglichen Teile und Drehpunkte regelmäßig mit säurefreiem Öl oder Maschinenfett geschmiert werden. Rollen oder Bolzen aus Kunststoff werden nicht geölt, sondern mit Graphit versehen.

Die Gleitschienen säubert man mit einer harten Bürste. Ferner empfiehlt es sich, die Bolzen und andere Aufhängepunkte, an denen das Tor im Stahlrahmen befestigt ist, von Zeit zu Zeit zu kontrollieren und, falls erforderlich, wieder fest anzuziehen.

Aluminium- und Kunststofftore brauchen keinen Anstrich; man säubert sie mit einem feuchten Tuch. Roststellen an gestrichenen Stahltoren sollte man möglichst bald bis zum blanken Metall abschleifen und vor dem Neuanstrich mit Rostumwandler einstreichen.

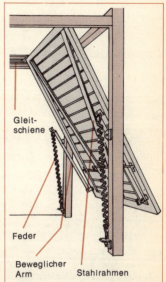

Pflege: Alle beweglichen Teile werden gründlich gesäubert und – mit Ausnahme der Federn – mit gutem Maschinenöl oder Fett geschmiert

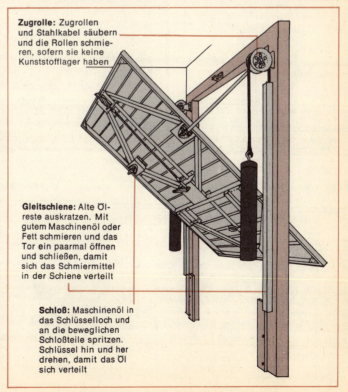

Zugrolle: Zugrollen und Stahlkabel säubern und die Rollen schmieren, sofern sie keine Kunststofflager haben

Gleitschiene: Alte Ölreste auskratzen. Mit gutem Maschinenöl oder Fett schmieren und das Tor ein paarmal öffnen und schließen, damit sich das Schmiermittel in der Schiene verteilt

Schloß: Maschinenöl in das Schlüsselloch und an die beweglichen Schloßteile spritzen. Schlüssel hin und her drehen, damit das Öl sich verteilt

Wandfliesen

Fliesen schneiden

1. Man legt ein Lineal an die Schnittstelle und ritzt die Oberfläche mit dem Fliesenschneider an

2. Dann schiebt man dünne Hölzchen unter die Linie und bricht die Fliese mit leichtem Druck durch

3. Wenn die Bruchkante rauh ist, glättet man sie mit einem gut angefeuchteten feinen Schleifstein

Fugen füllen

1. Dünner Zementbrei oder käufliche Fugenfüllmasse wird mit einem Gummischaber in die Fugen gepreßt

2. Füllmasse gut eindrücken, danach die Fliesen mit einem Kunststoffschwamm wieder sauberwischen

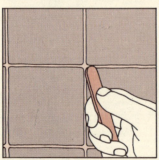

3. Vor dem Abbinden, nach etwa 5 Minuten, kann man die Fugen mit einem abgerundeten Holzstab glätten

Eine Fliesenwand erneuern

Wenn eine Wandfliese sich gelockert hat, wird sie vorsichtig herausgenommen und, nachdem man die Unterlage gründlich gesäubert hat, mit einem geeigneten Kleber wieder eingefügt.

Eine zerbrochene oder gesprungene Fliese wird mit Hammer und Meißel herausgebrochen und durch eine neue ersetzt. Bei der Erneuerung mehrerer Fliesen legt man Pappstreifen, Streichhölzer oder aber spezielle Plastikkeile als Abstandhalter dazwischen. Sie werden wieder entfernt, sobald der Kleber oder Mörtel abgebunden hat – im allgemeinen nach etwa sechs Stunden. Die Fugen werden anschließend mit Fugenzement verstrichen.

Nehmen Sie immer ein Stück der zerbrochenen Fliese als Muster mit, wenn Sie im Fachgeschäft Ersatzfliesen kaufen.

Auf eine stark zerkratzte und unansehnlich gewordene, aber sonst noch stabile Fliesenwand kann ohne weiteres eine neue Fliesenschicht aufgelegt werden, ohne daß man die alte zu entfernen braucht.

Bevor eine alte Fliesenwand neu gekachelt wird, muß diese mit warmem Wasser und Haushaltsreiniger abgewaschen, nachgespült und gut getrocknet werden. Lockere Fliesen muß man vorher neu befestigen. Wenn die Fugenfüllung zwischen den Fliesen rissig oder unansehnlich geworden ist, kratzt man sie heraus und erneuert sie.

Um Wandfliesen zu reinigen, benutzt man warmes Wasser und einen Haushaltsreiniger; für die Fugen tut eine Nagelbürste und ein feines Scheuermittel gute Dienste.

Material: Wandfliesen
Fugenzement
Fliesenkleber
Werkzeug: Lineal
Hammer
Beißzange
Fliesenschneider
Schwamm
Zahnspachtel
Fugenholz
Kleine Kelle

1. Zunächst muß die Wand sorgfältig gesäubert und geglättet werden. Dann streift man mit einer kleinen Kelle etwas Fliesenkleber auf den Zahnspachtel

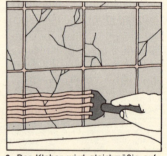

2. Der Kleber wird gleichmäßig aufgetragen. Es empfiehlt sich, nicht mehr als einen Quadratmeter Wand auf einmal zu bestreichen, da der Kleber schnell fest wird

3. Nun drückt man die Fliesen vorsichtig in den Kleber. Dabei wird von Zeit zu Zeit mit dem Stahllineal genau überprüft, ob die Fliesen eben und geradesitzen

---

Eine beschädigte Fliese muß man vorsichtig und behutsam entfernen, um die benachbarten Platten nicht in Mitleidenschaft zu ziehen. Vor allem an den Fugenrändern zu den unbeschädigten Fliesen ist größte Vorsicht geboten. Hier kann man leicht mit dem Meißel Risse einschlagen, in die später Wasser eindringt, das sich hinter den Platten sammelt.

Material: Fliesen, Fliesenkleber, Zement oder Fugenfüllmasse
Werkzeug: Spitzes Kratzeisen, Hammer, schmaler Meißel

EINE FLIESE ENTFERNEN

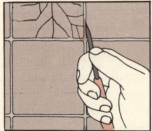

1. Die Fugenmasse wird um die beschädigte Fliese herum mit einem Kratzeisen entfernt. Dabei die Ränder der angrenzenden Fliesen nicht beschädigen!

2. Mit Hammer und Meißel wird die schadhafte Fliese stückchenweise herausgeschlagen; dabei soll man immer von der Mitte nach außen arbeiten

Keramische Wandfliesen verlegen

Keramische Wandfliesen können auch vom Nichtfachmann verlegt werden. Man braucht dazu Mörtel oder Kleber, Fugenfüller und eventuell Farbe zum Abtönen des Füllers.

Keramische Fliesen werden aus Ton geformt und anschließend gebrannt. Sie werden in drei Qualitäten gehandelt, nämlich 1., 2. und 3. Wahl. Das Kennzeichen dafür befindet sich auf der Rückseite: zwei gekreuzte Pfeile für die 1. Wahl, ein Quadrat für die 2. und ein Dreieck für die 3. Qualität.

Vor dem Kauf der Fliesen ist es ratsam, die Wand maßstabsgerecht auf ein Blatt Millimeterpapier zu zeichnen und auch Türen und Fenster einzutragen. Dann läßt sich der Bedarf leicht ausrechnen. Dazu wird zunächst das gewünschte Fliesenformat bestimmt. 15 x 15 und 10 x 20 sind die gebräuchlichsten Größen. Auf dem Millimeterpapier ist eine Fliese von 10 x 20 cm bei einem Maßstab von 1 : 20 5 x 10 mm groß. In diesem Maßstab werden alle Fliesen eingezeichnet, wobei man Paßfliesen (keine ganzen Fliesen) nach Möglichkeit an weniger auffallende Stellen legt. Eventuell muß man auch feststellen, wie viele Fliesen mit abgerundeten Kanten oder Ecken man braucht. Im allgemeinen werden jedoch nur noch Fliesen mit geraden Kanten verarbeitet.

Für Wandfliesen ist ein einwandfreier Untergrund wichtig: Er muß fett- und staubfrei, eben, starr und ohne lockere Stellen sein. Fliesen können auf hartem Untergrund wie Betonwänden verlegt werden, wenn sie eben sind. Die tiefste Unebenheit darf nicht mehr als 2–3 mm betragen. Eine Ziegelwand sollte vor dem Verlegen der Fliesen einen Gipsputz erhalten (siehe S. 100). Pulvrig weiche und feuchte Wände kann man nicht mit Fliesen belegen. Hier muß der alte Putz entfernt und erneuert oder eine Wand vorgesetzt werden.

Eine neu eingezogene Wand, zum Beispiel in einer Küche, die aus Holzriegelwerk und Gipskartonplatten besteht, kann ohne weiteres mit Fliesen belegt werden. Das gilt dagegen nicht für Holzwände und ähnliche Konstruktionen, die nicht aufhören zu arbeiten. Hier würden Fliesen bald Sprünge bekommen oder abfallen. Will man eine solche Wand kacheln, muß man vorher Streckmetall (siehe S. 111), das die Bewegungen des Holzes auffängt, anbringen und dieses mit Gipsmörtel verputzen. Auf dem Putz kann man dann Fliesen verlegen. Zuvor soll man aber die Ebenheit des Putzes mit einer Richtlatte kontrollieren; er darf keine größeren Vertiefungen als 2–3 mm enthalten. Solche Stellen lassen sich noch durch stärkeren Kleberauftrag ausgleichen.

Material:	Wandfliesen, Mörtel oder Kleber, Fugenmörtel
Werkzeug:	Spachtel, Zahnspachtel, Glas- oder Fliesenschneider, Hammer, Beißzange, Fliesenbrechzange, Senklot, Wasserwaage, Richtlatte

Vor dem Kauf der Fliesen sollte man die Wand maßstabsgerecht auf Millimeterpapier zeichnen und Türen und Fenster eintragen. Danach kann man leicht bestimmen, wie viele Fliesen erforderlich sind

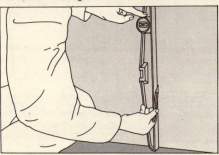

1. Mit Hilfe eines Senklots oder einer Wasserwaage zeichnet man eine senkrechte Linie. Man kann dazu Punkte markieren und diese mit einer geraden Latte verbinden

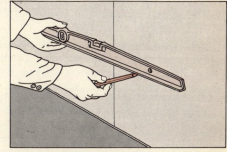

2. Dann hält man die Wasserwaage rechtwinklig über die senkrechte Linie und zeichnet eine waagrechte Linie auf die Wand. Dasselbe kann man auch mit einem Anschlagwinkel machen

3. Auf einer langen Holzlatte wird die Fliesenbreite mit den Zwischenräumen, die für die Fugen erforderlich sind, angezeichnet. Als Fugenbreite rechnet man 1,5–3 mm

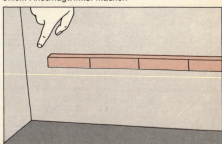

4. Man hält nun die Holzlatte mit den markierten Fliesenmaßen an die Wand, die belegt werden soll. Die Abstände von den Enden der Wand sollten auf beiden Seiten gleich groß sein

Wandfliesen

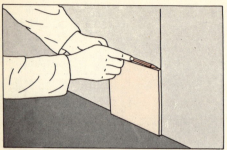

5. Wenn die Fliesenabstände von der Latte auf die Wand übertragen sind, wird der Umriß der ersten Fliese in der untersten waagrechten Reihe auf die Wand gezeichnet, am besten mit einem Bleistift

6. Heute werden die meisten Kleber gebrauchsfertig geliefert. Man streicht immer etwa 1 qm der Wandfläche mit einer Zahntraufel ein, deren Zahntiefe der Kleberhersteller vorschreibt

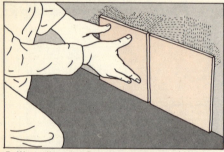

7. Wenn die erste Fliese ins Kleberbett gedrückt ist, setzt man die zweite im angezeichneten Abstand daneben, und zwar mit dem Augenmaß oder mit Hilfe von Plastikkeilchen oder Holzstäbchen

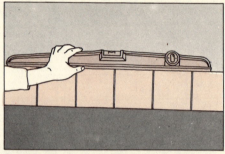

8. Nachdem die erste waagrechte Fliesenreihe in dieser Weise angebracht ist, kontrolliert man mit der Wasserwaage, ob die Reihe genau fluchtet und waagrecht liegt, und korrigiert, wenn nötig

9. Jetzt wird die erste Fliese der zweiten Reihe angebracht. Die Fugenbreite kann man wieder mit Plastikkeilen bestimmen. Die Fliesen der zweiten Reihe müssen genau über denen der ersten liegen

10. Wenn alle Fliesen verlegt sind, wischt man überschüssigen Kleber mit einem Lappen ab und entfernt die Keile. Etwa 48 Stunden später werden die Fugen mit Fugenfüller verfugt (siehe S. 174)

EINEN ZAHNSPACHTEL SELBER MACHEN

1. Man sägt in eine 15 x 7 cm große Kunststoffschichtplatte nach Angaben des Kleberherstellers Schlitze ein und feilt die Zähne

2. So wird der Kleber mit dem selbst hergestellten Zahnspachtel auf die Wand gestrichen und verteilt

FLIESEN UM EIN ROHR HERUM VERLEGEN

Wenn alle ganzen Fliesen verlegt sind, kommen die besonders zugeschnittenen Paßfliesen an die Reihe. Sie werden auf der Glasurseite mit einem Filzschreiber angezeichnet und dann mit einem in Petroleum getauchten Glasschneider angeritzt. Der am Rand entstehende Grat wird mit einem Schleifstein entfernt.

Fliesen um Rohre oder Steckdosen oder andere runde Vorsprünge herum erfordern besondere Sorgfalt: Am einfachsten teilt man die Fliese, zeichnet die runden Ausschnitte auf beiden Teilen an und bricht die Halbkreise vorsichtig heraus.

1. Zunächst wird die Fliese geteilt (siehe S. 89). Dann zeichnet man auf beiden Fliesenhälften die auszubrechenden Ausschnitte für das Rohr mit einem Filzschreiber an

2. Die mit dem Filzstift angezeichneten Öffnungen werden aus beiden Fliesenteilen sehr vorsichtig und genau mit einer Fliesenbrechzange oder Beißzange herausgebrochen

3. Wenn der Kleber auf der Wand schon zu hart ist, trägt man Kleber auf die Rückseite der Fliesenhälften dünn auf und drückt diese dann an die Wand

Anschlußfugen abdichten

Die Fugen zwischen gekachelten Wänden und sanitären Einrichtungen wie Waschbecken, Badewannen und ähnlichem müssen staub- und wasserdicht verschlossen werden, damit sich dahinter weder Nässe noch Schmutz ansammeln kann. Man sollte sie nicht mit starr werdenden Füllmassen wie Gips oder ähnlichem verschließen, weil diese nur kurze Zeit halten und dann Sprünge bekommen. Es gibt dafür dauerelastischen Kitt in Tuben oder in Dosen mit Treibgas. Die Fugen müssen sauber und fettfrei sein. Der Kitt wird mit der Tülle der Tube oder Dose in die Fuge gedrückt. Die Fugenränder kann man vorher mit Klebeband abdecken.

Material: Dauerelastischer Kitt, Entfettungsmittel (Benzin, Brennspiritus oder Azeton)
Werkzeug: Steifer Pinsel, Japanspachtel, Klebeband

1. Man säubert die Fuge und ihre Ränder, entfettet sie und läßt sie trocknen

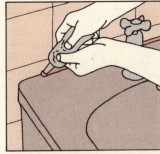

2. Die Tülle der Tube wird auf Fugenbreite abgeschnitten. Den Kitt drückt man gleichmäßig heraus

3. Der Kitt wird mit dem angefeuchteten Finger möglichst tief in die Fuge gedrückt und geglättet

4. Man schneidet den überschüssigen Kitt mit dem Japanspachtel gerade ab und läßt ihn 24 Stunden trocknen

Schadhafte Bodenfliesen erneuern

Außer für Wände werden glasierte Fliesen auch für Fensterbänke in Naßräumen benutzt; sie bilden dann die Verbindung zwischen der Wand und den Fensterrahmen. Ferner werden damit erhöhte Bodenteile, Rohrverkleidungen oder Wandvorsprünge belegt, die dann als Sitzgelegenheit oder als Ablage dienen. An solchen Stellen ist der Sockel im allgemeinen aus Beton oder Backsteinen, und die Fliesen sind in Zementmörtel verlegt. Beim Ersatz einer Fliese ist so wenig Mörtel nötig, daß man ganz darauf verzichten und lieber einen geeigneten Kleber benutzen sollte. Um den Untergrund beurteilen zu können, wird die schadhafte Fliese zunächst herausgeschlagen. Bei glattem Untergrund genügt eine dünnere Kleberschicht als bei sehr unregelmäßiger rauher Unterlage. Wegen der Art des Klebers läßt man sich beraten. Die Fugen füllt man mit Fugenmörtel, den man passend zu den übrigen Fugen einfärbt, und profiliert sie, falls das nötig ist.

Wenn man neue Fliesen kauft, sollte man immer ein paar mehr als benötigt nehmen, da man nicht sicher sein kann, ob die Fliesen weiter produziert werden.

Material: Fliesen, Fugenmörtel, Kleber
Werkzeug: Spitzmeißel, Hammer, Alter Flachpinsel

1. Die schadhafte Fliese wird von der Mitte aus mit einem kleinen Spitzmeißel und Hammer entfernt

2. Man säubert den Untergrund, füllt eventuelle Löcher mit Zementmörtel und prüft, ob die neue Fliese paßt

3. Auf die Rückseite der Fliese wird mit einem sauberen alten Pinsel eine dünne Kleberschicht aufgetragen

4. Auch der Untergrund wird mit einer gleichmäßigen Kleberschicht versehen

5. Man legt die Fliese vorsichtig mit gleicher Fugenbreite ringsum in die Öffnung und drückt sie an

6. Überschüssiger Kleber muß sofort mit einem feuchten Lappen entfernt werden, damit er nicht antrocknet

7. Die Fugen werden mit Fugenmörtel gefüllt und, falls erforderlich, mit einem Holzstäbchen profiliert

Wärmedämmung

Rohrisolierung

Warmwasserleitungen sind in sehr vielen Häusern entweder gar nicht oder nur mangelhaft isoliert. Die ständig steigenden Heizkosten machen es jedoch aus wirtschaftlichen Gründen ratsam, an solchen Leitungen eine gute Isolierung anzubringen.

Warmwasserboiler sind oft in entlegenen Räumen aufgestellt und versorgen meist über kupferne Rohre Badezimmer und Küchen auf den verschiedenen Stockwerken. Solche Leitungen bedingen durch ihre Länge einen hohen Wärmeverlust. Oft werden sie auch an oder in kalten Außenwänden verlegt oder überqueren Einfahrten, Hallen oder Nebenräume, die nicht oder schlecht beheizt sind.

Die Zuleitungen für freistehende Garagen oder Lager werden oft im Boden verlegt. Die Oberflächen solcher Rohre brauchen eine Spezialbehandlung; sie sollten deshalb von einem Fachmann verlegt und isoliert werden.

Es ist auch zu empfehlen, Abflußrohre und Leitungen, die kaltes Wasser führen, mit einer Isolierung zu versehen, da diese im Winter oft leicht einfrieren können. Völlige Sicherheit bietet die Isolierung bei sehr strengem und lang anhaltendem Frost jedoch nicht. Bei Leitungen, die innerhalb des Hauses verlaufen, sollte man während Kälteperioden zusätzlich dafür sorgen, daß die Temperatur in den betreffenden Räumen immer über dem Gefrierpunkt bleibt, am besten durch einen kleinen Heizkörper. Wasserleitungen, die im Freien oder etwa in einer Garage liegen, sperrt man vor dem Winter ab und entleert sie.

Als Isoliermaterial dient Filz, Schaumgummi, Hartschaum, Mineral- oder Glaswolle. Im Handel sind Rohrschalen aus Kork, Schaumgummi oder geschäumtem Kunststoff erhältlich, außerdem noch flexible Ummantelungen und Schläuche aus isolierendem Material. Letztere nimmt man oft für dünne Rohre, die sichtbar verlegt sind.

Verdeckte Leitungen können mit Streifen aus flexiblem Isoliermaterial umwickelt werden. Dabei dürfen keine Zwischenräume entstehen. Besonders Verbindungsstücke, Hähne und Ventile müssen gut abgedeckt werden.

Die Isolierung muß unbedingt von Zeit zu Zeit kontrolliert werden, denn es besteht durchaus die Möglichkeit, daß sich die Befestigung (Faden oder Klebeband) löst und sich das Isoliermaterial abrollt.

Flexible Leitungen oder Schläuche sind in verschiedenen Durchmessern lieferbar.

Im Fachhandel werden heute Schläuche angeboten, die in der Längsrichtung aufgeschlitzt sind, damit sie über die Leitungen geschoben werden können. Auch hier muß besonders darauf geachtet werden, daß die Isolierung an Ventilen und Hähnen sowie an den Verbindungsstellen dicht ist. Die Längsnaht eines Isolierschlauches braucht im allgemeinen nicht zugeklebt zu werden, weil sie sich von selbst schließt. Nur an den Enden und an den Nahtstellen muß mit Klebeband abgedichtet werden.

Material: Filz- oder Schaumgummistreifen, flexibler Schlauch, Bindfaden oder Bindedraht, Klebeband
Werkzeug: Scharfes Messer, Schere

Isolation mit Filzband

1. Am Austritt der Leitung aus der Wand beginnend, das Isoliermaterial dreimal um das Rohr wickeln und mit einem Bindfaden befestigen

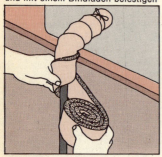

2. Den Streifen diagonal um die Leitung wickeln, ihn dabei immer fest anziehen. Jede Wicklung muß die vorhergehende überlappen

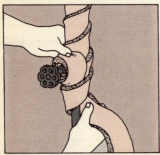

4. Bei Verbindungen und Ventilen besonders darauf achten, daß keine Zwischenräume bei der Isolierung entstehen

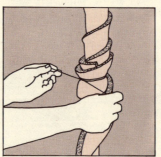

3. Das Ende des Streifens mit Bindfaden um das Rohr befestigen. Den Anfang des nächsten Streifens darüber legen und ebenfalls festbinden

5. Die ganze Leitung so umwickeln. Isolierstreifen am Ende der Leitung dicht an der Wand mit Bindfaden oder Klebeband befestigen

Isolation mit Schaumgummi

1. Die Längsnaht des Schlauches öffnen und ihn so um das Rohr legen, daß das Ende dicht an der Mauer abschließt

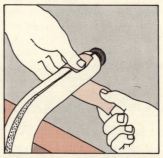

2. Die Naht des Schlauches soll gut schließen und dicht um die Leitung liegen. Ein Stück Klebeband um das Ende wickeln

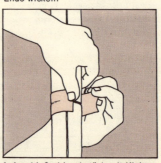

4. Anschlußschlauchstück mit Klebeband verbinden. Beide Schlauchenden rechtwinklig abschneiden, damit sie satt aufeinander liegen

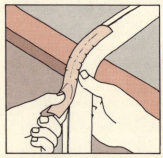

3. Wo die Leitung gebogen ist oder sich teilt, wird die Naht im Isolierschlauch in Längsrichtung mit Klebeband geschlossen

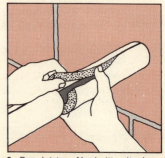

5. Den letzten Abschnitt mit abgemessenem Schlauchstück umschließen. Anschlußstelle und Schlauchende mit Klebeband umwickeln

Schlecht oder gar nicht isolierte Rohrleitungen sind eine teure Angelegenheit, ganz gleich, ob es sich dabei um Warmwasserleitungen oder Abflußrohre handelt. Eine gute Isolierung ist nicht nur wichtig für die Lebensdauer der Leitungen selbst, sondern spart auch Energie und damit bares Geld.

Warmwasserleitungen bestehen oft aus Kupferrohren, die manchmal viele Meter weit durch kalte Außenwände oder schlecht geheizte Nebenräume führen. Besonders bei Zentralheizungen müssen daher die Leitungen isoliert sein.

Aber auch Abflußrohre und Leitungen, die nur kaltes Wasser führen, sollte man isolieren, weil sie sonst im Winter leicht einfrieren. Dann ist nicht nur die Leitung unterbrochen; in vielen Fällen platzen die Rohre – und die Reparatur kann sehr teuer werden. Ein Rohrbruch macht es oft nötig, ganze Wände aufzustemmen. Solche Leitungen muß man unter Umständen bei Kälte entleeren und abstellen, wenn sie außerhalb heizbarer Räume liegen.

Das Ausschäumen von Rohrleitungen wird immer beliebter. Vor allem bei Außenwänden, Hohlräumen oder schwer zugänglichen Ecken dringt der Schaumstoff aus der Sprühdose noch in den kleinsten Winkel. Er härtet schnell und ist sehr witterungsbeständig

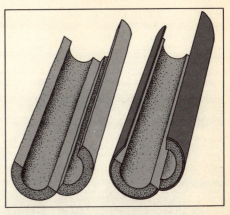

Links: So sehen Isolierhalbschalen aus (etwa PU-Schaum, Steinwolle oder Styropor). Darüber kann man beliebige Schutzmäntel bzw. Schutzanstriche anbringen. Rechts die gleichen Isolierschalen mit einem fertigen Außenmantel aus PVC

1. Im Fachhandel gibt es Isolierschläuche aus Schaumkunststoffen in verschiedenen Stärken für die verschiedenen Rohrgrößen. Sie werden aufgeschlitzt, damit man sie genau den Windungen bestehender Installationen anpassen kann

2. Nachdem man das passende Stück sorgfältig ausgemessen und abgeschnitten sowie geschlitzt hat, werden die Schnittränder mit einem Spezialkleber bestrichen. (Für Neuinstallationen gibt es natürlich fertig bezogene Rohre.)

3. Wenn schließlich der Spezialkleber angetrocknet ist, legt man dem Rohr seinen maßgeschneiderten Schutzmantel um und drückt die Schnittflächen zusammen. Die Oberfläche freiliegender Leitungen kann dann noch gestrichen werden

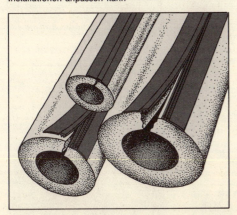

Diese fertigen Schaumstoff-Isolierschalen haben einen weichen Kern und eine harte Schale. Es gibt sie meterweise in den verschiedensten Größen und Stärken. Die Verbindung wird durch einen eingeschäumten Reißverschluß hergestellt

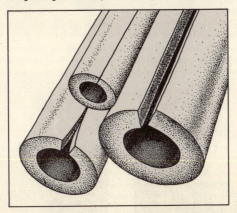

Bei diesen Isolierschalen ist die Verbindung nicht mit einem Reißverschluß, sondern mit einem Klettverschluß versehen. Für Bogen und Formstücke gibt es fertige Schalen. Außerdem können T-Stücke und Abzweigungen ausgeschnitten werden

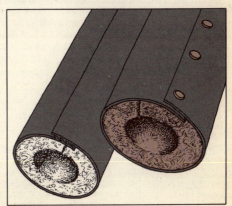

Die herkömmliche Rohrisolierung aus Glas-, Stein- oder Mineralwolle wird mit Draht um das Rohr gebunden. Dann zieht man einen PVC-Mantel darüber und befestigt die Überlappungen mit einem Falz (links) oder mit Kunststoffnieten (rechts)

Wärmedämmung

Isoliermatten im Dachboden verlegen

Wenn das Isoliermaterial zwischen den Deckenbalken und Dachsparren anzubringen ist, eignen sich besonders Dämmatten aus Mineralwolle oder Glasfasern. Diese Matten bestehen aus einem Vlies feiner Mineralfasern, das in Dicken von ca. 2,5–10 cm auf Papier oder Folie aufgeklebt ist. Je stärker die Matte, um so besser ist ihre Wärmedämmung. Matten gibt es in 80 und 120 cm breiten und 10 m langen Rollen. Beim Schneiden und Verlegen von Mineralfasermatten muß man unbedingt Arbeitshandschuhe tragen, weil der Faserstaub Juckreiz erzeugt.

Das Verlegen am Boden ist einfach, man muß nur darauf achten, daß die Bahnen dicht aneinander liegen oder sich überlappen. Im schrägen Dachraum müssen die Matten mit Mattennägeln, Heftklammern und Takker, Klebestreifen oder aufgenagelten Dachlatten an den Sparren befestigt werden.

1. Als erstes kehrt man den Boden zwischen den Balken gründlich sauber. Dabei untersucht man die Balken auf Schädlingsbefall (siehe S. 113)

2. Im Dachwinkel wird mit der Arbeit begonnen. Die Matte muß den Raum zwischen den Balken ganz ausfüllen. Eine zu breite Matte schlägt man um

3. Man rollt die Matte zur Bodenmitte hin ab und drückt ihr Ende mit einer Latte in den Dachwinkel, wenn man ihn mit der Hand nicht gut erreicht

4. Unter Rohrleitungen, Kabeln usw. wird die Matte hindurchgeführt, wenn erforderlich, abgeschnitten und neu angesetzt

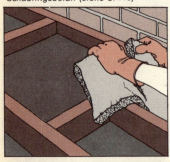

5. Wenn Balken, wie bei der Bodenluke etwa, in die Quere kommen, schneidet man die Matte ab und setzt sie dahinter dicht anliegend an

6. Für den Lukendeckel wird ein Mattenstück passend zugeschnitten und an den Rändern mit Klebestreifen so befestigt, daß er sich leicht öffnen läßt

7. Schmälere Zwischenräume zwischen Balken und Giebelwand werden mit reichlich zugeschnittenen Streifen belegt, die man fest eindrückt

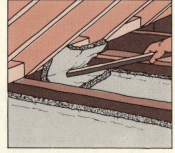

8. Wenn der Boden ganz ausgelegt ist, stopft man zusätzlich kleinere Mattenstücke in die Dachwinkel, um hier mögliche Lücken abzudichten

Verwendung von losem Isoliermaterial

Wenn die Deckenbalken unterschiedliche Zwischenräume haben oder stark verzogen sind und der Dachraum viele Ecken hat oder schwer zugänglich ist, bereitet das Verlegen von Dämmatten Schwierigkeiten, und es fällt viel Verschnitt an. In solchen Fällen ist es einfacher, den Dachboden mit loser Steinwolle zu belegen oder eine etwa 5 cm hohe Schicht von körnigem Dämmaterial aufzuschütten. Als loses Dämmaterial eignen sich grobes Korkmehl oder Kügelchen aus geschäumten Kunststoffen. Durch die eingeschlossene Luft hat die Streuschicht eine stark wärmedämmende Wirkung, die mit der Schichthöhe zunimmt; sie muß aber vor Feuchtigkeit geschützt werden. Daher empfiehlt es sich, das lose Material nach dem Einschütten und Verteilen mit einer Plastikfolie abzudecken, die an den Balken mit Reißnägeln befestigt wird. Dadurch verhindert man gleichzeitig, daß die Kunststoffkügelchen durch starken Luftzug aufgewirbelt werden. Mit dem losen Isoliermaterial kann man natürlich keine Lukentüren im Boden isolieren. Dazu muß man Mineralfasermatten oder Schaumstoffplatten verwenden.

Material: Dämmaterial, Plastikfolie, Schaumstoffplatte oder Dämmatte
Werkzeug: Hartfaserplatte

1. Ein Stück Hartfaserplatte so in T-Form zuschneiden, daß beim Abziehen eine 5 cm hohe Schicht des Füllmaterials liegenbleibt

2. Das lose Dämmaterial wird mit der Hand eingefüllt und gut verteilt, dann wird es mit der Hartfaserplatte sauber abgezogen

3. Bei Rohrleitungen zwischen Balken das Schüttgut in höherer Schicht einbringen, um auch die Leitungen gegen Frost zu schützen

Ein Dach mit Mineralwolle isolieren

Der Mensch fühlt sich bei möglichst gleichmäßiger Raumtemperatur am behaglichsten. Deshalb ist man bestrebt, durch entsprechende Maßnahmen die angenehmste Temperatur mit möglichst geringem Aufwand herzustellen. Ein unzureichend oder nicht isolierter Raum, der bei niedriger Außentemperatur beheizt wird, kühlt schnell wieder ab, weil er seine Wärme nach außen abgibt. Umgekehrt wird derselbe Raum zur warmen Jahreszeit durch eindringende Wärme zu stark aufgeheizt. Abgesehen von entsprechenden Wandisolationen (siehe S. 141–142), muß eine wirksame Isolierung am Dach beginnen.

Selbst wenn ein Dachgeschoß (Dachboden) nicht zu Wohnzwecken benützt wird, sollte ein einfaches Ziegeldach isoliert werden. Die dadurch erreichten Verbesserungen werden im ganzen Haus spürbar. Gleichzeitig kann der Dachboden gegen eindringenden Staub, Ruß, Schnee usw. abgedichtet werden. Die Wärme- bzw. Kälteübertragung innerhalb des Hauses kann über das Treppenhaus sowie durch schlecht isolierte Geschoßdecken geschehen. Auch hier können, wie auf Seite 180 beschrieben, entscheidende Verbesserungen vorgenommen werden.

Um ein Dach zu isolieren, kann man Mineralwolle verwenden. Sie ist in Rollen mit aufgeklebtem oder -gestepptem Kraftpapier und in verschiedenen Breiten und Dicken erhältlich. Eine der einfachsten Methoden besteht darin, die Bahnen quer unter die Sparren zu ziehen. Auf den Sparren selbst wird die Matte mit Lattenabfällen befestigt. Diese sollten wegen der nachfolgenden Arbeit alle gleich dick sein. Die Mineralwollebahnen werden an den Stößen sauber zusammengefügt, wenn möglich, sollten sie sich sogar überlappen. Der freigebliebene Raum zwischen Ziegeln (Dachhaut) und Isoliermatte dient der Hinterlüftung und stellt eine weitere Isolierschicht dar. Die Bildung von Kondenswasser wird dadurch reduziert.

Als Abdeckung verwendet man je nach Verwendungszweck des Raums: Spanplatten, Dekorplatten, Gipskartonplatten, Riemen (Nut und Feder) oder Paneele. Beim Aufnageln der Unterkonstruktion muß man den Fugenverlauf bzw. die Plattengröße der Abdeckung berücksichtigen. Soll beispielsweise eine horizontale Riemenschalung montiert werden, kann auf die waagrechte Konterlattung verzichtet werden. Dann nagelt man einfach auf die Lattenstücke der Sparren eine durchgehende gehobelte Leiste und richtet alle Sparren gegenseitig mit Schnur oder Richtscheit aus. Nun kann die Abdeckung direkt aufgenagelt werden.

Eine raumsparende Möglichkeit bieten die sogenannten Flügelmatten, die zwischen den Sparren befestigt werden. Die in Kraftpapier eingeschlossenen Mineralwollebahnen haben beidseitige „Flügel", die an die Innenseite (lichte Weite) der Sparren genagelt oder geklammert werden. Zum besseren Halt nagelt man eine Latte über die Flügel. Die Bahnen sind in verschiedenen Breiten und Dicken erhältlich.

1. Die Mineralwollebahnen werden quer über die Sparren gezogen und mit Latten auf den Sparren befestigt. Auf Hinterlüftung achten!

2. Mit Distanzklötzchen genauen Abstand zwischen der gespannten Schnur und der zu befestigenden Leiste prüfen. Gegebenenfalls wird unterlegt

3. Entsprechend den Plattenmaßen wird die Unterkonstruktion aufgeteilt. Extreme Unebenheiten mit Schnur oder Richtscheit feststellen

4. Winkeldreieck und Richtschnur sind gute Helfer beim Anlegen der ersten Plattenreihe. Sie muß genau an der gespannten Schnur angelegt werden

5. In der Mitte des Raums beginnend, eine Reihe legen. Nach unten und oben weiterarbeiten. Stoßkanten müssen auf halber Leistenbreite aufliegen

6. Am besten befestigt man in den Löchern mit Flachkopfstiften. Beim Einschlagen Versenker benützen. Randplatten am Schluß einpassen

Wärmedämmung

Ein Dach mit Polystyrol isolieren

Die hier verwendeten Platten bestehen aus aufgeschäumtem Polystyrol, dessen hervorragende isolierende Wirkung durch vielfache Lufteinschlüsse innerhalb des Materials entsteht. Bei gewissenhaftem Ausbau mit Polystyrolhartschaumplatten können bis zu 25 % der Energiekosten gegenüber herkömmlicher Bauweise eingespart werden. Trotz des hohen Dämmwertes ist das Material sehr leicht und handlich. Es kann mühelos gesägt werden.

Die Hartschaumplatten sind mit den Maßen 100 x 50 cm und von 1–5 cm Dicke erhältlich. Zur nichtverdeckten Isolierung gibt es sie als Dekorplatten in verschiedenen Abmessungen.

Bei der Verlegung sollten die Platten, zur Vermeidung von Wärmebrücken, dicht aneinander gestoßen werden. Hierzu bieten sich verschiedene Möglichkeiten: a) verklebte Stoßfuge, b) Doppellage mit versetztem Stoß, c) Hartschaumplatten mit Nut und Feder.

In unserem Beispiel liegen die Isolierplatten sowie die Riemenschalung zwischen den Sparren. Diese rustikale Ausführung läßt also den Sparren sichtbar; die Oberfläche wird entsprechend behandelt. Hierbei haben wir eine optimale Raumausnützung. In die Ecke zwischen Schalung und Sparren kann eine Eck- oder Profilleiste gesetzt werden.

Die Hartschaumplatten werden bei Renovierung am bestehenden Untergrund befestigt, sonst mit entsprechenden Leisten am Sparren. Damit keine Wärmebrücken entstehen, müssen die Platten passend eingeschnitten werden. Die dabei entstehenden Abfälle können zum Ausfüllen an anderer Stelle verwendet werden. Der hohe Verschnitt kann gemindert werden, wenn die Platten auf einem Lattenrost unter den Sparren durchgehend verlegt werden. Bei dieser Verlegeart bietet sich an, die Flächen zu tapezieren. Polystyrolplatten lassen sich auch ohne besondere Vorbehandlung mit Anstrichen und Putzbelägen verschiedenster Art versehen. Eine stabilere Oberfläche bekommt man, wenn man Polystyrolhartschaumplatten mit einer einseitigen Kaschierung aus Gipskarton oder Holzspanplatten verwendet.

Bei allen Maßnahmen zur Isolation darf nicht vergessen werden, zwischen den einzelnen Schichten genügend Platz für die Ventilation (Hinterlüftung) zu lassen.

1. Die Hartschaumplatten werden zwischen die Sparren eingepaßt und mit Flachkopfstiften auf die Dachverschalung geheftet. Vorsicht beim Bearbeiten, daß die Kanten nicht verletzt werden

2. Auf die Sparren werden als Anschlag für die Vertäfelung Leisten genagelt. Mit einer ausgeklinkten Leiste als Lehre bestimmt man den gleichmäßigen Abstand zur Sparrenvorderkante

3. Alle Anschlagleisten sind angebracht. Bevor man die Querleisten einnagelt, überträgt man mit einem Abfallstück die genaue Dicke der noch anzubringenden Mittelleiste

4. Nun nagelt man die Querleisten von beiden Seiten schräg ein. Sie stehen um die Dicke der Mittelleiste zurück. Sind die Anschlagleisten am Sparren nicht breit genug, wird ein Stück unterlegt

5. Hier wird die Mittelleiste eingesetzt. Bei schmalem Sparrenabstand kann auf diese verzichtet werden. Dann liegen die Querleisten bündig mit den Anschlagleisten

MAUER- UND BODENISOLATION

Auch Mauern werden mit Hartschaumplatten isoliert. Mit verzinkten Spezialstiften wird in die Mauerfugen genagelt. Plattenfugen dicht stoßen oder nachher gut ausfüllen

6. Verwendet man Riemen als Vertäfelung, beginnt man mit der Brettkante, die eine Feder hat. Die Riemen gleichmäßig, nicht zu fest mit passender Zulage zusammenklopfen

7. Die Befestigung der Riemen ist nicht sichtbar. Man nagelt mit 30-mm-Flachkopfstiften in der Nut der Riemen. Notfalls Versenkstift benutzen. Das Schlußbrett wird geleimt und festgespannt

Ein Boden wird fußwarm, wenn man ihn mit Polystyrolhartschaum isoliert. Als Abdeckung verwendet man Beton oder gut tragende Platten

Wärmedämmung rund um das Haus

Den ständig steigenden Heizkosten kann man nur durch eine Verringerung des Wärmebedarfs, also durch eine Verbesserung der Wärmedämmung, begegnen. Die Heizung eines Wohnhauses ist der größte Energieverbraucher. Über 80 % des Energiebedarfs in einem privaten Haushalt werden für die Raumheizung benötigt. Durch sinnvolle Dämmaßnahmen rund ums Haus kann man verhindern, daß teure Wärme nutzlos nach draußen entweicht.

Die Behaglichkeit, die die Wohnräume ausstrahlen, hat entscheidenden Einfluß auf die Gesundheit der Bewohner. Maßgeblicher Faktor ist dabei die Temperaturabstrahlung der raumumschließenden Außenwände. Nach Mindestwärmeschutz geplante und ungenügend gedämmte Außenwände sind an der Innenseite im Winter zu kalt. Sie vermitteln den Eindruck, daß es zieht; Gesundheitsschäden sind nicht selten die Folge.

Das Wärmedämmsystem schützt den Wandbaustoff wie ein Mantel; ein stets gleichbleibend angenehmes Raumklima wird erreicht.

Wärmedämmaßnahmen sollten aus bauphysikalischen Gründen außen an der Hauswand vorgenommen werden, wo sich die Witterungs- und Temperatureinflüsse besonders stark auf das Gebäude auswirken.

Wärmegedämmte Wände
- verbleiben in voller Dicke im Bereich von Plustemperaturen,
- können vollständig als Wärmespeicher genutzt werden,
- werden thermisch nur minimal belastet,
- haben an der Innenseite eine wesentlich höhere Oberflächentemperatur,
- stellen bauphysikalisch einen optimalen Wandaufbau dar.

Aber nicht nur die Außenwand eines Hauses gibt Wärme an die Umgebung ab, auch durch Dach und Keller kann es zu Wärmeverlusten kommen. Durch Wärmedämmaßnahmen am Haus lassen sich bis zu 60 % der Heizkosten sparen. Polystyrolhartschaumplatten besitzen einen sehr hohen Wärmedämmwert, deshalb werden hier mit Polystyrolhartschaumplatten ausgeführte Dämmaßnahmen vorgestellt.

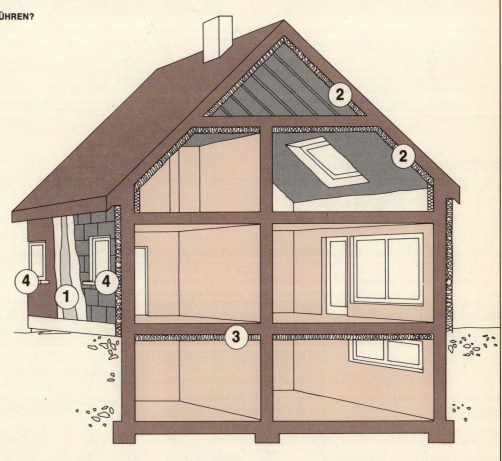

WO SIND DÄMMASSNAHMEN DURCHZUFÜHREN?

1. Wärmedämmsystem
Das Wärmedämmsystem eignet sich für Alt- und Neubauten. Beim Altbau ist neben der Heizkostenreduzierung zugleich eine Sanierung schadhafter Fassaden möglich. Beim Neubau können die Gesetzesforderungen der Wärmeschutzverordnung bequem erfüllt und die Wände in statisch notwendiger Dicke gehalten werden

2. Dachdämmplatten
Dachdämmplatten lassen sich völlig unabhängig vom gegebenen Sparrenabstand einfach unter den Sparren befestigen. Es gibt sie in Dicken von 5–8 cm. Der Wärmeverlust wird auf ein Minimum reduziert – der Dachboden wird zum behaglichen Nutzraum.

Elastisch federnde Dämmplatten werden einfach zwischen die Sparren geklemmt. Durch ein Endlossstecksystem und Federrillen ist die Montage problemlos, leicht und sauber möglich. Die Dämmplatten gibt es passend für jeden Sparrenabstand in den Dicken 8, 10 und 12 cm

3. Kellerdämmplatten
Die Dämmung der Kellerdecke mit 4 cm dicken Platten verhindert fußkalte Erdgeschoßräume und die Erwärmung des Kellers. Die Platten werden unter die Kellerdecke geklebt

4. Aluminiumfensterbank
Wenn die vorhandene Fensterbank in der Tiefe nicht mehr ausreicht, werden die Aluminiumprofile einfach darauf geschraubt. Der Überstand soll 3 cm nicht unterschreiten

Dämmsystem an der Fassade

Damit das physikalische Verhalten der Wand nach Anbringen der Dämmschicht nicht gestört wird, muß man vorher das Diffusionsverhalten berechnen.

In der Wand findet ein Dampfdruckausgleich statt, das bedeutet, gasförmiger Wasserdampf diffundiert unter Winterbedingungen mit dem Temperaturgefälle nach außen. Deshalb müssen die Wandschichten nach außen hin durchlässiger werden.

Die Werkstoffe der Außenwände können von Haus zu Haus verschieden sein. Dazu kommt noch, daß alle Wände aus einem Verbund verschiedener Materialien bestehen. Die Schichtenfolge im Aufbau der Wand muß beachtet werden.

Im Handel sind Polystyrolhartschaumplatten in Dicken von 2–6 cm erhältlich. Welche Dicke im Einzelfall aufgebracht werden kann, ohne daß das Diffusionsverhalten der Wand gestört wird, sollte der Fachmann bestimmen.

Wärmedämmung

WERKZEUG, MATERIAL UND ARBEITSSCHRITTE

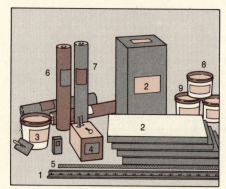
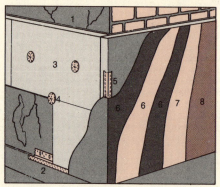

Werkzeug: 1 Richtscheit (2 m), 2 Wasserwaage, 3 Metallwinkel, 4 Rührwerk für Kunstharzputz und 5 für Kleber und Spachtelmasse, 6 Metallsäge, 7 Fuchsschwanz, fein gezahnt, 8 Farbroller, 9 Handfeger, 10 Kelle, 11 Stukkateurspachtel groß und 12 klein, 13 Kunststoffhammer, 14 Meterstab, 15 Schraubendreher, 16 Hartmetallbohrer, 17 Hammer, 18 Cuttermesser, 19 Schere, 20 Blechschere, 21 Glättekelle, 22 Glättekelle angeschrägt, 23 und 24 Reibebretter

Material: 1 Alu-Sockelschiene, 2 Fassadendämmplatten (Größe 100 × 50 cm, Dicke 2–6 cm), 3 Kleber (Verbrauch zum Verkleben ca. 3 kg/qm, Verbrauch zum Armieren nochmals ca. 3 kg/qm), 4 Spreizdübel, 5 Alu-Eckschiene, 6 Gewebe, 7 Panzergewebe, 8 Putzgrund (Verbrauch ca. 200 g/qm), 9 Kunstharzputz (Verbrauch je nach Körnung des Putzes zwischen 2,4 und 4,0 kg/qm); das alles sollte man natürlich in ausreichender Menge bestellen

Die Verarbeitungsschritte: 1. Den Untergrund vorbereiten. 2. Die Sockelschienen anbringen. 3. Die Dämmplatten kleben. 4. Die Dämmplatten zusätzlich verdübeln (nur bei mangelhafter Tragfähigkeit der Wandoberfläche). 5. Die Eckschienen setzen. 6. Die Armierungsschicht aufbringen (bei mechanisch extrem belasteten Fassadenteilen folgt jetzt eine zusätzliche Armierung mit dem Panzergewebe). 7. Den Zwischenanstrich auftragen. 8. Putz aufziehen und strukturieren

Die Dämmplatten anbringen

Vorbereitung und Nebenarbeiten

Bevor man mit der eigentlichen Arbeit beginnt, sind einige wichtige Vorbereitungen zu treffen, vor allem, wenn es sich um eine Altbaurenovierung handelt.

Regenfallrohre müssen auf Abstand gesetzt, das Öltank-Entlüftungsrohr bzw. der Tankstutzen nach außen verlängert werden.

Außenlichtschalter, Außensteckdosen oder Lampen nimmt man ab und bringt gegebenenfalls neue Leerdosen mit Abstand an. Klingelanlage, Sprechanlage und Briefkastenblenden werden nach außen versetzt.

Lüftungsgitter oder -steine müssen mit Abstand montiert werden, und möglicherweise sind Außenwasserhähne zu versetzen, Klappladenkloben zu entfernen, Blitzableiter zu verlegen und Hausnummern abzumontieren. Ebenso müssen Schilder der Stadtwerke, der Post, Straßenschilder, Vermessungsmarken usw. nach Absprache mit den Behörden entfernt werden.

Markisen, Geländerstäbe und Handläufe können auch zu eng an der Wand anliegen. Man prüft, ob der Dachvorsprung am Giebel oder der Flachdach-Überstand ausreicht. Sind alle diese kritischen Punkte in Ordnung, sollte man auf alle Fälle noch folgende Fragen klären:

Reichen die Fensterbank-Überstände aus? Für einen Tropfkanten-Überstand von ca. 3 cm vor der fertigen Fassade muß man notfalls neue Aluminiumfensterbänke montieren.

Sind Wege, angrenzende Gebäudeteile oder Blumenbeete geschützt bzw. abgedeckt?

Ist das nötige Werkzeug komplett, und sind alle Materialien in ausreichender Menge bestellt? Steht dafür ein trockener Lagerraum oder Lagerplatz zur Verfügung?

Ist das Gerüst mit entsprechend langen Mauerhaken fachgerecht aufgestellt?

Der Untergrund

Stark saugfähige Untergründe muß man vor allem in der warmen Jahreszeit mit Tiefgrund grundieren, um zu verhindern, daß der Kleber aufbrennt.

Wichtig ist auch, daß man Verschmutzungen entfernt sowie schadhafte Putzstellen ausbessert

Achtung: Vorsicht beim Einsatz von lösungsmittelhaltigen Grundierungen!

Erst nach einer ausreichenden Lüftungszeit darf man mit dem Verkleben beginnen; andernfalls könnte das Lösungsmittel die Polystyrolplatten angreifen. Die Lüftungszeit ist witterungsabhängig und daher unterschiedlich lang

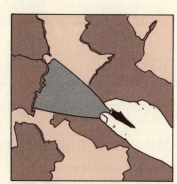

1. Bei neuem Mauerwerk bzw. einem Rohbauuntergrund sind kaum Probleme zu erwarten. Selbstverständlich muß man Verschmutzungen, Mörtelreste oder sonstige vorspringende Teile sorgfältig entfernen

2. Vorhandenen Putz überprüft man genau auf Hohlstellen oder andere Schäden. Gegebenenfalls müssen diese Stellen abgeschlagen und mit normalem Mörtel beigearbeitet werden, um den Untergrund zu glätten.

3. Schadhafte und blätternde Anstriche lassen sich normalerweise leicht mit dem Spachtel entfernen, ohne daß man dazu besondere Lösungsmittel braucht. Was dem Spachtel widersteht, schadet nicht

Anbringen von Sockelschienen

Sollte der Untergrund sehr uneben sein, empfiehlt es sich, die Sockelschiene zunächst mit Schnellzement anzusetzen, ehe man sie verdübelt. Man wirft dazu zunächst einige Zementklumpen an, setzt die Schiene paßgenau auf und bohrt die Dübellöcher erst, wenn die Schiene gut festsitzt. So verhindert man, daß sich die Schiene bei der Verdübelung verzieht.

Am Schienenstoß sollte man etwa 2 mm Zwischenraum lassen. Die Ecken der Schienen müssen auf Gehrung geschnitten werden.

Können im Sockelbereich keine Aluschienen angebracht werden, befestigt man mit Putzhaken oder Nägeln Holzleisten. Diese werden nach dem Verkleben der Platten wieder entfernt.

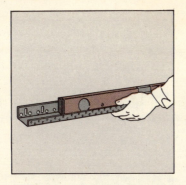

Die eigentliche Verarbeitung beginnt mit dem Anbringen der Aluminiumsockelschienen. Der Sockelabschluß sollte stets so gewählt werden, daß die Kellerdecke immer mit in die Wärmedämmung einbezogen wird. Dadurch wird verhindert, daß sich Kältebrücken bilden

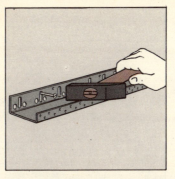

Die Befestigung erfolgt mit Schlagschrauben, die lediglich in das Dübelloch eingeführt und dann mit dem Hammer eingeschlagen werden. Die Langlöcher am Anschlußschenkel der Sockelschiene machen das exakte Ausrichten einfach

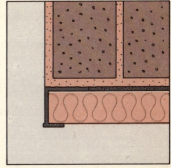

Die Aluminiumsockelschiene läßt sich auch hervorragend als Abschlußprofil am Übergang zu anderen Bauteilen einsetzen. Auch wenn beispielsweise nur ein Giebel eines Hauses gedämmt werden soll, ist sie ausgezeichnet dafür geeignet

Ankleben der Dämmplatten

Die günstigste Methode, um den Kleber aufzutragen, ist die Wulst-Punkt-Methode. Dadurch lassen sich etwaige Unebenheiten des Untergrunds problemlos ausgleichen. Der zwischen dem Untergrund und den Dämmplatten verbleibende Hohlraum erhöht die Dämmwirkung.

Auf glatten Untergründen kann man den Kleber auch mit einer Zahntraufel auftragen. Die Kleberschicht sollte etwa 2 cm dick sein und ringsum mindestens 2 cm vor der Plattenkante enden, damit der Kleber nicht in die Plattenstöße gedrückt wird. Im übrigen hält man sich an die Herstelleranleitung.

Vereinzelt sind auch Platten mit Stufenfalz erhältlich; die Klebetechnik ändert sich dadurch nicht.

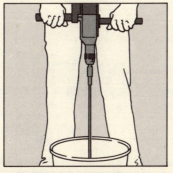

1. Den Kleber mit der erforderlichen Menge von 30 Gewichtsprozent Portlandzement mischen und mit elektrischem Rührgerät die Masse knotenfrei durchrühren. Es muß eine schlanke, pastöse Masse entstehen

2. Der Kleber wird auf die Polystyrolplatten in der Wulst-Punkt-Methode aufgetragen. Ringsum wird ein etwa 5 cm breiter Streifen gezogen, dann werden in die Plattenmitte drei handtellergroße Batzen gesetzt

3. Die Platten leicht schiebend ansetzen. Eventuell muß man sie mit einem Holzbrett andrücken. Die Platten dicht stoßen, auf keinen Fall sollte man Kleber in die Plattenfugen bringen, denn sonst entstehen Kältebrücken

4. Die Plattenreihen werden von unten nach oben auf die Wand aufgeklebt. Dabei geht man so vor, daß die senkrechten Fugen gegeneinander versetzt sind; die Fugen sollten niemals in einer ununterbrochenen Vertikalen übereinander zu liegen kommen

Die einzelnen Platten werden am einfachsten mit der elektrischen Thermosäge oder mit einem feingezahnten Fuchsschwanz ausgeschnitten. Auf jeden Fall sollte man bei dieser Arbeit eine Anschlagschiene verwenden, um exakte Schnitte zu erzielen

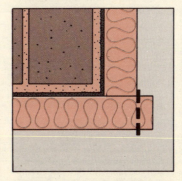

Um exakte Ecken zu erzielen, läßt man die eine Polystyrolplatte zunächst geringfügig über die Ecke ausstehen und klebt dann die andere Platte dagegen. Der überstehende Streifen wird erst am nächsten Tag sauber abgeschnitten

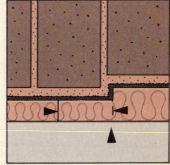

Es kommt vor, daß vorspringende Teile – sei es im Deckenbereich oder am Rolladenkasten – in der Wand vorhanden sind. In diesem Übergangsbereich keinesfalls einen Plattenstoß anordnen, sondern stets die Plattenrückseite ausschneiden

Wärmedämmung

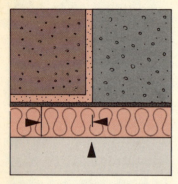

Stoßen in der Außenwand eines Gebäudes zwei verschiedene Materialien aufeinander, z. B. Betonstütze und Ausmauerung, oder ist ein Übergang zwischen altem Mauerwerk und einem Anbau gegeben, so sollten die Polystyrolplatten in diesen Fällen immer so geklebt werden, daß sie sich überlappen

So ist es falsch! Wenn man sich entschließt, das Haus mit Polystyrolplatten zu isolieren, ist es ganz besonders wichtig, daß man beim Anschluß z. B. an Fensterbrüstungen darauf achtet, daß die Plattenstöße nicht in den Ecken, d. h. den Schwachstellen des Untergrundes, angeordnet werden

So ist es richtig! Die Ecken sind mit ganzen Platten übergreifend belegt. Das angerührte Klebematerial sollte je nach Witterung innerhalb von 2 bis 4 Stunden verarbeitet werden. Und wenn die Platten verklebt sind, muß man je nach Witterung 1–3 Tage warten, bis der Kleber ausgehärtet ist

Bei älteren Gebäuden sind häufig Elektroleitungen oder Antennenkabel auf der Außenwand verlegt. Diese Kabel können ohne weiteres mit dem Dämmsystem abgedeckt werden. Aber: Man muß die Kabelführung anzeichnen, damit man die Kabel beim Bohren nicht beschädigt, wenn man dübelt

DAS ZUSÄTZLICHE VERDÜBELN DER DÄMMPLATTEN

Bitte beachten: Verdübeln frühestens einen Tag nach dem Verkleben. Ist der Kleber nicht ausgehärtet, können die Platten verrutschen oder sich verziehen

Dübeln ist nicht notwendig bei tragfähigen Untergründen: auf rohem Mauerwerk, auf festen Flächen (Beton, Gasbeton), auf fest haftenden mineralischen Außenputzen

Dübeln ist notwendig bei nicht ausreichend tragfähigen Oberflächen: auf Anstrichen oder Kunststoffputzen, auf mürben oder sandenden Putzen

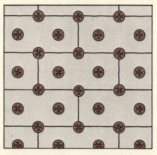

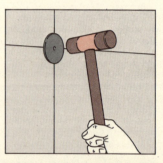

1. Wichtig ist die Anordnung der Spreizdübel: Man setzt sie jeweils an den Plattenecken und in der Plattenmitte, und zwar 8 Stück je qm. Ist die Verdübelung lediglich als reine Vorsichtsmaßnahme geplant, so kann man ohne Bedenken auf die beiden Dübel in der Plattenmitte verzichten

2. Die Dübellöcher dürfen frühestens einen Tag, nachdem man die Platten verklebt hat, angebracht werden. Vorher ist das Kleberbett nicht ausgehärtet. Für das Bohren der Löcher verwendet man einen 10-mm-Bohrer. Wichtig ist, daß die Spreizdübel ca. 3 cm im massiven Wandkern sitzen

3. Wenn man die Löcher gebohrt hat, kann man darangehen, die Spreizdübel einzuschlagen. Als Werkzeug eignet sich am besten ein Kunststoffhammer. Man muß darauf achten, daß sie so tief in die Wand getrieben werden, daß die Dübelkappen oberflächenbündig mit den Platten sind

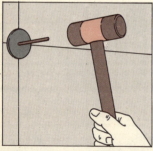

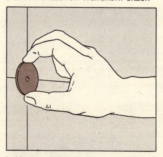
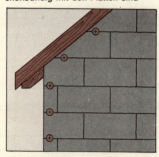

4. Nun wird der Spreizstift eingeschlagen, der dem Dübel eine feste Verankerung gibt. Bei weichen Wandbaustoffen läßt sich der Dübel nur dann ausreichend und sicher verankern, wenn man den Spreizstift in seiner ganzen Länge einschlägt. Nur so erreicht man eine starke Spreizung

5. Bei harten Wandbaustoffen braucht sich der Dübel nicht so stark zu spreizen, deshalb muß man die Spreizwirkung reduzieren. Das erreicht man, indem man, wie auf der Abbildung deutlich zu erkennen ist, die Spitze des Spreizstiftes abbricht, bevor man ihn einschlägt

6. Man muß ständig kontrollieren, ob die Dübel auch fest sitzen. Es könnte ja sein, daß an manchen Stellen eine Hohlkammer im Stein ist und der Dübel keinen Halt findet. In solchen Fällen muß zur besseren Verankerung in unmittelbarer Nähe ein weiterer Dübel angebracht werden

7. Wenn man nicht die gesamten Wandoberflächen, sondern z. B. nur einen Hausgiebel eindämmen will, muß hier in jedem Fall – auch wenn der Untergrund tragfähig und fest ist – eine Dübelreihe angebracht werden, und zwar im seitlichen Anschluß, damit die Ecke gesichert ist

Den Putz anbringen

Das Setzen der Eckschienen

Die Verstärkung von Außenecken mit Aluminiumeckschienen stellt nicht nur einen ausgezeichneten Rammschutz dar, es wird auch eine ideale Putzlehre für saubere, exakte Kanten gegeben. Die Schiene immer genau ausrichten.

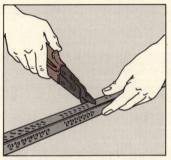

1. Zunächst werden die speziellen Aluminiumprofile ausgemessen, dann werden sie zugeschnitten. Dies geschieht am zweckmäßigsten mit Hilfe einer Blechschere.
Die Ecken der Schienen müssen auf Gehrung zugeschnitten werden

2. An allen Außenecken und Kanten wird etwas Kleber aufgetragen. Man gibt ihn entweder direkt an die Schiene oder an die Gebäudeecke. Dann wird die Schiene fest angedrückt. Durch die Lochung austretender Kleber wird vollflächig beigestrichen

3. Die Schiene immer vollflächig einbetten, so daß sich darunter keine Hohlstellen bilden können. Dabei darauf achten, daß die Schienenstöße nicht unmittelbar aneinandergesetzt werden; immer 2–3 mm Abstand einhalten

Armierungsschicht aufbringen

Für die Herstellung der Armierungsschicht muß der Kleber mit 30 Gewichtsprozent Zement verrührt werden. Wird später ein weißer Putz aufgetragen, nimmt man weißen Portlandzement PZ 45 F, bei farbigen Putzen normalen.

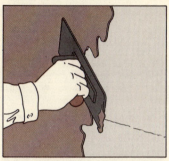

1. Die angerührte Spachtelmasse wird nun mit einer nichtrostenden Glättkelle aufgespachtelt. Die aufgebrachte Schichtdicke muß gleichmäßig sein, sie sollte 2 mm betragen.
Diese Schicht dient als Bett für die Armierungsschicht

2. Das Gewebe wird bahnenweise in die nasse Spachtelmasse eingebügelt. Dabei muß auf eine faltenfreie Verlegung geachtet werden. Die Bahnen sind 10 cm überlappend zu verlegen und um Ecken und Kanten jeweils 10 cm weit herumzulegen

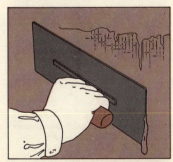

3. Gleich anschließend wird das Gewebe naß in naß vollflächig überspachtelt. Es muß dabei vollständig abgedeckt werden, d. h., seine Struktur darf nicht mehr sichtbar sein. Je qm Wandfläche braucht man mindestens 3 kg Kleber

Armierung mit Panzergewebe

Fassadenbereiche, die extrem belastet werden, können mit Panzergewebe zusätzlich armiert werden.
Die Armierungsschicht muß allerdings komplett durchtrocknen, und das dauert, je nach Witterung, 1–3 Tage.

Das Panzergewebe ohne Überlappung in die Grundspachtelung einbetten und naß in naß überspachteln. Dann das Gewebe mit überlappenden Stößen einbügeln und schließlich naß in naß vollabdeckend überspachteln. Gut durchtrocknen lassen

Das Auftragen des Zwischenanstrichs

Der Arbeitsgang eines Zwischenanstrichs muß nur im Bedarfsfall ausgeführt werden.
Unbedingt nötig ist ein Zwischenanstrich, wenn

- nachfolgend ein eingefärbter Putz verwendet wird oder der Putz farbig überstrichen werden soll,
- die Armierungsschicht über längere Zeit ungeschützt der Witterung ausgesetzt war,
- die Schlußbeschichtung in Spritzputzstruktur ausgeführt werden soll.

Zu empfehlen ist der Zwischenanstrich, wenn

- im Sommer bei warmer Witterung gearbeitet werden muß.

Denn dann wird mit dem Putzgrund eine Reduzierung der Saugfähigkeit der Spachtelschicht herbeigeführt und dadurch ein Aufbrennen des Putzes verhindert.
Der Putzgrund wird im Farbton „Weiß" geliefert. Als Zwischenanstrich vor dem Einsatz farbiger Putze muß der Putzgrund mit Vollton- und Abtönfarbe in Annäherung an den Putzfarbton eingefärbt werden. Die Zugabe sollte aber nicht mehr als 15 % betragen.
Der Putzgrund ist überall gleichmäßig als geschlossener Film aufzurollen.

Aufziehen und Strukturieren des Putzes

Man kann unter verschiedenen Kunstharzputzen und einer Vielfalt von Strukturen wählen.
Zunächst wird der Putz gründlich mit einem Elektrorührer aufgerührt. Bei warmer Witterung kann eine Verdünnung mit maximal ½ Liter Wasser je 25-kg-Eimer erfolgen, das entspricht einer Verdünnung von 2%.
Selbstverständlich muß beim Putzen ansatzfrei gearbeitet werden, denn es ist ärgerlich, wenn in der fertigen Fassade Ansätze jeder Gerüstlage zu sehen sind. Lage für Lage muß naß aufgezogen und strukturiert werden. Während der Verarbeitung und der Trocknungsphase muß die Temperatur über +5 °C (Umluft- und Wandtemperatur) betragen.
Dann muß der Putz trocknen. Je feuchter die Luft, um so länger dauert dieser Prozeß. Bei Regenwetter sollte man das Gerüst zur Vorsicht mit Planen abhängen.

Kunstharzputze mit einer nichtrostenden Glättscheibe aufziehen. Material nur in Korndicke auflegen, also mit steilgestellter Kelle arbeiten. Reibeputze können sofort mit der Kunststoffscheibe senkrecht, waagrecht oder rund strukturiert werden

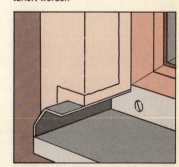

Fenstereinfassungen (Faschen) können auch glatt ausgebildet werden. Dazu wird die entsprechende Fläche vor dem Verputzen mit Klebeband abgedeckt und danach zweimal mit Dispersionsfarbe gestrichen

Wärmedämmung

Dachdämmplatten

Unter den Sparren verlegt
Dachdämmplatten lassen sich unabhängig von den Abständen zwischen den Dachsparren verlegen. Man braucht sie daher nur an den Anschlußstellen zuzuschneiden, die am Giebel oder an Dachfenstern entstehen. Die Platten haben ein spezielles Nut- und Federprofil, so daß man sie problemlos ineinanderschieben kann. Die gefaste Plattenseite wird dabei jeweils zum Raum hin angesetzt. So entsteht eine fugenlose Fläche mit gleichmäßiger Rasterung, die sämtliche Wärmebrücken ausschließt.

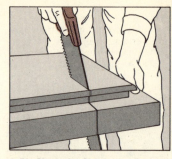

1. Die Platten für Giebel- oder Dachfensteranschlüsse müssen mit der feinzahnigen Handsäge sorgfältig zugeschnitten werden

2. Mit speziellen Nägeln für Leichtbauplatten befestigt man die Platten an den Sparren. Beim Hämmern Holzlatte unterlegen

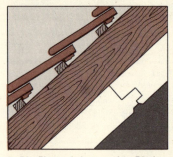

3. Die Platten haben an den Rändern eine Falzkonstruktion, die eine problemlose und stabile Verzahnung erlaubt

Zwischen den Sparren verlegt
Die elastisch federnden Dachdämmplatten werden zwischen die Sparren geklemmt. Das Endlos-Stecksystem und die Federrille machen dies einfach.
Wenn man die Platten mit dem Hammer in die Feder der jeweils unteren Platte klopft, legt man eine Holzlatte unter.

Material:	Dämmplatten
Werkzeug:	Hammer, fein gezahnte Säge, Spachtel, Meterstab, Feile, Holzlatte

1. Die Platten werden 1 cm breiter als der Sparrenabstand zugeschnitten. Bei größeren Abständen einfach zwei Plattenbreiten zusammenstecken

2. Jetzt die Platten leicht zusammendrücken und zwischen die Sparren einsetzen. Das elastisch federnde Material sorgt für festen Sitz

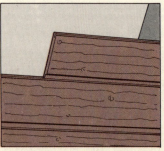

3. Zum Schluß kann man das Ganze noch zum Raum hin verkleiden, z.B. mit Profilbrettern, wenn man das Dachgeschoß wohnlich ausbauen will

Kellerdämmplatten

Man kann Decken und Wände im Keller mit verschiedenen Materialien verkleiden. Für die Decken gibt es spezielle Platten.

Diese Kellerdämmplatten bestehen aus Polystyrolhartschaum und werden an die Kellerdecke geklebt. Sie vermindern nicht nur den Wärmeverlust in der Heizperiode, sondern machen auch die Kellerdecke und damit den ganzen Raum sauber und dekorativ. Natürlich müssen dann auch Boden, Wände und möglicherweise Fenster instand gesetzt und verschönert sein; aber oft genug fängt man mit diesen Dingen an – und übrig bleibt eine problematische Decke.

Vorrats- und Lagerräume lassen sich mit diesen Platten ebenso verschönern wie eine Kellerbar oder eine Hobby- und Bastelwerkstatt. Der umlaufende Stufenfalz macht eine akkurate Arbeit leicht, und die Porenstruktur der Oberfläche ist so fein, daß man die Fläche noch problemlos streichen kann.

Material:	Kellerdämmplatten, Kleber, Besen, Schnur
Werkzeug:	6-mm-Zahnspachtel, Kelle

1. Zuerst befreit man die Deckenflächen von Staub, Schmutz und lose anhaftenden Teilen. Auch blätternde Anstriche entfernt man

2. Die Deckenfläche so einteilen, daß sich eine gleichmäßige Rasterung ergibt. Die erste Reihe richtet man mit einer Schnur aus

3. Wenn der Untergrund absolut plan und sauber ist, wird der Kleber mit einer 6-mm-Zahnkelle auf die Platten gestrichen

4. Wenn Unebenheiten im Untergrund ausgeglichen werden müssen, trägt man den Kleber punktförmig, aber etwas dicker auf

5. Dann verlegt man die Platten und schiebt sie, nachdem die erste Reihe angebracht ist, mit leichtem Druck Falz in Falz

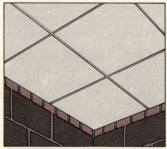

6. Das Ergebnis ist eine saubere Fläche mit ansprechender Rasterung. Wenn man sie streichen will, nimmt man am besten Dispersionsfarbe

Zugschutz

Einfache Mittel gegen Zugluft

Wenn man gegen Zugluft vorgeht, darf man nicht immer nur Spalten und Ritzen abdichten, sondern man muß auch zu starke Abkühlung durch Fenster, Türen und Fußböden mit geeigneten Maßnahmen verhindern.

Fenster und Türen

Um Zugluft abzuhalten, sollte man die Gardinen bei Einbruch der Dunkelheit zuziehen und, wenn man neue anschafft, gleich schwere oder gefütterte Gardinen kaufen, weil sie die kalten Fensterflächen besser isolieren.

Jalousien oder Rolläden läßt man abends herunter und schließt ihre Lamellen. Sie schützen dann gegen Abkühlung durch die Nachtluft.

Schwere Vorhänge eignen sich auch vorzüglich, um Gartentüren im Winter zugfrei abzuschließen. Vor allem die oft sehr zugige Türschwelle läßt sich damit vollkommen abdichten.

Falls Vorhänge nicht erwünscht sind, kann man aus Holz und Isoliermaterial (Glasfasermatten, Polystyrol) eine aufsetzbare Schale für den unteren Teil der Tür herstellen, die oben von einem Fensterbrett abgedeckt ist und mit langen Schrauben oder Haken an der Tür befestigt wird.

Eine altmodische Rolle vor der zugigen Türschwelle oder dem unteren Fensterrand hält ebenfalls viel Kälte ab. Solche Rollen gibt es zu kaufen, man kann sie aber auch aus Stoffresten leicht selbst herstellen und mit Lappen, alten Strümpfen oder Schaumstoff füllen. Wenn vom Fenster Kondenswasser abläuft, stellt man die Rolle aus wasserdichtem Material, Kunstleder etwa, her.

Durch eine geöffnete Haustür strömt viel kalte Luft in die Diele. Das kann man durch einen provisorischen Windfang verhindern. Man braucht dazu einen deckenhohen schweren Vorhang, den man so weit vor der Tür aufhängt, daß sie sich noch bequem öffnen läßt.

Hohe, schmale Fensterflügel haben oft nur einen Verschluß in der Rahmenmitte. Sie verziehen sich deshalb leicht, schließen nicht mehr dicht, und die Folge ist Zugluft. Zur Abhilfe kauft man einen zweiten, zum alten passenden Verschluß, versetzt den alten nach oben und bringt den neuen unten am Rahmen an. Der Abstand von oben und unten beträgt jeweils ein Viertel der Fensterhöhe.

Vorhänge isolieren nur gegen die Fensterkälte, wenn sie zugezogen sind. Und das ist nun mal nur bei Dunkelheit der Fall. Einen gewissen Schutz für die Tagesstunden bieten durchsichtige Kunststoffolien (PVC), mit denen man die Fensterflügel innen bespannt. Die Folien werden mit Reißzwecken befestigt und an den Kanten mit Selbstklebeband verschlossen. Man kann sie aber auch auf einen dafür hergestellten Rahmen aus Holzleisten heften.

In neuen Häusern reicht das Fensterglas manchmal bis auf den Boden, der am Fenster dann sehr stark abgekühlt wird. Zur zeitweisen Abdichtung der Unterteile solcher Fenster kann man die Scheibe mit einer Polystyrolplatte abdecken, deren Ränder man mit breitem Selbstklebeband am Rahmen befestigt. Im Frühjahr wird die Isolierplatte wieder entfernt. Bei Drahtglas muß man sie abnehmen, damit das Glas in der Sommerhitze nicht zerspringt.

Bei Dauerabdichtung werden die Platten so eingebaut, daß eine etwa 4 cm dicke Luftschicht entsteht. Für die Abdichtung wird rings auf dem Rahmen eine Holzleiste angebracht und eine Hartfaserplatte daraufgeschraubt. Die rauhe Plattenseite zeigt zum Glas hin. Man streicht die Platte nach Wunsch, bevor man sie anbringt. Auf der Hartfaserplatte wird das Polystyrol befestigt und dann mit dekorativem Plattenmaterial abgedeckt. Vorher wird jedoch von innen ein 20 mm großes Loch bis in die Fensterrahmenmitte gebohrt und dann rechtwinklig dazu ein 6 mm großes Loch von außen. Diese Bohrlöcher treffen sich im Rahmen (siehe S. 190). Bohrspäne werden mit einer Rundfeile entfernt. Dann werden die Löcher mit einer Fahrradpumpe durchgeblasen. Mit einem in Lackfarbe oder Imprägniermittel getauchten Pfeifenreiniger wird das Lochinnere gestrichen. Die Durchgängigkeit der Bohrungen muß von Zeit zu Zeit kontrolliert werden.

Zum Abschluß der Arbeit wird nun das Abdeckmaterial auf dem Polystyrol befestigt.

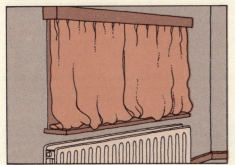
Gardinen sollen nicht über den Heizkörper hängen, weil sonst Heizungswärme duch das Fenster verlorengeht. Man legt sie auf das Fensterbrett

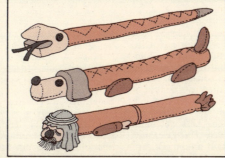
Eine Dichtungsrolle in lustiger Form für Fenster und Türen kann man leicht selbst herstellen. Die Füllung besteht aus Schaumstoff, Lappen usw.

Den kalten Luftstrom beim Öffnen der Haustür kann man durch einen hohen schweren Vorhang fernhalten, der vor der Tür angebracht wird

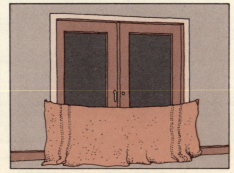
Mit einer zusammengelegten Wolldecke, einem dikken Vorhang oder ähnlichem Material kann man den unteren Teil von Flügeltüren zugfrei machen

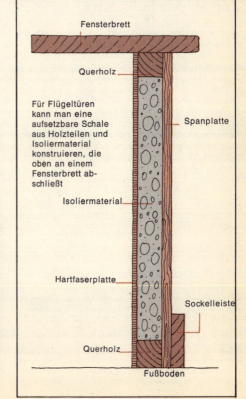
Für Flügeltüren kann man eine aufsetzbare Schale aus Holzteilen und Isoliermaterial konstruieren, die oben an einem Fensterbrett abschließt

Zugschutz

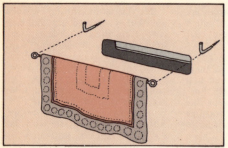
Ein Deckchen vor dem Briefschlitz an der Tür ist ein einfaches, aber wirksames Mittel gegen Zug

Ein verzogener Fensterflügel schließt besser, wenn man statt eines Riegels zwei anbringt

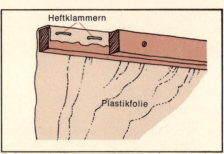
Vor einem undichten Fenster kann man eine Plastikfolie mit Klammern zwischen Leisten befestigen

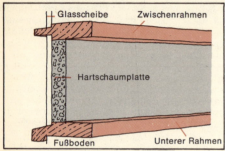
Wenn die Verglasung bis zum Boden reicht, verkleidet man den Teil zwischen unterem Rahmen und dem Zwischenrahmen mit einer 3 cm dicken Hartschaumplatte und dichtet die Fugen mit Klebeband ab

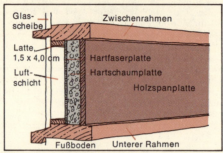
Eine noch bessere Wirkung erzielt man durch eine Luftschicht zwischen Glasscheibe und Hartschaumplatte, die außen mit einer Hartfaserplatte und innen mit einer Holzspanplatte verkleidet wird

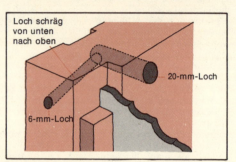
Bei fester Verglasung bohrt man rechtwinklig zueinander zwei Ventilationslöcher: ein Loch von 20 mm Durchmesser von der Innenseite und ein zweites von 6 mm von der Außenseite des Rahmens

Zug an den Fußleisten

Außer an den Fenstern und Türen gibt es in Häusern mit Holzbalkendecken auch Zugerscheinungen an den Fuß- oder Scheuerleisten. Durch das Schwinden der Balken, Dielen und Scheuerleisten entstehen bisweilen recht breite Fugen zwischen dem Fußboden und den an der Wand befestigten Leisten. Der dadurch auftretende Zug ist besonders stark, wenn die Balkenlage durch Gitter in den Außenmauern belüftet wird. Das hat einen Luftstrom quer durch das Gebäude zur Folge, der durch die Fugen an den Fußleisten auch in die Zimmer eintritt. Die Lüftungsgitter dürfen niemals ganz abgedichtet werden, weil die Balken sonst vom Hausschwamm befallen werden können. Man darf höchstens in den Wintermonaten die Gitter zur Hälfte abdecken. Das geschieht am besten durch Hartfaserplatten, die mit Draht an den Gittern befestigt werden. Man muß nur nicht vergessen, die Platten im Frühjahr wieder zu entfernen. Diese Maßnahme reicht jedoch nicht aus, um die Zugerscheinungen ganz zu beseitigen.

Man kann die Fugen an den Fußleisten auf verschiedene Art abdichten. Die aufwendigste Methode ist, die Scheuerleisten abzunehmen und tiefer zu setzen. Dabei ist es oft nicht zu vermeiden, daß ein Teil der Leisten beschädigt wird. Außerdem wird über der Leiste ein Streifen untapezierter Wand sichtbar. Dann muß man eben neue und höhere Leisten anbringen.

Einfacher ist es, die Fugen mit Deckleisten abzudichten (siehe S. 77). Dies empfiehlt sich, wenn das Zimmer gleichzeitig mit Teppichware ausgelegt werden soll. Man kann die Ritzen auch mit Dekorationskordel abdecken.

Man kann die Fugen auch mit Abdichtungsband aus Schaumstoff zustopfen. Man mißt den Spalt, wo er am breitesten ist, und nimmt das Band noch etwas dicker. Das auf einer Seite des Bandes befindliche Schutz- oder Abdeckpapier für die Klebschicht in diesem Fall nicht entfernen.

1. Dichtungsband mit der glatten Seite nach oben gegen die Fußleiste bringen. Glattes Papier zum leichteren Einschieben in die Fuge unterlegen

2. Einen breiten Spachtel schräg unter die Fußleiste halten und mit der anderen Hand das Band in die Fuge schieben

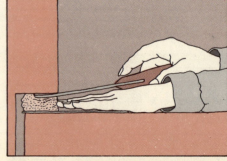
3. Das Dichtungsband festhalten und den Spachtel herausziehen. So die ganze Fuge abdichten. Überstehendes Material mit Messer abschneiden

Eine Tür mit Metallprofil abdichten

Zum Abdichten von Türen gegen Zug gibt es eine Reihe von Spezialprofilen, die man je nach den besonderen Gegebenheiten verwenden kann. Eins dieser Profile hat einen V-förmigen Querschnitt und wird aus Aluminium oder Kupfer hergestellt. Beide Metalle haben die Eigenschaft, ihre Federkraft auf die Dauer zu behalten, so daß eine nachhaltige Abdichtung gewährleistet ist. Das Profil wird an drei Seiten der Tür angebracht, während für die Schwelle andere Profile (siehe S. 193) verwendet werden.

Das V-Profil ist bei geschlossener Tür nirgends sichtbar und hat eine lange Lebensdauer. Es muß allerdings sehr genau angepaßt werden, wenn es den vollen Erfolg bringen soll. Das Profil wird oben und auf der Schloßseite am Türrahmen befestigt, auf der Bandseite wird es am Türblatt angebracht.

Material: V-Profil, Messingschrauben oder -nägel
Werkzeug: Blechschere oder Eisensäge, Schraubenzieher, Durchschlag, Ahle, Hammer

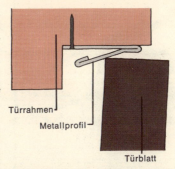

So wird das Abdichtungsprofil in dem Falz des Türrahmens angebracht

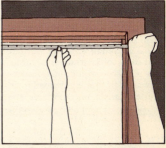

1. Die Breite des Türfalzes abmessen. Mit Eisensäge oder Blechschere ein Profilstück dieser Länge mit kleiner Zugabe abschneiden

2. Den Streifen gegen die Scharnierseite des Rahmens halten und am anderen Ende mit der Schere die Länge durch einen Einschnitt markieren

3. Nachdem das Profil auf Länge gebracht ist, beide Enden des Federschenkels unter 45° abschrägen. Die entstandenen Grate abfeilen

4. Das zugeschnittene Profil in die richtige Lage bringen – den breiteren Schenkel an das Holz –, dann beide Enden fest in die Ecken drücken

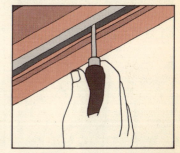

5. Prüfen, ob das Profil über die ganze Länge fest anliegt. Mit der Ahle die Löcher für die Befestigungsschrauben vorstechen

6. Wenn in dem Profil keine Schraubenlöcher vorgesehen sind, müssen sie mit dem Durchschlag in Abständen von etwa 25 cm gestanzt werden

7. Länge des Falzes an der Schloßseite messen. Das Profil mit gegehrtem (45°) Federschenkel an den oberen Profilstreifen anpassen

8. Die senkrechten Profilstreifen befestigen – auf der Scharnierseite am Türblatt, auf der Schloßseite zunächst nur mit einer Schraube in der Ecke

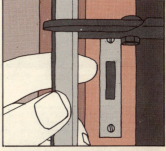

9. Knapp über dem Schließblech wird der Profilstreifen abgeschnitten, um die Falle nicht zu blockieren. Darunter setzt man ihn wieder an

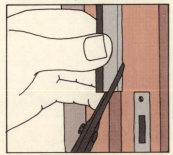

10. Das Ende des Streifens mit der Blechschere V-förmig abschrägen. Ebenso mit dem unterhalb des Schlosses beginnenden Streifen verfahren

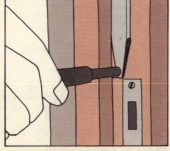

11. Am äußersten Ende der zugespitzten Profilstreifen mit dem Durchschlag Löcher für die Befestigungsschrauben schlagen

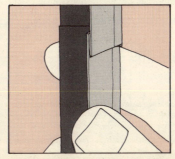

12. Reicht ein Profilstreifen nicht über die ganze Länge, kann man ein Stück ansetzen. Die Überlappung soll etwa 5 mm betragen

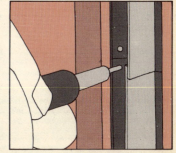

13. Die Stelle wird mit zwei Schrauben gesichert. Eine davon sitzt genau auf Mitte der Überlappung, die andere dicht darüber oder darunter

Zugschutz

Winkelprofile anbringen

Neben den auf Seite 203 beschriebenen „unsichtbaren" Abdichtungen gibt es Dichtungsprofile, die im Tür- oder Fensterrahmen befestigt werden und mehr oder weniger sichtbar sind. Solche Profile haben meist verschieden breite Schenkel. Der breitere wird im Rahmen angebracht, so daß der schmalere als Dichtung wirkt.

Material: Winkeldichtungsprofile, Holzschrauben
Werkzeug: Schraubenzieher, Metallsäge, Vorstecher

1. Man mißt die Länge, die für eine dreiseitige Abdichtung nötig ist, und sägt die drei Streifen genau, eventuell mit Gehrung, zu

2. Der erste Dichtungsstreifen wird im oberen Türfalz befestigt. Dazu sticht man im Abstand von 25 cm Löcher für die Schrauben vor

3. Nun werden nacheinander Holzschrauben in die vorgestochenen Löcher gedreht. Dabei hält man das Profil in der richtigen Lage fest

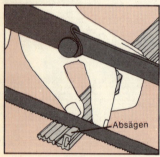

4. An den oberen Enden der Längsstreifen wird von den schmalen Seiten eine Ecke abgesägt, so daß sie in den Falzecken ineinanderpassen

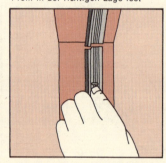

5. Die Längsprofile werden, dicht an das obere Profil anschließend, in die Rahmenfalze geschraubt. Zum Schluß prüft man, ob die Tür gut schließt

Selbstklebende Dichtungsstreifen anbringen

Die Dichtungsstreifen gibt es in verschiedenen Breiten. Sie bestehen aus Schaumstoff. Ihre selbstklebende Seite ist mit einer Schutzfolie abgedeckt, die andere Seite ist mitunter glatt, so daß sie nicht hängen bleibt.

Die Dichtungsstreifen werden flach in Tür- oder Fensterrahmenfalze geklebt, so daß Türblätter oder Fensterflügel beim Schließen gegen sie drücken.

Material: Schaumstoffdichtungsstreifen, Haushaltsreinigungsmittel
Werkzeug: Schere

1. Der Tür- oder Fensterrahmenfalz wird mit einem Haushaltsreinigungsmittel gründlich gesäubert, nachgespült und gut abgetrocknet

2. Das Schutzpapier wird nicht zu weit – etwa 30 cm genügen – abgezogen. Dann klebt man den Dichtungsstreifen fest in den Falz

3. Danach entfernt man das Schutzpapier stückweise, klebt die Dichtung an, schneidet sie am Falzende ab und dichtet den nächsten Falz ab

SELBSTKLEBENDE DICHTUNGSSTREIFEN

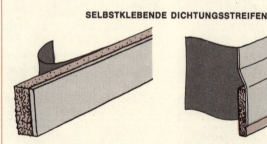

Dichtungen für Falze: Man zieht das Schutzpapier ab und klebt den Streifen mit der Klebeseite in den Falz

Türschwellendichtung: Der Dichtungsstreifen wird nach Abziehen des Schutzpapiers an die untere Türkante geklebt

EINE TÜRSCHWELLENDICHTUNG ANBRINGEN

1. Zuerst wird die Türkante gründlich gesäubert und dann die Türbreite mit Filzstift auf der Dichtung angezeichnet

2. Dann schneidet man die Dichtung auf Länge und zieht das Schutzpapier auf der Rückseite ab

3. Die Dichtung wird nun so auf die Türkante geklebt, daß sie leicht den Fußboden berührt

1.

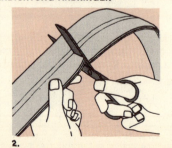

2.

3.

Dichtungsprofile anbringen

Baumwoll-Gummi-Profil

Es gibt zahlreiche Arten von Abdichtprofilen. Form und Material, aus dem sie hergestellt sind, richten sich nach ihrem Verwendungszweck. Auf dieser Seite werden vier Profilarten gezeigt. Neben ihnen gibt es aber noch eine Reihe anderer, die man ebenso leicht verarbeiten kann.

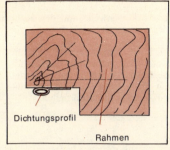

Das Baumwoll-Gummi-Profil wird auf der Falzinnenseite befestigt. Das Gummi schließt die Öffnung dicht ab

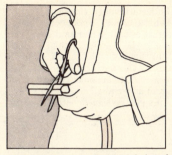

1. Das Dichtungsprofil ist einfach auf die richtige Länge zu bringen: Man schneidet es mit einer Schere ab

2. Die Dichtung wird mit nicht zu langen Nägeln mit flachen Köpfen oder mit einer Heftmaschine befestigt

Aluminiumprofil

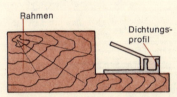

Dauerhafter ist das Aluminiumprofil. Es besteht aus einer Aluschiene, in der eine Gummilippe befestigt ist

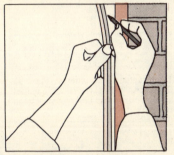

1. Die Falzlänge auf dem Profil anzeichnen. Ist es zu kurz, bleibt es undicht; ist es zu lang, wölbt es sich

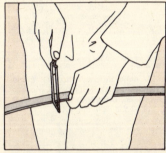

2. Das Profil läßt sich mit einer Metallsäge leicht abschneiden. Der Grat wird mit einer Feile entfernt

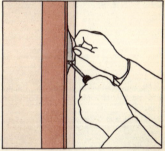

3. Die Schiene hat vorgebohrte Löcher, durch die man sie mit Senkkopfholzschrauben in den Falz schraubt

PVC-Profil

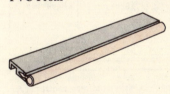

Zwei weitere Dichtungsarten sind das hier gezeigte PVC-Rahmenprofil und die PVC-Türschwellenabdichtung (unten). Letztere soll Zugluft unter der Tür verhindern.

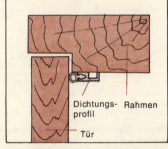

Das PVC-Profil wird auf dem Rahmen, nicht im Falz, so befestigt, daß die Gummirundung fest an der Tür liegt

1. Auch für das PVC-Profil wird zuerst ganz genau Maß genommen; es darf sich dabei nicht durchbiegen

2. Die Dichtung läßt sich leicht anbringen; sie ist vorgebohrt und wird mit kleinen Nägeln befestigt

PVC-Türschwellenabdichtung

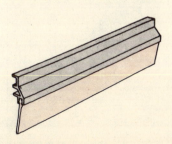

Der untere Streifen besteht aus Gummi und sitzt schräg in der Kunststoffleiste. Farben: weiß, grau oder braun

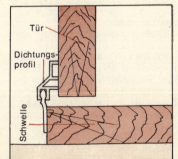

Das Profil wird so auf der Tür befestigt, daß sich die Gummidichtung dicht an die Schwelle legt

1. Wie bei anderen biegsamen Profilen ist es wichtig, genau Maß zu nehmen, bevor man das Profil absägt

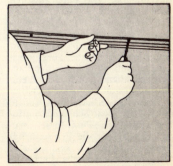

2. Das Profil auf Maß sägen und probeweise anbringen; Tür öffnen und schließen. Profil anschrauben

Zugschutz

Weitere Dichtungsmöglichkeiten

Verdeckte Türdichtungen
Diese Dichtungsprofile sind durch Leisten geschützt, sie bleiben also lange Zeit funktionstüchtig. Außerdem gewährleisten sie, daß man die Tür fast geräuschlos schließen kann. Die Montage dieser Dichtungsprofile muß man bei geschlossener Tür vornehmen.

Bodendichtungen einbauen
Durchgehende Fußböden haben ihre Vorteile, leider sind aber Türen ohne Bodenanschlag meist sehr undicht und lassen Zugluft durch. Die nachträgliche Montage von Zugschutzmaßnahmen ist meist aufwendig.

Es gibt verschiedene Systeme zu kaufen. Während der eine Teil, die Höckerschwelle, auf den Roh- oder Fertigboden geklebt oder gedübelt wird, muß in der Tür meist eine Nut ausgenommen werden. Diese fräst man mit der Handoberfräse aus. Bei Türen mit unterem Falz kann man diesen mit dem Simshobel nacharbeiten.

Fensteranschlüsse abdichten
Anschlußfugen aus verschiedenen Werkstoffen sind selten dicht. Man muß sie zum Wärme-, Schall- und Zugschutz ausfüllen. Hierzu nimmt man am besten Dichtschaum, den man gebrauchsfertig in Kartuschen erhält. Sehr große Zwischenräume muß man vorher ausstopfen.

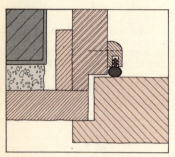

Das Kunststoff-Dichtungsprofil ist in eine Hartholzleiste eingenutet. Die Leiste wird mit Stauchkopfstiften am Türfutter befestigt

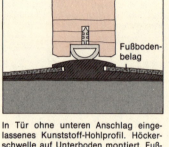

In Tür ohne unteren Anschlag eingelassenes Kunststoff-Hohlprofil. Höckerschwelle auf Unterboden montiert, Fußbodenbelag läuft in die Nut

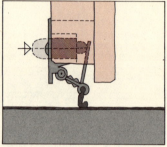

Türausführung mit unterem Falz. Ein Gummiprofil drückt sich automatisch auf den Boden und überbrückt Differenzen von 5–12 mm

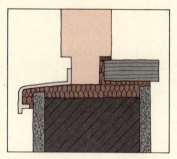

Alle Anschlußfugen gewissenhaft abdichten. Man kann mit Mineralwolle ausstopfen, aber Polyurethanschaum verteilt sich besser

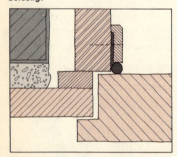

Das Moosgummi-Dichtungsprofil mit harter Lippe wird ebenfalls mit Hilfe einer Hartholzleiste ans Türfutter genagelt

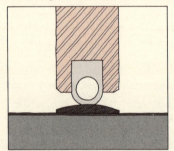

Das Moosgummiprofil läuft beim Schließen der Tür auf eine auf den Fertigboden montierte Höckerschwelle. Positionen genau abstimmen

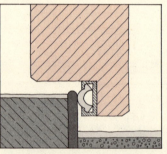

Türausführung mit unterem Falz und Bodenanschlag. Die Schwellendichtung drückt gegen die Anschlagschiene. Kein Verschleiß durch Begehen

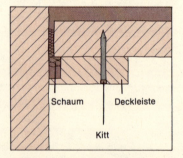

Ausgeschäumte sichtbare Fugen muß man abdecken. Entweder setzt man eine Deckleiste, oder man spritzt mit Fugendichtungsmasse ab

Abdichten von Fenstern und Außentüren
Unter dem Einfluß von Winddruck, Temperaturschwankungen und Feuchtigkeit arbeitet fast jedes Material. Die Fuge zwischen Blendrahmen und Mauerwerk ist der Spielraum für diese Bewegungen. Werden die Fugen nicht abgedichtet, kommt es zu Zugluft und Wärmeverlust, aber auch Feuchtigkeit kann in die Blendrahmen, in Mauerwerk und Putz eindringen. Dann kann sich zum Beispiel im Fensterbereich die Tapete lösen oder sogar Schimmel auftreten. Risse im Putz findet man häufig dort, wo die Fensterblendrahmen eingeputzt sind. Außer den bereits beschriebenen Dichtstoffen gibt es Dichtschäume sowie dauerelastische Dichtmassen.

Dichtschäume sind ausgezeichnete Isolierstoffe gegen Kälte und Wärme, jedoch schützen sie nicht vor Feuchtigkeit. Im Außenbereich muß also eine ausgeschäumte Fuge mit wetterfestem Dichtstoff abgedeckt werden.

Schäume mit physikalischer Aushärtung (Einkomponentenschaum) sind zwar billiger als solche mit chemischer Aushärtung (Zweikomponentenschaum), haben aber den Nachteil, daß sie schwinden können. Der Zweikomponentenschaum kann auch als Montageschaum zur unsichtbaren Befestigung von Holzteilen auf Mauerwerk verwendet werden. Er ist in fertigen Zweikammerkartuschen erhältlich und wird nach dem Durchmischen sofort mit der Zahnstangenpistole in die vorgesehenen Hohlräume gespritzt. Unbedingt die Gebrauchsanweisung beachten; zuviel Schaum kann Bauteile auseinandertreiben!

Wenn die Schaum-Harz-Mischung nicht mehr klebrig ist, kann man Überstände abschneiden. Im Innenbereich kann die Fuge mit einer Holzleiste abgedeckt werden.

Dichtmassen dienen zum Abdecken kleiner Fugen oder geschäumter Fugen. Man muß beim Kauf darauf achten, daß die benötigte Fugendichtungsmasse den jeweiligen Erfordernissen entspricht. Ferner ist vorher zu entscheiden, ob die Fuge sofort oder erst später nachbehandelt, d. h. überstrichen werden soll, denn nicht alle Dichtmassen lassen das zu. Vor dem Auftragen der Masse, was meist mit der Zahnstangenpistole geschieht, muß der Untergrund absolut frei von losen Teilen, von Fett, Öl usw. sein. Gegebenenfalls muß mit einer Spezialgrundierung (Primer) vorgestrichen werden.

Bevor man eine Fuge mit der Zahnstangenpistole schließt, muß der Untergrund gesäubert werden

TEIL 2

Wasser und Heizung

196 Abwasser
199 Badewanne
202 Dachentwässerung
212 Durchlauferhitzer
214 Dusche
216 Gasherde
218 Toilette
224 Warmwasser
229 Waschbecken
235 Wasserhähne
239 Wasserleitungen
244 Zentralheizung

Abwasser

Abwasseranlagen im Haus

Da Wissenschaftler und verantwortliche Politiker in den letzten Jahren erkannt haben, wie bedeutsam das Problem der Umweltverschmutzung für uns alle ist, wurde gesetzlich festgelegt, wie alle Abwässer, die in Privathaushalten und Industriebetrieben anfallen, beseitigt werden müssen.

Die Abwässer aus den Haushalten können heute in den meisten Fällen in die öffentlichen Abwassersysteme eingeleitet werden. Der Hauseigentümer muß eigentlich nur noch dafür sorgen, daß die Abwässer seines Hauses richtig gesammelt und über den Hausanschluß in den Hauptkanal unter der Straße geleitet werden.

Wo aber kein öffentliches Abwassersystem vorhanden ist, muß der Hauseigentümer darauf achten, daß nur solche Abwässer abgeleitet werden, die zuvor einwandfrei gereinigt worden sind.

Dazu baut man Kleinkläranlagen, in denen die Abwässer auf mechanischem Weg von allen größeren Verschmutzungen befreit werden. Anschließend wird das Abwasser noch biologisch gereinigt.

Es ist nicht weiter kompliziert, in einem Haus ein Abwassersystem zu installieren.

Die Abwässer, die in den sanitären Anlagen wie Waschbecken, Bädern oder Spülbecken anfallen, werden zunächst durch Anschlußleitungen gesammelt. Diese münden dann in sogenannte Falleitungen, die das Abwasser in die Grundleitung befördern, die meist unter dem Kellerboden verlegt ist. Von hier aus gelangt das Abwasser über den Hausanschlußkanal in das öffentliche Abwassersystem oder in die Kleinkläranlage.

Regenwasser muß man ebenso zum Abwasser zählen. Dieses wird in Dach-, Hof- und Balkonentwässerungen gesammelt und meist ebenfalls in das öffentliche Abwassersystem geleitet. Es gibt allerdings auch Abwassersysteme, bei denen das Regenwasser in getrennten Kanälen abgeleitet wird. Man nennt dies ein Trennsystem im Gegensatz zum Mischsystem, das beide Abwässer gemeinsam fortleitet.

Beim Bau einer Abwasserleitung ist zu beachten, daß alle Bade- und Duschwannen, Wasch- und Spülbecken über Siphons an die Abwasserleitung angeschlossen werden. Ein Siphon unterdrückt Geruchsbelästigungen durch auftretende Gase (Klärgase).

Weiter müssen alle Fallstränge zur Be- und Entlüftung über das Dach geführt werden. Damit soll jede mögliche Geruchsbelästigung vermieden werden.

An geeigneten Stellen müssen Reinigungsöffnungen in ausreichender Anzahl eingebaut werden, um mögliche Verstopfungen in den Abwasserleitungen rasch beheben zu können.

Abwasserrohre werden aus den verschiedensten Materialien hergestellt. Bisher waren für Anschluß- und Falleitungen Rohre aus Blei, verzinktem Stahl und asphaltiertem Grauguß üblich. Bei Grundleitungen, Hausanschlußkanälen und Straßenkanälen herrschen Steinzeug- und Betonrohre vor. Rohre aus diesem Material zu verarbeiten, ist recht schwierig und zeitraubend. Diese Rohre müssen nämlich verlötet, gestemmt, geschweißt und mit den unterschiedlichsten Massen vergossen werden. Für den Heimwerker sind damit fast unüberwindbare Schwierigkeiten verbunden.

Kunststoffrohre allerdings vereinfachen die Arbeit ganz wesentlich. Es gibt sie heute in allen Durchmessern, sowohl für Anschlußleitungen als auch für Falleitungen und Abwasserkanäle. Das Kunststoffrohr bietet viele Vorteile. Es hat eine saubere, glatte Oberfläche und braucht deshalb keinen Schutz- oder Verschönerungsanstrich. Innen sind diese Rohre ebenso glatt, wodurch manche Verstopfung verhindert wird. Ein großer Vorteil ist ihre Korrosionsbeständigkeit. Man muß aber beachten, daß Kunststoffrohre nicht so wärmebeständig sind wie Rohre aus herkömmlichem Material. Nicht alle Kunststoffrohre sind aber für heiße Abwässer geeignet.

Um Kunststoffrohre miteinander zu verbinden, gibt es viele Möglichkeiten durch Klebe-, Schweiß-, Schraub- und Steckverbindungen. Dazu ist – mit Ausnahme der Schweißverbindung – nicht einmal ein Spezialwerkzeug notwendig. Außerdem haben Kunststoffrohre ein geringes Gewicht und bieten sich so für die Selbstverlegung geradezu an. Aber auch für Rohre aus herkömmlichen Werkstoffen wie Gußeisen und Stahl gibt es inzwischen Verbindungsmöglichkeiten, die nicht mehr so viel Schwierigkeiten bereiten wie früher. Ähnlich wie Kunststoffrohre lassen sich auch Rohre aus anderen Materialien durch einfache Steckverbindungen mit Gummi- oder Kunststoffdichtungen oder durch Manschettenverbindungen zusammenfügen.

Nicht vergessen sollte man, daß natürlich auch Abflußrohre frostfrei zu verlegen sind.

Es ist sehr wichtig, daß Abflußrohre für die verschiedenen Zwecke den jeweils richtigen Durchmesser haben. Das Abwasser muß nämlich ohne Schwierigkeiten durch das Rohrsystem abfließen können.

Dies bedeutet freilich nicht, daß ein Abwasserrohr grundsätzlich immer den größtmöglichen Durchmesser haben soll und sich damit auch schon am besten für den jeweiligen Zweck eignet.

Für größere Anlagen empfiehlt es sich, den Fachmann um Rat zu fragen und diesem unter Umständen die Ausführung der Anlage zu überlassen.

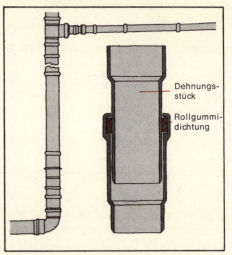

Diese Abbildung zeigt ein Dehnungsstück bei Kunststoffrohren

- Dehnungsstück
- Rollgummidichtung

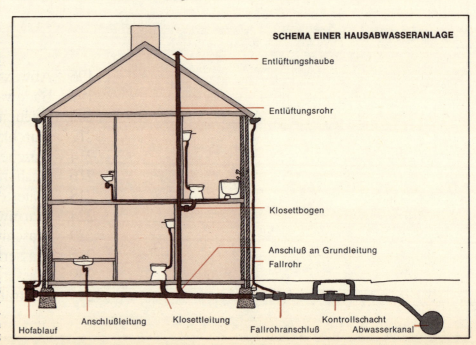

SCHEMA EINER HAUSABWASSERANLAGE

- Entlüftungshaube
- Entlüftungsrohr
- Klosettbogen
- Anschluß an Grundleitung
- Fallrohr
- Hofablauf
- Anschlußleitung
- Klosettleitung
- Fallrohranschluß
- Kontrollschacht
- Abwasserkanal

Kontroll- und Reinigungsschächte

Abwasserleitungen im Erdreich müssen in bestimmten Abständen kontrolliert werden können. Dies wird durch gemauerte, betonierte oder auch aus Fertigteilen hergestellte Schächte ermöglicht. Je nach Vorschrift kann das Abwasser offen oder in Rohren mit Reinigungsdeckel durch den Schacht fließen. Innerhalb von Gebäuden muß das Abwasser auf jeden Fall geschlossen durch Kontrollschächte geleitet werden. Formstücke mit Reinigungsdeckel gibt es als Durchgangsrohre und auch als Abzweigrohre. Wenn eine Grundleitung verstopft ist, öffnet man den Reinigungsschacht und führt die Reinigungsspirale bis zur Verstopfung in das Rohr ein. Liegt ein Reinigungsschacht in einem Hof, muß der Deckel für eine stärkere Druckbelastung ausgelegt sein als für einen Schacht unter einem Gehweg.

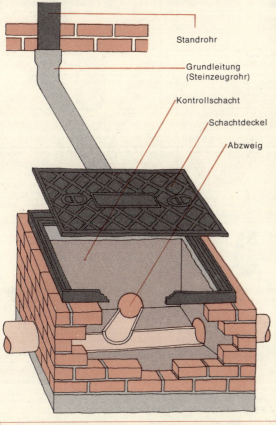

Standrohr
Grundleitung (Steinzeugrohr)
Kontrollschacht
Schachtdeckel
Abzweig

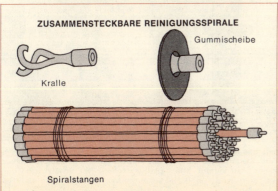

ZUSAMMENSTECKBARE REINIGUNGSSPIRALE
Kralle
Gummischeibe
Spiralstangen

Verstopfungen in einer Grundleitung beseitigen

Gelangt über die Dachrinne und das Fallrohr Schmutz in die Grundleitung, dann kann es dort zu Verstopfungen kommen. Diese müssen sofort beseitigt werden, bevor sich das Verstopfungsmaterial verhärten kann.

Ist die Verstopfung nur gering, das Material noch lose, so kann sie unter Umständen mit einem Gummisauger (Pumpfix) oder mit einem kräftigen Wasserstrahl aus einem Schlauch beseitigt werden. In hartnäckigen Fällen hilft jedoch nur eine Reinigungsspirale.

Es gibt zusammensteckbare Spiralen aus Bambusstäben. Sie eignen sich besonders für gerade Rohrstrecken und größere Rohrdurchmesser. Mit ihnen wird hauptsächlich gestoßen, weniger gedreht. Für kleinere Rohrdurchmesser und scharfe Richtungsänderungen verwendet man zusammengerollte Stahlspiralen. Solche Spiralen gibt es in verschiedenen Stärken und Längen. Sie haben am einen Ende eine Kurbel, mit der sie unter Druck durch die Reinigungsöffnung zur Verstopfung im Rohr vorgebracht werden. Stahlspiralen gibt es heute auch mit Motorantrieb.

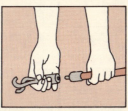

1. Die Kralle wird auf die Spirale geschraubt. Das Gewinde fettet man vorher ein

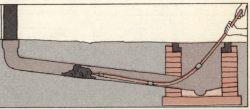

2. Die Spirale wird durch Drücken und Rechtsdrehungen durch die Reinigungsöffnung in das Rohr gebracht und weitergedreht, bis die Kralle die Verstopfung gelöst hat

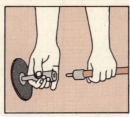

3. Man nimmt die Kralle von der Spirale und schraubt die Gummischeibe auf

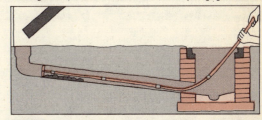

4. Die Spirale wird erneut in das Rohr eingeführt. Dann zieht man sie vorsichtig heraus, um den von der Kralle gelösten Schmutz in den Schacht zu streifen

5. Man entfernt den Schmutz. Er darf nicht etwa weggespült werden, weil sich sonst erneut eine Verstopfung bilden kann

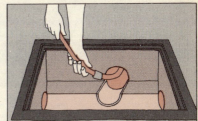

6. Die Spirale wird mehrmals in das Rohr geschoben und wieder herausgenommen, bis kein Schmutz mehr herauskommt

7. Man nimmt das Standrohr ab, spült kräftig nach, bringt das Standrohr wieder an und dichtet seine Muffe ab

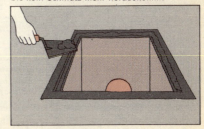

8. Am Kontrollschacht wird der Rahmen des Schachtdeckels gereinigt. Anschließend wird der Kontrollschacht geschlossen

Abwasser

Rahmen und Deckel für Kontrollschacht

Wenn am Kontrollschacht der Deckel und Rahmen stark beschädigt oder verrostet sind, müssen sie erneuert werden, weil sonst ihre Tragfähigkeit beeinträchtigt ist.

Material:	Plastikfolie, Sand und Zement, Asphalt, Deckel, Rahmen
Werkzeug:	Hammer, Flachmeißel, Wasserwaage, Kelle

1. Zuerst muß man den Asphalt rings um den Rahmen des Kontrollschachts in einer Breite von etwa 5–10 cm entfernen, so daß der Rahmen vollständig frei liegt

2. Der Rahmen wird dann ebenfalls mit Hammer und Meißel vom Schacht gelöst und nach oben herausgenommen. Den Schacht legt man dicht mit Plastikfolie aus

3. Man muß sämtliche Mörtelreste sorgfältig entfernen, damit der neue Mörtelbelag haftet. Den Rand des Kontrollschachts füllt man mit Zementmörtel 1 : 4 satt aus

4. Nun drückt man den neuen Rahmen vorsichtig in den Mörtel und richtet ihn mit Hilfe einer Wasserwaage oder einer Richtlatte genau nach dem Boden ab

5. An der Seite des Rahmens kann Mörtelmasse herausgedrückt werden. Man entfernt diese und glättet den Rand mit der Kelle. Von oben Rahmen satt mit Mörtel füllen

6. Man kann nunmehr die Plastikfolie mit sämtlichem Schmutz aus dem Schacht entfernen und den Schacht selbst mit Wasser ausspritzen. Deckel wieder einlegen

7. Wenn der Mörtel abgebunden hat und hart ist, wird der Boden mit Asphalt (Makadam) ausgefüllt. Mit der Kelle muß man gut verdichten und glätten

Ein Abwasserrohr erneuern

Mündet das Regenablaufrohr in einen Hofablauf, so braucht man einen Auffangschacht, der in der Lage sein muß, auch größere Wassermengen aufzufangen und sicher abzuleiten.

Zu diesem Zweck legt man in der Mitte eine Halbschale aus einem ca. 60 cm langen Steinzeugrohr ein. Den Schacht selbst mauert man mit Ziegelsteinen.

Material:	Karton, Sand und Zement, Steinzeugrohr, Ziegelsteine
Werkzeug:	Hammer, Flachmeißel, Kelle, Lineal, Wasserwaage, Maurerhammer

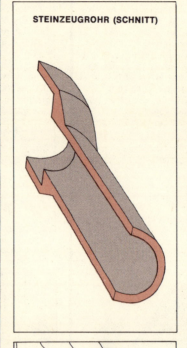

STEINZEUGROHR (SCHNITT)

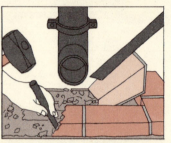

1. Bevor man sich an die eigentliche Arbeit macht, wird der Hofablauf sorgfältig mit Karton zugedeckt. Mörtel, alte Steine und Rohre entfernt man mit Hilfe von Hammer und Meißel

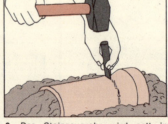

2. Das Steinzeugrohr wird satt in Sand eingebettet. Durch leichtes Klopfen mit Hammer und Meißel wird die Muffe vom Rohr abgetrennt. Das Rohr halbiert man auf die gleiche Weise

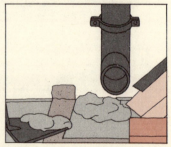

3. Aus Sand und Zement bereitet man Zementmörtel (4 : 1). Mit diesem belegt man den Boden ca. 5–7 cm stark. In den Mörtel legt man die Steinzeughalbschale mit Gefälle ein

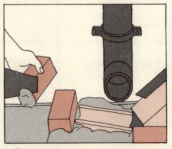

4. Den so geschaffenen Auffangschacht ummauert man mit Ziegelsteinen. Die Mörtelfugen werden dicht verfugt. Mit der Wasserwaage prüft man, ob die Steine horizontal liegen

5. Sodann wird der Mörtel mit der Kelle in Richtung Steinzeughalbschale glattgestrichen. Der Schutzkarton und sämtliche Mörtelreste werden nach Beendigung der Arbeit entfernt

Badewanne

Montage einer neuen Badewanne

Wenn Ihre Badewanne beschädigt, unansehnlich ist oder, wie es früher üblich war, noch frei im Raum steht, können Sie ohne große Schwierigkeiten selbst eine neue Badewanne montieren. Früher gab es fast nur Badewannen aus Gußeisen. Sie wurden eingemauert und verfliest oder frei vor der Wand aufgestellt. Heute werden neben Gußwannen hauptsächlich Stahl- und auch Kunststoffwannen angeboten. Gußwannen sind zwar stabiler und geräuschärmer, doch des geringen Gewichtes wegen verwendet man lieber Stahlwannen und immer mehr auch Kunststoffwannen. Die Normgröße einer Wanne ist 170 x 75 cm. Für wassersparendes Baden haben sich die sogenannten Körperformwannen bewährt.

Zur einfachen Montage von Stahl- und Kunststoffwannen gibt es für jeden Wannentyp Hartschaumunterbauten. Sie dienen als Wannenträger und Verkleidung, sind schall- und wärmedämmend und sehr leicht. Ein späteres Auswechseln der Badewanne ist ohne Veränderung des Unterbaues möglich. Auf den Hartschaumunterbau können Keramik- und Kunststofffliesen aufgeklebt werden.

Beim Erneuern einer alten Badewanne sollte auch die Ab- und Überlaufgarnitur erneuert werden, da die alte meist nicht paßt und sehr schwer abzudichten ist. Die neuen Garnituren sind aus Kunststoff und einfach zu montieren. Guß- und Stahlbadewannen muß der Fachmann mit einem starken Kupferdraht an der Wasserleitung erden (Potentialausgleich).

Material: Badewanne und Reinigungstür, Ab- und Überlaufgarnitur, Hartschaumunterbau, Sand/Zement-Mörtel 4 : 1, Fliesen, Kleber und Fugenfüller, dauerelastischer Fugenkitt
Werkzeug: Hammer, Meißel, Kelle, Wasserwaage, Rohrzange, Schraubenzieher, Fuchsschwanz, Zahnspachtel, Ausfugscheibe (Gummischaber)

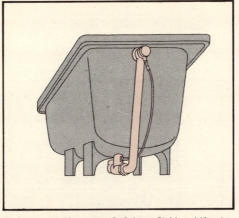

Badewannen gibt es aus Gußeisen, Stahl und Kunststoff. Die Normgröße ist 170 x 75 cm. Ein Hartschaumunterbau erleichtert die Montage

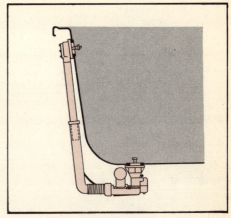

Eine komplette Ab- und Überlaufgarnitur aus Kunststoff mit Siphon ist auch für den Nichtfachmann ganz einfach zu montieren

1. Zuerst wird der Wasserzulauf zur Badewanne abgesperrt und die Kalt- und Warmwassermischbatterie abmontiert. Dann, an der Ecke beginnend, die alte Wannenverkleidung abmeißeln

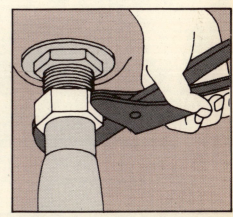

2. Wenn die Badewanne ganz freigelegt ist, wird der alte Siphon vorsichtig von der Wanne losgeschraubt. Man verwendet dazu eine Rohrzange oder einen passenden Schraubenschlüssel

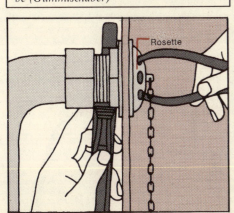

3. Ist der Überlauf mit dem Siphon verbunden, schraubt man ihn ab, indem man das Überlaufrohr mit der Zange festhält und die Rosette mit den Griffen einer Flachzange löst. Man bringt die Wanne weg, alten Siphon von der Abflußleitung trennen

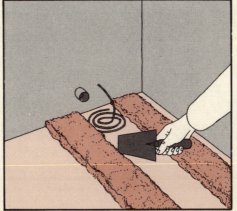

4. Der Standplatz der Wanne wird gründlich gesäubert und leicht angefeuchtet. Dann trägt man den Mörtel (Sand/Zement im Verhältnis 4:1) in zwei dicken Streifen auf. Den Erdungsdraht muß unbedingt der Fachmann anschließen

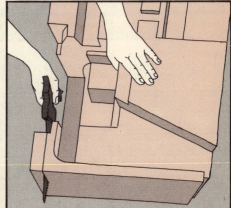

5. Am Hartschaumunterbau wird der Verlauf der Abwasserleitung genau angezeichnet. Den erforderlichen Ausschnitt sägt man mit dem Fuchsschwanz aus. Starke Unebenheiten des Bodens werden durch Korrekturen am Unterbau ausgeglichen

Badewanne

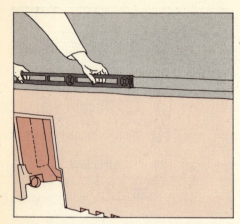

6. Den Unterbau setzt man dann auf die Mörtelstreifen und drückt ihn kräftig an. Die obere Kante wird mit der Wasserwaage geprüft und gegebenenfalls ausgerichtet. Das macht man mit der Hand oder mit einem Hammer und einer schützenden Holzunterlage

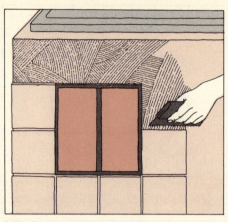

7. Die Reinigungstür steckt man mit den Haltekrallen in die Öffnung. Dann zieht man mit dem Zahnspachtel den Fliesenkleber dünn auf und drückt die Fliesen fest an. Für den genauen Fugenabstand (3 mm) kann man kleine Keile verwenden

8. Wenn alle Fliesen verlegt sind, wird mit der Ausfugscheibe (Gummischaber) der Fugenfüller in die Fugen gedrückt. Der Rest wird mit einem harten und feuchten Schwamm abgewischt. Danach reibt man die Flächen mit einem Wollappen trocken und sauber

9. Die Ab- und Überlaufgarnitur wird nun so auf Länge und Form gebracht, daß sie genau an die Öffnungen der Badewanne paßt. Danach legt man sie in den Unterbau und schließt sie an das Abflußrohr an

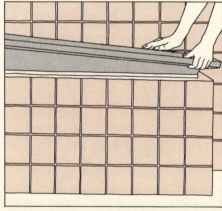

10. Die Badewanne wird vorsichtig in den Unterbau eingelegt. Diese Arbeit kann nur mit einem Helfer ausgeführt werden, und man muß achtgeben, daß man die Ecken des Unterbaus nicht abstößt

11. Das Ablaufventil wird mit Kitt versehen und mit einer Schraube am Unterteil der Ablaufgarnitur festgeschraubt. Die Überlaufrosette wird ebenfalls mit einer Schraube befestigt

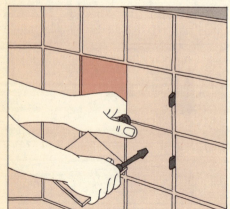

12. Wenn die Ab- und Überlaufgarnitur installiert ist, wird die Reinigungstür belegt. Man braucht dazu vier Fliesen, die in der Türmitte durch eine Schraube mit Rosette festgehalten werden. Die Fugen werden mit Fugenfüller zugestrichen

13. Die Wandanschlußfuge wird mit dauerelastischem weißem Kitt geschlossen. Dazu werden die Ränder der Fuge mit Klebestreifen abgedeckt. Mit nassem Finger glättet man den Kitt. Dann zieht' man die Klebestreifen ab

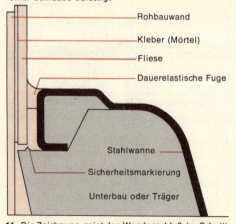

14. Die Zeichnung zeigt den Wandanschluß im Schnitt. Die Sicherheitsmarkierung gibt den Abstand des Unterbaus zu den Wandfliesen an. Zum Auswechseln der Wanne entfernt man die dauerelastische Fuge und die Ablaufgarnitur und nimmt die Wanne heraus

Eine Badewanne neu lackieren

Moderne Badewannen sind mit eingebrannter Glasemaille überzogen. Bei ihnen kann man nur kleine Schäden mit einer Spezialpaste selbst ausbessern. Größere Schäden muß der Fachmann reparieren.

Ältere Badewannen aus Gußeisen sind manchmal nur mit normalem Emaillack gestrichen. Sie lassen sich nicht nur ausbessern, sondern sogar ganz neu streichen. Wenn man eine Wanne danach wieder das erstemal benutzt, muß man erst kaltes und dann heißes Wasser einlaufen lassen, damit keine Sprünge im Lack entstehen.

Material: Emaillack für Badewannen, Terpentinersatz, Spülmittel
Werkzeug: Naßschleifpapier der Körnung 120, 5 cm breiter Flachpinsel, Schwamm, weicher Lappen, zwei leere Konservendosen

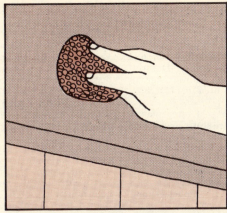

1. Zunächst muß die Befestigungskette mit dem Abflußstopfen entfernt werden. Dazu löst man das oberste Kettenglied aus seiner Halterung. Dann wäscht man die Innenseite der Wanne mit einem Schwamm, heißem Wasser und Reinigungsmittel gründlich aus

2. Dann nimmt man das Naßschleifpapier, taucht es in sauberes Wasser und schleift die ganze Oberfläche, bis sie gleichmäßig matt ist. Eventuelle Glanzstellen könnten sonst dazu führen, daß dort der Lack nicht hält

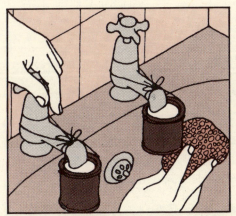

3. Dann wird die Wanne mit viel klarem Wasser ausgespült und anschließend trockengerieben. Damit kein Wasser in die Wanne tropfen kann, hängt man Blechdosen unter die Wasserhähne

4. Um auch die letzten Reinigungsmittelreste zu entfernen, wischt man die Oberfläche mit einem weichen Tuch und Terpentinersatz aus. Die Wanne muß hinterher ganz trocken sein

5. Jetzt bringt man mit einem breiten Flachpinsel eine Lage Emaillack auf. Ein 5 cm breiter Pinsel ist gerade richtig. Der Lack muß dünn und so gleichmäßig wie möglich verteilt werden

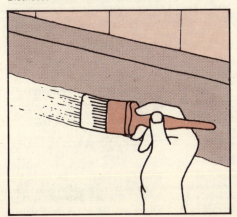

6. Zuerst lackiert man den Boden der Wanne und dann die Seiten. Man arbeitet mit langen Vorwärtsstrichen. Streicht man nämlich in kurzen Strichen oder bringt man den Lack in verschiedenen Richtungen auf, kann es Tränen oder Streifen geben

7. Ganz zuletzt wird der Rand gestrichen. Wenn die Wanne ganz lackiert ist, läßt man den Anstrich bei offener Tür und geschlossenem Fenster über Nacht trocknen. Danach wird die Wanne auf gleiche Weise ein zweites Mal lackiert

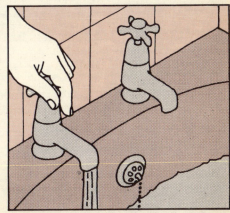

8. Der zweite Anstrich muß mindestens 48 Stunden trocknen. Dann bringt man die Befestigungskette mit dem Stopfen an, läßt die Wanne mit kaltem Wasser vollaufen und läßt es einige Stunden stehen. Erst einen Tag später kann man warmes Wasser einfüllen

Dachentwässerung

Dachrinnen und Fallrohre

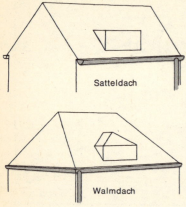

Die am häufigsten in der Praxis vorkommenden Dacharten sind Satteldächer.

Das Satteldach weist zwei gegenüber liegende Giebel auf. Aus diesem Grund werden Dachrinnen und je ein Fallrohr nur an den zwei Traufen der Dachflächen benötigt.

Beim früher sehr oft gebauten Walmdach braucht man eine ringsum laufende Dachrinne mit mindestens zwei Fallrohren. Natürlich ergeben sich durch winklige Bauweisen oder durch Anbauten verschiedenster Art auch unterschiedliche Rinnen- und Fallrohrführungen.

Rinnenkonstruktionen:
Das üblichste Rinnenprofil ist die halbrunde Dachrinne. Sie wird meist sichtbar mit Rinnenträgern vor die Traufe gehängt, die an die Dachsparren genagelt werden. Material und Montage sind auf den Seiten 204–207 beschrieben. In der Abbildung sind sämtliche Einzelteile einer halbrunden Dachrinne mit Halterungen dargestellt.

Die Kastenrinne kann sowohl sichtbar vorgehängt als auch verdeckt in einem Holzkasten verlegt werden. Kehl- und Simarinnen nimmt man für besondere Bauten und Dachkonstruktionen.

Die in der Abbildung gezeigten Fallrohre werden ausgiebig auf den Seiten 208–211 behandelt.

Fallrohre werden aus den gleichen Materialien wie Dachrinnen hergestellt. Die Rohre sind meistens rund, es gibt aber auch quadratische und rechteckige. Fallrohre werden normalerweise über Standrohre (Guß-, Stahl- oder Kunststoffrohre) direkt an die Kanalisation angeschlossen.

Die Standrohre dienen hauptsächlich dazu, die schwachen Fallrohre vor mechanischer Beschädigung zu schützen und einen stabilen, dauerhaften Übergang zur Grundleitung zu schaffen.

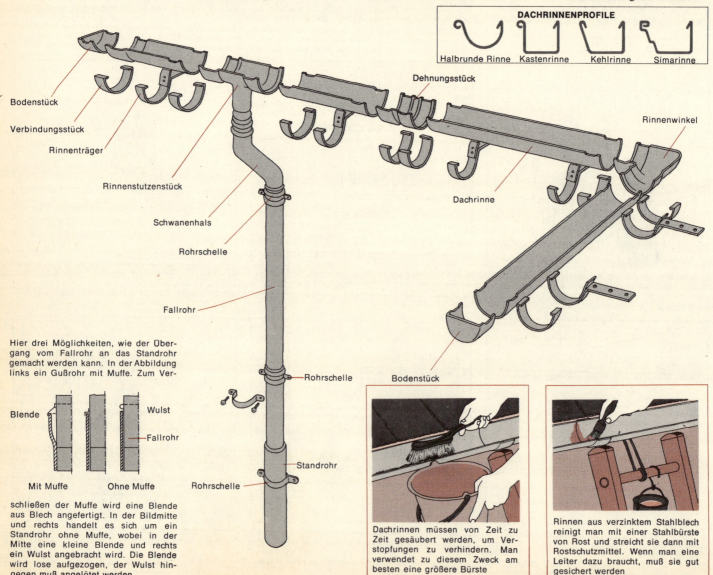

Hier drei Möglichkeiten, wie der Übergang vom Fallrohr an das Standrohr gemacht werden kann. In der Abbildung links ein Gußrohr mit Muffe. Zum Verschließen der Muffe wird eine Blende aus Blech angefertigt. In der Bildmitte und rechts handelt es sich um ein Standrohr ohne Muffe, wobei in der Mitte eine kleine Blende und rechts ein Wulst angebracht wird. Die Blende wird lose aufgezogen, der Wulst hingegen muß angelötet werden

Dachrinnen müssen von Zeit zu Zeit gesäubert werden, um Verstopfungen zu verhindern. Man verwendet zu diesem Zweck am besten eine größere Bürste

Rinnen aus verzinktem Stahlblech reinigt man mit einer Stahlbürste von Rost und streicht sie dann mit Rostschutzmittel. Wenn man eine Leiter dazu braucht, muß sie gut gesichert werden

Verstopfungen beseitigen

Dachrinnen und Fallrohre verstopfen normalerweise relativ selten. Stehen jedoch Laubbäume dicht an einem Haus oder ist Industrie mit hohem Staubanfall in der Nähe, so kann es schon einmal vorkommen. Manchmal wächst auf den Dachziegeln auch Moos, das von starkem Regen losgelöst und in die Rinnen geschwemmt werden kann. Es ist daher ratsam, die Rinnen von Zeit zu Zeit zu kontrollieren und, wenn nötig, zu reinigen. Da Dachrinnen meistens nur mit einer Leiter zu erreichen sind, ist unbedingt auf Sicherheit zu achten. D.h., die Leiter muß stabil sein und oben, z.B. an einem eingeschlagenen Konsolhaken, festgebunden werden. Außerdem sollte man sich bei der Arbeit mit einem starken Gurt oder Seil an der Leiter sichern. Bei großen Höhen Spezialdrehleiter oder Gerüst verwenden.

Werkzeug: Holzstab, an einem Ende mit Lappen umwickelt, ein Stück Hartfaserplatte, 2 m langer, steifer Draht oder Drahtspirale, Wasserschlauch, Eimer, Bürste

1. Man sägt aus der Hartfaserplatte einen in die Rundung der Rinne passenden Schieber und streift damit den Schmutz in Häufchen zusammen

2. Am einfachsten ist es, einen Eimer in die letzte Sprosse zu hängen und den Schmutz von Hand hineinzubefördern. Man trägt dabei Handschuhe

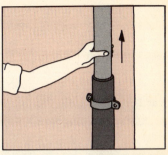

3. Man schiebt das Fallrohr nach oben aus dem Standrohr und dichtet das Standrohr ab, damit kein Schmutz in die Kanalisation gelangt

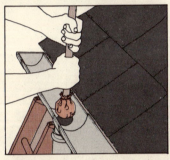

4. Zunächst wird versucht, mit einem lappenumwickelten Stab von der Dachrinne aus die Verstopfung im Fallrohr zu lösen

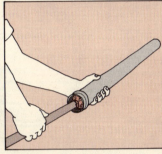

5. Läßt sich die Verstopfung so nicht beseitigen, muß man das Fallrohr abmontieren und die Teile durchstoßen, bis die Schmutzansammlung gelöst ist

6. Dann spritzt man das Rohr mit kräftigem Wasserstrahl aus, bis es innen völlig sauber ist, und bringt das Fallrohr wieder an

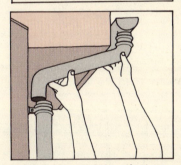

7. Einen Schwanenhals entfernt man, indem man ihn zuerst unten aus dem Fallrohr nimmt, wegdreht und aus dem Ablaufstutzen der Rinne zieht

8. Man schiebt den Draht oder die Drahtspirale durch den Schwanenhals, befestigt einen Lappen daran und zieht ihn langsam heraus

9. Man reinigt die Enden des Schwanenhalses innen und außen gründlich von Schmutz und spült dann das Rohr mit dem Wasserschlauch aus

10. Der Schwanenhals wird angebracht. Dann prüft man alle Verbindungen auf festen Sitz und Dichtheit, indem man Wasser in die Dachrinne leert

EINEN LAUBKORB AUF EINEM ENTLÜFTUNGSROHR ANBRINGEN

Wenn sich auf dem Dach ein Entlüftungsrohr, sei es vom Abwasserstrang oder von der Raumentlüftung, befindet, ist es ratsam, einen sogenannten Laubkorb daraufzusetzen. Er verhindert, daß Laub und sonstige größere Schmutzteile ins Rohr gelangen.

Einen solchen Korb kann man übrigens auch in das Ablaufblech einer Dachrinne stecken. Hier verhindert er, daß Laub usw. ins Fallrohr geschwemmt wird und dieses verstopft. Wenn der Korb so zugesetzt ist, daß das Wasser nicht mehr abfließt, muß er gereinigt werden.

Laubkörbe gibt es in verschiedenen Größen aus verzinktem Drahtgeflecht, aus Alu- oder Zinkguß und auch aus Kunststoff. Sie sind sehr einfach anzubringen: Ihre Haltebügel werden auf den Innendurchmesser des Rohres zurechtgebogen und ins Rohr eingeschoben. Durch Federwirkung sitzt der Korb fest.

Hier zwei Korbarten und Korbformen: links ein Drahtkorb, rechts ein Korb aus Kunststoff

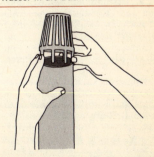

Man setzt den Korb auf das Rohr, biegt die Haltebügel nach innen und drückt den Korb ins Rohr

Dachentwässerung

Kunststoffdachrinnen anbringen

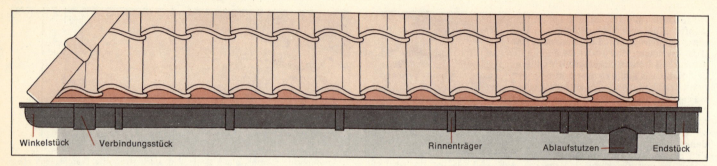

Winkelstück — Verbindungsstück — Rinnenträger — Ablaufstutzen — Endstück

Kunststoffdachrinnen werden in zwei verschiedenen Systemen angeboten. Da gibt es das Klemmsystem, das auf Seite 207 behandelt wird, und dann das nachfolgend gezeigte Klebesystem.

Beide Systeme haben Vor- und Nachteile. Deshalb ist es wichtig, beide Systeme zu kennen, da die Händler meist nur das eine oder das andere System vertreiben. Die Hersteller von Rinnensystemen stellen exakte Montageanweisungen zur Verfügung. Man sollte also beim Kauf darauf achten, daß sie auch mitgeliefert werden.

Kunststoffrinnen sind leicht und korrosionsfrei und bedürfen keinerlei Wartung oder Farbanstriche. Der Kunststoff, aus dem die Rinnen hergestellt werden, hat aber einen doppelt so großen Ausdehnungskoeffizient wie etwa Zink. Man muß deshalb besonders darauf achten, daß die Rinnen genügend Dehnungsmöglichkeiten haben. Sie dürfen keinesfalls fest eingespannt werden. Wenn eine 1 m lange Kunststoffrinne um 1° C erwärmt wird, dehnt sie sich um ca. 0,07 mm aus. Hat nun eine Rinne eine Länge von 12 m und rechnet man mit einem Temperaturunterschied von 50° C, so dehnt sie sich immerhin um ca. 4 cm aus. Bei geklebten Rinnen müssen daher bei entsprechenden Längen Dehnungsstücke eingebaut werden. Beim Klemmsystem sind Dehnungsmöglichkeiten an den Klemmstücken gegeben.

Kunststoffrinnen gibt es in verschiedenen Normgrößen und Längen von 4–5 m. Für normale Wohnhausdächer wird meistens die Normgröße 33, für kleinere Dächer 25 oder 28 verwendet.

Zur Bestimmung der Normgröße bekommt man vom Hersteller entsprechende Tabellen, die nach der Quadratmeterzahl der Dachfläche aufgegliedert sind.

Einzelteile der Rinnen sind Dehnungsstücke, Rinnenwinkel mit Innenfalz und Außenwulst, Rinnenstücke mit Ablaufstutzen, Bodenendstücke und Rinnenträger oder Rinnenhalter. Außerdem gehört Hilfsmaterial wie Nägel und Kunststoffkleber dazu.

Zum Befestigen von Kunststoffrinnen braucht man einen Hammer, möglichst einen Biegeapparat für die Rinnenträger (Abb. 1), einen Fuchsschwanz, einen Dreikantschaber oder ein Messer, eine lange Schnur, eine Wasserwaage und eine selbstgemachte Schneidlade aus Brettern, mit der man die Rinnen exakt im rechten Winkel absägen kann (Abb. 3).

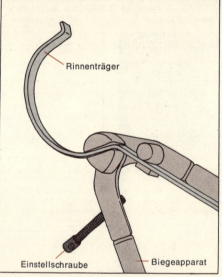

1. Wenn die Lage des Trägers am Dach angezeichnet ist, wird er mit dem Biegeapparat abgebogen. Der Biegewinkel wird mit der Schraube fest eingestellt

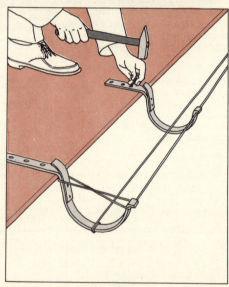

2. Zwischen den beiden äußeren Rinnenträgern wird eine Schnur straff gespannt. Danach richtet man dann die restlichen Träger aus und nagelt sie fest

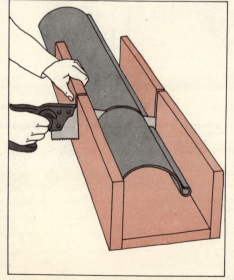

3. Man mißt die Rinnenstücke, gibt 5 cm für die Überlappung zu und sägt sie ab. Das geht ganz einfach mit einer selbstgebauten Schneidlade

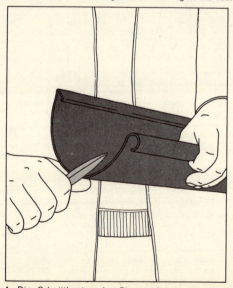

4. Die Schnittkanten der Rinnenstücke werden mit einem Dreikantschaber oder mit einem Messer von Graten gesäubert und leicht gebrochen

Dachrinnen werden in der Regel mit 2–5 mm Gefälle je Meter Rinnenlänge zum Ablaufstutzen hin verlegt. Das errechnete Gefälle, d. h. der Unterschied zwischen dem tiefsten und höchsten Punkt, wird gleichmäßig auf die benötigte Anzahl der Rinnenträger verteilt. Die Rinnenträger werden im Abstand von maximal 65 cm an den Dachsparren oder an der Traufe befestigt. In Gebieten mit starken Schneefällen sollte der Abstand eher kleiner gewählt werden. Bei extremen Verhältnissen montiert man Schneefanggitter auf dem Dach.

Die Rinnenträger sind aus verzinktem Bandstahl. Bei Kupferrinnen müssen sie auch aus Kupfer sein. Die Rinnenträger werden meistens mit drei Nägeln befestigt.

Bevor man die Rinnenträger anbringt, richtet man sie am Schraubstock genau nach dem Umfang der Dachrinne aus, da sie beim Lagern und Transport oft verformt werden.

Dann legt man die Rinne in zwei Träger für die höchste und tiefste Stelle, zeichnet die Lage der Rinne darauf an, markiert dann den erforderlichen Gefällunterschied darauf und biegt beide Rinnenträger mit dem Biegeapparat entsprechend weit ab. Die Träger an den vorgesehenen Stellen am Dach befestigen.

Damit die Rinne ein gleichmäßiges Gefälle bekommt, spannt man zwischen den beiden Trägern eine Schnur. Man markiert die Befestigungsstellen der anderen Rinnenträger, biegt sie so zurecht, daß sie von unten gerade die Schnur berühren, und nagelt sie fest. Die Rinnenstücke werden dann in der erforderlichen Länge zugeschnitten, in die Rinnenträger eingelegt und mit der Feder am Träger festgeklemmt. Verbindungsstücke einkleben!

Liegt die Dachtraufe höher als 3 m, sollte man nicht mehr von Leitern aus arbeiten, sondern ein Gerüst verwenden. Dachrinnen anbringen ist keine Einmannarbeit; man sollte mindestens zu zweit sein.

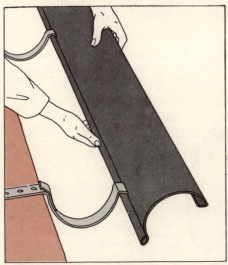

5. Die Rinne wird an dem Wulst in die Rinnenträger eingehängt und nach hinten eingelegt. Sie muß sich leicht in den Trägern verschieben lassen

6. Zuerst hängt man die langen Rinnenstücke ein. Dann klebt man das Rinnenstück mit dem Ablaufstutzen von außen an die beiden Rinnenenden

7. Die Klebestellen werden mit dem mitgelieferten Spezialreiniger gesäubert. Man gibt ihn am besten auf einen feinen, sauberen Stofflappen

Dehnungsstücke

Lange Dachrinnen brauchen wegen der Ausdehnung von Kunststoff einen Dehnungsraum. Da bei diesen Rinnen ohnehin zwei Ablaufrohre nötig sind, wird das Gefälle vom Dehnungsraum nach links und rechts abgehend eingeordnet. Dehnungsstücke werden hergestellt, indem auf die beiden Rinnenenden Böden aufgeklebt werden. Darüber wird das Dehnungsstück geschoben.

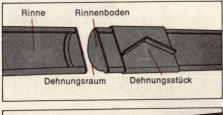
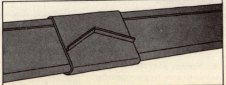

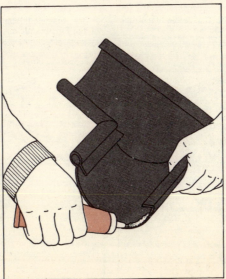

8. Der Kunststoffkleber wird gleichmäßig auf die Ränder der gereinigten Verbindungsflächen der beiden Rinnenteile aufgebracht

9. Die Teile werden verbunden, indem man den Falz des Winkelstücks über den der Rinne hängt und seinen Wulst über den Rinnenwulst spannt

Dachentwässerung

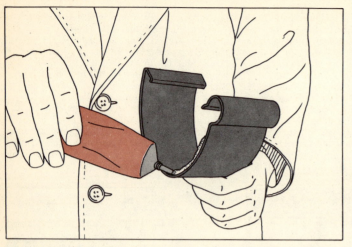

10. Wenn man Rinnenstücke zusammensetzt, trägt man den Kleber auf das Verbindungsstück auf und schiebt es über die Rinnenenden. Es überlappt 3–4 cm

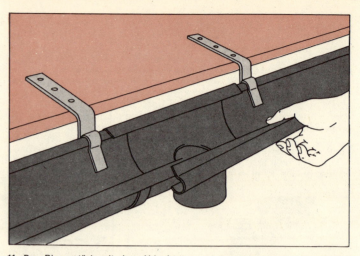

11. Das Rinnenstück mit dem Ablaufstutzen wird zwischen zwei Rinnenträger plaziert. Die Verbindungsstellen werden gesäubert und mit Kleber versehen

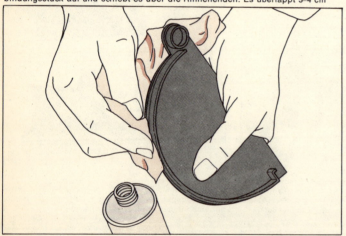

12. Als Rinnenabschluß werden Rinnenböden angebracht. Die Verbindungsstelle wird mit einem sauberen Lappen und Spezialreiniger gesäubert

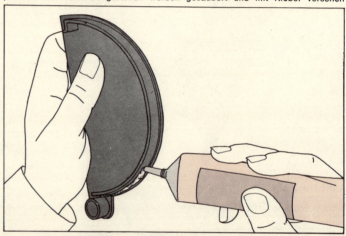

13. Der Kunststoffkleber wird gleichmäßig stark mit der Tüllenspitze der Tube auf den Einsteckfalz des Rinnenbodens aufgetragen

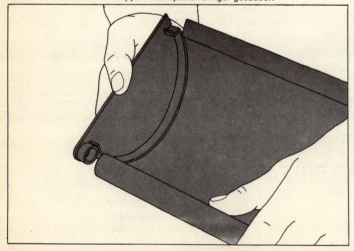

14. Der Rinnenboden wird dann auf das Rinnenende geschoben und festgeklemmt. Böden gibt es für linke und für rechte Rinnenenden

15. Zuletzt kontrolliert man die Federn aller Träger und biegt sie nach unten an die Rinne. Sie wird damit sicher in den Trägern gehalten

Eine Kunststoffdachrinne mit Verbindungsklemmstücken montieren

Neben dem auf Seite 204–206 beschriebenen System, bei dem die Rinnenteile miteinander verklebt werden, gibt es das sogenannte Klemmsystem.

Dabei werden die einzelnen Rinnenteile durch Klemmstücke, in die Dichtungen eingelegt sind, miteinander verbunden.

Die Ausdehnung des Kunststoffs ist bei diesem System nicht so problematisch wie beim Klebesystem, da die Klemmstücke genügend Ausdehnung aufnehmen können.

Die Klemmverbindungsstücke haben innen eine Neoprendichtung, die alterungsbeständig ist und wasserdicht abschließt. Sämtliche Rinnenstücke, Bodenendstücke, Rinnenwinkel werden mit diesen Klemmstücken verbunden.

Das Klemmsystem eignet sich besonders auch zum Ausbessern beschädigter Rinnenteile, da beim Einlegen eines Rinnenstücks keine Verbindungsüberlappungen wie beim Klebesystem hindern, sondern die Enden stumpf aneinander stoßen.

Material:	Rinnenstücke
	Ablaufstutzenstücke
	Boden- und Winkelstücke
	Verbindungsklemmstücke
Werkzeug:	Hammer
	Beißzange
	Leiter oder Gerüst
	Säge
	Dreikantschaber oder Messer

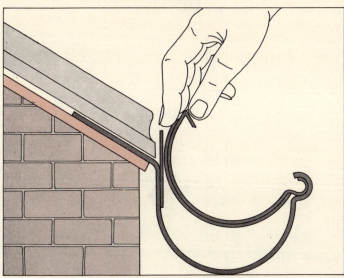

1. Die Rinnenträger werden an den Dachsparren oder an der Traufe angezeichnet und befestigt (siehe S. 204). Die Verbindungsklemmstücke werden immer bei den Rinnenträgern angebracht. Der vordere Wulst des Verbindungsklemmstücks wird in den Wulst vorne am Rinnenträger eingeklemmt. Dann drückt man das Klemmstück in den Träger hinein und biegt seine Feder um

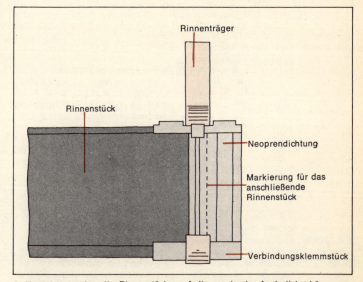

2. Zunächst werden die Rinnenstücke auf die maximal erforderliche Länge gebracht und provisorisch in die Rinnenträger gelegt. Dann mißt man den Abstand für zunächst ein Stück zwischen zwei Verbindungsklemmstücken. In den Klemmstücken sind Markierungen angebracht, die anzeigen, wie weit die Rinnenstücke eingeschoben werden dürfen. Der Dehnungsraum ist rund 2 cm groß

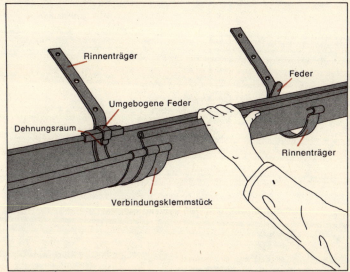

3. Man sägt das vermessene Rinnenstück rechtwinklig ab und versäubert und bricht die Kanten mit dem Schaber (siehe S. 204). Dann wird das Rinnenstück unter Berücksichtigung des Dehnungsraumes in das Verbindungsklemmstück eingelegt und befestigt. Wenn die Rinne fest im Verbindungsklemmstück und im Rinnenträger sitzt, wird die Haltefeder des Trägers nach unten abgebogen

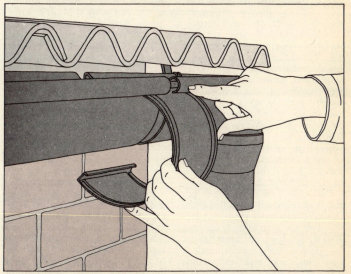

4. Bei einem anderen Klemmsystem ist die Montagefolge gerade umgekehrt. Zuerst werden die Rinnenstücke in die Rinnenträger eingelegt und mit den Federn befestigt. Dann klemmt man die Verbindungsklemmstücke von außen in die Wülste der nebeneinander liegenden Rinnenstücke und spannt sie mit den Falzen hinten über die Rinnen. Der Dehnungsraum ist rund 2 cm groß

Dachentwässerung

Fallrohre anbringen

Fallrohre haben die Aufgabe, das von den Dachrinnen gesammelte Regenwasser in die Kanalisation oder in einen Hofgully abzuleiten.

Fallrohre müssen möglichst senkrecht ohne scharfe Bögen und Richtungsänderungen verlegt werden. Sie dürfen nicht zu eng sein, weil das Wasser in ihnen sonst einfrieren und sie zum Platzen bringen kann. Bei starken Regengüssen kann außerdem die Luft nicht rasch genug entweichen, so daß die Dachrinnen überlaufen. Der Querschnitt der Rohre ist meistens rund, seltener quadratisch oder rechteckig. Normalerweise beträgt der Rohrdurchmesser 60, 70, 80, 90 oder 100 mm. Bei größeren Dächern auch 125 oder 150 mm. Kunststoffallrohre sind meistens 70 und 100 mm stark. Fallrohre werden aus Kunststoff, Zink-, Kupfer-, Aluminium- und verzinktem Stahlblech gefertigt. Sie sollten möglichst aus dem gleichen Material wie die Dachrinne sein.

Fallrohre aus Kupfer-, Zink- und verzinktem Stahlblech

Blechrohre aus diesen Werkstoffen gibt es in Handelslängen von 1, 2, 3, 4 oder 5 m. Sie sind konisch geschnitten und werden ohne Muffe ineinander gesteckt. Bogen und Schwanenhälse können in der Werkstatt von Hand hergestellt oder fertig bezogen werden. Lange Rohre kann man nicht kürzen, da sie sich sonst nicht ineinander stecken lassen.

Jedes Rohrstück muß für sich befestigt werden, da es sonst aus der Verbindung rutschen kann. Als Wandbefestigung verwendet man meist Stiftrohrschellen. Bei größeren Wandabständen werden die Stifte mit Rohren verlängert und in die Wand einzementiert. Sie können an die Wand auch durch angeschweißte Scheiben mit Schrauben und Dübeln angeschraubt werden. Befestigungen werden lotgerecht untereinander ca. alle 2–3 m angebracht.

Fallrohre sind empfindlich gegen mechanische Beschädigungen. Deshalb verwendet man im unteren Teil ab ungefähr 1 m über dem Boden bis zum Anschluß an die Grundleitung im Erdreich 3 bis 4 mm starke Stahl- oder Gußrohre (Standrohre).

Beim Anbringen des Fallrohres wird zunächst der Schwanenhals in den Ablaufstutzen der Dachrinne gesteckt. Der Ablaufstutzen sollte im Durchmesser ungefähr 5–10 mm kleiner sein als der Schwanenhals. Am unteren Ende zum Standrohr wird ein Schiebestück eingebaut, damit das Rohr jederzeit demontiert werden kann.

Wo das Blechrohr in das Standrohr übergeht, sitzt eine Rohrschelle; diese Stelle wird mit einer angelöteten Blechwulst abgedichtet und sorgt dafür, daß das Blechrohr nicht abrutscht. Die einzelnen Rohre und der Schwanenhals werden durch eine Lötnaht miteinander verbunden.

Fallrohre aus Kunststoff

Fallrohre werden immer häufiger aus Kunststoff (PVC oder Polyäthylen) hergestellt. Solche Rohre sind leicht, beständig gegen Umwelteinflüsse (Korrosion) und scharfe Kanalgase. Auch gegen mechanische Beschädigungen sind sie standhafter als Blechrohre. Allerdings sind PVC-Rohre schlagempfindlich, während Polyäthylenrohre auch starker mechanischer Beanspruchung standhalten. PVC-Rohre haben eine Wandstärke von ca. 2–3 mm, PE-Rohre von ca. 4–5 mm.

Kunststoffrohre mit Muffen gibt es in Längen zwischen 0,25 m und 5 m. Man steckt sie einfach zusammen. In den Muffen befinden sich als Dichtung Gummirollringe. Bogenstücke gibt es in verschiedenen Gradausführungen. An glatten PVC-Rohren können durch Erwärmen Muffen angeformt werden. In diese Muffen werden Rohrstücke gesteckt und mit PVC-Spezialkleber geklebt. PE-Rohre werden durch Stumpfschweißung und Steckmuffen miteinander verbunden. Geklebte oder verschweißte Rohre können sich drehen.

Fallrohre aus Kunststoff sollte man wie Blechrohre ebenfalls in Abständen von 2–3 m befestigen, mindestens jedoch unterhalb jeder Muffe. Die Befestigung an der Wand erfolgt ebenfalls durch Stiftrohrschellen aus Stahlblech.

Die Rohrschellen müssen etwas größer sein als der Außendurchmesser des Kunststoffrohres, damit man zwischen Rohr und Schelle ein Kunststoffband einlegen kann. Dieses Einlegeband ist notwendig, damit das Rohr in der Schelle nicht festgeklemmt wird und sich dehnen kann.

Rohrschellen aus Kunststoff werden genauso angebracht wie jene aus Blech.

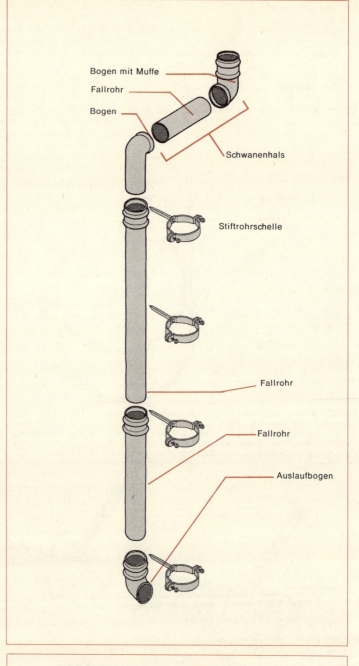

VERBINDUNGSSTÜCK UND STIFTROHRSCHELLE

Mit einem Verbindungsstück wird das Rohr an das Standrohr angeschlossen. Durch eine Stiftrohrschelle wird es gehalten, so daß es nicht aus dem oberen Rohr rutschen kann

1. Um das Rohr vom Ablaufstutzen an der Hauswand herabzuführen, wird die benötigte Rohrlänge abgemessen und mit einer Eisensäge abgetrennt

2. Beide Muffen mit Kunststoffkleber bestreichen, dann wird der Schwanenhals zusammengesteckt. Beide Bogen müssen die gleiche Dichtung haben

3. Der Schwanenhals wird über den Ablaufstutzen in der Dachrinne gesteckt. Die Mitte des nach unten laufenden Rohres an die Wand zeichnen

4. An dieser Stelle wird die erste Rohrschelle angebracht. Dazu schlägt man mit einem Schlagbohrer ein Loch in die Wand

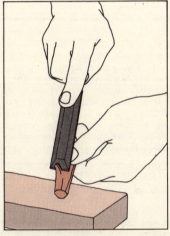

5. Ist ein Stromanschluß vorhanden, kann man das Loch leichter und schneller mit einer Schlagbohrmaschine bohren

6. Mit einem Stecheisen oder Messer wird ein Holzdübel zugespitzt. Man verwendet dazu trockenes und weiches Holz

7. Der ungefähr 5 cm lange Holzdübel wird stramm in das Loch eingeschlagen. Falls der Dübel zu lang ist, trennt man den überstehenden Teil ab

8. Die Rohrschelle wird am Stift mit einem Hammer in den Dübel eingeschlagen. Der Abstand von der Wand sollte ca. 3–4 cm betragen

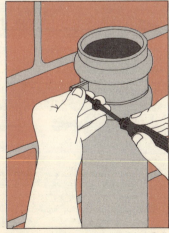

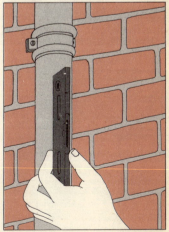

9. Das Muffenstück des Fallrohrs wird in die Rohrschelle eingesetzt; darauf kommt der Abschlußbügel der Rohrschelle

10. Zuerst dreht man auf beiden Seiten die Schrauben mit der Hand ein und zieht sie erst dann mit einem Schraubenzieher fest

11. Jetzt kann man den Schwanenhals in den Ablaufstutzen der Dachrinne und in die obere Muffe des Fallrohrs stecken

12. Die nächste Rohrschelle liegt 2 bis 3 m tiefer. Bevor man ihren Abschlußbügel festschraubt, prüft man, ob das Rohr lotrecht verläuft

Dachentwässerung

13. Das nächste Rohr wird mit der Muffe nach unten neben das Ende des oberen Rohres gehalten; mit Bleistift die benötigte Länge anzeichnen

14. Das Rohr wird rechtwinklig abgesägt. Mit dem Dreikantschaber wird der Grat entfernt und die Rohrkante außen angeschrägt

15. Nachdem man das neue Rohr auf das bereits festmontierte Rohr geschoben hat, befestigt man es mit der Rohrschelle

16. Fließt das Regenwasser in einen Hofgully, steckt man einen Auslaufbogen mit Muffe über das Rohrende und befestigt ihn mit einer Schelle

Lose Fallrohre befestigen

Es ist durchaus möglich, daß sich die Stiftrohrschellen, die das Regenfallrohr an der Außenwand eines Hauses befestigen, im Lauf der Zeit aus ihrer Verankerung im Mauerwerk lösen können.

Ist das Mauerwerk sehr brüchig, so kann es zweckmäßig sein, einen größeren Holzdübel in das Loch einzumauern oder an die Rohrschelle ein Rohrstück zu schweißen, dieses an der hinteren Seite kreuzweise 2 cm einzusägen, zu spreizen und einzumauern.

Haben sich mehrere Rohrschellen gelöst, so empfiehlt es sich, das ganze Rohr abzumontieren. Sind nur einzelne Rohrschellen locker, braucht man das obere Rohr nicht abzunehmen. Man muß es jedoch ein wenig nach rechts oder links drehen, damit man zum Arbeiten genügend Platz hat.

Material: Rohrschellen, Sand und Zement, Kunststoffkitt, Schrauben
Werkzeug: Hammer, Meißel, Stecheisen, Schraubenzieher, Schlagbohrer

1. Man schraubt die Rohrschelle auf. Sind die Schrauben eingerostet, versucht man sie mit Rostlöser aufzubekommen, oder man sägt sie einfach ab

2. Das Rohr wird aus der Rohrschelle herausgenommen und nach unten aus dem oberen Rohr gezogen. Das obere Rohr drückt man etwas zur Seite

3. Mit Hammer und Schlagbohrer wird das alte Loch nachgeschlagen. Dabei entfernt man Reste des alten Holzdübels aus dem Loch

4. Mit dem Stecheisen richtet man einen Holzdübel passend zu. Dieser wird mit dem Hammer in das vorbereitete Loch getrieben

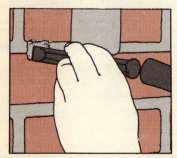
5. Schaut der Holzdübel etwas aus dem Mauerwerk vor, wird er mit Meißel oder Stecheisen und Hammer bündig am Mauerwerk abgetrennt

6. Die Stiftrohrschelle wird in der Mitte des Holzdübels angesetzt und mit dem Hammer eingeschlagen. Auf Abstand zur Wand achten

7. Das Rohr wird wieder zusammengesteckt und in die Rohrschelle eingelegt. Danach kann man die Schrauben eindrehen und festziehen

8. Sollte sich herausstellen, daß die Muffen undicht sind, muß man mit einem Pinsel Kunststoffkitt auf die Naht auftragen

Fallrohre ohne Muffen anbringen

Auf den Seiten 209 und 210 wurde gezeigt, wie man Kunststoffallrohre mit Muffenverbindung verlegt. Es gibt aber auch Rohre aus PVC, die ohne Muffen verlegt werden.

PVC-Rohre sind in Stangen von 5 m Länge erhältlich. Man sägt sie sich in den erforderlichen Längen zu. Das Rohrende wird mit einem Propangasbrenner bei weicher Flamme auf eine Länge von 5 cm so lange gleichmäßig angewärmt, bis es ringsum weich ist. Dann zieht man es auf ein anderes Rohrstück auf, das kalt und somit hart ist. Wenn das aufgezogene Rohr erkaltet ist, bleibt die so entstandene Muffe erhalten.

Dieses Rohrsystem erfordert weniger Abfall; die Rohre und Formstücke selbst kosten weniger Geld. Allerdings braucht man einiges Geschick, um die Flamme beim Formen der Muffen richtig zu handhaben. Ist die Flamme nämlich zu hart eingestellt, verbrennt das PVC und wird brüchig. Die Bogen für den Schwanenhals sind vom Hersteller bereits mit einer Steckmuffe versehen.

Die Rohre verklebt man mit Kunststoffkleber in den Muffen. Die abgesägten Rohrenden müssen mit einem Dreikantschaber, Messer oder einer feinen Holzraspel entgratet und angeschrägt werden.

Für die Befestigung der Rohre werden Stiftrohrschellen mit Kunststoffeinlagen verwendet. Je nach Fabrikat gibt es auch Spezialrohrschellen.

Material: Fallrohre, Kunststoffbogen mit Muffe, PVC-Kleber, Rohrschellen, Holzdübel
Werkzeug: Propangasbrenner, Leimpinsel, Hammer, Schlagbohrer, Eisensäge, Schraubenzieher, Dreikantschaber, Stecheisen oder Messer, Holzraspel

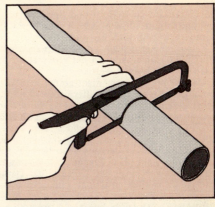

1. Man mißt die Länge, in der man das Fallrohr zuschneiden muß. Mit einer Eisensäge wird es rechtwinklig abgesägt. Mit einem Dreikantschaber entfernt man sorgfältig den Grat

2. Am Gasbrenner stellt man eine weiche Flamme ein und wärmt das Fallrohr in einer Breite von ungefähr 5 cm durch ständiges Drehen an, bis das Material weich und formbar ist

3. Das warme und weiche Rohrteil wird auf das kalte Rohr gedrückt. Beim Aufziehen das Rohr schräg ansetzen und drehen. Rasch arbeiten, da der Kunststoff schnell erstarrt

4. Die Muffen werden innen und das Fallrohr außen mit Kunststoffkleber eingestrichen. Dann wird die Muffe mit dem Rohr zusammengesteckt. Der Kleber ist in kurzer Zeit trocken

5. Nachdem die Rohrschelle in der Hausmauer angebracht ist, wird das Fallrohr darin lose befestigt und der Schwanenhalsbogen anschließend mit PVC-Kleber eingestrichen

6. Der Schwanenhalsbogen und das Fallrohr werden zusammengefügt. Man braucht nur einige Minuten warten, bis der Kleber getrocknet und fest ist. Damit ist auch die Muffe dicht

7. Das Fallrohr und der Schwanenhals werden ausgerichtet. Man legt nun noch das Kunststoffband zwischen Rohrschelle und Rohr und zieht die Rohrschelle mit einem Schraubenzieher an

Durchlauferhitzer

Verschiedene Arten

Im Gegensatz zu Boilern und Speichern wird bei Durchlauferhitzern das Wasser nicht im voraus erwärmt und bis zum Gebrauch gespeichert, sondern beim Durchströmen erhitzt. Durchlauferhitzer können entweder elektrisch oder mit Gas beheizt werden.

Da das Warmwasser nicht gespeichert wird, kann der Elektrodurchlauferhitzer nicht mit dem wesentlich preisgünstigeren Nachtstrom betrieben werden, was sich auf die Kosten negativ auswirkt. Es ist jedoch der Vorteil aller Durchlauferhitzer, ob elektrisch- oder gasbeheizt, daß jederzeit Warmwasser zur Verfügung steht. Die Menge des Warmwassers richtet sich nach der Leistung des Geräts und kann zeitlich praktisch unbegrenzt entnommen werden.

Elektrische Durchlauferhitzer kann man nur dort aufstellen, wo ausreichende elektrische Leitungen (Leitungsquerschnitte) vorhanden sind. Da diese Elektrodurchlauferhitzer einen großen Anschlußwert haben, sollte man sich vorher vom Fachmann und vom Elektrizitätsversorgungsunternehmen (EVU) beraten lassen.

Die meisten Durchlauferhitzer sind jedoch gasbefeuert. Sie bestehen aus einem Gasbrenner und einem Heiz- oder Innenkörper, um den spiralförmig ein Rohr gelegt ist, das im Betrieb von Wasser durchströmt wird. Die Geräte haben eine Zündflamme, die ständig brennt. Wenn man nun den Warmwasserhahn aufdreht, wird der Hauptbrenner automatisch entflammt. Während das Wasser das Gerät durchströmt, wird es von der Gasflamme erwärmt. Je langsamer das Wasser durchfließt, desto höher wird seine Temperatur.

Die Zündflamme sollte ständig brennen, denn sie hat außer dem Entzünden des Hauptbrenners noch die Aufgabe, das Gerät gegen das Ausströmen von unverbranntem Gas zu sichern. Sollte die Zündflamme einmal erlöschen, so schaltet eine Zündsicherung automatisch die Gaszufuhr zum Brenner ab. Der Gasverbrauch der Zündflamme ist auch bei ständigem Betrieb gering, zwischen 140 und 200 cbm pro Jahr.

Der Anwendungsbereich des Geräts ist abhängig von der Leistung des Brenners. Es gibt Kleinwasserheizer mit einer Leistung von 125 Kilokalorien pro Minute und Großwasserheizer mit Leistungen von 250, 325 und 400. Eine Kilokalorie (1 kcal) ist die Wärmemenge, die erforderlich ist, um 1 Liter Wasser um 1° C zu erwärmen.

Der Kleinwassererhitzer wird hauptsächlich in der Küche verwendet. Er liefert z. B. bei einer Leistung von 125 kcal/min ca. zwei Liter Warmwasser pro Minute mit einer Temperatur von 70° C oder fünf Liter mit einer Temperatur von ca. 35° C. Für Badezwecke sind Geräte mit 250 bzw. 325 kcal/min geeignet. Ersteres verwendet man für die Dusche. Zum Baden braucht man das größere Gerät. Dieses liefert rund zehn Liter Warmwasser pro Minute mit der üblichen Badewassertemperatur.

Die Abgase von Gasdurchlauferhitzern müssen über eine Abgasanlage ins Freie geleitet werden. Hierüber läßt man sich von einem Installateur oder vom Gasversorgungsunternehmen beraten. Wenn man sich dann für ein Gerät entschieden hat, läßt man es vom Fachmann anschließen.

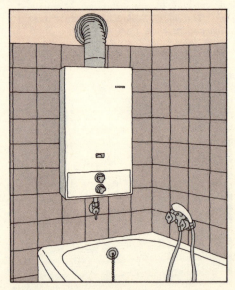
Gasdurchlauferhitzer für das Bad

Gasdurchlauferhitzer für die Küche

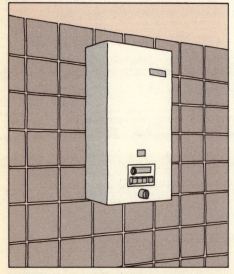
Gasdurchlauferhitzer zur zentralen Versorgung von Küche, Bad und anderen Zapfstellen im Haus

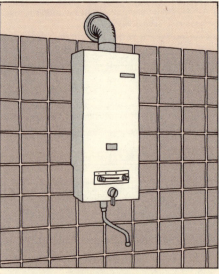
Dieser Kleinwasserheizer ist für kleinere Entnahmemengen geeignet, z. B. in der Küche

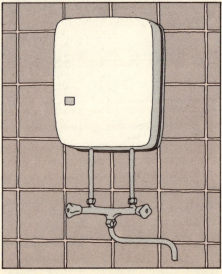
Elektrodurchlauferhitzer für Dusche oder Küche. Hier braucht man keine Abgasanlage

Anzünden und Einstellen

INSTALLATIONSMÖGLICHKEITEN Es kann sein, daß ein Gerät nur für eine Zapfstelle vorgesehen ist. Meistens sollte aber ein Durchlauferhitzer mehrere Zapfstellen versorgen

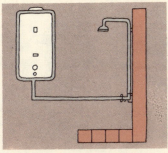

Einzelversorgung: Der Durchlauferhitzer versorgt nur eine Zapfstelle

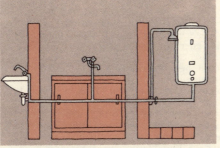

Gruppenversorgung: Ein Durchlauferhitzer versorgt einige Zapfstellen, die nah beieinander liegen

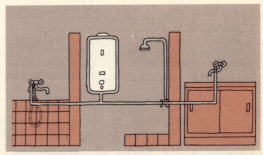

Zentrale Versorgung: Ein Durchlauferhitzer versorgt alle Zapfstellen im ganzen Haus von einem zentralen Platz aus

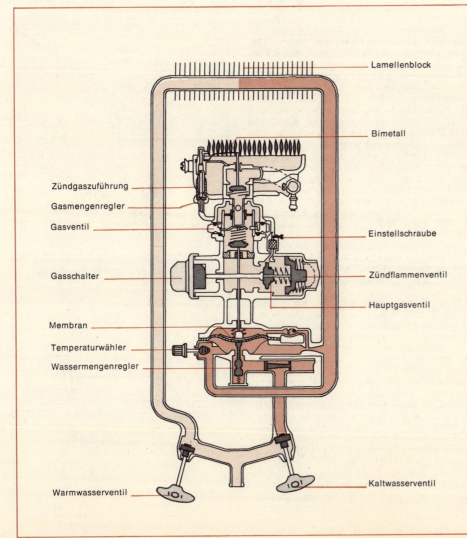

Schematische Darstellung eines Gasdurchlauferhitzers

Die erste Inbetriebnahme und das Einstellen eines Geräts muß durch den Installateur erfolgen. Der Zündbrenner wird bei der Gasschalterstellung I auf eine Flammenlänge von ca. 25 mm eingestellt. Zur Einstellung des Hauptbrenners wird der Gasschalter auf Stellung II gedreht. Die Einstellung erfolgt dann entsprechend der auf dem Gerät angegebenen Leistung. Mit dem Temperaturwähler wird die gewünschte Warmwassertemperatur eingestellt.

Wartung
Der emaillierte oder kunststoffbeschichtete Außenmantel des Geräts wird mit einem feuchten Lappen gereinigt. Um den Mantel abzunehmen, werden zuerst die Bedienungsknöpfe, der Temperaturwähler und der Hahngriff entfernt. Die Befestigungsmutter wird losgedreht, der Mantel an der Unterkante nach vorne gezogen und oben aus seiner Halterung gelöst. Jetzt kann man die Innenteile mit einem weichen Pinsel abstauben. Es empfiehlt sich, Gasdurchlauferhitzer nach etwa 1–3 Jahren durch einen Fachmann warten zu lassen. Hierbei wird der Hauptbrenner gründlich gereinigt. Der Zündbrenner wird ebenfalls entstaubt und entrußt. Der Lamellenblock wird mit einer Bürste ausgebürstet oder mit Wasser durchgespült. Aus den wasserführenden Teilen werden Rost, angeschwemmter Sand o. ä. entfernt. Anschließend wird das Gerät wieder auf seine Leistung eingestellt. Eine gründliche Wartung durch den Fachmann garantiert eine wesentlich längere Lebensdauer des Geräts und verhindert u. U. teure Reparaturen. In Gebieten mit hartem Wasser Gerät gründlich entkalken.
Wenn im Winter Frostgefahr für das Gerät besteht, muß es rechtzeitig entleert werden. Gas- und Wasserzufuhr zum Gerät werden abgestellt. Dazu dreht man den Gasschalter auf die Stellung 0. Dann wird der Gashaupthahn geschlossen. Anschließend wird das Wasserzuführungsventil zugedreht. Den Temperaturwählknopf dreht man ganz nach links und öffnet die Warm- und Kaltwasserzapfventile. Entleerschraube ganz öffnen.

Dusche

Eine neue Dusche montieren

In Neubauwohnungen wird oft zusätzlich zur Badewanne eine Dusche installiert. Auch in Altbauwohnungen findet eine Dusche meist noch im kleinsten Winkel Platz, wo der Einbau einer Badewanne technisch unmöglich wäre. Hier wirkt sich auch das geringe Gewicht einer Duschwanne sehr vorteilhaft aus. Weitere Vorteile sind der geringere Wasser- und damit zusammenhängend der geringere Energieverbrauch.

In der Regel werden Duschen fest eingebaut; sie bestehen aus Duschwanne, Wannenfuß, Ablaufventil und Geruchverschluß. Die Wanne wird auf dem Boden ins Lot gesetzt, auf den freistehenden Seiten eingemauert und eingefliest. Um die Wannenmontage zu vereinfachen, gibt es auch für Stahlduschwannen Hartschaumunterbauten, auf deren Oberfläche direkt gefliest werden kann. Besonders bei emaillierten Stahlwannen ist zur besseren Schalldämmung ein Hartschaumunterbau empfehlenswert. Emaillierte Gußwannen werden meist auf Duschwannenträger gesetzt, die je aus zwei miteinander verbundenen und verstellbaren Füßen bestehen. Auch werden Duschwannen oft auf Steine und Mörtel gesetzt. Um die Schallübertragung zu verhindern, wird zwischen Mörtel und Wanne eine Hartgummi- oder Korkplatte gelegt. Bei eingebauten Duschen ist die Duschbatterie unabhängig von der Wanne an der gefliesten Wand montiert.

Zur mobilen Aufstellung von Duschen gibt es komplette Duschkabinen. Die Wanne aus Stahlblech ist innen weiß emailliert und, wie auch die Ablaufgarnitur, säurebeständig. Die Seitenwände sind aus verzinktem und einbrennlackiertem Stahlblech bzw. transparentem Kunststoff. Am Eingang ist ein Plastikvorhang angebracht. In der Kabine montiert ist eine Duschbatterie für Kalt- und Warmwasseranschluß. Sollte am Aufstellungsort kein Abwasseranschluß vorhanden sein, so kann unter der Wanne eine Motorpumpe montiert werden, die das Duschwasser zur nächsten Ablaufstelle befördert. Solche Duschen können ohne Schwierigkeit beim Umzug mitgenommen werden.

Duschwannen gibt es in mehreren genormten Abmessungen und Ausführungen. Gebräuchlichste Größen sind 90 x 90 cm, 80 x 80 cm. Sondergrößen sind 90 x 75 cm, 80 x 75 cm. Weniger verwendet wird die Größe 100 x 100 cm. In der Höhe unterscheidet man flache (ca. 15 cm) und tiefe (ca. 30 cm) Duschwannen. Flache Wannen genügen meist den normalen Ansprüchen und werden in Verbindung mit einer Badewanne eingebaut. Tiefe Duschwannen haben einen eingebauten Überlaufanschluß; sie eignen sich auch als Kinderbadewanne. Zum bodengleichen Einbau gibt es auch ganz flache (ca. 6 cm) emaillierte gußeiserne Wannen.

Duschwannen werden aus emailliertem Gußeisen und Stahl, aus Keramik und Kunststoff hergestellt. Emaillierte und Kunststoffwannen sind in verschiedenen Farbtönen erhältlich.

Duschwannen setzt man in den meisten Fällen in eine Ecke oder Nische. Die Wände werden dann gefliest. Als Abtrennung und Spritzschutz am Einstieg dient als billigste Lösung ein Plastikvorhang. Wird ein absoluter Spritzschutz benötigt, so ist ein Schiebe- oder Flügeltürelement aus Alurahmenkonstruktion mit Plexiglas oder Kunststoff zu empfehlen. Eine Duschkabine sollte mindestens 2 m hoch sein. Innerhalb der Duschkabine muß ein Haltegriff montiert werden. Duschwannen aus Gußeisen oder Stahl müssen aus Sicherheitsgründen geerdet werden.

Die Warmwasserversorgung eines Duschbades kann zentral oder über Einzelgeräte erfolgen. Ein 30-Liter-Elektrospeicher ist für eine Dusche ausreichend. Durchlauferhitzer eignen sich besonders für Duschen. Sämtliche Geräte zur Warmwasserbereitung müssen außerhalb der Duschkabine installiert werden. Elektroanschlüsse dürfen nicht in greifbarer Nähe der Duschkabine angebracht sein.

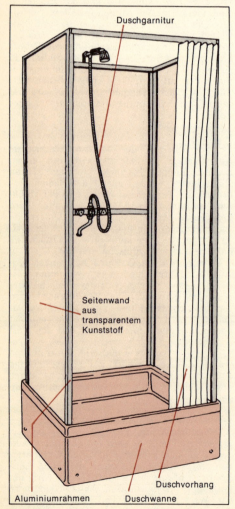

Duschkabine: Diese fertige Duschkabine kann man überall aufstellen. Die Kalt-, Warm- und Abwasserleitungen müssen nur noch angeschlossen werden

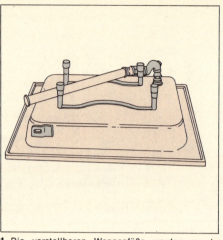

1. Die verstellbaren Wannenfüße werden an der Wannenunterseite befestigt

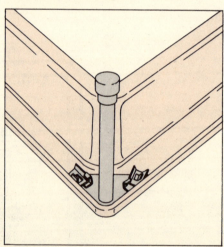

2. Das Bild zeigt einen anderen Wannenträger, der am Rand befestigt wird

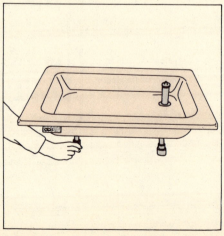

3. Durch Verstellen des Wannenfußes wird die Wanne ins Lot gebracht

Duscharmaturen erneuern

Eine neue Mischbatterie mit Brause und Wannenauslauf ist leicht zu installieren, wenn die Kalt- und Warmwasseranschlüsse im richtigen Abstand vorhanden sind.

Man entfernt die alte Batterie und reinigt die Anschlüsse und ihre Gewinde von Schmutz und Rost. Wenn die Anschlüsse zu weit zurück liegen, müssen zuerst Verlängerungen eingedreht werden.

Material: Komplette Duscharmaturen, Hanf und Dichtungskitt
Werkzeug: Schraubenschlüssel, Schrauben und Dübel, Wasserwaage, Schraubenzieher, Bohrmaschine und Bohrer

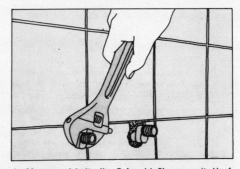

1. Man umwickelt die S-Anschlußbogen mit Hanf, streicht sie mit Dichtungskitt ein, schraubt sie ein und richtet ihren Abstand nach der Armatur aus

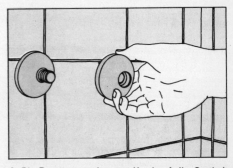

2. Die Rosetten werden von Hand auf die Gewinde geschraubt. Man dreht die Batterie zur Probe darüber und verkürzt, wenn nötig, die Gewinde

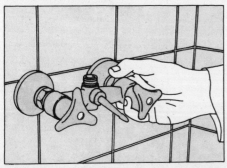

3. Wenn alles sauber paßt, legt man die Dichtungen in die Ventile der Batterie und schraubt sie leicht von Hand auf die S-Anschlußbogen

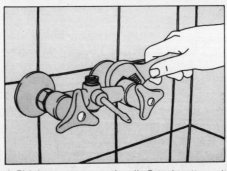

4. Richtig angezogen werden die Batteriemuttern mit dem Schlüssel, und zwar abwechslungsweise und jeweils nur um etwa eine Umdrehung

5. Bewegliche Wannenausläufe werden eingesteckt und mit der Überwurfmutter befestigt. Die meisten Batterien haben einen angegossenen Auslauf

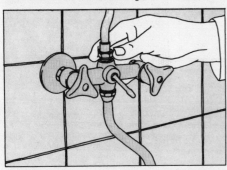

6. Oben an der Batterie wird der Brauseschlauch angeschlossen. Man muß darauf achten, daß auch hier die Dichtung nicht fehlt

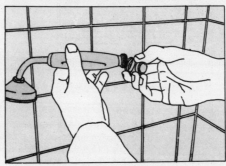

7. An die Handbrause wird zunächst das Gelenkstück mit Aufsteckteil angeschraubt. Die Dichtung muß aus dickem Weichgummi sein

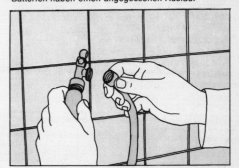

8. An das Gelenkstück wird dann der Brauseschlauch angeschlossen. Man muß darauf achten, daß der Schlauch dabei nicht verdreht wird

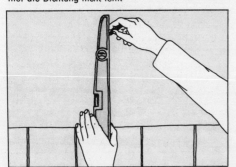

9. Mit der Wasserwaage zeichnet man die Mitte des Handbrausehalters an. Der Halter wird normalerweise 2 m über dem Wannenboden angebracht

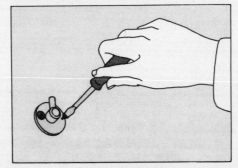

10. Man zeichnet die Löcher an, bohrt sie passend für die Dübel, steckt diese ein und schraubt den Halter mit zwei verchromten Schrauben fest

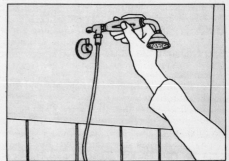

11. Die Handbrause wird auf den Halter aufgesteckt. Dann dreht man den Hahn auf und prüft, ob die Verschraubungen und Anschlüsse dicht sind

Gasherde

Sicherheit

Alle modernen Gasherde sind dagegen gesichert, daß aus Versehen unverbranntes Gas ausströmen kann. Man verwendet heute nur noch Gasarten, die odoriert und ungiftig sind, es kann aber trotzdem noch immer zu gefährlichen Explosionen kommen. Deshalb brauchen Gasherde wirkungsvolle Sicherheitsvorrichtungen.

Alte Gasherde haben solche Sicherheitseinrichtungen meistens nicht. Weil man diese Geräte in der Regel nicht umbauen kann, sollte man sie unbedingt gegen neue Herde austauschen. Herde älterer Bauart können fast ausschließlich nur mit einer einzigen Gasart betrieben werden; im Zug der Umstellung auf andere Gasarten in vielen Städten und Gemeinden mußten ohnehin die meisten älteren Herde durch neue Modelle ersetzt werden. Moderne Gasherde können auf fast alle Gasarten umgestellt werden. Am häufigsten werden Stadtgas, Erdgas, Flüssiggas und Spaltgas verwendet.

Gasherde gibt es – vom ein- und zweiflammigen Kocher bis zum drei- und vierflammigen Herd mit Backofen – in vielen Varianten.

Die Brenner eines Gasherds werden angezündet, indem man ihren Regelknopf öffnet und eindrückt. So entströmt dem Brenner Gas, das mit einem Streichholz oder einem Gasanzünder entzündet wird. Bei einigen Herdtypen erfolgt die Zündung automatisch durch Knopfdruck über eine beim Brenner angeordnete elektrische Zündkerze. Brennt die Gasflamme, so muß man den Regelknopf ungefähr bis zu einer Minute lang niedergedrückt festhalten, damit das Gas so lange ausströmt, bis das ebenfalls neben dem Brenner angeordnete Thermoelement erwärmt ist. Erst wenn dieses Element erhitzt ist, bleibt das Gasventil geöffnet. Wenn die Gasflamme erlischt – etwa durch eine überlaufende Flüssigkeit –, kühlt das Thermoelement sofort ab und schließt damit das Gasventil automatisch. Beim Gasbackofen funktionieren Zündung und Sicherung auf dieselbe Weise.

Früher wurden Gasherde meistens mit Rohren und Verschraubungen fest an die Gasleitung in der Küche angeschlossen. Einen solchen Anschluß konnte man natürlich nur mit Hilfe von Werkzeug wieder lösen. Die Hausfrauen konnten den Raum hinter und unter dem Herd, aber auch seitlich davon, nur mit größter Mühe sauberhalten, weil sich der Herd nicht von der Wand rücken ließ. Heute verwendet man dagegen fast ausschließlich lösbare Anschlüsse, sogenannte Gassteckdosen. Damit kann man jeden Gasherd problemlos von seinem Standort entfernen. Wenn man den Gasschlauch aus der Gassteckdose löst, wird der Gashahn automatisch geschlossen.

Die Gasbrenner und Brennerdeckel können abgenommen werden und sind so leicht sauberzuhalten. Ob man die Brenner täglich reinigt, hängt von der Häufigkeit der Benutzung ab. Alle übrigen Teile und Flächen des Herdes und den Backofen sollte man nach jeder Benutzung reinigen.

Reparaturen am Gasherd darf nur der Fachmann durchführen, der für diese Arbeiten die notwendige Konzession besitzt. Ebenso ist es seine Aufgabe, einen Herd aufzustellen und anzuschließen. Daß man den Fachmann die Brennerflammen und den Thermostat des Backofens einstellen läßt, liegt auch im Interesse des Benutzers: Von einer exakten Einstellung hängt die größtmögliche Energieausnutzung und Sicherheit des Herdes ab.

Oft ist mit dem Backofen ein Grill kombiniert und fest eingebaut. Teure Modelle besitzen auch eine Zeitschaltuhr, die zu einem eingestellten Zeitpunkt einen bestimmten Brenner oder den Backofen ein- und ausschaltet. Es gibt auch Geräte, bei denen ein Gasherd mit einem elektrisch beheizten Backofen kombiniert ist. Bei Einbauküchen, die eine durchgehende Chromnickelstahl- oder Kunststoffplatte haben, können auch Gaseinbaumulden verwendet werden. Der Backofen ist dann von der Herdplatte getrennt und kann sowohl darunter als auch erhöht eingebaut werden. Gaskocher und Gasherde müssen immer so aufgestellt oder eingebaut werden, daß ihre Umgebung durch die auftretende Erwärmung nicht gefährdet wird und daß die Abgase ungehindert austreten können.

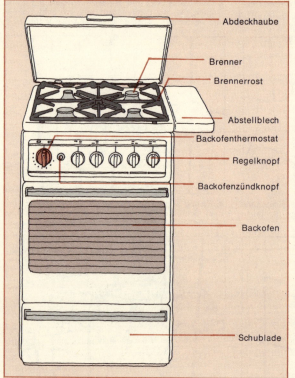

Gasherd mit elektrischem Anzünder

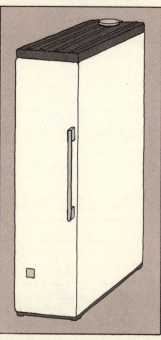

Dieser Heizherd hat die gleiche Höhe und Tiefe wie der Gasherd, er ist jedoch nur ca. 25 cm breit. Der Abgasanschluß kann oben, hinten, auf der linken oder rechten Seite angebracht werden

Das Bild zeigt einen Gasbrenner mit einem seitlich angebrachten elektrischen Funkenentzünder. Wenn man den Regelknopf eindrückt, springt ein Funke über und entzündet das ausströmende Gas

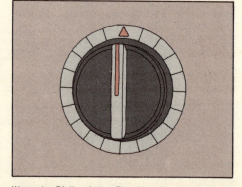

Wenn der Pfeil auf dem Regelknopf nach oben zeigt, ist das Ventil geschlossen. Die Flamme läßt sich durch Drehen des Knopfes verstellen. Um den Brenner anzuzünden, muß man den Knopf eindrücken

Küchenaufbaugerät

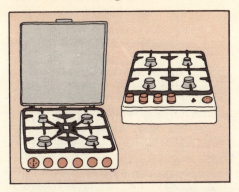

Küchenaufbaugeräte sind Aufsatzgeräte, die man auf den Tisch stellt. Man verwendet sie dort, wo man keinen Platz für die Aufstellung eines Gasherdes hat oder wenn man auf einen Backofen verzichten will. Die Abbildung zeigt links ein solches Gerät mit vier Brennstellen unterschiedlicher Größe, rechts ein Gerät für Einbauküchen.

Dieser zweiflammige Gaskocher läßt sich zusätzlich im Haus verwenden oder als Kochstelle im Wohnwagen. Der Herd eignet sich für alle heute üblichen Gase wie Erd-, Propan- oder Butangas

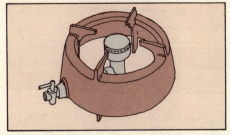

Ein solcher einflammiger Gaskocher für Haushalt und Wohnwagen kann mit Absperrhahn geliefert werden. Sicherheitseinrichtungen sind auch hier wichtig

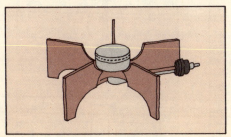

Industriekocher werden hauptsächlich in Gewerbebetrieben verwendet. Sie haben einen großen Brenner mit entsprechend hoher Leistung

Wartung der Geräte

Daß ein Gasherd immer funktioniert und sicher ist, hängt weitgehend von richtiger Pflege und Wartung ab.

Den Gasbrenner sollte man beinahe täglich reinigen. Dazu klappt man Deckel und Brennerrost auf oder nimmt sie ganz ab. Brennerdeckel und Brennerringe werden ebenfalls abgenommen. Bei leichten Verschmutzungen, wie sie täglich vorkommen, genügt es, diese Teile mit einem feuchten Lappen abzuwischen oder zu spülen. Bei stärkeren Verschmutzungen – beispielsweise durch übergekochte und angebrannte Speisen – reicht dies jedoch nicht aus. In diesem Fall reinigt man Brennerdeckel und Brennerringe, wie zuvor geschildert. Die Bohrungen im Brennerdeckel säubert man mit einer Bürste. Sollten die Brennerbohrungen trotzdem noch durch Fettreste verstopft sein, versucht man die Bohrungslöcher mit einem spitzen Gegenstand zu säubern. Sind diese Teile immer noch durch eingebrannte Fettreste verunreinigt, kann man sie auch mit ganz feinem Schleifpapier oder feiner Stahlwolle reinigen. Im Anschluß daran säubert man noch mit Spülmittel oder Haushaltsreiniger die Herdmulde, den Brennerrost und den Deckel. Für Herdmulden aus Chromnickelstahl gibt es besondere Reinigungsmittel.

Kontrolle des Backofenthermostats

Man sollte ab und zu prüfen, ob der Backofenthermostat noch richtig arbeitet. Dazu entzündet man den Backofenbrenner und bringt den Thermostat auf die höchste Einstellung. Die Temperaturskala reicht meistens von 1–6 oder von 1–12. Man läßt den Backofenbrenner auf der höchsten Temperaturstufe ungefähr 10–15 Minuten brennen. Die Flamme muß dabei ebenfalls ihre größte Einstellung haben. Dann wird der Thermostat auf die kleinste Stufe zurückgestellt. Die Flamme des Backofenbrenners muß jetzt sofort klein werden. Wird sie es bei dieser Einstellung nicht, so ist der Backofenthermostat defekt. Das gilt auch, wenn die Flamme auf der größten Thermostatstufe nicht groß brennt.

Die Reparatur sowie das Auswechseln des Thermostates oder einer Dichtung muß man dem Fachmann überlassen.

EINSETZEN EINER NEUEN DICHTUNG

1. Zuerst den Gasabsperrhahn schließen und an den Brennern probieren, ob er dicht hält. Überwurfmutter mit Schraubenschlüssel lösen

2. Überwurfmutter von Hand abdrehen. Sitzt sie fest, bringt man einen Lappen zwischen Mutter und Schraubenschlüssel

3. Die Überwurfmutter läßt man am Rohr hinabgleiten, löst die alte Dichtung mit Hilfe eines Schraubenziehers und nimmt sie ab

4. Neue Dichtung anbringen, Überwurfmutter aufschrauben und festziehen. Den Gashahn öffnen und die Verbindung auf Dichtheit prüfen

Toilette

Klosetts und Spülkästen

In älteren Häusern sind die Klosettbecken und Spülanlagen oft nicht in bestem Zustand und funktionieren schlecht. Früher wurden hauptsächlich Drückspüler und hochhängende Spülkästen verwendet. Beide verursachen beim Spülvorgang häufig starke Geräusche. Bei Reparaturen ist es daher zweckmäßig, gleich einen neuen, tiefhängenden Spülkasten anzubringen. Ein solcher Kasten ist geräuscharm, funktionssicher und einfach zu montieren. Wenn man in Miete wohnt, ist es allerdings ratsam, sich vorher mit dem Hauseigentümer abzusprechen, da solche Installationen in die feste Wohnungseinrichtung übergehen.

Größere Installationsarbeiten, die neue Wasseranschlüsse oder -leitungen bedingen, sind kompliziert und sollten lieber dem Fachmann überlassen werden.

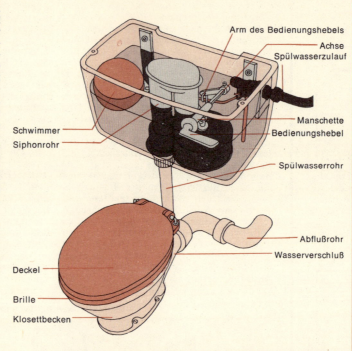

EINEN VERSTOPFTEN KLOSETT-ABLAUF FREI MACHEN

Wenn der Ablauf eines Wasserklosetts verstopft ist, kann man versuchen, ihn mit einem Pumpfix, der direkt über der Gummiglocke mit einer Metallplatte versehen ist, frei zu machen. Die Platte hindert die Gummiglocke daran, sich umzudrehen, wenn diese im Becken auf und ab bewegt wird.

Da wegen der unregelmäßigen Beckenform mit dem Pumpfix keine Saugwirkung zu erzielen ist, kann man nur versuchen, durch kurze, kräftige Stöße Wasserdruckwellen im Ablauf zu erzeugen, die das Hindernis beseitigen. Dabei muß man darauf achten, daß das Becken nicht beschädigt wird.

Sicheren Erfolg verspricht dagegen die im Handel erhältliche drehbare Drahtspirale, deren Vorderende mit Krallen versehen ist. Man schiebt sie unter gleichzeitigem Drehen durch den Ablauf und den Geruchverschluß des Klosettbeckens, bis die Verstopfung beseitigt ist.

Hat man das Hindernis entfernt, wird die Wasserspülung sofort betätigt, damit der Geruchverschluß wieder mit Wasser gefüllt wird.

Ein tiefer im Ablaufrohr sitzendes Hindernis kann nur der Klempner entfernen.

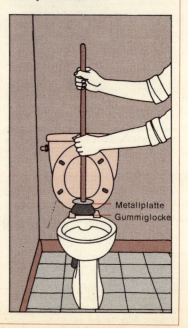

Ein Klosettbecken ausrichten

Wenn in einer Toilette mit Holzfußboden das Klosettbecken sich nach einer Seite senkt, lockert man die Befestigungsschrauben am Fußboden, bringt das Becken in die richtige Lage und drückt Mörtel unter den Rand. Der Mörtel sollte eine trockene Zement/Sand-Mischung im Verhältnis 1 : 3 sein. Werden neue Schrauben benötigt, verwendet man verchromte Messingschrauben mit Kunststoffunterlegscheiben. Bei Beton- oder Fliesenfußböden werden die Schrauben in Dübel eingedreht.

1. Bodenbelag um das Becken entfernen. Schrauben auf der abgesenkten Seite herausdrehen, die gegenüber liegenden nur lockern

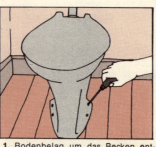

2. Auf das Becken eine Wasserwaage legen. Sperrholzstücke unter den Rand des Beckens schieben, bis dieses waagrecht steht

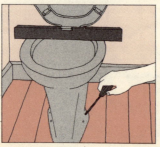

3. Mörtel mit der Spitzkelle unter den Beckenrand drücken, bis der Spalt gefüllt ist. Holzstücke entfernen und Lücken ausfüllen

4. Die Schrauben durch Unterlegscheiben stecken, dann in die entsprechenden Löcher, aber noch nicht fest anziehen

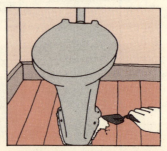

5. Überschüssigen Mörtel mit der Kelle abstreifen. Mörtel gut trocknen lassen, dann die Schrauben vorsichtig anziehen

Ein zersprungenes Klosettbecken entfernen

Wenn ein schadhaftes Klosettbecken ersetzt werden muß, soll man nach Möglichkeit ein Becken gleicher Größe und Form kaufen, damit es an die vorhandenen Rohranschlüsse paßt.

Vor dem Abbau des Beckens wird der Spülwasserzulauf abgestellt und der Spülkasten entleert, bis kein Wasser mehr nachfließt.

Das Becken ist über einen S- oder P-förmigen Wasserverschluß mit dem zur Kanalisation führenden Abflußrohr verbunden. Der Wasserverschluß mündet in ein Fallrohr aus Gußeisen.

Material: Klosettbecken, vier Messing- oder verchromte Linsensenkholzschrauben mit Unterlegscheiben aus Gummi oder Kunststoff bei Holzböden, bei Fliesen- oder Betonböden außerdem passende Dübel für die Schrauben, Spülrohr aus Kunststoff
Werkzeug: Hammer, Flachmeißel, Wasserwaage, Metallsäge, Schraubenzieher, Scheuerlappen

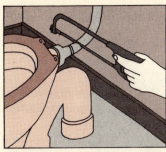

1. Bevor man das Becken abnehmen kann, muß man die Anschlüsse abtrennen. Zunächst das Spülwasserrohr möglichst dicht am Becken absägen

2. Um die Muffe des Abflußrohres nicht zu beschädigen, wird das Rohransatzstück des Klosettbeckens stückchenweise herausgeschlagen

3. Die Öffnung des Abflußrohres wird gründlich verstopft, damit beim weiteren Arbeiten keine Bruchstücke hineinfallen können

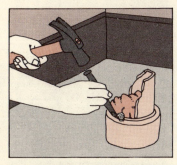

4. Jetzt meißelt man die restlichen Bruchstücke vom Muffenrand, bis er so glatt und sauber ist, daß er das neue Ansatzstück aufnehmen kann

5. Wenn das Becken festzementiert ist, muß man es nach Lösen der Schrauben losrütteln oder freimeißeln. Untergrund dabei nicht beschädigen

6. Wenn das Becken zu fest sitzt, muß man es ganz zerschlagen. In jedem Fall aber muß man die Mörtelreste sorgfältig vom Untergrund abmeißeln

VERSCHIEDENE ROHRVERBINDUNGEN

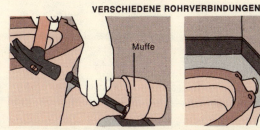

Kunststoffrohr: Gummiverbinder vom Rohranschluß zurückstreifen und das Ende des Spülrohrs herausziehen

Gußeisen- oder Kunststoffrohr: Kitt oder Zementmörtel aus der Abflußrohrmuffe entfernen

Gummiverbinder: Gummimanschette zurückschieben und dann vorsichtig vom Rohrstutzen abziehen

Bodenbefestigung: Die Schrauben, mit denen das Becken festgeschraubt ist, immer als erstes entfernen

Ein Klosettbecken montieren

Um die Arbeit nicht unnötig zu erschweren, soll das neue Becken nicht nur nach Größe, sondern auch in den Anschlüssen dem alten entsprechen (siehe S. 220).

Brille und Deckel werden erst aufgeschraubt, wenn das ganze Becken endgültig fest montiert ist. Die Beckenöffnung zum Abfluß verstopft man während der Montage mit einem papiergefüllten Plastikbeutel, damit Werkzeug, das während der Arbeit hineinfallen könnte, nicht für immer verschwindet.

Material: Gips oder Kitt, vier Messing- oder verchromte Linsensenkholzschrauben mit Unterlegscheiben aus Gummi oder Kunststoff bei Holzböden, bei Fliesen- oder Betonböden außerdem passende Dübel für die Schrauben, Gummimanschette oder Dichtungsring für das Spülrohr
Werkzeug: Schraubenzieher, Wasserwaage, Kelle, Spachtel

1. Gips- oder Kittschicht auftragen und das Becken so darauf stellen, daß es genau an das Abflußrohr paßt

2. Das Becken fest in das Gips- oder Kittbett drücken und dann mit der Wasserwaage waagrecht ausrichten

Toilette

Verschiedene Klosettanschlüsse

Der ständig mit Wasser gefüllte Geruchverschluß (Wasserverschluß, Siphon) in den Becken hat den Zweck, das Eindringen von Gerüchen und Gasen aus der Kanalisation ins Haus zu verhindern (siehe S.196).

Anders als beim Wasch- oder Spülbecken ist der Siphonverschluß hier nicht gesondert abnehmbar, sondern er ist Bestandteil des Klosettbeckens. Für Bodenanschlüsse ist er S-förmig, für Wandanschlüsse P-förmig ausgebildet.

Die P-förmige Ausführung kann über ein gekrümmtes Zwischenstück auch mit einem Abflußrohr im Fußboden verbunden werden. Die S-Form muß genau an den Abfluß passen.

Material: Gebogenes Kunststoffrohr, Gummiverbinder, Zement und Sand
Werkzeug: Metallsäge, Kelle

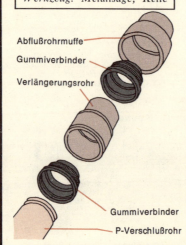

Abflußrohrmuffe
Gummiverbinder
Verlängerungsrohr
Gummiverbinder
P-Verschlußrohr

3. Mit der Kelle wird Mörtel (Zement : Sand 1 :3) in die Fuge zwischen Beckenrohr und Abflußrohrmuffe gegeben und gründlich verdichtet

4. Bei Holzböden schraubt man das Klosettbecken einfach auf die Dielen. Bei Fliesen- oder Betonböden muß man passende Dübel einsetzen

5. Dann schließt man das Kunststoffspülrohr mit einer Gummimanschette oder Gummidichtung an, montiert die Brille und füllt den Spülkasten mit Wasser

1. Das neue Becken wird so in das feuchte Mörtelbett (Zement : Sand 1 : 3) gestellt, daß das Beckenrohr genau in der Richtung des Abflußrohrs liegt

2. Man hält das Verlängerungsrohr neben das Beckenrohr und bringt eine Markierung an, die etwa 5 cm hinter dem Rand der Abflußrohrmuffe liegt

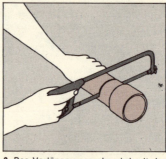

3. Das Verlängerungsrohr wird mit der Metallsäge abgeschnitten. Damit man einen geraden Schnitt bekommt, dreht man das Rohr dabei langsam

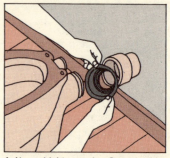

4. Nun schiebt man den Gummiverbinder so weit wie möglich in die Abflußrohrmuffe hinein. Wichtig ist dabei, daß er ringsum richtig sitzt

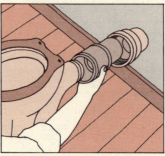

5. Das Verlängerungsrohr wird unter langsamen Drehungen in die Gummidichtung gedrückt, bis es darin absolut dicht sitzt

6. Nun legt man einen Gummiverbinder in die Verlängerungsrohrmuffe und schiebt das Becken daran heran, bis die Muffe das Beckenrohr umschließt

---

VERLÄNGERUNGSROHRE

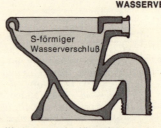

Ein Becken mit P-Verschluß kann über ein gebogenes Verlängerungsrohr und zwei Gummiverbinder mit einem Abflußrohr im Fußboden verbunden werden. Manchmal kann man mit einem gebogenen Verlängerungsrohr auch einen P-Verschluß seitlich an der Wand anschließen

WASSERVERSCHLÜSSE

S-förmiger Wasserverschluß | P-förmiger Wasserverschluß

Wenn man ein Klosettbecken erneuern will, muß man darauf achten, daß man den gleichen Typ kauft. Ist das Abflußrohr im Boden, nimmt man einen S-Siphon, dessen Abfluß nach unten zeigt. Bei den P-Siphons ($^3/_4$-S-Siphons) zeigt das Abflußrohr schräg nach hinten

Spülkasten auswechseln

Wenn ein hochhängender Spülkasten defekt ist und die Reparatur sich nicht mehr lohnt, wechselt man ihn gegen einen tiefhängenden Spülkasten aus. Tiefhängende Spülkästen sind meist schöner und verursachen auch weniger Spülgeräusche. Der Klosettkörper selbst kann hierzu wieder verwendet werden. Die Montage eines tiefhängenden Spülkastens ist recht einfach. Alle Teile gibt es als Bausätze.

Wenn Sie den hochhängenden Spülkasten abmontiert haben, probieren Sie, ob der Klosettkörper genügend Abstand von der Wand hat. Klosettkörper mit schrägem oder waagrechtem Abgang können, wenn nötig, versetzt werden, da man entsprechend gebogene Zwischenstücke einsetzen kann. Bei Klosetts mit senkrechtem Abgang geht das nicht.

Der neue Spülkasten wird durch die mitgelieferten Konsolen an der Wand befestigt. Seine Oberkante sollte ca. 80 cm über dem Boden liegen. An der Wasserzuleitung des alten Spülkastens wird die neue Zuleitung zum neuen Kasten angeschlossen und dann mit diesem verbunden. Den Abflußanschluß schließt man durch einen Abflußbogen (Spülrohr) am Klosettkörper an. Dann wird das Zulaufventil geöffnet und der Spülkasten auf Funktion und Dichtheit überprüft.

Material: Neuer Spülkasten mit Konsolen, Dübeln, Schrauben, Abflußrohr mit Dichtungen usw., Gips und Sand
Werkzeug: Schraubenzieher, Metallsäge, Feile, Hammer, zwei Schraubenschlüssel, Bohrmaschine, Hartmetallbohrer, Meißel, Wasserwaage, Kelle, Spachtel

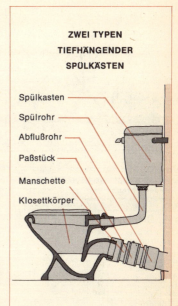

ZWEI TYPEN TIEFHÄNGENDER SPÜLKÄSTEN

Spülkasten
Spülrohr
Abflußrohr
Paßstück
Manschette
Klosettkörper

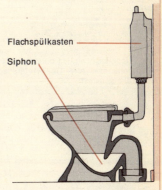

Flachspülkasten
Siphon

Die Zeichnung oben zeigt einen breiten Spülkasten in Verbindung mit einem Tiefspülklosett, das einen schrägen Abfluß hat. Das Gerät darunter ist ein Flachspülkasten, der an ein Tiefspülklosett mit senkrechtem Abfluß angeschlossen ist

1. Man stellt die Wasserzuführung ab, läßt den Spülkasten leerlaufen, macht die Kette los und schraubt die Zuleitung und das Spülrohr ab

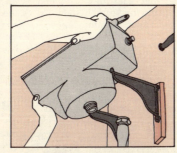

2. Der Spülkasten wird vorsichtig aus den Konsolen gehoben. Stehen Sie dabei aber nicht auf dem Klosettkörper, benützen Sie besser eine Leiter

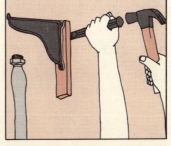

3. Schrauben Sie die Konsolen von der Wand los, oder schlagen Sie sie einfach weg. Beschädigten Putz ausbessern (siehe S. 98)

4. Das Spülrohr des alten Spülkastens absägen. Man kann es nicht mehr verwenden, da das Spülrohr eines tiefhängenden Kastens stärker ist

5. Zeichnen Sie die Unterkante des tiefhängenden Spülkastens in der vom Hersteller angegebenen Höhe an. Sie muß genau horizontal sein

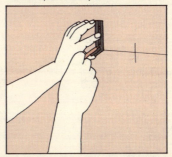

6. Auf der Linie wird die Mitte des Kastens markiert. In gleichen Abständen davon hält man die Konsolen an die Wand und reißt ihre Bohrlöcher an

7. Man bohrt die Löcher, setzt die Dübel ein und schraubt die Konsolen fest. Prüfen Sie mit der Wasserwaage, daß sie genau waagrecht sitzen

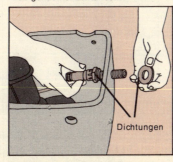

8. Wenn der Wasseranschluß auf der falschen Seite sitzt, baut man ihn aus und auf der anderen Seite wieder ein. Dichtungen nicht vergessen

9. Mit zwei Schraubenschlüsseln werden die Schrauben des Wasseranschlusses an der Innen- und Außenseite des Spülkastens festgezogen

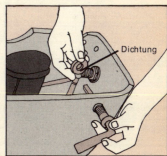

10. Bedienungshebel von außen durch Wandung des Spülkastens stecken, mit Dichtung versehen und innen festschrauben

Toilette

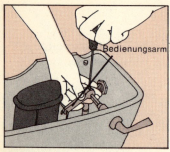

11. Auf die Achse des Bedienungshebels wird der Bedienungsarm aufgesteckt. Man schraubt ihn mit einer Madenschraube fest

12. Man hält den Kasten an seinen Platz, markiert und bohrt die Schraubenlöcher in die Wand, setzt Dübel ein und schraubt den Kasten fest

13. Das Spülrohr wird zunächst mit dem Klosettstutzen verbunden. Danach zieht man die Überwurfmutter am Spülkasten fest

14. Die Wasserzuleitung wird mit dem Spülkasten verbunden. Dann öffnet man den Absperrhahn und prüft den Spülkasten auf Funktion und Dichtheit

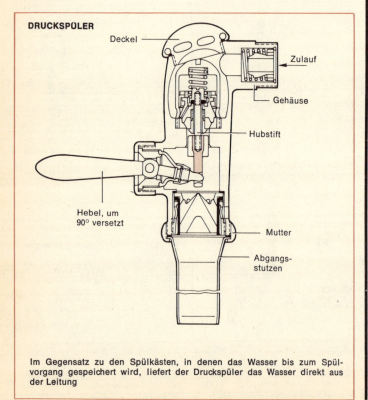

Im Gegensatz zu den Spülkästen, in denen das Wasser bis zum Spülvorgang gespeichert wird, liefert der Druckspüler das Wasser direkt aus der Leitung

Einen neuen hochhängenden Spülkasten anbringen

Hochhängende Spülkästen werden vor allem dort verwendet, wo die Montage von Tiefspülkästen wegen Raummangels nicht gut möglich ist. Es gibt die Spülkästen aus Gußeisen, Porzellan und Kunststoff; letztere werden ohne Konsolen befestigt.

Bei gekachelten Wänden sollte man die Befestigungsschrauben, wenn möglich, in den Fugen zwischen zwei Fliesen anbringen. Die Höhe des Spülkastens hängt von der Länge des Spülrohrs ab, wenn es aus einem Stück besteht. Ist es aus Teilen zusammengesetzt, kann man die Höhe nach Bedarf festlegen. Die Oberkante des Kastens sollte schon 2 m über dem Boden liegen.

Die Spülrohre und Befestigungsschellen können aus Stahl oder Kunststoff bestehen. Die unterste Schelle hat einen Gummipuffer und muß so angebracht werden, daß die hochgeklappte Klosettbrille dagegen anschlägt. Das Spülrohr läuft senkrecht genau über der Mitte der Klosettschüssel zum Spülkasten; die Linie wird vor der Montage an der Wand genau markiert. Der Spülkasten wird über ein Zugseil oder ein Saugspülrohr entleert.

Wenn man am Zugseil zieht, wird über den Schwimmerarm die Schwimmerglocke angehoben. Das bedeutet, daß sich das Ventil öffnet und das Wasser durch das Spülrohr in die Klosettschüssel läuft. Der Spülkasten füllt sich selbsttätig über ein Schwimmerventil.

1. Die Klosettschüssel rechtwinklig zur Wand stellen und ihre Mitte an der Wand genau markieren

2. Durch den markierten Punkt eine Senkrechte bis zum Spülkasten ziehen und von der Linie aus seine Befestigungspunkte anzeichnen

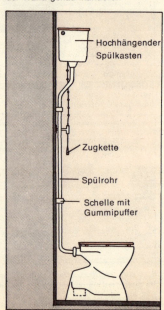

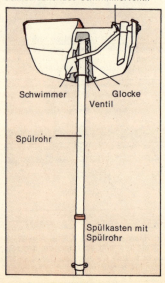

Einen neuen Schwimmer im Spülkasten anbringen

Wenn ein Spülkasten nicht mehr richtig funktioniert, kann das an einem Defekt am Schwimmer liegen. In diesem Fall ist es am einfachsten, den Schwimmer gegen einen neuen auszutauschen. Reicht dies nicht aus, so muß das Schwimmerventil oder auch die gesamte Armatur ausgetauscht werden. Diese ist im Fachhandel als kompletter Bausatz erhältlich. Bei einem Defekt an der Spülkastenarmatur kann viel Wasser verlorengehen. Dies wird mitunter recht teuer; eine rechtzeitige Reparatur ist zu empfehlen.

1. Vor Beginn der Arbeit wird das Wasser abgestellt, indem man eine Schraube oder ein Handrädchen im Zulaufventil zudreht

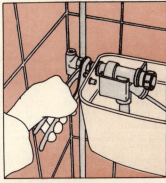

2. Um den Spülkasten von der Wasserzuleitung zu trennen, Überwurfmutter mit Wasserpumpenzange oder Schraubenschlüssel lösen

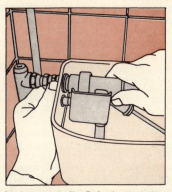

3. Jetzt wird die Befestigungsmutter an der Außenseite des Spülkastens abgeschraubt. Dabei aufpassen, daß der Kasten nicht beschädigt wird

4. Wenn die Befestigungsmutter abgenommen ist, kann die gesamte Armatur seitlich aus dem Kasten herausgenommen werden

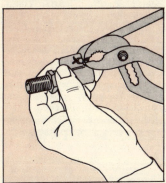

5. Defekten Schwimmer gegen einen neuen austauschen. Kontrollieren, ob die übrige Armatur noch verwendet werden kann

6. Das neue oder, falls noch verwendbar, das alte Ventil wird jetzt in die Bohrung gesteckt und mit der Mutter festgezogen

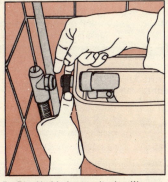

7. Die Verbindung mit der Wasserleitung wird wieder hergestellt. Um Undichtheiten zu verhindern, werden neue Dichtungsscheiben verwendet

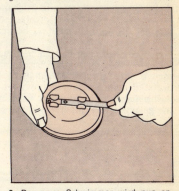

8. Der neue Schwimmer wird nun an einem Messing- oder Kunststoffarm befestigt. Denken Sie daran, daß der Schwimmer nach unten hängen muß

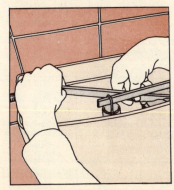

9. Jetzt werden beide Teile wieder in den Spülkasten gebracht. Hände dabei nicht auf die Kante des Spülkastens stützen

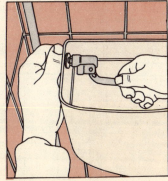

10. Das gebogene Ende des Schwimmerarms wird in das Anschlußstück eingeführt. Es muß genau in die entsprechende Aussparung passen

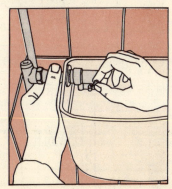

11. Die Befestigungsschraube für den Arm andrehen. Als Befestigungs- und Reguliereinrichtung kann auch eine Rändelmutter dienen

12. Das Wasser kann am Abstellhahn oder am Spülkasten wieder aufgedreht werden. Wasserzulauf und Wasserniveau im Spülkasten regeln

Warmwasser

Verschiedene Möglichkeiten

Wenn man sich ein Warmwasserbereitungsgerät anschaffen will, sollte man sich vorher genau überlegen, wieviel heißes Wasser man benötigt. Hat man sich für ein Gerät entschieden, das später den Warmwasserbedarf nicht befriedigen kann, so ist das ebenso unglücklich, als wenn man ein Gerät installiert hat, dessen Kapazität man nicht ausnutzen kann. Die Wahl des Geräts hängt ab von der Anzahl der Personen im Haushalt und den individuellen Verbrauchergewohnheiten. Weiter muß man berücksichtigen, welche Energieart zur Verfügung steht. Wenn man zum Beispiel bereits mit Gas kocht oder die Wohnung heizt, ist es unwirtschaftlich, das Warmwasserbereitungsgerät mit Elektrizität zu betreiben. Es ist in jedem Fall zweckmäßig, sich auf eine Energieart zu konzentrieren, weil man so einen möglichst günstigen Tarif oder Einkaufspreis erhält.

Grundsätzlich gibt es zwei verschiedene Möglichkeiten der Warmwasserbereitung:

Durchlauferhitzer: Wenn das Wasser durch das Gerät läuft, wird es erwärmt. Diese Geräte eignen sich besonders zur Einzelversorgung von Küche und Bad. Sie verkalken aber schnell bei sehr hartem Wasser. Da sie eine hohe Leistungsaufnahme haben, kann man diese Geräte nicht an alle vorhandenen Leitungsnetze anschließen. Durchlauferhitzer werden mit Strom oder mit Gas betrieben.

Vorratswasserheizer (Speicher-Boiler): In diesen Geräten wird eine bestimmte Wassermenge auf Temperatur gehalten, die im Bedarfsfall dem Speicher entnommen wird. Das nachströmende Kaltwasser wird danach auf die gewünschte Temperatur gebracht.

Speichergeräte gibt es, direkt beheizt, in allen Bedarfsgrößen für Öl, Gas, Elektrizität und feste Brennstoffe; indirekt beheizte Speichergeräte lassen sich mit Fernwärme betreiben oder an die Zentralheizung anschließen.

Elektrospeicher eignen sich besonders für Einzel- und Gruppenversorgung; es gibt sie in Größen von 5, 10, 15, 30, 60, 80 und 120 Liter Inhalt. Großspeicher zur zentralen Versorgung ab 200 Liter Inhalt eignen sich für den Nachtstrombetrieb. Will man den Nachtstromtarif in Anspruch nehmen, sollte man einen größeren Speicher wählen, da die Nachtstromzeiten erfahrungsgemäß kürzer werden. Viele Energieversorgungsunternehmen bieten auch eine Nachladezeit am Tag von ca. zwei Stunden an. Es gibt Unternehmen, die ihren Strom während der Nachladezeit zum Nachtstromtarif anbieten, und andere, die ihn zum normalen Tagstromtarif abgeben. Im zweiten Fall ist es besser, die Speichermenge größer auszulegen und auf die Tagnachladung zu verzichten. Es ist aber immer ratsam, vorher mit dem Energieversorgungsunternehmen zu reden und sich ganz genau zu informieren.

Zur Versorgung der Küche eignen sich besonders Kochendwassergeräte mit fünf Liter Inhalt.

Diese Geräte werden elektrisch beheizt. Sie sind über dem Spülbecken angeordnet, und ihr Speicherraum ist aus durchsichtigem Spezialglas und hat eine Litermarkierung, mit deren Hilfe man die benötigte Wassermenge genau einlaufen lassen kann. Dann stellt man noch die gewünschte Temperatur ein. Ist diese erreicht, schaltet ein Thermostat das Gerät automatisch ab. Die Aufheizzeit für einen Liter Wasser bis zum Siedepunkt beträgt ca. vier Minuten. Um den gesamten Inhalt von fünf Litern aufzuheizen, braucht man ca. 17 Minuten.

Den Stromverbrauch von Warmwasserbereitern berechnet man nach folgender Faustregel:
Eine Kilowattstunde erhitzt

        10 Liter Wasser auf 85° C
        20 Liter Wasser auf 55° C
        30 Liter Wasser auf 37° C

Bei sehr kalkhaltigem und aggressivem Wasser sollte die Temperatur im Speicher nicht über 60° C ansteigen, da über dieser Temperaturgrenze verstärkt Kalk ausfällt und es im Rohrsystem zu Korrosion kommen kann. Es ist ratsam, Speichergeräte zu wählen, deren Innenmantel aus Kupfer oder Edelstahl besteht oder aber mit Emaille oder Kunststoff beschichtet ist.

Speichergeräte sind als Druckspeicher oder sogenannte drucklose Boiler (Badeöfen) erhältlich. Drucklose Geräte können nur eine Entnahmestelle versorgen und müssen in ihrer unmittelbaren Nähe aufgestellt sein. Der Einsatz kleinerer Geräte bei einzelnen Waschbecken oder Spülen ist zweckmäßig und empfehlenswert. Größere Geräte sollte man in druckfester Ausführung verwenden.

Alle gas- oder elektrisch beheizten Geräte sind thermostatisch gesteuert, mit einem Temperaturwähler ausgerüstet und gegen Übertemperatur geschützt. Gasgeräte benötigen einen Abgasanschluß (Schornstein), der in der Regel über das Dach geführt werden muß. Gasbetriebene Durchlauferhitzer gibt es auch als Außenwandgeräte, die über einen Mauerkasten die frische Außenluft ansaugen und die Abgase über diesen ins Freie leiten.

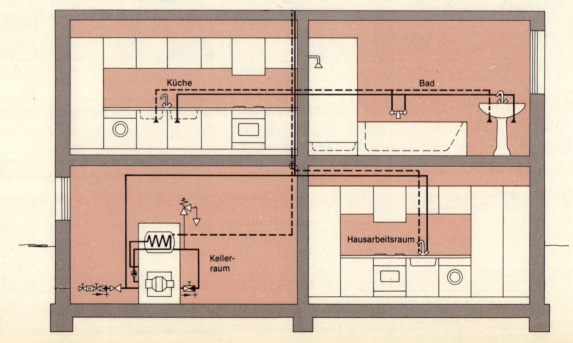

Die zentrale Warmwasserbereitungsanlage über die Ölheizungsanlage befindet sich im Kellerraum. Die Zu- und Ableitungen gehen von hier aus in alle Räume des Hauses, in denen warmes Wasser benötigt wird

Energiesparende Warmwasserbereitung

Im Zuge der Brennstoffverknappung und Brennstoffverteuerung kommt energiesparenden Systemen gerade in der Warmwasseraufbereitung immer mehr Bedeutung zu. Die bisher am häufigsten praktizierte zentrale Warmwasserbereitung über die Ölheizung arbeitet mit einem Jahresnutzungsgrad von weniger als 50% und ist deshalb kaum zu verantworten. Bei einem Neubau empfiehlt es sich daher, die Warmwasserbereitung von vornherein von der Heizung zu trennen. Lange Leitungswege sind zu vermeiden, d. h., der Warmwasserboiler sollte so nah wie möglich bei den Versorgungsstellen liegen.

Soll dennoch eine zentrale Versorgung eingebaut werden, z. B. zur Nutzung von Sonnenenergie, Abwärme und Wärmeentzug aus Luft, Wasser oder Erdreich mittels einer Wärmepumpe, so sollte man auf eine Zirkulationsleitung verzichten und an deren Stelle ein mit der Warmwasserleitung verlegtes Widerstandsheizband vorsehen. Das Heizband sollte mit einer entsprechend starken Rohrisolierung versehen werden. Es nimmt nur Strom auf, wenn im Rohr kein Warmwasser fließt und sich dieses durch den Wärmeverlust durch die Isolierung abkühlt. Das Warmwasser wird dadurch im Rohr auf einer konstanten Temperatur von 45°C oder, wenn gewünscht, auf 55°C gehalten. Die Leistung beträgt ca. 8 Watt pro laufenden Meter Rohr. Das Heizband kann bei Nacht über eine Zeitschaltuhr, wie etwa eine Zirkulationspumpe, abgeschaltet werden; dadurch wird Energie eingespart.

Für bereits bestehende zentralbeheizte Warmwasserbereitungsanlagen empfiehlt sich eine Umstellung. Wenn der Brauchwasserspeicher nicht unabhängig von der Kesseltemperatur gesteuert werden kann, sollte ein neuer Speicher mit einer Ladepumpe (Heizwasserumwälzpumpe) eingebaut werden. Für den Sommerbetrieb, also in der Zeit, in welcher die Heizungsanlage abgeschaltet werden kann, ist es sinnvoll, das Warmwasser unabhängig von der Heizung zu erzeugen. Dies läßt sich unter anderem durch den Einbau eines Elektroheizstabs in den vorhandenen Warmwasserspeicher im Heizkessel erreichen oder durch den Einbau eines Elektrowarmwasserbereiters, der unabhängig vom Heizkessel arbeitet.

Warmwasserbereitung mit Wärmepumpe

Es ist allgemein bekannt, daß sogenannte verbundene oder kombinierte Anlagen zur Raumheizung und Warmwasserversorgung in der Praxis nicht so gute Betriebs- und Wirtschaftlichkeitsergebnisse erreichen, wie sie mit Geräten erzielt werden, die ausschließlich für die Warmwasserversorgung entwickelt, gebaut und eingesetzt werden. Das gilt auch für Wärmepumpen im Wohnbereich. Deshalb war es naheliegend, für die Trinkwassererwärmung spezielle kleine Wärmepumpen zu entwickeln. Entsprechend den charakteristischen Anforderungen bei der Warmwasserversorgung im Wohnbereich sind diese Wärmepumpen immer mit ausreichend großen Warmwasserspeichern zu kombinieren.

Bei dem Warmwasserspeicher handelt es sich

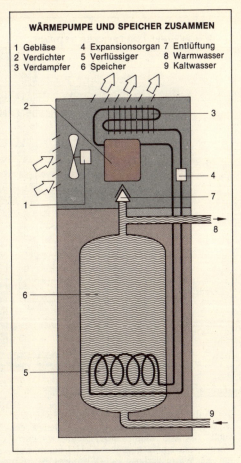

WÄRMEPUMPE UND SPEICHER ZUSAMMEN

1 Gebläse 4 Expansionsorgan 7 Entlüftung
2 Verdichter 5 Verflüssiger 8 Warmwasser
3 Verdampfer 6 Speicher 9 Kaltwasser

um einen druckfesten Behälter mit 200 bis 400 l Inhalt, der senkrecht montiert werden muß. Ein so großer Speicherinhalt ist erforderlich, weil die im Wohnbereich vorkommenden Entnahmeleistungen, etwa wenn nacheinander mehrere Badewannen gefüllt werden müssen, extrem groß sein können. Andererseits sind die bei kleinen Wärmepumpen üblichen Heizleistungen von 500 bis 3000 Watt relativ gering, so daß sich nach größerer Wärmeentnahme lange Wiederaufheizzeiten ergeben.

Die Wärmepumpe zur Wassererwärmung besitzt als Hauptbauteil einen gekapselten Verdichter, einen Kompressor. Verdichter gleicher Art werden auch in Kühl- und Gefriergeräten zur Kälteerzeugung eingesetzt. Die Verdichter sind in unterschiedlichen Leistungsgrößen zu günstigen Großserienpreisen erhältlich. Für den Einsatz in Warmwasserwärmepumpen werden sie geringfügig abgeändert.

Der wärmeaufnehmende Teil der Wärmepumpe ist der Verdampfer. Bei Warmwasserwärmepumpen wird als Verdampfer meist ein Lamellenwärmetauscher eingesetzt, durch den mit einem Gebläse Luft umgewälzt wird. Da die Temperatur des Verdampfers niedriger ist als die Temperatur der durchströmenden Luft, nimmt der Verdampfer Wärme auf und kühlt dabei die Luft ab. Über einen zweiten Wärmetauscher, den Verflüssiger, wird die von der Wärmepumpe erzeugte Wärme an das aufzuheizende Wasser abgegeben. Das erfolgt bei Temperaturen von 55 bis 60°C. Als Wärmeübertragungsmittel befindet sich in der Wärmepumpe eine bestimmte Flüssigkeit, das sogenannte Kältemittel.

Warmwasserwärmepumpen gibt es in zweierlei Ausführungen. Als Kompakteinheit, wie hier dargestellt, ist diese Anlage als Ganzes im Heizraum oder in Vorratsräumen, die gekühlt werden sollen, aufzustellen.

Beim zweiten Typ handelt es sich um Warmwasserwärmepumpen in getrennter Ausführung. Man spricht dann von Splitgeräten, da Wärmepumpe und Speicher in getrennten Räumen aufgestellt werden, wenn die Räumlichkeiten dies erfordern. Die Abbildung auf Seite 226 zeigt eine solche Anlage.

Warmwasserspeicher müssen eine besonders gute Wärmedämmung haben. Die bei herkömmlichen Warmwasserspeichern vorhandene Wärmedämmung sollte bei Wärmepumpenspeichern übertroffen werden. Das ist schon deshalb zweckmäßig, weil diese Speicherbehälter sich üblicherweise in nicht beheizten Räumen befinden, in denen Luft- und Raumumschließungsflächen während des Betriebes durch die Wärmepumpe zusätzlich abgekühlt werden. Darüber hinaus sind Maßnahmen zur Wärmedämmung bei Wärmepumpenspeichern besonders wichtig, weil sich diese Geräte praktisch das ganze Jahr über in voller Betriebsbereitschaft befinden. So sollten möglichst alle Bauteile der Geräte, die zu einer Verlustwärmeabgabe beitragen können, sorgfältig wärmegedämmt werden. Das gilt auch für vorhandene Pumpen, Ventile und Rohrleitungen.

Maß für die Wirtschaftlichkeit einer Wärmepumpe ist die Leistungszahl. Sie gibt das Verhältnis der vom Verflüssiger der Wärmepumpe abgegebenen Heizleistung zu der vom elektrischen Antriebsmotor aufgenommenen Leistung wieder. Die abgegebene Wärmeleistung der Wärmepumpe ist also um den Faktor der Leistungszahl größer als die aufgenommene elektrische Leistung. Im praktischen Betrieb ist die Leistungszahl keine konstante Größe, vielmehr schwankt sie mit den sich ändernden Betriebsbedingungen.

Erst durch einen Warmwasserspeicher entsprechender Größe wird die kleine Wärmepumpe für die Warmwasserversorgung im Wohnbereich nutzbringend verwendbar. Ein solcher Warmwasserspeicher verbessert den Komfort bei der Warmwasserbereitstellung ganz erheblich. Er bringt allerdings auch Nachteile mit sich, wie z. B. Anschaffungskosten, Platzbedarf und ständige Wärmeverluste während des Betriebs. Gerade dieser letzte Punkt sollte bei der hier beschriebenen Anlage unbedingt beachtet werden. Die Leistungszahlen von Wärmepumpen sind um so größer, je wärmer die angesaugte Raumluft und je niedriger die Warmwasserendtemperatur ist. Sie liegen bei den zur Zeit betriebenen Geräten für die Wärmepumpe allein bei 2 bis 3,5 und für das Gesamtgerät einschließlich Warmwasserspeicher zwischen 1

Warmwasser

und 2. Bei diesen Angaben wurden Lufteintrittstemperaturen (Kellertemperaturen) zwischen 10 und 20°C und Warmwasserendtemperaturen im Speicher von 45 bis 55°C zugrunde gelegt.

Wärmepumpen zur Wassererwärmung sind nur für die Aufstellung innerhalb von Räumen, also nicht für die Aufstellung im Freien geeignet. Bei einem täglichen Energiebedarf von 10 kWh für die Warmwasserversorgung eines Vierpersonenhaushalts (das entspricht rund 2 kWh pro Person und Tag bei einem Verteilungswirkungsgrad von 0,8) wird dem Aufstellungsraum im Laufe von 24 Stunden eine Energiemenge von insgesamt 5 kWh entzogen. Hierdurch ergibt sich ein gleichbleibender Wärmeentzug aus der Kellerluft von etwa 200 Watt. Energiemengen dieser Größenordnung stehen in Kellern von Ein- oder Zweifamilienhäusern fast immer zur Verfügung, insbesondere wenn sich andere Abwärmequellen wie Heizkessel oder -speicher, Gefrier- und Kühlschränke in der Nähe befinden. Die benötigte Wärme kann zum Teil auch aus dem angrenzenden Erdreich oder – vor allem im Sommer – aus dem natürlichen Luftwechsel der Außenluft stammen.

Damit die Warmwasserwärmepumpe wirtschaftlich arbeitet, sollte die Lufttemperatur im Aufstellungsraum bestimmte Mindestwerte, z. B. 8° C, nicht unterschreiten. Niedrigere Lufttemperaturen sind allerdings erfahrungsgemäß auch nur unter extrem ungünstigen Bedingungen zu erwarten. Kann wegen zu niedriger Lufttemperaturen im Aufstellungsraum die Wärmepumpe einmal vorübergehend nicht zufriedenstellend arbeiten, so schaltet sich bei den meisten Warmwasserwärmepumpen automatisch die zusätzlich vorhandene Widerstandsheizung ein. Diese Elektrowiderstandsheizung kann auch dazu benutzt werden, vorübergehend extremen Warmwasserbedarf abzudecken. Im Normalfall sollte jedoch allein die Wärmepumpe in Betrieb sein.

Die bisherigen Erfahrungen zeigen, daß der Zusatzeffekt einer leichten Abkühlung der Kellerluft von den meisten Verbrauchern positiv beurteilt wird, weil die Vorratshaltung in kühleren Räumen günstig ist. Es muß in diesem Zusammenhang aber stets darauf hingewiesen werden, daß eine bestimmte Kühlung zur Vorratshaltung oder Getränkelagerung durch eine Warmwasserwärmepumpe allein nicht gewährleistet werden kann. Praktische Messungen in verschiedenen Anlagen haben gezeigt, daß die Temperatur im Aufstellungsraum während des Wärmepumpenbetriebs kaum mehr als um 1 bis 2 K (Kelvin) absinkt.

Der durch die Wärmepumpe verursachte Wärmeentzug ist in erster Linie davon abhängig, wieviel Energie für die Warmwasserversorgung benötigt wird. Bei längeren Bedarfspausen – z. B. während der Urlaubszeit – fällt die Kühlung des Aufstellungsraumes durch die Wärmepumpe praktisch ganz aus.

Bisher werden Warmwasserwärmepumpen fast ausschließlich in Ein- oder Zweifamilienhäusern eingesetzt, weil die hier meistens vorhandenen Keller- und Nebenräume gute Möglichkeiten zur Aufstellung der Anlagen bieten.

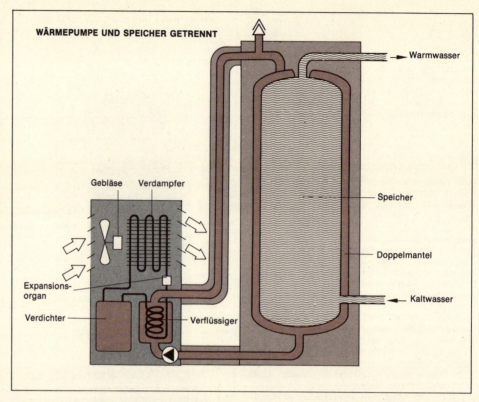

Der Aufstellungsort sollte in unmittelbarer Nähe der zu versorgenden Entnahmestellen gewählt werden, damit sich möglichst kurze Warmwasserleitungen ergeben. Hierdurch werden die Wärmeverluste der Warmwasserverteilung gering, und eine Warmwasserzirkulation erübrigt sich.

In Verbindung mit einer Warmwasserwärmepumpe kann eine Zirkulation nämlich zu erheblichen Problemen führen. Die Warmwasserzirkulation eines Einfamilienhauses verursacht ständige Wärmeverluste in der Größenordnung zwischen 200 und 2000 Watt. Das ist eventuell mehr, als eine Warmwasserwärmepumpe an Wärmeleistung bereitstellen kann. Die Warmwassertemperatur im Speicher erreicht dann unter Umständen nicht ihren Sollwert, obwohl die Wärmepumpe ständig in Betrieb ist. Damit wird die Warmwasserbereitstellung erheblich eingeschränkt. Unter günstigen Voraussetzungen können diese Nachteile verringert werden, wenn die Warmwasserzirkulation nur auf kurze Zeitabschnitte, beispielsweise morgens und abends, begrenzt wird. Grundsätzlich sollte in Einfamilienhäusern möglichst ganz auf eine Zirkulation verzichtet werden, weil der dadurch verursachte Energiemehrverbrauch in keinem vernünftigen Verhältnis zu den erzielbaren Komfortverbesserungen steht.

Für den elektrischen Anschluß einer Warmwasserwärmepumpe reicht eine normale Wechselstromsteckdose. Kalt- und Warmwasseranschluß werden über Rohrleitungen ausgeführt. Darüber hinaus muß am Aufstellungsort ein Abfluß vorhanden sein, damit sowohl das Ausdehnungswasser des Sicherheitsventils als auch das an der Wärmepumpe aus der Luftfeuchtigkeit anfallende Kondensat unbehindert abfließen können.

Warmwasserversorgung mit Sonnenkollektoren
Im Zusammenhang mit energiesparenden Techniken im Wohnbereich ist auch die Nutzung der Solarenergie zur Zeit besonders aktuell. Unter den Klimaverhältnissen Deutschlands ist besonders die Warmwasserversorgung ein interessantes Anwendungsgebiet für die Nutzung der Sonnenstrahlungsenergie mit Kollektoren. Gründe hierfür sind vor allem der ganzjährige Energiebedarf, der auch das Sommerhalbjahr hindurch besteht, das relativ niedrige Temperaturniveau, welches bereits Energiegewinne ermöglicht, sobald das Wärmeangebot die übliche Kaltwassertemperatur von etwa 10 °C übersteigt, und der relativ schlechte Nutzungsgrad der weitverbreiteten, mit Brennstoffheizkesseln verbundenen Wassererwärmung, vor allem in den Sommermonaten.

Das Angebot an nutzbarer Sonnenstrahlungsenergie ist je nach Tageszeit und Jahreszeit, aber auch nach den Witterungsbedingungen außerordentlich großen Schwankungen unterworfen. An einem klaren Sommertag kann die eingestrahlte Energie bis zu achtzigmal größer sein als an einem trüben Wintertag. Drei Viertel des jährlichen Strahlungsenergieangebots entfallen auf das Sommerhalbjahr. Für die Wärmeversorgung im Wohnbereich können kurzfristige

Schwankungen des Wärmeangebots durch Wärmespeicher teilweise überbrückt werden. In den sonnenarmen Perioden muß zur Deckung des Warmwasserenergiebedarfs jedoch immer ein erheblicher Anteil an Zusatzenergie durch andere Energieträger wie Kohle, Öl, Gas oder Strom bereitgestellt werden.

Eine Warmwasserversorgungsanlage mit Sonnenenergienutzung enthält stets bestimmte Hauptkomponenten. Die Sonnenkollektoren dienen dazu, Energie der direkten und diffusen Sonnenstrahlung einzufangen und in Wärme umzuwandeln. Für Warmwasserversorgungsanlagen kommen im allgemeinen nur Flachkollektoren in Frage. Der Flachkollektor enthält eine Absorberfläche, die die Sonnenstrahlung absorbiert, in Wärme umwandelt und an ein durchströmendes Wärmeträgermittel abgibt. Hierzu ist jeder Absorber mit Wärmetauscherkanälen ausgestattet. Der Absorber ist auf seiner Rückseite mit einer Wärmedämmung versehen, damit die Wärmeverluste an die Umgebung gering bleiben. An der Frontseite ist eine strahlungsdurchlässige Abdeckung – meist aus klarem Glas – vorhanden, die einen möglichst großen Anteil der auftreffenden Sonnenstrahlung zur Absorberfläche hindurchläßt. Die benötigten Flachkollektorelemente werden oberhalb oder innerhalb der Dachabdeckung angebracht.

Über einen Wärmetauscher wird die gewonnene Wärme dem aufzuheizenden Trinkwasser zugeführt. Ein größerer Warmwasserspeicher wird benötigt, um das aufgeheizte Trinkwasser für den späteren Verbrauch auf Vorrat halten zu können. Der Wärmetauscher kann innerhalb dieses Speichers angeordnet werden. Direkt im Speicher oder unmittelbar danach wird meistens auch die Nacherwärmung des Trinkwassers durchgeführt. Sie ist erforderlich, weil das Wärmeangebot aus der Solarenergiegewinnung in Menge und Temperaturhöhe nicht immer ausreichend ist. Hier wirken sich die erheblichen tages- und jahreszeitlichen Schwankungen entsprechend aus.

Um die Solarenergie so wirtschaftlich wie möglich auszunutzen, ist es auch sinnvoll, das Temperaturniveau bei der Warmwasserversorgung so niedrig wie möglich zu wählen. Im Wohnbereich ist im allgemeinen eine Warmwassertemperatur von 45 bis 50 °C ausreichend.

Zum Wärmetransport von den Sonnenkollektoren zum Warmwasserspeicher ist ein System von Rohrleitungen, Umwälzpumpe, Ausdehnungsgefäß, Steuer- und Regelungselementen erforderlich. Als Wärmeübertragungsmittel werden meistens speziell hierfür ausgewählte Flüssigkeitsmischungen verwendet, die im Hinblick auf Überhitzung, Einfriergefahr und Korrosionsschutz bestimmte Eigenschaften haben müssen.

Die besondere Aufgabe der Regelung von Solaranlagen besteht darin, den Wärmeträgerkreislauf immer dann in Betrieb zu setzen, wenn die Temperatur am Kollektor höher ist als im Warmwasserspeicher. In diesen Zeiten kann Wärmeenergie gewonnen werden. Andererseits muß der Wärmetransport sofort unterbrochen werden, wenn die Temperatur an den Kollektoren niedriger ist als im Speicher, weil sonst Wärmeenergie in umgekehrter Richtung aus dem Speicher in die Kollektoren gelangt und von diesen, z. B. nachts oder bei niedriger Umgebungstemperatur, wieder in die Umge-

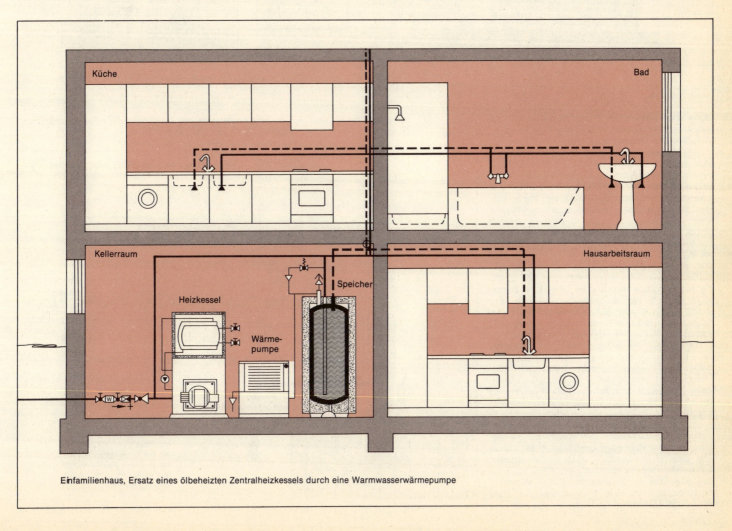

Einfamilienhaus, Ersatz eines ölbeheizten Zentralheizkessels durch eine Warmwasserwärmepumpe

Warmwasser

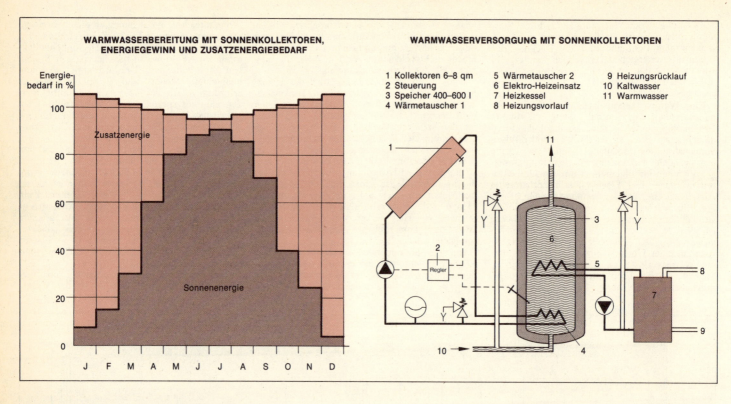

bung abgestrahlt wird. Diese Aufgaben werden durch speziell hierfür entwickelte Differenztemperaturregler einwandfrei erfüllt.

Am Systemschema einer Sonnenkollektoranlage zur Warmwasserversorgung sollen ihre einzelnen Komponenten und deren Funktion kurz erläutert werden. Die Fläche der Kollektoren und die Größe des Warmwasserspeichers werden im allgemeinen nicht danach ausgerichtet, eine vollständige Deckung des Wärmebedarfs durch Sonnenenergie zu erreichen, sondern danach, wie eine möglichst gute Wirtschaftlichkeit zu erzielen ist. Bei normalem Warmwasserbedarf im Wohnbereich können mit einer Kollektorfläche von 1 bis 2 qm je Person und einem Speichervolumen von 100 bis 150 l je Person gute Betriebsergebnisse erwartet werden. Für einen Vierpersonenhaushalt wird die Solaranlage mit 6–8 qm Kollektoren und einem 400–600 l fassenden Warmwasserspeicher ausgestattet.

Im dargestellten Beispiel enthält der Speicher im mittleren Drittel einen Wärmetauscher, der während der sonnenarmen Winterzeit seine Wärme von dem ohnehin in Betrieb befindlichen Heizkessel bezieht. Ein Elektroheizeinsatz im oberen Drittel des Speichers kann die gelegentlich im Sommer erforderliche Nacherwärmung bei stillgelegtem Heizkessel gewährleisten.

Werden Solaranlagen zur Warmwasserversorgung nach vorstehenden Gesichtspunkten ausgelegt und normal benutzt, dann ist bei unseren Klimaverhältnissen erfahrungsgemäß davon auszugehen, daß der Solaranteil an der Wärmebedarfsdeckung in den Sommermonaten rund 80%, im Dezember und Januar dagegen nur etwa 10%, im Jahresmittel also rund 50% beträgt. Der Restbedarf muß durch Wärmeerzeugung aus herkömmlichen Energieträgern wie Kohle, Öl, Gas oder Strom gedeckt werden.

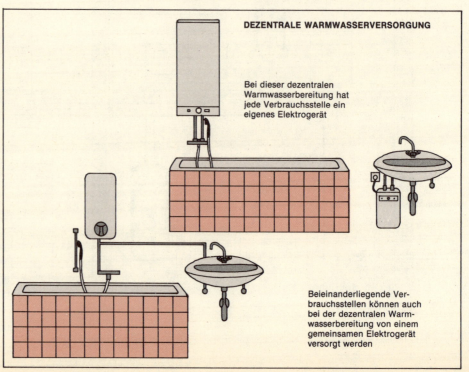

Waschbecken

Ein neues Waschbecken montieren

Bevor man das alte Waschbecken abmontiert, muß man zunächst die Wasserzufuhr absperren. Dafür sind in der Regel unter dem Waschbecken Eckventile angebracht. Sollten diese Ventile nicht absolut dicht sein, so ist das Haupt- oder Stockwerksabsperrventil zuzudrehen.

Nun werden die Quetschverschraubungen an den Eckventilen gelöst, so daß die verchromten Anschlußrohre zur Waschbeckenarmatur herausgezogen werden können. Danach wird der Ablaufsiphon abgeschraubt und entleert. Jetzt kann das Waschbecken aus seiner Halterung gelöst und abgenommen werden. Alte Waschbecken können unterschiedliche Befestigungen wie Laschen oder Konsolen haben.

Sofern die Waschtischbatterie noch in Ordnung ist und wieder verwendet werden soll, wird sie vom alten Waschbecken abgeschraubt und in das neue Becken eingesetzt. Zur Abdichtung wird entweder dauerelastischer Kitt oder auch Glaserkitt verwendet. Neue Armaturen haben eine Gummidichtung. Das Ablaufventil wird ebenfalls herausgeschraubt und mit Kitt in das neue Becken eingesetzt. Beim Einbau einer neuen Mischbatterie mit Ablaufexzentergarnitur ist ein Ablaufventil dabei.

Neue Waschbecken haben grundsätzlich zwei Löcher in der Rückwand. Durch sie kann man das Waschbecken an der Wand mit Gewindeschrauben und Kunststoffdübeln befestigen. Die Wand muß fest und stabil sein.

Zunächst werden die Mischbatterie und die Ablaufgarnitur in das neue Becken eingesetzt. Danach werden die Löcher für die Befestigungsdübel an der Wand angezeichnet und mit Schlagbohrmaschine und Widiabohrer in die Wand gebohrt. Man muß darauf achten, daß die richtige Waschbeckenhöhe eingehalten wird, in der Regel 80–85 cm vom Fußboden bis Oberkante Waschbeckenrand.

Die Dübel werden eingesetzt, die Gewindeschrauben eingedreht und das Waschbecken mit Kunststoffmuttern befestigt. Man muß darauf achten, daß die Wand absolut eben ist, damit beim Anziehen der Schrauben das Waschbecken keine Spannung erhält. Dann verbindet man die Anschlußrohre für Kalt- und Warmwasser mit den Eckventilen. Grundsätzlich ist Kaltwasser rechts und Warmwasser links. Bei alten Installationen kann dies allerdings auch am Anschluß umgekehrt sein. Danach wird der Siphon angebracht, das Wasser aufgedreht und das ganze System auf Dichtheit geprüft. Die Anschlußfuge zwischen Wand und Waschbecken wird mit dauerelastischem Kunststoff ausgespritzt und geglättet.

Material: Dauerelastischer Kitt, Befestigungsgarnitur
Werkzeug: Schlagbohrmaschine, 14-mm-Widiabohrer, 14-mm-Dübel, verschiedene Schraubenschlüssel, Steckschlüssel, Engländer, Schraubenzieher

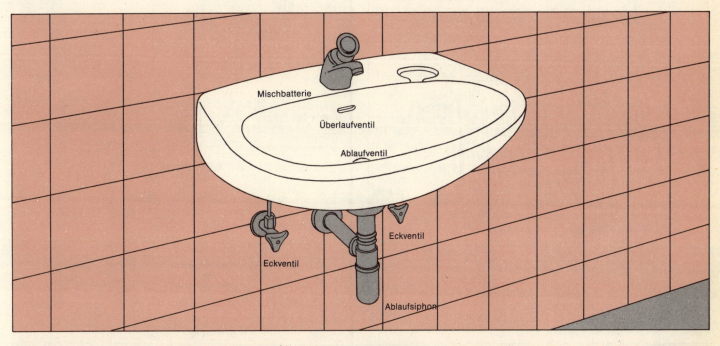

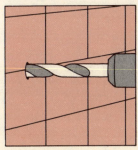

1. Löcher vorzeichnen und mit Bohrmaschine und 14-mm-Widiabohrer bohren

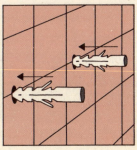

2. In die vorgebohrten Löcher die 14-mm-Kunststoffdübel ganz einsetzen

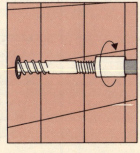

3. Die Gewindeschrauben im Uhrzeigersinn in die Dübel eindrehen

4. Waschbecken auf Schrauben aufsetzen und mit Kunststoffmuttern befestigen

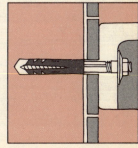

5. Im Schnitt wird die Anordnung der Befestigung noch einmal deutlich

Waschbecken

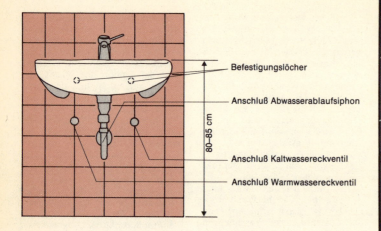

- Befestigungslöcher
- Anschluß Abwasserablaufsiphon
- Anschluß Kaltwassereckventil
- Anschluß Warmwassereckventil

80–85 cm

Eine neue Siphondichtung anbringen

Alle sanitären Anlagen sind über einen Siphon mit der Abflußleitung verbunden. Der Siphon besteht aus einer Wasserumlenkung und soll das Austreten von Gasen verhindern. Ein Siphon ist aber besonders anfällig für Verstopfungen.

Um eine Verstopfung zu beheben, muß man den Siphon abmontieren. Wenn man ihn wieder anbringt, sollte man unbedingt neue Dichtungen einlegen. Vorher stellt man einen Eimer unter den Siphon. Mit einem Schraubenschlüssel wird die Überwurfmutter gelöst. Dann ersetzt man den Dichtungsring. Dichtflächen am Siphon und am Dichtungsring sollten absolut sauber und trocken sein. Die Überwurfmutter wieder anziehen und Siphon auf Dichtheit prüfen.

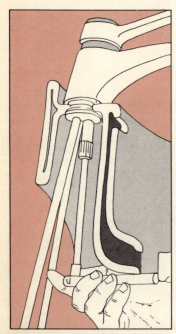

Die Mischbatterie einsetzen und mit einem Steckschlüssel festziehen

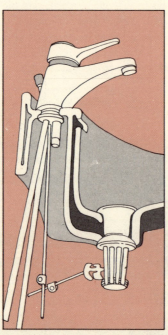

Diese Abbildung zeigt eine Mischbatterie mit Exzenterablaufgarnitur

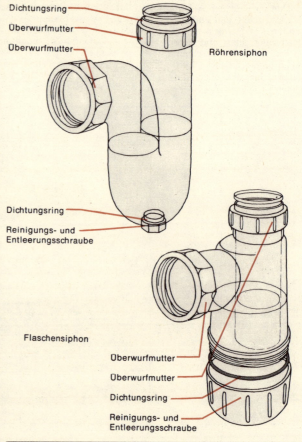

- Dichtungsring
- Überwurfmutter
- Überwurfmutter

Röhrensiphon

- Dichtungsring
- Reinigungs- und Entleerungsschraube

Flaschensiphon

- Überwurfmutter
- Überwurfmutter
- Dichtungsring
- Reinigungs- und Entleerungsschraube

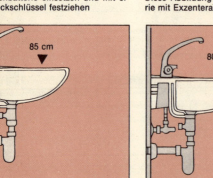

Für Großgewachsene ist eine Höhe von 85 cm zu empfehlen

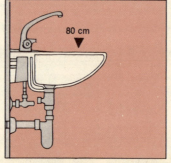

Kleinere Leute sollten das Becken 80 cm hoch anbringen lassen

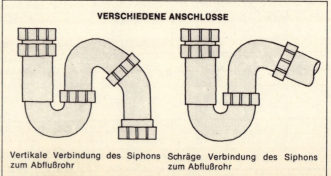

VERSCHIEDENE ANSCHLÜSSE

Vertikale Verbindung des Siphons zum Abflußrohr

Schräge Verbindung des Siphons zum Abflußrohr

Einen Beckenabfluß abdichten

Alle fest installierten Waschbecken, Spülbecken oder Badewannen haben ein Abflußloch, an das ein Abflußrohr angeschlossen ist, und zwar meistens mit einem kurzen Rohrstück, das oben mit einem gekitteten Dichtungsring im Beckenloch fest aufsitzt. Das Rohrstück hat am unteren Ende ein Gewinde, über das mit einer Gegenmutter ein Dichtungsring fest gegen den Beckenboden verschraubt ist. Am gleichen Gewinde greift die Anschlußmutter vom Abflußrohr.

Wenn an diesen Zwischenstücken Wasser austritt, müssen die Dichtungsringe und die Kittauflagen erneuert werden.

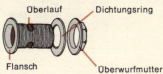

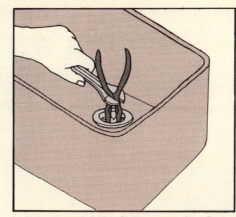

1. Als erstes wird der Siphon unter dem Becken abgeschraubt. Dazu steckt man eine Rundzange in die Öffnungen der Abflußplatte im Abflußloch und hält sie mit einem Schraubenschlüssel fest

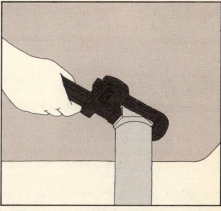

2. Während man die Abflußplatte festhält, löst man die Überwurfmutter unter dem Becken mit einer Rohrzange. Wenn sie sehr stramm sitzt, lockert man sie mit leichten Hammerschlägen

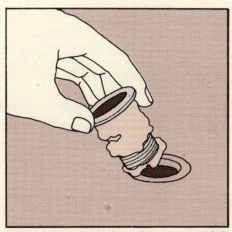

3. Nun wird das Anschlußrohrstück aus dem Abflußloch genommen. Am besten geht es, wenn man mit dem Handballen von unten dagegen klopft. Die Kittreste werden gründlich von den Rändern entfernt

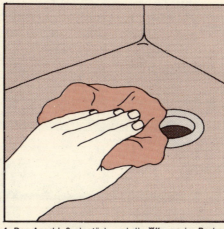

4. Das Anschlußrohrstück und die Öffnung im Becken muß man, am besten mit einem Lappen, gründlich säubern und trockenreiben, damit der neue Kitt nachher gut binden kann

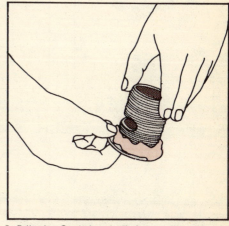

5. Falls das Gewinde schadhaft ist, sollte man unbedingt ein neues Anschlußrohrstück einsetzen. Der Kitt wird zu einem Strang gerollt und dann satt unter den Flansch gedrückt

6. Jetzt setzt man das Anschlußrohrstück in die Beckenöffnung ein, bestreicht den Dichtungsring mit Kitt und schraubt ihn dann mit der Überwurfmutter fest auf das Abflußrohr

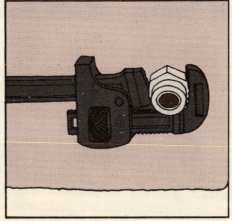

7. Danach wird die Abflußplatte im Becken von oben wieder mit einer Rundzange festgehalten und die Überwurfmutter mit einem passenden Schlüssel oder einer Rohrzange angezogen

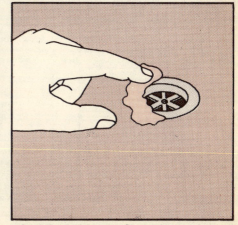

8. Der beim Anziehen der Überwurfmutter oben und unten herausgedrückte Kitt wird sorgfältig entfernt. Dann läßt man Wasser ein, um zu sehen, ob der Abfluß dicht ist

Waschbecken

So montiert man eine neue Küchenspüle

Küchenspülen aus nichtrostendem Stahl gibt es in Fachgeschäften und in vielen Kaufhäusern. Soll eine alte Einbauspüle durch eine neue ersetzt werden, ist es gleichgültig, ob sich die Abtropffläche links oder rechts befindet oder ob die Spüle ein Doppelbecken hat. Wichtig ist, daß in der Küche ausreichend Platz für den Einbau vorhanden ist. Befinden sich in der neuen Spüle die Öffnungen für Armaturen und Ablauf an der gleichen Stelle wie bei der alten, kann man die Rohrleitungen wiederverwenden. Ansonsten müssen entsprechende Winkelstücke und Verlängerungen eingebaut werden.

Material: Neue Einbauspüle komplett mit Ablaufgarnitur, Stopfen und Kette, Dichtungskitt
Werkzeug: Hammer und kleiner Flachmeißel, Schraubenschlüssel oder Rohrzange, Metallsäge

1. Falls erforderlich, Fliesen hinter der Spüle vorsichtig mit Hammer und Meißel entfernen, um sie wiederverwenden zu können

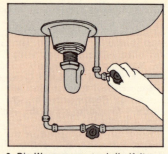

2. Die Warmwasser- und die Kaltwasserleitung werden am nächsten Absperrventil (meist direkt unter dem Becken) abgesperrt

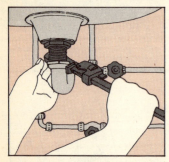

3. Die Überwurfmutter zwischen dem Beckenablaufrohr und dem Siphon mit der Rohrzange lösen und abschrauben

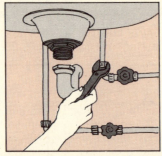

4. Zuleitungen für Warm- und Kaltwasser löst man an der letzten Verschraubung vor der Spüle und schraubt sie ab

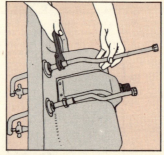

5. Einbauspüle aus der Arbeitsplatte herausheben, seitlich kippen und die Verschraubungen der Armaturrohre lösen

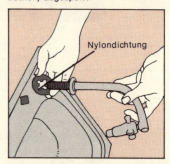

6. Haltemuttern entfernen, Armaturen herausziehen, Nylondichtungen aufsetzen und Armaturen in die neue Spüle einschieben

7. Von unten werden Plastikdichtungen auf die Armaturrohre gesetzt, dann werden die Haltemuttern wieder aufgeschraubt

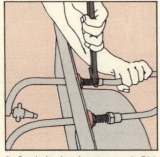

8. Gewinde der Armaturen mit Dichtungskitt bestreichen und Verbindungsleitungen aufschrauben, jedoch noch nicht festziehen

9. Spüle einsetzen, Versorgungsleitungen durch Winkel oder Verlängerungen anschließen, Armaturen ausrichten und festziehen

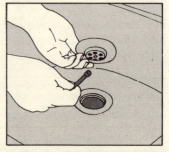

10. Eine Gummidichtung auf das Abflußloch legen und das Sieb oder Auffanggitter durch das Schraubenloch in der Mitte festschrauben

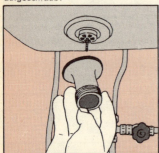

11. Dichtungsring oben auf das Ablaufrohr legen und das Rohr mit Mutter von unten auf die Siebschraube schrauben

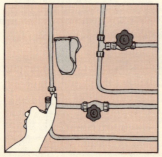

12. Die Schraubgewinde vor den Absperrventilen werden sorgfältig mit Dichtungskitt bestrichen und dann festgeschraubt

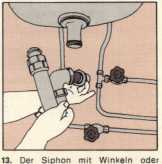

13. Der Siphon mit Winkeln oder Verlängerungen wird an das Beckenabflußrohr an der Wand angepaßt und dann angeschraubt

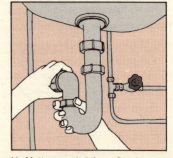

14. Muttern nachziehen, Stopfen und Kette an der Spüle befestigen, Wasserzufuhr öffnen und Fliesen wieder ankleben

Verstopfungen verhüten

Im Abfluß von Badewannen, Wasch- und Spülbecken befindet sich ein Auffanggitter und Sieb, das Feststoffe zurückhält, die zu Verstopfungen im Geruchsverschluß oder im Rohr führen könnten. Kleinere Teilchen passieren jedoch das Sieb und werden nicht immer weggespült.

Schütten Sie daher auch Teeblätter oder Kaffeesatz nicht in den Ausguß. Wenn heißes Fett hineingeraten ist, spülen Sie mit heißem Wasser nach, damit sich das erkaltende Fett nicht an den Rohrwandungen absetzt. Werfen Sie auch keine Hygienebinden in die Toilette.

EINEN ABFLUSSREINIGER SELBER MACHEN

Gekaufte Saugpumpen bestehen aus einem Holzstab und einer Gummiglocke. Wenn man die Gummiglocke auf das Abflußloch setzt und den Stock nach oben und unten bewegt, wird eine Druck- und Saugkraft erzeugt, welche die meisten Verstopfungen löst. Man kann einen ähnlich wirkenden Abflußreiniger aus Schaumstoff selber machen.

| Material: | Rund 50 cm langer Holzstab, Schaumstoff, 20 x 10 x 3 cm, Tuch, Bindfaden |
| Werkzeug: | Messer oder Schere |

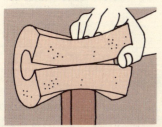

1. Das Schaumstoffstück wird auf die Hälfte zusammengelegt und dann auf das eine Ende des Holzstocks gehalten

2. Nun legt man ein Tuch um den Schaumstoff und wickelt es straff so darum herum, daß es noch ein gutes Stück über den Stock reicht

3. Das Tuch an den Stock binden. Die Schnur hält den Schaumstoff am besten, wenn man vorher eine Kerbe in den Stock schneidet

4. Man prüft, ob der Schaumstoff fest an dem Stock sitzt, spannt die Schnur eventuell nach und schneidet dann die Schnurenden ab

Waschbecken mit der Saugpumpe freimachen

Bei verstopften Waschbecken oder Badewannen muß manchmal der Geruchsverschluß abmontiert werden. Zuerst aber mit Saugpumpe versuchen.

| Werkzeug: | Lappen Saugpumpe Tasse oder Becher |

Saugpumpe

1. Die Überlauföffnung wird mit einem Lappen verstopft, damit bei Benutzung der Pumpe weder Luft noch Wasser entweichen können

2. Man schöpft das Wasser bis auf einen Rest aus dem Becken. Der Pumpenrand muß noch von Wasser umgeben sein

3. Jetzt wird die Saugpumpe mit der Gummiglocke nach unten fest auf die Abflußöffnung gesetzt und der Griff kräftig auf und ab bewegt

4. Wenn sich die Verstopfung gelöst hat, fließt das Wasser ab. Nun dreht man den Hahn auf und bewegt die Saugpumpe noch ein paarmal

5. Man nimmt den Lappen aus der Überlauföffnung und läßt 1–2 Minuten lang kaltes Wasser laufen, um den Geruchsverschluß zu füllen

Einen Geruchsverschluß reinigen

Wenn der Abfluß eines Beckens oder einer Wanne mit der Saugpumpe nicht freizubekommen ist, muß man die Verstopfung im Geruchsverschluß oder im Abflußrohr anders beseitigen.

Das Prinzip von Geruchsverschlüssen bleibt immer das gleiche: Unmittelbar unter der Abflußöffnung ist das Abflußrohr so geformt, daß eine Restmenge Wasser zurückbleibt, die das Rohr luftdicht verschließt und dadurch verhindert, daß übelriechende Gase aus dem Abfluß austreten können. Beim Klosettbecken wird dies durch die besondere Form des Beckenunterteils erreicht (siehe S. 220). Bei Ausguß- und Spülbecken wird meist der S-förmige Rohrbogen (Knie) mit Reinigungsschraube verwendet, bei Handwaschbecken hat sich die elegantere Ausführung als Siphon (Traps) mit abschraubbarem Topf durchgesetzt. Der Topf kann mit der Hand abgeschraubt und gereinigt werden.

| Material: | Dichtungsring für Schraubverschluß |
| Werkzeug: | Verstellbarer Schraubenschlüssel, dünner Metall- oder Holzstab, Draht oder Drahtspirale, Eimer, Schüssel |

1. Vor Beginn der Arbeit stellt man einen Eimer zum Auffangen von Wasser unter das Knie

Waschbecken

Mehrteilige Geruchsverschlüsse reinigen

Manche Rohrbogen haben statt der Reinigungsschraube Gewinderinge, mit denen das Knie am Abflußstutzen des Beckens und am Abflußrohr befestigt ist. Diese Ringe lassen sich zur Reinigung lösen. Bei Flaschensiphons läßt sich der untere Teil abschrauben.

*Werkzeug: Eimer
Drahtspirale
Verstellbarer
Schraubenschlüssel
oder Rohrzange*

FLASCHENSIPHON

2. Schraubverschluß mit verstellbarem Schlüssel öffnen, dabei mit Holzstück im Knie gegenhalten, damit man es nicht verbiegt

3. Vom Becken aus wird das Ablaufrohr mit einem Draht oder einer Drahtspirale von festgesetzten Schmutzresten gesäubert

1. Abflußrohr mit einer Hand festhalten und Unterteil des Flaschensiphons abschrauben

4. Man stößt den Draht von unten durch die Ablaßöffnung, dreht ihn hin und her, löst die Verstopfung und holt den Schmutz nach unten heraus

5. Wenn nötig, führt man die Drahtspirale auch in die andere Seite des Abflußrohrs und beseitigt auf gleiche Weise die Verstopfung

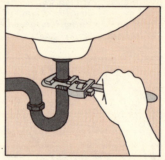

1. Eimer oder Schüssel unter den Siphon stellen, um Wasser und Schmutz aufzufangen. Beide Ringmuttern des Rohrbogens lösen

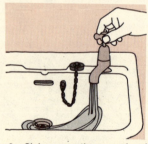

2. Siphon und Abflußrohr mit Drahtspirale reinigen. In hartnäckigen Fällen den ganzen Siphon abschrauben und säubern

6. Wenn die Verstopfung beseitigt ist, wird die Reinigungsschraube mit neuem Dichtring von Hand wieder eingeschraubt

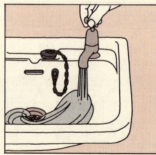

7. Nun spült man mit viel Wasser kräftig nach, um die letzten Schmutzreste zu entfernen, dann zieht man die Reinigungsschraube an

2. Rohrbogen und Abflußrohr mit Draht oder Spirale säubern. Rohrbogen wieder anschrauben und mit Schraubenschlüssel festziehen

3. Siphon montieren und mit reichlich Wasser durchspülen, damit er sich füllt

KETTE UND ABFLUSSSTOPFEN ERNEUERN

Die Kette mit dem Abflußstopfen ist durch einen Ring mit der Rosette der Überlauföffnung verbunden oder, getrennt davon, mit Lochbolzen, Dichtring und Mutter am Wasch- oder Spülbecken befestigt. Die Kette soll so stabil sein, daß sie beim Herausziehen des festsitzenden Gummistopfens nicht reißt. Alle Metallteile müssen aus nichtrostendem Material bestehen.

1. Zur Befestigung der Kette wird ein Lochbolzen durch ein hierfür vorgesehenes Loch im oberen Beckenrand gesteckt und mit einer Mutter gesichert

2. Zum Auswechseln eines Gummistopfens öffnet man den Endring der Kette, tauscht den alten Stopfen gegen den neuen aus und biegt den Ring wieder zusammen

ÜBERLAUFSYSTEM

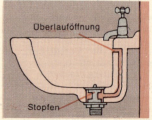

Der Überlauf verhindert, daß das Wasser überläuft, wenn der Stopfen im Becken sitzt

Wasserhähne

Auslaufhähne

Was man im täglichen Sprachgebrauch als Wasserhähne bezeichnet, sind gar keine „Hähne", sondern Ventile.

Sie arbeiten alle nach dem gleichen Prinzip: Über einen Griff wird eine Gewindespindel auf und ab bewegt. Am unteren Ende der Gewindespindel sitzt die sogenannte Ventilplatte, an der mit einer Mutter eine Dichtung befestigt ist: Diese Dichtung kann man durch Drehen der Spindel fest über ein Wasseraustrittsloch im Hahn drücken oder stufenlos davon abheben, so daß der Wasserfluß nach Bedarf reguliert werden kann.

Die Dichtungen verschleißen und sollten ausgewechselt werden, wenn der Hahn nicht mehr richtig schließt, wenn er tropft. Dazu dreht man die Gewindespindel aus dem Hahn heraus. Vorher muß aber immer der Absperrhahn für den betreffenden Leitungsstrang oder, wenn ein solcher Einzelhahn nicht vorhanden ist, der Hauptwasserhahn zugedreht werden.

Bevor man eine Dichtung ersetzt, wird geprüft, ob sie den Durchmesser und auch die Dicke der alten Dichtung hat. Früher waren die Dichtungen aus Leder oder Kork, heute werden sie hauptsächlich aus Gummi oder Kunststoff hergestellt.

Bevor man eine neue Dichtung einsetzt, sollte man auch von der Auflagefläche der Dichtung, dem sogenannten Ventilsitz, alle Reste der alten Dichtung sowie Korrosions- oder Kalkablagerungen entfernen.

Bei Badewannen, Duschen, Waschbecken und Spültischen werden heute in den meisten Fällen Kalt- und Warmwasserkombinationen mit zwei Hähnen verwendet.

Neben diesen mechanischen Mischbatterien werden aber immer häufiger thermostatisch geregelte Mischhähne installiert, bei denen die gewünschte Auslauftemperatur des Wassers an einer Skala eingestellt werden kann. Diese Batterien sind aber meist so kompliziert, daß man zur Reparatur unbedingt einen Fachmann zu Rate ziehen sollte.

Eine Dichtung auswechseln

1. Wasserzufluß abstellen und Wasserhahn ganz öffnen. Beckenabfluß schließen. Schutzkappe mit Lappen gegen Verkratzen schützen und abschrauben

2. Die Spindel wird nun über die Spindelmutter mit einem Schlüssel vorsichtig gelöst, von Hand losgeschraubt und aus dem Hahn herausgenommen

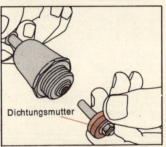

3. Meist sitzt das Ventil fest im Oberteil, manchmal läßt es sich herausziehen oder abschrauben. Die Dichtung wird durch eine Mutter gehalten

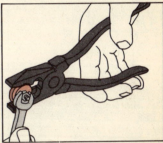

4. Zum Auswechseln der Dichtung hält man die Ventilplatte mit einer Kombizange fest und löst dann die Dichtungsmutter mit dem Schraubenschlüssel

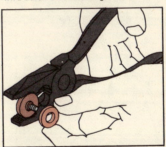

5. Die neue Dichtung wird so aufgesetzt, daß ihre Schriftseite auf der Ventilplatte liegt. Dann zieht man die Dichtungsmutter an

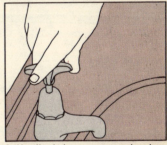

6. Ventil wieder zusammenschrauben. Wasserzufluß am Absperrventil oder Haupthahn öffnen. Durch Auf- und Zudrehen prüfen, ob Ventil gut schließt

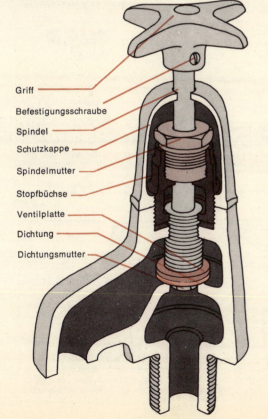

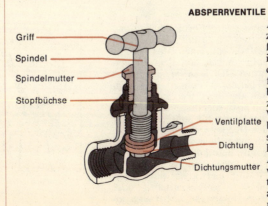

ABSPERRVENTILE

Absperrventile dienen dazu, einzelne Leitungsabschnitte abschließen zu können. Dies ist vor allem im Winter wichtig bei Leitungen, die in unbeheizten Räumen verlaufen, oder bei Reparaturen. Man braucht dann nicht den Haupthahn zu schließen und damit die ganze Wasserzufuhr abzusperren. Damit bei zugedrehtem Ventil kein Wasser in den Leitungen bleibt, sollte hinter jedem Absperrventil ein Auslaufhahn installiert sein. Er wird nach dem Absperren der Leitung geöffnet, so daß das Wasser aus dem betreffenden Leitungsbereich abfließen kann.

Wasserhähne

Spindelmutter anziehen

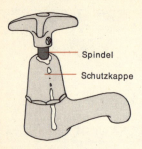

Wenn zwischen Spindel und Schutzkappe Wasser austritt, zieht man die Spindelmutter fest.

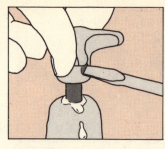

1. Man öffnet den Hahn, ohne den Wasserzulauf abzusperren, und dreht die Schraube heraus, die den Griff auf der Spindel hält

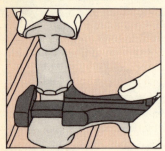

2. Die Schutzkappe wird losgeschraubt und mit einem darunter gesteckten Schlüssel zusammen mit dem Griff abgehoben

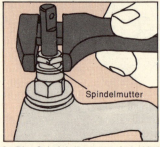

3. Die Spindel liegt nun frei. Man zieht die Sechskantspindelmutter um eine halbe Umdrehung an, ohne Gewalt dabei anzuwenden

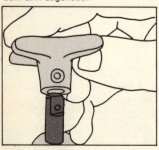

4. Mit provisorisch aufgesetztem Griff prüft man, ob sich die Spindel leicht drehen läßt; wenn nicht, wird die Mutter etwas gelockert

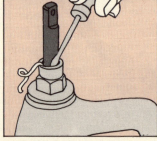

5. Leckt der Hahn immer noch, stellt man das Wasser ab, entfernt die Spindelmutter und drückt eine neue Dichtungsschnur in die Stopfbüchse

Dichtung eines Absperrventils erneuern

Bei geschlossenem Ventil sitzt die Dichtung auf dem Ventilsitz und sperrt den Wasserfluß ab.

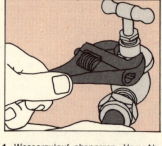

1. Wasserzulauf absperren. Vom Absperrventil versorgte Rohre über Auslaufventile entleeren. Ventiloberteil abschrauben

2. Nach Herausheben des Ventiloberteils ist die Dichtung zugänglich; sie wird von einer kleinen Mutter auf der Ventilplatte gehalten

3. Man hält die Ventilplatte mit einer Zange fest, löst die Mutter mit einem Gabelschlüssel und nimmt die Dichtung ab

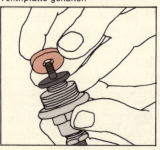

4. Nun drückt man die neue Dichtung auf die Ventilplatte und schraubt die Mutter auf, zieht sie aber nicht mit Gewalt fest; evtl. Spindel einfetten

5. Das Ventiloberteil wird von Hand eingeschraubt und mit einem Schlüssel angezogen, aber nicht zu stark, damit es nicht beschädigt wird

Abziehbarer Griff

Viele Hähne haben abziehbare Drehgriffe. Sie können die verschiedensten Formen haben und werden häufig mit Klemmfedern einfach auf einen Vierkantstift aufgeschoben, auf dem sie einrasten. Sie können daher bei Reparaturen ohne Schwierigkeit abgezogen werden.

Verschiedentlich aber haben die Drehgriffe statt dessen auf der Oberseite eine Befestigungsschraube, die meistens durch eine dünne Plastikplatte verdeckt ist. Dieses Plättchen ist nur eingeklemmt und kann mit einem dünnen Schraubenzieher oder einer Messerspitze herausgehoben werden.

1. Schmalen Schraubenzieher oder Messerspitze unter die Abdeckplatte schieben und diese aus dem Griff herausheben

2. Befestigungsschraube im Kopf des Drehgriffs mit passendem Schraubenzieher lösen und dann den Griff abziehen

Eine Flügelhahndichtung erneuern

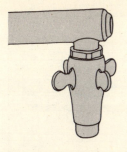

Um die Dichtung eines Flügelhahns zu erneuern, braucht man das Wasser nicht abzustellen. Im Hahn ist ein Ventil.

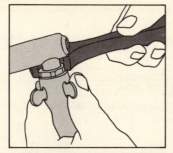

1. Man hält das Flügelrohr mit einer Hand fest und lockert die Sechskantmutter am oberen Hahnende mit einem Schraubenschlüssel

2. Jetzt hält man die Sechskantmutter mit der Hand fest und schraubt das Flügelrohr entgegen dem Uhrzeigersinn los

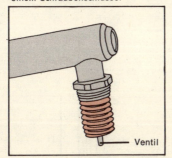

3. Das Flügelrohr wird abgenommen. Dann vergewissert man sich, daß das automatische Absperrventil auch gut schließt

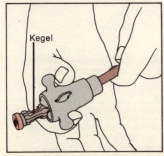

4. Mit einem Bleistift wird der Kegel, der das Ventil enthält und der den Wasserstrahl regelt, herausgeschoben

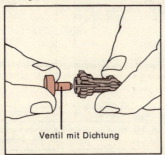

5. Man säubert den Kegel mit einer Nagelbürste, zieht das Ventil mit der Dichtung heraus und ersetzt es durch ein neues

Ein Umstellgriff leckt

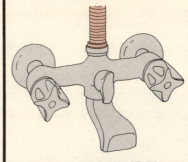

Wenn am Umstellgriff Wasser austritt, muß die Ringdichtung erneuert werden.

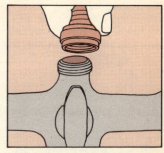

1. Das Wasser braucht für die Arbeit nicht abgestellt zu werden. Man schraubt einfach den Brauseschlauch von der Batterie ab

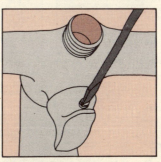

2. Nun löst man die Feststellschraube des Umstellgriffs und zieht den Griff vom geschlitzten Gewindeverbindungsstück ab

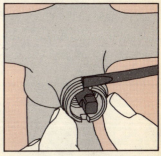

3. In einen der Schlitze steckt man von der Seite einen Schraubenzieher und löst damit das Verbindungsstück und dreht es heraus

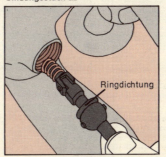

4. Dann wird der Ventilmechanismus vorsichtig aus dem Gehäuse herausgezogen und die Ringdichtung davon abgenommen

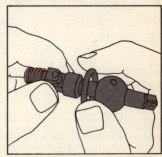

5. Zum Schluß schiebt man die neue Ringdichtung über das Federende auf ihren Sitz und setzt alle Teile wieder zusammen

Schwenkhähne

Nach häufigem Gebrauch tritt an der Drehbefestigung von Schwenkhähnen häufig Wasser aus. Dann muß die Dichtung erneuert werden.

Dazu schraubt man die Kappe unten am Rohr los. Wenn sie festsitzt, legt man einen Lappen darum und löst sie mit einer Zange. Dann wird der Hahn abgenommen und die Dichtung erneuert.

Material:	Ringdichtung
Werkzeug:	Spitzzange

1. Wenn ein Schwenkhahn tropft, wird die Kappe an seinem Ende abgezogen oder abgeschraubt

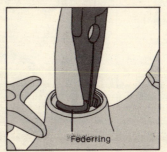

2. Der Federring wird hochgedrückt und so aufgeweitet, daß er sich auf das Schwenkrohr schieben läßt

3. Dann nimmt man das Schwenkrohr aus seinem Sitz und erneuert die darin liegende Dichtung

Wasserhähne

Verschiedene Armaturenarten

Die Abbildungen auf dieser Seite zeigen verschiedene Arten von Armaturen, die man an Waschbecken, Spülen, Bidets und Badewannen anbringen kann.

Ein modernes Auslaufventil für Kaltwasser am Handwaschbecken mit langem Auslauf und Luftsprudler

Einhandmischbatterie für Wandmontage mit Schwenkauslauf. Durch Drehen des Hebels ändert sich die Temperatur. Nach oben ist das Ventil geöffnet, nach unten geschlossen

Einlochmischbatterie für Waschbecken mit Griffen für Warm- und Kaltwasser. Der Auslauf sitzt fest

Einhand-Einlochmischbatterie für Warm- und Kaltwasser zum Einbau in Waschbecken

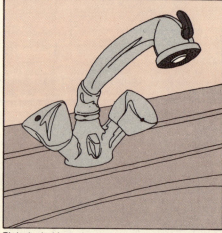

Einlochmischbatterie mit ausziehbarer Schlauchbrause für Waschbecken und Spülen

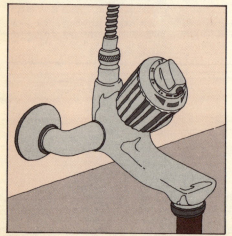

Wannenfüll- und Brausebatterie mit Einknopfbedienung und thermostatischem Temperaturregler

Wannenfüll- und Brausebatterie mit zwei Griffen für Warm- und Kaltwasser mit Schlauchbrause

Bidetarmatur mit Unterdusche und Randspülung. In der Mitte das Umstellventil

Wasserleitungen

Wasserversorgung

Heute ist es möglich, beinahe jedes Gebäude an die sogenannte Wasserversorgung anzuschließen, die von der Gemeinde, dem Land oder einem Zweckverband gebaut und betrieben wird.

Der Anschluß an eine solche Wasserversorgung bedingt, daß man alle Vorschriften des Wasserwerks anerkennt und die Wasserleitungsanlagen auch dementsprechend ausführt. Es empfiehlt sich daher, grundlegende Installationsarbeiten dem Fachmann zu überlassen.

Die öffentlichen Wasserversorgungen gewinnen ihr Wasser in der Regel aus Grund- oder Quellwasser sowie aus Oberflächenwasser, das z. B. durch Talsperren aufgestaut wird. Es wird gefiltert, aufbereitet und zu großen Vorratsbehältern auf Türmen oder Bergen gepumpt. Von hier fließt es mit natürlichem Gefälle zu unseren Wohn- und Arbeitsstätten. Transportiert wird das Wasser in Rohren aus Gußeisen, Stahl oder Kunststoff.

Die Gebäude werden über eine Hausanschlußleitung, die in unmittelbarer Nähe des Gebäudes absperrbar sein soll, an die in der Straße liegenden Versorgungsleitungen angeschlossen. Im Gebäude selbst soll in unmittelbarer Nähe der Hauseinführung der Wasserzähler mit allen vorgeschriebenen Absperr- und Sicherheitseinrichtungen installiert werden.

Die Hausinstallation

Die Wasserleitungen, die sich an die Wasserzählanlage anschließen, werden Hausinstallation genannt. Bei umfangreicheren Installationen wird zunächst ein Wasserverteiler erstellt. In diesem werden alle im Haus zu versorgenden Anlagen in Gruppen zusammengefaßt. In Mehrfamilienhäusern ist es z. B. oft ratsam, jede Wohnung mit einer eigenen Steigleitung zu versorgen. Weiterhin sollten Wasserzapfstellen, die im Winter wegen Frostgefahr abgestellt werden müssen (z. B. Gartensprengstellen), zu gesonderten Gruppen zusammengefaßt werden.

Jede Steigleitung erhält am Verteiler ein Absperr- und Entleerungsventil.

Die Hauswasserleitungen bestehen aus verzinkten Stahlrohren oder Kupferrohren. Vielfach werden heute auch Kunststoffrohre verlegt.

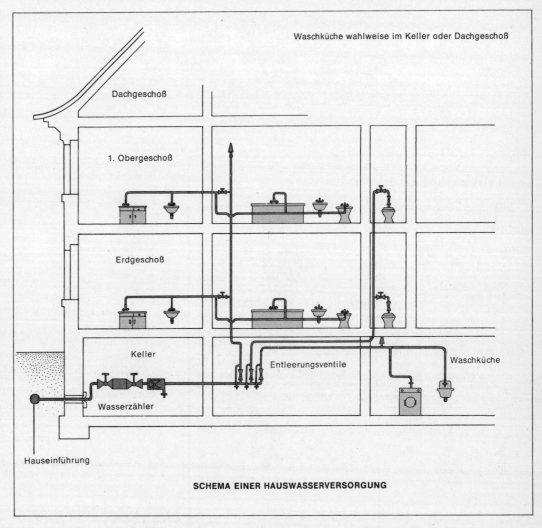

SCHEMA EINER HAUSWASSERVERSORGUNG

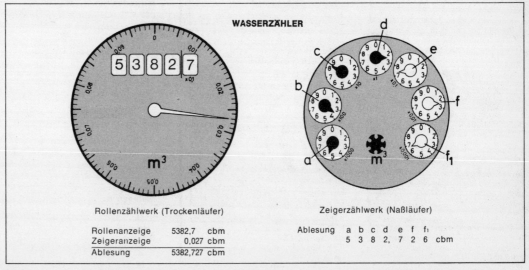

WASSERZÄHLER

Rollenzählwerk (Trockenläufer)

Rollenanzeige	5382,7	cbm
Zeigeranzeige	0,027	cbm
Ablesung	5382,727	cbm

Zeigerzählwerk (Naßläufer)

Ablesung a b c d e f f₁
          5 3 8 2, 7 2 6 cbm

Wasserleitungen

Material und Verbindungen

Wasserleitungen in Wohngebäuden können aus verschiedenen handelsüblichen Materialien hergestellt sein. Sie müssen jedoch den DIN-Vorschriften und denen des DVGW-Prüfausschusses entsprechen. Es dürfen nur korrosionsgeschützte Rohre wie verzinkte Stahlrohre, Kupfer- und Kunststoffrohre verwendet werden. Die früher üblichen Bleirohre sind nicht mehr zugelassen.

Rohrverbindungen müssen ebenfalls durch den Normenausschuß zugelassen sein. Bei verzinkten Stahlrohren werden Gewindefittings aus verzinktem Temperguß verwendet. Das neue Kaltschweißverfahren hat sich vor allem bei großen Dimensionen bewährt. Kupferrohre werden durch Lötfittings miteinander verbunden, die weich- oder auch hartgelötet werden. Bei normaler Beanspruchung in Wohngebäuden genügt das Weichlöten. Größere Kupferrohre werden sehr oft auch geschweißt. Kunststoffrohre aus PVC für Hauswasserleitungen werden durch Klebefittings verbunden. Kunststoffrohre aus Polyäthylen können geschweißt oder durch Klemmrohrverschraubungen verbunden werden. Sie haben sich der zu geringen Festigkeit und der großen Ausdehnung wegen noch nicht sehr verbreitet.

In einem Hauswasserleitungssystem darf nur eine Materialart verwendet werden. Ist z. B. das Leitungssystem aus Kupfer, so darf bei einer Reparatur kein verzinktes Stahlrohr dazwischen gesetzt werden. Bei Stahl- oder Kupferrohr in Verbindung mit Kunststoff würde sich die unterschiedliche Ausdehnung der Materialien negativ auswirken.

Lötverbindungen

Die Lötflächen werden mit Stahlwolle blankgerieben und mit einem Flußmittel dünn bestrichen. Die Rohre steckt man in die Muffen und erwärmt sie mit einer Lötlampe oder einem Propangasbrenner, bis das an die Naht gehaltene Weichlot schmilzt und durch Kapillaren in die Muffe zieht.

Material: Kupferrohr, Kupferfitting, Flußmittel, Lötzinn
Werkzeug: Stahlwolle, Rohrabschneider, Lötlampe oder Propangasbrenner, Schraubenzieher

1. Die Stahlwolle wird mit dem Schraubenzieher in der Fittingsmuffe so lange gedreht, bis die Innenfläche blank ist

2. Wichtig ist, daß man das Fitting auf beiden Seiten saubermacht. Am besten ist es, frische Stahlwolle zu verwenden

3. Die ebenfalls blankgeriebenen Lötstellen an den Rohrenden werden mit Flußmittel bestrichen, das wie das Lot hygienisch unbedenklich sein muß

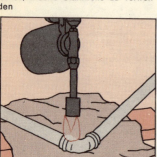

4. Die beiden Muffen werden mit der Lötlampe erwärmt, dann wird der Lötdraht an die Naht gehalten, bis er schmilzt

5. Die Muffen werden nach dem Erstarren des Lotes mit einem Lappen vom überschüssigen Flußmittel gereinigt

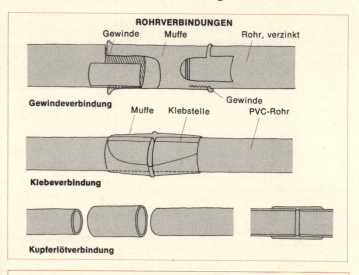

ROHRVERBINDUNGEN

Gewindeverbindung — Gewinde, Muffe, Rohr, verzinkt
Klebeverbindung — Muffe, Klebstelle, Gewinde, PVC-Rohr
Kupferlötverbindung

LEITUNGSQUERSCHNITTE

Die nachstehende Aufstellung zeigt die erforderlichen Leitungsquerschnitte für Anschlußleitungen zu den einzelnen Einrichtungsgegenständen. Sie richten sich bei Abwasserleitungen nach DIN 1986 und bei Wasserleitungen nach DIN 1988. Die angegebenen Querschnitte dürfen nicht unterschritten werden. Sollten mehrere Einrichtungsgegenstände angeschlossen werden, muß der Leitungsquerschnitt dem jeweiligen Verwendungszweck entsprechend errechnet werden.

Abwasserleitungen:

Badewanne	50 mm
Dusche	40 mm
Waschbecken	40 mm
Bidet	40 mm
Spültisch	50 mm
Klosett	100 mm
Hofablauf	100 mm
Waschmaschine	50 mm

Wasserleitungen:

Auslaufventile	15 mm
Waschtisch	15 mm
Badewanne	20 mm
Dusche	15 mm
Spüle	15 mm
Waschmaschine	15 mm
Spülkasten	15 mm
Druckspüler	20 mm

Eine undichte Lötverbindung reparieren

Wenn eine Rohrverbindung mit Lötfittings undicht ist, versucht man die Leckstelle zuzulöten. Andernfalls muß das Rohrstück herausgeschnitten und durch ein neues ersetzt werden. Verläuft das Rohr dicht an der Wand, wird sie mit hitzebeständigem Material geschützt.

Material: Lötzinn, Flußmittel
Werkzeug: Lötlampe, Asbest- oder Glasfasermatte, Stahlwolle

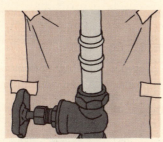

1. Wasser absperren und Rohrstrang entleeren. Den Hintergrund der Lötstelle durch eine Asbest- oder Glasfasermatte schützen

2. Das Rohr etwa 1,5 cm beiderseits des Lötfittings mit Stahlwolle reinigen. Im Bereich der Arbeitsstelle muß das Rohr trocken sein

3. Auf die gereinigten Rohrenden wird dann Flußmittel aufgetragen. Vorsicht vor Handverletzungen: Das Flußmittel wirkt stark ätzend

4. Das Lötfitting wird mit der Lötlampe so lange erhitzt, bis das alte Lot schmilzt und unten herausläuft

5. Man nimmt die Lötlampe weg, läßt den Lötdraht rund um das warme Fitting abschmelzen und dann die Lötstelle erkalten

Klemmverbindungen

Eine Klemmverbindung ist die einfachste Art, zwei Metall- oder Kunststoffrohre miteinander zu verbinden. Passend zum Rohrdurchmesser braucht man eine Schneidringverschraubung, bestehend aus Nippel, zwei Überwurfmuttern und zwei Metallringen. Solche Klemmverbindungen sollten jedoch möglichst nur für provisorische Installationen verwendet werden.

Material: Schneidringverschraubung
Werkzeug: Rohrzange

1. Zuerst werden die Überwurfmuttern über die beiden gesäuberten Rohrenden geschoben, dann setzt man die Schneidringe auf

2. Anschließend wird ein Rohrende in den Nippel (Mittelstück) eingeführt und mit der Überwurfmutter von Hand verschraubt

3. Nun wird das andere Rohrende dagegengeschraubt. Zuletzt werden die Überwurfmuttern mit Schraubenschlüssel oder Rohrzange angezogen

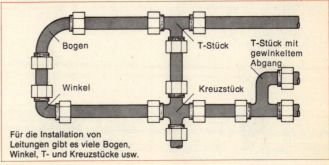

Für die Installation von Leitungen gibt es viele Bogen, Winkel, T- und Kreuzstücke usw.

ROHRBEFESTIGUNGEN FÜR LEITUNGEN ÜBER PUTZ

In Wohn-, Arbeits- und Repräsentationsräumen werden Rohrleitungen aus optischen Gründen gewöhnlich unter Putz verlegt. In Räumen, bei denen das Aussehen eine geringere Rolle spielt, verlegt man die Rohre besser über Putz, weil kostspielige Mauer- und Putzarbeiten entfallen und die Leitungen leichter kontrolliert und repariert werden können.

Zum Verankern gibt es Rohrbänder und Schellen, mit denen die Rohre entweder direkt auf der Wand oder in einem gewissen Abstand von der Wand befestigt werden. Rohrbänder und Schellen werden so angebracht, daß die Rohre noch einen geringen Spielraum haben, da sich das Metall bei Temperaturschwankungen dehnt oder zusammenzieht. Verlegt man Wasserleitungen, die ins Freie führen, muß man durch Einbau von Auslaufventilen und ein ausreichendes Gefälle dafür sorgen, daß die Leitungen in Frostperioden entleert werden können.

Rohrbänder und Rohrschellen für die verschiedensten Verwendungszwecke und Rohrdurchmesser

Wasserleitungen

Eine Zweigleitung anschließen

Wenn eine neue Zapfstelle gebraucht wird, kann man an die Wasserleitung mit Hilfe eines T-Stücks eine Zweigleitung anschließen. Das einzubauende T-Stück hat den gleichen Innendurchmesser wie die angezapfte Leitung, die neue Leitung jedoch einen geringeren Durchmesser. Man braucht daher ein T-Stück mit reduziertem Abgang.

Als erstes wird die Wasserzufuhr abgesperrt und die Leitung entleert. Dann wird die Stelle angezeichnet, die zum Einsetzen des T-Stücks herausgeschnitten werden soll.

Material: T-Stück mit Schneidringverschraubung, Dichtungsband, Isoliermaterial
Werkzeug: Metallsäge, zwei Schraubenschlüssel oder Rohrzangen, Feile

1. Rohr festhalten und Metallsäge genau an der markierten Stelle ansetzen. Nach dem Absägen den Grat mit einer Feile entfernen

2. Überwurfmuttern und Schneidringe auf die beiden Rohrenden schieben und das T-Stück einpassen. Gewinde mit Dichtungsband umwickeln

3. Überwurfmuttern erst mit der Hand aufschrauben und dann mit zwei Schraubenschlüsseln von beiden Seiten gleichzeitig festziehen

4. Das neue Rohr mit Überwurfmutter und Schneidring einpassen, Gewinde umwickeln und Mutter aufschrauben. Rohrisolierung ergänzen

Ein Bleirohr durch ein Kupferrohr ersetzen

Wenn ein Bleirohr beschädigt ist, sollte man nicht versuchen, es selbst zu reparieren. Es besteht aber die Möglichkeit, ein schadhaftes Bleirohr durch ein Kupferrohr zu ersetzen.

Man besorgt sich ein entsprechend langes Kupferrohr, das genau in das alte Bleirohr hineinpaßt, d. h. dessen Außendurchmesser dem Innendurchmesser des Bleirohrs entspricht. Das Kupferrohr muß aber innen noch weit genug sein, um den Wasserstrom nicht zu beeinträchtigen. Im Zweifelsfall holt man den Rat eines Fachmannes ein.

Material: Kupferrohr, Lötzinn und Flußmittel
Werkzeug: Asbest- oder Glasfasermatte, Schleifpapier, Stahlwolle, Metallsäge, Lötlampe, Holzklotz, Taschenmesser

1. Das schadhafte Stück des Bleirohrs mit der Metallsäge abschneiden. Vom Rohrende innen mit dem Taschenmesser etwas Blei abschaben

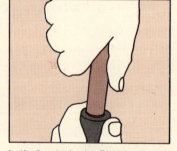
2. Kupferrohr in das Bleirohr einpassen. Es muß sich etwa 2,5 cm weit einschieben lassen. Wenn nötig, mit dem Messer mehr Blei abschaben

3. Das Ende des Kupferrohrs mit Stahlwolle abreiben, mit einem Lappen anfassen, mit Flußmittel bestreichen und mit der Lötlampe erhitzen

4. Während das Kupferrohr in die Lötflamme gehalten wird, Lötzinn auftragen. Flußmittel auf den Rand und die Innenwand des Bleirohrs streichen

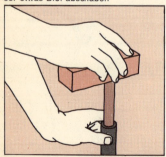
5. Das Kupferrohr anschließend nochmals erhitzen und warm in das Bleirohr einführen. Mit dem Holzklotz hineinklopfen, soweit es geht

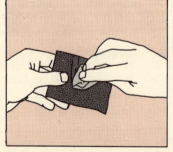
6. Ein Stück Schleifpapier mit Flußmittel bestreichen. Wände und Boden hinter dem Rohr mit Asbest- oder Glasfasermatte schützen

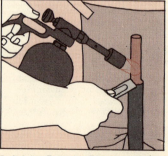
7. Auf das Ende des Bleirohrs Lötzinn auftragen. Flamme nur auf das Kupferrohr halten, damit das Bleirohr nicht schmilzt

8. Die Lötstelle mit einer dicken Schicht Lötzinn bedecken und anschließend mit dem flußmittelgetränkten Schleifpapier abglätten

Härtegrad unseres Leitungswassers

Die Zusammensetzung des Leitungswassers unterscheidet sich von Ort zu Ort. Je nachdem sind darin mehr oder weniger große Anteile an Kalzium, Magnesium, Natrium, Eisen, Mangan, freier und gebundener Kohlensäure, Phosphaten, Nitraten, Sulfaten und Silikaten enthalten. Die Härte des Wassers ist durch seine Kalk- und Magnesiumverbindungen bedingt. Sind beide an Kohlensäure gebunden, so verursachen sie die Karbonathärte, die herausgefiltert werden kann. Sulfate, Phosphate, Nitrate und Silikate bilden die Nichtkarbonathärte, die nicht herauszufiltern ist. Beide Härtearten zusammen bezeichnet man als Gesamthärte. Die Härte des Wassers wird in Grad deutscher Härte (° dH) gemessen:

 0– 4° dH = sehr weiches Wasser
 4– 8° dH = weiches Wasser
 8–12° dH = mittelhartes Wasser
12–18° dH = ziemlich hartes Wasser
18–30° dH = hartes Wasser
 >30° dH = sehr hartes Wasser

Die Karbonathärte (Kalk und Magnesium) fällt bei starker Erwärmung als Kesselstein aus dem Wasser aus. Kesselstein setzt sich in Wasserleitungen, Warmwasserbereitern, Waschmaschinen und Kochtöpfen ab. Da bei Wassertemperaturen von mehr als 60° C verstärkt Kalk ausfällt, ist es ratsam, die Warmwassertemperaturen unter 60° C zu halten. Da sich bei heißem Wasser auch das Kalk-Kohlensäure-Gleichgewicht verändert, kann es zu Korrosion in den Wasserleitungen kommen, besonders bei neuen verzinkten Stahlrohren, in denen sich noch keine Schutzschicht gebildet hat.

Eine andere wirksame, jedoch kostspielige Maßnahme ist, mit einer Enthärtungsanlage den Kalk aus dem Wasser zu entfernen. Diese Anlage arbeitet nach dem Ionenaustauschverfahren, wobei Kalziumionen gegen Natriumionen ausgetauscht werden. In einem Behälter befinden sich Kunstharzkugeln, die mit Natriumionen aufgeladen werden. Öffnet man den Hahn, so fließt hartes Wasser durch die Kugeln, wodurch die Kalziumionen durch Natriumionen ersetzt werden. Ist die Kapazität der Kunstharzkugeln erschöpft, muß die Anlage erneuert werden. Dazu wird eine gewisse Menge Salz und Wasser verbraucht.

Nach der Enthärtung ist kein Kalk mehr im Wasser; die Kohlensäure überwiegt. Solches Wasser würde die Rohrleitungen sehr stark angreifen. Deshalb wird nach der Enthärtung wieder hartes Wasser beigemischt, so daß das Wasser 6–8° dH mißt.

Als weitere Schutzmaßnahme wird dem Wasser Flüssigkeitsphosphat zugesetzt. Flüssigkeitsphosphat bildet in den Rohrleitungen eine dünne Schutzschicht, die verhindert, daß freie Kohlensäure die Rohre angreift.

Sehr wichtig ist, daß nach dem Hauptwasserzähler am Hausanschluß ein Feinstoffilter eingebaut wird, welcher verhindert, daß aus dem Straßennetz Schmutzteilchen in das Hauswassersystem gelangen. Dies wäre ohne weiteres möglich, da durch alte Leitungen oder Rohrnetzarbeiten oft Schmutz durch die Straßenleitungen geschwemmt wird.

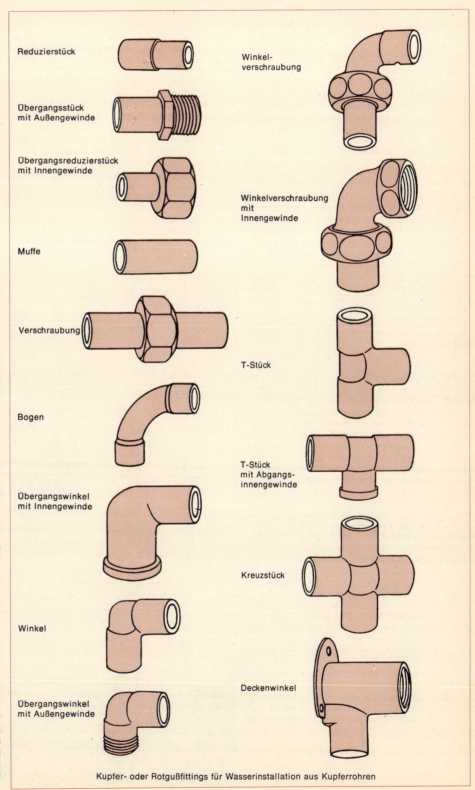

Kupfer- oder Rotgußfittings für Wasserinstallation aus Kupferrohren

243

Zentralheizung

So arbeitet eine zentrale Warmwasserheizung

Eine wichtige Voraussetzung für Behaglichkeit und wirtschaftliches Heizen ist die Wärmeisolation der Fenster und Außenwände. Ferner sollten die Heizkörper dort angebracht werden, wo der Kälteanfall am stärksten ist, an der Außenwand unter den Fenstern.

Nach Möglichkeit sollte man Heizkörper mit einem hohen Strahlungsanteil, z. B. Radiatoren, wählen. Strahlungswärme ist angenehmer, die Luftbewegung im Raum ist geringer, also gibt es weniger Staub. Auch läßt sich die Temperatur, vor allem in der Übergangszeit, leichter regeln als bei Konvektoren.

Eine Warmwasserzentralheizung setzt sich zusammen aus: Wärmeerzeuger (Heizkessel), Umwälzpumpe, Temperaturregelung, Rohrleitungssystem (Einrohr- oder Zweirohrsystem), Sicherheitseinrichtungen (Ausdehnungsgefäß, Sicherheitsventil, Begrenzungsthermostat) und Heizkörpern (Radiatoren).

Nebenstehende Zeichnung zeigt das Schema einer gasbefeuerten Einrohrheizung. Hier ist der Wärmeerzeuger auf dem Dachboden aufgestellt. Bei Gasheizkesseln ist dies möglich, da sie auch bei hoher Leistung einen geringen Wasserinhalt haben und damit auch leichter sind als etwa Ölheizkessel mit Gebläsebrenner. Zudem ist auch die Abgasführung weniger problematisch.

Das Prinzip einer Warmwasserzentralheizung ist bei jeder Kessel- und Energieart gleich. Im Wärmeerzeuger wird das Umlaufwasser erhitzt und mit einer Umwälzpumpe durch die Rohrleitungen in die Heizkörper gedrückt. In den Heizkörpern kühlt das Wasser ab, strömt über die Rücklaufleitung zum Wärmeerzeuger zurück und wird wiederum erhitzt. Heute werden Schwerkraftheizungen kaum noch gebaut, denn bei der Pumpenheizung können kleinere Rohrdimensionen gewählt werden, sie ermöglicht eine schnellere Aufheizung und ist regelfähiger.

Bei kleineren Anlagen werden heute fast nur noch regelbare Pumpen eingebaut, die einen größeren Leistungsbereich erfassen können. Die Temperaturregelung ist je nach Anlage verschieden. Die wirtschaftlichste Art ist die Vorlauftemperaturregelung, das heißt, die Vorlauftemperatur wird entsprechend der geforderten Wärme angehoben oder abgesenkt. Diese Steuerung kann entweder über Raumfühler (Raumtemperatursteuerung) oder Außenfühler (witterungsabhängige Steuerung) erfolgen. Bei einer wie im Bild dargestellten Gasheizung (mit atmosphärischem Brenner) kann die Vorlauftemperatur über den Heizkessel gesteuert werden (Kesseltemperatur = Vorlauftemperatur). Heizkesselanlagen mit Gebläsebrenner und festen Brennstoffen müssen dagegen eine konstant eingestellte Temperatur von mindestens 70° C und höchstens 90° C haben. Bei niedrigen Temperaturen kommt es in der Brennkammer zu Schwitzwasserbildung und Korrosion. Daher muß bei diesen Anlagen ein Mischventil eingebaut werden, welches entsprechend der geforderten Vorlauftemperatur mehr oder weniger kaltes Rücklaufwasser dem heißen Kesselwasser beimischt.

Diese Beimischung kann von Hand oder vollautomatisch mit einem Motor geregelt werden. Die vollautomatische Regelung in Abhängigkeit von der Außentemperatur ist zu bevorzugen. Über diese Automatik kann mit einer Schaltuhr die Raumtemperatur nachts abgesenkt werden, wobei eine Absenkung von 5° C zu empfehlen ist.

Zusätzlich muß man jeden Heizkörper mit einem Thermostatventil ausstatten. Dieses Thermostatventil dient dazu, den Anfall von Fremdwärme abzugleichen (beispielsweise Sonneneinstrahlung, Abwärme von Herd oder Fernsehgerät, Personenabwärme).

Pumpenwarmwasserheizungsanlagen werden heute meist als geschlossene Anlagen gebaut. Diese haben nicht mehr offene Ausdehnungsgefäße auf dem Dachboden, sondern beim Heizkessel montierte Membrandruckausdehnungsgefäße und ein Überdrucksicherheitsventil. Ein Manometer zeigt den Druck an,

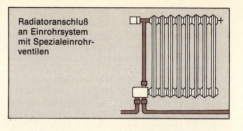

Radiatoranschluß an Einrohrsystem mit Spezialeinrohrventilen

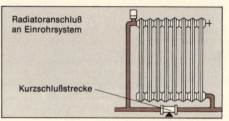

Radiatoranschluß an Einrohrsystem

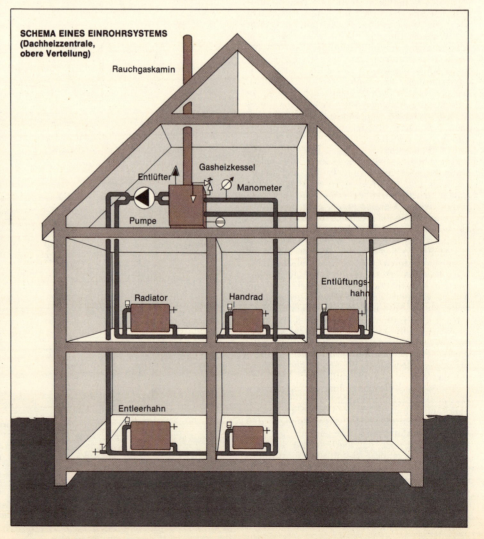

SCHEMA EINES EINROHRSYSTEMS (Dachheizzentrale, obere Verteilung)

der sich in der Regel im grünen Markierungsbereich bewegen sollte, auf keinen Fall jedoch über 2,5 bar, da sich sonst das Überdruckventil öffnet. Bei zuwenig Wasser werden die oberen Heizkörper nicht warm. Das Leitungssystem muß am Heizkörper immer gut entlüftet sein, da die Luft sonst Korrosion und Geräusche verursacht oder die gesamte Heizung nicht funktioniert. Warmwasserheizungen müssen nach DIN 4751 gebaut werden. Diese Norm unterteilt in offene und geschlossene Heizungsanlagen und fordert einzuhaltende Sicherheitsmaßnahmen.

Die Heizkörper und Rohrleitungen können im Einrohr- oder im Zweirohrsystem angelegt werden. Das Einrohrsystem besteht aus einem oder mehreren Ringen, an denen die Heizkörper, hintereinander geschaltet, angeschlossen sind. Vorlaufleitung ist zugleich Rücklaufleitung. Die Ringleitung sollte im allgemeinen 22 mm lichte Weite nicht übersteigen. Dementsprechend ist die Länge des Kreises und die Anzahl der Heizkörper zu wählen. Die Schwierigkeit liegt an der Dimensionierung der Kurzschlußstrecke und des Heizkörperanschlusses. Der Druckverlust der Kurzschlußstrecke muß größer sein als der vom Abgang zum Heizkörper bis zum Eintritt in die Ringleitung. Kann das durch die Rohrdimension allein nicht erreicht werden, muß man ein sogenanntes Drossel-T einbauen. Für moderne Einrohrheizungen verwendet man Spezialeinrohrventile, die den Volumenstrom selbständig verteilen und bei geschlossenem Regulierventil eine interne Kurzschlußstrecke öffnen. Durch die Abkühlung des Wassers im Heizkörper bekommt jeder nachfolgende eine niedrigere Vorlauftemperatur und muß für gleiche Leistung entsprechend größer sein. Eine Einrohrheizung funktioniert nicht ohne Umwälzpumpe.

Das Zweirohrsystem besteht aus zwei nebeneinanderliegenden Leitungen: Vor- und Rücklauf. Sämtliche Heizkörper sind ventilseitig oben am Vorlauf und verschraubungsseitig unten am Rücklauf angeschlossen. Die Leitungen werden oft auch vertikal verlegt und die Heizkörper einseitig angeschlossen. Das Zweirohrsystem ist sicherer als das Einrohrsystem.

Feste Brennstoffe (Holz, Kohle, Koks) werden heute bei Zentralheizungsanlagen kaum noch verwendet. In den meisten Fällen stehen keine genügend großen Lagerräume zur Verfügung, das Heizen und Reinigen der Kesselanlage erfordern sehr viel Zeit und Aufwand, und auch die Umweltverschmutzung spielt heute eine große Rolle. Als Zentralheizungskessel stehen Gußeisen- und Stahlkessel mit und ohne Warmwasserbereitung zur Verfügung. Sie können auch mit Öl und Gas betrieben werden und müssen in einem entsprechenden Heizungsraum aufgestellt werden. Sogenannte Heizungsherde, die allerdings nur für feste Brennstoffe geeignet sind, kann man in der Küche als Etagenheizkessel aufstellen.

In größeren Städten und Ballungszentren ist meist eine Gasversorgung (Stadtgas, Erdgas, Flüssiggas) mit großem Verteilungsnetz vorhanden. Gas ist ein sauberer, bequemer und heute auch sicherer und problemloser Brennstoff. Da er jedoch relativ teuer ist, sollten aus Wirtschaftlichkeitsgründen Spezialheizkessel verwendet werden. Dies sind Gasheizkessel aus Gußeisen, Stahl oder Edelstahl mit atmosphärischem Brenner und Umlaufwasserheizer (Heizthermen).

Zur Verfeuerung von Heizöl gibt es Gußeisen- und Stahlheizkessel mit oder ohne Warmwasserbereitung. Diese Heizkessel funktionieren nur mit Zerstäuberbrenner, auch Gebläsebrenner genannt, und müssen in einem Heizraum untergebracht werden. Für eine Etagenheizung gibt es auch Heizherde in Küchenausführung mit Verdampfungsbrenner ähnlich wie Öleinzelöfen. Die Heizöllagerung ist nicht immer einfach. Wenn kein geeigneter Raum vorhanden ist, muß ein Erdlagertank im Garten eingebaut werden. (Solche Tanks sind in der Schweiz nicht überall zugelassen. Informationen erteilt das jeweils zuständige Amt für Gewässerschutz.)

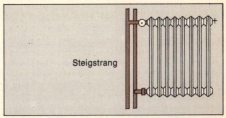

Radiatoranschluß an Zweirohrsystem (an Steigstrang)

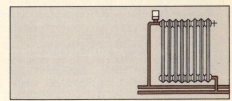

Radiatoranschluß an Zweirohrsystem (reitender Anschluß genannt)

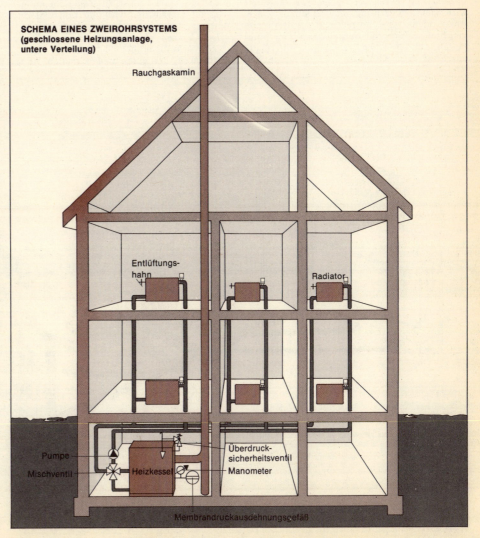

SCHEMA EINES ZWEIROHRSYSTEMS (geschlossene Heizungsanlage, untere Verteilung)

Zentralheizung

Warmluftzentralheizung

Eine Warmluftzentralheizung besteht aus Luftheizgerät, Ventilator, Luftfilter, Zuluftkanälen, Zuluftgitter, Abluftgitter, Rückluftkanal, Regelanlage und eventuell einem Frischluftkanal. Die Luftkanäle sind meist aus verzinktem Stahlblech, aber auch aus Aluminium, Kunststoff und Asbestzement hergestellt.

Das Prinzip einer Warmluftzentralheizung besteht darin, daß jeder zu beheizende Raum eines Gebäudes an ein Zuluft- und Rückluftkanalsystem angeschlossen wird. Die im Raum abgekühlte Luft wird mit einem Ventilator über einen Reinigungsfilter abgesaugt, über einen Lufterhitzer erwärmt und über Zuluftkanäle wieder den zu beheizenden Räumen zugeführt. Über einen am Rückluftkanal angeschlossenen Frischluftkanal kann eine fest eingestellte Menge frischer Außenluft zugeführt werden, so daß die Raumluft ständig erneuert wird und in den Räumen ein leichter Überdruck herrscht. Dadurch werden Zugerscheinungen durch geöffnete oder undichte Fenster und Türen vermieden. Die Raumluft wird vier- bis sechsmal in der Stunde umgewälzt, damit sie ausreichend gefiltert und gleichmäßig erwärmt werden kann. Der Filter besteht aus einer herausziehbaren Filtermatte aus Stoff oder Kunstfaser. Er muß von Zeit zu Zeit gereinigt oder erneuert werden. Der Ventilator kann vom Hersteller sowohl getrennt als auch im Luftheizautomat eingebaut geliefert werden.

Luftheizautomaten gibt es direkt beheizt mit Gas, Öl, festen Brennstoffen und Nachtstrom sowie auch indirekt über eine Warmwasserheizungsanlage. Bei kleineren Anlagen für Einfamilienhäuser und Bungalows sind direkt beheizte Geräte zweckmäßiger und billiger. Die Geräte sollten nach Möglichkeit im Untergeschoß oder in einem speziell dafür vorgesehenen Raum aufgestellt werden, da Ventilator und Brenner Geräusche verursachen. Zu- und Rückluftkanal müssen jeweils einen Schalldämpfer erhalten oder schalldämmend ausgekleidet werden, damit sich die Geräusche nicht durch die Luftkanäle in die Räume übertragen. In den einzelnen Räumen können Zu- und Rückluftgitter individuell eingestellt und reguliert werden. Die Luftaustrittsgeschwindigkeit am Zuluftgitter darf nicht zu hoch sein, da es sonst zu Zugerscheinungen, erhöhter Geräuschentwicklung und schlechter Wärmeverteilung im Raum kommt.

Der Vorteil einer Luftheizung gegenüber einer Warmwasserheizung liegt in der kurzen Aufheizzeit, der guten und schnellen Anpassung an Temperatur und Witterungsverhältnisse und der geringen Wartung. Bei Ausfall der Anlage besteht keine Einfrierungsgefahr. Im Raum sind keine möglicherweise störenden Heizkörper vorhanden, und mit entsprechendem Kostenaufwand besteht auch die Möglichkeit, eine Warmluftheizung auf eine Klimaanlage zu erweitern, d. h. mit einer Kühl- und Befeuchtungseinrichtung auszustatten.

Nachteile einer Warmluftheizung sind die starke Luftbewegung, die bauliche Unterbringung der relativ großen Luftkanäle, die Schall- und Hörübertragung zwischen den Räumen. In der Anschaffung ist sie wesentlich teurer als eine Warmwasserzentralheizung, und auch der Stromverbrauch des Luftventilators ist erheblich größer als z. B. der einer Umwälzpumpe.

Der Einbau einer Warmluftheizung in ein bestehendes Wohnhaus ist nur mit großem Aufwand und baulichen Veränderungen möglich. Auch für größere Wohngebäude sowie einzelne Wohnungen (Etagen) eignen sich Warmluftheizungen nicht.

In Einfamilienhäusern, Bungalows, vor allem aber in gewerblichen Gebäuden finden Warmluftheizungen Verwendung.

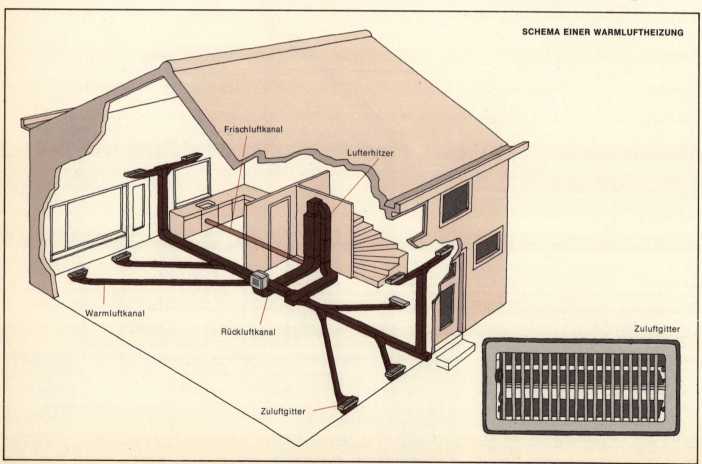

SCHEMA EINER WARMLUFTHEIZUNG

Fußbodenheizung

Die Fußbodenheizung mit Warmwasser als Ganzraumheizung gewinnt immer mehr an Bedeutung. Früher wurde sie in Verbindung mit anderen Heizsystemen vor allem zur Temperierung von Steinfußböden verwendet. In Schwimmbädern und Kirchen ist eine Fußbodenheizung fast unerläßlich.

Die Fußbodenheizung besteht aus Rohrschlangen, die auf dem Fußboden verlegt und im Estrich eingeschlossen werden. Deshalb dürfen sie nur im Niedertemperturbereich (45 °C) betrieben werden. Man verwendet dazu Kunststoffrohre (VPE-Rohre).

Die einzelnen Räume und Rohrkreise werden von einem zentralen Vor- und Rücklaufverteiler mit Absperrventil „angefahren". Ein Rohrkreis sollte nach Möglichkeit 100 m Rohrlänge nicht übersteigen. Der Abstand der Rohre beträgt je nach erforderlicher Heizleistung zwischen 7,5 und 30 cm. Die Höhe des Fußbodenaufbaus beträgt je nach Fußbodenart ab Rohbetondecke zwischen 10 und 14 cm.

Zunächst wird auf der Betondecke eine mindestens 3 cm starke Wärmedämmschicht aus Schaumstoffplatten ausgelegt, darüber kommt eine Kunststoff- oder Alufolie als Dampfsperre. Dann werden die Kunststoffheizrohre auf Befestigungselementen verlegt, befestigt und an den Vor- und Rücklaufverteiler angeschlossen. Nach Abdrücken und Probeheizen wird ein mindestens 6 cm starker Zementestrich oder Heizbeton eingebracht.

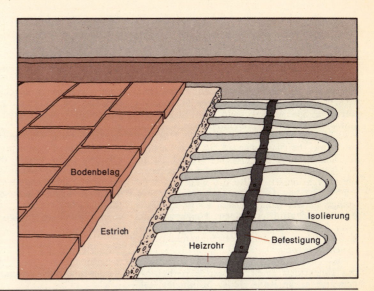

Deckenstrahlungsheizung

Deckenheizsysteme werden in Wohngebäuden seltener eingebaut; sie eignen sich mehr für gewerbliche Gebäude wie Büroräume, Museen, Ausstellungs- und Verkaufsräume und aus hygienischen Gründen auch für Krankenhäuser und Sanatorien und ähnliche Einrichtungen.

Deckenstrahlungsheizungen sind vor allem dort interessant, wo kein ausreichender Platz für übliche Heizkörper zur Verfügung steht oder durch Heizkörper allein eine gleichmäßige Erwärmung des betreffenden Raumes, beispielsweise einer hohen Halle, nicht gewährleistet ist. Sie kann aber auch lediglich als Zusatzheizfläche dienen.

Bei der Deckenstrahlungsheizung ist die eigentliche Heizfläche unter der Decke montiert. Als Heizrohre für Deckenstrahlungsheizung werden Stahl-, Kupfer-, Alu-, Edelstahl- und auch Kunststoffrohre verwendet. Die Raumhöhe muß wegen der Decken- und Abhängekonstruktion auf jeden Fall geringer, so daß bei niederen Räumen der Einbau einer Deckenheizung nicht möglich ist.

Zur Vereinfachung der Montage gibt es auch bis zu 2 x 2,5 m große und 2,5 cm dicke Elemente, in deren Alublechoberfläche Heizrohre eingelassen sind. Hinter dem Alublech liegt die Isolierung aus Hartschaum. Die Elemente werden an die Decke geschraubt und die Rohre miteinander verbunden. Darunter kann jede Art von Deckenverkleidung angebracht werden.

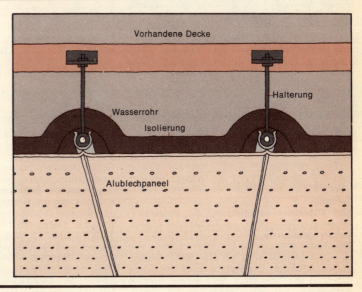

Wirtschaftlich heizen mit Zentralheizungsanlagen

Das wirtschaftliche Heizen mit einer Zentralheizung beginnt mit der Wahl und der Montage der Heizungsanlage. Dabei ist zu überlegen, ob und nach wie vielen Jahren sich höhere Investitionskosten durch billigeres Heizen amortisieren.

Diese höhere Investition betrifft auch bauliche Maßnahmen wie Vollwärmeschutz, Isolierglasfenster usw. Es ist beispielsweise sehr wichtig, daß alte und undichte Einfachfenster durch Isolierglasfenster ersetzt werden, wobei Verbundfenster einen höheren Wärmedämmwert bringen als das sogenannte Isolierglas, da der Scheibenabstand größer ist. Isolierglasfenster haben jedoch den Vorzug, daß die Luft zwischen den Scheiben entstaubt, entfeuchtet und hermetisch gegen die Umgebungsluft abgeschlossen ist.

Ob und in welcher Stärke eine Wärmedämmung der Außenwände notwendig oder, wirtschaftlich betrachtet, sinnvoll ist, hängt von der Art und Stärke des vorhandenen Mauerwerks ab. Eine richtige Entscheidung kann man erst nach der Errechnung der Wärmedurchgangszahl in Verbindung mit einer Wirtschaftlichkeitsberechnung unter Berücksichtigung der Amortisation treffen.

Die Brennstofflagerung spielt ebenfalls eine große Rolle, da sich beim Einkauf von Heizöl durch größere Abnahmemengen der Preis erheblich verringert. Es sollte in etwa ein Jahresbedarf gelagert werden können. Bei der Wahl der Heizung muß auch überlegt werden, ob der Platz für Brennstofflagerung, Heizkesselanlage, Heizkörper oder Luftkanäle durch Einbau eines anderen Systems nicht für andere Zwecke freigemacht werden kann oder ob er überhaupt erst teuer erstellt werden muß. Weiterhin ist wichtig, daß die Heizungsanlagen wenig Wartung benötigen und eine lange Lebensdauer haben.

Wenn man vom Technischen wenig versteht, ist es ratsam, zur Überwachung der Anlage einen Wartungsvertrag mit einer Fachfirma abzuschließen, die je nach Anfälligkeit und

Zentralheizung

Beanspruchung viertel-, halb- oder jährlich die Anlage überprüft und dafür auch die Garantie übernimmt. Ein schriftlicher Vertrag ist notwendig.

Bei der Auslegung der Heizkesselanlage sollten keine großen Sicherheitszuschläge gemacht werden, d. h., die Leistung des Heizkessels sollte dem Bedarf angepaßt und, vor allem bei Spezialheizkesseln, nicht überdimensioniert sein. Bei sogenannten Wechselbrandkesseln, die zeitweise neben Öl bzw. Gas auch mit Koks befeuert werden, ist die Leistung für Koksheizung auszulegen. Dadurch ist der Heizkessel bei Öl- oder Gasfeuerung etwas überdimensioniert. Sollte die wechselnde Betriebsweise bei der Planung einer Heizungsanlage bereits bekannt sein, so ist es besser und wirtschaftlicher, einen Heizkessel mit zwei Brennkammern einzubauen. Diese Heizkessel haben in beiden Brennkammern die gleiche Leistung.

Der Verschmutzungsgrad im Brennraum des Heizkessels spielt bei der Wirtschaftlichkeit eine große Rolle. Jeder Millimeter Rußansatz vermindert die Leistung und dadurch den Wirkungsgrad. Deshalb ist es wichtig, den Brennraum von Zeit zu Zeit zu reinigen und den Brenner richtig einzustellen. Die richtig eingestellte Temperaturregelanlage spart Energiekosten. Eine dem Bedarf angepaßte Temperatur verringert die Wärmeverluste.

Automatische Regelanlagen haben sich sehr gut bewährt. Ihre Funktion ist sicher und die Lebensdauer fast unbegrenzt. Die relativ niedrigen Anschaffungskosten amortisieren sich nach wenigen Jahren. Vom Gesetzgeber ist vorgeschrieben, daß jede Heizungsanlage mit einer elektrischen Regelanlage (außentemperaturabhängige Vorlauftemperaturregelung mit Mischventil) ausgestattet sein muß, wobei in Einfamilienhäusern schon ein Handmischventil genügen kann. Zusätzlich müssen alle Heizkörper Thermostatventile zur Nachregelung erhalten. Diese Ventile drosseln die Warmwasserzufuhr zum Heizkörper, sobald die Raumtemperatur über den eingestellten Wert ansteigt, was z. B. schon durch Sonneneinstrahlung sehr leicht geschehen kann.

Im allgemeinen reichen folgende Raumtemperaturen:

Wohnzimmer	20–22° C
Schlafzimmer	18–20° C
Kinder- und Arbeitszimmer	20–22° C
Küche	18–20° C
Bad	22–24° C
Eingang, Diele, WC	15–20° C

Ein Senken der Raumtemperaturen bei Nacht bringt große Kostenersparnis. Allerdings hat sich gezeigt, daß eine Reduzierung um mehr als 5° C unwirtschaftlich ist.

Sogenannte Optimierungsregelungen mit zeitgesteuerter Absenk- und Aufheizlogik regeln die Heizungsanlage vollkommen selbsttätig. Sie erfassen neben der Außentemperatur auch die Windeinflüsse und ermöglichen durch Raumfühler den „Einzelraum-Regelungseffekt" und somit eine ständige Selbstkontrolle. Auch Mikroprozessoren (computerähnliche Regelgeräte) werden heute aus Gründen der Energieeinsparung zunehmend verwendet.

Regelanlagen sollten immer vom Heizungsfachmann eingestellt werden.

Sollen Garagen beheizt werden, so ist unbedingt auf eine gute Be- und Entlüftung zu achten, da sonst die feuchte und aggressive Luft den Lack des Wagens angreift und die Karosserie schneller rostet.

Heizkörper sollten unbedingt an der Außenwand und möglichst unter dem Fenster angebracht werden.

Das Verkleiden von Radiatoren vermindert deren Wärmeleistung bis zu 30%. Es ist zweckmäßiger, einen formschönen und eventuell etwas teureren Heizkörper zu wählen, als ihn nachher zu verkleiden. Gardinen und Vorhänge sollten nie die Wärmeabgabe des Heizkörpers beeinträchtigen. Die Montage von Heizkörpern vor Fensterflächen bis zum Fußboden ist nur dann gestattet, wenn hinter dem Heizkörper ein Wärmestrahlungsschutz angebracht wird.

Störungen an Zentralheizungen

Ölheizung
Kleinere Störungen an der Ölzentralheizungsanlage können oft ohne Fachmann beseitigt werden. Wichtig ist dabei, daß das System und die einzelnen Teile der Anlage bekannt sind.
Störung:
Der Ölbrenner funktioniert, die Heizkesseltemperatur ist normal, die Heizkörper werden jedoch nicht warm.
Was tun?
Zunächst kontrollieren, ob die Umwälzpumpe eingeschaltet ist. Die Pumpe kann festsitzen; meist ist ein Schauglas über einem Prüfrad vorhanden. Schauglas abnehmen und durch Drehen des Prüfrads Pumpe in Gang setzen. Ist kein Strom vorhanden, Sicherung notfalls erneuern. Prüfen, ob sämtliche Absperrventile offen sind. Werden nur einzelne Heizkörper nicht warm, dann prüfen, ob die Heizkörperventile offen sind oder festsitzen, und mehrmals hin und her drehen. Ist Luft im Heizkörper, am Luftventil entlüften. Die automatische Regelanlage kann ausgefallen sein. Sicherung prüfen; die Reservesicherung ist meist im Regelgerät. Vielleicht ist die Temperatureinstellung verändert oder die Schaltuhr für Nachtabsenkung falsch eingestellt worden. Wird es trotz dieser Überprüfungen nicht warm, dann den Kundendienst rufen.
Störung:
Der Ölbrenner springt nicht an.
Was tun?
Zunächst prüfen, ob der Kesselthermostat richtig eingestellt ist. Ist kein Strom vorhanden, Sicherung prüfen. Wenn Strom vorhanden ist, leuchtet die Störmeldeleuchte auf. Durch Drücken des am Kessel oder Brenner angebrachten Störmeldeknopfs, auch Entsperrung genannt, den Brenner wieder in Gang setzen. Geht der Brenner wieder auf Störung und leuchtet die Störmeldeleuchte wieder auf, zunächst überprüfen, ob genügend Heizöl im Tank ist und die Ventile an der Ölzuleitung offen sind. Eventuell ist der Ölfilter verstopft. Diesen öffnen und reinigen.

An vielen Heizkesseln ist der Brenner abschwenkbar; beim Ausschwenken löst sich ein Sicherheitsschalter. Prüfen, ob der Brenner richtig fest sitzt.

Anschlußkabel vom Heizkessel zum Brenner kann lose oder defekt sein.

Funktioniert der Brenner immer noch nicht, Brennerhaube abnehmen, prüfen, ob die Ansaugöffnung vom Gebläse verschmutzt oder verstopft ist, und mit Pinsel reinigen. Vor dem Abnehmen der Haube unbedingt Strom abschalten.

Strom einschalten und Brenner in Betrieb setzen. Springt der Brenner immer noch nicht an, unbedingt den Kundendienst rufen.

Gas
Entstehen an der Gaszentralheizungsanlage kleinere Störungen, so können diese oft unter Anwendung folgender Maßnahmen sehr rasch und ohne fremde Hilfe beseitigt werden.
Störung:
Der Gasbrenner funktioniert, und die Kesseltemperatur ist normal, aber die Heizkörper werden nicht warm.
Was tun?
Die Probleme und deren mögliche Behebung sind dieselben wie bei einer ölbefeuerten Heizungsanlage. Deshalb alle aufgeführten Möglichkeiten prüfen.
Störung:
Der Gasbrenner springt nicht an.
Was tun?
Zunächst wie bei der zweiten Störung der Ölheizung die Stellung der Thermostate überprüfen und auf Normalstellung bringen. Prüfen, ob Strom vorhanden ist. Sicherung überprüfen. Entsperrung am Kessel oder Brenner eindrücken. Gaszuleitung überprüfen; die Gashähne am Gaszähler und vor dem Gasbrenner müssen offen sein. Gaskessel mit atmosphärischem Brenner haben oft auch eine Zündflamme, die immer brennen muß. Ist sie aus, versuchen zu zünden. Ist die Düse verstopft, mit einer Nadel reinigen.

Bei elektrischer Zündung überprüfen, ob beim Einschalten im Brennraum an der Zündflamme Funken überspringen. Wenn nicht, ist die elektrische Stromzufuhr unterbrochen. Liegt der Defekt nicht an der Sicherung, sondern innerhalb der elektrischen Anlage des Heizkessels, dann den Kundendienst verständigen.

An der Gasversorgungsanlage darf man unter keinen Umständen experimentieren. Bei Gasgeruch sofort Gashahn zudrehen und Kundendienst verständigen.

Verschiedene Kesselarten

Zentralheizungskessel unterscheidet man nach Aufstellungsort, Brennstoffart (Koks-, Öl-, Gas-, Spänekessel usw.) sowie danach, ob mit oder ohne Warmwasserbereitung. Je nach Brennstoffart wählt man einen Spezialheizkessel (Öl oder Gas) oder einen Kessel mit zwei getrennten Brennkammern. Dieser kann beliebig mit festen oder flüssigen Brennstoffen betrieben werden. Der eingebaute Warmwasserbereiter mit einem Speicherinhalt von 100 bis 200 Litern je nach Kesselgröße liefert das ganze Jahr über ausreichend warmes Wasser. Beide Kessel werden über Gebläsebrenner beheizt. Vollautomatische Brenner sind gegenüber einer reinen Koksfeuerung günstiger in der Lagerhaltung, sparsamer im Verbrauch und bequemer zu bedienen.

Im Zuge der Altbaurenovierung gewinnt auch der Etagenheizkessel sowie die Gasheiztherme eine größere Bedeutung. Gas läßt sich leicht in jedes Stockwerk transportieren und ist bei atmosphärischen Brennern geräuscharm zu verfeuern. Diese Wärmeerzeuger werden komplett mit allen Zusatzgeräten wie Pumpe, Ausdehnungsgefäß und Regelung geliefert, die unter der Verkleidung angebracht sind. Etagenheizkessel sind inzwischen auch mit aufgesetztem Warmwasserbereiter oder Beistellboiler auf dem Markt. Die Warmwasserbereitung bei den Gasthermen erfolgt über Durchlauferhitzer. Etagenheizkessel werden meist über einen Raumthermostaten gesteuert. Heizthermen sind von einem Kamin unabhängig. Sie können an einer Außenwand angebracht werden, wobei das Abgas über einen Mauerkasten ins Freie geleitet wird.

Im Aussehen und Aufbau entsprechen die ölbefeuerten Etagenheizkessel den Gaskesseln. Anstelle der Gasdüsen ist jedoch ein Schalenverdampfungsbrenner eingebaut, der wie bei einem Ölofen funktioniert. Der Ölkessel bedingt jedoch im Keller eine Ölvorratshaltung. Das Öl wird mittels einer Förderpumpe über Leitungen zum Kessel gepumpt. Die Warmwasserbereitung wird nicht vom Heizkessel übernommen. Geräuschvoller und weniger schön im Aussehen sind Etagenkessel mit Zerstäuberbrenner. Die Pumpe sowie die Armaturen sind hierbei nicht in einer Einheit zusammengefaßt.

Kokskessel werden aus den bereits erwähnten Gründen immer seltener verwendet. Der Oberbrandkessel wird hauptsächlich bei kleineren Anlagen eingesetzt. Dabei gelangt die gesamte eingefüllte Koksmenge in Glut und gibt die Wärme über die Kesselwandungen und über die restlichen Heizflächen in Form von Heizgasen ab. Beim Unterbrandkessel kommt nur der untere Teil der Brennstoffmenge in Glut, wodurch ein gleichmäßiger Abstand gewährleistet wird. Diese Konstruktion eignet sich nur für Großkessel.

Kokskessel, die auf Öl oder Gas umgestellt werden, müssen mit Schamottesteinen ausgemauert werden, um eine gleichmäßige Heizgasverteilung zu erreichen.

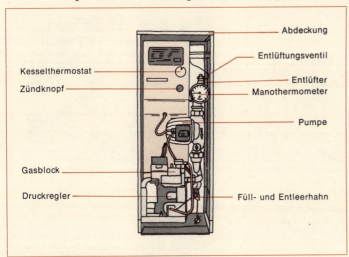
Gasheizkessel in Küchenausführung von innen

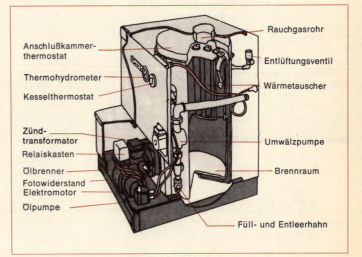
So sieht ein ölbefeuerter Heizkessel von innen aus

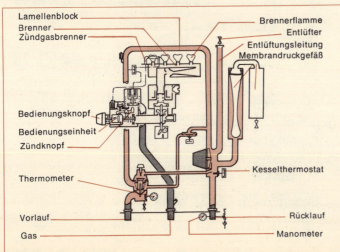
Schema einer Gasheiztherme

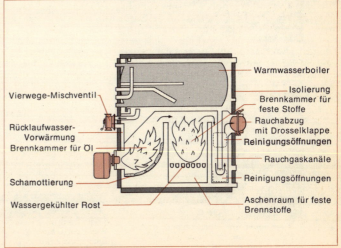
Kombinierter Heizkessel für Öl und feste Brennstoffe mit Warmwasserspeicher

Zentralheizung

Wartung von Zentralheizungskesseln

Etagenheizkessel müssen kaum gewartet werden. Meistens kann man es bei einer gründlichen jährlichen Inspektion belassen, für die man am besten einen Kundendienstvertrag abschließt.

Im übrigen wird der emaillierte oder kunststoffbeschichtete Außenmantel des Kessels mit einem nichtscheuernden Reinigungsmittel feucht abgewischt. Dazu sollte der Kessel außer Betrieb genommen werden.

Besondere Beachtung verdienen die Abgaszüge. Sie sollten mindestens einmal jährlich gesäubert werden, da verrußte Züge den Wirkungsgrad des Kessels erheblich senken. In den meisten Fällen gibt es vom Kesselhersteller eine Gebrauchsanweisung, die man zunächst einmal gründlich durchlesen sollte, bevor man am Kessel herummontiert und womöglich Schaden anrichtet.

Der Kessel muß zur Reinigung abgestellt und abgekühlt sein. Dann wird der Gashahn zugedreht und die Stromzufuhr unterbrochen. Jetzt kann nach den Angaben des Herstellers mit der Reinigung begonnen werden.

Der Innenkessel wird von oben nach unten mit einer Bürste gereinigt. Vorher muß in jedem Fall der Brenner ausgebaut werden. Anschließend werden der Feuerraum und die Bodenplatte von Verbrennungsrückständen und ähnlichem gereinigt.

Die Wartung der Sicherheitsfunktionen, die Überprüfung der Dichtheit der Ventile und Membranen sowie eine neue Abgasanalyse sollte man in jedem Fall von einem Fachmann durchführen lassen.

1. Drucktaste auf „Aus" stellen. Die Strömungssicherung abziehen, dann den Deckel, die Seitenteile und gegebenenfalls auch die Hinterwand abschrauben. Deckel anheben und nach vorn abziehen

2. Es gibt viele Typen von Gasheizkesseln. Die hier gegebene Beschreibung ist allgemein gehalten und trifft für viele Gaskessel zu. Jetzt die Flügelmuttern des Rauchrohranschlusses lösen

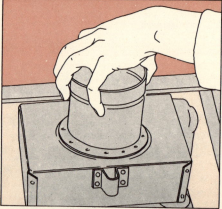

3. Nun kann der Rauchrohranschluß abgenommen werden. Kontrollieren Sie die Asbestschnureinlage. Sollte sie beschädigt oder gebrochen sein, so wird sie erneuert

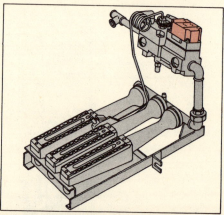

4. Brennereinschub herausnehmen. Zuerst von der Gaszuleitung abtrennen, dann seitlich des Schlittens die Schrauben lösen und nach vorn herausziehen. Notfalls in der Kesselbeschreibung nachsehen

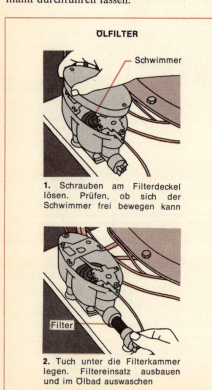

ÖLFILTER

1. Schrauben am Filterdeckel lösen. Prüfen, ob sich der Schwimmer frei bewegen kann

2. Tuch unter die Filterkammer legen. Filtereinsatz ausbauen und im Ölbad auswaschen

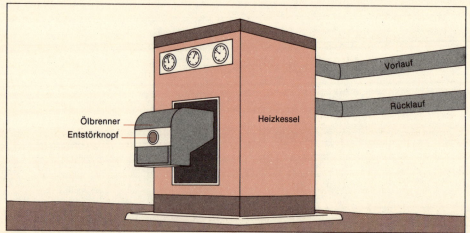

Wenn der Ölbrenner ausfällt, kann man selbst die Anlage meist wieder in Betrieb setzen, indem man auf den Entstörknopf drückt. Der Entstörknopf ist in der Regel gut sichtbar und rot markiert. Sollte sich die Störung so nicht beheben lassen, muß man einen Ölfeuerungsfachmann zu Hilfe rufen

Heizkörper

Heizkörper für Zentralheizungsanlagen werden in vier Gruppen eingeteilt: Rippen- bzw. Gliederradiatoren, Heizplatten, Konvektionsplattenheizkörper und Konvektoren.

Heizkörper werden aus Stahlblech, Gußeisen, Aluminium oder Kunststoff hergestellt. Der Gliederheizkörper mit seinem idealen Wärmeabgabeverhältnis ist der am meisten verwendete Radiator. Der Heizkörper besteht aus wasserführenden Kanälen, versehen mit Gliedern, die mit Schraubnippeln zu Blöcken zusammengefaßt sind. Es sind die unterschiedlichsten Bauhöhen und Bautiefen im Handel, so daß für jeden Aufstellungsort der geeignete Heizkörper ausgewählt werden kann. Der beste Platz für alle Heizkörper ist unter dem Fenster, damit die eindringende Kaltluft sofort erwärmt wird und kein Zug entsteht.

Bei Gliederradiatoren unterscheidet man Gußradiatoren, DIN 4720, aus Stahlblech gepreßte und zusammengeschweißte Stahlradiatoren, DIN 4722, die sogenannten „Schmalsäuler", die Röhrenradiatoren und die Plattenradiatoren.

Bei Platten kann man zwischen profilierter und glatter Oberfläche wählen. Bei einlagigen Platten kann auf die Heizkörpernische verzichtet werden. Heizplatten werden in den verschiedensten Baulängen geliefert. Sie sollten jedoch 5 m Länge nicht überschreiten. Wegen ihrer glatten Oberfläche und ihrer geringen Bautiefe sind sie wenig staubanfällig und lassen sich gut reinigen. Meist werden sie mit an der Rückseite angeschweißten Haltebügeln an der Wand befestigt. Da die Wärmeabgabe einer Heizplatte wegen der relativ geringen Oberfläche begrenzt ist, schweißt man auf der Rückseite zusätzliche Konvektorschächte aus Blech auf und erhält somit den Konvektionsplattenheizkörper.

In zunehmendem Maße werden fertig lackierte Plattenheizkörper angeboten; dabei wird die Montage vereinfacht, da die Demontage der Heizkörper für die Lackierung entfällt. Die Platten werden einschließlich der Schutzverpackung montiert, und erst kurz vor dem Einzug wird die Folie bzw. der Karton entfernt. Fertigheizkörper werden direkt auf die Wand geschraubt und benötigen ebenfalls keine Nische.

Konvektoren

Konvektoren sind Heizkörper, die aus einem Kernrohr mit aufgeschweißten Lamellen bestehen. Voraussetzung für die Funktion der Konvektoren ist die Verkleidung. Man unterscheidet zwischen solchen mit natürlicher Luftumwälzung und solchen mit Zwangsumwälzung über ein Gebläse. Bei Konvektoren ohne Gebläse ist die Wärmeleistung von der wirksamen Schachthöhe abhängig. Konvektoren werden in Nischen, Sockelleisten mit werkseitiger Verkleidung oder als Unterflurkonvektoren vor großen Glasflächen eingebaut. Wichtig ist eine ungehinderte Luftzirkulation, da sonst mit verminderter Leistung gerechnet werden muß.

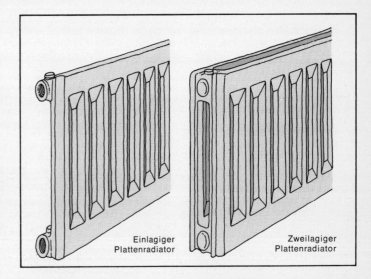

Einlagiger Plattenradiator

Zweilagiger Plattenradiator

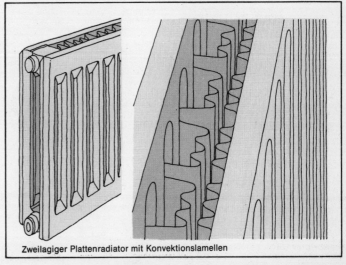

Zweilagiger Plattenradiator mit Konvektionslamellen

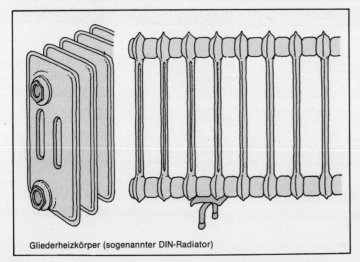

Gliederheizkörper (sogenannter DIN-Radiator)

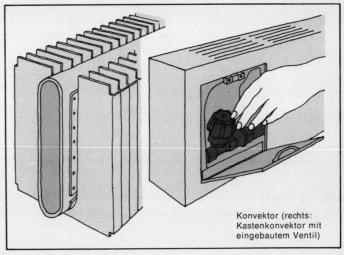

Konvektor (rechts: Kastenkonvektor mit eingebautem Ventil)

Zentralheizung

Pflege der Heizkörper

Die Pflege der Gliederradiatoren ist recht einfach. Es genügt, die Heizkörper mit einem feuchten Lappen abzuwischen. Für die Zwischenräume der einzelnen Glieder gibt es im Handel Spezialbürsten. Notfalls genügt auch ein Mop. Der Staub hat kaum Auswirkungen auf die Heizleistung.

Anders verhält es sich bei Konvektionsplatten und Konvektoren. Sobald sich hier Staub ansammelt, besonders bei Konvektoren, sinkt die Heizleistung schnell ab, da die Luft nicht mehr zwischen den eng beieinander liegenden Lamellen zirkulieren kann. Zur Reinigung der Unterflurkonvektoren rollt man den Gitterrost auf und saugt mit dem Staubsauger den Schmutz aus den Lamellen.

Dabei ist auch darauf zu achten, daß der Schacht ebenfalls gründlich von Papierfetzen oder ähnlichen Abfällen gesäubert wird, die sich im Lauf der Zeit ansammeln können. Die Reinigung des Konvektors und des Konvektorschachtes wird besonders einfach, wenn im Unterflurkanal ein Wasseranschluß zum Absprühen des Konvektors und ein Wasserabfluß vorgesehen sind.

Bei Fertigheizkörpern muß zur Reinigung das Abdeckgitter abgenommen werden; dann werden sie mit dem Staubsauger gereinigt.

Bei verblendeten Konvektoren in Nischen muß man die Verblendung eventuell abschrauben, da man mit dem Staubsauger durch den oberen Luftaustritt nicht durchkommt. Wenn kein Staubsauger vorhanden ist, genügt es auch, mit einer starken Bürste die Lamellen abzufegen. Bei Sockelleistenkonvektoren muß die Blechverkleidung demontiert werden.

Sollte im Lauf der Zeit der Heizkörperanstrich einmal so unansehnlich geworden sein, daß man ihn erneuern muß, so ist darauf zu achten, daß keine metallischen Farb- oder Lackanstriche verwendet werden (z. B. Metallbronze, Aluminiumbronze), da sonst die Wärmeleistung um ca. 15 % sinkt. Konvektoren dürfen nicht lackiert werden. Sie sind vom Hersteller feuerverzinkt und somit ausreichend geschützt.

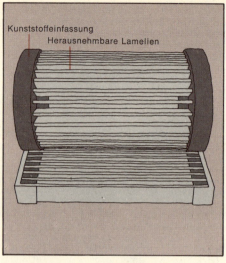

Rollrost für Unterflurkonvektoren

Konvektorlamellen regelmäßig von Staub säubern, besonders wenn sie hinter der Gardine liegen

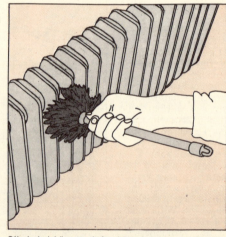

Gliederheizkörper mit feuchtem Lappen und Spezialbürste, eventuell mit einem Mop reinigen

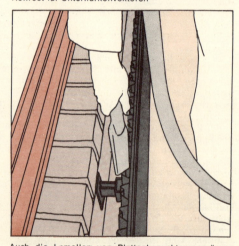

Auch die Lamellen von Plattenkonvektoren müssen von Zeit zu Zeit gründlich gesaugt werden

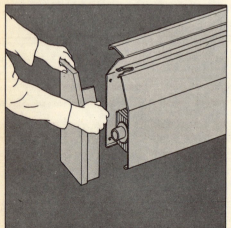

1. Bei einem Fußleistenkonvektor müssen zur Reinigung die Bleche abmontiert werden

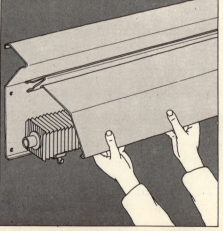

2. Die Verblendung wird mit einem Schraubenzieher abgeschraubt und abgezogen

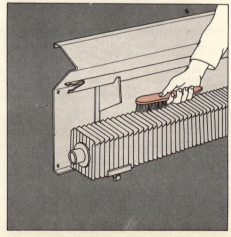

3. Die Lamellen werden mit dem Staubsauger oder einer Bürste gereinigt

Einen Plattenheizkörper anbringen

Nachdem der Platz, an dem die Heizplatte angebracht werden soll, festgelegt ist, werden die Löcher für die Bohrkonsolen gemessen und angezeichnet. Die Platte muß genau waagrecht montiert werden.

Der Abstand der Platte vom Fertigfußboden sollte mindestens 12 cm betragen. Das Heizkörperventil sowie gegebenenfalls das Entlüftungsventil müssen gut zugänglich sein. Bei Heizkörpernischen muß ein genügender Abstand für den Luftaustritt zwischen Platte und Fensterbank gewährleistet sein. Der Abstand von der Wand ist so zu bemessen, daß nach Beendigung der Gipserarbeiten noch ausreichend Platz (ca. 4 cm) zwischen Platte und Putz vorhanden ist.

Material:	Heizplatte, Konsolen, Schrauben, Dübel
Werkzeug:	Wasserwaage, Meterstab, elektrischer Bohrer, Schraubenschlüssel

1. Am Aufstellungsort der Heizplatte reißt man mit einem Bleistift eine waagrechte Linie an der Wand an. Dazu benutzt man eine Wasserwaage

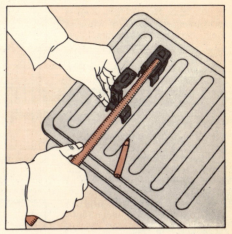

2. Nun mißt man den Abstand der an der Heizplatte aufgeschweißten Laschen, in die die Platte eingehängt wird, und markiert die Punkte an der Wand

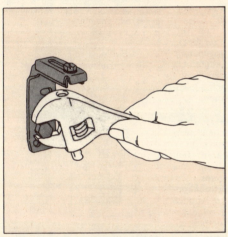

3. Man beginnt mit dem Abstandshalter der Platte und bohrt Löcher für die Dübel. Mit einem Schraubenschlüssel zieht man die Schraube fest

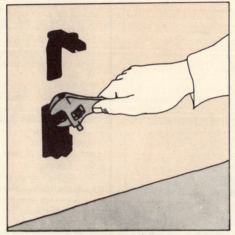

4. Nun bringt man die Auflagekonsolen an und zieht diese ebenfalls fest. Zur Kontrolle mißt man nochmals die Abstände aller angebrachten Konsolen

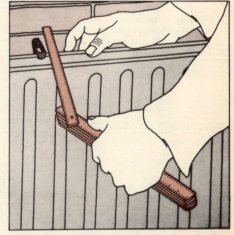

5. Man hängt die Platte in die Konsolen ein, kontrolliert den Abstand, damit sie genau parallel zur Wand verläuft, und zieht die letzte Schraube an

STANDKONSOLEN

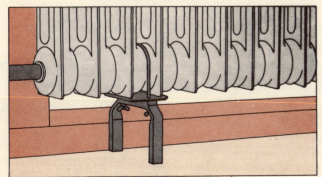

Standkonsolen werden für freistehende Heizkörper vor Glasflächen benötigt oder dort, wo keine Bohrkonsolen verwendet werden können

FÜLLEN UND ENTLEEREN

Um die Anlage zu füllen, schraubt man einen Füllschlauch an den Füllhahn und an das Auflaufventil und öffnet zuerst den Hahn, dann das Zapfventil. Dabei müssen die Entlüftungsventile an den Heizflächen geöffnet sein. Sobald hier Wasser austritt, werden sie geschlossen. Hat der Zeiger des Manometers die statische Höhe erreicht, d. h., steht der Zeiger auf der Zahl, die der Höhe zwischen oberstem Heizkörper und Manometer entspricht, schließt man Füllhahn und Zapfventil.

Beim Entleeren der Anlage schließt man den Schlauch an den Füllhahn an und öffnet diesen. Die Entlüftungsventile müssen ebenfalls geöffnet werden.

Zentralheizung

Entlüften und Entlüfter anbringen

Wenn ein Heizkörper einmal nicht mehr richtig warm wird, ist möglicherweise Luft in ihm. Diese muß dann herausgelassen werden.

Es gibt drei verschiedene Entlüftungshähnchen oder Entlüftungsventile im Handel, und zwar vollautomatische Entlüftungsventile, die selbsttätig die Luft entweichen lassen, jedoch zur Schnellentlüftung auch von Hand geöffnet werden können, dann die einfachen Entlüftungshähnchen sowie Entlüftungsstopfen, die mit einem Steckschlüssel bedient werden.

Wenn man häufig entlüften muß, lohnt es sich, einen vollautomatischen Entlüfter einzubauen. Beim Entlüften von Hand ist wichtig, daß die Heizungsumwälzpumpe ausgeschaltet ist.

Material:	Entlüfter Hanf oder Plastikband
Werkzeug:	Schraubenschlüssel Entlüftungsschlüssel Gefäß zum Wasserauffangen

1. Man läßt das Heizungswasser in der Anlage so weit ab, daß es nicht mehr auslaufen kann, und schraubt das Entlüftungsventil mit heraus

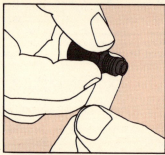

2. Das Gewinde des neuen Entlüfters mit Hanf oder Plastikband umwickeln, jedoch nicht zu dick, das Gewinde muß noch erkennbar sein

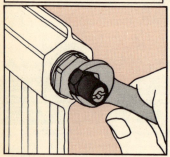

3. Mit einem passenden Gabelschraubenschlüssel wird das neue Entlüftungsventil in den Heizkörperstopfen eingedreht und angezogen

4. Manche Entlüfter werden auch mit einem Schraubenzieher ausgewechselt. Zur Vorsicht halte man ein Gefäß unter das Ventil

ENTLÜFTEN

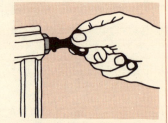

1. Entlüftungsschlüssel ins Ventil stecken und nach links drehen. Das ausfließende Wasser auffangen

2. Ventil geöffnet lassen, bis die Luft entwichen ist und Wasser ausfließt. Eventuell wiederholen

Unterflurkonvektor

In Arbeits- und Wohnräumen, bei denen sich die Fenster bis zum Fußboden hinabziehen, verwendet man am besten Konvektoren.

Diese Konvektoren werden normalerweise in Unterflurschächten eingebaut und nehmen dann die ganze Fensterbreite ein.

Ein Konvektor wird üblicherweise in die Mitte des Schachtes auf Hängekonsolen gelegt und an den Seiten mit Zementasbestplatten oder ähnlichen Materialien verkleidet. Der Sinn dieser Maßnahme liegt darin begründet, daß man auf diese Weise eine einwandfreie Luftzirkulation erreichen kann. Bei sehr langen Konvektoren sollten allerdings sogar Querschotte eingebaut werden. Ohne diese Verkleidung funktioniert ein Unterflurkonvektor nämlich nicht richtig.

Der Schacht kann mit einem Gitter abgedeckt werden.

Wesentlich günstiger und vorteilhafter als eine Gitterabdeckung sind jedoch sogenannte Rollroste, die einfach auf einem Winkeleisenrahmen abgerollt und zum Reinigen des Schachts leichter entfernt werden können.

Die obengenannten Konvektoren müssen mit hohen Heizwassertemperaturen betrieben werden. Arbeiten sie nämlich nicht mit solchen Temperaturen, fällt die Konvektion und damit die Wärmeabgabe zu gering aus.

Neuzeitliche Konvektorenkonstruktionen, wie sie dem Kunden heutzutage auf dem Markt angeboten werden, sind kompakt in einer Blechwanne montiert. Diese Konvektoren eignen sich zur Verwendung besonders in Verbindung mit Fußbodenheizungen und an großen Fensterflächen.

Unterflurkonvektoren können mit und ohne integriertem Zusatzgebläse geliefert werden.

Der Vorteil von Gebläsekonvektoren ist der, daß sie eine höhere Leistungsabgabe aufweisen und auch im Niedertemperaturbereich betrieben werden können.

Es existiert noch eine weitere Art von Konvektoren, die sogenannten Elektrofußbodenkonvektoren, welche von gleicher Bauart wie die eben beschriebenen Konvektoren sind, jedoch anstelle der heizungswasserführenden Lamellen eine elektrische Widerstandsheizung eingebaut haben und somit nicht rohrseitig mit dem Heizungssystem verbunden zu werden brauchen. Sie sind mit und ohne Zusatzgebläse erhältlich.

1. Im gemauerten oder betonierten Unterflurschacht werden die Konvektorhängekonsolen aus Winkeleisen angebracht und einzementiert

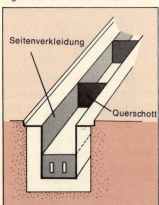

2. Man hängt den Konvektor ein und schraubt die Seitenverkleidung aus Asbestzement an. Bei langen Konvektoren Querschotte anbringen

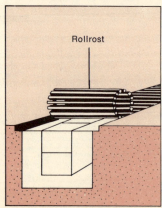

3. Jetzt kann der Rollrost aufgelegt und abgerollt werden. Er sitzt ohne zusätzliche Befestigung fest im Winkeleisenrahmen

Verbindung der Heizkörper mit dem Rohrleitungssystem

Wenn das Ventil oder die Verschraubung so stark leckt, daß sie auch durch Anziehen nicht mehr dicht gebracht wird, müssen diese Armaturen ausgetauscht werden. Dazu entleert man die Anlage und löst die Verschraubungen von den Rohrleitungen. Dabei legt man am besten einen saugfähigen Lappen oder stellt ein kleines Gefäß darunter, denn trotz Entleerung befindet sich immer noch etwas Heizwasser im Heizkörper. Wichtig ist, dasselbe Radiatorventil wieder einzubauen, da die Abmessungen der Ventile geringfügig variieren und sonst die Anschlußleitung abgeändert werden müßte. Beim Entlüften des Heizkörpers wird die Umwälzpumpe ausgeschaltet.

Wenn die Anlage von normalen Radiatorenventilen auf Thermostatventile umgerüstet wird, müssen im Prinzip dieselben Arbeiten durchgeführt werden.

Material: Nippel, Verschraubung, Regulierventil, Hanf, Kitt
Werkzeug: Schraubenzieher, Rollgabelschlüssel, Heizkörperschlüssel, Steckschlüssel, Schüssel

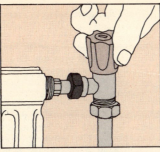
1. Das Ventil und die Entlüftung öffnen, damit durch die nachströmende Luft über die Entlüftung der Heizkörper ganz leer laufen kann

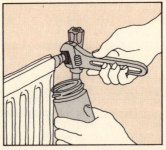
2. Mit einem Rollgabelschlüssel die Überwurfmutter des Ventils vorsichtig lösen. Dabei Tropfwasser auffangen. Verschraubung unten lösen

3. Die alten Nippel werden entfernt, dann streicht man auf die neue Verschraubung sicherheitshalber etwas Dichtungsmasse

4. Das Gewinde der Verschraubung wird jetzt mit Hanf straff umwickelt. Die Gewindegänge müssen noch zu erkennen sein

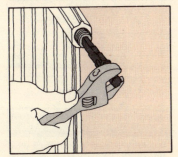
5. Die Verschraubung des Ventils wird mit einem Heizkörperschlüssel in den Anschlußstopfen des Heizkörpers eingeschwenkt

6. Heizkörper drehen und Arbeitsgänge 3 und 4 beim Gegenstück der Verschraubung wiederholen. Verschraubung festziehen

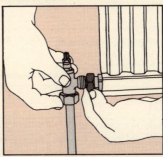
7. Auf den Anschlußleitungen Ventilgehäuse und Gegenstück der Verschraubung anbringen; Überwurfmutter mit Dichtung festziehen

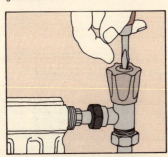
8. Nach beendeter Montage wird das Handrad auf die Spindel gesteckt und die Schraube mit einem Schraubenzieher vorsichtig festgedreht

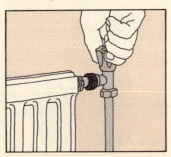
9. Die Heizungsanlage kann wieder mit Wasser gefüllt werden. Das Ventil wird ganz geöffnet. Man prüft jetzt, ob alle Verbindungen dicht sind

10. Mit einem Steckschlüssel öffnet man das Lufthähnchen, bis alle Luft entwichen ist. Eventuell auslaufendes Wasser mit einer Schüssel auffangen

Thermostate

Der Raumthermostat

Um die Raumtemperatur zu regeln, wird ein Raumthermostat benötigt. Dieser besitzt einen Einstellknopf, mit dem man die gewünschte Raumtemperatur einstellen kann. In seinem Inneren befindet sich ein Bimetallstreifen, der sich bei Temperaturänderungen verformt.

Der Thermostat sollte an einer ebenen Innenwand etwa 1,5 m über dem Fußboden installiert werden. Eine natürliche Zirkulation der Raumluft muß gewährleistet sein, auch sollten sich keine Störquellen wie Heizkörper, Schornstein oder Heizleitungen in der Nähe befinden. Direkte Sonneneinstrahlung ist ebenfalls nicht gut.

Die einfachste, aber auch schlechteste Möglichkeit ist, den Thermostaten auf die Heizungsumwälzpumpe oder den Ölbrenner zu schalten. Ist die eingestellte Raumtemperatur erreicht, schaltet der Thermostat die Pumpe aus und verhindert somit eine weitere Wärmezufuhr. Durch die zeitliche Verzögerung treten jedoch starke Schwankungen der Raumtemperatur auf. Am besten ist es, wenn der Thermostat über ein Regelgerät auf ein Mischventil wirkt.

Der Thermostat sollte unbedingt mit einer thermischen Rückführung ausgestattet sein, d. h., ein elektrischer Heizwiderstand beeinflußt das Meßwerk und täuscht ihm eine höhere Raumtemperatur vor. Somit schaltet der Regler früher ab und verhindert eine Überheizung des Raumes. Die Verzugszeit, bis die Heizflächen sich auf die einzuhaltende Raumtemperatur einstellen, wird verkürzt.

Zentralheizung

Zur Absenkung der Raumtemperatur während der Nacht benötigt man eine Zeitschaltuhr. Diese ist entweder im Regelgerät oder im Raumthermostat eingebaut. Raumthermostate eignen sich jedoch nur für Wohnungen oder kleinere Häuser mit einem Hauptraum. Sonst empfiehlt sich eine Regelanlage, bei der die Außentemperatur von einem Fühler gemessen und die Heizungsvorlauftemperatur über ein Mischventil gesteuert wird.

Der Wasserthermostat

Der Wasserthermostat mißt die Temperatur des Heizungswassers und gibt seine Impulse entweder auf ein Regelgerät, eine Pumpe oder den Ölbrenner. Er wird zur Steuerung des Heizkessels oder zur Messung der Vorlauftemperaturen verwendet. Er arbeitet mit Bimetall oder mit Flüssigkeiten, die sich beim Erwärmen ausdehnen und die Dehnung auf einen Federbalg übertragen, der seinerseits einen elektrischen Kontakt auslöst.

Heizkörperthermostatventile

Bei Thermostatventilen kann jeder Heizkörper individuell geregelt werden. Die Heizkörper in dem Raum, in dem ein Raumtemperaturfühler angebracht ist, dürfen keine Thermostatventile erhalten. Beide Regeleinrichtungen stören sich sonst und verursachen Temperaturschwankungen in der ganzen Anlage. Dies gilt jedoch nicht bei Außentemperatursteuerungen. Werden nur Thermostatventile verwendet, so müssen alle Heizkörper damit ausgerüstet sein, um eine Überheizung der nicht geregelten Räume zu verhindern. In jedem Fall sollte ein Handmischer eingebaut werden, damit nicht die ganze Regellast beim Thermostatventil liegt. Thermostatventile mit eingebautem Fühlerkopf sind bei Heizkörpern hinter dicken Vorhängen oder Verkleidungen und bei Konvektoren nicht zu verwenden. Hier wird ein Fühlelement, das mit dem Ventil verbunden ist, eingebaut.

Ein Thermostatventil besteht aus einem Ventilgehäuse und einem Fühlelement, das mit Gas oder Flüssigkeit gefüllt ist. Diese reagieren auf Temperaturschwankungen mit Volumenänderungen, d. h., jeder Temperatur ist ein entsprechender Ventilhub zugeordnet, der die durchströmende Heizwassermenge regelt.

Die Umwälzpumpe einstellen

Viele Heizungspumpen sind regelbar, d. h., die Betriebsdrücke können in Abhängigkeit von der Durchflußmenge eingestellt werden. Dazu muß man den Druckverlust der Anlage in Meter Wassersäule (m Ws bzw. Pascal) errechnen und den Förderstrom in Kubikmeter pro Stunde (cbm/h). Mit diesen Daten erhält man in dem Kennfeld im Schnittpunkt von Förderhöhe senkrecht und Förderstrom waagerecht die benötigte Kennlinie. Diese wird nun am Regulierknopf der Pumpe eingestellt.

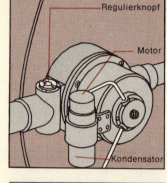

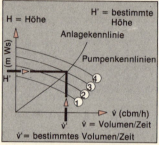

Pumpenauswahldiagramm mit schematisch angenommenen Werten

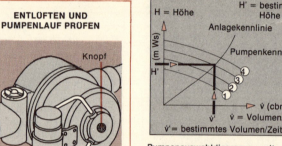

ENTLÜFTEN UND PUMPENLAUF PRÜFEN

Pumpe: Durch Eindrücken des Knopfes am Gehäuse kann man Funktion und Laufrichtung prüfen

Rohrsystem: Entlüftungsschraube aufdrehen; wieder schließen, sobald Wasser austritt

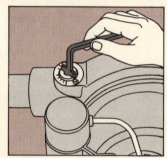

Den Regulierknopf je nach Pumpentyp von Hand oder mit einem Schlüssel einstellen

Ausdehnungsgefäß

Ein Membran-Druckausdehnungsgefäß nimmt die Ausdehnung des Wassers, die beim Aufheizen der Anlage entsteht, über ein Stickstoffpolster auf. Das Wasser ist vom Stickstoff durch eine Gummimembrane getrennt. Der Druck in der Heizungsanlage darf bei maximalen Vorlauftemperaturen 2,5 atü nicht überschreiten. Deshalb wird ein Sicherheitsventil eingebaut. Vorteile des Druckausdehnungsgefäßes: schnelle Montage, keine Einfriergefahr, geringer Platzbedarf, keine innere Korrosion.

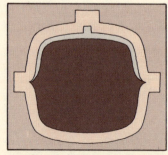

1. Geschlossenes, mit Stickstoff gefülltes Ausdehnungsgefäß im Anlieferungszustand

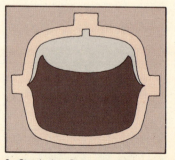

2. Stand der Gummimembrane während des Heizens bei normalen Temperaturen

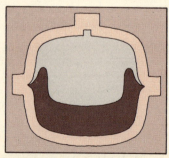

3. Membrane unter Maximaldruck von 2,5 atü bei der höchsten Vorlauftemperatur

TEIL 3

Garten und Erholung

258 Gartenmauern
259 Gartenmöbel
263 Leitern
264 Pergolen
265 Pflanzensprüher
267 Rasenmäher
276 Wege
280 Zäune

Gartenmauern

Eine Ziegelmauer erneuern

Eine Gartenmauer wird in den meisten Fällen am Eingang beschädigt, wo ein Tor angebracht ist oder ein Fahrweg hindurchführt. Wird die Gartenmauer umgefahren, muß das gesamte beschädigte Mauerwerk abgebrochen und neu ausgeführt werden. Dabei sollte man so viel alte Steine wie möglich wieder verwenden. Wenn sie nicht ausreichen, weil einige davon nicht mehr brauchbar sind, versucht man, alte Steine zu bekommen, die nach Farbe und Struktur zur Mauer passen. Von den alten Steinen schlägt man den Mörtel ab.

Ältere Feldstein-, Werkstein- oder Ziegelmauern sind häufig mit reinem Kalkmörtel gemauert. Für die Reparatur verwendet man besser eine haltbarere Mischung von 1:1:6 aus Kalk, Zement und Sand. Neuere Mauern sind meist mit Zementmörtel errichtet. Hierbei verwendet man die richtigen Mörtelmischungen für das Mauern und das Ausfugen (siehe S. 98).

Während des Arbeitens muß man mit der Wasserwaage regelmäßig prüfen, ob das Mauerwerk lot- und waagrecht ist. Zum Einhalten der Schichthöhe benutzt man eine Schnur, die an beiden Enden durch aufgelegte Steine gehalten wird.

Material: Zement und Sand für den Mörtel, Wasser, Kalk und Steine nach Bedarf
Werkzeug: Kelle, Hammer, breiter Steinmeißel, Schaufel, Wasserwaage, Schnur

1. Der alte Mörtel wird mit Hammer und Meißel vom Mauerwerk und von den wieder verwendbaren Ziegelsteinen gründlich entfernt

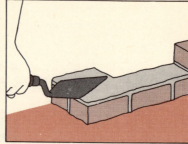
2. Mit der Kelle trägt man eine gleichmäßige, etwa 15 mm dicke Mörtelschicht auf die stehengebliebene Ziegellage am Ende des zerstörten Mauerteils auf

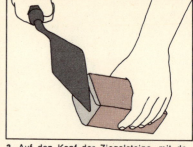
3. Auf den Kopf der Ziegelsteine, mit denen der Mauerpfeiler am Ende der Mauer hochgezogen werden soll, wird mit der Kelle Mörtel etwa 15 mm dick aufgebracht

4. Den Mauerpfeiler auf die gleiche Höhe bringen wie den stehengebliebenen Mittelteil der Mauer. Mit der Wasserwaage prüfen, ob der Pfeiler senkrecht steht

5. Eine Schnur zwischen dem Ende und dem Mittelteil spannen. Eine Schicht Mörtel auf die Oberfläche der bereits ausgeführten Ziegellage auftragen

6. Die nächste Ziegelschicht so verlegen, daß die vordere Oberkante der Steine mit der Schnur fluchtet. Die weiteren Schichten in der gleichen Weise mauern

7. Wenn die Sockelmauer fertig ist, wird der Pfeiler auf die alte Höhe gebracht. Mit der Wasserwaage prüfen, ob Vertikale und Horizontale des Pfeilers stimmen

Einsturzsicheres Stapeln von Ziegelsteinen

8. Wer die Mauer richten will, wie sie war, legt vier gleich weit überstehende Ziegelplatten in ein Mörtelbett, darauf zwei Schlußziegel. Schräg mit Mörtel abschließen

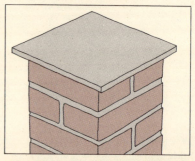
9. Einfacher ist es, wenn man als Abschluß eine quadratische Betonplatte verlegt. Es gibt sie eben und mit leichten Schrägen zur besseren Wasserabführung

Gartenmöbel

Pflegen und aufbewahren

Gartenmöbel mit Stoffbezügen sollten an der Luft trocknen, bevor man sie wegstellt. Im Sommer können sie in einem gut belüfteten Schuppen oder in der Garage aufbewahrt werden. Im Winter ist es wegen der erhöhten Feuchtigkeit ratsam, sie im Haus zu lagern.

Alle Zapfen und Scharniere werden von Zeit zu Zeit geölt. Außerdem sollte man alle Schrauben fest anziehen.

Wenn sich ein Niet gelockert hat, legt man die Verbindung auf eine harte Unterlage und schlägt den Kopf des Niets fest.

Die Holzteile sollten alle drei Jahre bei trockener Witterung gestrichen werden.

Klappstuhl (Regiestuhl): Die Sitzleinwand beim Lagern stets so anheben, daß sie nicht zwischen das Holz geklemmt wird. Darauf achten, daß alle Niete und Schwenkzapfen stets festsitzen

Liegestuhl: Die Standardstoffbreite beträgt 44,5 cm. Witterungsbeständige Kunststoffaserbespannungen sind in Do-it-yourself-Läden häufig bereits zugeschnitten erhältlich

Metallstuhl mit festem Rahmen: Der Bezug besteht aus einer dehnbaren Kunststoffschnur, die in einem Stück um den Rahmen gespannt ist

Metallklappstuhl: Der Stuhl (ganz unten) ist mit Kunststoff oder Leinwand bezogen. Verwenden Sie bei Reparaturen Synthetikstoffe. Das Metall wird zur Pflege jeden Winter eingeölt. Öl vor Gebrauch abwischen

Gartenliege: Der Bezug kann ebenso wie bei jedem anderen mit Stoff bezogenen Stuhl erneuert werden. Für die Bespannung an der Unterseite der Liege gibt es Reparatursätze (siehe S. 261)

Gartenmöbel

Einen Metallklappstuhl beziehen

Material: Bezugstoff, passendes 60er Nähgarn
Werkzeug: Messer, Bandmaß, Nähnadel, Stecknadeln

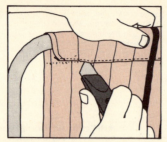

1. Die alte Naht wird mit einem scharfen Messer aufgetrennt und der Bezug abgenommen. Den alten Bezug mißt man ab und kauft die gleiche Stofflänge für den neuen

2. Bei aufgeklapptem Stuhl wird der neue Bezug über die obere Stange gelegt, wobei der Stoff gerade liegen muß. Etwa 15 mm nach innen umschlagen und feststecken

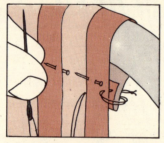

3. Doppelfaden verknoten. Die Nadel nach hinten durch den Umschlag und die Bezugsvorderseite stecken. Wieder nach hinten nehmen und etwa 1 cm weiter nochmals durchstechen

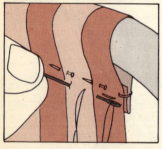

4. Etwa 5 mm zurückgehen und einen 1 cm langen Stich ausführen. Faden festziehen. Noch einmal zurückgehen und einen zweiten Stich ausführen

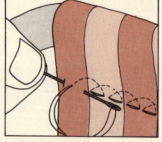

5. Dieser Steppstich wird über die ganze Länge der Naht wiederholt. Zur Nahtsicherung schließt man mit einem doppelten Stich an der Rückseite

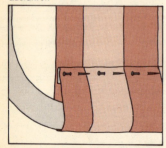

6. Bezug hinter der Schiene an der Stuhlrückseite durchziehen und an der Sitzvorderseite nach unten umschlagen. Mit Stecknadeln anschließend befestigen

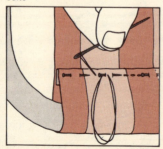

7. Die vordere Naht ebenso wie die obere Naht mit Steppstich schließen. Naht mit einem Doppelstich ziehen. Dann werden die Stecknadeln entfernt

Gartenstuhl mit Kunststoffschnur

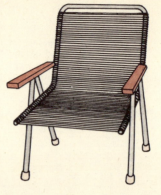

Metallene Gartenstühle, die mit Kunststoffschnüren bespannt sind, kann man leicht selbst reparieren. Man windet die neue Schnur fest um den Rahmen. Bei manchen Stuhlmodellen läuft die Schnur durch Ösen an der Rahmenunterseite. Die neue Plastikschnur sollte möglichst in einem Stück um den Stuhl gespannt werden. Bevor man die Schnur erneuert, muß man sich genau merken, in welcher Weise die alte Schnur gewickelt ist, damit man die neue Bespannung in der gleichen Art anbringen kann.

Ein metallener Gartenstuhl, der mit Kunststoffschnur bespannt ist, ergibt einen wetterbeständigen, festen und zugleich bequemen Sitz

Mit Segeltuch und Schnur bespannen

Einen metallenen Gartenstuhl kann man auch mit Segeltuch oder Markisendrell bespannen, der durch eine Verschnürung befestigt wird. Der Bezug muß etwas kleiner als die Rahmenöffnung sein. Seine Kanten werden umsäumt und in regelmäßigen Abständen mit eingeschlagenen Metallösen versehen. Den Bezug kann man ohne weiteres selbst anbringen, doch läßt man ihn besser von einem Schuhmacher, Sattler oder Segelmacher anfertigen.

Um einen metallenen Gartenstuhl mit verschnürtem Segeltuch zu bespannen, wird die Plastikschnur fest durch die Ösen im Saum des Segeltuchs gezogen

Neuer Bezug für einen Liegestuhl

*Material: Markisendrell in der erforderlichen Länge, vorzugsweise aus Kunstfasern, 10 mm lange Flachkopfnägel
Werkzeug: Hammer oder Holzhammer, Schraubenzieher oder altes Stecheisen*

Sobald der Bezug eines Liegestuhls sich abzunutzen und zu fasern beginnt, sollte man ihn ersetzen, da der Stoff bei Belastung plötzlich reißen könnte.

Für den neuen Bezug verwendet man Markisendrell, den es in 45 cm Breite im Fachgeschäft zu kaufen gibt.

Kunstfasergewebe hat gegenüber Baumwolle den Vorteil, daß es schnell trocknet, nicht verrottet und daher eine lange Lebensdauer hat. Bei beiden Stoffarten ist die Arbeitsweise dieselbe.

1. Den Schraubenzieher oder Meißel schiebt man unter die Köpfe der alten Nägel und hebt sie heraus. Wenn nötig, verwendet man auch einen Hammer dazu. Holzrahmen nicht beschädigen! Dann wird der alte Bezug vom Rahmen abgenommen

2. Man mißt die Länge und Breite des alten Bezugs und kauft einen neuen Bezugstoff in den entsprechenden Maßen. Ein Ende der Stoffbahn 2 cm einschlagen und über die obere Schiene des Liegestuhlrahmens legen. Der Stoff muß gerade verlaufen

3. In der Mitte der Stoffbahn wird ein Nagel in die Unterseite der Schiene eingeschlagen. Anschließend wird der Bezugstoff an den beiden Enden festgenagelt und mit je zwei weiteren Nägeln in den Zwischenräumen befestigt

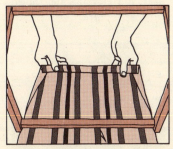

4. Das andere Ende der Stoffbahn wird um die untere Schiene gelegt. Da diese schmaler ist als die obere Schiene, wird der Stoff an beiden Längsseiten etwas eingeschlagen. Anschließend wird die Kante etwa 2 cm nach innen gefaltet

5. Die umgeschlagene Stoffkante muß bündig mit der inneren unteren Kante der Schiene verlaufen. Der Stoff wird in der Mitte der Schiene mit einem Nagel befestigt, dann an den Enden und schließlich in den Zwischenräumen

Einen gerissenen Haltegurt erneuern

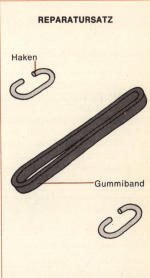

Der Reparatursatz für eine Gartenliege enthält fünf extrastarke Gummibänder und zehn Befestigungshaken

Die Haltegurte, die den Stoffbezug unterhalb des Metallrahmens einer Gartenliege befestigen, sind starken Belastungen ausgesetzt. Wenn der Gurt reißt, ist eine zufriedenstellende Reparatur mit einer anderen Gurtart im allgemeinen nicht möglich.

In Eisenwarengeschäften oder Kaufhäusern mit einer Gartenmöbelabteilung erhält man jedoch Spezial-Reparatursätze, die aus fünf starken ringförmigen Gummibändern und zehn Haken bestehen. Die Gummibänder werden mit Hilfe der Haken an den Ösen zu beiden Seiten des Bezugs befestigt und sorgen dafür, daß der Bezug fest gespannt ist.

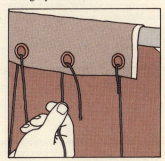

1. Gerissene oder abgenutzte Haltegurte aus den Ösen ziehen. Sorgfältig prüfen, ob der Bezug noch in Ordnung ist. Es ist zweckmäßig, eventuelle Schäden auszubessern, bevor die Gurte durch die neuen Gummibänder ersetzt werden

2. Je zwei der Metallhaken in eines der Gummibänder aus dem Reparatursatz einhängen. Die Haken dürfen nicht zu Ringen geschlossen werden. Darauf achten, daß sich die Öffnungen der Haken an derselben Seite des Gummibands befinden

3. Je einen Haken von außen in jede Öse auf einer Seite des Bezugs einhängen. Darauf achten, daß alle Ösen noch fest im Material sitzen, daß der Bezug gespannt ist und nicht durch scharfe Kanten an den Haken beschädigt werden kann

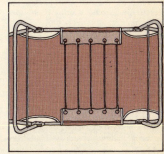

4. Mit dem mittleren beginnend, alle Gummibänder spannen, indem man den freien Haken jeweils in die gegenüber liegende Öse des Bezugs einhängt. Abwechselnd hängt man nun rechts und links die weiteren Haken ein

Gartenmöbel

Einen Riß an der Seitennaht reparieren

Reißt der Bezug an der Seitennaht, kann man ihn meist reparieren, ohne den ganzen Bezug zu erneuern. Dazu nimmt man am besten den Bezug ab.

Material: 60er Nähgarn
Werkzeug: Schere, Stopfnadel

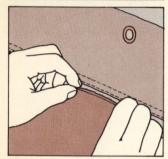

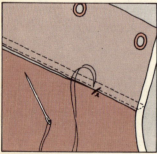

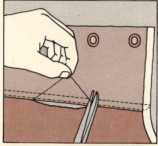

1. Lose Fäden am Riß müssen abgeschnitten und die Naht muß an beiden Seiten der beschädigten Stelle etwa 4 cm weit aufgetrennt werden

2. Den eingerissenen Stoff etwa 6 mm einschlagen. An den Enden verlaufen lassen. Falte gegen die Lasche drücken

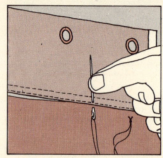

3. Die Nadel mit dem verknoteten Doppelfaden durchziehen. Etwa 1 cm hinter dem Rißende mit der Naht beginnen

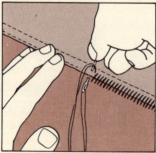

4. Faden festziehen und nach unten führen, dann durch den Bezug und durch die Lasche wieder nach oben ziehen

5. Bis auf etwa 1 cm hinter dem Riß mit Überwendlingsstichen festnähen. Der Faden wird sorgfältig verknotet und abgeschnitten

Einen Riß flicken

Reißt der Bezug einer Gartenliege in der Mitte, genügt es meist nicht, den Riß einfach zusammenzunähen. Besser ist es, die Stelle mit einem ähnlichen Stück Leinwand oder Synthetikstoff zu flicken. Ist eines der beiden nicht zu beschaffen, verwendet man eine Doppellage Stoff von einem alten Laken.

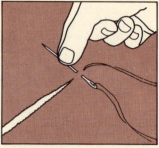

1. Bezug abnehmen. Etwa 1 cm vor Beginn des Risses mit der Naht anfangen. Zunächst die Nadel von unten nach oben führen

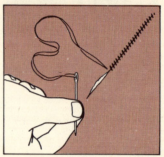

2. Die Kanten etwa 6 mm einschlagen und mit Überwendlingsstichen zusammennähen. Die Kanten dürfen sich nicht überlappen

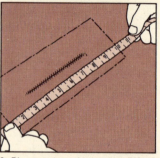

3. Bis etwa 1 cm hinter dem Riß nähen. Einen Flicken zuschneiden, der rundum 5 cm größer sein muß als der Riß

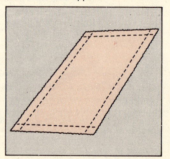

4. Den Flicken an allen Kanten etwa 1 cm weit einschlagen und heften. Dünneren Stoff sollte man allerdings doppelt nehmen

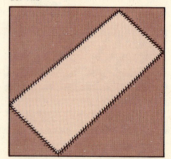

5. Den Flicken so auf die Unterseite des Bezugs legen, daß sich der Riß genau in der Mitte befindet. Mit dichten Überwendlingsstichen aufnähen

NEUE FERTIGBEZÜGE ANBRINGEN

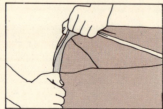

1. Muß der Bezug einer Gartenliege ersetzt werden, faltet man die Liege halb zusammen, löst die Haltegurte und nimmt den alten Bezug ab

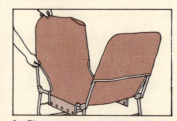

2. Einen neuen, passenden Bezug kaufen. Die fertig genähten Taschen über die hochgeklappten Endteile der Gartenliege ziehen

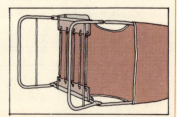

3. Die Gartenliege auf die Seite legen und die Haltegurte wieder durch die Schnürösen im Bezug ziehen (siehe S. 261)

Leitern

Sicherheit und Pflege

Eine Leiter – so unentbehrlich sie ist – kann auch ein höchst gefährlicher Gegenstand sein, wenn man sie unsachgemäß benutzt oder nicht regelmäßig überprüft und instand hält.

Vor allem Leitern aus Holz und ganz besonders Schiebeleitern muß man ständig kontrollieren und pflegen, da sie gegen Witterungseinflüsse sehr anfällig sind; wegen ihrer großen Abmessungen werden sie häufig im Freien aufbewahrt, und dabei nimmt das Holz viel Feuchtigkeit auf. Weil der Hobbyhandwerker diese Leitern nur selten benutzt, kann es sich verheerend auf ihren Zustand und damit auf ihre Sicherheit auswirken.

Aber auch Metalleitern aus Stahlrohr oder Leichtmetall sollten nicht im Freien oder in feuchten Räumen aufbewahrt werden.

Es ist ratsam, Leitern, die längere Zeit nicht benutzt wurden, vor Gebrauch gründlich auf ihren Zustand zu überprüfen und notfalls instand zu setzen. Dabei muß man vor allem auf folgende Punkte achten:

1. Risse in Sprossen und Holmen.
2. Eingetrocknete oder verfaulte Sprossenzapfen.
3. Lose Bügel und Haken bei Schiebeleitern.
4. Beschädigte Seile und Drahtseile.
5. Verrostete Scharniere und Sicherungshaken bei Stehleitern.

Holzleitern sollte man niemals mit Öl- oder Lackfarbe anstreichen. Um das Holz zu pflegen, benützt man Firnis, Öl oder Holzkonservierungsmittel.

Alle nicht rostfreien Metallteile müssen in regelmäßigen Abständen mit Spachtel und Stahlbürste von Farbresten und Rost befreit, mit Mennige grundiert und mit Außenlacken gestrichen werden.

Ein weiterer wichtiger Punkt für die Betriebssicherheit einer Leiter ist ihre Standfestigkeit. Besonders bei Anlegeleitern muß man darauf achten, daß beide Leiterenden gegen Verrutschen abgesichert werden. Bei gewachsenem Boden muß man dessen Tragfähigkeit prüfen und – falls diese nicht ausreicht – eine ebene Unterlage schaffen.

Gute Lösungen für die Absicherung gegen Rutschen zeigen die nebenstehenden Bilder.

Abstandhalter (unterstes Bild) erleichtern in vielen Fällen das Arbeiten, z. B. an der Dachrinne. Die dargestellten Zusatzteile (Gummifüße, Abstandhalter) sind für die meisten Leitertypen gesondert erhältlich.

Vielseitig in Haus und Garten verwendbar ist die ganz rechts gezeigte Vielzweckleiter. Sie kann als Bockleiter, als abgeknickte und gerade Anlegeleiter, als Treppenhaus- oder Hangleiter und in zweierlei Form als Arbeitsgerüst verwendet werden.

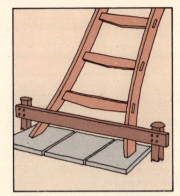

Leitern brauchen zur Standsicherheit eine ebene Fläche mit ausreichender Tragfähigkeit. Gewachsenen Boden muß man vielleicht abgleichen; zur Druckverteilung mit rauhen Betonplatten belegen. Bei Rutschgefahr das untere Ende der Leiter durch zwei Pflöcke und eine Latte absichern

Als Zusatzteile gibt es verschiedene Arten von Leiterfüßen zu kaufen: links ein Gummiteller mit Kugelgelenk, rechts ein Vollgummifuß mit elastischem Gelenk und Aufsteckmanschette

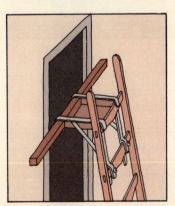

Wenn der Bauteil, an den die Leiter angelehnt werden soll (z. B. Fenster oder Dachrinne), nicht stabil genug ist, oder wenn es das Arbeiten erleichtert, verwendet man einen Leiterabstandhalter

VIELZWECKLEITER

Vielzweckleiter aus Stahlrohr oder Aluminium

Bockleiter

Abgeknickte Anlegeleiter

Gerade Anlegeleiter

Treppenhausleiter

Arbeitsgerüst mit einer (obere Abbildung) und mit zwei Abstützungen

Sprossen: Klingt der Hammerschlag dumpf, so ist die Sprosse gesplittert oder meist da angefault, wo sie im Holm steckt

Gleithaken: Man prüft, ob die Haken – auch an der Unterseite – nicht verrostet und ob die Schrauben fest angezogen sind

Spannstäbe: Manche Leitern haben unter einigen Sprossen Stahlstäbe. Wenn nötig, nachspannen; öfters mit Mennige streichen

Holme: Selbst kleine Risse – vor allem in der Nähe der Sprossen – sind gefährlich. Fachmännische Reparatur oder neue Leiter

Pergolen

Eine Pergola pflegen und erneuern

Pergolen werden meistens ganz oder teilweise aus Holz hergestellt, weil sich dieses Material für eine Gerüstkonstruktion besonders eignet: Es ist relativ preiswert und fügt sich gut in den ländlich-rustikalen Charakter des Gartens ein. Leider neigt Holz zur Fäulnis (bakterieller Zerstörung), wenn es ständig der Witterung ausgesetzt ist. Das gilt besonders für die meistverwendeten Holzarten: Kiefer, Fichte und Lärche. Hartholz verwittert bei weitem nicht so schnell, ist aber sehr teuer.

Die Holzteile imprägnieren

Die wirksamste Vorbeugungsmaßnahme gegen Fäulnis ist das Imprägnieren mit handelsüblichen Holzschutzmitteln vor dem Zusammenbau des Holzgerüstes. Wasserlösliche Mittel (Metallsalze) sind vorzuziehen, da sie tiefer eindringen. Die fertige Pergola kann dann noch mit einem imprägnierenden Lasuranstrich versehen werden. In regelmäßigen Abständen sollte man den Schutzanstrich wiederholen.

Richtige Wahl der Holzkonstruktion

Besonders anfällig gegen Fäulnis sind die Köpfe von Balken und Bohlen sowie die Holzverbindungen (Zapfen, Schlitze, Nuten). Durch eine überlegte Konstruktion, die solche Schwachstellen nach Möglichkeit vermeidet, kann viel für eine längere Haltbarkeit der Pergola getan werden. Bei der in Bild 1–3 dargestellten Bauweise ist dies konsequent beachtet. Sie bedingt den Anschluß der Pergola an eine Wand oder eine andere Art der Windaussteifung.

Eine gute Lösung ist es auch, für die Stützen Stahlbeton zu verwenden. Stahl ist – auch für die Längsträger – weniger zu empfehlen: Statt der Fäulnis muß man hier den Rost durch Schutzanstriche bekämpfen.

Hölzer auswechseln

Sind nur einzelne Glieder der Konstruktion angefault, so können sie verhältnismäßig leicht ausgewechselt werden. Soll nur der geschwächte Teil eines Längsträgers (Pfette) ersetzt werden, erfolgt der Stoß durch gerade oder schräge Überplattung. Die Stöße legt man zweckmäßig zwischen zwei Pfosten.

Die Pergola ist ein beliebtes architektonisches Mittel, um Gartenteile zu verbinden oder zu trennen (z. B. den Wohn- vom Nutzgarten) oder um Sichtschutz gegen angrenzende Gärten zu geben. Zum Beranken einer Pergola eignen sich Kletterrosen, Glyzinien, Wilder Wein, Geißblatt usw.

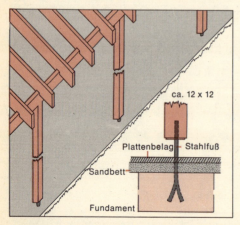

1. Pergola in Holzkonstruktion. Wegen der besonderen Verrottungsgefahr darf der Pfosten nicht ins Erdreich hineinreichen. Er ruht auf einem einbetonierten Stahlfuß mit Stützplatte

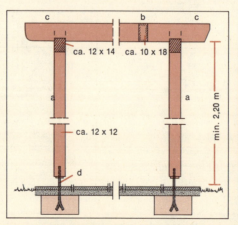

2. Querschnitt durch die Holzkonstruktion: a Pfosten (Stiel), b Längsträger (Pfette), c Querholz (Lamelle), d Stahlfuß in Betonfundament. Mindesthöhe bis Unterkante Querholz: 220 cm

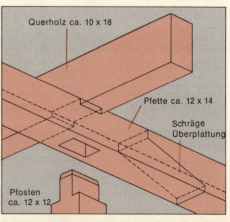

3. Verbindung von Stiel und Pfette durch Zapfen und Schlitz (nicht durchgehend!), von Querholz mit Pfette durch Ausklinkung; Längsverbindung der Pfette durch schräge Überplattung

Pflanzensprüher

Handspritzen

Fast alle Handspritzen und Sprühgeräte sind heute so konstruiert, daß das Pumpenaggregat direkt im Flüssigkeitsbehälter steckt. Bei der Hochdruckspritze wird die Flüssigkeit durch einen Kunststoffschlauch vom Behälter zum Strahlrohr befördert, wo sie durch eine Düse zerstäubt wird. Bei diesen Pumpen muß man auf die maximale Füllhöhe achten; auch darf der angegebene Manometerdruck nicht überschritten werden. Für das Strahlrohr gibt es aufschraubbare Verlängerungsstücke.

Stabhandspritzen sind einfache, unempfindliche Kolbenpumpen für den kleineren Hausgarten. Die Düse kann man gegen die seitlich angebrachte Brause auswechseln. Die Flüssigkeit wird durch Ziehen am Griff angesaugt und durch Drücken wieder abgegeben. Die Ledermanschetten müssen gut geschmiert sein. Für alle Geräte gilt: Keine Säuren, Laugen oder ätzende Flüssigkeiten verwenden; sie können Dichtungs- und Schlauchmaterial beschädigen.

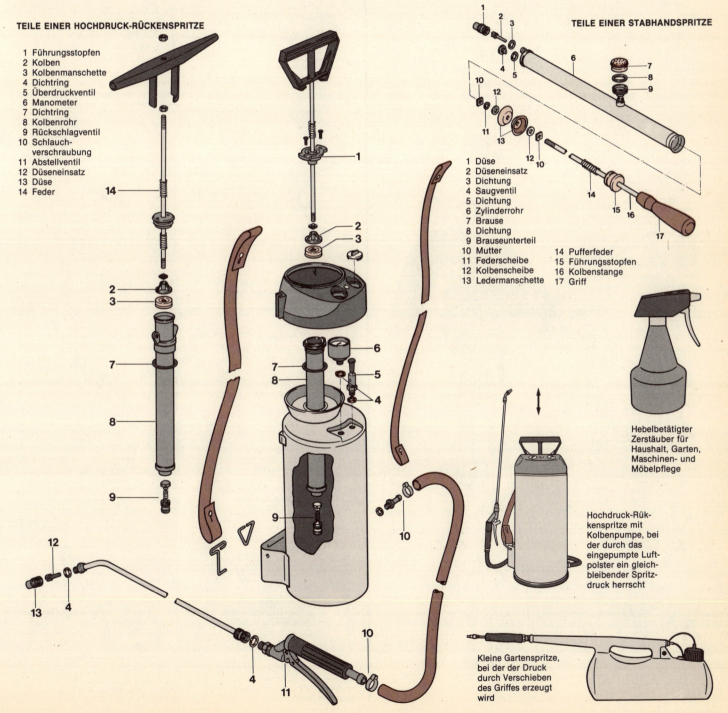

TEILE EINER HOCHDRUCK-RÜCKENSPRITZE

1 Führungsstopfen
2 Kolben
3 Kolbenmanschette
4 Dichtring
5 Überdruckventil
6 Manometer
7 Dichtring
8 Kolbenrohr
9 Rückschlagventil
10 Schlauchverschraubung
11 Abstellventil
12 Düseneinsatz
13 Düse
14 Feder

TEILE EINER STABHANDSPRITZE

1 Düse
2 Düseneinsatz
3 Dichtung
4 Saugventil
5 Dichtung
6 Zylinderrohr
7 Brause
8 Dichtung
9 Brauseunterteil
10 Mutter
11 Federscheibe
12 Kolbenscheibe
13 Ledermanschette
14 Pufferfeder
15 Führungsstopfen
16 Kolbenstange
17 Griff

Hebelbetätigter Zerstäuber für Haushalt, Garten, Maschinen- und Möbelpflege

Hochdruck-Rückenspritze mit Kolbenpumpe, bei der durch das eingepumpte Luftpolster ein gleichbleibender Spritzdruck herrscht

Kleine Gartenspritze, bei der der Druck durch Verschieben des Griffes erzeugt wird

Pflanzensprüher

Druckluftspritzen warten und reparieren

Ein Druckluftsprühgerät arbeitet nach dem gleichen Prinzip wie ein Handsprühgerät. Zunächst wird durch Pumpen des Tauchkolbens Luft in den Behälter gepumpt. Wenn das Spritzventil durch einen Hebel oder Druckknopf geöffnet wird, treibt der Luftdruck die Flüssigkeit so lange zur Spritzdüse, bis Luftdruck oder Flüssigkeit im Behälter erschöpft ist.

Bei einigen Drucksprühgeräten trägt der Tauchkolben eine Ledertopfdichtung, die regelmäßig eingefettet und gelegentlich erneuert werden muß. Bei Neoprendichtungen entfällt dagegen das Fetten; aber auch sie müssen erneuert werden, wenn sie abgenutzt sind.

Wenn der Sprühstrahl an der Düse nicht zufriedenstellend austritt, kann die Pumpe undicht sein. In diesem Fall muß man prüfen, ob der Tauchkolben abgenutzt und somit undicht ist.

Man sollte auch darauf achten, daß der Düsenvorsatz exakt auf die Düse aufgeschraubt ist, damit der Sprühstrahl nicht abgelenkt wird.

Wenn man im Behälter ein Gluckern hört oder wenn am Griff Flüssigkeit austritt, prüft man das Rückschlagventil. Wahrscheinlich ist es verstopft oder kaputt.

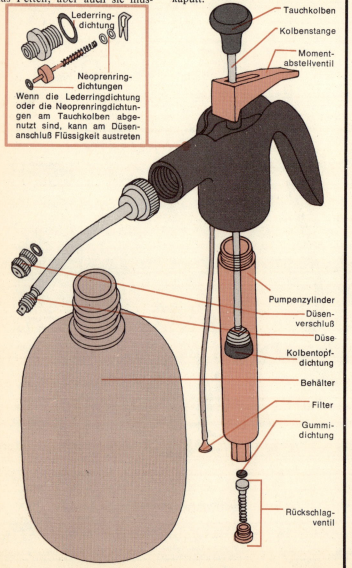

Wenn die Lederringdichtung oder die Neoprenringdichtungen am Tauchkolben abgenutzt sind, kann am Düsenanschluß Flüssigkeit austreten

Tauchkolben
Kolbenstange
Momentabstellventil
Pumpenzylinder
Düsenverschluß
Düse
Kolbentopfdichtung
Behälter
Filter
Gummidichtung
Rückschlagventil

Dichtungen und Ventile erneuern

Scheiben- und Ringdichtungen halten mehrere Jahre, werden aber allmählich weich und luftdurchlässig.

Das Rückschlagventil hat meist eine kleine Feder und entweder eine Kugel oder eine Gummidichtung als Verschluß. Eine rostige oder abgenutzte Feder muß man erneuern. Auch rissige Gummidichtungen, die nicht mehr dicht sind, müssen ersetzt werden.

| *Material:* | Ersatzteile |
| *Werkzeug:* | Gabelschlüssel |

1. Zunächst muß man den Pumpenzylinder lösen und den Tauchkolben herausziehen. Tauchkolbenmutter und Kolbenring werden entfernt

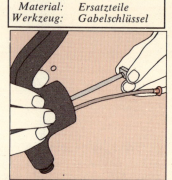

2. Es ist darauf zu achten, daß die obere Metallunterlegscheibe nicht an der Kolbenscheibe klebt und mit abgenommen wird

3. Neue Kolbenscheibe mit der Unterseite in Richtung auf die Kolbenstange aufsetzen. Untere Metallscheibe und Mutter wieder aufsetzen

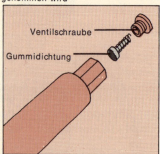

Ventilschraube
Gummidichtung

4. Will man die Gummidichtung eines Rückschlagventils erneuern, muß man die Ventilschraube am unteren Ende des Pumpenzylinders lösen

5. Beim Wiedereinbau des Ventils kommt die Feder auf den Haltering. Die Gummidichtung wird in Richtung zum Pumpenzylinder aufgesetzt

6. Will man die Neoprenringdichtung erneuern, muß man zunächst das ganze Ventil aus dem Gehäuse herausschrauben

Lederringdichtung

7. Die Düse ist mit einem kleinen Lederring abgedichtet. Achten Sie darauf, daß die Dichtung genau in der Nut sitzt

Rasenmäher

Handrasenmäher – Überholen des Freilaufs

In jedem Rad befindet sich ein Innenzahnkranz, in den ein Ritzel der Messerwelle greift. Wenn die Räder sich vorwärts bewegen, dreht sich auch das Ritzel. Auf der Messerwelle befindet sich eine Sperr- oder Mitnehmerklinke, die an einem flachen Anschlag im Ritzel zu liegen kommt und dieses mitnimmt. Wenn sich das Rad rückwärts dreht, gleitet die Sperrklinke über die abgerundeten Enden im Ritzel, und die Messerwalze dreht sich nicht. Wenn die Räder beim Vorwärtsrollen die Messerwalze nicht antreiben, ist der Freilauf nicht in Ordnung. Die Welle dreht sich dann nicht im Ritzel.

Wenn die Messerwalze in Ordnung ist und dennoch nicht einwandfrei schneidet, dann kann es am Schneidlineal liegen. Das Lineal wird mit Hilfe von zwei Sterngriffen, Schrauben und Federn an die Messerwalze gedrückt und soll einen exakten Schnitt garantieren. Bei zu geringem Anpreßdruck der Federn kann der Rasen zwischen Messer und Lineal hindurchgezogen werden und wird gerupft und nicht geschnitten.

Material:	Ritzel oder Sperrklinke, Öl, Fett
Werkzeug:	Kombizange, Schraubenzieher, Lumpen

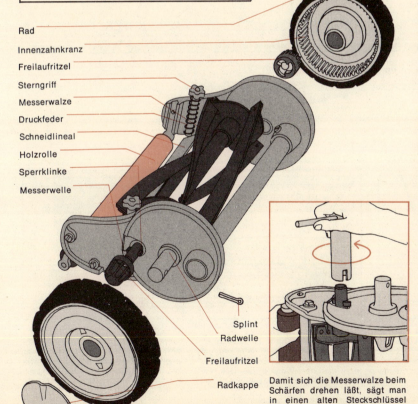

Rad
Innenzahnkranz
Freilaufritzel
Sterngriff
Messerwalze
Druckfeder
Schneidlineal
Holzrolle
Sperrklinke
Messerwelle

Splint
Radwelle
Freilaufritzel
Radkappe

1. Man hebt die Radkappe ab, drückt den Splint zusammen und zieht ihn heraus

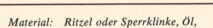

2. Das Rad wird von der Welle genommen und der Zahnkranz auf Beschädigungen untersucht

3. Mit einem Schraubenzieher schabt man Fett und Grasreste aus dem Zahnkranz

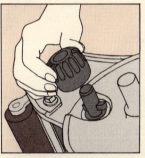

4. Man nimmt das Freilaufritzel von der Messerwelle, reinigt es und prüft, ob es noch gut ist

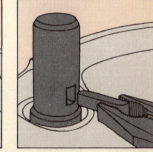

5. Mit einer Kombizange zieht man jetzt die Sperrklinke aus dem Schlitz in der Welle

Abgenutzte Kanten

6. Wenn Kanten der Sperrklinke oder im Ritzel abgenutzt sind, wird die Klinke ersetzt

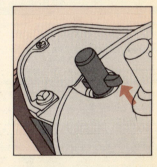

7. Man setzt die Sperrklinke so in die Welle ein, daß ein Ende nach vorne und nach unten zeigt

8. Wenn die Klinke richtig eingebaut ist, liegt seine gerade Seite an der geraden Ritzelnase

Damit sich die Messerwalze beim Schärfen drehen läßt, sägt man in einen alten Steckschlüssel zwei so breite und tiefe Schlitze, daß man das Werkzeug über die Sperrklinke stecken kann

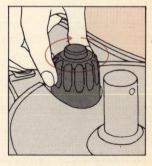

9. Man setzt das Ritzel ein, prüft von Hand, ob es die Messerwelle dreht, und montiert das Rad

Rasenmäher

Batteriemäher

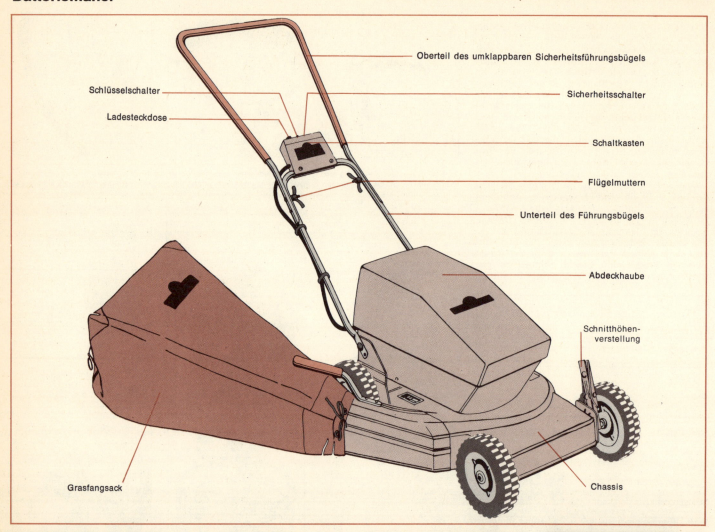

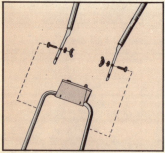
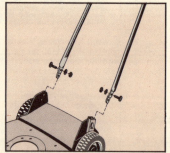

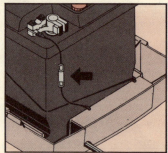

Startklar machen: Zuerst wird das Oberteil des Führungsbügels mit den zugehörigen Schrauben und Flügelmuttern am unteren Teil befestigt, dann der ganze Bügel am Chassis des Rasenmähers. Die Flügelmuttern werden fest angezogen. An den Vorder- und Hinterrädern befindet sich ein Handgriff, mit dem man die Lage der Räder in der Höhe und damit die Schnitthöhe beim Mähen einstellen kann

Montage des Führungsbügels: Die Art und Weise, wie der Führungsbügel am Mäher angebracht wird, kann je nach Fabrikat und Konstruktion des Mähers verschieden sein. Bei dem abgebildeten Prinzip wird das Unterteil des Führungsbügels am Chassis mit Schrauben, Unterlegscheiben oder Federringen sowie mit Sechskantmuttern befestigt. Flügelmuttern sind jedoch auch geeignet

Mähen: Der Batteriemäher wird auf ebenem Boden, aber keinesfalls im hohen Gras angelassen. Falls kein geeigneter Platz dafür vorhanden ist, kippt man den Mäher etwas nach hinten und schaltet ihn dann ein (siehe Abbildung).
Die Maschine wird beim Mähen immer auf dem schon gemähten Rasenstreifen gewendet; wie man es macht, ist auf Seite 273 gezeigt.

Sicherung: Wenn beim Mähen von hohem Gras die Motordrehzahl nachläßt, schiebt man den Mäher etwas langsamer. Bei Überlastung des Motors soll die Sicherung durchbrennen. Sie befindet sich unter der Abdeckhaube und muß durch eine Sicherung gleicher Stärke ersetzt werden (siehe Abbildung). Der Rasenmäher darf nicht dauernd überlastet werden, weil es Motor und Batterie schadet

Sicherheitsschalter: Bei manchen Batterierasenmähern wird der Motor durch einen Sicherheitsschalter geschützt, der sich auf dem Schaltkasten befindet (siehe Abbildung). Wenn der Motor überlastet wird, springt der Knopf des Sicherheitsschalters heraus. Man schaltet den Motor dann sofort aus, wartet etwa zwei Minuten und drückt den Knopf hinein

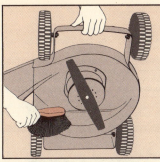

Nach dem Mähen: Wenn der Mäher nicht gebraucht wird, zieht man den Schalterschlüssel sicherheitshalber heraus. Dann wird der Mäher gründlich gesäubert. Um auch die Unterseite erreichen zu können, kippt man ihn so um, daß der Führungsbügel flach auf dem Boden liegt. Das geht nur bei einer Trockenbatterie. Batterien mit nassen Zellen darf man nicht kippen

Ein Messer auswechseln: Stumpfe Messer schneiden schlecht. Das gilt auch für Rasenmäher. Außerdem brauchen sie mehr Motorkraft, wodurch die Leistung des Rasenmähers sinkt.

Wenn ein Messer auf einen Stein oder einen anderen harten Gegenstand aufgeschlagen ist und beschädigt wurde, sollte man es sofort auswechseln

Ein Messer montieren: Man soll regelmäßig kontrollieren, ob das Messer noch scharf ist. Wenn es stumpf geworden ist oder beschädigt wurde, wird es durch ein Messer des gleichen Fabrikats ersetzt.

Bei der Montage ist darauf zu achten, daß das Kupplungsstück des Messers richtig und fest auf der beiderseits abgeflachten Motorachse sitzt

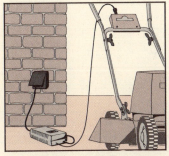

Eine Batterie laden: Das Ladegerät wird mit dem Netzstecker an eine 220-Volt-Steckdose angeschlossen und sein Ladestecker mit der Steckdose am Schaltkasten des Rasenmähers verbunden (siehe Abbildung).

Die Ladezeit beträgt mindestens 24 Stunden. Wenn der Mäher nicht gebraucht wird, kann das Ladegerät angeschlossen bleiben

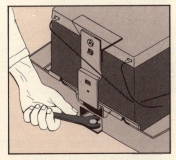

Eine Trockenbatterie einsetzen: Zuerst wird die mitgelieferte Gummiplatte auf den Boden des Batteriekastens gelegt und die Batterie dann so hineingestellt, daß ihre Anschlußklemmen, in Mährichtung gesehen, auf der rechten Seite liegen. Wenn die Gummiplatte flach unter der Batterie liegt, zieht man die Befestigungsschrauben fest

Eine Batterie mit nassen Zellen einsetzen: Die kombinierten Befestigungsbleche für eine Trockenbatterie oder eine Batterie mit nassen Zellen liegen dem Rasenmäher bei. Die Batterie wird bis an den Anschlag nach hinten geschoben und mit Hilfe des Befestigungsbleches und der Schrauben fest montiert. Schrauben mit Gabelschlüssel anziehen

Die Kabel anschließen: Zuerst wird das rote Pluskabel der Batterie mit der, in Mährichtung gesehen, vorderen Motorklemme (Pluspol) verbunden. Danach befestigt man das blaue Minuskabel an der hinteren Motorklemme (Minuspol).

Das lose rote Kabel, das unmittelbar vom Motor kommt, kommt ebenfalls noch an den Pluspol

Eine Batterie füllen: Zum Füllen der Batterie wird die Abdeckhaube abgenommen, umgekehrt auf den Boden gelegt und die Batterie hineingestellt. Dann schraubt man die Verschlüsse der Zellen ab. Beim Füllen mit Schwefelsäurelösung ist die mitgelieferte Gebrauchsanweisung genau zu beachten. Eine Trockenbatterie braucht nie gefüllt zu werden. Vorsicht beim Umgang mit der Säure

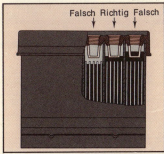

Den Säurestand prüfen: Nach dem Füllen läßt man den Akku etwa 20 Minuten stehen. Durch leichtes Schütteln oder Schrägstellen sorgt man dafür, daß Luftblasen entweichen. Durch Nachfüllen oder Absaugen mit der leeren Säureflasche bringt man den Säurestand auf die vorgeschriebene Höhe. Bei allen weiteren Nachfüllungen darf man nur noch destilliertes Wasser verwenden. Die Batterie regelmäßig kontrollieren

ABHILFE BEI STÖRUNGEN

Störung	Ursache	Abhilfe
Unruhiger Lauf und/oder starkes Vibrieren der Maschine	Messer durch Aufschlagen auf harte Gegenstände beschädigt	Messer erneuern
	Messer nicht gut befestigt	Messer festschrauben
Räder wackeln	Radmuttern an der Achse locker	Muttern festschrauben
Motor läuft nicht	Batterie ist leer	Batterie laden, Säurestand überprüfen
	Knopf des Sicherheitsschalters herausgesprungen	Motor ausschalten, Knopf nach zwei Minuten wieder hineindrücken
Maschine mäht schlecht	Messer sind stumpf	Messer ersetzen
	Mähhöhe nicht gut eingestellt	Mähhöhe richtig einstellen
	Batterie ist leer	Batterie laden
Ladegerät lädt nicht	Netzsteckdose ohne Strom	Für Stromzuführung sorgen
	Sicherung des Ladegeräts durchgebrannt	Sicherung erneuern
Bei anderen Störungen wendet man sich an den Lieferanten oder die nächste Servicewerkstatt		

Rasenmäher

Elektromäher

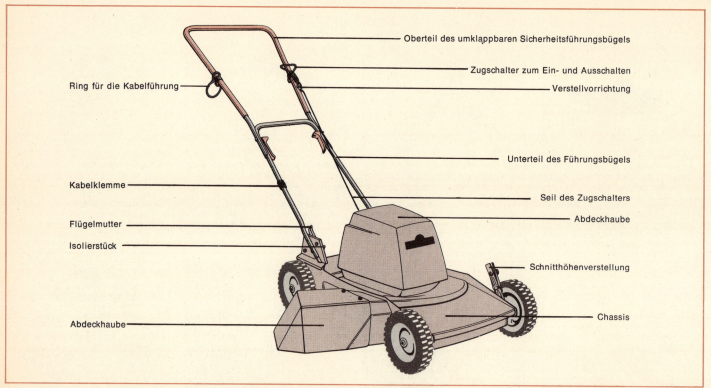

Elektromäher mit 46 cm Schnittbreite

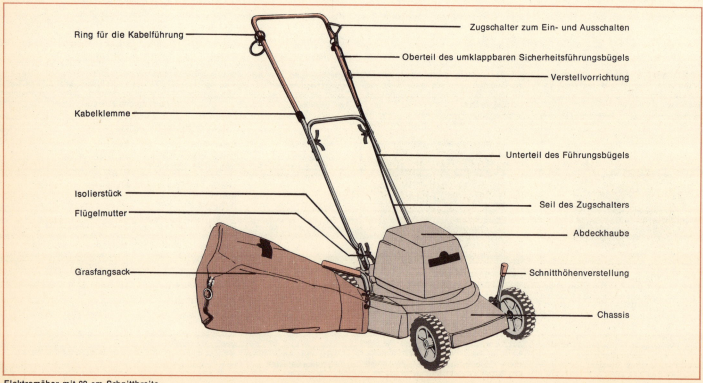

Elektromäher mit 32 cm Schnittbreite

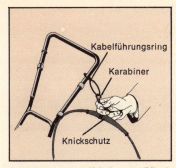

Befestigung des Kabels am Bügel: Stromkabel in die Gummikabelklemme am Führungsbügel drücken und mit dem Karabiner in den am Bügel befestigten Führungsring hängen.

Der Karabiner wiederum ist an einem Knickschutz befestigt, der das Kabel gegen Bruch schützt. Das Kabel sollte möglichst ausreichend Bewegungsfreiheit am Führungsbügel haben

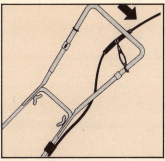

Umlegen des Kabels beim Mähen: Der Kabelführungsring, an dem das Kabel hängt, läßt sich von der rechten auf die linke Seite des Führungsbügels schieben und natürlich auch umgekehrt. Das Kabel kann infolgedessen immer auf den bereits gemähten Rasenstreifen gelegt werden und ist dadurch weitgehend vor Beschädigungen beim Mähen geschützt

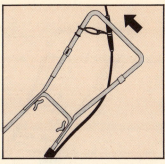

Sollte das Kabel doch einmal durchgeschnitten werden, so darf man es auf keinen Fall berühren, bevor man den Netzstecker herausgezogen hat. Die Sicherung brennt nämlich bei einem Kabelbruch nicht immer sofort durch. Das Kabel kann an jede Steckdose des Hausnetzes angeschlossen werden, die durch eine Sicherung von 16 A geschützt ist

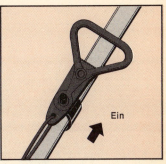

Starten: Vor dem Starten stellt man den Rasenmäher immer auf ebenen Boden oder hebt ihn, wenn kein geeigneter Platz vorhanden ist, vorn durch Niederdrücken des Führungsbügels etwas an. Die Maschine darf in keinem Fall im hohen Gras gestartet werden. Dann zieht man den Startergriff so weit hoch, daß der Kunststoffknopf in das untere Schalterloch einrastet

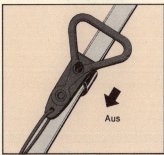

Ausschalten: Um den Rasenmäher wieder auszuschalten, läßt man den Zugschalter so weit zurückgehen, bis der Kunststoffknopf in das obere Loch einrastet. Mit dem Zugschaltergriff wird eine Zugfeder am Motor bedient. Ruckartiges oder zu festes Ziehen kann Schaden anrichten. Wenn ein leichtes Ziehen nicht genügt, ist der Schalter nicht richtig eingestellt

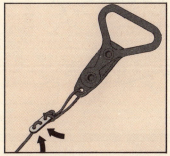

Den Zugschalter einstellen: Es ist sehr wichtig, daß das Seil des Zugschalters genau auf die richtige Länge eingestellt ist, da sich der Motor sonst nicht einwandfrei ein- und ausschalten läßt.

Die Zugschnur läßt sich mit Hilfe einer einfachen Verstellvorrichtung, einer Lochplatte, durch die das Seil gefädelt ist (siehe Abbildung), länger oder kürzer einstellen

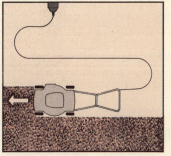

Mähen: Wie man die Schnitthöhe einstellt, ist auf S. 275 beschrieben. Die Abdeckhaube muß beim Mähen angebracht sein. Wie sie befestigt wird, ist ebenfalls auf S. 275 erklärt.

Man braucht den Rasenmäher für eine neue Mähbahn nicht zu wenden, man kann vorwärts und rückwärts mähen. Dann muß man natürlich das Kabel auch nicht umlegen

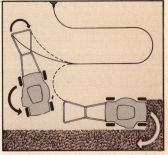

Das Wenden beim Mähen: Man wendet einen Rasenmäher immer auf der schon gemähten Rasenseite. Dabei wird das Kabel mit Hilfe des Kabelführungsringes zur gemähten Seite hin umgelegt (siehe Abbildung).

Wenn man sich an diese Faustregel hält, kann es nicht passieren, daß man das Kabel versehentlich überfährt und dabei beschädigt

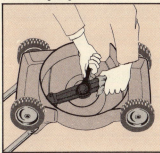

Den Messerbalken abschrauben: Zuerst wird der Stecker aus der Steckdose gezogen. Dann umwickelt man das Messer mit einem Lappen, damit man sich nicht verletzen kann. Danach wird die Schraube mit einem Gabelschlüssel gelöst und der Messerbalken herausgehoben.

Man muß darauf achten, daß das neue Messer vom gleichen Fabrikat und von gleicher Größe wie das alte ist

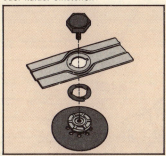

Einen Messerbalken montieren: Wenn man einen neuen Messerbalken montiert, werden die Einzelteile in umgekehrter Reihenfolge zum Abnehmen eingesetzt (siehe Abbildung). Dabei muß man vor allem darauf schauen, daß der Mitnehmer und die Mitnehmerfeder richtig in den Messerbalken einrasten. Die Befestigungsschraube des Messers muß mit einem Gabelschlüssel fest angezogen werden

Allgemeines: Vor dem Kauf eines Mähers sollte man sich im Fachgeschäft gründlich über die Leistungen und Eigenheiten der verschiedenen Modelle unterrichten lassen. Der Händler soll die verschiedenen Arten und Größen von Mähmaschinen vorführen und erklären und ein Gerät empfehlen, das Ihren Bedürfnissen entspricht

Störungen: Es sind eine Anzahl von Störungen denkbar, deren Ursachen man selbst erkennen und beheben kann, ohne die Hilfe des Herstellers oder einer Servicewerkstatt in Anspruch zu nehmen. Es ist aber wichtig, daß man nur kleinere Reparaturen, wie sie beim Batteriemäher auf S. 269 beschrieben sind, selber ausführt

Wartung: Nach jedem Mähen soll die Maschine mit einem Tuch oder Handfeger gesäubert werden; auf keinen Fall darf man Wasser benutzen. Der Rasenmäher wird in einem trockenen Raum aufbewahrt. Der Motor bedarf keiner besonderen Pflege. Lediglich die Radlager können ab und zu einen Tropfen säurefreies Öl vertragen

Sicherheitsschalter: Der automatische Sicherheitsschalter schaltet den Motor bei Überlastung ab. Man stellt den Zugschalter dann auf „Aus", wartet ein paar Minuten und schaltet ihn wieder ein. Bei längerer Überlastung kann der Motor unter Umständen beschädigt werden. Deshalb sollte man nicht mit Gewalt mähen

Rasenmäher

Viertaktmotormäher

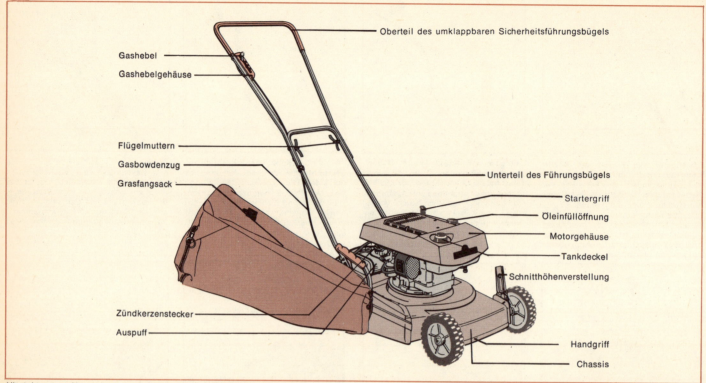
Viertaktmotormäher mit 38 cm Schnittbreite

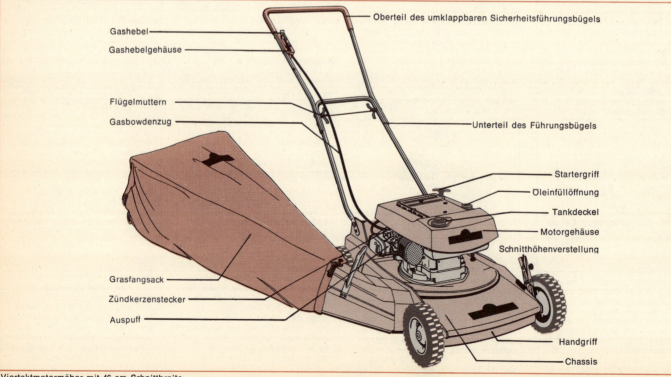
Viertaktmotormäher mit 46 cm Schnittbreite

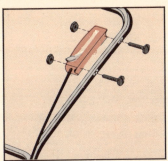

Führungsbügel und Gashebel anbringen: Der zweiteilige Führungsbügel wird befestigt, wie auf Seite 447 beschrieben. Der Gashebel wird mit seinem Gehäuse und den mitgelieferten Schrauben und Muttern am Führungsbügel festgeschraubt. Gleichzeitig montiert man die Abdeckhaube (siehe S. 275). Ohne sie darf nicht gemäht werden

Den Führungsbügel zusammenklappen: Für den Transport und für die Aufbewahrung des Rasenmähers kann man den Führungsbügel zusammenklappen. Man muß darauf achten, daß zuerst das Oberteil und dann das Unterteil umgeklappt wird. Die Flügelmuttern werden dafür etwas gelockert. Der Gasbowdenzug darf beim Zusammenklappen auf keinen Fall geknickt werden

Vor dem Starten: Der Mäher kommt mit Normalbenzin aus. Wichtig ist: Nicht bei laufendem Motor tanken, und vor allem dabei nicht rauchen. Nun wird der Gashebel auf „Start" gestellt, bei warmem Motor jedoch auf „Voll". Dann öffnet man den Benzinhahn, indem man die Rändelschraube nach links dreht. Diese Einrichtung haben allerdings nicht alle Rasenmäher

Starten und Abstellen: Der Motor wird gestartet, indem man den Startergriff zieht, langsam zurückdrückt und dann den Gashebel langsam auf „Voll" stellt. Will man den Motor abstellen, legt man den Gashebel auf „Stop". Wenn der Mäher längere Zeit nicht gebraucht wird, schließt man den Benzinhahn und läßt den Motor laufen, bis er stehenbleibt

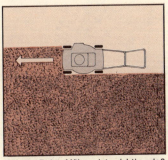

Mähen: Beim Mähen ist wichtig, daß der Gashebel immer auf „Voll" steht, denn der Motor läuft dann mit gleichbleibender Umdrehungszahl. Beim Mähen an Abhängen muß der Vergaser immer nach oben zeigen. Viertaktrasenmäher sind für Abhänge von mehr als 27° Neigung nicht geeignet. Die Schnitthöhe läßt sich, wie auf Seite 275 beschrieben, verstellen

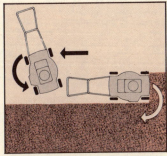

Anlassen und Wenden: Der Viertaktrasenmäher muß auf ebenem Boden angelassen werden, aber nicht im hohen Gras. Ist jedoch kein anderer Platz dafür vorhanden, so muß man die Maschine etwas nach hinten kippen und dann anlassen. Während des Mähens wendet man den Rasenmäher immer auf dem schon gemähten Rasenstreifen

Wartung und Pflege: Nach der Arbeit muß die Maschine sofort gründlich gesäubert werden. Wenn man den Mäher dazu umlegt, achtet man darauf, daß Vergaser und Benzindeckel nach oben liegen. Zum Saubermachen benutzt man einen Handfeger und einen Lappen. Wasser darf man nicht verwenden. Nach der Säuberung wird der Mäher in einem trockenen Raum aufbewahrt

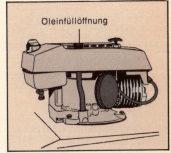

Motoröl einfüllen: Bevor man den Mäher in Betrieb nimmt, füllt man ein gutes Öl der Viskosität SAE 30 ins Motorgehäuse. Das Öl muß bis an die Markierung „Voll" des Ölmeßstabs oder bis an den Rand der Einfüllöffnung reichen. Beim Füllen wird der Mäher auf der Seite der Einfüllöffnung etwas angehoben. Ölstand vor jedem Mähen kontrollieren

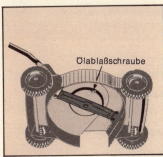

Motorölwechsel: Bei einem neuen Mäher ist der erste Ölwechsel nach zwei Betriebsstunden fällig, später dann alle 25, bei besonders schwerer oder staubiger Arbeit jedoch häufiger. Ölwechsel macht man bei warmem Motor, indem man die Ölablaßschraube öffnet und das Öl ausfließen läßt. Dabei wird das Schraubengewinde auf Schmutzrückstände geprüft und, wenn nötig, mit Petroleum gereinigt

Zündkerze reinigen: Eine verschmutzte Zündkerze setzt die Motorleistung erheblich herab. Man reinigt sie deshalb regelmäßig mit einer weichen Bürste und kontrolliert den Elektrodenabstand: Er muß 0,5 mm betragen. Rasche Verschmutzung deutet auf eine Zündkerze mit zu hohem Wärmewert hin. Sie wird durch eine Kerze mit niedrigerem Wärmewert ersetzt. Notfalls hilft der Fachmann weiter

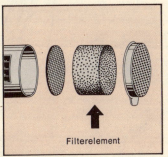

Luftfilter reinigen: Der Filtereinsatz wird gereinigt, sobald die Filteraußenseite verschmutzt ist. Man wäscht das Filterelement in Benzin aus, gibt einen Teelöffel Öl darauf, drückt das Element zusammen, um das Öl gleichmäßig darin zu verteilen, und säubert das Filtergehäuse innen. Die Filterwirkung ist ohne Öl unzureichend, deshalb ist regelmäßige Pflege unerläßlich

Aufbewahrung im Winter: Nach Ablauf der Mähsaison muß der Rasenmäher gründlich gesäubert werden. Durch Einsprühen aller lackierten und unlackierten Metallteile mit einem Autolackkonservierungsmittel wird die Maschine gegen Rost und Lackschäden geschützt. Die Radlager werden geölt und erforderlichenfalls nachgestellt. Der Rasenmäher wird in einem trockenen Raum aufbewahrt

Rasenmäher

Zweitaktmotormäher

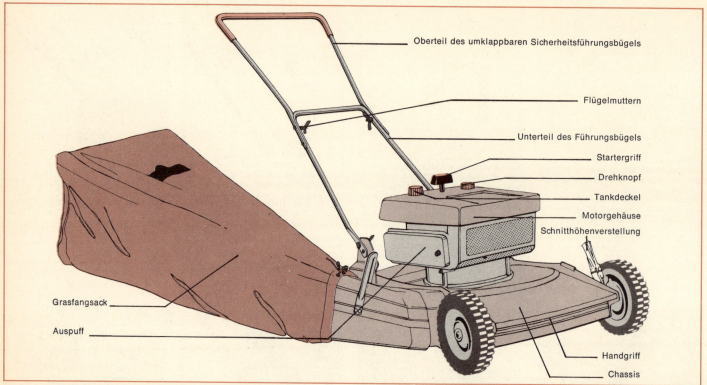

Zweitaktmotormäher ohne Radantrieb

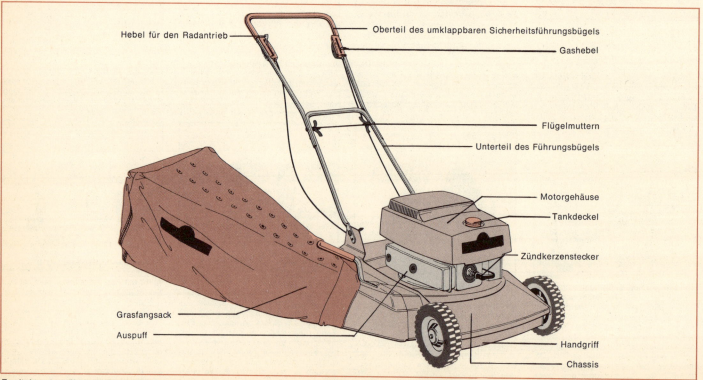

Zweitaktmotormäher mit Radantrieb

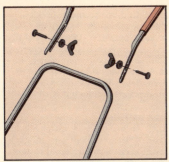

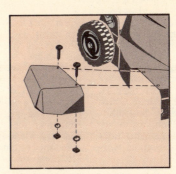
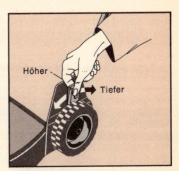

Den Führungsbügel befestigen: Der obere, umklappbare Teil des Führungsbügels wird mit den zugehörigen Schrauben und Flügelmuttern am unteren Teil des Führungsbügels befestigt. Dann schraubt man den unteren Bügelteil an das Chassis. Die Flügelmuttern werden so fest angezogen, daß der Bügel sich nicht mehr hin und her bewegen läßt

Gashebel: Das Gashebelgehäuse mit dem Gashebel wird, in Mährichtung gesehen, an die linke Seite des Führungsbügels geschraubt. Das Schaltgehäuse für den Radantrieb befestigt man dagegen an der rechten Seite des Führungsbügels (siehe Abbildung). Auf Seite 273 wird in der ersten Abbildung gezeigt, wie man ein Schaltgehäuse am Führungsbügel anbringt

Abdeckhaube oder Grasleitkanal: Die Abdeckhaube dient gleichzeitig auch als Grasleitkanal. Sie muß bei Inbetriebnahme des Mähers unbedingt angebracht sein, denn es ist gefährlich, ohne die Abdeckhaube zu mähen. Falls kein Grasfangsack vorhanden ist, sorgt der Grasleitkanal dafür, daß das gemähte Gras in sauberen Reihen abgelegt wird

Die Schnitthöhe einstellen: Das geschieht mit je einem Handgriff an den Vorder- und Hinterrädern, der zum Verstellen zusammengedrückt wird. Nach vorn bewegt, wird die Schnitthöhe größer, nach hinten gezogen, wird sie kleiner. Zum Verstellen werden die Räder durch Kippen des Mähers angehoben. Die Räder müssen gleich hoch eingestellt sein

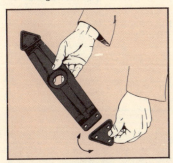
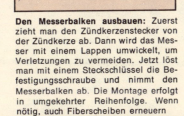

Das Messer auswechseln: Ein sauberes Mähen ist mit stumpfen oder beschädigten Messern nicht möglich. Sobald solche Schwierigkeiten auftreten, muß man das Messer auswechseln. Beschädigte Dreiecksmesser müssen immer paarweise erneuert werden.

Ein schadhafter oder verbogener Messerbalken führt zu schädlichen Vibrationen; er wird ausgewechselt

Den Messerbalken ausbauen: Zuerst zieht man den Zündkerzenstecker von der Zündkerze ab. Dann wird das Messer mit einem Lappen umwickelt, um Verletzungen zu vermeiden. Jetzt löst man mit einem Steckschlüssel die Befestigungsschraube und nimmt den Messerbalken ab. Die Montage erfolgt in umgekehrter Reihenfolge. Wenn nötig, auch Fiberscheiben erneuern

Radantrieb: Der Antrieb der Räder wird eingeschaltet, indem man den Schalthebel am rechten Führungsbügel im Gehäuse nach links aus der Raste drückt und in die Stellung „Ein" schiebt. Beim Einschalten wird der Mäher etwas nach hinten gekippt und das Gas etwas zurückgenommen. Beim Wenden und Rückwärtsziehen des Mähers schaltet man den Radantrieb aus

Motor starten und abstellen: Bei Mähern ohne Radantrieb (siehe S. 446) wird der Motor angelassen, indem man den Drehknopf auf „Start" stellt und den Starterhebel niederdrückt und danach wieder losläßt. Zum Abstellen des Motors wird der Gashebel (bei Mähern mit Radantrieb) oder der Drehknopf auf „Stop" gedreht. Mäher so aufräumen, daß kein Benzin ausfließt

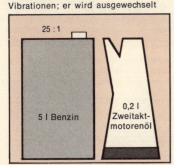
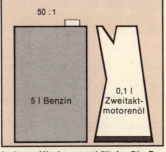

Einen Rasenmäher auftanken: Zweitaktmotoren von Rasenmähern werden mit einem Gemisch von Benzin und Motorenöl im Verhältnis 25:1 betrieben. Das heißt, es werden 5 l Normalbenzin (Superkraftstoff ist nicht erforderlich) mit 0,2 l Zweitaktmotorenöl gut vermischt. Man sollte immer Markenbenzin und gutes Markenöl verwenden, auf keinen Fall gewöhnliches Maschinen- oder anderes Öl

Anderes Mischungsverhältnis: Für Rasenmäher ohne Radantrieb genügt ein Mischungsverhältnis von 50:1. Dafür vermischt man 5 l Normalbenzin (kein Super) mit 0,1 l Zweitaktmotorenöl. Bei häufigem und langdauerndem Gebrauch der Maschine bleibt man aber doch besser bei einem Verhältnis von 25:1. Vorsicht beim Auftanken mit warmem Motor: möglichst keinen Treibstoff verschütten

Zweitaktgemisch: Das Mengenverhältnis 50:1 kann man auch herstellen, indem man z. B. in einem Kanister 2½ l Zweitaktgemisch (Mischungsverhältnis 25:1) mit der gleichen Menge Normalbenzin vermischt. Man muß unbedingt darauf achten, daß keine Schmutzteile in den Tank geraten; sie würden zu Störungen führen. Nicht bei laufendem Motor tanken und selbstverständlich dabei nicht rauchen

Wartung und Pflege: Der Rasenmäher sollte nach Gebrauch möglichst sofort gründlich gesäubert werden. Dazu benutzt man am besten einen Lappen und einen Handfeger. Auf keinen Fall darf zur Reinigung Wasser verwendet werden. Der Gashebel oder der Drehknopf muß auf „Stop" stehen, wenn man den Mäher umlegt, um an seine Unterseite heranzukommen. Mäher in trockenem Raum aufbewahren

Wege

Betonwege ausbessern

Risse oder Löcher in Betonwegen können verschiedene Ursachen haben. Bei aufgeschüttetem Boden ist es möglich, daß er nicht genügend verdichtet worden ist und sich nachträglich noch gesetzt hat. Es kann auch sein, daß der Unterbau, gewöhnlich eine Schicht aus Schotter, Ziegelsteinbruch oder ähnlichem, nicht dick genug ausgeführt oder zu lose geschüttet wurde, so daß es innerhalb dieser Schicht zu Setzungen gekommen ist. Schließlich kann die Betonschicht selbst zu dünn, zu mager bzw. zu fett (zuwenig oder zuviel Zement) oder mit ungeeigneten Zuschlagstoffen ausgeführt worden sein.

Bei starken Setzungen kommt man im allgemeinen nicht daran vorbei, den Weg ganz oder abschnittweise von Grund auf neu aufzubauen. Sind die Schäden an der Betondecke geringfügiger Art oder durch andere Einflüsse verursacht (z. B. Befahren eines Fußwegs mit schweren Fahrzeugen), so ist es in der Regel möglich, die Schadstellen dauerhaft auszubessern. Auch wenn die Grunderneuerung nicht oder nicht sofort möglich ist, kann man die schwersten Schäden reparieren, um den Weg wieder passierbar zu machen.

Beton besteht aus Wasser, Zement und einer Mischung aus grobem Kies und Sand. Diese Baustoffe sind meist nicht in kleinen Mengen erhältlich, es gibt sie aber in verschiedenen Mischungen für bestimmte Arbeiten in kleineren Gebinden. Bevor man neuen Beton aufbringt, trägt man auf den alten Beton Haftemulsion auf, damit die Verbindung gut wird.

Risse auffüllen

Auch feine, an sich unschädliche Risse sollten so bald wie möglich geschlossen werden, um Frostaufbrüche zu verhindern. Dazu müssen sie so weit verbreitert werden, daß man sie auch mit Haftemulsion bestreichen kann. Dann können die Risse mit Mörtel gefüllt werden.

Material:	Feiner Sand und Zement (4 : 1), Haftemulsion, Wasser
Werkzeug:	Hammer, breiter Meißel, Drahtbürste, breiter alter Pinsel, Kelle, Traufel, Brett oder Blechstück

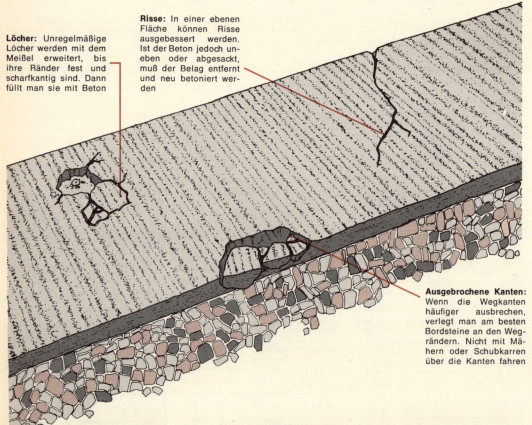

Löcher: Unregelmäßige Löcher werden mit dem Meißel erweitert, bis ihre Ränder fest und scharfkantig sind. Dann füllt man sie mit Beton

Risse: In einer ebenen Fläche können Risse ausgebessert werden. Ist der Beton jedoch uneben oder abgesackt, muß der Belag entfernt und neu betoniert werden

Ausgebrochene Kanten: Wenn die Wegkanten häufiger ausbrechen, verlegt man am besten Bordsteine an den Wegrändern. Nicht mit Mähern oder Schubkarren über die Kanten fahren

1. Risse im Beton werden von beiden Seiten her V-förmig erweitert, bis man eine etwa 3 cm breite Kerbe mit festen Rändern hat

2. Die durch das Ausmeißeln des Risses losgeschlagenen Betonteilchen bürstet man mit einer Drahtbürste gründlich aus der Betonkerbe heraus

3. Dann kehrt man die Kerbe mit einem Handfeger sorgfältig aus und streicht mit einem alten Pinsel Haftemulsion satt hinein

4. Jetzt wird auf einem Brett oder Blech der Mörtel (Sand : Zement 4 : 1) mit Zusatz von PVA-Bindemittel angemacht und in die Kerbe gefüllt

5. Mit der Traufel glättet man den Mörtel. Wo die Kerbe nicht dicht gefüllt ist, gibt man noch Mörtel zu. Überschüssigen Mörtel entfernen

Gehwegplatte auswechseln

Die Platte wird auf ein Bett aus einer Mischung von vier Teilen Feinkies und einem Teil Zement gelegt; die Lücken zwischen den Platten werden mit einer feuchten Mischung von sechs Teilen Sand und einem Teil Zement ausgefüllt. Die neue Platte muß mit den danebenliegenden Platten fluchten.

Material:	Sand, Zement, Wasser
Werkzeug:	Spaten, Kelle, Kantholz, Richtlatte

1. Eingesunkener Untergrund wird festgeklopft und mit etwas trockenem Mörtel (6:1) aufgefüllt. Mit der Kelle streicht man ihn glatt

2. Wenn der Untergrund die gleiche Höhe hat wie unter den übrigen Platten, füllt man gleich das neue Mörtelbett ein (4:1)

3. Der Mörtel wird mit der Kelle glattgestrichen. Man füllt nach, bis das Mörtelbett ebenso hoch ist wie unter den übrigen Platten

4. Dann wird die neue Platte mit zwei selbstgemachten Drahthaken langsam und gleichmäßig auf das Mörtelbett gesenkt

5. Die Platte wird mit einem Kantholz an jeder Ecke so vorsichtig festgestampft, daß sie keinen Sprung bekommt

6. Mit der Richtlatte wird geprüft, ob die Platte mit den anderen fluchtet. Wenn nötig, entfernt man sie, um das Mörtelbett auszugleichen

7. Zum Schluß rührt man etwas trockenen Mörtel (6:1) an. Die Mischung wird mit der Kellenkante in die Fugen gedrückt

Betonwege - Kanten ausbessern

Die Kanten von betonierten Gartenwegen oder Einfahrten können abbröckeln und brechen, wenn sie zu starken Belastungen ausgesetzt oder durch Frost brüchig geworden sind. Vermeiden Sie es, mit Rasenmähern, Schubkarren oder anderen Gartenfahrzeugen über ungeschützte Kanten zu fahren. Wenn es nicht anders geht, legen Sie vorher ein Brett über die Kante.

Reinigen Sie eine beschädigte Kante gründlich, und prüfen Sie, ob der Untergrund einwandfrei ist, bevor Sie neuen Beton auffüllen. Verwenden Sie sechs Teile Kies-Sand-Gemisch und einen Teil Zement.

Schaufel

Material:	Kies-Sand-Gemisch und Zement (6:1), Wasser, PVA-Bindemittel
Werkzeug:	Spaten, Schaufel, Holzkohle, Reibebrett oder Kelle, Hammer, Meißel, breiter Pinsel

1. Lose Stücke werden entfernt, die Bruchränder, falls nötig, mit dem Meißel gesäubert. Der Untergrund wird festgestampft

2. Die Holzbohle wird an die Kante gelegt und mit Ziegelsteinen gesichert. Man bestreicht die Bruchränder mit dem Bindemittel

3. Der Beton wird so trocken wie möglich, also mit ganz wenig Wasser, und gut durchgemischt in das Loch geschaufelt

4. Man achte darauf, daß der Beton satt an den Kanten anliegt. Mit der Rückseite eines Spatens wird er dann festgeklopft

5. Mit einem Reibebrett oder der Kelle wird geglättet. Nach 48 Stunden entfernt man die Bohle. Reparaturstelle sieben Tage nicht betreten

Wege

Einen Bordstein ersetzen

Bordsteine gibt es in vielen genormten Größen. Es empfiehlt sich, den beschädigten Stein zum Händler mitzunehmen, um passenden Ersatz auszusuchen. Vor dem Versetzen des neuen Bordsteins muß man die Fundamentschüttung untersuchen und wieder auf die alte Höhe bringen, wenn sie abgesackt ist.

Material: Bordstein, Sand und Zement (3:1), Wasser
Werkzeug: Holzhammer oder Fäustel, Spaten, Kelle, Richtlatte

1. Der gebrochene Bordstein wird mit dem Fäustel vorsichtig losgeschlagen. Der Wegbelag sollte dabei nicht beschädigt werden

2. Die einzelnen Bruchstücke werden vorsichtig mit dem Spaten herausgehoben. Dann entfernt man etwa 5 cm der alten Fundamentschüttung

3. Fundamentschüttung lockern und ebnen. Dann macht man den Mörtel an und arbeitet ihn 5 cm tief in die Schüttung

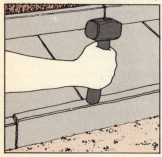

4. Der neue Bordstein wird in das vorbereitete Mörtelbett gesetzt und mit dem Hammerstiel festgeklopft, bis er gerade und sicher sitzt

5. Zum Schluß hält man die Richtlatte auf die Oberkante und die Seiten der Randsteine und prüft, ob der neue Stein sauber fluchtet

EINE BORDSTEINKANTE HERSTELLEN

Wenn man eine ganze Bordsteinkante herstellen möchte, sollte man zuerst seine Wahl zwischen den verschiedenen Arten von Bordsteinen treffen. Sie können aus Naturstein sein oder aus Beton – mit oder ohne Stahlbewehrung. Lassen Sie sich durch einen Fachmann beraten, bevor Sie die Steine kaufen. In jedem Fall sollten sie von gleicher Form und aus dem gleichen Material sein.

Um die Bordsteine beim Versetzen auf die gleiche Höhe zu bringen, braucht man: eine Schnur mit zwei Pflöcken, eine etwa 2 m lange Richtlatte (wenn sie an den Enden mit Eisen beschlagen ist, splittert sie nicht und kann für viele Arbeiten benutzt werden) und eine kleine Wasserwaage von ungefähr 50 cm Länge. Sie ist handlich und lang genug, um kurze Strecken genau zu prüfen, und eignet sich auch für viele andere Arbeiten im Haus.

Einen Bordstein gießen

Wenn man keinen passenden Ersatz für einen beschädigten Bordstein bekommt, gießt man das fehlende Stück selbst. Man fertigt dazu eine Gießform aus Schalbrettern, die einige Zentimeter länger sein müssen als die zu schließende Lücke. Die Betonmischung besteht aus vier Teilen Kies und einem Teil Zement.

Material: Kies, Zement, Wasser
Werkzeug: Holzhammer oder Fäustel, Schaufel, Kelle, Reibebrett, Schalbretter, Holzpflöcke, Steine

1. Schadhaften Bordstein entfernen. Ein Schalbrett auf der Außenseite in den Boden schlagen und, wenn nötig, mit Holzpflöcken abstützen

2. Ein Brett von innen gegen die Bordsteinkante stellen. Wenn die Fuge nicht ausreicht, entfernt man die eine oder andere Gehwegplatte

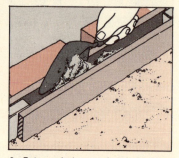

3. Beton mischen und zwischen die beiden Bretter füllen. Das innere Schalbrett mit Steinen gegen Verschieben sichern

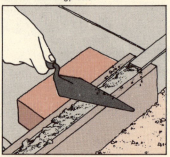

4. Der Beton wird in mehreren Lagen eingefüllt, damit keine Hohlräume entstehen und er satt an den Schalbrettern anliegt. Mehrmals feststampfen

5. Mit einer Holzlatte, die länger ist als die Schalung, prüfen, ob der Beton an der Oberseite mit den anschließenden Steinen fluchtet

6. Betonoberseite mit der Kelle glätten. Sind die Kanten der anderen Steine abgeschrägt oder abgerundet, den Beton ebenso formen

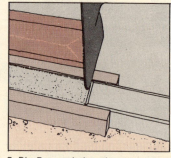

7. Die Fuge zwischen dem neuen und den angrenzenden Bordsteinen markieren. Den Beton mindestens 48 Stunden aushärten lassen

Befestigte Gartenwege ausbessern

Gartenwege mit einem Belag aus Werksteinplatten, Klinkern oder Betonplatten, im Sandbett verlegt, müssen von Zeit zu Zeit hergerichtet werden. Besonders aufgeschütteter Boden, der beim Anlegen der Gartenwege nicht genügend verdichtet wurde, setzt sich ungleichmäßig, was zu Muldenbildung im Belag und Wegsacken der Einfassung führt. An den schadhaften Stellen wird der Belag abgenommen, das Sandbett aufgelockert und durch frischen Sand ergänzt, dann wird die Gehschicht neu verlegt. Dabei gibt es im Prinzip keinen Unterschied zwischen Ausbesserungsarbeiten und dem Neuverlegen ganzer Gartenwege, das natürlich mehr handwerkliches Geschick erfordert.

Der Unterbau
Bei gewachsenem Boden genügt in der Regel eine etwa 5–8 cm dicke Sandschicht, die auf den sauber eingeebneten Grund aufgebracht wird. Ist der Boden nicht fest genug oder soll der Weg mit Transportwagen und Schubkarren befahren werden, so empfiehlt es sich, zunächst eine Schotterschicht von ca. 15 cm aufzubringen, die festgestampft oder mit einem Rüttelgerät verdichtet werden muß. Statt des Schotters kann auch eine Schicht aus alten Mauersteinen oder Platten gelegt werden.

Der Gehbelag
Als Material werden am häufigsten Werk- oder Betonsteinplatten, Hartbrandsteine oder Klinker verwendet. Gewöhnliche Hintermauerungssteine verwittern zu schnell, auch bei Sand- oder Kalksteinplatten sollte man nur wetterbeständiges Material verarbeiten. Zuerst werden die Randsteine verlegt; das Ausrichten erfolgt mit Wasserwaage, Richtlatte und Schnur. Dann wird der Gehbelag mit nicht zu engen Fugen (mindestens 10 mm) hergestellt, in die zum Schluß mit Gießkanne und Besen Sand geschwemmt wird.

Schmale Wege können ohne Quergefälle angelegt werden, sofern der Boden sandig ist, das Regenwasser also rasch durch die Fugen versickern kann. Sonst ist ein Gefälle von etwa 1–1,5 % oder – bei breiteren Wegen – ein leicht gewölbter Querschnitt ratsam.

Zwischen der Randeinfassung werden die Ziegel im Sandbett verlegt. Man macht mit dem Hammer eine kleine Vertiefung und bringt den Stein mit ein paar Hammerschlägen in die richtige Lage

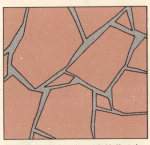
Polygonale Sand- und Kalksteinplatten, bruchrauh mit ungleich breiten Fugen

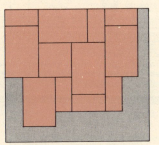
Wegplatten in drei aufeinander abgestimmten Formaten. Material: Werkstein oder Kunststein

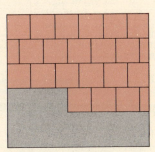
Belag aus quadratischen Waschbetonplatten, die versetzt oder fugenecht verlegt werden

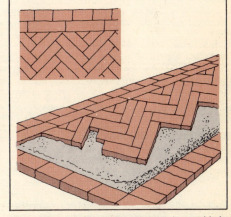
Klinkerbelag im Fischgrätenmuster mit verschiedenen Randeinfassungen. Bei stärkerer Belastung empfiehlt sich eine Einfassung mit hochkant gestellten Steinen (siehe Bild unten links)

Gartenweg aus Ziegeln im Läuferverband: Unter dem Sandbett eine Lage festgestampfter Schotter. So kann der Weg auch mit Schubkarren befahren werden. Die verstärkte Einfassung bietet zusätzliche Festigkeit

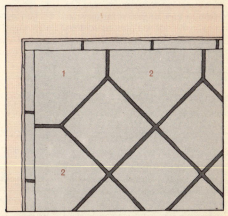
Quadratische Betonsteine mit Spezialformen für die Ränder und Ecken. Anstelle der Randsteine können auch Dreiecksplatten verwendet werden. Umrandung aus hochkant gestellten halben Platten

Zäune

Ein Grundstück einzäunen

Die Umzäunung oder Einfriedung eines Grundstücks muß gründlich geplant werden. Es gibt nämlich genaue Vorschriften über Art, Maße und Grenzabstände für Zäune, Hecken und andere Einfriedungen. Die Baurechtsbehörden unterscheiden Anlagen außerhalb und innerhalb des geschlossenen Wohnbezirks.

Außerhalb ist für Zäune bis zu 150 cm Höhe in der Regel ein Grenzabstand von 50 cm einzuhalten; wenn die Einfriedung höher ist als 150 cm, muß der Abstand um das Maß der Mehrhöhe vergrößert werden. Wie Gebäude dürfen auch Einfriedungen das Orts- und Landschaftsbild nicht verunstalten.

In vielen Landkreisen sind Einfriedungen oder Umzäunungen zwar nicht genehmigungspflichtig, müssen aber angezeigt werden. Auskünfte hierüber erteilen die Baurechts- oder aber die Landratsämter.

Innerhalb von Wohnbezirken bestehen meist verbindliche Bebauungspläne, die auch über die Errichtung von Einfriedungen exakte Angaben beinhalten. Gibt es solche nicht, gilt das Nachbarrecht nach dem Bürgerlichen Gesetzbuch. In der Regel dürfen „tote Einfriedungen" (Palisaden-, Lamellen-, Flechtzäune u. ä.), die nicht höher als 150 cm sind, auf die Grenze gesetzt werden.

Wenn die baurechtliche Seite geklärt ist, kann man messen, das Material auswählen und besorgen. Holzpfosten sind einfach zu bearbeiten und zu montieren. Sie halten, je nach Holzart, etwa 15 Jahre, wenn sie imprägniert sind. Metallpfosten überdauern eine Generation und länger, vorausgesetzt, sie sind oberflächengeschützt, z. B. feuerverzinkt, kunststoffummantelt oder gestrichen.

Pfosten setzen und Drahtgeflecht anbringen

Wenn ein Zaun erneuert werden muß, sind meistens auch Pfosten und Streben schadhaft. Man hebt sie, wie auf Seite 457 beschrieben, heraus und setzt neue in die bestehenden Löcher ein. Wenn ein Pfosten abgebrochen ist, wird ein neuer Pfosten daneben eingetrieben. Als Provisorium kann man einen Pfosten, der auf Bodenhöhe durchgefault ist, durch einen halblangen Hilfspfosten befestigen. Diesen setzt man hinter dem alten Pfosten tief ein und schraubt ihn mit Schlüsselschrauben an den Hauptpfosten.

Die Position der neuen Pfosten wird durch Pflöcke markiert oder gleich mit dem Pfahllocher vorgeschlagen. Die unten angespitzten und gut imprägnierten Pfosten treibt man mit einem schweren Vorschlaghammer ein; hierzu stülpt man eine Konservendose über den Pfostenkopf – so bleibt er unversehrt. Durch gezielte Schläge kann der Pfosten lotrecht gerichtet werden. Damit alle Pfosten in einer Fluchtlinie stehen, spannt man eine Setzschnur.

An den Pfosten werden unten, in der Mitte und oben Spanndrähte befestigt. An den Endpfosten wickelt man sie zwei-, dreimal herum und sichert sie mit einigen Krampen. Das Spannen erleichtern Drahtspanner, die in die einzelnen Drähte eingebunden werden. Das Drahtgeflecht wird mit feinem Bindedraht spiralförmig an die Spanndrähte gebunden. Am oberen und unteren Spanndraht kann man aber auch die Enden des Drahtgeflechts einhängen und festklemmen.

In den meisten Fällen lohnt es sich nicht, einen Pfahllocher oder einen Handbohrer zu kaufen; man leiht ihn aus.

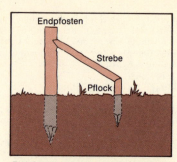
Endpfosten erhalten eine, Eckpfosten zwei Streben im rechten Winkel zueinander. Strebe wie im Bild einpassen und annageln

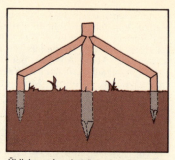
Üblicherweise beträgt der Pfostenabstand 2,5–3 m. Alle 10–12 m sollte man zur besseren Stabilität eine Doppelstrebe einsetzen

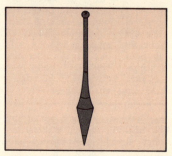
Mit dem praktischen Pfahllocher schlägt man die Löcher vor für Pfosten, Gemüsepfähle oder auch Sickerlöcher bei Oberflächenstaunässe

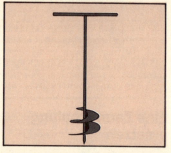
Handerdbohrer gibt es mit 125 und 150 mm Durchmesser. Er funktioniert wie ein Holzdübellochbohrer. Bei tieferem Einbohren öfter leeren

Kunststoffummantelter Eckpfosten mit Abdeckkappe und Streben. Er darf nicht eingeschlagen werden. Man setzt ihn in ein Betonpostament

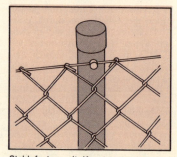
Stahlpfosten mit Kunststoffmantel und Abdeckkappe. Die Spanndrähte laufen durch Kunststoffknöpfe. Das Geflecht ist an die Drähte geklemmt

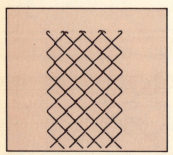
Viereck-Drahtgeflecht, 60–200 cm hoch; als Eisendraht verzinkt oder ummantelt erhältlich. Das am meisten verwendete Drahtgeflecht

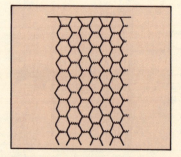
Sechseck-Drahtgeflecht, 50–200 cm hoch, meist leichtere Ausführung; für Zwischenteilungen geeignet. Spanndrähte unbedingt erforderlich

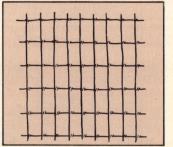
Rechteck-Knotengitter, auch Wildgatter genannt, 80–200 cm hoch. Sehr grobmaschiges Geflecht, auch ohne Spanndrähte anzubringen

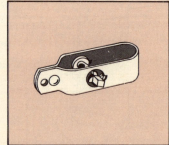
Drahtspanner, erleichtert das Spannen der Drähte. Zentimeterweise regulierbar; mit etwas Geschick kann man damit die Pfosten ausrichten

So entfernt man einen Holzpfosten

Bei nassem oder lehmigem Boden kann es schwierig sein, einen alten Holzpfosten zu entfernen, selbst wenn der Boden rund um den Pfosten gelockert und teilweise ausgehoben wurde. Am leichtesten kann ein solcher Pfosten entfernt werden, wenn man ihn mit einem starken Seil umwickelt und einen Holzbalken als Hebel benutzt. An jeder Pfostenseite muß mindestens ein Brett abgenommen werden, damit das Seil um den Pfosten gewickelt werden kann. Es ist zweckmäßig, den Zaun zu beiden Seiten des Pfostens abzustützen und die Dreikantriegel herauszunehmen, bevor man den Pfosten aus dem Boden hebt.

Material:	Lange Senkkopfnägel
Werkzeug:	Hammer, Spaten oder Schaufel, starkes Seil, Ziegelsteine, Holzbalken als Hebel

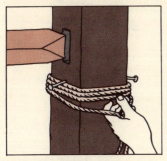

1. Erdreich um den Pfosten entfernen. An zwei Seiten etwa 30 cm über dem Boden Nägel einschlagen. Darunter Seil um den Pfosten wickeln

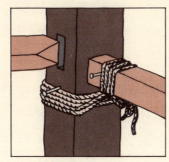

2. Zwei Nägel 3 cm hinter dem Ende des Hebels einschlagen. Die Seilenden nach oben um den Hebel wickeln und fest verknoten

3. Ziegelsteine oder Steinplatten so hoch neben dem Pfosten aufeinander schichten, bis der Stapel etwa 10 cm höher ist als die Nägel im Pfosten. Hebel herabdrücken und den Pfosten ruckweise aus dem Boden heben. Wenn nötig, Höhe und Lage der Backsteine verändern

Eine Zaunschalung ersetzen

Senkrecht stehendes Massivholz verrottet zuerst an der Unter- und an der Oberkante, weil dort die Feuchtigkeit am schnellsten in das Holz eindringen kann. Man sollte daher die Oberkante durch eine Abdeckleiste schützen, die an beiden Seiten eine Wassernase besitzt. Wenn das Material nicht regelmäßig imprägniert wird, können Verwerfungen und Risse auftreten.

Bei der überlukten Ausführung kann man die Deckbretter leicht auswechseln. Nimmt man zwei oder mehr Bretter ab, erreicht man auch die hinteren Bretter (Grundbretter) ohne große Mühe. Bei einer Reparatur brauchen dann nur Einzelteile ausgewechselt zu werden. Die neuen Bretter stimmt man auf die Länge, Breite und Dicke der übrigen genau ab. Ehe man die neuen Bretter anbringt, streicht man Pfosten und Traversen an den Stellen, die später überdeckt werden.

Der Zaun kann aber auch so gebaut werden, daß die Schalung über die Pfosten läuft, also eine geschlossene Fläche darstellt. Bei einer grundlegenden Reparatur oder Neuanlage kann man auch verschieden breite, jedoch parallel besäumte Bretter verwenden. Man hat hierbei weniger Verschnitt. Auch kann ein unregelmäßiger Brettabstand aufgelockert wirken.

Die Bretter brauchen nicht gehobelt zu werden, müssen aber, am besten vor der Montage, gut imprägniert werden. Die Tragkonstruktion besteht aus Holzpfosten und mindestens zwei Traversen oder aus einem Baustahlrahmen, der mit einer Bohrung für die Grundbretter versehen sein muß. Beim Stahlrahmen muß man diese von hinten festschrauben.

Man befestigt das Grundbrett mit nichtrostenden Nägeln oder Schrauben an den Traversen. Sind die Bretter nicht gleich breit, dann mißt man die Breite des folgenden Deckbretts, zieht an diesem Maß 3 cm ab und befestigt das zweite Grundbrett in diesem Abstand. Nun kann man das erste Deckbrett so befestigen, daß es die beiden Grundbretter jeweils 1,5 cm breit überdeckt.

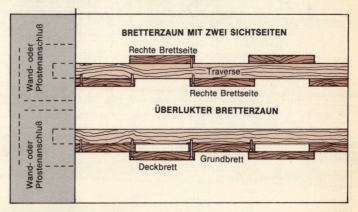

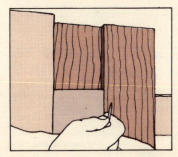

1. Um die genaue Höhe einzuhalten, unterlegt man das Brett, legt das Distanzholz ein und heftet das Brett mit verzinkten Nägeln an

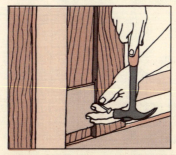

2. Den Abstand unten muß man ebenfalls prüfen und auf genügende Überdeckung achten. Beim Nageln sollte jemand an den Traversen gegenhalten

3. Die schadhaften Bretter werden Stück für Stück ersetzt. Verwendet man Seitenbretter als Deckbretter, muß immer die rechte Seite nach außen zeigen

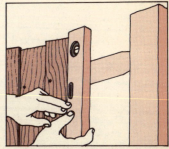

4. Außer mit dem Distanzholz kontrolliert man mit der Wasserwaage das Lot. Bei Unstimmigkeiten auf mehrere Bretter verteilen

Zäune

Holzzäune

Zäune aus Holz erfreuen sich immer größerer Beliebtheit – ob man mit ihnen nun lediglich ein Grundstück abgrenzt oder ob man mit einem Holzzaun gleichzeitig auch eine dekorative Wirkung hervorrufen will. Geschlossene Holzzäune eignen sich darüber hinaus als Sicht- und Windschutz, als Schattenspender oder auch als Gerüst für rankende Pflanzen.

Holzbauteile bleiben nur dann ansehnlich, wenn das Material auch entsprechend geschützt und gepflegt wird. Kauft man vorgefertigte Bauteile, sind sie meist schon durch industrielle Verfahren geschützt. Am wirkungsvollsten begegnet man dem Befall durch tierische und pflanzliche Schädlinge durch die sogenannte Kesseldruckimprägnierung. Allerdings ist auch dabei die Oberfläche des Holzes nicht vollkommen gegen Feuchtigkeit und Sonnenbestrahlung geschützt. Es empfiehlt sich also, das Holz mit einer offenporigen Imprägnierung zu behandeln.

Außer den genannten Mitteln sollte man den konstruktiven Holzschutz anwenden. Bekanntlich nimmt Hirnholz mehr Wasser auf als Langholz. Man muß es also an der Ober- bzw. an der Wetterseite abdecken. Bei Rahmenkonstruktionen läßt man den oberen Querfries mit verdeckten Zapfen oder einer Dübelung durchlaufen. Wo dies nicht möglich ist, müssen die Hirnholzflächen abgeschirmt werden. Man schrägt die Pfosten ab bzw. spitzt sie zu oder bedeckt den Zaun mit einem Brett oder Blech. Die Unterkante des Zauns muß vom Boden weit genug entfernt sein, damit sie nicht durch Feuchtigkeit oder Spritzwasser faulen kann.

Flecht- und Lamellenfüllungen werden durch eine Nut im äußeren Rahmen gehalten. Die Nut im unteren Rahmenteil bohrt man an einigen Stellen nach unten durch, damit das Wasser ablaufen kann.

Wenn man die Pfosten setzt, sollte man beachten, daß derartige geschlossene Zäune bei windigem Wetter einem starken Druck ausgesetzt sind. Die Pfosten müssen also mindestens 60 cm tief in den Boden eingelassen und gut verkeilt oder einbetoniert werden. Zusätzliche Querstreben verbessern den Halt.

Massivbohlen auf vorgesetzten stabilen quadratischen Pfosten, gut geeignet in einem Gelände mit großen Niveauunterschieden. Das Holz muß bei Erdaufschüttungen durch Bitumenpappe geschützt werden

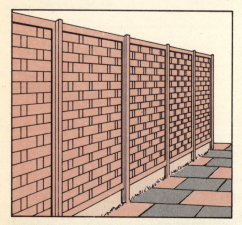

Der Spanflechtzaun besteht aus Rahmenelementen, die man einzeln kaufen kann. Es gibt verschiedene Breiten und Höhen. Dieses leichte Flechtwerk wird gerne als Sichtblende auf Terrassen verwendet

Der stabilere Lamellenzaun, der nur wenig Licht und Luft durchläßt, ist der klassische Gartenzaun. Der Rahmen sollte nicht auf dem Boden und auch nicht auf Steinplatten aufsitzen

Luftdurchlässige, doppelseitige Horizontalverbretterung als Rahmenteil. Die Pfosten haben ein Höhenlichtmaß von 2 m und tragen die Einzelpergola. Eine aufgelockerte, nachbarfreundliche Trennung

Massivholzbretter mit einer Abschlußleiste oben auf fest verankerten Pfosten. Dies ist eine andere gute Lösung außer Palisadenrundhölzern oder Steinmauern

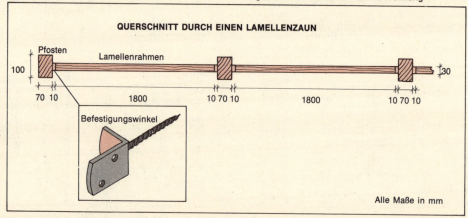

Schon wenn man die Maße für den Pfosten festlegt, muß man wissen, wie er befestigt werden soll. Nimmt man einfache Kloben, ist die Rahmenbreite gleich dem Pfostenabstand. Verwendet man Schraubwinkel, muß man 8–10 mm pro Seite zugeben. Den Pfostenabstand prüft man am besten mit einer selbstgefertigten Distanzleiste

Balkongeländer

Zäune sind oft nur optische Grenzen. An Terrassen und Balkonen erfüllen sie gleichzeitig verschiedene Funktionen. Sie schützen vor Absturzgefahr, bieten Sichtschutz und sind zudem schmückendes Element. Für die Ausführung von Balkongeländern gibt es baupolizeiliche Vorschriften, die man unbedingt einhalten muß, da sonst die Bauabnahme verweigert werden kann. In der Regel gelten für die Höhe des Geländers 90 cm. Der Abstand zwischen den senkrechten Stäben darf nicht größer als 15 cm sein. Er muß auch beim Einbau von Blumenkästen eingehalten werden. Bei größeren Brettabständen könnten Kleinkinder durchsteigen und abstürzen. An waagrechten Verkleidungen darf ein Kind nie hochsteigen können. Will man einen Sichtschutz und eine Verschönerung der Hausfassade erreichen, sollte man Werkstoffe wie Holz, Drahtornamentglas oder Kunststoffplatten wählen. Gegen neugierige Blicke hilft auch ein aufgespanntes Sonnensegel aus Stoff.

Eine Holzverkleidung kann man selbst nach Bedarf zuschneiden. Im Handel gibt es jedoch auch Fertigprofile in Holz- oder kunstharzverpreßter Ausführung. Letztere ist zwar etwas teurer, dafür aber wartungsfrei.

Schlichte Waagrechtverschalung mit Handlauf

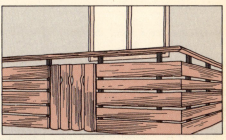
Lösung mit kurzen Brettern

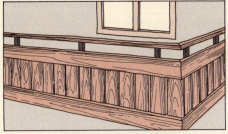
Interessante Aufgliederung für große Flächen

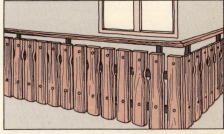
Senkrechte Anordnung der Bretter

Montagehinweise

Die Trägerkonstruktion für Balkonverkleidungen muß stabil sein. Gut geeignet sind T- oder Winkelprofile aus Aluminium oder verzinktem Stahl. Das Geländer muß auch einen stoßartigen Druck aushalten können. Deshalb verbindet man die einzelnen Pfosten mit Traversen, die man gleichzeitig zur Befestigung der senkrechten Latten braucht. Es gibt fertige Montagesätze. Sollen die Stirnseiten der Balkonplatte mit verkleidet werden, eignen sich vorgesetzte Befestigungsplatten. Andernfalls montiert man auf dem Boden Aufsteckplatten.

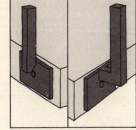
Vorsetzplatten zum Überdecken der Balkonplatte

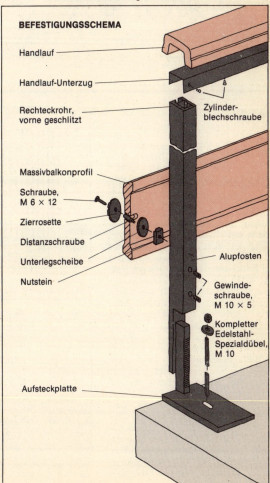
BEFESTIGUNGSSCHEMA
- Handlauf
- Handlauf-Unterzug
- Rechteckrohr, vorne geschlitzt
- Zylinderblechschraube
- Massivbalkonprofil
- Schraube, M 6 × 12
- Zierrosette
- Distanzschraube
- Unterlegscheibe
- Nutstein
- Alupfosten
- Gewindeschraube, M 10 × 5
- Kompletter Edelstahl-Spezialdübel, M 10
- Aufsteckplatte

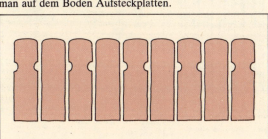
Beispiel eines Fertigprogramms, das in verschiedenen Abmessungen und Formen – auch im Rustikalstil – erhältlich ist

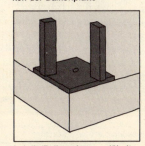
Auf die Balkonplatte gedübelte Aufsetz-Eckplatte

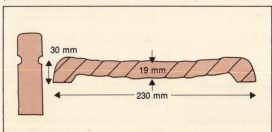
Querschnitt durch ein kunstharzverpreßtes Fertigteil mit Holzdekor; es wird meist in Helleiche, Dunkeleiche oder Mahagoni geliefert

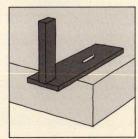
Verlängerte Aufsteckplatte, an der eine Regenrinne befestigt werden kann

Zäune

Einfache Umzäunungen

Welchen Zaun man wählen soll, wird sich vor allem nach seinem Zweck und den Kosten, aber auch nach Aussehen und Haltbarkeit richten. Eine einfache Abgrenzung läßt sich schon aus zwei Pflöcken und einem (vielleicht sogar unbesäumten) Brett herstellen. Palisadenzäune aus Rundhölzern oder alten Eisenbahnschwellen können gut kostspielige Stützmauern ersetzen. Durchaus dekorativ wirken Staketenzäune aus Brettern und Latten von verschiedener Form und Breite.

Bretterabschluß, ein- oder mehrteilig. Auch als Fertigpreßteil erhältlich

Palisadenzaun aus Rundhölzern oder Eisenbahnschwellen, auch zum Abstützen. Bei Erdanfüllung mit Bitumenpappe oder Dickfolie isolieren

Jägerzäune aus halbrunden Pfählen gibt es in verschiedenen Höhen zu kaufen. Tore mit Stichbogen erhält man fertig zum Selbsteinbau

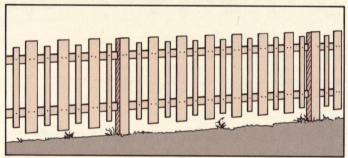
Staketenzäune erlauben vielfältige Variationen aus Halbrundpfählen, rechtwinkligen oder konischen Latten oder verschieden breiten Brettern

Tore

Fertig gekaufte Tore sollten zum jeweiligen Zaun auch passen. Wie breit das Tor ist, hängt von seinem Zweck ab. Einflügelige Tore sollten nicht breiter als 1,5 m sein, für größere Breiten braucht man Doppelflügel. Schwere Türen und Tore schlägt man mit stabilen Langbändern aus Stahl an. Ein Torflügel wird an einem in der Mitte der Toröffnung eingesetzten Anschlag (Pflock) mit stabilem Riegel festgehalten. Der andere Flügel (Gehflügel) läuft in den Falz des ersten Flügels. Zum Verschließen dient ein schwerer Aufschraubriegel oder ein Kastenschloß.

Zum Einsetzen der Torpfosten, die in der Regel größere Querschnitte brauchen (etwa 15 × 15 cm oder 18 × 18 cm), hebt man ein entsprechend großes Loch aus und verspannt darin den Pfosten mit Steinen, zwischen die man Kies und Erde stampft. Man kann den Pfosten auch mit zwei unten angenagelten dicken Brettstücken fixieren und dann mit Magerbeton auffüllen. Im Erdreich stehende Pfostenteile brauchen einen Schutzanstrich.

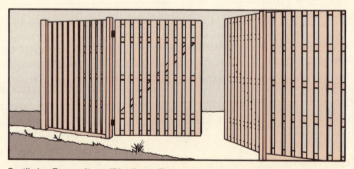
Rustikaler Zaun mit zweiflügeligem Tor aus besäumten, ungehobelten Brettern. Satt eingesetzte Bugleisten halten die Tore im rechten Winkel

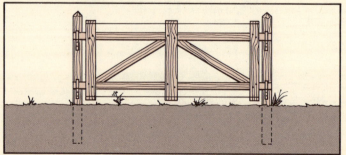
Einhängetor (Gatter), dessen überlappende Eckverbindungen verschraubt werden. Man hat die Wahl, das Einhängetor mit Maschendraht zu bespannen oder mit Staketen zu besetzen

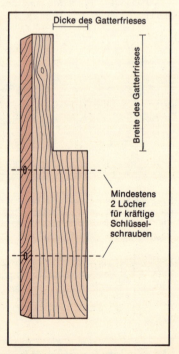
Der Einhängeklotz für das Gatter wird am Pfosten festgeschraubt. Laschen aus Bandeisen erfüllen denselben Zweck

TEIL 4 Register

REGISTER

A
Abbeizen 124, 125
Abbeizfluid 125
Abflußstopfen 234
Abgehängte Decke 47, 139–140
Ablaugmittel 125
Abschlußplatte am Schornstein 18
Absperrventil 235, 236
Abstandhalter für Leitern 263
Abwasser 196–198
Abwasseranlage 196
Abwasserrohr erneuern 198
Acrylharzlack 129
Alkalische Ablaugmittel 125
Alkydharzlack 117, 129
Aluminiumprofil 193
Anstriche 118–129
Anstrichmittel 117, 122, 129
Arbeitsgerüst 41
Armaturen 238
Armierter Betonboden 69
Asbestzementwellplatten 28
Aufsatzband 160
Ausdehnungsgefäß 256
Auslaufhahn 235
Außenanstriche 119–123
Außenputz ausbessern 112
Außenwandfeuchtigkeit 57

B
Badarmaturen 238
Badewanne montieren 199–200
Badewannen 199–201
Balkenlager 84
Balkenschuh 70
Balkongeländer 283
Band, gekröpftes 160
Batterierasenmäher 268–269
Baumwoll-Gummi-Profil 193
Belüftung, richtige 60
Betonboden, armierter 69
Betonweg ausbessern 276, 277
Bidetarmatur 238
Bitumenlackfarbe 129
Bitumenpapier 135
Bitumenpappe 29–30
Blechverwahrung 16–17, 19–20, 21–22
Blockverband 131
Boden aus Hartfaserplatten 81–82
Boden aus Spanplatten 82–83
Bodenbalken 70
Bodendichtung 194
Bodenfeuchtigkeit 58
Bodenfliesen 83, 85–90, 177
Bodenfliesen auf Spanplatten 83
Bodenfliesen reparieren 177
Bodenpflege 91
Bohlenzaun 282
Boiler 249
Bordstein 278
Brandflecken 68
Bretterzaun 281
Briefeinwurf 168

C
Chemische Feuchtigkeitsbekämpfung 58
Chlorkautschuklackfarbe 129

D
Dach abdichten 26
Dachdämmplatten 183, 188
Dachentwässerung 202–211
Dächer 10–30
Dachisolierung 182
Dachkehle abdichten 22
Dachkonstruktion 10
Dachlatten 10–12
Dachpappe 29–30
Dachrandprofil 30
Dachrinne 202, 203, 204–207
Dachrinnenprofile 202
Dachverschalung 11, 24
Dachverwahrung 16–17
Dachziegel 23–26
Dämmplatten 137–138
Dämmwand 141–142
Dauerelastische Dichtungsmasse 134
Decke, abgehängte 47, 139–140
Decke streichen 42
Decke tapezieren 33–34
Deckenbalken 47, 70
Deckenpaneel 47
Deckenpinsel 115
Deckenputz ausbessern 106–107, 108, 109–110
Deckenstrahlungsheizung 247
Dehnungsstück 205
Dekorationsarbeiten 31–47
Dichtschaum 194
Dichtung am Wasserhahn 235, 236, 237
Dichtungsmasse 134, 194
Dichtungsprofil 193
Dichtungsstreifen, selbstklebende 192
Dickschichtlasur 117
Dielen 71–74
Dielen verfugen 73
DIN-Radiator 251
Dispersionsfarbe 117, 129
Dispersionslack 117
Dispersionssilikatfarbe 117, 129
Dispersionsspachtel 125
Doppelfenster 50
Doppelmauer 143
Drahtgeflecht 280
Drahtspanner 280
Dränage 62
Drehkippbeschlag 49
Drückendes Grundwasser 59
Druckluftspritze 265–266
Druckspüler 222
Dünnschichtlasur 117
Dunstrohr 20–22, 26
Durchlauferhitzer 212–213, 224
Duscharmatur 215
Dusche 214–215
Duschkabine 214

E
Eimerhaken 116
Einbohrband 160, 165
Einhandmischbatterie 238
Einhängetor 284
Einlochmischbatterie 238
Einrohrsystem 244
Elektrodurchlauferhitzer 212
Elektrorasenmäher 270–271
Entlüften des Heizkörpers 254
Entlüftungsrohr 20–22, 26
Entlüftungsverwahrung 21–22
Epoxydharzlackfarbe 129
Erdbohrer 280
Estrich 92
Estrichgips 98
Etagenheizkessel 249–250

F
Fallrohr 202, 203, 208–211
Falltür 160
Farbabbeizmittel 125
Farbabbrenner 116
Farbe 117, 129
Farbroller 115
Farbspritzen 116
Fassadendämmung 183–187
Fassadenreinigung 65
Fassadenschäden 63
Fäule 113–114
Feinsäge 71
Fenster 48–54
Fenster, schallhemmende 144
Fenster streichen 124, 126–127
Fensterbank 48
Fensterbeschläge 49
Fensterbrett 48
Fensterfuge abdichten 48, 50
Fensterschließblech 50
Fertigparkett 84
Fertigtür 172
Feuchtigkeit im Haus 55–64
Firstziegel 23, 24–25
Fischband 160
Flachdachentlüftung 22
Flächenstreicher 114
Flachpinsel 115
Flechtzaun 282
Flecken 65–68
Flecken an Hauswänden 65–66
Fleckentfernung von Tapeten 40
Fliesen 90, 174–177
Fliesen im Mörtelbett 90
Fliesen schneiden 174
Fliesen verlegen 175–176
Fliesenschneider 89
Flortteppich 94, 95–96
Flügelhahn 237
Flügelhahndichtung 237
Formgips 98
Fugendichtmasse 194
Fugeneisen 100
Fugenkelle 100
Fugenkratzer 116
Füllspachtel 125
Fußböden 69–97
Fußboden schleifen 77–79
Fußboden versiegeln 91
Fußbodenheizung 247
Fußbodenkonstruktion 75
Fußleisten 75–77, 93

G
Garagenkipptür 173
Gartenliege 259, 261–262
Gartenmauern 258

Gartenmöbel 259–262
Gartenspritze 265
Gartentore 284
Gartenweg 279
Gartenzäune 280–284
Gasbrenner 216, 248
Gasdurchlauferhitzer 212, 213
Gasheizkessel 249, 250
Gasheiztherme 249
Gasherd 216–217
Gaskocher 217
Gatter 284
Gehwegplatte auswechseln 277
Gekröpftes Band 160
Geruchsverschluß reinigen 233, 234
Giebelabschluß 25
Gipserarbeiten 98–112
Gipserwerkzeug 100
Gipskartonplatten 64
Gipsmörtel 98
Gipsputz 98
Gipssorten 98
Glas schneiden 51–53
Glaserspachtel 53
Glasscheibe ersetzen 53–54
Glasschneider 51
Glättspachtel 125
Glätttraufel 100
Gliederheizkörper 251
Glockenschraube 27
Gratziegel 23, 24
Grundierdispersionen 125
Grundiermittel 125
Grundwasser, drückendes 59
Gummiglocke 218

H
Handerdbohrer 280
Handlauf 154
Handrasenmäher 267
Handspritze 265
Hängende Decke 139–140
Härtegrade des Wassers 243
Hartfaserplatten 80–81
Hausabwasseranlage 196
Hausbock 114
Hausinstallation 239
Hausschwamm 113
Hauswasserversorgung 239
Hebeband 162
Heizherd 216
Heizkessel 249–250
Heizkörper 251–255
Heizkörper entlüften 254
Heizkörper streichen 128
Heizkörperlackfarbe 129
Heizkörperpflege 252
Heizkörperthermostatventile 256
Heizung 244–256
Heizungsanlage füllen 253
Heizungspumpe 256
Hochdruckrückenspritze 265
Hochhängender Spülkasten 222
Hohlpfanne 23
Holzböden 84
Holzfäule 113–114
Holzpfosten 280
Holzschutzlasur 117

REGISTER

Holztürpfosten 173
Holzzäune 282

I
Industriekocher 217
Innenanstriche 118–119
Innenwandfeuchtigkeit 61
Isolation 61, 137–144, 178–188
Isolieren einer Kellerwand 61
Isoliermatten 180
Isolierschalen 179

J
Jägerzaun 284
Japanspachtel 116
Juteteppiche 94–95

K
Kalkfarbenanstrich 129
Kantenschiene 102
Kantenschutz 102
Kartätsche 100
Kellenarten 100
Kellerdämmplatten 183, 188
Kellerwand isolieren 61
Keramikfliesen 88–90
Kiesbewurf 112
Kittmesser 53, 116
Klappstühle 259–260
Klebeband 93
Kleinwasserheizer 212
Kleister 32
Klemmsystem für Dachrinnen 207
Klemmverbindung für Leitungen 241
Klobenlangband 160
Klopfkäfer 114
Klosett 218–220
Klosettablauf, verstopfter 218
Klosettanschluß 220
Klosettbecken 219–220
Klosettspülkasten 218, 221–223
Kombinierter Heizkessel 249
Konsolen für Heizkörper 253
Kontrollschacht 197, 198
Konvektor 251, 254
Korkfliesen 43, 87–88
Kratzeisen 100, 116
Kreisglasschneider 52–53
Krempziegel 23
Kreuzverband 132
Küchenaufbaugerät 217
Küchenspüle montieren 232
Kunstharzgebundener Putz 129
Kunstharzspachtel 125
Kunststoffbahnen verlegen 91
Kunststoffdachrinnen anbringen 204–207
Kunststofffliesen 85–86
Kunststoffwellplatte 27–28

L
Lackfarbe 117, 129
Lackieren und Malen 115–129
Lamellenzaun 282
Lasur 117
Laubkorb 203

Läufer, nichtrutschender 95
Läuferverband 131
Leimfarbe 117, 129
Leiterabstandhalter 263
Leiterfuß 263
Leitern 263
Leitungsquerschnitte 240
Leitungswasser 243
Liege 259, 261–262
Liegestuhl 259, 261
Linoleum verlegen 91
Löcher zugipsen 105
Lochplatten 43
Lochziegel 135
Lüftungsgitter 135

M
Makulaturpapier 31
Malen und Lackieren 115–129
Malerbinde 105
Malerwerkzeug 115–116
Malstock 128
Marmorgips 98
Mauerfugen 132–133
Mauergips 98
Mauern 130–136, 258
Mauern im Garten 258
Mauerrisse 134
Mauerverbände 131–132
Mauerwerk 130–136
Metallfenster 54
Metallklappstuhl 260
Metallschiene für Teppiche 97
Mineralwolle 181
Mischbatterien 238
Möbelklopfkäfer 114
Mörtel 100
Muldenziegel 23

N
Nachtriegel 164
Nahtroller 31
Naßfäule 113
Naßläufer 239
Natursteinfliesen 89–90
Nichtrutschender Läufer 95
Nuthobel 170
Nut- und Federbretter 45–46

O
Ölbrenner 248
Ölfarbe 129
Ölfilter 250
Ölheizkessel 249, 250

P
Palisadenzaun 284
Paneele 44, 47
Parkett 77–79, 84, 90
Parkett schleifen 77–79
Parkettmuster 84, 90
Pergola 264
Pfahllocher 280
Pflanzensprüher 265–266
Pfosten 280

Pinsel 115
Plattenradiator 251, 253
Polyesterspachtel 125
Polymerisatlackfarbe 129
Polystyrol 134, 182
Polyurethanlackfarbe 129
Putz 98
Putzecke 103
Putzgips 98
Putzleiste 99
Putzsanierung 66
PVC-Profil 193
PVC-Türschwellenabdichtung 193

R
Radiator 244, 245, 251, 256
Radiatorthermostat 256
Rasenmäher 267–275
Raumthermostat 255–256
Reibebrett 100
Reinigungsmittel 67
Reinigungsschacht 197, 198
Reinigungsspirale 197
Richtlatte 100
Riegel 167
Riemenboden 84
Riemenprofil 45
Ringpinsel 115
Rohrband 241
Rohrbefestigungen 241
Rohrisolierung 178–179
Rohrschelle 241
Rohrverbindungen 240
Rohrverstopfung 197
Rolladenkasten 144
Rückenspritze 265

S
Salzschäden an Fassaden 66
Saugpumpe 233–234
Säurehärtender Lack 129
Schäden an der Fassade 63
Schalldämmende Fenster 144
Schalldämmplatten 137–138
Schallhemmende Türen 144
Schallisolation 137–144
Schaumrücken 95, 96
Scheibe ersetzen 53–54
Scheinbalken 47
Schleifklotz 116
Schleifmaschinen 77–79
Schleifpapier 116
Schmiedeeisen streichen 126
Schmuckplatten 43
Schornsteine 18–20
Schornsteinverwahrung 19–20
Schwenkhahn 237
Schwimmer im Spülkasten 223
Seitenkehle 17
Selbstklebende Dichtungsstreifen 192
Senklot 31
SH-Lack 129
Sicherheitskette 166
Siphon 230
Siphondichtung 230
Sockelleisten 75–77, 93
Sonnenkollektor 226–228

Spachtel 116
Spachtelmaterial 125
Spanflechtzaun 282
Spannteppich 97
Spanplatten 82–83
Speichergeräte 224
Spindelmutter 236
Spritzpistole 116
Spüle montieren 232
Spülkasten 218, 221–223
Spülkastenschwimmer 223
Stabhandspritze 265
Staketenzaun 284
Standkonsolen für Heizkörper 253
Steinzeugfliesen 89–90
Steinzeugrohr 198
Stichsäge 71
Stiftrohrschelle 208
Streckmetall 111, 135
Strichzieher 115
Strukturiertechniken 123
Stuckgips 98
Stufenbock 115

T
Tapeten 32, 39
Tapeten einkleistern 32
Tapeten, vorgeleimte 39
Tapeten zuschneiden 32
Tapetenkleister 32
Tapezierbürste 31
Tapeziertisch 31
Tapezieren 31–40
Tapezierwerkzeug 31
Teerpechlackfarbe 129
Teppichböden verlegen 93
Teppiche einfassen 94–95
Teppiche mit Schaumrücken 95, 96
Teppichkanten verbinden 94
Teppichklebeband 93
Teppichschiene 97
Thermostate 255–256
Thermostatventile 256
Tiefgrundiermittel 125
Tiefhängender Spülkasten 221
Toilette 218–223
Tore 284
Totenuhr 114
Traufbrett 13–14
Traufgesims 13–14
Traufziegel 25
Trennwände 143
Treppen 145–156
Treppen streichen 128
Treppengeländer 153
Treppenhandlauf 154
Treppenknarren 150
Treppenschraube 150
Trittkantenprofil für Treppen 152
Trockenfäule 113
Trockenläufer 239
Trommelschleifmaschine 77–79
T-Stück 242
Tür abdichten 191, 194
Tür anschlägen 161
Tür, schallhemmende 144
Tür streichen 124, 127
Tür verkleiden 158

REGISTER

Tür, verzogene 171
Türbänder 160
Türblattaufbau 159
Türblattmaße 157
Türeinbohrbänder 165
Türen 157–173
Türformen 157
Türhebeband 162
Türklinke 163
Türpfosten 173
Türriegel 167
Türschließer 168–169
Türschloß 163–164, 166
Türschwellen 170
Türschwellendichtung 192, 193
Türsicherheitskette 166

U
Überlaufsystem 234
Umstellgriff am Wasserhahn 237
Umwälzpumpe 256
Unterboden 80–81
Unterflurkonvektor 254
Untergrund für Tapeten 33

V
Verbundfenster 50
Verschlußschieber 167
Versiegeln von Fußböden 91
Verstopfte Dachrinne 203
Verstopfter Klosettablauf 218
Verstopftes Fallrohr 203
Verstopfung 197
Verwahrung 16–17, 19–20, 21–22
Verzogene Tür 171
Vielzweckleiter 263
Viertaktmotormäher 272–273
Vinyltapeten 34, 39, 40
Vorgehängte Fassade 63
Vorgeleimte Tapeten 39
Vorratswasserheizer 224

W
Wände streichen 42
Wände tapezieren 34–40
Wandfliesen 174–177
Wandverkleidungen 44–47
Wannenfüll- und Brausebatterie 238
Wärmedämmsystem 183
Wärmedämmung 178–188
Wärmepumpe 225–227
Warmluftheizung 246–247
Warmwasser 224–228
Warmwasserheizung 244–245
Waschbecken 229–234
Wasser, warmes 224–228
Wasserhahndichtung 235, 236, 237
Wasserhähne 235–238
Wasserhärte 243
Wasserleitung 239–243
Wasserleitungsquerschnitte 240
Wasserthermostat 256
Wasserverschluß 220
Wasserversorgung 239
Wasserzähler 239
Wege 276–279
Weichfaserplatten 80
Wellplatten 27–28
Wellplattendach 27–28
Wendeltreppe 155–156
Wetterschenkel 169
Windbord 14–16
Windschutzbrett 13–14
Winkelband 160
Winterflügel 50
Wollteppich 97

Z
Zahnspachtel 176
Zäune 280–284
Zementestrich 92
Zementfüllspachtel 125
Zentrale Warmwasserheizung 244–245
Zentralheizung 244–256
Zentralheizungskessel 249–250
Ziegeldach abdichten 26
Ziegelformen 23
Ziegelmauer 258
Zimmerdecke streichen 42
Zimmerdecke tapezieren 33–34
Zimmerwände tapezieren 34–40
Zugschutz 189–194
Zweigleitung 242
Zweirohrsystem 245
Zweitaktgemisch 275
Zweitaktmotormäher 274–275
Zylinderschloß 166